Der Einfluss des Unionsrechts auf die Aufteilung der Besteuerungsbefugnisse zwischen den Mitgliedstaaten der EU im Bereich der direkten Steuern

Europäische Hochschulschriften

European University Studies

Publications Universitaires Européennes

Reihe II **Rechtswissenschaft**

Series II Law

Série II Droit

Band/Volume **5861**

Martina Tippelhofer

Der Einfluss des Unionsrechts auf die Aufteilung der Besteuerungsbefugnisse zwischen den Mitgliedstaaten der EU im Bereich der direkten Steuern

PL ACADEMIC RESEARCH

Bibliografische Information der Deutschen Nationalbibliothek
Die Deutsche Nationalbibliothek verzeichnet diese Publikation in der Deutschen Nationalbibliografie; detaillierte bibliografische Daten sind im Internet über http://dnb.d-nb.de abrufbar.

Zugl.: München, Univ., Diss., 2016

D 19
ISSN 0531-7312
ISBN 978-3-631-67386-7 (Print)
E-ISBN 978-3-653-06668-5 (E-Book)
DOI 10.3726/978-3-653-06668-5

PL Academic Research ist ein Imprint der Peter Lang GmbH.
Peter Lang – Frankfurt am Main · Bern · Bruxelles · New York · Oxford · Warszawa · Wien

Diese Publikation wurde begutachtet.

www.peterlang.com

Vorwort

Die vorliegende Arbeit wurde im Wintersemester 2014/2015 an der Juristischen Fakultät der Ludwig-Maximilians-Universität München eingereicht und im Wintersemester 2015/2016 als Dissertation angenommen. Die mündliche Prüfung fand im November 2015 statt.

Text, Rechtsprechung und Literatur besitzen im Wesentlichen Rechtstand Oktober 2014. Die Arbeit entstand zum Teil im Rahmen meiner Tätigkeit als wissenschaftliche Mitarbeiterin am Lehrstuhl für Öffentliches Wirtschafts- und Steuerrecht der Ludwig-Maximilians-Universität München unter der Leitung von meinem Betreuer Herrn *Prof. Dr. Moris Lehner*. Ich konnte während dieser Zeit am Lehrstuhl wertvolle Erfahrungen sammeln, dafür möchte ich mich bedanken. Bei Herrn *Prof. Dr. Dr. hc Wolfgang Schön* möchte ich mich für die freundliche Übernahme der Zweitkorrektur und die Durchführung der mündlichen Prüfung als Prüfungsvorsitzender bedanken.

Darüber hinaus bedanke ich mich bei der Landeskonferenz der Frauenbeauftragten an Bayerischen Hochschulen für die Gewährung eines Promotionsstipendiums. Ohne diese finanzielle wie auch ideelle Unterstützung wäre die erfolgreiche Durchführung der Promotion sicher nur unter erschwerten Bedingungen möglich gewesen.

Ansonsten gilt mein Dank all jenen, die mich bei der Durchfühung meines Promotionsvorhabens mit Anregungen, Ratschlägen, Diskussionen sowie auch der notwendigen Zuversicht und Motivation zum Abschluss der Dissertation unterstützt haben.

München, den 15.04.2016 *Dr. Martina Tippelhofer, LL.M.*

Inhaltsverzeichnis

Abkürzungsverzeichnis

a.A.	anderer Auffassung
a.a.O.	am angegebenen Ort
a.F.	alte Fassung
ABl. EG	Amtsblatt der Europäischen Gemeinschaft
ABl. EU	Amtsblatt der Europäischen Union
Abs.	Absatz
AEUV	Vertrag über die Arbeitsweise der Europäischen Union
Anm.	Anmerkung
AO	Abgabenordnung
AOA	Authorized OECD Approach
Art.	Artikel
AStG	Außensteuergesetz
Aufl.	Auflage
Az.	Aktenzeichen
BB	Betriebsberater (Zeitschrift)
Bd.	Band
betr.	betreffend
BewG	Bewertungsgesetz
BFH	Bundesfinanzhof
BFH/NV	Sammlung amtlich nicht veröffentlichter Entscheidungen des Bundesfinanzhofs (Zeitschrift)
BFH/PR	BFH-Richter kommentieren für die Praxis (Zeitschrift)
BFHE	Sammlung der Entscheidungen des Bundesfinanzhofs (Zeitschrift)
BGBl.	Bundesgesetzblatt
BIT	Bulletin for International Taxation (Zeitschrift)
BMF	Bundesministerium der Finanzen
bspw.	beispielsweise
BStBl.	Bundessteuerblatt
BT-Drs.	Bundestagsdrucksache
Buchst.	Buchstabe
BVerfG	Bundesverfassungsgericht
BVerfGE	Entscheidungen des Bundesverfassungsgerichts
bzw.	beziehungsweise
d.h.	das heißt
DB	Der Betrieb (Zeitschrift)
DBA	Doppelbesteuerungsabkommen
DStR	Deutsches Steuerrecht (Zeitschrift)

DStRE	DStR-Entscheidungsdienst (Zeitschrift)
DStZ	Deutsche Steuerzeitung (Zeitschrift)
EFG	Entscheidungen der Finanzgerichte (Zeitschrift)
EG	Europäische Gemeinschaft
EGMR	Europäischer Gerichtshof für Menschenrechte
EGV	Vertrag zur Gründung der Europäischen Gemeinschaft
Einl.	Einleitung
EMRK	Konvention zum Schutz der Menschenrechte und Grundfreiheiten
endg.	endgültig
engl.	englisch
ErbStG	Erbschaft- und Schenkungsteuergesetz
EStDV	Einkommensteuer-Durchführungsverordnung
EStG	Einkommensteuergesetz
EU	Europäische Union
EuGH	Gerichtshof der Europäischen Union
EUGrdCH	Charta der Grundrechte der Europäischen Union
EuR	Europarecht (Zeitschrift)
EUV	Vertrag über die Europäische Union (Lissabon)
EuZW	Zeitschrift für Europäisches Wirtschaftsrecht (Zeitschrift)
EWG	Europäische Wirtschaftsgemeinschaft
EWGV	Vertrag zur Gründung der Europäischen Wirtschaftsgemeinschaft
EWR	Europäischer Wirtschaftsraum
EWS	Europäisches Wirtschafts- und Steuerrecht (Zeitschrift)
f.	folgende
ff.	fortfolgende
FG	Finanzgericht
FGO	Finanzgerichtsordnung
Fn.	Fußnote
FR	Finanz-Rundschau (Zeitschrift)
gem.	gemäß
GewStG	Gewerbesteuergesetz
GG	Grundgesetz
ggf.	gegebenenfalls
gl. A.	gleicher Auffassung
GmbH	Gesellschaft mit beschränkter Haftung
GmbHR	GmbH-Rundschau (Zeitschrift)
GmbH-StB	GmbH-Steuerberater (Zeitschrift)
h.M.	herrschende Meinung
Hervorh.	Hervorhebung

HFR	Höchstrichterliche Finanzrechtsprechung (Zeitschrift)
Hrsg.	Herausgeber
HS	Halbsatz
i.d.R.	in der Regel
i.H.v.	in Höhe von
i.S.v.	im Sinne von
i.V.m.	in Verbindung mit
InvStG	Investmentsteuergesetz
ISR	Internationale Steuer-Rundschau (Zeitschrift)
IStR	Internationales Steuerrecht (Zeitschrift)
IWB	Internationale Wirtschaftsbriefe (Zeitschrift)
JbFStR	Jahrbuch der Fachanwälte für Steuerrecht
Kap.	Kapitel
KG	Kommanditgesellschaft
KOM	Dokumente der Europäischen Kommission
KStG	Körperschaftsteuergesetz
m. Anm.	mit Anmerkung
m.E.	meines Erachtens
m.w.N.	mit weiteren Nachweisen
n.F.	neue Fassung
NJW	Neue Juristische Wochenzeitschrift (Zeitschrift)
Nr.	Nummer
OECD	Organisation for Economic Co-operation and Development
OECD-MA	Musterabkommen der OECD zur Vermeidung der internationalen Doppelbesteuerung auf dem Gebiet der Steuern von Einkommen und Vermögen
OECD-MA (E)	Musterabkommen der OECD zur Vermeidung der internationalen Doppelbesteuerung auf dem Gebiet der Nachlass-, Erbschaft- und Schenkungsteuern
OECD-MK	OECD-Musterkommentar
ÖStZ	Österreichische Steuer-Zeitung (Zeitschrift)
PISTB	Praxis Internationale Steuerberatung (Zeitschrift)
RdW	Recht der Wirtschaft (Zeitschrift)
RIW	Recht der Internationalen Wirtschaft (Zeitschrift)
rkr.	rechtskräftig
Rs.	Rechtssache
Rz.	Randziffer
S.	Satz/Seite
Slg.	Sammlung
sog.	sogenannte
Stbg	Die Steuerberatung (Zeitschrift)
str.	strittig

StuB	Steuern und Bilanzen (Zeitschrift)
StuW	Steuer und Wirtschaft (Zeitschrift)
SWI	Steuer und Wirtschaft International (Zeitschrift)
Tz.	Textziffer
u.a.	und andere/unter anderem
u.U.	unter Umständen
Ubg	Die Unternehmensbesteuerung (Zeitschrift)
UmwStG	Umwandlungsteuergesetz
v.	von/vom
verb.	verbundene
Verf.	Verfasser
vgl.	vergleiche
VwGH	Verwaltungsgerichtshof
WÜRV	Wiener Übereinkommen über das Recht der Verträge
z.B.	zum Beispiel
ZErb	Zeitschrift für die Steuer- und Erbrechtspraxis (Zeitschrift)
Ziff.	Ziffer
ZIP	Zeitschrift für Wirtschaftsrecht (Zeitschrift)
ZP-EMRK	Zusatzprotokoll zur Konvention zum Schutz der Menschenrechte und Grundfreiheiten

A. Einleitung

I. Einführung und Problemstellung

Die *Steuerhoheit* eines Staates ist Ausdruck seiner unbeschränkten Souveränität im Bereich des Steuerrechts und umfasst die von innen und außen unbeschränkte Befugnis eines Staates zur alleinigen Vornahme von Gesetzgebungs-, Verwaltungs- und Rechtsprechungsakten, um Steuern[1] und Abgaben[2] innerhalb seines territorialen Machtbereiches zu erheben.[3] Die Steuerhoheit ermöglicht jedem Staat, sozusagen als „steuerlicher Souverän", die Ausgestaltung und den Anwendungsbereich seiner nationalen Steuerrechtsordnung grundsätzlich autonom, d.h. ohne Rücksicht auf fremde Steuerhoheiten, vorzunehmen.[4]

Die *allgemeinen Regeln des Völkerrechts*[5] setzen als vorrangig anzuwendendes Recht[6] den Staaten zur Begründung von Steueransprüchen nach ihrem innerstaatlichen Recht insoweit nur geringfügige Schranken;[7] insbesondere kann ein Staat seine Steuerhoheit über seinen territorialen Machtbereich hinaus auch auf ausländische Sachverhalte ausdehnen, soweit nur ein „hinreichender Anknüpfungspunkt" zum Inland (sog. „genuine link") gegeben ist.[8]

In der Konsequenz kann es bei grenzüberschreitenden Sachverhalten zu einer Überschneidung von bestehenden Steueransprüchen mehrerer Staaten kommen, sodass in diesen Fällen die Gefahr einer *internationalen Doppelbesteuerung*[9] auftritt. Obwohl kein allgemeines völkerrechtliches Verbot von *internationalen Doppelbesteuerungen*

---

1 Vgl. zum Begriff der „Steuer" die Legaldefinition in § 3 AO: „Steuern sind Geldleistungen, die nicht eine Gegenleistung für eine besondere Leistung darstellen und von einem öffentlich-rechtlichen Gemeinwesen zur Erzielung von Einnahmen auferlegt werden, bei denen der Tatbestand zutrifft, an den das Gesetz die Leistungspflicht knüpft; die Erzielung von Einnahmen kann Nebenzweck sein."

2 Abgaben sind neben den Steuern auch Gebühren, Beiträge und Sonderabgaben, vgl. *Tipke*, Die Steuerrechtsordnung, Bd. III, S. 1052.

3 *Hensel*, Steuerrecht, S. 12; *Blumenstein/Locher*, System des Steuerrechts, S. 35.

4 *Knechtle*, Grundfragen des internationalen Steuerrechts, S. 42; *Bühler*, Archiv für schweizerisches Abgabenrecht 1960, 321, 327.

5 Darunter fallen das *Völkergewohnheitsrecht* (siehe *Kunig*, in: *Vitzthum*, Völkerrecht, S. 127) sowie die *allgemein anerkannten Rechtsgrundsätze des Völkerrechts* (siehe *Kunig*, in: *Vitzthum*, Völkerrecht, S. 65).

6 Vgl. Art. 25 GG.

7 Siehe *Vogel*, DStR 1968, 427, 429 f.

8 Vgl. *Frotscher*, Internationales Steuerrecht, S. 15.

9 Zum Begriff *Seer*, in: *Tipke/Lang*, Steuerrecht, § 6, Rz. 57; *Frotscher*, Internationales Steuerrecht, S. 3. Siehe weiter ausführlich unten B.I.

existiert,[10] sind Staaten dennoch daran interessiert, daraus resultierende, wirtschaftlich negative Folgen (wie z.B. Wettbewerbsverzerrungen und die Beeinträchtigung von Investitionsentscheidungen) zu vermeiden. Die Vermeidung bzw. Beseitigung des Problems der *internationalen Doppelbesteuerung* erfolgt dabei in der internationalen Staatenpraxis zum einen durch unilaterale Maßnahmen im nationalen Recht der Staaten,[11] zum anderen durch Auf- bzw. Zuteilung von Besteuerungsbefugnissen[12] zwischen den Staaten im Rahmen von bilateralen[13] völkerrechtlichen Verträgen, den sog. *Doppelbesteuerungsabkommen*[14] (kurz: DBA).

Die Mitgliedstaaten der Europäischen Union (kurz: EU) sind bei der Aufteilung und Ausübung ihrer Steuerhoheiten an die Vorgaben des *Unionsrechts*[15] gebunden. Während das sog. „primäre Unionsrecht"[16] in Art. 113 des Vertrages über die Arbeitsweise der Europäischen Union (kurz: AEUV) für den Bereich der *indirekten Steuern*[17]

---

10 Vgl. *Vogel*, DStR 1968, 427, 430; *Frotscher*, Internationales Steuerrecht, S. 16. Siehe hierzu ausführlich unten B.I.3.

11 Siehe im deutschen Steuerrecht z.B. § 34c EStG, § 26 KStG und § 21 ErbStG. Unilaterale Maßnahmen bedingen aber lediglich eine *einseitige* Vermeidung der *internationalen Doppelbesteuerung* durch den jeweiligen Staat und treffen in diesem Sinne keine Aussagen über die Aufteilung oder Verteilung von Besteuerungsbefugnissen *zwischen* den Staaten (vgl. *Schaumburg*, Internationales Steuerrecht, Rz. 14.40). Aus diesem Grund sollen unilaterale Maßnahmen zur Vermeidung der internationalen Doppelbesteuerung im Rahmen dieser Arbeit nicht genauer untersucht werden.

12 Insbesondere in der älteren Literatur findet sich öfters auch der Ausdruck der Auf- und Zuteilung von „Besteuerungsrechten" durch Doppelbesteuerungsabkommmen, siehe *Vogel*, in: *Vogel/Lehner*, DBA, Einl., Rz. 69. Dieser Begriff ist jedoch kritisch zu sehen, da souveränen Staaten durch völkerrechtliche Verträge keine „Rechte" zur Besteuerung zugeteilt werden können, die sie nicht schon vorher innehatten (vgl. *Vogel*, in: *Kirchhof/Offerhaus/Schöberle*, Steuerrecht, Verfassungsrecht, Finanzpolitik, S. 362 ff.). Stattdessen soll hier der Begriff der „Aufteilung von Besteuerungsbefugnissen" verwendet werden, vgl. *Vogel*, in: *Vogel/Lehner*, DBA, Einl., Rz. 70.

13 Multilaterale Verträge zwischen mehr als zwei Staaten werden nur sehr selten abgeschlossen, siehe *Vogel*, in: *Vogel/Lehner*, DBA, Einl., Rz. 39.

14 Siehe zum Begriff *Seer*, in: *Tipke/Lang*, Steuerrecht, § 1, Rz. 92.

15 Der Begriff „Unionsrecht" bezeichnet das von der EU erlassene Recht, vgl. *Oppermann/Classen/Nettesheim*, Europarecht, S. 102.

16 Das „primäre Unionsrecht" umfasst den Vertrag über die Europäische Union (EUV) sowie den Vertrag über die Arbeitsweise der Europäischen Union (AEUV) einschließlich Anlagen und Protokollen sowie die allgemeinen Rechtsgrundsätze des Unionsrechts und über die Einbeziehung nach Art. 6 Abs. 1 EUV auch die Charta der Grundrechte der Europäischen Union (EUGrdCH), siehe *Streinz*, Europarecht, Rz. 3; *Herdegen*, Europarecht, S. 159.

17 Bei den indirekten Steuern sind Steuerschuldner und Steuerträger nicht identisch; die wirtschaftliche Belastung mit der Steuer wird insoweit vom Steuerschuldner auf den Steuerträger übergewälzt, siehe *Hey*, in: *Tipke/Lang*, Steuerrecht, § 7, Rz. 20. Dies betrifft vor allem die sog. „Verkehr- und Verbrauchsteuern", wie z.B. die Umsatzsteuer oder die Grunderwerbsteuer.

einen ausdrücklichen Harmonisierungsauftrag vorsieht, fehlt ein solcher Verweis jedoch für die *direkten Steuern*[18] der Mitgliedstaaten, sodass eine unionsrechtliche Harmonisierung in diesem Bereich lediglich durch den Erlass von Rechtsakten der Union auf der Grundlage des Art. 115 AEUV als sog. „sekundäres Unionsrecht"[19] erfolgt. Bislang hat der europäische Gesetzgeber von dieser Ermächtigungsgrundlage im Bereich der direkten Steuern jedoch nur vereinzelt Gebrauch gemacht,[20] sodass die EU-Mitgliedstaaten auch nach Inkrafttreten des Reformvertrages von Lissabon[21] ihre nationalen Steuerordnungen wie auch ihre völkerrechtlichen Abkommen zur Vermeidung internationaler Doppelbesteuerung grundsätzlich autonom gestalten können.[22]

Gleichzeitig hat die extensive Rechtsprechung des Gerichtshofs der Europäischen Union (kurz: EuGH) zur Anwendung der unionsrechtlichen „Grundfreiheiten" des Binnenmarktes (Art. 28 ff. AEUV) im direkten Steuerrecht der Mitgliedstaaten zu einer „stillen Harmonisierung" der mitgliedstaatlichen Steuersysteme geführt.[23] Der EuGH hat in ständiger Rechtsprechung festgestellt, dass „zwar der Bereich der direkten Steuern als solcher beim gegenwärtigen Stand des Gemeinschaftsrechts nicht in die Zuständigkeit der Gemeinschaft fällt, die Mitgliedstaaten die ihnen verbleibenden Befugnisse jedoch unter Wahrung des Gemeinschaftsrechts ausüben müssen".[24] Dieser „Anwendungsvorrang des Unionsrechts"[25] im Bereich der direkten Steuern gilt zum einen für die EU-Mitgliedstaaten hinsichtlich einer diskriminierungs- und beschränkungsfreien Ausgestaltung ihrer nationalen Steuervorschriften.[26] Zum anderen müssen die Mitgliedstaaten die Vorgaben des

18 Bei den direkten Steuern sind Steuerschuldner und Steuerträger identisch, wie z.B. bei der Einkommensteuer, der Körperschaftsteuer, der Gewerbesteuer, der Erbschaft- und Schenkungsteuer sowie der Grundsteuer, siehe *Hey*, in: *Tipke/Lang*, Steuerrecht, § 7, Rz. 20.

19 Unter „sekundärem Unionsrecht" ist das von den Organen der EU erlassene Recht zu verstehen, siehe *Streinz*, Europarecht, Rz. 4; *Herdegen*, Europarecht, S. 176 f. Art. 288 AEUV unterscheidet hier zwischen *Verordnungen*, *Richtlinien*, *Beschlüssen*, *Empfehlungen* und *Stellungnahmen*.

20 Siehe zum Stand der unionsrechtlichen Harmonisierung im Bereich der direkten Steuern *Schaumburg*, Internationales Steuerrecht, Rz. 3.58 ff.

21 Vertrag von Lissabon zur Änderung des Vertrages über die Europäische Union und des Vertrages zur Gründung der Europäischen Gemeinschaft, ABl. EU Nr. C 306 v. 17.12.2007, S. 1. In Kraft seit dem 01.12.2009.

22 Vgl. *Dürrschmidt*, NJW 2010, 2086, 2087.

23 Siehe *Cordewener*, Europäische Grundfreiheiten und nationales Steuerrecht, S. 25 ff.

24 Siehe grundlegend z.B. *EuGH*, 12.02.1995 – C-279/93, *Schumacker*, Slg. 1995, I-00225, Rz. 21 sowie *EuGH*, 08.03.2001 – verb. Rs. C-397/98 und C-410/98, *Metallgesellschaft u.a.*, Slg. 2001, I-01727, Rz. 37 m.w.N.

25 Vgl. *EuGH*, 15.07.1964 – 6/64, *Costa/ENEL*, Slg. 1964, 1251, Rz. 8 ff., hierzu *Streinz*, Europarecht, Rz. 214 ff.

26 Siehe ausführlich *Lang*, in: *Tipke*, Festschrift für Joachim Lang zum 70. Geburtstag: Gestaltung der Steuerrechtsordnung, S. 1004 ff.; *Cordewener*, Europäische Grundfreiheiten und nationales Steuerrecht, S. 53 ff.

Unionsrechts aber auch bei der *Aufteilung ihrer Besteuerungsbefugnisse* im Rahmen von völkerrechtlichen Vereinbarungen, welche zur Vermeidung von *internationalen Doppelbesteuerungen* geschlossen werden, beachten, bzw. sind sie bei der Ausübung dieser aufgeteilten Besteuerungsbefugnisse daran gebunden.[27]

Die Mitgliedstaaten der EU befinden sich im Bereich der direkten Steuern somit in einem Dilemma: Zwar wird ihre Souveränität in diesem Bereich kaum durch direkte Vorgaben des Unionsrechts (mit Ausnahme weniger sekundärer Rechtsakte[28]) berührt, gleichzeitig führt jedoch die Verpflichtung der Mitgliedstaaten, die einschlägigen Entscheidungen des EuGH zu beachten, zu einer deutlichen Einschränkung ihrer Besteuerungsbefugnis bei grenzüberschreitenden Steuersachverhalten. Da es sich bei den EuGH-Entscheidungen im Bereich der direkten Steuern um eine Vielzahl von Einzelfallentscheidungen zu den bisher nicht harmonisierten Steuerordnungen verschiedenster EU-Mitgliedstaaten handelt, stehen die Mitgliedstaaten vor der besonderen Herausforderung, die Urteile des EuGH einer handhabbaren Dogmatik zuzuführen, um eine unionsrechtskonforme Aufteilung und Ausübung ihrer Besteuerungsbefugnisse zur Vermeidung von internationalen Doppelbesteuerungen in der EU sicherzustellen.

II. Zielsetzung und Gang der Untersuchungen

Die vorliegende Arbeit soll den Einfluss des Unionsrechts auf die Aufteilung und die damit unmittelbar verbundene Ausübung der Besteuerungsbefugnisse der EU-Mitgliedstaaten im Bereich der direkten Steuern anhand einer ausführlichen Darstellung der primär- und sekundärrechtlichen Vorgaben sowie insbesondere einer umfassenden Analyse der einschlägigen Rechtsprechung des EuGH untersuchen. Die Ergebnisse dieser Untersuchung sollen Antworten auf die Fragen liefern, ob und inwieweit die Souveränität der EU-Mitgliedstaaten im Hinblick auf die zwischenstaatliche (bilaterale) Aufteilung von Besteuerungsbefugnissen zur Vermeidung von Doppelbesteuerungen in der EU eingeschränkt wird und welche Konsequenzen daraus für die Mitgliedstaaten hinsichtlich der Gestaltung von völkerrechtlichen Vereinbarungen sowie damit zusammenhängenden nationalen Steuerregelungen entstehen.

Der Gang der Untersuchungen folgt dabei der Betrachtung von vier Themenkomplexen und damit verbundenen unionsrechtlichen Fragestellungen. Unter **Gliederungspunkt B.** soll zunächst der Frage nachgegangen werden, ob und inwieweit dem primären und sekundären Unionsrecht eine *Verpflichtung* der Mitgliedstaaten zur Beseitigung von internationalen Doppelbesteuerungen in der EU, etwa als Ausfluss der Verwirklichung des Binnenmarktziels, zu entnehmen ist. Als zweite Fragestellung soll unter **Gliederungspunkt C.** der Einfluss des Unionsrechts auf die in der bisherigen Staatenpraxis zur zwischenstaatlichen Aufteilung von Besteuerungsbefugnissen herangezogenen *Kriterien* untersucht werden, wobei hier

27 *Kemmeren*, EC Tax Review 2012, 157, 167.
28 Siehe hierzu unten B.III.

insbesondere auf die Anwendung der Aufteilungskriterien der aktuellen Musterabkommen der *Organisation for Economic Co-operation and Development* (kurz: OECD) zur Vermeidung der internationalen Doppelbesteuerung auf dem Gebiet der Steuern von Einkommen und Vermögen (kurz: OECD-MA) sowie auf dem Gebiet der Nachlass-, Erbschaft- und Schenkungsteuern (kurz: OECD-MA (E)) eingegangen wird.

Gliederungspunkt D. umfasst eine ausführliche Analyse der Rechtsprechung des EuGH zu einschlägigen mitgliedstaatlichen Vorabentscheidungsverfahren (Art. 267 AEUV) sowie Vertragsverletzungsverfahren der *Europäischen Kommission* (Art. 258 AEUV) im Bereich der direkten Steuern, welche die Aufteilung bzw. Ausübung von Besteuerungsbefugnissen zwischen den EU-Mitgliedstaaten betreffen. Der EuGH hat dabei in seiner jüngeren Rechtsprechung seit dem Jahr 2005 beschränkende Steuerregelungen der Mitgliedstaaten in zunehmendem Maße als zur „Wahrung der ausgewogenen Aufteilung der Besteuerungsbefugnis zwischen den Mitgliedstaaten" gerechtfertigt angesehen.[29] Anhand einer Kategorisierung der einschlägigen EuGH-Urteile soll insoweit der Versuch unternommen werden, dogmatische Grundlinien dieses „neuen" Rechtfertigungsgrundes herauszubilden, um daraus weitere Rückschlüsse hinsichtlich des Einflusses der EuGH-Rechtsprechung auf die Aufteilung von Besteuerungsbefugnissen zwischen den Mitgliedstaaten zu erhalten.

Gliederungspunkt E. beschäftigt sich mit der EuGH-Rechtsprechung zur möglichen „Neutralisierungsfunktion" eines mitgliedstaatlichen DBA im Hinblick auf beschränkende Steuervorschriften der Mitgliedstaaten.[30] Hier erfolgt eine Untersuchung der einschlägigen EuGH-Urteile dahingehend, unter welchen Voraussetzungen zwischen den Mitgliedstaaten abgeschlossene DBA steuerliche Beschränkungen der Mitgliedstaaten „aufheben" bzw. „neutralisieren" können.

Die Ergebnisse und Erkenntnisse aus den vier Themenkomplexen werden schließlich in **Gliederungspunkt F.** zusammengefasst. Die Arbeit schließt mit einem Ausblick auf mögliche zukünftige Entwicklungen des Unionsrechts in Bezug auf die Aufteilung von Besteuerungsbefugnissen zwischen den Mitgliedstaaten der EU.

29 Vgl. nur *EuGH*, 13.12.2005 – C-446/03, *Marks & Spencer*, Slg. 2005, I-10866, Rz. 45 ff.; *EuGH*, 07.09.2006 – C-470/04, *N.*, Slg. 2006, I-07409, Rz. 41 ff.; *EuGH*, 13.03.2007 – C-524/04, *Test Claimants in the Thin Group Litigation*, Slg. 2007, Rz. 75 ff.; *EuGH*, 29.03.2007 – C-347/04, *Rewe Zentralfinanz*, Slg. 2007, I-02647, Rz. 41 ff.; *EuGH*, 18.07.2007 – C-231/05, *Oy AA*, Slg. 2007, I-06373, Rz. 54 ff.; *EuGH*, 08.11.2007 – C-379/05, *Amurta*, Slg. 2007, I-09569, Rz. 56 ff.; *EuGH*, 15.05.2008 – C-414/06, *Lidl Belgium*, Slg. 2008, I-03601, Rz. 30 ff.; *EuGH*, 25.02.2010 – C-337/08, *X-Holding*, Slg. 2010, I-01215, Rz. 27 ff.; *EuGH*, 29.11.2011 – C-371/10, *National Grid Indus*, Slg. 2011, I-12273, Rz. 43 ff.

30 Vgl. nur *EuGH*, 08.11.2007 – C-379/05, *Amurta*, Slg. 2007, I-09569, Rz. 79; *EuGH*, 19.11.2009 – C-540/07, *Kommission/Italien*, Slg. 2009, I-10983, Rz. 36; *EuGH*, 12.07.2012 – C-384/11, *Tate & Lyle Investment Ltd.*, IStR 2012, 809, Rz. 36.

B. Verpflichtung der Mitgliedstaaten zur Vermeidung von internationaler Doppelbesteuerung in der EU?

Im Folgenden soll untersucht werden, ob und inwieweit die EU-Mitgliedstaaten durch Vorgaben des primären und sekundären Unionsrechts verpflichtet sind, *internationale Doppelbesteuerungssituationen* in der EU zu vermeiden oder zu beseitigen. Dazu wird zunächst dargestellt, wie *internationale Doppelbesteuerung* entsteht und welche Vorgaben des *allgemeinen Völkerrechts* zu ihrer Vermeidung oder Beseitigung bestehen. Danach werden einschlägige Vorschriften des *primären Unionsrechts* hinsichtlich einer möglichen Verpflichtungswirkung für die EU-Mitgliedstaaten untersucht sowie die bislang bestehenden *sekundärrechtlichen Rechtsakte* der EU auf dem Gebiet der direkten Steuern zur Vermeidung einer internationalen Doppelbesteuerung im Binnenmarkt dargestellt.

I. Das Problem der internationalen Doppelbesteuerung

Das Problem der *internationalen Doppelbesteuerung* entsteht bei der Kollision von Steueransprüchen mehrerer Staaten bei grenzüberschreitenden Sachverhalten aufgrund von unterschiedlichen Anknüpfungspunkten zur Begründung einer Steuerpflicht im jeweiligen Staat.[31] Die meisten Staaten, wie auch die Bundesrepublik Deutschland, sehen in der Ausgestaltung ihrer nationalen Steuerrechtsordnungen sowohl eine Besteuerung gebietsansässiger natürlicher und juristischer Personen mit ihrem Welteinkommen (sog. „unbeschränkte Steuerpflicht“[32]) wie auch eine sog. „beschränkte Steuerpflicht“ natürlicher und juristischer Personen ohne inländischen Wohnsitz bzw. Sitz oder Geschäftsleitung mit ihren „inländischen Einkünften“[33] vor.[34] Durch das Nebeneinander der verschiedenen Anknüpfungsmerkmale in den Rechtsordnungen der Mitgliedstaaten kann es zur Kollision von Steueransprüchen verschiedener Staaten kommen, wenn diese, in völkerrechtlich zulässiger Weise, auf denselben Steuerpflichtigen als Steuersubjekt oder auf dieselben zu versteuernden Einkünfte bzw. dasselbe Vermögen als Steuerobjekt zugreifen. Je nachdem, wie der kollidierende Steuerzugriff mehrerer Staaten dabei ausgestaltet ist, unterscheidet

31 Vgl. *Schaumburg*, Internationales Steuerrecht, Rz. 12.2.

32 Vgl. z.B. § 1 Abs. 1 S. 1 EStG; § 1 Abs. 1 KStG; § 2 Abs. 1 Nr. 1 ErbStG.

33 Vgl. z.B. § 1 Abs. 4 EStG; § 2 Nr. 1 KStG i.V.m. § 49 EStG; § 2 Abs. 1 Nr. 3 ErbStG.

34 *Schaumburg*, Internationales Steuerrecht, Rz. 13.1 f. Zur Ausgestaltung der Steuerpflichten in weiteren ausgewählten Staaten vgl. die rechtsvergleichenden Ausführungen bei *Lehner/Waldhoff*, in: *Kirchhof/Söhn/Mellinghoff*, EStG, § 1, Rz. 246 ff.

man zwischen *internationaler juristischer Doppelbesteuerung* und *internationaler wirtschaftlicher Doppelbesteuerung*.[35]

1. Internationale juristische Doppelbesteuerung

Unterliegt *ein* Steuerpflichtiger mit demselben Steuergegenstand gleichzeitig (d.h. im gleichen steuerlichen Veranlagungszeitraum) einer Steuerpflicht in zwei (oder mehreren) Staaten, so liegt ein Fall der *internationalen juristischen Doppelbesteuerung* vor.[36] In der Praxis tritt diese hauptsächlich bei der Kollision von „unbeschränkter" und „beschränkter" Steuerpflicht eines Steuerpflichtigen mit seinen Einkünften oder seinem Vermögen in zwei Staaten auf.[37] In diesen Fällen unterliegen die Einkünfte bzw. das Vermögen einmal der *unbeschränkten Steuerpflicht* im Rahmen der Erfassung des Welteinkommens bzw. Weltvermögens durch den Ansässigkeitsstaat des Steuerpflichtigen; gleichzeitig unterliegt der Steuerpflichtige auch in dem Staat, aus welchem er seine Einkünfte bezieht bzw. sein Vermögen belegen ist, einer *beschränkten Steuerpflicht.*

Weiter kann es zu einer *internationalen juristischen Doppelbesteuerung* von Einkünften bzw. Vermögen eines Steuerpflichtigen durch den Steuerzugriff zweier Staaten im Rahmen der „unbeschränkten" Steuerpflicht kommen.[38] Diese Fälle treten dann auf, wenn beide Staaten zur Begründung einer unbeschränkten Steuerpflicht unterschiedliche Anknüpfungsmerkmale gewählt haben. Hat bspw. ein Staat den *Wohnsitz*[39] eines Steuerpflichtigen, der andere Staat jedoch den *gewöhnlichen Aufenthalt*[40] als Anknüpfungsmerkmal festgelegt, so unterliegt ein Steuerpflichtiger, auf den beide Merkmale zutreffen, in beiden Staaten der unbeschränkten Steuerpflicht mit seinem Welteinkommen.

---

35 In der Literatur werden mitunter weitere Differenzierungen des Begriffs der *internationalen Doppelbesteuerung* vorgenommen, siehe den Überblick bei *Schaumburg*, Internationales Steuerrecht, Rz. 12.1. Schon *Spitaler* hat jedoch die Beliebigkeit solcher Differenzierungen kritisiert (siehe *Spitaler*, Das Doppelbesteuerungsproblem bei den direkten Steuern, S. 58).

36 Siehe Ziff. 1 des OECD-Musterkommentars (kurz: OECD-MK) zur Einl. des OECD-MA. Die Literatur hat diese Definition weitgehend übernommen, vgl. nur *Frotscher*, Internationales Steuerrecht, S. 4; *Schaumburg*, Internationales Steuerrecht, Rz. 12.2; *Teichner*, Internationales Steuerrecht, S. 18; *Rust*, in: *Rust*, Double Taxation within the European Union, S. 1.

37 Vgl. *Lang*, Einführung in das Recht der Doppelbesteuerungsabkommen, S. 22 f.; *Jacobs*, Internationale Unternehmensbesteuerung, S. 8; *Kluge*, Das internationale Steuerrecht, S. 31; *Rust*, in: *Rust*, Double Taxation within the European Union, S. 2; *Jülicher*, in: *Troll u.a.*, Erbschaftsteuer- und Schenkungsteuergesetz, § 2, Rz. 146. Siehe auch Ziff. 3 OECD-MK zu Art. 23A/B OECD-MA.

38 *Rust*, in: *Rust*, Double Taxation within the European Union, S. 2; *Jülicher*, in: *Troll u.a.*, Erbschaftsteuer- und Schenkungsteuergesetz, § 2, Rz. 146.

39 Vgl. § 8 AO.

40 Vgl. § 9 AO.

Selten, aber nicht ausgeschlossen, sind die Fälle der *internationalen juristischen Doppelbesteuerung* aufgrund der Kollision von zwei bestehenden „beschränkten“ Steuerpflichten eines Steuerpflichtigen in zwei verschiedenen Staaten.[41] Eine Kollision der Steuerzugriffe kann in diesen Fällen entstehen, wenn die beteiligten Staaten für die Bestimmung der jeweiligen inländischen *Steuerquelle* sowie des *Umfangs* der beschränkten Steuerpflicht unterschiedliche Merkmale in ihren nationalen Steuervorschriften festgelegt haben.[42]

2. Internationale wirtschaftliche Doppelbesteuerung

Von der *internationalen juristischen* Doppelbesteuerung ist die *internationale wirtschaftliche Doppelbesteuerung* (oder auch *internationale Doppelbelastung*[43]) zu unterscheiden. Diese Form der internationalen Doppelbesteuerung ist dadurch gekennzeichnet, dass zwar ein Steuer*objekt*, bspw. Unternehmensgewinne, von mehr als einem Staat in demselben Zeitraum steuerlich erfasst wird, es aber an der Identität des Steuer*subjekts*, also der steuerpflichtigen Person, fehlt.[44] Als klassischer Fall tritt die internationale wirtschaftliche Doppelbesteuerung bei *grenzüberschreitenden Dividendenausschüttungen* zwischen Kapitalgesellschaften und ihren gebietsfremden Anteilseignern auf.[45] Hierbei erfolgt zunächst eine steuerliche Erfassung der Gewinne der Kapitalgesellschaft im Rahmen der Körperschaftsteuer in ihrem Ansässigkeitsstaat. Bei Ausschüttung der Gewinne durch eine Dividendenzahlung an gebietsfremde Anteilseigner unterliegen diese Gewinne dann ggf. einer zusätzlichen Besteuerung in deren Ansässigkeitsstaat.[46]

Daneben besteht das Problem der *internationalen wirtschaftlichen Doppelbesteuerung* von Unternehmensgewinnen, insbesondere im Zusammenhang mit sog. „Verrechnungspreisen“[47] bei Transaktionen zwischen grenzüberschreitend tätigen,

41 *Rust*, in: *Rust*, Double Taxation within the European Union, S. 2.

42 Vgl. *Schaumburg*, Internationales Steuerrecht, Rz 13.5; *Frotscher*, Internationales Steuerrecht, S. 6; *Rust*, in: *Rust*, Double Taxation within the European Union, S. 2; *Jülicher*, in: *Troll u.a.*, Erbschaftsteuer- und Schenkungsteuergesetz, § 2, Rz. 147.

43 *Jacobs*, Internationale Unternehmensbesteuerung, S. 3.

44 Siehe *Lang*, Einführung in das Recht der Doppelbesteuerungsabkommen, S. 23; *Teichner*, Internationales Steuerrecht, S. 22; *Vogel*, in: *Vogel/Lehner*, DBA, Einl., Rz. 4; *Jacobs*, Internationale Unternehmensbesteuerung, S. 3; *Frotscher*, Internationales Steuerrecht, S. 5; *Remacle/Nonnenkamp*, in: *Rust*, Double Taxation within the European Union, S. 20.

45 *Frotscher*, Internationales Steuerrecht, S. 5 f.; *Jacobs*, Internationale Unternehmensbesteuerung, S. 3 f.; *Remacle/Nonnenkamp*, in: *Rust*, Double Taxation within the European Union, S. 20 ff.; a.A. *Vogel*, in: *Vogel/Lehner*, DBA, Einl., Rz. 4; *Kluge*, Das internationale Steuerrecht, S. 27 f.

46 Unterliegen die Anteilseigner mit ihren Dividendeneinkünften zudem einer beschränkten Steuerpflicht im Ansässigkeitsstaat der ausschüttenden Gesellschaft, liegt zusätzlich eine *internationale juristische Doppelbesteuerung* der Anteilseigner vor.

47 Siehe zum Begriff *Frotscher*, Internationales Steuerrecht, S. 249.

gesellschaftsrechtlich verbundenen Konzernunternehmen.[48] Werden Lieferungen oder Leistungen zwischen Konzernunternehmen nicht zu fremdüblichen Konditionen abgewickelt, sehen viele Steuerordnungen der Mitgliedstaaten eine steuerliche Einkünftekorrektur in Höhe des „Fremdvergleichspreises", also des Preises, welcher bei einer marktüblichen Transaktion zu erzielen gewesen wäre, vor.[49] In rein nationalen Verrechnungspreisfällen wird zur Vermeidung einer wirtschaftlichen Doppelbesteuerung die steuerliche „Zurechnung" von Gewinnen bei einem Konzernunternehmen im Regelfall durch eine entsprechende „Gegenberichtigung" (Berücksichtigung der Gewinnzurechnung als Betriebsausgabe) bei dem anderen beteiligten Konzernunternehmen ausgeglichen.[50] Da die Steuervorschriften der Mitgliedstaaten auf internationaler Ebene jedoch nicht auf diese Weise abgestimmt sind, kann es in grenzüberschreitenden Fällen deshalb zu einer *internationalen wirtschaftlichen Doppelbesteuerung* kommen, wenn einem Konzernunternehmen eines Staates aufgrund der Anwendung des Fremdvergleichsgrundsatzes Gewinne zur Besteuerung zugerechnet werden, welche bereits bei dem mit ihm verbundenen Konzernunternehmen in einem anderen Staat versteuert worden sind.[51]

Internationale wirtschaftliche Doppelbesteuerung von Einkünften kann bei grenzüberschreitenden Steuersachverhalten schließlich auch bei sog. „Zurechnungskonflikten" entstehen. Das Problem besteht in diesen Fällen darin, dass Staaten Einkünfte oder Vermögen jeweils unterschiedlichen Steuer*subjekten* nach ihrem nationalen Steuerrecht zurechnen.[52] „Zurechnungskonflikte" entstehen in der Praxis häufig im Zusammenhang mit der unterschiedlichen steuerlichen Behandlung von Personengesellschaften, etwa wenn ein Staat Personengesellschaften als „transparent" für Besteuerungszwecke ansieht und die Einkünfte mithin den Gesellschaftern der Personengesellschaft steuerlich zuordnet, während der andere Staat die Personengesellschaft als eigenständiges Steuersubjekt betrachtet.[53]

---

48 Vgl. *Kluge*, Das internationale Steuerrecht, S. 23; *Frotscher*, Internationales Steuerrecht, S. 5; *Remacle/Nonnenkamp*, in: *Rust*, Double Taxation within the European Union, S. 23 ff.

49 *Remacle/Nonnenkamp*, in: *Rust*, Double Taxation within the European Union, S. 23. Siehe zu den deutschen Rechtsgrundlagen z.B. *Frotscher*, Internationales Steuerrecht, S. 251 ff.

50 Im deutschen Körperschaftsteuerrecht sieht z.B. § 8 Abs. 3 KStG ein entsprechendes „Korrespondenzprinzip" vor.

51 Vgl. Ziff. 5 OECD-MK zu Art. 9 OECD-MA.

52 Siehe zu diesen „Zurechnungskonflikten" mit Beispielen *Vogel*, in: *Vogel/Lehner*, DBA, Einl., Rz. 4 und Rz. 181a f.

53 Siehe hierzu ausführlich *Remacle/Nonnenkamp*, in: *Rust*, Double Taxation within the European Union, S. 29 ff.

3. Allgemeines völkerrechtliches Verbot der internationalen Doppelbesteuerung?

Da die Gefahr einer *internationalen* (*juristischen* oder *wirtschaftlichen*) *Doppelbesteuerung* bei grenzüberschreitenden Sachverhalten aus der völkerrechtlich zulässigen Ausdehnung der Steuerhoheit eines Staates auf ausländische Sachverhalte entsteht, stellt sich die Frage, ob das *allgemeine Völkerrecht* insoweit eine Lösung für dieses Problem vorsieht. Sind Staaten ggf. bereits auf völkerrechtlicher Grundlage zur Vermeidung von internationaler Doppelbesteuerung verpflichtet? Sowohl die Literatur[54] wie auch die Rechtsprechung[55] lehnen die Annahme eines allgemeingültigen völkerrechtlichen Rechtsgrundsatzes wie auch einer möglichen völkergewohnheitsrechtlichen Verpflichtung von Staaten, *internationale Doppelbesteuerung* zu vermeiden, grundsätzlich ab. Diese Auffassung wird damit begründet, dass die internationale Doppelbesteuerung insoweit aus dem unkoordinierten Zusammenwirken von i.d.R. völkerrechtskonform ausgestalteten Steuerordnungen souveräner Staaten entsteht, sodass diese nicht *per se* als völkerrechtswidrig eingestuft werden kann.[56]

4. Internationales „Gebot der Rücksichtnahme“?

Ob darüber hinaus auch ein völkerrechtliches „Gebot der Rücksichtnahme“ im Hinblick auf die Vermeidung von *internationalen Doppelbesteuerungen* besteht, ist umstritten. *Wolfgang Ritter* hatte versucht, einen entsprechenden völkerrechtlich verpflichtenden Rechtsgrundsatz für Staaten daraus abzuleiten, dass viele Staaten in ihren nationalen Steuerrechtsordnungen bereits Mechanismen zur Vermeidung von *internationalen Doppelbesteuerungen* vorsehen; das Vorhandensein einer solchen Vielzahl ähnlicher Regelungen ließe somit auf ein universell gültiges Rechtsprinzip schließen.[57] Das „Gebot der internationalen Rücksichtnahme“ fordere von den Staaten, „ihren Steueranspruch bei Gefahr der Doppelbesteuerung schon im Ansatz zurückzunehmen, eine Doppelbesteuerung möglichst gar nicht entstehen zu lassen“.[58]

Gegen diese Argumentation von *Ritter* spricht das zwischenzeitliche Bestehen eines weltweiten Netzes von „Doppelbesteuerungsabkommen“ zwischen den Staaten. Dieser Umstand zeigt, dass die Staaten im Hinblick auf die Vermeidung einer *internationalen Doppelbesteuerung* in grenzüberschreitenden Situationen gerade nicht vom Bestehen eines solchen „Gebots der internationalen Rücksichtnahme“ ausgehen, sondern weiterhin den Abschluss von völkerrechtlichen Verträgen als hierfür notwendiges

---

54 Vgl. nur *Weber-Fas*, Staatsverträge im internationalen Steuerrecht, S. 39; *Vogel*, in: *Vogel/Lehner*, DBA, Einl., Rz. 14.

55 Vgl. *BFH*, 14.02.1975 – VI R 210/72, BStBl. II 1975, 497; bestätigt durch *BFH*, 19.06.2013 – II R 10/12, BStBl. II 2013, 746.

56 Vgl. nur *Schaumburg*, Internationales Steuerrecht, Rz. 14.3 m.w.N.

57 *Ritter*, in: Jahrbuch der Fachanwälte für Steuerrecht 1975/1976, S. 348; *Ritter*, BB 1984, 1109, 1113 f.

58 *Ritter*, in: Jahrbuch der Fachanwälte für Steuerrecht 1975/1976, S. 349.

Mittel erachten.[59] Zudem liegt der Schwachpunkt des von *Ritter* geforderten „Gebotes der Rücksichtnahme" darin, dass ein solches Prinzip aufgrund seiner Unbestimmtheit (welcher Staat müsste sich wie anpassen) weder zu praktisch handhabbaren Lösungen noch zu einer international einheitlichen Verfahrensweise zur Vermeidung von internationaler Doppelbesteuerung durch die Staaten führen würde.[60]

II. Primäres Unionsrecht

Die obigen Ausführungen haben gezeigt, dass dem allgemeinen Völkerrecht keine Verpflichtung der Staaten zur Vermeidung oder Beseitigung von *internationaler Doppelbesteuerung* entnommen werden kann. Im Folgenden werden nun die einschlägigen Vorschriften des Vertrages über die Arbeitsweise der Europäischen Union (kurz: AEUV) sowie des Vertrages über die Europäische Union (kurz: EUV) als primäres Unionsrecht auf eine entsprechende Verpflichtung der EU-Mitgliedstaaten hin untersucht.

Dabei ist zunächst zu bemerken, dass die Europäischen Verträge in ihrer derzeitigen Fassung keine expliziten Aussagen zur unionsrechtlichen Behandlung der *internationalen Doppelbesteuerung* in der EU enthalten. In der Vergangenheit war dies anders. So enthielt Art. 293 2. Spiegelstrich des Vertrages über die Gründung der Europäischen Gemeinschaft (kurz: EGV) bzw. die inhaltsgleiche Vorschrift des Art. 220 2. Spiegelstrich des Vertrages zur Gründung der Europäischen Wirtschaftsgemeinschaft (kurz: EWGV) die folgende Aussage: „Soweit erforderlich, leiten die Mitgliedstaaten untereinander Verhandlungen ein, um zugunsten ihrer Staatsangehörigen folgendes sicherzustellen: [...]

– die Beseitigung der Doppelbesteuerung in der Gemeinschaft, [...]."

Durch den Reformvertrag von Lissabon wurde Art. 293 EGV im Ganzen ersatzlos und ohne weitere Begründung gestrichen. Mangels bis dato eindeutiger Rechtsprechung des EuGH zum genauen Rechtsgehalt dieser Vorschrift war die tatsächliche Bedeutung von Art. 293 2. Spiegelstrich EGV auch zu seiner Geltungszeit sehr umstritten.[61] Es war z.B. unklar, ob dieser nur eine Verpflichtung der Mitgliedstaaten zur *Aufnahme von Verhandlungen* über die Beseitigung von internationalen Doppelbesteuerungen enthielt oder auf den *Abschluss* eines entsprechenden Abkommens abzielte.[62] Damit hing auch die Frage zusammen, ob es sich bei einem solchen Abkommen um ein multilaterales, d.h. alle Mitgliedstaaten umfassendes

---

59 Vgl. *Schaumburg*, Internationales Steuerrecht, Rz. 14.7. A.A. wohl aber *Mössner*, Steuerrecht international tätiger Unternehmen, S. 67.

60 *Lehner/Waldhoff*, in: *Kirchhof/Söhn/Mellinghoff*, EStG, § 1, Rz. A 472.

61 Vgl. zur Bedeutung des Art. 293 EGV im Bereich der direkten Steuern ausführlich *Kofler*, Doppelbesteuerungsabkommen und Europäisches Gemeinschaftsrecht, S. 366 ff.

62 Siehe statt vieler *Dürrschmidt*, NJW 2010, 2086, 2089 m.w.N.

Abkommen handeln musste oder die Beseitigung der Doppelbesteuerung in der Gemeinschaft auch in bilateralen Verträgen zwischen den Mitgliedstaaten sichergestellt werden konnte.[63]

Unabhängig von seinem unklaren Regelungsgehalt schränkte der EuGH die Relevanz von Art. 293 EGV bzw. Art. 220 EWGV als mögliche „Verpflichtungsgrundlage" der Mitgliedstaaten zur Vermeidung einer internationalen Doppelbesteuerung in den Rechtssachen *Mutsch*[64], *Gilly*[65] und jüngst *Levy und Sebbag*[66] erheblich sein. Der EuGH stellt zu Art. 293 EGV fest, dass diese Norm „nicht zum Zweck hat, eine als solche rechtswirksame rechtliche Vorschrift zu definieren" und somit „als solche auch nicht dazu geeignet ist, Privatpersonen Rechte zu verleihen, die vor nationalen Gerichten geltend gemacht werden können".[67] Art. 293 EGV entfaltet nach Auffassung des EuGH keine *unmittelbare Wirkung* in dem Sinne, dass Steuerpflichtige der Mitgliedstaaten einen gerichtlichen Anspruch auf seine Durchsetzung, etwa im Rahmen eines Vorabentscheidungsverfahrens vor dem EuGH, hätten ableiten können. Die einzige Möglichkeit einer wirksamen Verpflichtung der Mitgliedstaaten zur Beseitigung der *internationalen Doppelbesteuerung* in der Gemeinschaft auf der Grundlage des Art. 293 EGV hätte somit in der Einleitung eines Vertragsverletzungsverfahrens durch die Kommission gem. Art. 226 EGV (jetzt 258 AEUV) bestanden.[68]

Da mit der ersatzlosen Streichung des Art. 293 EGV die einzige ausdrückliche Regelung des primären Unionsrechts zur Beseitigung der *internationalen Doppelbesteuerung* in der EU weggefallen war,[69] stellt sich die Frage, ob eine primärrechtliche Verpflichtung der Mitgliedstaaten ggf. einer anderen Norm der Europäischen Verträge entnommen werden kann. Dies wäre z.B. dann der Fall, wenn die Beseitigung der *internationalen Doppelbesteuerung* in der EU ein immanentes Ziel der primärrechtlich verankerten Binnenmarktverwirklichung (Art. 3 Abs. 3 EUV i.V.m. Art. 26 AEUV) darstellen würde. Die Errichtung eines Binnenmarktes in der EU ist zwar vorrangig als Gesetzesauftrag[70] an die Organe der Europäischen Union zu

---

63 Vgl. *Schweitzer*, in: *Grabitz/Hilf*, Das Recht der Europäischen Union, Art. 293 EGV, Rz. 4 m.w.N.

64 *EuGH*, 11.07.1985 – 137/84, *Mutsch*, Slg. 1985, 2681, Rz. 11 f.

65 *EuGH*, 12.05.1998 – C-336/96, *Gilly*, Slg. 1998, I-2793, Rz. 15 f.

66 *EuGH*, 19.09.2012 – C-540/11, *Levy und Sebbag*, IStR 2013, 307 m. Anm. *Tippelhofer*, Rz. 27 f.

67 Ebenda.

68 *Lehner*, IStR 2005, 397, 398; *Dürrschmidt*, NJW 2010, 2086, 2089.

69 Zur deutlichen Kritik daran *Lehner*, IStR 2005, 397, 398. A.A. jedoch *Hinnekens*, Intertax 2009, 602, 606; *Lang*, in: *Lehner*, Reden zum Andenken an Klaus Vogel, S. 74; *Hofmann*, in: *Rust*, Double Taxation within the European Union, S. 82, welcher den Wegfall des Art. 293 EGV insoweit als notwendige „Bereinigung" der Europäischen Verträge ansieht.

70 *Schröder*, in: *Streinz*, EUV/AEUV, Art. 26 AEUV, Rz. 13; *Bast*, in: *Grabitz/Hilf/Nettesheim*, Das Recht der Europäischen Union, Art. 26 AEUV, Rz. 9.

verstehen (siehe Art. 26 Abs. 1 AEUV[71] sowie Art. 352 Abs. 1 AEUV[72]); aufgrund des sog. „Grundsatzes der loyalen Zusammenarbeit" (Art. 4 Abs. 3 EUV) sind jedoch auch die *Mitgliedstaaten untereinander* verpflichtet,[73] „alle geeigneten Maßnahmen" zu ergreifen, um „die Verpflichtungen, die sich aus den Verträgen oder den Handlungen der Organe der Union ergeben", zu erfüllen (Art. 4 Abs. 3 2. Unterabschnitt EUV) bzw. „alle Maßnahmen" zu unterlassen, die „die Verwirklichung der Ziele der Union gefährden könnten" (Art. 4 Abs. 3 3. Unterabschnitt EUV). Weiter könnte die internationale Doppelbesteuerung auch eine „Wettbewerbsverzerrung" des Binnenmarktes darstellen, welche durch die Vorschriften der Art. 116 ff. AEUV beseitigt oder verhindert werden soll.

Darüber hinaus sollen auch die Neuerungen des Reformvertrages von Lissabon im Hinblick auf die Bedeutung der Grundrechte innerhalb der primärrechtlichen Ordnung des Unionsrechts[74] auf eine mögliche Verpflichtungswirkung gegenüber den Mitgliedstaaten, internationale Doppelbesteuerung in der EU zu vermeiden, untersucht werden. Gem. Art. 6 Abs. 1 EUV erkennt die Union die „Charta der Grundrechte der Europäischen Union"[75] (kurz: EUGrdCH) als gleichrangiges primäres Unionsrecht an. Ferner gelten aufgrund des Beitritts der EU zur „Europäischen Konvention zum Schutz der Menschenrechte und Grundfreiheiten"[76] (kurz: EMRK)[77] gem. Art. 6 Abs. 3 EUV auch die dort gewährleisteten Grundrechte sowie die sich aus den gemeinsamen Verfassungsüberlieferungen der Mitgliedstaaten ergebenden Grundrechte als Teil des primären Unionsrechts.

1. Art. 26 AEUV (Errichtung eines Binnenmarktes)

Die Legaldefinition des Begriffs des „Binnenmarktes" als ausdrückliches Ziel der EU gem. Art. 3 Abs. 3 S. 1 EUV findet sich in Art. 26 Abs. 2 AEUV: „Der Binnenmarkt umfasst einen Raum ohne Binnengrenzen, in dem der freie Verkehr von Waren, Personen, Dienstleistungen und Kapital gemäß den Bestimmungen der Verträge gewährleistet ist". Fraglich ist somit, ob das Bestehen von *internationalen Doppelbesteuerungen* in der

---

71 Art. 26 Abs. 1 AEUV: „*Die Union erlässt die erforderlichen Maßnahmen*, um nach Maßgabe der einschlägigen Bestimmungen der Verträge den Binnenmarkt zu verwirklichen beziehungsweise dessen Funktionieren zu gewährleisten" [Hervorh. d. Verf.].

72 Art. 352 Abs. 1 S. 1 AEUV: „Erscheint ein Tätigwerden der Union im Rahmen der in den Verträgen festgelegten Politikbereiche erforderlich, um eines der Ziele der Verträge zu verwirklichen, und sind in den Verträgen die hierfür erforderlichen Befugnisse nicht vorgesehen, *so erlässt der Rat einstimmig auf Vorschlag der Kommission und nach Zustimmung des Europäischen Parlaments die geeigneten Vorschriften*" [Hervorh. d. Verf.].

73 Siehe hierzu *Kahl*, in: *Calliess/Ruffert*, EUV/AEUV, Art. 26 AEUV, Rz. 17; *Hatje*, in: *Schwarze*, EU-Kommentar, Art. 26 AEUV, Rz. 16.

74 Siehe hierzu *Dürrschmidt*, NJW 2010, 2086, 2088 f.

75 ABl. EU Nr. C 303 v. 12.12.2007, S. 1 (angepasste Fassung).

76 BGBl. II 2010, 1198.

77 Vgl. Art. 6 Abs. 2 EUV.

EU ein Hindernis des freien Waren-, Personen-, Dienstleistungs- und Kapitalverkehrs darstellt und die Mitgliedstaaten somit unionsrechtlich verpflichtet sind, internationale Doppelbesteuerung zu vermeiden oder zu beseitigen.

Die drohende Gefahr einer doppelten steuerlichen Belastung von Steuerpflichtigen bei grenzüberschreitenden Aktivitäten wirkt sich zunächst unzweifelhaft als Hemmnis für grenzüberschreitende Niederlassungen, selbstständige und nichtselbstständige Tätigkeiten und Investitionen in anderen EU-Mitgliedstaaten aus. Die Europäische Kommission stuft die bestehende *internationale Doppelbesteuerung* innerhalb der EU deshalb als „erhebliches Hindernis und eine wirkliche Herausforderung für den Binnenmarkt" ein, welche „im Interesse der Unternehmen und der Bürger beseitigt werden muss".[78] Zu Geltungszeiten des Art. 293 EGV bzw. des Art. 220 EWGV hatte auch der EuGH die Beseitigung der Doppelbesteuerung in der Gemeinschaft als ausdrückliches „Ziel" der Europäischen Verträge anerkannt.[79] Ob dies nach dem Inkrafttreten des Reformvertrages von Lissabon auch weiterhin gilt, ist nicht eindeutig geklärt. Die überwiegende Literaturmeinung geht indessen davon aus, dass auch nach dem Wegfall des Art. 293 EGV die Beseitigung der *internationalen Doppelbesteuerung* in der EU weiterhin ein Ziel der Union im Rahmen der Binnenmarktverwirklichung gem. Art. 26 AEUV darstellt.[80]

Eine Verpflichtung der Mitgliedstaaten zur Vermeidung oder Beseitigung von internationaler Doppelbesteuerung kann sich nach dem Wortlaut des Art. 26 Abs. 2 AEUV jedoch nur insoweit ergeben, als die *internationale Doppelbesteuerung* „gemäß den Bestimmungen der Verträge" ein Hindernis für den Binnenmarkt darstellt. Dieser explizite Verweis in Art. 26 Abs. 2 AEUV macht deutlich, dass nicht jedes (steuerliche) Hemmnis oder Hindernis des grenzüberschreitenden Verkehrs von Waren, Personen, Dienstleistungen oder Kapital im Binnenmarkt beseitigt werden muss, sondern eine entsprechende Verpflichtung der Mitgliedstaaten nicht weitergehen kann, als die „Bestimmungen" der Europäischen Verträge, gemeint sind damit insbesondere die sog. „Grundfreiheiten" der Art. 28 ff. AEUV, dies fordern.

---

78 Siehe zuletzt die Mitteilung der *Europäischen Kommission* an das Europäische Parlament, den Rat und den Europäischen Wirtschafts- und Sozialausschuss v. 11.11.2011, „Doppelbesteuerung im Binnenmarkt", KOM(2011) 712 endg., S. 3.

79 Siehe grundlegend *EuGH*, 12.05.1998 – C-336/96, *Gilly*, Slg. 1998, I-2793, Rz. 16, 23.

80 Siehe nur *Kofler*, in: *Rust*, Double Taxation within the European Union, S. 105; *Heydt*, in: *Lang*, Europäisches Steuerrecht, S. 361; *Kemmeren*, EC Tax Review 2012, 157, 161; *Kemmeren*, EC Tax Review 2008, 156, 156 f.; *Hofmann*, in: *Rust*, Double Taxation within the European Union. S. 80; *Gutmann*, in: *Richelle/Schön/Traversa*, Allocating Taxing Powers within the European Union, S. 67. A.A. aber z.B. *Schaumburg*, Internationales Steuerrecht, Rz. 14.4; zweifelnd auch *Dürrschmidt*, NJW 2010, 2086, 2089.

2. Art. 28 ff. AEUV (Grundfreiheiten)

a) Grundfreiheiten AEUV im Allgemeinen

Die unionsrechtlichen „Grundfreiheiten“ der Art. 28 ff. AEUV stellen die maßgeblichen „Pfeiler“ bzw. „Kernstücke“ des Binnenmarktes dar.[81] Sie konkretisieren zum einen den Begriff des Binnenmarktes nach Art. 26 AEUV, wirken gleichzeitig aber auch beschränkend hinsichtlich seiner Reichweite. Die unionsrechtliche Verpflichtung der Mitgliedstaaten, das Binnenmarktziel zu verwirklichen, kann deshalb nicht über die entsprechende Verpflichtung der Mitgliedstaaten zur Beachtung der unionsrechtlichen Grundfreiheiten hinausgehen.

Ihren Niederschlag finden die Grundfreiheiten in den Vorschriften des AEUV über die Warenverkehrsfreiheit (Art. 28 ff. AEUV), die Arbeitnehmerfreizügigkeit (Art. 45 ff. AEUV), die Niederlassungsfreiheit (Art. 49 ff. AEUV), die Dienstleistungsfreiheit (Art. 56 ff. AEUV) sowie die Kapitalverkehrsfreiheit (Art. 63 ff. AEUV). Daneben flankieren sowohl das allgemeine Diskriminierungsverbot des Art. 18 AEUV sowie das allgemeine Freizügigkeitsrecht des Art. 21 AEUV die Grundfreiheiten. Soweit sich der Schutzbereich dieser Vorschriften und der Schutzbereich einer Grundfreiheit überschneiden, wird die allgemeine Regelung jedoch von der jeweiligen Grundfreiheit als spezieller Norm verdrängt.[82]

Die Grundfreiheiten des AEUV sind in ihrer Rechtsnatur sowohl als *Diskriminierungsverbote* wie auch als *Beschränkungsverbote* ausgestaltet. Ursprünglich wurden die Grundfreiheiten der Europäischen Verträge als *Diskriminierungsverbote* verstanden, welche ein unionsrechtlich verankertes Verbot der Schlechterstellung von Staatsangehörigen anderer EU-Mitgliedstaaten im Vergleich zu eigenen Staatsbürgern eines Mitgliedstaates statuieren (sog. Prinzip der „Inländergleichbehandlung“).[83] Unionsrechtlich verbotene „Diskriminierungen“ der Mitgliedstaaten erfassen dabei sowohl „offene“ Diskriminierungen aufgrund des Merkmals der Staatsangehörigkeit wie auch sog. „verdeckte“ Diskriminierungen, welche an andere Merkmale eines EU-Ausländers, wie bspw. an die Ansässigkeit in einem anderen EU-Mitgliedstaat, anknüpfen.[84] Nicht unionsrechtlich verboten ist dagegen die Schlechterstellung von *Inländern* gegenüber EU-Ausländern aufgrund der Anwendung von Unionsrecht (sog. „Inländerdiskriminierung“).[85] Zur Beantwortung der Frage, wann eine Diskriminierung im Sinne der Grundfreiheiten vorliegt („Diskriminierungsprüfung“), nimmt der EuGH in seiner Rechtsprechung einen „Vergleich“ zwischen der mitgliedstaatlichen

---

81 Vgl. nur *Herdegen*, Europarecht, S. 274; *Kahl*, in: *Calliess/Ruffert*, EUV/AEUV, Art. 26 AEUV, Rz. 14.

82 Vgl. *Streinz*, in: *Streinz*, EUV/AEUV, Art. 18 AEUV, Rz. 14 m.w.N. sowie *Magiera*, in: *Streinz*, EUV/AEUV, Art. 21 AEUV, Rz. 7 m.w.N.

83 Siehe *Streinz*, Europarecht, Rz. 798.

84 *Streinz*, Europarecht, Rz. 798.

85 Siehe hierzu *Streinz*, in: *Streinz*, EUV/AEUV, Art. 18 AEUV, Rz. 6; *Streinz*, Europarecht, Rz. 821 f.

Behandlung eines grenzüberschreitenden Falles gegenüber einem vergleichbaren Inlandsfall vor. Eine unionsrechtlich verbotene Diskriminierung liegt nach der EuGH-Rechtsprechung dann vor, wenn „unterschiedliche Vorschriften auf vergleichbare Situationen angewandt werden“ oder „dieselbe Vorschrift auf unterschiedliche Sachverhalte angewandt wird“.[86]

Über die Jahrzehnte wurden die *Diskriminierungsverbote* der Grundfreiheiten durch die Rechtsprechung des EuGH sukzessive zu *Beschränkungsverboten* weiterentwickelt.[87] Mitgliedstaatliche Vorschriften sind aufgrund dessen auch dann nicht mit Unionsrecht vereinbar, wenn diese zwar nicht „diskriminieren“, jedoch „die Ausübung der durch den Vertrag garantierten grundlegenden Freiheiten behindern oder weniger attraktiv machen können“.[88]

Die Anwendung der Grundfreiheiten als *Diskriminierungs-/Beschränkungsverbote* unterliegtjedoch Schranken im Sinne einer „Rechtfertigungsprüfung“ der streitigen mitgliedstaatlichen Maßnahmen durch den EuGH.[89] Verstoßen mitgliedstaatliche Bestimmungen gegen die Grundfreiheiten, können diese entweder durch ausdrücklich niedergelegte Rechtfertigungsgründe[90] oder aber durch in der Rechtsprechung des EuGH entwickelte „zwingende Gründe des Allgemeininteresses“ gerechtfertigt sein (sog. „ungeschriebene Rechtfertigungsgründe“).[91] Macht ein Mitgliedstaat einen „ungeschriebenen Rechtfertigungsgrund“ hinsichtlich einer beschränkenden Rechtsvorschrift geltend, muss die streitige Regelung nach Auffassung des EuGH darüber hinaus dem sog. „Verhältnismäßigkeitsgrundsatz“ entsprechen.[92] Dabei ist zu überprüfen, ob mit der streitigen mitgliedstaatlichen Vorschrift ein „legitimes Ziel“ verfolgt wird und die getroffenen Maßnahmen zur Erreichung dieses Ziels geeignet, erforderlich und angemessen waren.[93]

b) Grundfreiheiten AEUV im Bereich der direkten Steuern

Durch die Rechtsprechung des EuGH haben die Grundfreiheiten mittlerweile eine immense Bedeutung auch im bisher nicht unionsrechtlich harmonisierten Bereich der direkten Steuern der Mitgliedstaaten erlangt. Die Grundfreiheiten nehmen in ihrer Wirkung als *Diskriminierungs- und Beschränkungsverbote* direkten Einfluss auf die Ausgestaltung der Steuerordnungen der EU-Mitgliedstaaten und führen letztlich zu einer weitreichenden Einschränkung ihrer grundsätzlich autonom ausgeübten

---

86 Vgl. nur *EuGH*, 12.02.1995 – C-279/9, *Schumacker*, Slg. 1995, I-00225, Rz. 30.
87 *Streinz*, Europarecht, Rz. 804.
88 Ständige EuGH-Rechtsprechung siehe instruktiv *EuGH*, 30.11.1995 – C-55/94, *Gebhard*, Slg. 1995, I-4165, Rz. 37.
89 Hierzu ausführlich *Streinz*, Europarecht, Rz. 823 ff.
90 Vgl. z.B. Art. 36 AEUV; Art. 45 Abs. 3 AEUV; Art. 52 Abs. 1 AEUV; Art. 65 Abs. 1 AEUV.
91 *Weber-Grellet*, Europäisches Steuerrecht, S. 53.
92 Vgl. nur *Weber-Grellet*, Europäisches Steuerrecht, S. 53 f.
93 Vgl. *Haase*, Internationales und Europäisches Steuerrecht, S. 382.

Steuerhoheiten.[94] Der EuGH betont in seiner ständigen Rechtsprechung zu den direkten Steuern dabei in einer Art „Eröffnungsklausel", dass „die direkten Steuern zwar in die Zuständigkeit der Mitgliedstaaten [fallen], doch müssen diese ihre Befugnisse unter Wahrung des Unionsrechts ausüben".[95]

Die Anwendung der Grundfreiheiten als unionsrechtliche *Diskriminierungsverbote* hat der EuGH in seiner Rechtsprechung zu den direkten Steuern bestimmten Voraussetzungen unterworfen. In seiner Entscheidung zur Rechtssache *Schumacker*[96] aus dem Jahr 1995 hat der EuGH grundlegend klargestellt, dass sich mit Blick auf das direkte Steuerrecht der Mitgliedstaaten „Gebietsansässige und Gebietsfremde in der Regel nicht in einer vergleichbaren Situation befinden".[97] Nach Auffassung des EuGH kann somit der Wohnsitz einer natürlichen Person bzw. der Sitz oder die Geschäftsleitung einer juristischen Person durchaus ein Kriterium darstellen, welches eine ungleiche steuerliche Behandlung von gebietsansässigen und gebietsfremden Steuerpflichtigen rechtfertigt.[98] Eine unionsrechtlich verbotene Diskriminierungswirkung entfalten Besteuerungsvorschriften der Mitgliedstaaten lediglich bei Hinzutreten weiterer Umstände, durch welche sich die steuerliche Situation von „gebietsansässigen" und „gebietsfremden" Steuerpflichtigen wieder annähert, sodass in diesem Fall eine unionsrechtlich „vergleichbare Situation" vorliegt.[99] Im Fall *Schumacker* erzielte der in Belgien wohnhafte Herr *Schumacker* sein zu versteuerndes Einkommen fast ausschließlich (zu 90%) aus seiner nichtselbständigen Tätigkeit in Deutschland. Der EuGH sah aufgrund dieses Umstandes eine „Vergleichbarkeit" der steuerlichen Situation von Herrn *Schumacker* mit einem in Deutschland ansässigen Steuerpflichtigen als gegeben an. Deutschland war als Tätigkeitsstaat von Herrn *Schumacker* somit im Ergebnis unionsrechtlich verpflichtet, diesem hinsichtlich der Berücksichtigung seiner familiären und persönlichen Verhältnisse eine steuerliche „Inländergleichbehandlung" zu gewähren.[100]

---

94 *Kokott*, in: *Lehner*, Grundfreiheiten im Steuerrecht der EU-Staaten, S. 4; *Everett*, DStZ 2006, 356 f.

95 Siehe z.B. *EuGH*, 20.10.2011 – C-284/09, *Kommission/Deutschland*, Slg. 2011, I-09879, Rz. 44 m.w.N. zur EuGH-Rechtsprechung.

96 *EuGH*, 12.02.1995 – C-279/9, *Schumacker*, Slg. 1995, I-00225.

97 *EuGH*, 12.02.1995 – C-279/9, *Schumacker*, Slg. 1995, I-00225, Rz. 31.

98 Vgl. *Kokott/Ost*, EuZW 2011, 496, 498.

99 Siehe *EuGH*, 12.02.1995 – C-279/9, *Schumacker*, Slg. 1995, I-00225, Rz. 36 f. Ebenso z.B. *EuGH*, 08.11.2007 – C-379/05, *Amurta*, Slg. 2007, I-09569, Rz. 38; *EuGH*, 12.12.2006 – C-374/04, *Test Claimants in Class IV of the ACT Group Litigation*, Slg. 2006, I-11673, Rz. 68; *EuGH*, 14.12.2006 – C-170/05, *Denkavit Internationaal und Denkavit France*, Slg. 2006, I-11949, Rz. 35.

100 *EuGH*, 12.02.1995 – C-279/9, *Schumacker*, Slg. 1995, I-00225, Rz. 36 f.

Aus diesem Grund ist auch die sog. „Steuerklausel" des Art. 65 Abs. 1 Buchst. a) AEUV[101] nicht als generelle „Bereichsausnahme" der direkten Steuern aus dem Anwendungsbereich der Kapitalverkehrsfreiheit nach Art. 63 AEUV etwa dahingehend zu verstehen, dass steuerliche Diskriminierungen aufgrund der Ansässigkeit eines Steuerpflichtigen in einem anderen Mitgliedstaat grundsätzlich erlaubt sind.[102] Der EuGH unterscheidet in seiner Rechtsprechung zur Anwendung von Art. 65 AEUV ausdrücklich zwischen nach Art. 65 Abs. 1 Buchst. a) AEUV „erlaubten Ungleichbehandlungen" und nach Art. 65 Abs. 3 AEUV „verbotenen willkürlichen Diskriminierungen".[103] Eine unterschiedliche steuerliche Behandlung von gebietsfremden und gebietsansässigen Steuerpflichtigen durch einen Mitgliedstaat kann nach Auffassung des EuGH deshalb nur dann als mit der Kapitalverkehrsfreiheit vereinbar angesehen werden, wenn diese „entweder Situationen betrifft, die nicht objektiv miteinander vergleichbar sind, oder wenn sie durch einen zwingenden Grund des Allgemeininteresses gerechtfertigt ist".[104] Der „Steuerklausel" des Art. 65 Abs. 1 Buchst. a) AEUV kommt insoweit nur eine „klarstellende" Wirkung zu, als das primäre Unionsrecht nicht *per se* eine steuerliche Gleichbehandlung von gebietsansässigen und gebietsfremden Steuerpflichtigen fordert.[105]

Darüber hinaus hat der EuGH die Grundfreiheiten im Bereich der direkten Steuern als unionsrechtliche *Beschränkungsverbote* interpretiert.[106] So können Steuerregelungen der Mitgliedstaaten gegen die *Arbeitnehmerfreizügigkeit* verstoßen, wenn diese „einen Staatsangehörigen eines Mitgliedstaats daran hindern oder davon abhalten, sein Herkunftsland zu verlassen, um von seinem Recht auf Freizügigkeit Gebrauch zu machen".[107] Beschränkungen der *Niederlassungs- oder Dienstleistungsfreiheit* liegen nach Auffassung des EuGH dann vor, wenn Steuervorschriften der Mitgliedstaaten „für Steuerpflichtige, die sich in einem anderen Mitgliedstaat niederlassen wollen, zumindest abschreckende Wirkung [haben]"[108] oder durch mitgliedstaatliche Steuerregelungen „die Erbringung von Dienstleistungen zwischen Mitgliedstaaten gegenüber der Erbringung von Dienstleistungen allein innerhalb eines Mitgliedstaats erschwert [werden]".[109] Im Bereich der *Kapitalverkehrsfreiheit* hat der EuGH Verstöße von mitgliedstaatlichen Steuernormen gegen Art. 63 AEUV

---

101 Art. 65 Abs. 1 Buchst. a) AEUV: „Art. 63 berührt nicht das Recht der Mitgliedstaaten, die einschlägigen Vorschriften ihres Steuerrechts anzuwenden, die Steuerpflichtige mit unterschiedlichem Wohnort oder Kapitalanlageort unterschiedlich behandeln".

102 So *Sedlaczek/Züger*, in: *Streinz*, EUV/AEUV, Art. 65 AEUV, Rz. 39.

103 Siehe z.B. *EuGH*, 08.11.2007 – C-379/05, *Amurta*, Slg. 2007, I-09569, Rz. 32; *EuGH*, 15.07.2004 – C-315/02, *Lenz*, Slg. 2004, I-07063, Rz. 27.

104 *EuGH*, 08.11.2007 – C-379/05, *Amurta*, Slg. 2007, I-09569, Rz. 32 m.w.N.

105 *Sedlaczek/Züger*, in: *Streinz*, EUV/AEUV, Art. 65 AEUV, Rz. 43.

106 Siehe umfassend und mit Nachweisen *Cordewener*, Europäische Grundfreiheiten und nationales Steuerrecht, S. 249 ff.

107 *EuGH*, 12.12.2002 – C-385/00, *de Groot*, Slg. 2002, I-11819, Rz. 78 m.w.N.

108 *EuGH*, 11.03.2004 – C-9/02, *de Lasteyrie du Saillant*, Slg. 2004, I-02409, Rz. 45.

109 *EuGH*, 28.04.1998 – C-118/96, *Safir*, Slg. 1998, I-01897, Rz. 23.

für den Fall festgestellt, dass „Staatsangehörige eines Mitgliedstaats [...] davon abgeschreckt werden, ihr Kapital in Gesellschaften anzulegen, die ihren Sitz in einem anderen Mitgliedstaat haben“, bzw. wenn nationale Steuerregelungen „gegenüber Gesellschaften, die in anderen Mitgliedstaaten niedergelassen sind“, beschränkend wirken, da sie für diese ein Hindernis darstellen, in anderen Mitgliedstaaten Kapital zu sammeln.[110]

Hinsichtlich möglicher Rechtfertigungsgründe hat der EuGH in seinen Entscheidungen zu den direkten Steuern insbesondere die „Verhinderung von Steuerflucht“, die „Vermeidung von doppelten Verlustberücksichtigungen“, die „Bekämpfung von Steuerhinterziehung und steuerlichem Missbrauch“, die „Wahrung der Aufteilung der Besteuerungsbefugnis zwischen den Mitgliedstaaten“, den „Grundsatz der Territorialität“, die „wirksame Steueraufsicht und Steuerbeitreibung“ sowie die „Kohärenz des Steuersystems“ als einschlägige „Gründe des Allgemeininteresses“ der Mitgliedstaaten zur Rechtfertigung von beschränkenden Steuervorschriften anerkannt.[111] Kein legitimer Rechtfertigungsgrund ist dagegen nach ständiger EuGH-Rechtsprechung der mögliche „Verlust von Steuersubstrat“ durch Einnahmeausfälle der Mitgliedstaaten aufgrund der Anwendung von Unionsrecht.[112]

c) *Internationale Doppelbesteuerung als Diskriminierung/Beschränkung der Grundfreiheiten?*

Ob sich aus den Grundfreiheiten der Art. 28 ff. AEUV eine Verpflichtung der Mitgliedstaaten ergibt, *internationale Doppelbesteuerung* in der EU zu vermeiden oder zu beseitigen, hängt davon ab, ob die internationale Doppelbesteuerung eine nicht zu rechtfertigende Diskriminierung oder Beschränkung der Grundfreiheiten darstellt. In diesem Fall wären nämlich die entsprechenden steuerlichen Rechtsvorschriften der Mitgliedstaaten aufgrund des Anwendungsvorrangs des Unionsrechts unanwendbar.[113] Die Mitgliedstaaten wären somit durch Unionsrecht gezwungen eine bestehende internationale Doppelbesteuerung durch Änderung ihres nationalen Steuerrechts zu beseitigen bzw. neue Steuervorschriften nur in unionsrechtskonformer

---

110 *EuGH*, 06.06.2000 – C-35/98, *Verkooijen*, Slg. 2000, I-04071, Rz. 34, 35.

111 Siehe die Übersicht und nähere Erläuterungen bei *Frotscher*, Internationales Steuerrecht, S. 44 ff.; *Riedl*, Die internationale Doppelbesteuerung im EU-Binnenmarkt, S. 54 sowie *Schaumburg*, Internationales Steuerrecht, Rz. 4.21 mit Nachweisen zur EuGH-Rechtsprechung.

112 Siehe *Frotscher*, Internationales Steuerrecht, S. 82 sowie *Schaumburg*, Internationales Steuerrecht, Rz. 4.21 und *Riedl*, Die internationale Doppelbesteuerung im EU-Binnenmarkt, S. 55, jeweils mit Nachweisen zur EuGH-Rechtsprechung.

113 *Frotscher*, Internationales Steuerrecht, S. 30. Zum Anwendungsvorrang des primären Unionsrechts im direkten Steuerrecht der Mitgliedstaaten siehe ausführlich *Lang*, in: *Tipke*, Festschrift für Joachim Lang zum 70. Geburtstag: Gestaltung der Steuerrechtsordnung, S. 103 ff.

Weise im Hinblick auf die Vermeidung von internationalen Doppelbesteuerungssituationen zu gestalten.

(1) Internationale juristische Doppelbesteuerung

Der EuGH hat sich zur Frage einer möglichen Unionsrechtswidrigkeit der internationalen *juristischen* Doppelbesteuerung erstmals eindeutig in seinem Urteil *Kerckhaert und Morres*[114] aus dem Jahr 2006 geäußert. In diesem Verfahren ging es um die doppelte Besteuerung in Belgien wohnhafter, unbeschränkt Steuerpflichtiger mit Dividendeneinkünften aus ihren Beteiligungen an französischen Kapitalgesellschaften. Die belgischen Anteilseigner unterlagen dabei mit den ausgeschütteten Dividenden zum einen der belgischen Einkommensteuer in ihrem Wohnsitzstaat. Zum anderen behielt Frankreich als Ansässigkeitsstaat der ausschüttenden Kapitalgesellschaften zusätzlich eine Quellensteuer auf die Dividendenzahlungen ein. Obwohl das einschlägige französisch-belgische Doppelbesteuerungsabkommen eine grundsätzliche Anrechnungsmöglichkeit der französischen Quellensteuer auf die belgische Einkommensteuer vorsah, konnte eine Anrechnung mangels einer entsprechenden Anwendungsvorschrift des nationalen belgischen Steuerrechts nicht vorgenommen werden.[115] Die in Belgien ansässigen Kläger, die Eheleute *Kerckhaert-Morres*, sahen in der hieraus resultierenden *internationalen juristischen Doppelbesteuerung* der Dividenden eine Verletzung ihrer Kapitalverkehrsfreiheit nach Art. 56 EGV (jetzt Art. 63 AEUV).[116]

Da das belgische Steuerrecht bei der Besteuerung von ansässigen Anteilseignern nicht zwischen ausländischen und inländischen Dividendeneinkünften unterschied, kam eine mögliche Diskriminierungswirkung der belgischen Vorschriften nur aufgrund der Anwendung „derselben Vorschrift auf unterschiedliche Sachverhalte" in Betracht.[117] Fraglich war somit, ob sich in Belgien ansässige Empfänger ausländischer Dividenden aufgrund der bestehenden internationalen Doppelbesteuerung dieser Dividenden in einer „unterschiedlichen" Situation im Vergleich zu ansässigen Empfängern inländischer Dividenden befanden. Der EuGH lehnte eine solche Sichtweise und damit eine Vergleichbarkeit der Sachverhalte jedoch ab: „Hinsichtlich des Steuerrechts des Wohnsitzstaates wird die Stellung eines Aktionärs, der Dividenden bezieht, jedoch nicht notwendigerweise allein dadurch eine im Sinne dieser Rechtsprechung unterschiedliche, dass er diese von einer in einem anderen Mitgliedstaat ansässigen Gesellschaft erhält und dieser Mitgliedstaat in Ausübung seiner Besteuerungsbefugnis diese Dividenden im Rahmen der Einkommensteuer mit einer Quellensteuer belegt".[118] Die Benachteiligung der Anteilseigner mit ausländischen Dividendeneinkünften ergebe sich vielmehr daraus, dass *„zwei Mitgliedstaaten parallel*

114 *EuGH*, 14.11.2006 – C-513/04, *Kerckhaert und Morres*, Slg. 2006, I-10967.
115 *EuGH*, 14.11.2006 – C-513/04, *Kerckhaert und Morres*, Slg. 2006, I-10967, Rz. 11 f.
116 *EuGH*, 14.11.2006 – C-513/04, *Kerckhaert und Morres*, Slg. 2006, I-10967, Rz. 13.
117 *EuGH*, 14.11.2006 – C-513/04, *Kerckhaert und Morres*, Slg. 2006, I-10967, Rz. 19.
118 Ebenda.

zueinander ihre Besteuerungsbefugnis ausüben".[119] Mangels einschlägiger unionsrechtlicher Vereinheitlichungs- oder Harmonisierungsmaßnahmen zum Zweck der Beseitigung von internationalen Doppelbesteuerungstatbeständen und aufgrund des Fehlens eines entsprechenden völkerrechtlichen Übereinkommens nach Art. 293 2. Spiegelstrich EGV[120] sei es deshalb derzeit „allein Sache der Mitgliedstaaten, die erforderlichen Maßnahmen zu treffen, um Situationen wie die im Ausgangsverfahren in Rede stehende zu vermeiden, indem u.a. die in der internationalen Besteuerungspraxis befolgten Verteilungskriterien verwendet werden".[121] Im Ergebnis stellten die Nichtanrechenbarkeit der ausländischen Quellensteuern und die daraus resultierende internationale Doppelbesteuerung der Dividendeneinkünfte nach Auffassung des EuGH *keinen Verstoß* gegen die Kapitalverkehrsfreiheit dar.[122]

Das Echo in der Literatur zum EuGH-Urteil *Kerckhaert und Morres* fiel größtenteils sehr kritisch aus und es wurde mitunter auch erwartet, dass das letzte Wort des EuGH in dieser Sache noch nicht gesprochen war.[123] Im Jahr 2009 bestätigte der EuGH seine Auffassung, dass die internationale juristische Doppelbesteuerung nicht unter den Anwendungsbereich der Grundfreiheiten fällt, jedoch ausdrücklich in seinem Urteil in der Rechtssache *Damseaux*[124], welches einen ähnlichen Fall der internationalen Doppelbesteuerung von Dividendeneinkünften betraf: „Zum anderen hat der Gerichtshof bereits entschieden, dass die Nachteile, die sich aus der parallelen Ausübung der Besteuerungsbefugnisse der verschiedenen Mitgliedstaaten ergeben können, keine nach dem EG-Vertrag verbotenen Beschränkungen darstellen, sofern eine solche Ausübung nicht diskriminierend ist".[125]

Mit Blick auf das im Verfahren *Damseaux* einschlägige französisch-belgische DBA stellte der EuGH fest, dass dieses grundsätzlich eine Verteilung der Besteuerungsbefugnis für die Dividenden auf beide Mitgliedstaaten regelt.[126] Der EuGH wies in diesem Zusammenhang darauf hin, dass, auch wenn das OECD-Musterabkommen in diesem Fall eine grundsätzliche Pflicht des Wohnsitzstaates vorsieht, die internationale Doppelbesteuerung von Dividenden durch Anrechnung der erhobenen Quellensteuer zu vermeiden (vgl. Art. 23A Abs. 2 OECD-MA), *das Unionsrecht* nach derzeitigem Stand keine entsprechenden Vorgaben für die Aufteilung von

---

119 *EuGH*, 14.11.2006 – C-513/04, *Kerckhaert und Morres*, Slg. 2006, I-10967, Rz. 20 [Hervorh. d. Verf.].

120 Vgl. *EuGH*, 14.11.2006 – C-513/04, *Kerckhaert und Morres*, Slg. 2006, I-10967, Rz. 22.

121 *EuGH*, 14.11.2006 – C-513/04, *Kerckhaert und Morres*, Slg. 2006, I-10967, Rz. 23.

122 *EuGH*, 14.11.2006 – C-513/04, *Kerckhaert und Morres*, Slg. 2006, I-10967, Rz. 24.

123 Siehe statt vieler *Kofler*, in: *Rust*, Double Taxation within the European Union, S. 120 f. und die dort umfangreich zitierten Literaturnachweise.

124 *EuGH*, 16.07.2009 – C-128/08, *Damseaux*, Slg. 2009, I-06823.

125 *EuGH*, 16.07.2009 – C-128/08, *Damseaux*, Slg. 2009, I-06823, Rz. 27. Siehe für den Anwendungsbereich der Niederlassungsfreiheit (jetzt Art. 49 AEUV) auch *EuGH*, 06.12.2007 – C-298/05, *Columbus Container*, Slg. 2007, I-10451, Rz. 40 ff.; *EuGH*, 15.04.2010 – C-96/08, *CIBA*, Slg. 2010, I-02911, Rz. 28 f.

126 *EuGH*, 16.07.2009 – C-128/08, *Damseaux*, Slg. 2009, I-06823, Rz. 31.

Besteuerungsbefugnissen enthält.[127] In diesem Sinne kann das Unionsrecht keine Verpflichtung des Wohnsitzstaates begründen, wonach dieser „Vorkehrungen gegen die Nachteile zu treffen hätte, die sich aus der Ausübung der auf diese Weise zwischen den beiden Mitgliedstaaten verteilten Befugnis ergeben könnten".[128] Dies hätte ansonsten zur Folge, dass „dem Ursprungsmitgliedstaat Vorrang bei der Besteuerung dieser Art von Einkünften einzuräumen [wäre]".[129]

Der EuGH bestätigte seine Aussagen aus dem Urteil *Damseaux* nochmals in seinem Urteil *Levy und Sebbag*[130] aus dem Jahr 2012. Dabei stellte er zunächst fest, dass das Unionsrecht zum derzeitigen Zeitpunkt „in Bezug auf die Beseitigung der Doppelbesteuerung innerhalb der europäischen Gemeinschaft keine allgemeinen Kriterien für die Verteilung der Befugnisse der Mitgliedstaaten untereinander vorschreibt".[131] Wenn also zwei Mitgliedstaaten in einem bilateralen Abkommen keine unbedingte Verpflichtung für den Wohnsitzstaat der Anteilseigner einer Kapitalgesellschaft vorsehen, eine internationale Doppelbesteuerung bei empfangenen Dividenden zu vermeiden, ist darin kein Verstoß gegen Unionsrecht zu sehen.[132]

Für den Bereich der *Erbschaftsteuer* hat der EuGH ebenfalls eine diskriminierende Wirkung der internationalen juristischen Doppelbesteuerung verneint. Im Verfahren *Block*[133] ging es um die Frage, ob die Bundesrepublik Deutschland aufgrund Art. 56 EGV (jetzt Art. 63 AEUV) als Ansässigkeitsstaat eines Erben verpflichtet sei, die auf in Spanien belegenes Vermögen gezahlte spanische Erbschaftsteuer auf die deutsche Erbschaftsteuer anzurechnen. Ein entsprechendes bilaterales DBA zur Vermeidung einer internationalen Doppelbesteuerung auf dem Gebiet der Nachlass-, Erbschaft- und Schenkungsteuern lag zwischen der Bundesrepublik Deutschland und Spanien nicht vor. Der EuGH stellte auch im Urteil *Block* auf das Fehlen entsprechender unionsrechtlicher Vereinheitlichungs- oder Harmonisierungsmaßnahmen bzw. völkerrechtlicher Übereinkommen i.S.v. Art. 293 EGV zur Beseitigung von internationaler Doppelbesteuerung in der EU ab[134] und folgerte daraus, „dass die Mitgliedstaaten beim gegenwärtigen Entwicklungsstand des Gemeinschaftsrechts vorbehaltlich dessen Beachtung über eine gewisse Autonomie in diesem Bereich verfügen und deshalb nicht verpflichtet sind, ihr eigenes Steuersystem den verschiedenen Steuersystemen der anderen Mitgliedstaaten anzupassen, um namentlich die sich aus der parallelen Ausübung ihrer Besteuerungsbefugnisse ergebende Doppelbesteuerung

---

127 *EuGH*, 16.07.2009 – C-128/08, *Damseaux*, Slg. 2009, I-06823, Rz. 33.
128 *EuGH*, 16.07.2009 – C-128/08, *Damseaux*, Slg. 2009, I-06823, Rz. 34. Bestätigt durch *EuGH*, 19.09.2012 – C-540/11, *Levy und Sebbag*, IStR 2013, 307 m. Anm. *Tippelhofer*, Rz. 21.
129 *EuGH*, 16.07.2009 – C-128/08, *Damseaux*, Slg. 2009, I-06823, Rz. 32.
130 *EuGH*, 19.09.2012 – C-540/11, *Levy und Sebbag*, IStR 2013, 307 m. Anm. *Tippelhofer*.
131 *EuGH*, 19.09.2012 – C-540/11, *Levy und Sebbag*, IStR 2013, 307 m. Anm. *Tippelhofer*, Rz. 22.
132 Ebenda.
133 *EuGH*, 12.02.2009 – C-67/08, *Block*, Slg. 2009, I-00883.
134 *EuGH*, 12.02.2009 – C-67/08, *Block*, Slg. 2009, I-00883, Rz. 30.

zu beseitigen und so in einem Fall wie dem des Ausgangsverfahrens die Anrechnung der Erbschaftsteuer zu ermöglichen, die in einem anderen Mitgliedstaat als dem Wohnsitzstaat des Erben entrichtet wurde".[135]

Zusammenfassend ist nach den Urteilen des EuGH in den Rechtssachen *Kerckhaert und Morres, Damseaux, Block* und *Levy und Sebbag* die Unionsrechtslage mit Blick auf die internationale juristische Doppelbesteuerung in der EU als geklärt anzusehen.[136] Obwohl die internationale juristische Doppelbesteuerung in der EU durchaus ein Hindernis für die Verwirklichung des Binnenmarktes darstellt, kann nach Auffassung des EuGH den Grundfreiheiten des AEUV mangels Vorliegen einer Diskriminierungswirkung keine unionsrechtliche Verpflichtung der Mitgliedstaaten entnommen werden, diese, entweder unilateral oder durch den Abschluss von bilateralen Abkommen, zu vermeiden. Die Europäische Kommission bezeichnet die internationale juristische Doppelbesteuerung in der EU deshalb auch als „nichtdiskriminierende Doppelbesteuerung".[137]

(2) Internationale wirtschaftliche Doppelbesteuerung

Mit einer möglichen Unionsrechtswidrigkeit der internationalen *wirtschaftlichen* Doppelbesteuerung bei grenzüberschreitenden Dividendenausschüttungen hat sich der EuGH erstmals in seinem Urteil *Verkooijen*[138] und später nochmals insbesondere in den Verfahren *Manninen*[139], *Lenz*[140] und *Meilicke*[141] befasst. In allen Vorlageverfahren ging es darum, dass Dividendeneinkünfte natürlicher Personen im Rahmen der unbeschränkten Steuerpflicht einer unterschiedlichen Besteuerung mit Einkommensteuer durch ihren Wohnsitzstaat unterlagen, je nachdem, ob die empfangenen Dividenden von inländischen oder ausländischen Kapitalgesellschaften ausgeschüttet wurden. Bei Dividendenausschüttungen inländischer Kapitalgesellschaften sahen die jeweiligen mitgliedstaatlichen Steuerregelungen zur Vermeidung einer wirtschaftlichen Doppelbesteuerung entweder eine Steuerbefreiung der Anteilseigner (Rechtssache *Verkooijen*) bzw. eine Anrechnung der auf diese Gewinne entfallende Körperschaftsteuer bei der Einkommensteuer der Anteilseigner (Rechtssachen *Manninen, Meilicke*) oder die Anwendung eines geringeren Steuersatzes (Rechtssache *Lenz*) vor. Ausländische Dividendeneinkünfte unterlagen bei den empfangenden Anteilseignern in allen Fällen der vollen Einkommensbesteuerung.

135 *EuGH*, 12.02.2009 – C-67/08, *Block*, Slg. 2009, I-00883, Rz. 31.
136 So auch der *BFH*, 19.06.2013 – II R 10/12, BStBl. II 2013, 746. A.A. z.B. *Kühbacher*, ÖStZ 2009, 496 ff.
137 Mitteilung der *Europäischen Kommission* an das Europäische Parlament, den Rat und den Europäischen Wirtschafts- und Sozialausschuss v. 11.11.2011, „Doppelbesteuerung im Binnenmarkt", KOM(2011) 712 endg., S. 6.
138 *EuGH*, 06.06.2000 – C-35/98, *Verkooijen*, Slg. 2000, I-04071.
139 *EuGH*, 07.09.2004 – C-319/02, *Manninen*, Slg. 2004, I-07477.
140 *EuGH*, 15.07.2004 – C-315/02, *Lenz*, Slg. 2004, I-07063.
141 *EuGH*, 06.03.2007 – C-292/04, *Meilicke*, Slg. 2007, I-01835.

Da die Dividenden bereits im Ansässigkeitsstaat der ausschüttenden Gesellschaft als Gewinne dieser mit Körperschaftsteuer belastet wurden, lag eine internationale *wirtschaftliche* Doppelbesteuerung vor. Die betroffenen Anteilseigner sahen in der steuerlichen Ungleichbehandlung von in- und ausländischen Dividendeneinkünften im Hinblick auf die Vermeidung einer wirtschaftlichen Doppelbesteuerung einen Verstoß gegen die Kapitalverkehrsfreiheit.

Der EuGH stellte in allen Fällen eine Verletzung des Art. 67 EWGV bzw. Art. 56 EGV (jetzt Art. 63 AEUV) durch die einseitige Begünstigung von inländischen Dividendeneinkünften durch die jeweiligen Mitgliedstaaten fest.[142] Hinsichtlich der Gefahr einer wirtschaftlichen Doppelbesteuerung befänden sich die Anteilseigner inländischer und ausländischer Kapitalgesellschaften in einer vergleichbaren Situation.[143] In beiden Fällen unterlägen die Einkünfte zunächst als Gewinne der Kapitalgesellschaften der Körperschaftsteuer und dann – soweit sie in Form von Dividenden ausgeschüttet werden – zusätzlich der Einkommensteuer beim Empfänger.[144] Da Maßnahmen zur Vermeidung einer wirtschaftlichen Doppelbesteuerung der Dividenden jedoch nur für die Anteilseigner inländischer Kapitalgesellschaften gewährt wurden, werden diese davon abgehalten, ihr Kapital in Gesellschaften mit Sitz in einem anderen Mitgliedstaat anzulegen.[145] Daneben wirke sich die steuerliche Ungleichbehandlung aber auch beschränkend auf die Möglichkeit der ausländischen Kapitalgesellschaften aus, in den Mitgliedstaaten der Anteilseigner Kapital zu sammeln.[146] Die von den Mitgliedstaaten vorgebrachten Rechtfertigungsgründe, wie insbesondere die „Wahrung der Kohärenz des Steuersystems", wurden vom EuGH insgesamt nicht anerkannt.[147] Die Wohnsitzstaaten der Anteilseigner waren somit

---

142 *EuGH*, 06.06.2000 – C-35/98, *Verkooijen*, Slg. 2000, I-04071, Rz. 36; *EuGH*, 07.09.2004 – C-319/02, *Manninen*, Slg. 2004, I-07477, Rz. 24; *EuGH*, 15.07.2004 – C-315/02, *Lenz*, Slg. 2004, I-07063, Rz. 22; *EuGH*, 06.03.2007 – C-292/04, *Meilicke*, Slg. 2007, I-01835, Rz. 20. Siehe für den Anwendungsbereich der Niederlassungsfreiheit (jetzt Art. 49 AEUV) *EuGH*, 15.09.2011 – C-310/09, *Accor*, Slg. 2011, I-08115, Rz. 69.

143 *EuGH*, 07.09.2004 – C-319/02, *Manninen*, Slg. 2004, I-07477, Rz. 36; *EuGH*, 15.07.2004 – C-315/02, *Lenz*, Slg. 2004, I-07063, Rz. 32.

144 *EuGH*, 07.09.2004 – C-319/02, *Manninen*, Slg. 2004, I-07477, Rz. 35.

145 *EuGH*, 06.06.2000 – C-35/98, *Verkooijen*, Slg. 2000, I-04071, Rz. 34; *EuGH*, 07.09.2004 – C-319/02, *Manninen*, Slg. 2004, I-07477, Rz. 22; *EuGH*, 15.07.2004 – C-315/02, *Lenz*, Slg. 2004, I-07063, Rz. 20; *EuGH*, 06.03.2007 – C-292/04, *Meilicke*, Slg. 2007, I-01835, Rz. 23.

146 *EuGH*, 06.06.2000 – C-35/98, *Verkooijen*, Slg. 2000, I-04071, Rz. 35; *EuGH*, 07.09.2004 – C-319/02, *Manninen*, Slg. 2004, I-07477, Rz. 23; *EuGH*, 15.07.2004 – C-315/02, *Lenz*, Slg. 2004, I-07063, Rz. 21; *EuGH*, 06.03.2007 – C-292/04, *Meilicke*, Slg. 2007, I-01835, Rz. 24.

147 *EuGH*, 06.06.2000 – C-35/98, *Verkooijen*, Slg. 2000, I-04071, Rz. 56 ff.; *EuGH*, 07.09.2004 – C-319/02, *Manninen*, Slg. 2004, I-07477, Rz. 43 ff.; *EuGH*, 15.07.2004 – C-315/02, *Lenz*, Slg. 2004, I-07063, Rz. 34 ff.; *EuGH*, 06.03.2007 – C-292/04, *Meilicke*, Slg. 2007, I-01835, Rz. 25 ff.

unionsrechtlich verpflichtet, die bestehende *internationale wirtschaftliche* Doppelbesteuerung der Dividenden zu beseitigen.

Mit Blick auf eine mögliche Verpflichtung des *Sitzstaates der ausschüttenden Gesellschaft* hat der EuGH im Urteil *Test Claimants in the Class IV of the ACT Group Litigation*[148] festgestellt, dass die Anwendung der Grundfreiheiten nicht so weit gehen kann, einem Staat die Ausübung seines Besteuerungsrechts vollständig zu entziehen: „Würde man vom *Sitzstaat der ausschüttenden Gesellschaft* verlangen, dass er dafür sorgt, dass die an einen gebietsfremden Anteilseigner ausgeschütteten Gewinne nicht einer mehrfachen Belastung oder einer wirtschaftlichen Doppelbesteuerung unterworfen werden – indem er entweder der ausschüttenden Gesellschaft hinsichtlich dieser Gewinne Steuerfreiheit oder aber diesem Anteilseigner eine Steuervergünstigung gewährt, die der von der ausschüttenden Gesellschaft für diese Gewinne entrichteten Steuer entspricht –, würde dies letztlich bedeuten, dass dieser Staat auf sein Recht zur Besteuerung eines Einkommens, das durch eine in seinem Hoheitsgebiet ausgeübte wirtschaftliche Tätigkeit erzielt wurde, verzichten muss“.[149] Damit besteht für den Ansässigkeitsstaat der ausschüttenden Gesellschaft *keine* unionsrechtliche Verpflichtung, internationale wirtschaftliche Doppelbesteuerung bei Dividendenzahlungen ins Ausland zu vermeiden, da dieser ansonsten auf sein Besteuerungsrecht für die entsprechenden Unternehmensgewinne verzichten müsste.

Zusammenfassend besteht nach der Rechtsprechung des EuGH für die Mitgliedstaaten der EU dann eine unionsrechtliche Verpflichtung, internationale *wirtschaftliche* Doppelbesteuerung bei grenzüberschreitenden Dividendenausschüttungen zu vermeiden, wenn ihre jeweiligen Steuerordnungen auch für den entsprechenden Inlandsfall steuerliche Maßnahmen zur Vermeidung einer wirtschaftlichen Doppelbesteuerung vorsehen. Nach Auffassung des EuGH ist in diesen Fällen jedoch der Ansässigkeitsstaat der Anteilseigner in einer besseren Lage, entsprechende Maßnahmen zur Beseitigung der internationalen wirtschaftlichen Doppelbesteuerung, bspw. durch eine Anrechnungsmöglichkeit der ausländischen Körperschaftsteuer, zu gewähren.[150] Im Ergebnis führt diese Rechtsprechung des EuGH somit zu einer Aufteilung der Besteuerungsbefugnisse zwischen den Mitgliedstaaten zugunsten eines *allgemeinen Besteuerungsvorrechts* des Staates der ausschüttenden Gesellschaft.[151]

148 EuGH, 12.12.2006 – C-374/04, Test Claimants in Class IV of the ACT Group Litigation, Slg. 2006, I-11673.

149 *EuGH*, 12.12.2006 – C-374/04, *Test Claimants in Class IV of the ACT Group Litigation*, Slg. 2006, I-11673, Rz. 59 [Hervorh. d. Verf.].

150 *EuGH*, 12.12.2006 – C-374/04, *Test Claimants in Class IV of the ACT Group Litigation*, Slg. 2006, I-11673, Rz. 60.

151 Vgl. *Hey*, in: *Spindler*, Steuerzentrierte Rechtsberatung, S. 776 f.

3. Art. 4 Abs. 3 EUV (Grundsatz der loyalen Zusammenarbeit)

Nachdem die Grundfreiheiten des AEUV, zumindest in bestimmten Fällen, eine Verpflichtung der Mitgliedstaaten zur Vermeidung einer internationalen *wirtschaftlichen* Doppelbesteuerung vorsehen, bleibt weiter die Frage, ob sich aus anderen Normen des primären Unionsrechts eine Verpflichtung zur Vermeidung der internationalen *juristischen* Doppelbesteuerung ergibt. Eine mögliche Verpflichtungsgrundlage könnte dabei der sog. „Grundsatz der loyalen Zusammenarbeit“[152], niedergelegt in Art. 4 Abs. 3 EUV (früher Art. 10 EGV), darstellen.

Art. 4 Abs. 3 EUV begründet dabei sowohl positive Pflichten der Mitgliedstaaten im Sinne einer „Erfüllungsverpflichtung“ zur Erreichung der Ziele der Union („Die Mitgliedstaaten ergreifen alle geeigneten Maßnahmen allgemeiner oder besonderer Art zur Erfüllung der Verpflichtungen, die sich aus den Verträgen oder den Handlungen der Organe der Union ergeben“, Art. 4 Abs. 3 2. Unterabschnitt EUV) wie auch entsprechende „Unterlassungspflichten“ der Mitgliedstaaten hinsichtlich Maßnahmen, die die Ziele der Union gefährden könnten („Die Mitgliedstaaten unterstützen die Union bei der Erfüllung ihrer Aufgabe und unterlassen alle Maßnahmen, die die Verwirklichung der Ziele der Union gefährden könnten“, Art. 4 Abs. 3 3. Unterabschnitt EUV).[153] Der EuGH nimmt in seiner Rechtsprechung jedoch regelmäßig nur auf die gesamte Norm Bezug, ohne zwischen den einzelnen Unterabschnitten zu unterscheiden.[154]

Fraglich ist somit, ob sich aus den Erfüllungs- und Unterlassungspflichten der Mitgliedstaaten gem. Art. 4 Abs. 3 EUV eine eventuelle Pflicht der Mitgliedstaaten zur Vermeidung oder Beseitigung der internationalen *juristischen* Doppelbesteuerung in der Union ableiten lässt. Man könnte hier zum einen an eine „Erfüllungspflicht“ im Sinne einer positiven Handlungspflicht der Mitgliedstaaten zur Beseitigung der Doppelbesteuerung, etwa durch Abschluss entsprechender Doppelbesteuerungsabkommen, als „geeignete Maßnahmen“ i.S.v. Art. 4 Abs. 3 2. Unterabschnitt EUV denken.[155] Gleichzeitig könnte auch die „Unterlassungspflicht“ nach Art. 4 Abs. 3 3. Unterabschnitt EUV dahingehend verstanden werden, dass die Mitgliedstaaten unilateral ihre nationalen Steuerrechtsordnungen so gestalten müssen, dass Doppelbesteuerungssituationen in der EU vermieden werden.[156]

Voraussetzung für die Anwendung von Art. 4 Abs. 3 EUV ist eine hinreichende Anknüpfung, entweder an Verpflichtungen oder Ziele, die sich aus den Europäischen Verträgen ergeben (sog. „Grundsatz der Vertragsakzessorietät“).[157] Dies bedeutet, dass

---

152 Siehe nur *Kahl*, in: *Calliess/Ruffert*, EUV/AEUV, Art. 4 EUV, Rz. 29 ff.; *Hatje*, in: *Schwarze*, EU-Kommentar, Art. 4 EUV, Rz. 21.

153 Vgl. *Kahl*, in: *Calliess/Ruffert*, EUV/AEUV, Art. 4 EUV, Rz. 39.

154 Vgl. *Kahl*, in: *Calliess/Ruffert*, EUV/AEUV, Art. 4 EUV, Rz. 39 m.w.N.

155 So etwa die Überlegungen von *Heydt*, in: *Lang*, Europäisches Steuerrecht, S. 362.

156 So etwa *Broe*, EC Tax Review 2012, 180, 181.

157 *Kahl*, in: *Calliess/Ruffert*, EUV/AEUV, Art. 4 EUV, Rz. 47; *Bogdandy/Schill*, in: *Grabitz/Hilf/Nettesheim*, Das Recht der Europäischen Union, Art. 4 EUV, Rz. 57; *Streinz*, in: *Streinz*, EUV/AEUV, Art. 4 EUV, Rz. 25.

der „Grundsatz der loyalen Zusammenarbeit“ die Mitgliedstaaten nur dann zu einem Tätigwerden bzw. Unterlassen verpflichtet, wenn das Unionsrecht eine Handlung oder ein Unterlassen der Mitgliedstaaten fordert. Der EuGH hat diese strenge „Vertragsakzessorietät“ des Art. 4 Abs. 3 EUV schon in seiner Rechtsprechung zu dessen Vorgängervorschrift Art. 10 EGV betont: „Artikel 10 EGV [formuliert] eine allgemeine Verpflichtung der Mitgliedstaaten, deren konkreter Inhalt in jedem Einzelfall von den Bestimmungen des Vertrages oder den sich aus seinem allgemeinen System ergebenden Regelungen abhängt“.[158] Art. 10 EGV bzw. Art. 4 Abs. 3 EUV bedarf somit grundsätzlich einer hinreichenden Konkretisierung durch weitere Bestimmungen der Europäischen Verträge oder den sich aus deren allgemeinem System ergebenden Regelungen, um pflichterzeugend für die Mitgliedstaaten zu wirken.[159]

Mit dem belgischen Vorabentscheidungsverfahren in der Rechtssache *Levy und Sebbag*[160] lag dem EuGH schließlich die explizite Frage vor, ob das Bestehen einer internationalen *juristischen* Doppelbesteuerung bei grenzüberschreitenden Dividendenausschüttungen eine Verletzung des „Grundsatzes der loyalen Zusammenarbeit“ zwischen den Mitgliedstaaten gem. Art. 10 EG (jetzt Art. 4 Abs. 3 EUV) darstellt.[161] In seinem Urteil verwies der EuGH zunächst auf den im Streitjahr 2005 noch anwendbaren Art. 293 EGV als insoweit einschlägige primärrechtliche „Konkretisierungsnorm“ im Hinblick auf die Anwendung des Art. 10 EGV.[162] Da sich aus Art. 293 EGV jedoch bereits keine im nationalen Gerichtsweg durchsetzbare Verpflichtung für die Mitgliedstaaten ergab, internationale Doppelbesteuerung in der Gemeinschaft zu beseitigen,[163] konnte Art. 10 EGV nach Auffassung des EuGH nicht dahingehend verstanden werden, dass er eine *darüber hinausgehende, unabhängige Verpflichtung* der Mitgliedstaaten zur Beseitigung der internationalen Doppelbesteuerung in der Gemeinschaft enthält.[164] Mit anderen Worten: Eine Verpflichtung der Mitgliedstaaten zur Vermeidung von internationaler Doppelbesteuerung in der EU aufgrund des Grundsatzes der loyalen Zusammenarbeit (jetzt Art. 4 Abs. 3 EUV) kann nicht weiter gehen, als eine diesbezügliche Verpflichtung der Mitgliedstaaten aufgrund einer einschlägigen primärvertraglichen Konkretisierungsnorm reicht.

Nach dem Wegfall des Art. 293 EGV kämen als notwendige „Konkretisierungsnormen“ zur Anwendung des Art. 4 Abs. 3 EUV im Bereich der direkten Steuern

---

158 *EuGH*, 12.07.1973 – 2/73, *Riseria Geddo*, Slg. 1983, 865, Rz. 4; *EuGH*, 19.09.2012 – C-540/11, *Levy und Sebbag*, IStR 2013, 307 m. Anm. *Tippelhofer*, Rz. 26.

159 *Kahl*, in: *Calliess/Ruffert*, EUV/AEUV, Art. 4 EUV, Rz. 43; *Streinz*, in: *Streinz*, EUV/AEUV, Art. 4 EUV, Rz. 27.

160 *EuGH*, 19.09.2012 – C-540/11, *Levy und Sebbag*, IStR 2013, 307 m. Anm. *Tippelhofer*.

161 *EuGH*, 19.09.2012 – C-540/11, *Levy und Sebbag*, IStR 2013, 307 m. Anm. *Tippelhofer*, Rz. 11.

162 *EuGH*, 19.09.2012 – C-540/11, *Levy und Sebbag*, IStR 2013, 307 m. Anm. *Tippelhofer*, Rz. 27.

163 Siehe hierzu oben B.II.

164 *EuGH*, 19.09.2012 – C-540/11, *Levy und Sebbag*, IStR 2013, 307 m. Anm. *Tippelhofer.*, Rz. 28.

lediglich die Grundfreiheiten des AEUV in Betracht. Nach den Grundsätzen des EuGH-Urteils *Levy und Sebbag* würde dies bedeuten, dass die Mitgliedstaaten nur dann aufgrund des Grundsatzes der loyalen Zusammenarbeit verpflichtet wären, *internationale juristische Doppelbesteuerung* in der EU zu vermeiden, wenn sich diese Verpflichtung bereits aus den Grundfreiheiten ergeben würde. Nach Auffassung des EuGH sehen die Grundfreiheiten des AEUV eine solche Verpflichtung der Mitgliedstaaten bei Vorliegen einer „nichtdiskriminierenden" internationalen *juristischen* Doppelbesteuerung jedoch gerade nicht vor.[165]

Es bleibt somit zu konstatieren, dass auch aus Art. 4 Abs. 3 EUV keine unionsrechtliche Verpflichtung der Mitgliedstaaten hergeleitet werden kann, internationale *juristische* Doppelbesteuerung in der EU zu vermeiden oder zu beseitigen.[166]

4. Art. 116 AEUV (bestehende wettbewerbsverzerrende Vorschriften)

In der Literatur wird neben den Grundfreiheiten und dem Grundsatz der loyalen Zusammenarbeit auch Art. 116 AEUV (früher Art. 96 EGV) als mögliche primärrechtliche Rechtsgrundlage für die Beseitigung der internationalen Doppelbesteuerung in der EU durch Intervention der Europäischen Kommission herangezogen.[167]

Art. 116 AEUV ermächtigt die Union zu *repressiven Maßnahmen* gegenüber den Mitgliedstaaten, um Störungen des Binnenmarktes zu beseitigen.[168] Demnach tritt die Europäische Kommission zunächst in „Beratungen" mit den betreffenden Mitgliedstaaten ein, wenn die Kommission feststellt, „dass vorhandene Unterschiede in den Rechts- und Verwaltungsvorschriften der Mitgliedstaaten die Wettbewerbsbedingungen auf dem Binnenmarkt verfälschen und dadurch eine Verzerrung hervorrufen, die zu beseitigen ist".[169] Führen diese Beratungen nicht zur Beseitigung dieser Verzerrung, so sind das Europäische Parlament und der Rat insoweit verpflichtet, die „erforderlichen Richtlinien" bzw. „sonstigen in den Verträgen vorgesehenen zweckdienlichen Maßnahmen" zu erlassen.[170]

In der unionsrechtlichen Praxis hat Art. 116 AEUV bzw. dessen Vorgängerregelung Art. 96 EGV bisher keine große Rolle gespielt.[171] Es gab zwar verschiedentlich

---

165 Siehe oben B.II.2.c)(1).

166 Zu einem ähnlichen Ergebnis kommen auch *Daxkobler/Huisman*, European Taxation 2013, 400, 404 f.

167 Vgl. nur *Hofstätter*, in: *Lang/Schuch/Staringer*, Tax treaty law and EC law, S. 35 f. m.w.N. Ablehnend aber wohl *Schaumburg*, Internationales Steuerrecht, Rz. 3.58.

168 *Leible/Schröder*, in: *Streinz*, EUV/AEUV, Art. 116 AEUV, Rz. 2; *Tietje*, in: *Grabitz/Hilf/Nettesheim*, Das Recht der Europäischen Union, Art. 116 AEUV, Rz. 1.

169 Vgl. Art. 116 Abs. 1 AEUV.

170 Vgl. Art. 116 Abs. 2 AEUV.

171 Vgl. *Leible/Schröder*, in: *Streinz*, EUV/AEUV, Art. 116 AEUV, Rz. 3; *Tietje*, in: *Grabitz/Hilf/Nettesheim*, Das Recht der Europäischen Union, Art. 116 AEUV, Rz. 2; *Kahl*, in: *Calliess/Ruffert*, EUV/AEUV, Art. 116 AEUV, Rz. 10.

Beratungen mit Mitgliedstaaten i.S.v. Art. 116 Abs. 1 AEUV, jedoch wurden bis dato keine Rechtsakte der Union auf der Grundlage von Art. 116 Abs. 2 AEUV erlassen.[172] Der Grund für die bisherige geringe Praxisrelevanz von Art. 116 AEUV wird zum einen in dem unbestimmten Begriff der „Wettbewerbsverzerrung" gesehen; zum anderen scheint die Kommission in Fragen der Rechtsangleichung zwischen den Mitgliedstaaten das systematischere Vorgehen nach Art. 114 AEUV bzw. Art. 115 AEUV zu bevorzugen.[173]

Es stellt sich somit die Frage, ob sich aus Art. 116 AEUV ggf. eine Verpflichtung der Mitgliedstaaten zur Vermeidung von internationaler *juristischer* Doppelbesteuerung in der EU durch Intervention der Kommission ergibt. Da Art. 116 AEUV ausdrücklich ein Eingreifen der Kommission bei „Verfälschungen der *Wettbewerbsbedingungen*" des Binnenmarktes durch die Mitgliedstaaten vorsieht (also nicht unmittelbare Störungen des „Binnenmarktes" an sich betrifft), entfaltet Art. 116 AEUV gerade bei solchen Rechtsvorschriften der Mitgliedstaaten Wirkung, die *nicht* unter die Diskriminierungsverbote oder Beschränkungsverbote der Grundfreiheiten fallen.[174]

Eine Anwendbarkeit von Art. 116 AEUV setzt indessen voraus, dass die „Unterschiede in den Rechts- und Verwaltungsvorschriften der Mitgliedstaaten" zum einen eine „Wettbewerbsverfälschung" bewirken und aus dieser zusätzlich[175] eine „Wettbewerbsverzerrung" entsteht. Das erste Kriterium der „Verfälschung der Wettbewerbsbedingungen" des Binnenmarktes wird in der Literatur durch Rückgriff auf den Begriff der „Wettbewerbsverfälschung" (siehe z.B. Art. 101 Abs. 1 AEUV oder Art. 107 Abs. 1 AEUV) interpretiert.[176] In seinen Urteilen in den Rechtssachen *Heiser*[177] und *P*[178] hat der EuGH zu Art. 87 EGV (jetzt Art. 107 AEUV) festgestellt, dass staatliche Beihilfen dann den „Wettbewerb verfälschen", wenn diese „ein Unternehmen von den Kosten befreien sollen, die es normalerweise im Rahmen seiner laufenden Geschäftsführung oder seiner üblichen Tätigkeiten zu tragen gehabt hätte".[179] Diese „Kosten eines Unternehmens" definieren also die Wettbewerbsbedingungen auf dem Binnenmarkt. Zu diesen Kosten müssen m.E. aber auch die *steuerlichen Belastungen* eines Unternehmens gezählt werden. Wird ein Unternehmen grenzüberschreitend tätig und entstehen dadurch höhere „Kosten" im Sinne einer ggf. doppelten steuerlichen

---

172 Ebenda.

173 Ebenda.

174 *Tietje*, in: *Grabitz/Hilf/Nettesheim*, Das Recht der Europäischen Union, Art. 116 AEUV, Rz. 5.

175 Das Erfordernis der „Wettbewerbsverzerrung" ist ein eigenständiges, zusätzlich zu erfüllendes Kriterium, vgl. *Leible/Schröder*, in: *Streinz*, EUV/AEUV, Art. 116 AEUV, Rz. 8 m.w.N.

176 *Kahl*, in: *Calliess/Ruffert*, EUV/AEUV, Art. 116 AEUV, Rz. 4; *Leible/Schröder*, in: *Streinz*, EUV/AEUV, Art. 116 AEUV, Rz. 7.

177 *EuGH*, 03.03.2005 – C-172/03, *Heiser*, Slg. 2005, I-01627.

178 *EuGH*, 30.04.2009 – C-494/06, *P.*, Slg. 2009, I-03639.

179 *EuGH*, 30.04.2009 – C-494/06, *P.*, Slg. 2009, I-03639, Rz. 45; *EuGH*, 03.03.2005 – C-172/03, *Heiser*, Slg. 2005, I-01627, Rz. 55.

Belastung in mehreren Mitgliedstaaten, die darauf beruht, dass die Mitgliedstaaten der EU unterschiedliche steuerliche Anknüpfungsmerkmale wählen, so liegt eine Verfälschung der Wettbewerbsbedingungen des Binnenmarktes gerade aufgrund dieser Unterschiede in den Steuerordnungen der Mitgliedstaaten vor.

Diese „Verfälschung der Wettbewerbsbedingungen" des Binnenmarktes durch die *internationale juristische Doppelbesteuerung* ist auch kausal („dadurch") für eine „Wettbewerbsverzerrung", da die unterschiedliche Steuerbelastung in den Mitgliedstaaten der EU die Entscheidung über Investitionen der Marktteilnehmer deutlich beeinflussen kann. Dass die internationale Doppelbesteuerung Einfluss auf die Wettbewerbsfähigkeit von Unternehmen in der EU hat, wurde jüngst auch von der Europäischen Kommission in ihrer Mitteilung vom 11.11.2011 zur „Doppelbesteuerung im Binnenmarkt" ausdrücklich betont: „Doppelbesteuerung ohne Ausgleich erhöht die Gesamtsteuerbelastung und kann sich [...] negativ auf die Kapitalinvestitionen auswirken. Empirischen Untersuchungen zufolge hat die Körperschaftsteuer erhebliche Auswirkungen auf Standortentscheidungen für ausländische Direktinvestitionen. Dies ist ein Anzeichen dafür, dass Doppelbesteuerung in der EU eine abschreckende Wirkung für Investitionen aus Nicht-EU-Ländern hat und die Wettbewerbsfähigkeit der Unternehmen in der EU gefährden könnte. [...] Steuerpflichtige werden, falls sie die Wahl haben, Doppelbesteuerung vermeiden, indem sie ihr Verhalten an die tatsächlichen Gegebenheiten anpassen. Insofern ist Doppelbesteuerung nicht nur eine Belastung, sondern sogar ein Hindernis für die Wirtschaftstätigkeit".[180] Ein „weites" Verständnis der Wettbewerbsverzerrung des Art. 116 AEUV entspricht indessen auch dem Zweck der Norm, das besondere Funktionsinteresse des Binnenmarktes durch Einschreiten der Kommission sicherzustellen.[181]

Weiter muss für die Anwendung des Art. 116 AEUV auch ein Beseitigungsbedürfnis hinsichtlich der Wettbewerbsverzerrung aufgrund der verfälschten Wettbewerbsbedingungen bestehen („die zu beseitigen ist"). Dieses Merkmal wird in der Literatur dahingehend interpretiert, dass es sich dabei um eine „gravierende" Wettbewerbsverzerrung handeln muss, die besonderer Intensität bedarf.[182] Für den Fall der internationalen Doppelbesteuerung dürfte dieses Erfordernis unschwer zu bejahen sein. Wie die Europäische Kommission in ihrer Mitteilung vom 11.11.2011 zur „Doppelbesteuerung im Binnenmarkt" anmerkt, gehört „die Doppelbesteuerung [...] zu den Fragen, die die Bürger und die Unternehmen in der EU am meisten beschäftigen. Im Bericht über die Unionsbürgerschaft 2010 wurden Probleme im Zusammenhang mit der Doppelbesteuerung zu den Haupthindernissen gezählt, vor denen die Bürger in grenzüberschreitenden Situationen stehen. [...] Insbesondere in

180 Mitteilung der *Europäischen Kommission* an das Europäische Parlament, den Rat und den Europäischen Wirt-schafts- und Sozialausschuss v. 11.11.2011, „Doppelbesteuerung im Binnenmarkt", KOM(2011) 712 endg., S. 7.

181 Vgl. *Kahl*, in: *Calliess/Ruffert*, EUV/AEUV, Art. 116 AEUV, Rz. 6.

182 *Kahl*, in: *Calliess/Ruffert*, EUV/AEUV, Art. 116 AEUV, Rz. 7; *Leible/Schröder*, in: *Streinz*, EUV/AEUV, Art. 116 AEUV, Rz. 9.

der spezifischen öffentlichen Konsultation zur Doppelbesteuerung wurde erklärt, dass es sich hierbei um ein erhebliches Problem handelt: Im Durchschnitt ging es bei mehr als 20 % der gemeldeten Fälle der Körperschaftsteuerpflichtigen um über 1 Mio. EUR und bei mehr als 35 % der Einzelpersonen um über 100 000 EUR".[183]

Im Ergebnis kann m.E. die internationale juristische Doppelbesteuerung durchaus als „Wettbewerbsverfälschung" im Sinne des Art. 116 AEUV betrachtet werden, welche auch zu einer „Wettbewerbsverzerrung" des Binnenmarktes führt und somit die Kommission zur Aufnahme von obligatorischen Verhandlungen[184] mit den Mitgliedstaaten bzw. zum Erlass entsprechender Richtlinien zur Rechtsangleichung der mitgliedstaatlichen Steuervorschriften[185] zwingen würde.

Für die von internationaler Doppelbesteuerung betroffenen Steuerpflichtigen bietet Art. 116 AEUV jedoch keine Möglichkeit, etwaige daraus resultierende Wettbewerbsverzerrungen selbst geltend zu machen. Zwar kann gem. Art. 265 Abs. 3 AEUV „jede natürliche oder juristische Person [...] vor dem Gerichtshof Beschwerde darüber führen, dass ein Organ oder eine Einrichtung oder sonstige Stelle der Union es unterlassen hat, einen anderen Akt als eine Empfehlung oder Stellungnahme an sie zu richten". Voraussetzung ist jedoch nach dem Wortlaut der Norm ausdrücklich, dass der begehrte Rechtsakt an eine *bestimmte Person* adressiert ist.[186] Der *Erlass einer Richtlinie* kommt somit nicht als zulässiger Klagegegenstand einer Untätigkeitsklage gem. Art. 265 AEUV in Betracht.[187] Eine Untätigkeitsklage auf *Einleitung einer entsprechenden Konsultation* der Mitgliedstaaten durch die Europäische Kommission gem. Art. 116 Abs. 1 AEUV sollte darüber hinaus schon an der fehlenden Rechtsverbindlichkeit einer solchen Konsultation scheitern.[188]

5. Art. 117 AEUV (geplante wettbewerbsverzerrende Vorschriften)

Art. 117 AEUV verleiht der Europäischen Kommission eine *Präventivbefugnis* zur Vermeidung von „geplanten" Wettbewerbsverzerrungen des Binnenmarktes im Sinne des Art. 116 AEUV, welche durch den Erlass oder die Änderung von Rechts- oder

---

183 Mitteilung der *Europäischen Kommission* an das Europäische Parlament, den Rat und den Europäischen Wirt-schafts- und Sozialausschuss v. 11.11.2011, „Doppelbesteuerung im Binnenmarkt", KOM(2011) 712 endg, S. 7.

184 *Tietje*, in: *Grabitz/Hilf/Nettesheim*, Das Recht der Europäischen Union, Art. 116 AEUV, Rz. 18.

185 *Tietje*, in: *Grabitz/Hilf/Nettesheim*, Das Recht der Europäischen Union, Art. 116 AEUV, Rz. 20.

186 *Cremer*, in: *Calliess/Ruffert*, EUV/AEUV, Art. 265 AEUV, Rz. 6.

187 *Cremer*, in: *Calliess/Ruffert*, EUV/AEUV, Art. 265 AEUV, Rz. 6; *Schwarze*, in: *Schwarze*, EU-Kommentar, Art. 265 AEUV, Rz. 16.

188 *Cremer*, in: *Calliess/Ruffert*, EUV/AEUV, Art. 265 AEUV, Rz. 6; *Schwarze*, in: *Schwarze*, EU-Kommentar, Art. 265 AEUV, Rz. 14.

Verwaltungsvorschriften der Mitgliedstaaten verursacht werden könnten.[189] Die Mitgliedstaaten sind insoweit nach Art. 117 Abs. 1 S. 1 AEUV verpflichtet, die Kommission über solche geplanten Rechtsänderungen zu unterrichten, soweit auch nur die „entfernteste" Gefahr einer Wettbewerbsverzerrung des Binnenmarktes besteht.[190] Die Kommission berät daraufhin mit den Mitgliedstaaten, wie die geplante Verzerrung zu vermeiden ist; die entsprechenden Maßnahmen haben deshalb rechtsangleichende Wirkung.[191] Kommt der Mitgliedstaat, welcher die mögliche wettbewerbsverzerrende Vorschrift erlassen oder ändern will, seiner Verpflichtung zur Meldung gem. Art. 117 AEUV nicht nach, kann die Europäische Kommission von den anderen beteiligten Mitgliedstaaten jedoch nicht verlangen, die Verzerrung ihrerseits durch entsprechende Rechtsänderungen zu beseitigen (vgl. Art. 117 Abs. 2 S. 1 AEUV).

Da nach der hier vertretenen Auffassung die *internationale juristische Doppelbesteuerung* in der EU eine Wettbewerbsverzerrung des Binnenmarktes i.S.v. Art. 116 AEUV darstellt, statuiert Art. 117 Abs. 1 AEUV m.E. sogar eine Verpflichtung der Mitgliedstaaten der EU, internationale juristische Doppelbesteuerung bereits *im Vorfeld* zu vermeiden, indem diese die Kommission bei geplanten Rechtsänderungen über mögliche internationale Doppelbesteuerungsauswirkungen in Kenntnis setzen. Diese „Meldepflicht" der Mitgliedstaaten müsste grundsätzlich für alle Rechtsvorschriften gelten, welche an Besteuerungssachverhalte außerhalb ihres Staatsterritoriums anknüpfen, da hier aufgrund der Nichtharmonisierung des direkten Steuerrechts in der EU eine internationale Doppelbesteuerung auftreten könnte.

Aus praktischer Sicht ist Art. 117 AEUV zur Vermeidung der *internationalen juristischen Doppelbesteuerung* in der EU jedoch nur ein „stumpfes Schwert". Zum einen besteht bei Nichtkonsultation der Europäischen Kommission durch einen Mitgliedstaat keine Verpflichtung der anderen Mitgliedstaaten, internationale Doppelbesteuerung ihrerseits durch Änderungen ihrer Rechts- oder Verwaltungsvorschriften zu vermeiden, sodass in diesen Fällen die internationale Doppelbesteuerung nicht beseitigt wäre und weiter bestehen würde. Zum anderen hat der EuGH Art. 117 AEUV ausdrücklich eine unmittelbare Wirkung dahingehend abgesprochen, dass sich für EU-Bürger daraus Rechte ergeben, welche diese vor staatlichen Gerichten geltend machen können.[192] Der Europäischen Kommission bliebe im Fall einer Nichtkonsultation somit nur die Möglichkeit der Einleitung eines entsprechenden Vertragsverletzungsverfahrens nach Art. 258 AEUV gegen den entsprechenden Mitgliedstaat.[193] Darüber hinaus kann ein Mitgliedstaat, welcher eine Wettbewerbsverzerrung zwar hervorruft, diese sich jedoch nur zu *seinem eigenen Nachteil* auswirkt, nicht nach

189 *Kahl*, in: *Calliess/Ruffert*, EUV/AEUV, Art. 117 AEUV, Rz. 1.

190 *Tietje*, in: *Grabitz/Hilf/Nettesheim*, Das Recht der Europäischen Union, Art. 117 AEUV, Rz. 2; *Kahl*, in: *Calliess/Ruffert*, EUV/AEUV, Art. 117 AEUV, Rz. 3 m.w.N.

191 Ebenda.

192 Vgl. *EuGH*, 15.07.1964 – 6/64, *Costa/ENEL*, Slg. 1964, 1251, 1271.

193 So *Tietje*, in: *Grabitz/Hilf/Nettesheim*, Das Recht der Europäischen Union, Art. 117 AEUV, Rz. 3; *Kahl*, in: *Calliess/Ruffert*, EUV/AEUV, Art. 117 AEUV, Rz. 5.

Art. 116 AEUV gezwungen werden, diese Wettbewerbsverzerrungen zu beseitigen (Art. 117 Abs. 2 S. 2 AEUV).

6. Art. 352 AEUV (Flexibilitätsklausel)

Neben den bereits erörterten Vorschriften der Europäischen Verträge könnte darüber hinaus auch die sog. „Flexibilitätsklausel“[194] des Art. 352 AEUV als Rechtsgrundlage für den Erlass von unionsrechtlichen Maßnahmen mit dem Ziel der Vermeidung oder Beseitigung von internationaler Doppelbesteuerung in der EU herangezogen werden.[195] Diese Vorschrift sieht ein Tätigwerden des Rates im Sinne des Erlasses von geeigneten Rechtsvorschriften auf Vorschlag der Kommission und nach Zustimmung des Europäischen Parlaments in den Fällen vor, in welchen „ein Tätigwerden der Union im Rahmen der in den Verträgen festgelegten Politikbereiche erforderlich [erscheint], um eines der Ziele der Verträge zu verwirklichen, und in den Verträgen die hierfür erforderlichen Befugnisse nicht vorgesehen [sind]“. Art. 352 AEUV soll somit als „Kompetenznorm“ Lücken im Hinblick auf fehlende Befugnisse der Unionsorgane aufgrund des Grundsatzes der begrenzten Einzelermächtigung (Art. 5 Abs. 1 und Abs. 2 EUV) schließen, damit die Union die in den Europäischen Verträgen festgesetzten Ziele erreichen kann.[196] Gleichzeitig ist es nicht Funktion des Art. 352 AEUV, die Europäischen Verträge um weitere Unionsziele zu erweitern, sodass eine Anwendbarkeit der „Flexibilitätsklausel“ streng an die vereinbarten Ziele der Union „gekoppelt“ ist, welche sich in erster Linie aus Art. 3 EUV ergeben.[197]

Tatbestandsvoraussetzung für die Anwendung von Art. 352 AEUV im Bereich der direkten Steuern der Mitgliedstaaten wäre somit, dass die Vermeidung oder Beseitigung von internationaler Doppelbesteuerung in der EU weiterhin ein Ziel der Europäischen Verträge, etwa im Rahmen der Binnenmarktverwirklichung nach Art. 3 Abs. 3 EUV, darstellt. Nach dem Wegfall des Art. 293 EGV durch den Reformvertrag von Lissabon sollte dies, zumindest für die internationale *juristische* Doppelbesteuerung, jedoch höchst fraglich bzw. m.E. in der Konsequenz wohl abzulehnen sein, sodass im Ergebnis auch die „Flexibilitätsklausel“ des Art. 352 AEUV als unionsrechtliche „Verpflichtungsgrundlage“ zur Vermeidung von internationaler Doppelbesteuerung in der EU ausgeschlossen sein dürfte.

7. Art. 6 EUV (Grundrechte-Charta und EMRK)

In der Literatur wird vereinzelt auch eine mögliche Verpflichtung der EU-Mitgliedstaaten zur Vermeidung von *internationaler Doppelbesteuerung* auf der Grundlage

194 Siehe zum Begriff *Rossi*, in: *Calliess/Ruffert*, EUV/AEUV Art. 352 AEUV, Rz. 11.

195 Vgl. *Hofstätter*, in: *Lang/Schuch/Staringer*, Tax treaty law and EC law, S. 37 f.

196 *Streinz*, in: *Streinz*, EUV/AEUV, Art. 352 AEUV, Rz. 6.; *Rossi*, in: *Calliess/Ruffert*, EUV/AEUV, Art. 352 AEUV, Rz. 10.

197 *Rossi*, in: *Calliess/Ruffert*, EUV/AEUV, Art. 352 AEUV, Rz. 12, 30; *Hofstätter*, in: *Lang/Schuch/Staringer*, Tax treaty law and EC law, S. 37.

des „Eigentumsrechts“ gem. Art. 17 Abs. 1 EUGrdCH)[198] und/oder Art. 1 des ersten Zusatzprotokolls zur Konvention zum Schutz der Menschenrechte und Grundfreiheiten (kurz: 1. ZP-EMRK)[199] diskutiert.[200] Diese Überlegungen beruhen auf der ständigen Rechtsprechung des Bundesverfassungsgerichts (BVerfG), welches eine mögliche Verletzung der Eigentumsgarantie des Art. 14 Abs. 1 S. 1 GG in Fällen einer übermäßigen, sog. „konfiskatorischen“, mithin erdrosselnd wirkenden Steuerbelastung eines Steuerpflichtigen annimt, welche die Ausübung des Eigentumsrechts durch einen Steuerpflichtigen faktisch unmöglich macht.[201] Darüber hinaus hat jüngst auch der Europäische Gerichtshof für Menschenrechte (kurz: EGMR) einen Verstoß der ungarischen Steuergesetzgebung gegen Art. 1 1. ZP-EMRK bejaht, welche insoweit eine Besteuerung von Zahlungen an ehemalige Beschäftigte des öffentlichen Dienstes in Höhe von 98% vorsah.[202] Durch die Neufassung von Art. 6 EUV im Rahmen des Reformvertrages von Lissabon wurden die EuGrdCH (vgl. Art. 6 Abs. 1 EUV) sowie die EMRK (vgl. Art. 6 Abs. 2 und Abs. 3 EUV) und die „Grundrechte, wie sie sich aus den gemeinsamen Verfassungsüberlieferungen der Mitgliedstaaten ergeben“ (vgl. Art. 6 Abs. 3 EUV) in den Rang primären Unionsrechts erhoben.[203]

---

198 ABl. EU Nr. C 303 v. 12.12.2007, S. 1 (angepasste Fassung).

199 BGBl. II 2002, S. 1072 (sprachlich überarbeitete deutsche Fassung).

200 *Heydt*, in: *Lang*, Europäisches Steuerrecht, S. 362 f.; *Gutmann*, in: *Richelle/Schön/Traversa*, Allocating Taxing Powers within the European Union, S. 67; *Kofler*, in: *Rust*, Double Taxation within the European Union, S. 134; *Wattel*, in: *Rust*, Double Taxation within the European Union, S. 163.

201 Siehe nur *BVerfG*, 22.06.1995 – 2 BvL 37/91, BStBl. II 1976, 662, 655 sowie *Depenheuer*, in: *Mangoldt/Klein/Starck*, Kommentar zum Grundgesetz, GG Bd. I, Art. 14, Rz. 384; *Wieland*, in: *Dreier*, Grundgesetz Kommentar, GG Bd. I, Art. 14, Rz. 53; *Hey*, in: *Tipke/Lang*, Steuerrecht, § 3, Rz. 184 jeweils m.w.N. Ab welcher Steuerbelastung eine solche verfassungswidrige „konfiskatorische“ Besteuerung eines Steuerpflichtigen erreicht ist, ist bis dato nocht nicht eindeutig geklärt. Das BVerfG ging in seiner Entscheidung v. 22.06.1995 zur Verfassungsmäßigkeit der Vermögenssteuer davon aus, dass die steuerliche „Belastungsobergrenze“ eines Steuerpflichtigen dann erreicht sei, wenn bei Zusammentreffen der Vermögenssteuer mit den übrigen Steuern eine Gesamtsteuerbelastung von ca. 50% überschritten würde (sog. „Halbteilungsgrundsatz“), siehe *Hey*, in: *Tipke/Lang*, Steuerrecht, § 3, Rz. 192. In seinem Beschluss v. 18.01.2006 – 2 BvR 2194/99, BVErfGE 115, 97 distanzierte sich das BVerfG jedoch wieder von der Geltung einer allgemein verbindlichen „Belastungsobergrenze“ im Sinne des „Halbteilungsgrundsatzes“ für das Zusammentreffen von Einkommensteuer und Gewerbesteuer bei einem Steuerpflichtigen.

202 Vgl. *EGMR*, 14.05.2013, *N.K.M. ./. Ungarn*, Application No. 66529/11; *EGMR*, 25.06.2013, *Gáll ./. Ungarn*, Application No. 49570/11; *EGMR*, 02.07.2013, *R.Sz. ./. Ungarn*, Application No. 41838/11. Siehe zu diesen EGMR-Urteilen ausführlich *Seara*, Intertax 2014, 218 ff.

203 Vgl. *Dürrschmidt*, NJW 2010, 2086, 2088 f.

Soweit ersichtlich, liegt bis dato keine explizite Rechtsprechung des EGMR zu der Frage vor, ob die *internationale juristische Doppelbesteuerung* eine Verletzung des Eigentumsrechts eines Steuerpflichtigen darstellt. Bezüglich Art. 17 Abs. 1 EUGrdCH könnte eine Anwendbarkeit schon aus dem Grund fraglich sein, dass nach Art. 51 Abs. 1 S. 1 EUGrdCH diese Norm nur für die Organe und Einrichtungen der EU und für die Mitgliedstaaten *ausschließlich bei der Durchführung des Rechts der Europäischen Union* gilt. Da sich die internationale Doppelbesteuerung im Bereich der direkten Steuern jedoch aus der Überschneidung von Steueransprüchen von Staaten aufgrund ihres bisher nicht unionsrechtlich harmonisierten *nationalen Steuerrechts* ergibt, könnte eine Überprüfung der internationalen Doppelbesteuerung anhand Art. 17 Abs. 1 S. 1 EUGrdCH scheitern.[204] Der BFH hat aus diesem Grund die Anwendung von Art. 17 Abs. 1 EUGrdCH für den Fall des Vorliegens einer internationalen juristischen Doppelbesteuerung im Bereich des Erbschaftsteuerrechts verneint: „Da es sich beim Erbschaftsteuerrecht nicht um Unionsrecht, sondern um rein nationales, nicht unionsrechtlich determiniertes Recht handelt, scheidet somit eine Überprüfung der Doppelbesteuerung an Art. 17 Abs. 1 Satz 1 EUGrdCh aus".[205] Bei dieser Aussage des BFH erscheint es fraglich, ob der BFH durch den alleinigen Verweis auf die zu prüfenden Regelungen des „nationalen Erbschaftsteuerrechts" die Anwendbarkeit der EUGrdCH nicht zu einfach verneint hat. Zum „Recht der Europäischen Union" bzw. „Unionsrecht" gehören nämlich das gesamte primäre Unionsrecht und damit insbesondere auch die Grundfreiheiten des AEUV,[206] welche in ihrer unionsrechtlichen „Durchführung" insoweit durchaus Einfluss auf das nationale Steuerrecht der Staaten entfalten können. Da der EuGH die Anwendbarkeit der Grundfreiheiten in Fällen *internationaler juristischer* Doppelbesteuerung jedoch nach ständiger Rechtsprechung verneint hat,[207] hätte in dem vorliegenden Fall auch ein „weites" Verständnis des Begriffs der „Durchführung des Unionsrechts" nach Art. 51 Abs. 1 S. 1 EUGrdCH zu keinem anderen Ergebnis geführt.

Mit Blick auf die Anwendbarkeit von Art. 1 1. ZP-EMRK für Fälle der internationalen Doppelbesteuerung in der Union besteht indessen die Schwierigkeit, dass diese Norm keine allgemeinen Kriterien enthält, wie und zulasten welches beteiligten Mitgliedstaates eine internationale Doppelbesteuerung vermieden werden soll.[208] Art. 1 Abs. 2 1. ZP-EMRK stellt klar, dass der Schutz des Eigentums von natürlichen und juristischen Personen nicht das Recht eines Staates beeinträchtigt, „diejenigen Gesetze anzuwenden, die er für die Regelung der Benutzung des Eigentums im Einklang mit dem Allgemeininteresse oder zur Sicherung der Zahlung der Steuern oder sonstigen Abgaben oder von Geldstrafen für erforderlich hält". Der BFH hat

204 So *Heydt*, in: *Lang*, Europäisches Steuerrecht, S. 362.

205 *BFH*, 19.06.2013 – II R 10/12, BStBl. II 2013, 746. Insoweit zustimmend *Hahn*, BB 2014, 23, 25. Verfassungsbeschwerde beim BVerfG anhängig unter Az. 1 BvR 2488/13.

206 Vgl. *Jarass*, Charta der Grundrechte der Europäischen Union, Art. 51, Rz. 15.

207 Siehe oben B.I.1.

208 *Wattel*, in: *Rust*, Double Taxation within the European Union, S. 163.

einen möglichen Verstoß von internationaler juristischer Doppelbesteuerung gegen Art. 1 1. ZP-EMRK aus diesem Grund jedenfalls dann verneint, wenn ein Staat, dem nach den internationalen Gepflogenheiten, wie sie bspw. in völkerrechtlich vereinbarten Doppelbesteuerungsabkommen auf Grundlage der OECD-MA zum Ausdruck kommen, das ausschließliche Besteuerungsrecht für Einkünfte oder Vermögen zusteht, von diesem Recht Gebrauch macht, aber eine zusätzlich im Ausland erhobene Steuer nicht anrechnet.[209] Lediglich in den Fällen, in welchen eine bestehende internationale Doppelbesteuerung zu einer *übermäßigen, konfiskatorischen Steuerbelastung* des Steuerpflichtigen führt, liegt nach Auffassung des BFH eine tatsächliche Eigentumsverletzung i.S.v. Art. 1 1. ZP-EMRK vor.[210] Abgesehen davon, dass noch völlig unklar ist, ab wann eine solche „konfiskatorische" Steuerbelastung eines Steuerpflichtigen erreicht ist, hat der BFH klargestellt, dass sich selbst bei Vorliegen einer solchen Besteuerungswirkung aus Art. 1 des 1. ZP-EMRK keine (einseitige) Verpflichtung der Bundesrepublik Deutschland zur Anrechnung der ausländischen Erbschaftsteuer auf die deutsche Erbschaftsteuer ableiten ließe. Vielmehr sei die internationale Doppelbesteuerung in diesen Fällen durch die Vornahme von Billigkeitsmaßnahmen nach dem nationalen Steuerrecht *beider Staaten* zu vermeiden.[211]

Darüber hinaus besteht kein allgemeiner völkerrechtlicher Rechtsgrundsatz, dass Staaten zur Vermeidung von internationaler Doppelbesteuerung verpflichtet sind, soweit sie ihre nationalen Steuerordnungen nur völkerrechtskonform gestaltet haben.[212] Jede Investition eines Steuerpflichtigen im Ausland birgt somit die Gefahr einer doppelten Steuerbelastung durch Anwendbarkeit der nicht harmonisierten Steuerordnungen mehrerer Staaten in sich. Der BFH erkannte in diesem Umstand insoweit auch einen „sachlichen Grund", welcher eine unterschiedliche Steuerbelastung von In- und Auslandssachverhalten im Rahmen des allgemeinen Gleichheitssatzes (Art. 3 Abs. 1 GG) rechtfertigt.[213] Ebenso verneinte der BFH eine Pflicht der Bundesrepublik Deutschland zur Vermeidung von internationaler Doppelbesteuerung auf der Grundlage von Art. 23 Abs. 1 GG. Diese Vorschrift regle lediglich allgemein die Mitwirkung Deutschlands bei der Entwicklung der EU und enthalte

---

209 *BFH*, 19.06.2013 – II R 10/12, BStBl. II 2013, 746. Kritisch zu dieser Rechtsprechung *Hahn*, BB 2014, 23, 29.

210 *BFH*, 19.06.2013 – II R 10/12, BStBl. II 2013, 746. In der Literatur wurde eine Verletzung des in Art. 1 des 1. ZP-EMRK gewährleisteten Rechts auf Eigentum durch Steuern oder Abgaben eines Staates dann angenommen, wenn diese den Steuerpflichtigen „übermäßig belasten" oder seine finanzielle Stellung tiefgreifend benachteiligen, vgl. *Cremer*, in: *Dörr u.a.*, EMRK, GG Konkordanzkommentar zum europäischen und deutschen Grundrechtsschutz, Kap. 22, Rz. 128.

211 *BFH*, 19.06.2013 – II R 10/12, BStBl. II 2013, 746. Weitere Ausführungen des BFH zu den in diesem Fall vorzunehmenden „bilateralen" Billigkeitsmaßnahmen in beiden Staaten lassen sich dem Urteil jedoch nicht entnehmen, da diese insoweit nicht Gegenstand des vorliegenden Verfahrens waren.

212 Siehe oben B.I.3.

213 *BFH*, 19.06.2013 – II R 10/12, BStBl. II 2013, 746.

somit keine Aussagen zu Einzelfragen, wie etwa die Vermeidung der internationalen Doppelbesteuerung in der EU.[214] Nach Auffassung des BFH stellt allein das Vorliegen einer internationalen Doppelbesteuerung zudem *per se* keine Verletzung der Eigentumsgarantie i.S.v. Art. 14 Abs. 1 GG dar. Lediglich in Fällen, in welchen die internationale Doppelbesteuerung eine verfassungswidrige übermäßige, „konfiskatorische" Steuerbelastung des Steuerpflichtigen bewirkt, hält der BFH eine Vermeidung dieser durch den Erlass von entsprechenden Billigkeitsmaßnahmen nach nationalem Recht (etwa gem. den §§ 163, 227 AO) für geboten.[215]

Zusammenfassend sollte sich auf der Grundlage von Art. 6 EUV nur dann eine unionsrechtliche Verpflichtung der Mitgliedstaaten zur Vermeidung einer internationalen juristischen Doppelbesteuerung ergeben, wenn diese im jeweiligen Einzelfall eine „konfiskatorische", also erdrosselnde Steuerwirkung auf einen Steuerpflichtigen entfaltet. Da jedoch bislang weder geklärt ist, ab welcher steuerlichen „Belastungsgrenze" eine solche „konfiskatorische" Doppelbesteuerung vorliegt noch wie diese durch die beteiligten Staaten letztlich vermieden werden soll, entfaltet diese Norm des primären Unionsrechts derzeit keine praktische Relevanz.

III. Sekundäres Unionsrecht

Das sog. „sekundäre Unionsrecht" bezeichnet die auf der Grundlage der Europäischen Verträge erlassenen Rechtsakte der Union.[216] Gem. Art. 288 AEUV kann die EU ihre Zuständigkeit nach den Europäischen Verträgen durch den Erlass von *Verordnungen*, *Richtlinien*, *Beschlüssen*, *Empfehlungen* oder *Stellungnahmen* ausüben.

Nach dem *Prinzip der begrenzten Einzelermächtigung* (Art. 5 Abs. 1 und Abs. 2 AEUV) bedarf ein Tätigwerden der EU einer Kompetenzzuweisung durch die Europäischen Verträge.[217] Hinsichtlich der Erreichung des Binnenmarktziels als ausdrückliches Ziel der Europäischen Verträge[218] finden sich Ermächtigungsgrundlagen für ein Tätigwerden der Union vor allem in den Art. 114–118 AEUV. Art. 114 AEUV sieht rechtsangleichende Maßnahmen der Union zur Verwirklichung des Binnenmarktziels vor, wobei nach Art. 114 Abs. 2 AEUV „die Steuern" ausdrücklich vom Anwendungsbereich des Art. 114 AEUV ausgenommen werden. Gem. Art. 115

---

214 A.A. insoweit jedoch *Jarass*, in: *Jarass/Pieroth*, Grundgesetz für die Bundesrepublik Deutschland, Art. 23, Rz. 13, 33 f., welcher Art. 23 Abs. 1 GG eine darüber hinausgehende Wirkung im Sinne der Ermöglichung des Anwendungsvorrangs des EU-Rechts durch die Verpflichtung der Gerichte zur unionsrechtskonformen Auslegung des nationalen Rechts zuspricht. In dem vorliegenden Fall hätte jedoch auch ein solch weitgehendes Verständnis des Art. 23 Abs. 1 GG keine Auswirkung gehabt, da insoweit auch das Unionsrecht einer *internationalen juristischen Doppelbesteuerung* in der EU nicht entgegensteht (siehe die Ausführungen oben).

215 *BFH*, 19.06.2013 – II R 10/12, BStBl. II 2013, 746.

216 *Streinz*, Europarecht, Rz. 4; *Herdegen*, Europarecht, S. 176 f.

217 Siehe hierzu *Streinz*, Europarecht, Rz. 539 f.

218 Siehe Art. 3 Abs. 3 EUV.

AEUV kann der Rat jedoch im Bereich der direkten Steuern („Unbeschadet des Art. 114 [...]“) Richtlinien für die Angleichung der Steuervorschriften der Mitgliedstaaten erlassen, welche sich „unmittelbar auf die Errichtung und das Funktionieren des Binnenmarktes auswirken“.

Mit Blick auf die Vermeidung der *internationalen Doppelbesteuerung* in der Union im Bereich der direkten Steuern hat der Unionsgesetzgeber bzw. Gemeinschaftsgesetzgeber in der Vergangenheit ausschließlich durch den Erlass von *Richtlinien*[219] und *Empfehlungen*[220] von seiner diesbezüglichen Kompetenz Gebrauch gemacht. *Richtlinien* sind für alle Mitgliedstaaten hinsichtlich ihres Ziels verbindlich; es bleibt jedoch den einzelnen Mitgliedstaaten überlassen, die Form und die Mittel zur Umsetzung in ihrem nationalen Recht frei zu wählen (Art. 288 Abs. 2 AEUV). *Empfehlungen* sind nach ihrem Rechtscharakter nicht verbindlich (Art. 288 Abs. 4 AEUV) und beinhalten regelmäßig lediglich Vorschläge bzw. Handlungsalternativen für die Mitgliedstaaten zur Lösung bestehender Probleme des Binnenmarktes. Da *Empfehlungen* insoweit keine rechtliche „Verpflichtung“ der Mitgliedstaaten zur Vermeidung einer Doppelbesteuerung in der EU enthalten können, werden diese für den weiteren Verlauf der Untersuchung nicht berücksichtigt.

1. Mutter-Tochter-Richtlinie

Die sog. *Mutter-Tochter-Richtlinie* wurde in ihrer ursprünglichen Fassung im Jahr 1990 verabschiedet („Richtlinie 90/435/EWG über das gemeinsame Steuersystem der Mutter- und Tochtergesellschaften verschiedener Mitgliedstaaten“[221]) und seitdem inhaltlich mehrmals angepasst sowie im Jahr 2011 auf der Grundlage von Art. 115 AEUV neu gefasst.[222] Ziel der Richtlinie ist es, eine internationale Doppelbesteuerung von grenzüberschreitenden Dividendenzahlungen und anderen Gewinnausschüttungen zwischen Tochtergesellschaften und ihren Muttergesellschaften mit Ansässigkeit in der EU zu beseitigen, um so Zusammenschlüsse von Unternehmen verschiedener Mitgliedstaaten zur Verwirklichung des EU-Binnenmarktes zu fördern.[223]

---

219 Siehe hierzu einen Überblick bei *Schaumburg*, Internationales Steuerrecht, Rz. 14.6.

220 Siehe hierzu einen Überblick bei *Lehner*, in: *Vogel/Lehner*, DBA, Einl., Rz. 255 f.

221 Richtlinie 90/435/EWG v. 23.07.1990, ABl. EG Nr. L 225 v. 20.08.1990, S. 6. Im deutschen Steuerrecht wurde die Mutter-Tochter-Richtlinie im Rahmen von § 8b KStG i.V.m. § 43b EStG umgesetzt.

222 Vgl. Richtlinie 2011/96/EU des Rates v. 30.11.2011 über das gemeinsame Steuersystem der Mutter- und Tochtergesellschaften verschiedener Mitgliedstaaten, ABl. EU Nr. L 345 v. 29.12.2011, S. 8. Materielle Änderungen ergaben sich aus der Neufassung indes nicht. Im Juli 2014 wurde zudem die „Richtlinie 2014/86/EU des Rates v. 08.07.2014 zur Änderung der Richtlinie 2011/96/EU über das gemeinsame Steuersystem der Mutter- und Tochtergesellschaften verschiedener Mitgliedstaaten“ erlassen, mit welcher „Schlupflöcher“ der geltenden Richtlinie 2011/96/EU geschlossen werden sollten, vgl. ABl. EU Nr. L 219 v. 25.07.2014, S. 40. Die Richtlinie ist bis zum 31.12.2015 in das nationale Recht der Mitgliedstaaten umzusetzen.

223 Vgl. Abs. 7 und Abs. 8 der Präambel der Mutter-Tochter-Richtlinie, a.a.O.

Diese Zielvorgabe erreicht die Mutter-Tochter-Richtlinie zum einen, indem sie in ihrem Art. 5 ein Verbot der Quellenbesteuerung von Gewinnausschüttungen im *Ansässigkeitsstaat der Tochtergesellschaft* enthält: „Die von einer Tochtergesellschaft an ihre Muttergesellschaft ausgeschütteten Gewinne sind vom Steuerabzug an der Quelle befreit". Zur Vermeidung einer *internationalen juristischen Doppelbesteuerung* wird somit der Ansässigkeitsstaat der ausschüttenden Tochtergesellschaft unionsrechtlich verpflichtet, auf sein (Quellen-)Besteuerungs-recht für die vorgenommenen Gewinnausschüttungen zu verzichten.[224]

Hinsichtlich der Vermeidung einer *internationalen wirtschaftlichen Doppelbesteuerung* der Dividenden sieht Art. 4 der Mutter-Tochter-Richtlinie indessen für den *Ansässigkeitsstaat der Muttergesellschaft* ein Wahlrecht vor: Entweder stellt dieser Staat die empfangene Gewinnausschüttung von einer Besteuerung frei (unter der Voraussetzung, dass die Gewinne bei der Tochtergesellschaft nicht steuermindernd abgezogen werden können)[225] oder aber er gewährt der dort ansässigen Muttergesellschaft eine Anrechnung des Körperschaftsteuerbetrags, den die gebietsfremde Tochtergesellschaft in ihrem Ansässigkeitsstaat auf diesen Gewinn zu entrichten hatte, jedoch maximal bis zur Höhe der entsprechenden Körperschaftsteuerschuld der Muttergesellschaft[226].

Die Mutter-Tochter-Richtlinie setzt zu ihrer Anwendbarkeit eine bestimmte Rechtsform der beteiligten EU-Kapitalgesellschaften voraus[227] und verlangt zudem eine Mindestkapitalbeteiligungsquote der Muttergesellschaft an der Tochtergesellschaft i.H.v. 10 %[228]. Ist die Richtlinie auf eine Gewinnausschüttung zwischen EU-Kapitalgesellschaften anwendbar, wird in diesem Fall sowohl eine internationale juristische wie auch eine internationale wirtschaftliche Doppelbesteuerung der ausgeschütteten Dividenden vermieden, sodass die der Ausschüttung zugrunde liegenden Gewinne der Tochtergesellschaft letztlich nur einmal der Besteuerung mit Körperschaftsteuer in ihrem Ansässigkeitsstaat unterliegen.

---

224 *Rust*, in: *Rust*, Double Taxation within the European Union, S. 5.

225 Art. 4 Abs. 1 Buchst. a) Mutter-Tochter-Richtlinie, a.a.O. Durch die Richtlinie 2014/86/EU des Rates v. 08.07.2014 zur Änderung der Richtlinie 2011/96/EU über das gemeinsame Steuersystem der Mutter- und Tochtergesellschaften verschiedener Mitgliedstaaten, ABl. EU Nr. L 219 v. 25.07.2014, S. 40 wurde Art. 4 Abs. 1 Buchst. a) Mutter-Tochter-Richtlinie in der Hinsicht geändert, dass der Mitgliedstaat der Muttergesellschaft nur insoweit eine Freistellung der Gewinnausschüttung vorsehen muss, soweit diese von der Tochtergesellschaft nicht abezogen werden kann. Siehe zur Neuregelung des Art. 4 Abs. 1 Buchst. a) Mutter-Tocher-Richtlinie *Haase*, IStR 2014, 650 ff.

226 Art. 4 Abs. 1 Buchst. b) Mutter-Tochter-Richtlinie, a.a.O.

227 Zur Liste der unter die Mutter-Tochter-Richtlinie fallenden Rechtsformen der Mitgliedstaaten siehe Art. 2 Buchst. a) i) i.V.m. Anhang I Teil A der Mutter-Tochter-Richtlinie, a.a.O.

228 Wenigstens 10 % Kapitalbeteiligung, siehe Art. 3 Abs. 1 Buchst. a) Mutter-Tochter-Richtlinie, a.a.O.

2. Zins-und-Lizenzgebühren-Richtlinie

Der Fokus der sog. *Zins-und-Lizenzgebühren-Richtlinie*[229] liegt auf der Vermeidung einer internationalen *juristischen* Doppelbesteuerung bei Zahlung von Zinsen und Lizenzgebühren zwischen verbundenen Unternehmen mit Ansässigkeit in der EU.[230] Dadurch soll eine steuerliche Benachteiligung von Finanzbeziehungen zwischen Unternehmen verschiedener Mitgliedstaaten gegenüber gleichartigen Finanzbeziehungen zwischen Unternehmen ein und desselben Mitgliedstaates vermieden werden.[231] Wie die *Mutter-Tochter-Richtlinie* setzt die Zins-und-Lizenzgebühren-Richtlinie zu ihrer Anwendbarkeit eine bestimmte Rechtsform der verbundenen EU-Unternehmen[232] sowie eine Mindestkapitalbeteiligungsquote i.H.v. 25 %[233] voraus.

Als Maßnahme zur Beseitigung der internationalen Doppelbesteuerung von Zinsen oder Lizenzgebührenzahlungen zwischen verbundenen EU-Unternehmen sieht die Zins-und-Lizenzgebühren-Richtlinie in ihrem Art. 1 Abs. 1 den Verzicht des Quellenstaates (das ist i.d.R. der Ansässigkeitsstaat des Schuldners der Zahlung) auf sein Besteuerungsrecht vor: „In einem Mitgliedstaat angefallene Einkünfte in Form von Zinsen oder Lizenzgebühren werden von allen in diesem Staat darauf erhebbaren Steuern – unabhängig davon, ob sie an der Quelle abgezogen oder durch Veranlagung erhoben werden – befreit, sofern der Nutzungsberechtigte der Zinsen oder Lizenzgebühren ein Unternehmen eines anderen Mitgliedstaates oder eine in einem anderen Mitgliedstaat belegene Betriebstätte eines Unternehmens eines Mitgliedstaates ist“. Für bestimmte Mitgliedstaaten wurden dabei Übergangsfristen vereinbart, die es diesen Mitgliedstaaten für einen festgelegten Zeitraum erlauben, weiterhin Quellensteuern auf Zinsen oder Lizenzgebühren zu einem bestimmten

---

229 Richtlinie 2003/49/EG v. 03.06.2003 über Zinsen und Lizenzgebühren zwischen verbundenen Unternehmen, ABl. EG Nr. L 157 v. 26.06.2003, S. 49, zuletzt geändert durch Art. 1 ÄndRL 2006/98/EG v. 20.11.2006, ABl. EG Nr. L 363 v. 20.12.2006, S. 129. Siehe hierzu den Vorschlag der Europäischen Kommission für eine Neufassung der Richtlinie über eine gemeinsame Steuerregelung für Zahlungen von Zinsen und Lizenzgebühren zwischen verbundenen Unternehmen verschiedener Mitgliedstaaten v. 11.11.2011 (KOM(2011) 714 endg.) sowie die Stellungnahme des Europäischen Wirtschafts- und Sozialausschusses zu dem „Vorschlag für eine Richtlinie des Rates über eine gemeinsame Steuerregelung für Zahlungen von Zinsen und Lizenzgebühren zwischen verbundenen Unternehmen verschiedener Mitgliedstaaten (Neufassung)“ KOM(2011) 714 final, ABl. EU Nr. C 143 v. 22.05.2012, S. 46. Die Zins-und-Lizenzgebühren-Richtlinie wurde im deutschen Steuerrecht im Rahmen v. § 50g EStG umgesetzt.

230 So auch ausdrücklich *EuGH*, 21.07.2011 – C-397/09, *Scheuten Solar*, Slg. 2011, I-06455, Rz. 28.

231 Vgl. Abs. 1 der Präambel der Zins-und-Lizenzgebühren-Richtlinie, a.a.O.

232 Siehe Art. 3 Buchst. a) i) i.V.m. Anhang der Zins-und-Lizenzgebühren-Richtlinie, a.a.O. sowie Richtlinie 2004/66/EG des Rates v. 26.04.2004, ABl. EU Nr. L 168 v. 01.05.2004, S. 35.

233 Vgl. Art. 3 Buchst. b) der Zins- und-Lizengebühren-Richtlinie, a.a.O.

Steuersatz zu erheben.[234] Für diese Fälle schreibt Art. 6 Abs. 2 der Zins-und-Lizenzgebühren-Richtlinie die grundsätzliche *Anrechnung* der in diesen Staaten erhobenen Quellensteuern beim Empfängerunternehmen zur Vermeidung einer internationalen Doppelbesteuerung vor.

3. EU-Zinsrichtlinie

Die Besteuerung von Zinserträgen natürlicher Personen in der EU regelt die Richtlinie 2003/48/EG des Rates vom 03.06.2003 im Bereich der Besteuerung von Zinserträgen[235] (kurz: *EU-Zinsrichtlinie*). Ziel dieser am 01.07.2005 in Kraft getretenen Richtlinie[236] ist jedoch nicht die Vermeidung einer internationalen Doppelbesteuerung von Zinserträgen, sondern die *Gewährleistung einer effektiven Besteuerung von Zinserträgen* im Unionsgebiet.[237] Die Richtlinie enthält deshalb Regelungen zur Durchführung eines automatischen Informationsaustauschs für Zinsen und ähnliche Einkünfte, die in einem Mitgliedstaat ansässige natürliche Personen von Zahlstellen (z.B. Banken, Investmentfonds und sonstigen Finanzinstituten) mit Sitz in anderen Mitgliedstaaten beziehen.[238] Lediglich für die Mitgliedstaaten Belgien, Österreich und Luxemburg ist in Art. 10 ff. der EU-Zinsrichtlinie eine Ausnahmeregelung von der Teilnahme am automatischen Informationsaustausch vorgesehen. Für einen „Übergangszeitraum"[239] tauschen diese Mitgliedstaaten keine automatischen Informationen über Zinszahlungen von in ihrem Hoheitsgebiet niedergelassenen Zahlstellen an in einem anderen Mitgliedstaat ansässige Personen aus, verpflichtigen sich aber gleichzeitig, eine *Quellensteuer* von derzeit 35 % auf Zinszahlungen an im EU-Ausland ansässige Privatpersonen zu erheben.[240] In diesen Fällen sieht Art. 14 der EU-Zinsrichtlinie zur Vermeidung einer internationalen (juristischen) Doppelbesteuerung der Zinserträge eine Verpflichtung des Ansässigkeitsstaates des wirtschaftlichen Eigentümers der Zinsen vor, die erhobene Quellensteuer auf die nach seinem innerstaatlichen Steuerrecht auf die Zinserträge erhobene Steuer anzurechnen.[241]

---

234 Siehe die Länderübersicht auf der Webseite der *Generaldirektion Steuern und Zollunion* der Europäischen Kommission unter http://ec.europa.eu/taxation_customs/taxation/company_tax/interests_royalties/index_de.htm.

235 ABl. EG Nr. L 157 v. 26.06.2003, S. 38; zuletzt geändert durch Richtlinie 2014/48/EU des Rates v. 24.03.2014, ABl. EU Nr. L 111 v. 15.04.2014, S. 50. Die EU-Zinsrichtlinie wurde im deutschen Steuerrecht im Rahmen von § 45e EStG i.V.m. der „Zinsinformationsverordnung" v. 26.01.2004, BStBl. I 2004, 297 umgesetzt.

236 Siehe Entscheidung 2004/587/EG des Rates v. 19.07.2004 zum Zeitpunkt der Anwendung der Richtlinie 2003/48/EG im Bereich der Besteuerung von Zinserträgen, ABl. EG Nr. L 257 v. 04.08.2004, S. 7.

237 Siehe Abs. 8 der Präambel EU-Zinsrichtlinie, a.a.O.

238 Siehe Abs. 9 der Präambel EU-Zinsrichtlinie, a.a.O.

239 Siehe Art. 10 Abs. 2 EU-Zinsrichtlinie, a.a.O.

240 Vgl. Art. 10 Abs. 1 und Art. 11 Abs. 1 EU-Zinsrichtlinie, a.a.O.

241 Vgl. Art. 14 EU-Zinsrichtlinie, a.a.O.

4. Fusions-Richtlinie

Eine weitere Richtlinie mit Bezug zu den direkten Steuern ist die „Richtlinie 90/434/EWG des Rates vom 23.07.1990 über das gemeinsame Steuersystem für Fusionen, Spaltungen, die Einbringung von Unternehmensteilen und den Austausch von Anteilen, die Gesellschaften verschiedener Mitgliedstaaten betreffen“[242] (kurz: *Fusions-Richtlinie*). Auch diese Richtlinie zielt nicht primär auf die Vermeidung von internationaler Doppelbesteuerung bei grenzüberschreitenden Umwandlungsvorgängen sowie bei Sitzverlegungen einer *Societas Europaea* (SE) oder einer *Societas Cooperativa Europaea* (SCE) in einen anderen Mitgliedstaat ab, sondern sieht im Wesentlichen die Gewährleistung einer „Steuerneutralität“ dieser Vorgänge vor.[243] Dies geschieht durch Gewährung eines „Steueraufschubs“ bei der Besteuerung der stillen Reserven, welche bei grenzüberschreitenden Umwandlungsvorgängen/Sitzverlegungen weiterhin in einer Betriebstätte in einem Mitgliedstaat steuerlich verhaftet sind, bis zu deren tatsächlicher Realisierung.[244] Dabei bleiben die Besteuerungsbefugnisse der beteiligten Mitgliedstaaten an den stillen Reserven i.d.R. bestehen,[245] sodass die *Fusions-Richtlinie* in dieser Hinsicht keinen unmittelbaren Einfluss auf die Aufteilung von Besteuerungsbefugnissen zwischen den Mitgliedstaaten nimmt,[246] sondern in bestimmten Fällen lediglich eine internationale *wirtschaftliche* Doppelbesteuerung der stillen Reserven, etwa aufgrund des Auseinanderfallens von Besteuerungszeitpunkten bei verschiedenen Steuersubjekten, vermeidet.[247]

---

242 ABl. EG Nr. L 225 v. 20.08.1990, S. 1, zuletzt geändert durch Richtlinie 2005/19/EG des Rates v. 17.02.2005, ABl. EG Nr. L 58 v. 04.03.2005, S. 19. Im deutschen Steuerrecht wurden die Vorgaben der Fusions-Richtlinie durch das „Steueränderungsgesetz 1992“ v. 25.02.1992, BGBl. I 1992, 297 umgesetzt.

243 Vgl. *Schaumburg*, Internationales Steuerrecht, Rz. 3.61 f.

244 Vgl. Art. 4 Fusions-Richtlinie, a.a.O.

245 Eine Ausnahme sieht Art. 10 der Fusions-Richtlinie lediglich für den Sonderfall der Einbringung einer Betriebstätte im Rahmen einer Fusion, Spaltung, Abspaltung oder Einbringung von Unternehmensteilen vor. In diesem Fall muss der Mitgliedstaat der einbringenden Gesellschaft entweder endgültig auf sein Besteuerungsrecht für die Betriebstätte (Art. 10 Abs. 1 Fusions-Richtlinie) verzichten oder er besteuert die entstehenden Veräußerungsgewinne der Betriebstätte und rechnet die Steuer, die auf diese Veräußerungsgewinne im Staat der Betriebstätte erhoben worden wäre, an (Art. 10 Abs. 2 Fusions-Richtlinie). Siehe hierzu *Rust*, in: *Rust*, Double Taxation within the European Union, S. 7.

246 Vgl. *Schönfeld*, in: *Wassermeyer*, Doppelbesteuerung, OECD-MA, Vor Art. 1 MA, Rz. 144.

247 Vgl. *Rust*, in: *Rust*, Double Taxation within the European Union, S. 7; *Schaumburg*, Internationales Steuerrecht, Rz. 14.6.

IV. Völkerrecht auf der Grundlage von Unionsrecht: Das „Schiedsübereinkommen"

Das „Übereinkommen über die Beseitigung der Doppelbesteuerung im Falle von Gewinnberichtigungen zwischen verbundenen Unternehmen (90/436/EWG)"[248] ist das einzige auf der Grundlage von Art. 293 2. Spiegelstrich EGV (vormals Art. 220 2. Spiegelstrich EWGV) zwischen den Mitgliedstaaten geschlossene, multilaterale Abkommen mit dem Ziel der Beseitigung der internationalen *wirtschaftlichen* Doppelbesteuerung bei grenzüberschreitenden „Verrechnungspreisen" zwischen verbundenen Unternehmen in der EU.[249] Als völkerrechtlicher Vertrag ist das sog. „Schiedsübereinkommen"[250] weder primäres noch sekundäres Unionsrecht, sondern in Ausführung primären Unionsrechts vereinbartes Völkerrecht.[251] Da das „Schiedsübereinkommen" in seinem Anwendungsbereich im Wesentlichen die Beseitigung von internationaler Doppelbesteuerung auf dem Gebiet der „Verrechnungspreise" betrifft, wird es auch als „multilaterales Doppelbesteuerungsabkommen mit beschränktem Regelungsbereich" bezeichnet.[252]

Der Zweck des Schiedsübereinkommens besteht darin, eine internationale *wirtschaftliche* Doppelbesteuerung von Gewinnen verbundener Unternehmen aufgrund von Verrechnungspreiskorrekturen mittels der Durchführung eines *obligatorischen* Verständigungsverfahrens zwischen den beteiligten EU-Mitgliedstaaten zu vermeiden.[253] Im Gegensatz zu den oben dargestellten Richtlinien des sekundären Unionsrechts im Bereich der direkten Steuern (namentlich der *Mutter-Tochter-Richtlinie* sowie der *Zins-und-Lizenzgebühren-Richtlinie*) sieht das Schiedsübereinkommen zur Erreichung seines Zwecks keinen zwingenden Verzicht *eines bestimmten* Mitgliedstaates auf sein bestehendes Besteuerungsrecht vor, sondern stellt die Vermeidung der internationalen Doppelbesteuerung zur Disposition der beteiligten Staaten.

Nach Art. 14 Buchst. a) des Schiedsübereinkommens ist eine internationale wirtschaftliche Doppelbesteuerung von Unternehmensgewinnen dann vermieden, wenn „die Gewinne nur in einem Staat zur Besteuerung herangezogen werden". Bei vorgenommenen Verrechnungspreiskorrekturen durch einen Mitgliedstaat ist dies der Fall, wenn der berichtigende Mitgliedstaat den anderen Mitgliedstaat über seine vorgenommene Gewinnberichtigung unterrichtet (vgl. Art. 5 des Schiedsübereinkommens) und der andere Mitgliedstaat infolgedessen „freiwillig" auf sein

---

248 ABl. EWG Nr. L 225 v. 20.08.1990, S. 10.

249 Vgl. *Schaumburg*, Internationales Steuerrecht, Rz. 16.115; *Krabbe*, in: *Wassermeyer*, Doppelbesteuerung, EU-SchÜ, Vor Art. 1 EU-SchÜ, Rz. 1.

250 Zum Begriff vgl. *Lehner*, in: *Vogel/Lehner*, DBA, Art. 25, Rz. 6.

251 *Schwartz/Mölls*, in: *Groeben/Schwarze*, Kommentar zum Vertrag über die Europäische Union und zur Gründung der Europäischen Gemeinschaft; Art. 293 EG, Rz. 12.

252 Siehe *Krabbe*, in: *Wassermeyer*, Doppelbesteuerung, EU-SchÜ, Vor Art. 1 EU-SchÜ, Rz. 10.

253 Vgl. *Schaumburg*, Internationales Steuerrecht, Rz. 16.115.

Besteuerungsrecht für die entsprechenden Gewinne in seinem Staat verzichtet, indem er eine deckungsgleiche „Gegenberichtigung“ vornimmt, sodass im Ergebnis die Gewinne nur im erstberichtigenden Mitgliedstaat der Besteuerung unterworfen werden.

Kommt eine Gegenberichtigung der Gewinne im anderen Mitgliedstaat nicht zustande, können die betroffenen Unternehmen der Mitgliedstaaten die Durchführung eines Verständigungsverfahrens zwischen den Behörden der Mitgliedstaaten verlangen (vgl. Art. 6 Abs. 1 des Schiedsübereinkommens). Ob und welcher Mitgliedstaat dann auf sein ihm eigentlich zustehendes Besteuerungsrecht für die streitigen Unternehmensgewinne verzichten muss, hängt von den Ergebnissen des Verständigungsverfahrens ab. Wird die Gewinnberichtigung des ersten Staates für nicht gerechtfertigt erachtet, muss dieser die vorgenommene Berichtigung rückgängig machen, d.h. in diesem Fall müsste dieser Staat auf die Ausübung seines Besteuerungsrechts für die Unternehmensgewinne verzichten.[254]

Wird die Erstberichtigung im Verständigungsverfahren als gerechtfertigt angesehen, so obliegt die Beseitigung einer internationalen Doppelbesteuerung der Gewinne schließlich dem anderen Staat.[255] Dieser hat gem. Art. 14 des Schiedsübereinkommens ein Wahlrecht: Entweder kann er auf die Ausübung seines Besteuerungsrechts hinsichtlich der Einkünfte gänzlich verzichten (Art. 14 Buchst. a) des Schiedsübereinkommens) oder er übt zwar sein Besteuerungsrecht aus, gewährt aber eine Anrechnung der Steuer, welche im erstberichtigenden Mitgliedstaat aufgrund der Gewinnkorrektur zu zahlen ist (Art. 14 Buchst. b) des Schiedsübereinkommens).

Zusammenfassend konstituiert das Schiedsübereinkommen somit zwar eine grundsätzliche Verpflichtung der Mitgliedstaaten zur Beseitigung der *internationalen wirtschaftlichen Doppelbesteuerung* in grenzüberschreitenden Verrechnungspreisfällen bei verbundenen EU-Unternehmen. Dabei überlässt es das Schiedsübereinkommen aber den betroffenen Mitgliedstaaten selbst zu entscheiden, welcher Mitgliedstaat auf die Ausübung seines Besteuerungsrechts letztlich verzichten muss.

254 *Krabbe*, in: *Wassermeyer*, Doppelbesteuerung, EU-SchÜ, Art. 14. 1 EU-SchÜ, Rz. 4.
255 Ebenda.

C. Kriterien zur Aufteilung der Besteuerungsbefugnisse zwischen den Mitgliedstaaten

Wie oben ausgeführt,[256] besteht nach allgemeinen völkerrechtlichen Grundsätzen *keine* Verpflichtung der Mitgliedstaaten, internationale Doppelbesteuerung in der EU zu vermeiden. Dennoch sind die Mitgliedstaaten bei der Ausübung ihrer Steuerhoheit im Bereich der direkten Steuern aus völkerrechtlicher Sicht nicht völlig frei. Das allgemeine Völkerrecht setzt den Staaten nämlich dahingehend Schranken, dass es einen sog. „genuine link" zum Staatsterritorium zur Begründung einer inländischen Steuerpflicht fordert.[257] Nur wenn dieses völkerrechtliche Kriterium erfüllt ist, können Staaten ihre Steueransprüche in völkerrechtskonformer Weise grenzüberschreitend ausüben.

Soweit Mitgliedstaaten zwischenstaatliche Abkommen zur Vermeidung von internationaler Doppelbesteuerung (DBA) abgeschlossen haben, enthalten diese völkerrechtlich verbindliche Kriterien zur Aufteilung von konkurrierenden Besteuerungsansprüchen zwischen den jeweiligen Vertragsstaaten. Die EU-Mitgliedstaaten orientieren sich beim Abschluss von DBA dabei hauptsächlich an den Musterabkommen der *Organisation for Economic Co-operation and Development* (kurz: OECD).

Im Folgenden soll der Einfluss des primären und sekundären Unionsrechts auf die Aufteilungskriterien des allgemeinen Völkerrechts sowie des partikularen Völkerrechts in Form der zwischen den Mitgliedstaaten abgeschlossenen DBA unter Zugrundelegung der Regelungen der aktuellen Musterabkommen der OECD[258] untersucht werden.

I. Allgemeines Völkerrecht

1. Erfordernis einer hinreichenden Verknüpfung mit dem Inland („genuine link")

Für die Steuerhoheit eines Staates, welche sich insoweit als Ausfluss der *Gebietshoheit*[259] dieses Staates darstellt[260], gilt der völkergewohnheitsrechtliche *Grundsatz*

---

256 Siehe oben B.I.3.

257 Siehe hierzu ausführlich unten C.I.1.

258 Abrufbar unter http://www.oecd.org/tax/treaties/.

259 *Epping/Gloria*, in: *Ipsen*, Völkerrecht, S. 310; *Verdross/Simma*, Universelles Völkerrecht, S. 655; *Geiger*, Grundgesetz und Völkerrecht, S. 233; *Herdegen*, Völkerrecht, S. 181.

260 *Blumenstein/Locher*, System des Steuerrechts, S. 32.

der formellen Territorialität.[261] Der räumliche Geltungsbereich der Steuerhoheit ist somit auf das Staatsgebiet beschränkt. Es ist völkerrechtlich unzulässig, dass Hoheitsträger eines Staates die Ermittlung, Durchführung, Festsetzung oder auch die Durchsetzung von Steueransprüchen auf fremdem Staatsgebiet (jedenfalls ohne Zustimmung des fremden Staates) vornehmen.[262]

Von der Frage des *räumlichen* Geltungsbereiches der jeweiligen Steuerhoheit eines Staates ist die Frage zu unterscheiden, ob auch die vom nationalen Steuergesetzgeber erlassenen Rechtsnormen in ihrem *sachlichen* Anwendungsbereich zur Regelung von Steuer- und Abgabenangelegenheiten einer territorialen Beschränkung unterliegen.[263] Hierzu ist festzustellen, dass das Völkerrecht kein Prinzip im Sinne einer „materiellen Territorialität"[264] kennt, welches die Ausdehnung des Anwendungsbereiches von inländischen Rechtsnormen auf ausländische Sachverhalte verbieten würde.[265] Als Konsequenz kann der sachliche Anwendungsbereich einer innerstaatlichen Rechtsnorm über die territorialen Grenzen der Gebietshoheit eines Staates ausgedehnt werden.[266] Für den Bereich des Steuerrechts bedeutet dies eine völkerrechtliche Legitimation der Staaten, ihre nationalen Steuerrechtsnormen auch auf ausländische Tatbestände (z.B. Personen, Güter, Handlungen) außerhalb ihres Hoheitsgebietes zu erstrecken und einer Besteuerung im Inland zu unterwerfen.[267]

Es stellt sich die Frage, ob die Staaten in ihrer Auswahl der ausländischen Sachverhalte, welche sie einer inländischen Besteuerung unterwerfen möchten, vollkommen frei sind. Sind die Staaten also tatsächlich befugt, ihre Steuerhoheit beliebig auf „jede Person und jedes Wirtschaftsgut an jedem Ort der Erde"[268] zu erstrecken? In der Tat setzt das Völkergewohnheitsrecht den Staaten dahingehend Schranken, dass, wenn diese sich dazu entschließen, Sachverhalte außerhalb ihres

261 *Weber-Fas*, RIW 1979, 585; *Vogel*, Der räumliche Anwendungsbereich der Verwaltungsrechtsnorm, S. 108, 342; *Seer*, in: *Tipke/Lang*, Steuerrecht, § 1, Rz. 84.

262 *Weber-Fas*, RIW 1979, 585 f.

263 Zu dieser Unterscheidung im Bereich des Steuerrechts z.B. *Rudolf*, in: *Bärmann/Lutter/Kollhosser u.a.*, Recht und Wirtschaft in Geschichte und Gegenwart, S. 775; *Frotscher*, Internationales Steuerrecht, S. 15. Grundlegend: *Vogel*, Der räumliche Anwendungsbereich der Verwaltungsrechtsnorm, S. 4.

264 Zum Begriff vgl. *Vogel*, in: *Vogel/Lehner*, DBA, Einl. Rz. 11; *Tipke*, Die Steuerrechtsordnung, S. 1076; *Seer*, in: *Tipke/Lang*, Steuerrecht, § 1, Rz. 84.

265 Vgl. *Epping/Gloria*, in: *Ipsen*, Völkerrecht, S. 318 f.; *Vogel*, Der räumliche Anwendungsbereich der Verwaltungsrechtsnorm, S. 102 f. und *Geiger*, Grundgesetz und Völkerrecht, S. 275 f. unter Hinweis auf die „Lotus"-Entscheidung des Ständigen Internationalen Gerichtshofs (StIGH) v. 07.07.1927, PCIJ Ser. A, No. 10, 1927, S. 4, 18 f.

266 So schon *Spitaler*, Das Doppelbesteuerungsproblem bei den direkten Steuern, S. 168.

267 So schon *Hensel*, Steuerrecht, S. 14; *Isay*, Internationales Finanzrecht, S. 22, 26. Siehe auch *Weber-Fas*, RIW 1979, 585 f.; *Kluge*, Das internationale Steuerrecht, S. 16.

268 *Weber-Fas*, RIW 1979, 585 f.

Hoheitsbereiches zu erfassen, dies nur unter der Einschränkung möglich sein soll, dass zwischen dem normierenden Staat und dem normierten Sachverhalt eine „echte" oder „sinnvolle" Anknüpfung (auch „genuine link" oder „sufficient connection" genannt[269]) besteht.[270] Eine solche Begrenzung des sachlichen Geltungsbereiches von inländischen Gesetzesnormen wird im Allgemeinen mit dem völkerrechtlichen „Grundsatz des Rechtsmissbrauchsverbots" gerechtfertigt.[271] Die Erstreckung der Regelungsgewalt eines Staates auf Sachverhalte außerhalb seines Hoheitsgebietes soll, obwohl völkerrechtlich grundsätzlich zulässig, die Ausnahme und nicht den Regelfall darstellen.[272] Ohne die rechtfertigende Anknüpfung solcher Regelungen an einen inländischen Bezugspunkt würde sich der normierende Staat sonst unzulässig in die Belange eines anderen souveränen Staates einmischen.[273]

Das Völkerrecht macht keine weiteren Vorgaben, was unter einer „echten" bzw. „sinnvollen" Anknüpfung eines Staates zu verstehen ist.[274] In der Staatenpraxis im Bereich der *direkten Steuern* haben sich grundsätzlich zwei Arten von „echten" bzw. „sinnvollen" Anknüpfungspunkten in den jeweiligen nationalen Rechtsordnungen durchgesetzt: Zum einen die persönliche Bindung des Steuerpflichtigen an den Staat im Rahmen seiner *Staatsangehörigkeit* (*Nationalitätsprinzip*) und zum anderen eine territoriale Verbindung entweder des Steuerpflichtigen oder des zu besteuernden Steuergutes mit dem *Staatsgebiet* (*Territorialitätsprinzip*).[275] Insoweit nennt auch das BVerfG die folgenden zulässigen und geeigneten Anknüpfungspunkte im Sinne eines völkerrechtlich geforderten „genuine link" zum Inland: „Staatsangehörigkeit, Niederlassung, Wohnsitz oder Aufenthalt im Inland, die Verwirklichung eines Abgabentatbestandes im Inland oder die Herbeiführung eines abgabenrechtlich erheblichen Erfolges im Inland".[276] Als völkerrechtlich ungeeignete Anknüpfungspunkte werden in der Literatur bspw. eine Anknüpfung der Steuerpflicht an die jeweilige Muttersprache, einen begrenzten Teil des Staatsgebietes oder an eine bestimmte politische Anschauung angesehen.[277]

---

269 Siehe zu den verschiedenen Terminologien, welche jedoch unterschiedslos verwendet werden *Lehner/Waldhoff*, in: *Kirchhof/Söhn/Melllinghoff*, EStG, § 1, Rz. A 464.

270 *Verdross/Simma*, Universelles Völkerrecht, S. 778; *Geiger*, Grundgesetz und Völkerrecht, S. 276; *Epping/Gloria*, in: *Ipsen*, Völkerrecht, S. 320 f.; *Herdegen*, Völkerrecht, S. 196.

271 *Vogel*, Der räumliche Anwendungsbereich der Verwaltungsrechtsnorm, S. 103 f.; *Rudolf*, in: *Habscheid/Rudolf*, Territoriale Grenzen der staatlichen Rechtsetzung, S. 19 m.w.N.

272 *Epping/Gloria*, in: *Ipsen*, Völkerrecht, S. 320.

273 *Herdegen*, Völkerrecht, S. 196; *Geiger*, Grundgesetz und Völkerrecht, S. 276; *Epping/Gloria*, in: *Ipsen*, Völkerrecht, S. 322.

274 *Geiger*, Grundgesetz und Völkerrecht, S. 276.

275 Siehe *Jacobs*, Internationale Unternehmensbesteuerung, S. 6; *Spitaler*, Das Doppelbesteuerungsproblem bei den direkten Steuern, S. 168 f.

276 *BVerfG*, 22.03.1983 – 2 BvR 475/78, BVerfGE 63, 343.

277 Siehe *Kluge*, Das internationale Steuerrecht, S. 79.

2. Nationalitätsprinzip

Die Anknüpfung von Steuerrechtsnormen an die *Staatsangehörigkeit* einer Person wird als *Nationalitätsprinzip* bezeichnet.[278] Die meisten Industriestaaten, wie auch die Mitgliedstaaten der EU, verzichten heutzutage in ihrer nationalen Steuergesetzgebung weitgehend auf eine Besteuerung nach dem Nationalitätsprinzip und wenden dieses, wenn überhaupt, nur noch in eng begrenzten Sonderfällen an (im deutschen Steuerrecht finden sich Anknüpfungspunkte an die Staatsangehörigkeit zur Begründung einer Steuerpflicht z.B. in den Vorschriften zur sog. „erweiterten beschränkten Steuerpflicht" gem. § 2 AStG oder der sog. „erweiterten unbeschränkten Steuerpflicht" gem. § 2 Abs. 1 Nr. 1 Buchst. b) ErbStG).[279] Eine bedeutende Rolle spielt das *Nationalitätsprinzip* jedoch weiterhin in einigen Staaten außerhalb der EU, wie bspw. im Steuerrecht der USA.[280]

3. Territorialitätsprinzip

Statt an die *persönliche* Bindung eines Steuerpflichtigen zur Begründung eines „genuine link" zum besteuernden Staat anzuknüpfen, kann ein Staat auch einen *sachlichen* Anknüpfungspunkt, wie das eigene *Staatsgebiet*, wählen. Aufgrund des völkerrechtlichen *Territorialitätsprinzips* (auch: *Territorialprinzip*) sind Staaten befugt, ihre Hoheitsmacht auf Personen auszuüben, welche sich auf dem Staatsgebiet befinden, Sachverhalte zu regeln, welche sich ganz oder teilweise auf dem Staatsgebiet abspielen, und auch den Status von Sachen und Rechten festzulegen, welche auf dem Staatsgebiet belegen sind.[281] Das *Staatsgebiet* ist in diesem Fall der wesentliche Anknüpfungspunkt für die Inanspruchnahme staatlicher Regelungsgewalt.[282]

Im Steuerrecht wird das *Territorialitätsprinzip* zur Begründung, aber auch zur Beschränkung des Steuerzugriffs eines Staates herangezogen.[283] Eine inländische Steuerpflicht kann erst dann entstehen, wenn ein hinreichender Anknüpfungspunkt entweder des Steuer*subjekts* oder des Steuer*objekts* zum Staatsgebiet besteht.[284] Bei der Anknüpfung an das Steuer*subjekt* wird der territoriale Bezugspunkt durch Abstellen

278 Grundlegend *Bühler*, Prinzipien des Internationalen Steuerrechts IStR, S. 161; *Teichner*, Internationales Steuerrecht, S. 56. Siehe auch *Schaumburg*, Internationales Steuerrecht, Rz. 5.2; *Jacobs*, Internationale Unternehmensbesteuerung, S. 6 f.

279 Vgl. nur *Jacobs*, Internationale Unternehmensbesteuerung, S. 7.

280 *Jacobs*, Internationale Unternehmensbesteuerung, S. 7; *Schaumburg*, Internationales Steuerrecht, Rz. 5.7; *Frotscher*, Internationales Steuerrecht, S. 52.

281 Vgl. *Herdegen*, Völkerrecht, S. 197 f.

282 Ebenda.

283 Vgl. *Lehner*, in: *Gocke/Wassermeyer*, Körperschaftsteuer, Internationales Steuerrecht, Doppelbesteuerung, S. 245; *Birk*, in: *Tipke*, Festschrift für Joachim Lang zum 70. Geburtstag: Gestaltung der Steuerrechtsordnung, S. 1134; *Lüdicke*, in: *Brandt*, Steuerrecht im Wandel, S. 77.

284 Zu dieser Unterscheidung allgemein *Schaumburg*, Internationales Steuerrecht, Rz. 5.2.

auf den *Wohnsitz* oder den *gewöhnlichen Aufenthalt* einer natürlichen Person bzw. den *statutarischen Sitz* oder den *Ort der Geschäftsleitung* einer juristischen Person im jeweiligen Territorium des Staates hergestellt.[285] Man spricht deshalb auch von *Wohnsitzprinzip* oder besser *Ansässigkeitsprinzip* (dieses umfasst definitorisch auch juristische Personen, welche nicht einen „Wohnsitz" im steuerlichen Sinne innehaben können).[286] Besteht ein solcher *persönlich-territorialer* „genuine link" zum Staatsgebiet eines Mitgliedstaates, so kann dieser Staat seinen Besteuerungsanspruch in völkerrechtlich zulässiger Weise auf alle in- und ausländischen Einkünfte der jeweiligen Steuerpflichtigen ausdehnen (insoweit spricht man auch von *unbeschränkter* Steuerpflicht nach dem *Universalitätsprinzip, Welteinkommensprinzip, Weltvermögensprinzip* oder *Globalprinzip*[287]).

Liegt kein *persönlich-territorialer* Anknüpfungspunkt einer Person im Sinne einer Ansässigkeit im Staatsgebiet eines Mitgliedstaates vor, kann eine inländische Steuerpflicht nur bei Vorliegen von Einkünften aus inländischen Quellen oder im Inland belegenem Vermögen, also aufgrund eines *sachlich-territorialen* „genuine link", entstehen. Das *Territorialitätsprinzip* fungiert in diesem Sinne als Rechtfertigung zur Besteuerung ausländischer (natürlicher oder juristischer) Personen ohne Wohnsitz oder Sitz/Geschäftsleitung im Inland.[288] Der Steuerausländer soll sich insoweit an der Finanzierung der von einem Mitgliedstaat zur Verfügung gestellten Infrastruktur, mit deren Hilfe er Einkünfte auf dem Hoheitsgebiet dieses Staates erwirtschaften konnte, beteiligen.[289] Das *Territorialitätsprinzip* bildet insoweit die äquivalenztheoretische Grundlage für die Besteuerung gebietsfremder Steuerpflichtiger mit Einkünften, welche aus dem Hoheitsgebiet eines Staates stammen.[290] Gleichzeitig wirkt das *Territorialitätsprinzip* in diesen Fällen aber auch beschränkend im Hinblick auf den Umfang der Steuerpflicht, da es den Steuerzugriff des Staates auf die Einkünfte eines gebietsfremden Steuerpflichtigen mit einem hinreichenden Inlandsbezug eingrenzt

285 Vgl. *Mössner*, in: *Vogel*, Grundfragen des internationalen Steuerrechts, S. 122.

286 *Schaumburg*, Internationales Steuerrecht, Rz. 5.2; *Jacobs*, Internationale Unternehmensbesteuerung, S. 6.

287 *Bühler*, Prinzipien des Internationalen Steuerrechts IStR, S. 165; *Schaumburg*, Internationales Steuerrecht, Rz. 5.2; *Jacobs*, Internationale Unternehmensbesteuerung, S. 6; *Debatin*, FR 1969, 277, 277; *Kluge*, Das internationale Steuerrecht, S. 31.

288 *Hey*, in: *Gassner*, Die beschränkte Steuerpflicht im Einkommen- und Körperschaftsteuerrecht, S. 17; *Hey*, IWB 2004, 2003, 2004; *Schaumburg*, Internationales Steuerrecht, Rz. 5103 f.

289 *Hey*, in: *Gassner*, Die beschränkte Steuerpflicht im Einkommen- und Körperschaftsteuerrecht, S. 17; *Hey*, IWB 2004, 2003, 2004.

290 *Schnitger*, Die Grenzen der Einwirkung der Grundfreiheiten des EG-Vertrages auf das Ertragsteuerrecht, S. 358; *Lehner*, in: *Gocke/Wassermeyer*, Körperschaftsteuer, Internationales Steuerrecht, Doppelbesteuerung, S. 248.

(sog. *beschränkte* Steuerpflicht nach dem *Quellenprinzip*, *Belegenheitsprinzip* oder *Ursprungsprinzip*[291]).[292]

II. Partikulares Völkerrecht: Doppelbesteuerungsabkommen (DBA)

1. Zweck und Funktionsweise von DBA auf Basis der OECD-Musterabkommen

DBA sind völkerrechtliche Verträge und bilden neben dem Völkergewohnheitsrecht und den allgemeinen Rechtsgrundsätzen eine weitere Rechtsquelle des Völkerrechts.[293] Dabei handelt es sich nicht um sog. „universelles Völkerrecht" mit weltweiter Geltung; die Regelungen des jeweiligen DBA gelten nur für die vertragschließenden Staaten und deren Steuerpflichtige (sog. „partikulares Völkerrecht").[294] Über das Zustandekommen und die Wirkung von DBA finden die Regelungen des „Wiener Übereinkommens über das Recht der Verträge"[295] (kurz: WÜRV) Anwendung.[296] Völkerrechtliche Verbindlichkeit erlangen DBA für die abschließenden Staaten mit der sog. „Ratifikation", der Unterzeichnung und dem Austausch besonderer Urkunden durch die vertragschließenden Staaten.[297] Die anschließende innerstaatliche Anwendbarkeit des DBA wird in Deutschland regelmäßig durch ein entsprechendes Zustimmungsgesetz auf der Grundlage von Art. 59 Abs. 2 GG bewirkt.[298] Das DBA wird damit Teil des innerstaatlichen Rechts im Rang eines Bundesgesetzes, wobei den völkerrechtlichen Abkommen gem. § 2 AO insoweit eine „Vorrangstellung" gegenüber den Steuergesetzen eingeräumt wird.[299]

Die OECD hat derzeit für den Bereich der direkten Steuern jeweils ein Musterabkommen zur Vermeidung der Doppelbesteuerung auf dem Gebiet der Steuern von Einkommen und Vermögen (kurz: OECD-MA) und ein Musterabkommen zur

---

291 *Schaumburg*, Internationales Steuerrecht, Rz. 5.2; *Jacobs*, Internationale Unternehmensbesteuerung, S. 6.

292 *Wassermeyer*, in: *Vogel*, Grundfragen des internationalen Steuerrechts, S. 56.

293 *Weber-Fas*, Staatsverträge im internationalen Steuerrecht, S. 60; *Vogel*, in: *Vogel/Lehner*, DBA, Einl., Rz. 45; *Lang*, Einführung in das Recht der Doppelbesteuerungsabkommen, S. 26; *Schaumburg*, Internationales Steuerrecht, Rz. 16.19.

294 *Weber-Fas*, Staatsverträge im internationalen Steuerrecht, S. 61.

295 BGBl. II 1985, 926. Das WÜRV ist in Deutschland am 20.08.1987 in Kraft getreten, vgl. BGBl. II 1987, 757.

296 *Vogel*, in: *Vogel/Lehner*, DBA, Einl., Rz. 45.

297 *Vogel*, in: *Vogel/Lehner*, DBA, Rz. 57 f.; *Birk*, in: *Tipke*, Festschrift für Joachim Lang zum 70. Geburtstag: Gestaltung der Steuerrechtsordnung, S. 1132 f.; *Schönfeld/Häck*, in: *Schönfeld/Ditz*, Doppelbesteuerungsabkommen, Systematik DBA, Rz. 68.

298 *Vogel*, in: *Vogel/Lehner*, DBA, Einl., Rz. 59.

299 Vgl. *Birk*, in: *Tipke*, Festschrift für Joachim Lang zum 70. Geburtstag: Gestaltung der Steuerrechtsordnung, S. 1133.

Vermeidung der Doppelbesteuerung auf dem Gebiet der Nachlass-, Erbschaft- und Schenkungsteuern (kurz: OECD-MA (E)) veröffentlicht. Dabei ist zu beachten, dass jedes DBA dennoch individuell zwischen den Vertragsstaaten verhandelt wird und sich deshalb in dem jeweiligen DBA der Mitgliedstaaten durchaus (auch deutliche) Abweichungen zu den OECD-MA ergeben können.

Abgeschlossene DBA nach dem Vorbild des OECD-MA und des OECD-MA (E) zielen in ihrem Zweck darauf ab, internationale *juristische* Doppelbesteuerungen[300] von grenzüberschreitenden Sachverhalten zu vermeiden, indem sie die kollidierenden Steueransprüche der Vertragsstaaten durch vertragliche Vereinbarungen beschränken (sog. „Schrankenwirkung“ der DBA).[301] Soweit die Regelungen eines DBA auf einen grenzüberschreitenden Steuersachverhalt anwendbar sind, erreichen die Musterabkommen der OECD dieses Ziel durch Festlegung verschiedener Kriterien zur Verteilung bzw. Aufteilung der kollidierenden Besteuerungsbefugnisse zwischen den Vertragsstaaten in einem dreistufigen Aufbau: Als erster Schritt erfolgt eine Einteilung der beiden beteiligten Vertragsstaaten in einen „Ansässigkeitsstaat“ und einen „Quellenstaat“ im Sinne des Abkommens.[302] Diese Einteilung ist grundlegend, da in einem zweiten Schritt die sog „Verteilungsnormen“ des DBA eine Auf- bzw. Zuteilung der Besteuerungsbefugnisse für bestimmte Einkunftsarten oder bestimmtes Vermögen zwischen dem Ansässigkeitsstaat und dem Quellenstaat vornehmen.[303] Die Regelungen zur Vermeidung der internationalen Doppelbesteuerung finden sich dann in den sog. „Vermeidungsnormen“ des DBA.[304]

2. Anwendungsbereich

Art. 1 OECD-MA sieht vor, dass dieses Abkommen nur für „Personen [gilt], die in einem Vertragsstaat oder in beiden Vertragsstaaten ansässig sind“. Voraussetzung zur Anwendung des OECD-MA ist somit, dass es sich zum einen bei dem betroffenen Steuerpflichtigen um eine „Person“ im Sinne des Abkommens handelt und zum anderen, dass diese Person in einem der Vertragsstaaten „ansässig“ ist.

Der Begriff der abkommensrechtlichen „Person“ wird in Art. 3 Abs. 1 Buchst. a) OECD-MA definiert. Hierunter fallen natürliche Personen, Gesellschaften i.S.v. juristischen Personen oder Rechtsträgern, die wie juristische Personen besteuert werden (Art. 3 Abs. 1 Buchst. b) OECD-MA), sowie alle „anderen Personenvereinigungen“.

300 So deutlich Tz. 3 OECD-MK zur Einl. OECD-MA.

301 *Debatin*, DStR 1992, 1 f.; *Lang*, Einführung in das Recht der Doppelbesteuerungsabkommen, S. 31; *Weber-Fas*, Staatsverträge im internationalen Steuerrecht, S. 72; *Vogel*, in: *Vogel/Lehner*, DBA, Einl., Rz. 43; *Schaumburg*, Internationales Steuerrecht, Rz. 16.5. Gegen den Ausdruck des „Schrankenrechts“ spricht sich jedoch *Wassermeyer*, in: *Wassermeyer*, Doppelbesteuerung, OECD-MA, Art. 1 MA, Rz. 9 aus.

302 Siehe ausführlich unten C.II.3.

303 Siehe ausführlich unten C.II.4.

304 Siehe ausführlich unten C.II.5.

Im Allgemeinen werden von letzter Kategorie auch *Personengesellschaften* umfasst.[305] In deutschen DBA wurde der Begriff der „anderen Personenvereinigungen" jedoch häufig gestrichen, sodass in diesen Fällen Personengesellschaften der Zugang zum Abkommensschutz regelmäßig verwehrt wird.[306] Zweigniederlassungen bzw. Betriebstätten sind in keinem Fall als „Person" im Sinne des Abkommens OECD-MA anzusehen.[307]

Der Anwendungsbereich des OECD-MA (E) wird ebenfalls in Art. 1 OECD-MA (E) definiert. Demnach findet das Abkommen auf alle „Nachlässe, Erbschaften und Schenkungen" Anwendung, bei welchen entweder der „Erblasser" oder der „Schenker" im Zeitpunkt des Todes bzw. der Schenkung seinen Wohnsitz mindestens in einem der beteiligten Vertragsstaaten innehatte. Im Gegensatz zum OECD-MA findet sich im OECD-MA (E) keine Definition der Begriffe „Erblasser" oder „Schenker" im Hinblick auf die Bestimmung des persönlichen Anwendungsbereiches des Abkommens (vgl. Art. 3 OECD-MA (E)). Während als Erblasser grundsätzlich nur natürliche Personen in Frage kommen[308] bzw. als Schenker darüber hinaus auch juristische Personen,[309] hängt die Einstufung einer Personengesellschaft als abkommensrechtliche Person gem. Art. 3 Abs. 3 OECD-MA (E) davon ab, inwieweit diese nach dem nationalen Recht des anwendenden Vertragsstaates als Erwerber (Erbe oder Beschenkter) oder ggf. auch als Schenker gelten kann.[310]

Zweite Voraussetzung ist die „Ansässigkeit" bzw. der „Wohnsitz" der „Person" in zumindest einem Vertragsstaat gem. Art. 4 OECD-MA bzw. Art. 4 OECD-MA (E). Art. 4 OECD-MA bzw. Art. 4 OECD-MA (E) bilden die Vorschriften zur Bestimmung der sog. „Abkommensberechtigung" einer Person.[311] Besteht kein Wohnsitz einer

---

305 So ausdrücklich Tz. 2 OECD-MK zu Art. 3 OECD-MA: „Personengesellschaften werden ebenfalls als Personen angesehen, sei es, dass sie unter die Definition der Gesellschaft fallen, sei es, wo dies nicht der Fall ist".

306 Vgl. *Pohl*, in: *Schönfeld/Ditz*, Doppelbesteuerungsabkommen, Art. 3 DBA, Rz. 23; *Vogel*, in: *Vogel/Lehner*, DBA, Art. 3, Rz. 28. Die vom deutschen Bundesministerium der Finanzen (kurz: BMF) v. 17.04.2013 vorgestellte „Verhandlungsgrundlage für Doppelbesteuerungsabkommen im Bereich der Steuern vom Einkommen und Vermögen", IV B 2 – S. 1301/10/10022-32, DOK 2012/0214500, IStR-Beihefter 2013, 46, enthält in Art. 3 Abs. 1 Nr. 2 den Begriff der „anderen Personenvereinigungen" als Ausdruck der abkommensrechtlichen „Personen"-Definition.

307 *Pohl*, in: *Schönfeld/Ditz*, Doppelbesteuerungsabkommen, Art. 3 DBA, Rz. 24.

308 Vgl. *Jülicher*, in: *Wassermeyer*, Doppelbesteuerung, ErbSt-MA, Art. 1 ErbSt-MA, Rz. 20.

309 Ebenda.

310 Vgl. Ziff. 3 OECD-MK zu Art. 3 OECD-MA (E); *Jülicher*, in: *Wassermeyer*, Doppelbesteuerung, ErbSt-MA, Art. 1 ErbSt-MA, Rz. 7. Im deutschen Erbschaftsteuerrecht sind Personengesellschaften gem. § 2 Abs. 1 Nr. 1 Buchst. d) ErbStG grundsätzlich nicht als Steuersubjekte des ErbStG anzusehen, siehe *Högl*, in: *Diedenhofen u.a.*, Bewertungsrecht, BewG, ErbStG, § 2 ErbStG, Rz. 65; *Jülicher*, in: *Troll u.a.*, Erbschaftsteuer- und Schenkungsteuergesetz, § 2, Rz. 38.

311 *Haase*, Abkommensrechtliche Ansässigkeit, S. 3.

Person in einem Vertragsstaat bzw. ist diese dort im abkommensrechtlichen Sinne nicht als „ansässig" anzusehen, ist die Anwendung eines bestehenden DBA in diesem Fall ausgeschlossen und die steuerpflichtige Person kann somit keine Vorteile aus diesem Abkommen für sich beanspruchen.

Gem. Art. 4 Abs. 1 OECD-MA bzw. Art. 4 Abs. 1 OECD-MA (E) ist eine Person dann in einem Vertragsstaat ansässig, wenn diese „nach dem Recht dieses Staates dort aufgrund ihres Wohnsitzes, ihres ständigen Aufenthaltes, des Ortes ihrer Geschäftsleitung oder eines anderen ähnlichen Merkmals steuerpflichtig ist". Die „Ansässigkeit" einer Person für Abkommenszwecke knüpft dabei grundlegend an das Bestehen einer *unbeschränkten Steuerpflicht* in ihrem „Ansässigkeitsstaat" bzw. „Wohnsitzstaat" an.[312] Für die Anwendung des OECD-MA bei Personengesellschaften besteht hierbei die Besonderheit, dass diese dann nicht in einem Staat für Zwecke der Anwendung des Abkommens als dort „ansässig" angesehen werden können, wenn sie nach den Steuervorschriften dieses Staates als „fiskalisch transparent" behandelt werden, d.h. die Personengesellschaft nicht als eigenständiges Steuersubjekt angesehen wird, sondern die Einkünfte den Gesellschaftern steuerlich zugerechnet werden.[313] In diesen Fällen können allein die Gesellschafter als abkommensberechtigte „Person" Vorteile eines DBA in Anspruch nehmen, welches von *ihrem Ansässigkeitsstaat* mit anderen Staaten abgeschlossen wurde.[314]

3. Bestimmung des „Ansässigkeitsstaates" und des „Quellenstaates"

Neben der Abgrenzung des persönlichen Anwendungsbereiches eines Abkommens hat die Regelung des Art. 4 OECD-MA bzw. Art. 4 OECD-MA (E) insbesondere die Aufgabe, eine Einteilung der beteiligten Vertragsstaaten des DBA in einen *Ansässigkeitsstaat/Wohnsitzstaat* und einen *Quellenstaat/Belegenheitsstaat*, im Hinblick auf die Anwendung der nachfolgenden Verteilungs- bzw. Vermeidungsnormen des DBA, vorzunehmen.[315] Der *Ansässigkeitsstaat* bzw. *Wohnsitzstaat* ist nach Art. 4 Abs. 1 S. 1 OECD-MA sowie Art. 4 Abs. 1 S. 1 OECD-MA (E) der Vertragsstaat eines DBA, in welchem ein Steuersubjekt (natürliche oder juristische Person) aufgrund des Wohnsitzes, des ständigen Aufenthaltes, des Ortes der Geschäftsleitung oder eines anderen Merkmals[316] steuerpflichtig ist. Der *Ansässigkeitsstaat* ist also derjenige

312 Vgl. Ziff. 3 OECD-MK zu Art. 4 OECD-MA sowie Ziff. 4 OECD-MK zu Art. 4 OECD-MA (E).

313 Vgl. Tz. 8.4 OECD-MK zu Art. 4 OECD-MA; *Jülicher*, in: *Wassermeyer*, Doppelbesteuerung, ErbSt-MA, Art. 4 ErbSt-MA, Rz. 9.

314 Ebenda.

315 Vgl. Tz. 1 OECD-MK zu Art. 4 OECD-MA; *Vogel*, in: *Vogel/Lehner*, DBA, Einl., Rz, 92.

316 Die Staatsangehörigkeit wird grundsätzlich nicht als „anderes Merkmal" i.S.v. Art. 4 Abs. 1 OECD-MA angesehen, da es sich hier um kein „ortsbezogenes"

Vertragsstaat, in welchem die steuerpflichtige Person einer *unbeschränkten Steuerpflicht* aufgrund eines persönlich-territorialen Anknüpfungsmerkmals unterliegt.[317]

Die in Art. 4 Abs. 1 OECD-MA bzw. Art. 4 Abs. 1 OECD-MA (E) genannten persönlich-territorialen Anknüpfungsmerkmale zur Begründung einer Steuerpflicht stehen grundsätzlich gleichwertig nebeneinander. Lediglich in Fällen, in welchen eine „doppelte" unbeschränkte Steuerpflicht in beiden Vertragsstaaten aufgrund unterschiedlicher Anknüpfungsmerkmale der Staaten besteht,[318] enthält die sog. „tie-breaker"-Regelung des Art. 4 Abs. 2 und Abs. 3 OECD-MA bzw. Art. 4 Abs. 2 und Abs. 3 OECD-MA (E) eine „Hierarchie" im Sinne einer Rangfolgeregelung von abkommensrechtlichen Anknüpfungsmerkmalen zur Bestimmung des „Ansässigkeitsstaates" einer Person.[319] Die „ständige Wohnstätte" einer natürlichen Person bzw. die „tatsächliche Geschäftsleitung" einer juristischen Person bilden in dieser Rangfolge das „stärkste" Anknüpfungsmerkmal für die Ansässigkeit in einem Vertragsstaat. Erst danach werden bei natürlichen Personen der „Mittelpunkt der Lebensinteressen", gefolgt vom „gewöhnlichen Aufenthalt" und zuletzt die „Staatsangehörigkeit" als taugliche Merkmale für die Bestimmung des Ansässigkeitsstaates im Sinne des Abkommens herangezogen.

Die Bestimmung des *Quellenstaates*[320] bzw. *Belegenheitsstaates* für Abkommenszwecke richtet sich dagegen nach Maßgabe der jeweiligen Verteilungsnorm des DBA. Als *Quellenstaat* bzw. *Belegenheitsstaat* gilt dabei grundsätzlich derjenige Staat, in welchem der zu besteuernde Sachverhalt tatbestandsmäßig verwirklicht wurde bzw. die Quelle der Einkünfte oder das zu besteuernde Vermögen belegen ist.[321] Insoweit ist der Quellenstaat also durch eine *sachlich-territoriale* Verbindung des Steuerobjekts zu diesem Staat gekennzeichnet.

4. Anwendung der „Verteilungsnormen"

Die Aufteilung der Besteuerungsbefugnisse zwischen Ansässigkeitsstaat und Quellenstaat im Hinblick auf die zu besteuernden Einkünfte bzw. Vermögenswerte geschieht

---

Anknüpfungsmerkmal handelt, so *Lehner*, in: *Vogel/Lehner*, DBA, Rz. 111; *Schaumburg*, Internationales Steuerrecht, Rz. 16.172.

317 Vgl. Tz. 8 OECD-MK zu Art. 4 OECD-MA.

318 Z.B. unbeschränkte Steuerpflicht in Staat 1 aufgrund des Wohnsitzes und gleichzeitig unbeschränkte Steuerpflicht in Staat 2 aufgrund des gewöhnlichen Aufenthaltes oder aber unbeschränkte Steuerpflicht in zwei Staaten etwa aufgrund eines Doppelwohnsitzes.

319 Siehe *Lehner*, in: *Vogel/Lehner*, DBA, Art. 4, Rz. 20; *Jülicher*, in: *Wassermeyer*, Doppelbesteuerung, ErbSt-MA, Art. 4 ErbSt-MA, Rz. 26.

320 Siehe zum Begriff *Debatin*, DStR 1992, 1 f.

321 So *Vogel*, in: *Lang/Jirousek*, Praxis des Internationalen Steuerrechts, S. 624; ähnlich auch *Frotscher*, Internationales Steuerrecht, S. 99.

durch Anwendung der sog. *Verteilungsnormen*[322] eines DBA (vgl. Art. 6–22 OECD-MA bzw. Art. 5–7 OECD-MA (E)). Die Verteilungsnormen regeln, welcher Vertragsstaat sein bestehendes Besteuerungsrecht weiter ausüben darf bzw. welcher Vertragsstaat auf sein Besteuerungsrecht zur Vermeidung einer internationalen Doppelbesteuerung ganz oder teilweise verzichten muss.[323]

Die Verteilungsnormen der OECD-MA gehen in ihrer Systematik grundsätzlich von einer weiterhin bestehenden Steuerberechtigung des *Ansässigkeitsstaates* aus.[324] Der Steueranspruch des *Quellenstaates* der Einkünfte bzw. des *Belegenheitsstaates* des Vermögens wird entweder vollumfänglich oder in seiner Höhe begrenzt neben dem Anspruch des Ansässigkeitsstaates aufrechterhalten oder aber durch die entsprechende Verteilungsnorm abschließend ausgeschlossen.[325] Nur in sehr begrenzten Ausnahmefällen weisen die Verteilungsnormen des OECD-MA dem *Quellenstaat* die ausschließliche Befugnis zur Besteuerung von bestimmten Einkünften zu.[326]

Ob der Quellenstaat seine Besteuerungsbefugnis neben dem Ansässigkeitsstaat weiter ausüben darf, hängt von der jeweils anwendbaren Verteilungsnorm der OECD-MA ab. Bei der Besteuerung von unbeweglichem Vermögen (vgl. Art. 6 OECD-MA bzw. Art. 5 Abs. 1 OECD-MA (E)) bleibt die Besteuerungsbefugnis des Quellenstaates z.B. aufgrund der engen territorialen Verbindung zwischen der Steuerquelle und dem Staatsgebiet erhalten (sog. *Belegenheitsprinzip*).[327] Weiter darf der Quellenstaat die gewerblichen Einkünfte eines Unternehmens des anderen Vertragsstaates besteuern (vgl. Art. 7 Abs. 1 OECD-MA), wenn dieses durch das Vorhandensein einer Betriebstätte am Wirtschaftsleben des Quellenstaates teilnimmt (sog. *Betriebstättenprinzip*).[328] Zudem erhält der Quellenstaat die Besteuerungsbefugnis für eine in seinem Staatsgebiet ausgeübte nicht selbstständige Tätigkeit (vgl. Art. 15 OECD-MA), wenn diese dort über einen längeren Zeitraum (länger als 183 Tage) durchgeführt wird (sog. *Arbeitsortprinzip*[329]).

---

322 Siehe zum Begriff *Vogel*, in: *Vogel/Lehner*, DBA, Einl., Rz. 71 und Vor. Art. 6–22, Rz. 1. *Wassermeyer*, in: *Wassermeyer*, Doppelbesteuerung, OECD-MA, Art. 1 MA, Rz. 9 lehnt den Begriff „Verteilungsnorm" ab, da nach seiner Auffassung „Steuererhebungskompetenzen unverteilbar sind".

323 Vgl. *Vogel*, in: *Vogel/Lehner*, DBA, Einl., Rz. 70 f.; *Frotscher*, Internationales Steuerrecht, S. 96.

324 Vgl. *Schaumburg*, Internationales Steuerrecht, Rz. 16.211.

325 Siehe Tz. 20 ff. OECD-MK zur Einl. des OECD-MA.

326 Siehe Art. 8 Abs. 1 und Abs. 2 OECD-MA, Art. 13 Abs. 3 OECD-MA, Art. 19 Abs. 1 Buchst. a) und Abs. 2 Buchst. a) OECD-MA und Art. 22 Abs. 3 OECD-MA.

327 Ziff. 1 OECD-MK zu Art. 6 OECD-MA; *Jülicher*, in: *Wassermeyer*, Doppelbesteuerung, ErbSt-MA, Art. 5 ErbSt-MA, Rz. 1; *Schaumburg*, Internationales Steuerrecht, Rz. 16.220; *Hidien*, in: *Kirchhof/Söhn/Mellinghoff*, EStG, § 49, Rz. A 185.

328 Siehe Ziff. 3 OECD-MK zu Art. 7 OECD-MA; *Hemmelrath*, in: *Vogel/Lehner*, DBA, Art. 7, Rz. 3; *Schaumburg*, Internationales Steuerrecht, Rz. 16.230.

329 *Prokisch*, in: *Vogel/Lehner*, DBA, Art. 15, Rz. 4; *Lang*, Einführung in das Recht der Doppelbesteuerungsabkommen, S. 122; *Schaumburg*, Internationales Steuerrecht, Rz. 16.419.

Zusammenfassend sind die Verteilungsnormen eines DBA als Konkretisierungsnormen des völkerrechtlichen „genuine link"-Erfordernisses anzusehen, welche jedoch gleichzeitig auch eine Gewichtung der verschiedenen Anknüpfungsmerkmale für eine Steuerpflicht im Inland vornehmen. Die OECD-MA weisen dabei dem *Ansässigkeitsstaat* eines Steuerpflichtigen und damit den *persönlich-territorialen* Anknüpfungsmerkmalen für eine Steuerpflicht eine grundsätzlich stärkere Wirkung zu, während der *Quellenstaat* sein Besteuerungsrecht erst ab dem Überschreiten einer bestimmten „Intensität" der *sachlich-territorialen* Anknüpfungsmerkmale (bspw. erst bei Vorliegen einer Betriebstätte oder einer gewissen Aufenthaltsdauer in diesem Staat) ausüben darf.

5. Anwendung der „Vermeidungsnormen"

Sieht eine Verteilungsnorm das Weiterbestehen der Besteuerungsbefugnis des Quellenstaates neben der Besteuerungsbefugnis des Ansässigkeitsstaates vor (sog. Verteilungsnorm mit „offener Rechtsfolge"),[330] so bestimmen die sog. *Vermeidungsnormen*[331] des Art. 23A/23B OECD-MA bzw. des Art. 9A/9B OECD-MA (E), dass der *Ansässigkeitsstaat* bzw. der *Wohnsitzstaat* eines Steuerpflichtigen letztlich zur Vermeidung der internationalen Doppelbesteuerung verpflichtet ist. Die Musterabkommen der OECD sehen dabei optional zwei alternative Methoden vor: Zum einen die sog. „Freistellungsmethode" nach Art. 23A OECD-MA bzw. Art. 9A OECD-MA (E) und zum anderen die sog. „Anrechnungsmethode" nach Art. 23B OECD-MA bzw. Art. 9B OECD-MA (E). Wählen die Vertragsstaaten die *Freistellungsmethode*, erfolgt die Vermeidung der internationalen Doppelbesteuerung dadurch, dass derjenige Vertragsstaat, welcher als *Ansässigkeitsstaat* im Sinne des DBA gilt, die entsprechenden Einkünfte bzw. das zu besteuernde Vermögen von einer Besteuerung im Rahmen der Ausübung seiner unbeschränkten Steuerpflicht ausnimmt. Wird stattdessen die Anwendung der *Anrechnungsmethode* durch die Vertragsstaaten zur Vermeidung einer internationalen Doppelbesteuerung vereinbart, so dürfen zwar beide Vertragsstaaten ihre Besteuerungsbefugnis ausüben; gleichzeitig ist aber ebenfalls der *Ansässigkeitsstaat* verpflichtet, die im *Quellenstaat* auf diese Einkünfte gezahlten Steuern auf die in seinem Staat zu erhebende Steuer anzurechnen.

Durch die Wahl der anzuwendenden Vermeidungsnorm können die Vertragsstaaten selbst entscheiden, ob sie dem *Quellenstaat* aufgrund seiner sachlich-territorialen Anknüpfungspunkte für eine Steuerpflicht das ausschließliche Recht zur Besteuerung durch Anwendung der Freistellungsmethode einräumen möchten (und damit eine tatsächliche Auf- bzw. Zuteilung der Besteuerungsbefugnis zwischen den Vertragsstaaten vornehmen) oder aber durch die Vereinbarung der Anrechnungsmethode die bestehenden Besteuerungsbefugnisse beider Vertragsstaaten aufrechterhalten

330 Vgl. *Vogel*, in: *Vogel/Lehner*, DBA, Einl., Rz. 85.
331 Siehe zum Begriff *Vogel*, in: *Vogel/Lehner*, DBA, Art. 23, Rz. 4; *Schaumburg*, Internationales Steuerrecht, Rz. 16.34.

und im Ergebnis eine eher als „ungerecht oder wirtschaftlich schädlich empfundene" Steuerlast mindern möchten.[332]

6. OECD-Musterkommentierung

Die OECD hat ihre Musterabkommen mit einem offiziellen *OECD-Musterkommentar* (kurz: OECD-MK) versehen, welcher die Funktion einer „weithin akzeptierten Richtlinie für die Auslegung und die Anwendung bestehender zweiseitiger Abkommen" innehaben soll.[333] Dem OECD-MK wird von den Staaten grundsätzlich lediglich ein „Empfehlungscharakter" eingeräumt, welcher insoweit keine völkerrechtliche Verpflichtung für die Staaten enthält, den Ausführungen des OECD-MK bei der Ausgestaltung ihrer DBA zu folgen.[334]

Da die bilateralen DBA der Staaten dem WÜRV unterfallen, hängt die Bedeutung des OECD-MK für die Auslegung von auf Basis der OECD-MA abgeschlossenen DBA durch die Vertragsstaaten davon ab, ob dessen Ausführungen als primäre Auslegungsmittel i.S.v. Art. 31 WÜRV berücksichtigt werden müssen oder dem OECD-MK als Auslegungshilfe i.S.v. Art. 32 WÜRV nur subsidiäre Bedeutung zukommt.[335] Die herrschende Literaturmeinung befürwortet jedenfalls dann, wenn ein DBA in Aufbau und Formulierungen den OECD-MA entspricht und die Vertragsstaaten keine Auslegungsvorbehalte oder Bemerkungen gegenüber dem OECD-MK angebracht haben, die zum Zeitpunkt des Abschlusses des DBA geltenden Ausführungen des OECD-MK grundsätzlich unter Art. 31 WÜRV zu fassen.[336] Der BFH gesteht den Ausführungen des OECD-MK dagegen regelmäßig nur eine subsidiäre Bedeutung im Sinne einer „Auslegungshilfe" zu, etwa um ein Auslegungsergebnis zu bekräftigen.[337]

---

332 Siehe hierzu *Vogel*, in: *Vogel/Lehner*, DBA, Art. 23, Rz. 5.

333 So Tz. 15 OECD-MK zur Einl. des OECD-MA.

334 *Schönfeld/Häck*, in: *Schönfeld/Ditz*, Doppelbesteuerungsabkommen, Systematik DBA, Rz. 97. *Vogel*, in: *Vogel/Lehner*, DBA, Einl. Rz. 124b erkennt den Empfehlungen der OECD-Musterkommentare zumindest eine „abgeschwächte Verpflichtung" der Mitgliedstaaten (jedoch nicht der Gerichte oder der Steuerpflichtigen) zur Befolgung zu, wenn der betroffene Staat nicht Vorbehalte angemeldet hat oder sachliche Gründe des Einzelfalles dem entgegenstehen.

335 *Schönfeld/Häck*, in: *Schönfeld/Ditz*, Doppelbesteuerungsabkommen, Systematik DBA, Rz. 97.

336 *Schönfeld/Häck*, in: *Schönfeld/Ditz*, Doppelbesteuerungsabkommen, Systematik DBA, Rz. 97; *Vogel*, in: *Vogel/Lehner*, DBA, Einl., Rz. 126; *Schaumburg*, Internationales Steuerrecht, Rz. 16.78.

337 Vgl. nur *BFH*, 12.06.2013 – I R 109-111/10, BStBl. II 2013, 1024; *BFH*, 25.05.2011 – I R 95/10, DStR 2011, 1553; *BFH*, 08.09.2010 – I R 6/09, BStBl. II 2013, 186.

III. Primäres Unionsrecht

Da das direkte Steuerrecht der EU-Mitgliedstaaten bislang keinen Harmonisierungs- oder Vereinheitlichungsmaßnahmen durch primäres Unionsrecht unterliegt, sind die Mitgliedstaaten der EU weiterhin befugt, die Kriterien für die Aufteilung ihrer Besteuerungsbefugnisse (unilateral oder durch völkerrechtliche Abkommen) autonom festzulegen.[338] Der EuGH hat in diesem Zusammenhang festgestellt, dass es weiterhin Sache der Mitgliedstaaten ist, die zur Vermeidung von internationaler Doppelbesteuerung erforderlichen Maßnahmen zu treffen, wobei sich diese an den in der internationalen Besteuerungspraxis herangezogenen Verteilungskriterien, einschließlich der Regelungen der OECD-MA, orientieren können.[339]

Ihre Kompetenz für die Festlegung von Aufteilungskriterien im Bereich der direkten Steuern müssen die Mitgliedstaaten jedoch, auch wenn sie Abkommen zur Vermeidung der internationalen Doppelbesteuerung schließen, unter Wahrung des Unionsrechts ausüben.[340] Die zwischen den Mitgliedstaaten abgeschlossenen Doppelbesteuerungsabkommen sind Teil des innerstaatlichen Steuerrechts der Vertragsstaaten,[341] sodass sich die dort vereinbarten Kriterien zur Aufteilung der Besteuerungsbefugnisse zwischen den Mitgliedstaaten ebenfalls an den Diskriminierungs- und Beschränkungsverboten der Grundfreiheiten des AEUV messen lassen müssen.[342] Die Überprüfung der Regelungen eines mitgliedstaatlichen DBA auf ihre Vereinbarkeit mit Unionsrecht unterliegt somit gem. Art. 267 AEUV der Kompetenz des EuGH, wobei hierfür regelmäßig vorausgesetzt wird, dass in einer mitgliedstaatlichen Vorlagefrage an den EuGH ausdrücklich auf die Vorschriften eines bestehenden mitgliedstaatlichen DBA Bezug genommen wird.[343]

---

338 So die ständige Rechtsprechung des EuGH, vgl. nur *EuGH*, 12.05.1998 – C-336/96, *Gilly*, Slg. 1998, I-2793, Rz. 24, 30; *EuGH*, 07.09.2006 – C-470/04, *N.*, Slg. 2006, I-07409, Rz. 44; *EuGH*, 14.11.2006 – C-513/04, *Kerckhaert und Morres*, Slg. 2006, I-10967, Rz. 22 f.

339 *EuGH*, 12.05.1998 – C-336/96, *Gilly*, Slg. 1998, I-2793, Rz. 31; *EuGH*, 07.09.2006 – C-470/04, *N.*, Slg. 2006, I-07409, Rz. 45; *EuGH*, 14.11.2006 – C-513/04, *Kerckhaert und Morres*, Slg. 2006, I-10967, Rz. 23; *EuGH*, 13.03.2007 – C-524/04, *Test Claimants in the Thin Group Litigation*, Slg. 2007, Rz. 49.

340 Vgl. z.B. *EuGH*, 12.02.1995 – C-279/9, *Schumacker*, Slg. 1995, I-00225, Rz. 21; *EuGH*, 06.06.2000 – C-35/98, *Verkooijen*, Slg. 2000, I-04071, Rz. 32; *EuGH*, 12.12.2002 – C-385/00, *de Groot*, Slg. 2002, I-11819, Rz. 94.

341 Siehe oben B.II.

342 So deutlich *EuGH*, 10.01.2006 – C-265/04, *Bouanich*, Slg. 2006, I-923, Rz. 49 f.; *EuGH*, 08.11.2007 – C-379/05, *Amurta*, Slg. 2007, I-09569, Rz. 80; *Birk*, in: *Tipke*, Festschrift für Joachim Lang zum 70. Geburtstag: Gestaltung der Steuerrechtsordnung, S. 1141; *Schönfeld/Häck*, in: *Schönfeld/Ditz*, Doppelbesteuerungsabkommen, Systematik DBA, Rz. 103.

343 *Beiser*, IStR 2009, 2362, 2367; *Bendlinger*, in: *Lang*, Europäisches Steuerrecht, S. 86.

1. Staatsangehörigkeit als unionsrechtskonformes Aufteilungskriterium?

a) Nationales Steuerrecht

Die Steuerordnungen der Mitgliedstaaten der EU knüpfen zur Begründung einer direkten Steuerpflicht im Inland i.d.R. an die dortige Ansässigkeit eines Steuerpflichtigen oder an die Belegenheit der Einkunftsquelle bzw. des Vermögens in diesem Staat an (*Territorialitätsprinzip*).[344] Eine steuerliche Anknüpfung an die *Staatsangehörigkeit* findet sich mitunter in mitgliedstaatlichen Steuervorschriften, welche Steuerumgehungen durch Wegzug eines Steuerpflichtigen in das (niedrigbesteuerte) Ausland verhindern möchten (im deutschen Steuerrecht z.B. § 2 AStG sowie § 2 Abs. 1 Buchst. b) ErbStG).

(1) Erbschaft-/Schenkungsteuer

In seinem Urteil zur Rechtssache *van Hilten-van der Heijden*[345] hatte der EuGH die Möglichkeit, zu einer Regelung des niederländischen Erbschaftsteuerrechts Stellung zu nehmen, welches bei Todesfällen niederländischer Staatsangehöriger mit Wohnsitz im Ausland dann eine Erbschaftbesteuerung in den Niederlanden aufgrund einer gesetzlichen „Wohnsitzfiktion" vornahm, wenn sich der Erbfall innerhalb von zehn Jahren nach dem Wegzug des niederländischen Staatsangehörigen in das Ausland ereignete.[346] Die Erben einer in der Schweiz verstorbenen Erblasserin niederländischer Staatsangehörigkeit sahen in dieser Erbschaftbesteuerung eine unionsrechtlich verbotene Diskriminierung bzw. Beschränkung der Kapitalverkehrsfreiheit, da „zum einen danach unterschieden werde, ob jemand vor seinem Tod in den Niederlanden gewohnt habe oder nicht, und weil zum anderen die betreffende Bestimmung nicht gelte, wenn derjenige, der die Niederlande verlasse, eine andere Staatsangehörigkeit als die niederländische habe".[347]

Hinsichtlich des ersten vorgebrachten Arguments einer unterschiedlichen Besteuerung aufgrund der Wohnsitzverlegung in das Ausland sah der EuGH eine Beschränkung der Grundfreiheiten durch die streitigen niederländischen Erbschaftsteuervorschriften nicht als gegeben an. Der Erbfall von niederländischen Staatsangehörigen, welche innerhalb von zehn Jahren nach Verlegung ihres Wohnsitzes ins Ausland versterben, würde vielmehr im Ergebnis genauso besteuert, als wären diese Staatsangehörigen in den Niederlanden wohnhaft geblieben.[348]

Mit Blick auf das zweite vorgebrachte Argument, das Bestehen einer diskriminierenden Ungleichbehandlung aufgrund der Staatsangehörigkeit, bildete der

344 Siehe oben C.I.3.
345 *EuGH*, 23.02.2006 – C-513/03, *van Hilten-van der Heijden*, Slg. 2006, I-01957.
346 *EuGH*, 23.02.2006 – C-513/03, *van Hilten-van der Heijden*, Slg. 2006, I-01957, Rz. 6 ff.
347 *EuGH*, 23.02.2006 – C-513/03, *van Hilten-van der Heijden*, Slg. 2006, I-01957, Rz. 28.
348 *EuGH*, 23.02.2006 – C-513/03, *van Hilten-van der Heijden*, Slg. 2006, I-01957, Rz. 45 f.

EuGH ein anderes Vergleichspaar und verglich hier die steuerliche Behandlung eines aus den Niederlanden wegziehenden *niederländischen* Staatsangehörigen mit der steuerlichen Behandlung eines aus den Niederlanden wegziehenden *anderen* Staatsangehörigen.[349] Der EuGH stellte zunächst fest, dass die niederländischen Vorschriften in der Tat eine steuerliche Unterscheidung anhand der Staatsangehörigkeit vornehmen.[350] Diese Ungleichbehandlung resultiere aber aus dem Umstand, dass die Mitgliedstaaten mangels unionsrechtlicher Harmonisierung weiterhin befugt sind, „die Kriterien für die Aufteilung ihrer Steuerhoheit vertraglich oder einseitig festzulegen".[351] Der EuGH schloss daraus, dass „derartige, zum Zwecke der Aufteilung der Steuerhoheit getroffenen Unterscheidungen" anhand der Staatsangehörigkeit *keine* unionsrechtliche Beschränkung darstellen können.[352]

Für die EU-Mitgliedstaaten sei es zur Aufteilung ihrer Besteuerungsbefugnisse zur Vermeidung von internationaler Doppelbesteuerung nicht „sachfremd", sich an den entsprechenden Aufteilungskriterien der Musterabkommen der OECD zu orientieren.[353] In dem vorliegenden Fall bildet die niederländische Erbschaftsteuerregelung lediglich die vertraglichen Vereinbarungen, welche das niederländisch-schweizerische „Abkommen zur Vermeidung der Doppelbesteuerung auf dem Gebiete der Erbschaftsteuern" enthalte, ab, wobei dieses wiederum auf dem OECD-MA (E) und den zugehörigen Ausführungen des OECD-MK basiere.[354]

Das OECD-MA (E) enthält dabei in Art. 9A Abs. 4 OECD-MA (E) bzw. Art. 9B Abs. 4 OECD-MA (E) eine entsprechende Musterformulierung für die Vertragsstaaten im Hinblick auf eine ausdrückliche Ermächtigung zur Anknüpfung einer Besteuerung an die Staatsangehörigkeit mit dem Ziel der Verhinderung von Steuerflucht. Demnach behält der Vertragsstaat, in welchem der Steuerpflichtige Staatsangehöriger ist, das Besteuerungsrecht für Erbschaften/Schenkungen, welche innerhalb von zehn Jahren nach dem Wegzug in den anderen Vertragsstaat eintreten, muss jedoch gleichzeitig für die Beseitigung einer möglichen internationalen Doppelbesteuerung des übergehenden Vermögens sorgen.[355] Im Fall *van Hilten-van der Heijden* enthielt das zugrunde liegende niederländisch-schweizerische Abkommen eine entsprechend sinngemäße Vereinbarung der Vertragsstaaten.[356] Der EuGH führte hierzu weiter aus, dass „eine derartige Regelung durch die Sorge gerechtfertigt ist, eine Form der Steuerflucht zu vermeiden, die darin besteht, dass ein Angehöriger eines Staates im Hinblick auf seinen Tod seinen Wohnsitz in einen anderen Staat

---

349 *EuGH*, 23.02.2006 – C-513/03, *van Hilten-van der Heijden*, Slg. 2006, I-01957, Rz. 47.
350 Ebenda.
351 Ebenda.
352 Ebenda.
353 *EuGH*, 23.02.2006 – C-513/03, *van Hilten-van der Heijden*, Slg. 2006, I-01957, Rz. 48. So auch schon *EuGH*, 12.05.1998 – C-336/96, *Gilly*, Slg. 1998, I-2793, Rz. 31.
354 *EuGH*, 23.02.2006 – C-513/03, *van Hilten-van der Heijden*, Slg. 2006, I-01957, Rz. 48.
355 Siehe hierzu Tz. 73 OECD-MK zu Art. 9A/9B OECD-MA (E).
356 *EuGH*, 23.02.2006 – C-513/03, *van Hilten-van der Heijden*, Slg. 2006, I-01957, Rz. 13.

verlegt, in dem die Steuer niedriger ist".[357] Indem eine mögliche Doppelbesteuerung „durch ein System von Steuergutschriften vermieden werde" und die „Verhinderung von Steuerflucht nur gerechtfertigt sei, wenn der Tod kurz nach der Verlegung des Wohnsitzes eintrete", entspräche die Regelung des DBA den Vorgaben der OECD zur Vermeidung der internationalen Doppelbesteuerung von Nachlässen, Erbschaften und Schenkungen.[358]

Im Ergebnis sieht der EuGH eine steuerliche Ungleichbehandlung von Steuerpflichtigen aufgrund einer Anknüpfung an die Staatsangehörigkeit dann nicht als grundfreiheitliches Problem an, wenn diese Ungleichbehandlung zum „Zwecke der Aufteilung der Steuerhoheit"[359] zwischen den Mitgliedstaaten vorgenommen wird. Dient die steuerliche Anknüpfung an die Staatsangehörigkeit also als tatsächliches Aufteilungskriterium für die Zuweisung von Besteuerungsbefugnissen zwischen zwei Mitgliedstaaten und wird dabei gleichzeitig auch eine potenzielle internationale Doppelbesteuerung durch die Mitgliedstaaten vermieden, stellt eine unterschiedliche steuerliche Behandlung von Staatsangehörigen keine Diskriminierung im Sinne der Grundfreiheiten des AEUV dar. Der EuGH scheint dabei von einer „zweckgebundenen" steuerlichen Unterscheidung anhand der Staatsangehörigkeit jedenfalls dann sicher auszugehen, wenn sich die fragliche Steuerregelung in den Vorschriften eines zwischen den Mitgliedstaaten auf der Grundlage der OECD-MA abgeschlossenen DBA bzw. in den hierzu ergangenen OECD-MK widerspiegelt.

Der EuGH hatte bisher jedoch noch keinen Fall zu entscheiden, in welchem eine nationale Steuervorschrift eine Besteuerung unter Anknüpfung an die Staatsangehörigkeit vorsieht, diese Anknüpfung aber nicht durch das Vorhandensein eines entsprechenden DBA (oder einer anderen bilateralen Vereinbarung) sozusagen „legitimiert" wird. Im deutschen Steuerrecht findet sich eine den niederländischen Erbschaftsteuervorschriften ähnliche Regelung z.B. in § 2 Abs. 1 Nr. 1 Buchst. b) ErbStG. Diese sieht eine sog. „erweiterte unbeschränkte Erbschaft- bzw. Schenkungsteuerpflicht" für deutsche Staatsangehörige ohne Wohnsitz im Inland vor, „die sich nicht länger als fünf Jahre dauernd im Ausland aufgehalten haben". Unter Bezug auf die Rechtsprechung des EuGH im Urteil *van Hilten-van der Heijden* geht die herrschende Literaturmeinung derzeit von einer Unionsrechtskonformität dieser Vorschrift (jedenfalls i.V.m. der grundsätzlichen Anrechnungsmöglichkeit ausländischer Erbschaftsteuern gem. § 21 ErbStG) aus.[360] Aktuell hat die Bundesrepublik Deutschland nur mit

357 *EuGH*, 23.02.2006 – C-513/03, *van Hilten-van der Heijden*, Slg. 2006, I-01957, Rz. 48.

358 Ebenda.

359 So die ausdrückliche Wortwahl des EuGH, vgl. *EuGH*, 23.02.2006 – C-513/03, *van Hilten-van der Heijden*, Slg. 2006, I-01957, Rz. 47.

360 Vgl. nur *Jülicher*, in: *Troll u.a.*, Erbschaftsteuer- und Schenkungsteuergesetz, § 2, Rz. 25; *Seifried*, in: *Preißer*, Erbschaft- und Schenkungsteuer, § 2, Rz. 66; *Jüptner*, in: *Fischer*, Erbschaft- und Schenkungsteuergesetz, § 2, Rz. 35; *Weinmann*, in: Moench, ErbStG, § 2, Rz. 12; *Riedel*, ZErb 2006, 166, 169; *Hahn*, ZErb 2006, 250, 254. A.A. jedoch *Meinke*, Erbschaftsteuer- und Schenkungsteuergesetz, § 2, Rz. 6 sowie *Schaumburg*, Internationales Steuerrecht, Rz. 7.24, welcher insbesondere die vom

vier anderen EU-Mitgliedstaaten (namentlich Dänemark, Frankreich, Griechenland und Schweden) Abkommen auf dem Gebiet der Erbschaft- und Schenkungsteuer abgeschlossen.[361] In grenzüberschreitenden Erbschaft- bzw. Schenkungsteuerfällen unter Beteiligung eines anderen EU-Mitgliedstaates wäre somit zunächst zu fragen, ob der EuGH trotz Fehlen eines zwischenstaatlichen DBA die oben ausgeführten Bestimmungen des OECD-MA (E) sowie dessen Musterkommentierung als ausreichende „Ermächtigungsgrundlage" der Mitgliedstaaten für eine unterschiedliche steuerliche Behandlung von Steuerpflichtigen anhand des Merkmals der Staatsangehörigkeit ansehen würde.

M.E. sollte selbst bei Fehlen eines entsprechenden DBA *kein* Verstoß nationaler Steuervorschriften wie z.B. § 2 Abs. 1 Buchst. b) ErbStG gegen Unionsrecht festzustellen sein. Wie der Generalanwalt *Léger* in seinen Schlussanträgen zum Verfahren *van Hilten-van der Heijden* zutreffend festgestellt hat, verbietet das unionsrechtliche Diskriminierungsverbot aus Gründen der Staatsangehörigkeit lediglich eine Schlechterbehandlung von Unionsbürgern, welche von ihrer Freizügigkeit in der EU Gebrauch gemacht haben, gegenüber denjenigen, die davon keinen Gebrauch gemacht haben.[362] Dies bedeutet nicht, dass daraus auch gleichzeitig ein unionsrechtlicher Anspruch von umziehenden Staatsangehörigen der Mitgliedstaaten resultiert, dass ihr Nachlass nur nach dem ggf. günstigeren Recht ihres neuen Wohnsitzstaates besteuert wird.[363] Darüber hinaus wäre auf Rechtfertigungsebene zudem der eindeutige Zweck der Vorschrift des § 2 Abs. 1 Buchst. b) ErbStG, Steuerumgehungen von deutschen Staatsbürgern durch vorübergehenden Wohnsitzwechsel in das Ausland zu vermeiden,[364] zu berücksichtigen. Der EuGH hat zwar insbesondere bei steuerlichen Wegzugsbestimmungen der Mitgliedstaaten festgestellt, dass diese, um unionsrechtlich als Missbrauchsvermeidungsvorschrift gerechtfertigt zu sein, nicht „typisierend" wirken dürfen.[365] Gleichzeitig hat der EuGH auch festgestellt, dass sich die Mitgliedstaaten bei der Ausgestaltung ihrer nationalen Steuervorschriften durchaus an den Vorgaben der OECD-MA orientieren können.[366] Entspricht die Intention einer mitgliedstaatlichen Steuerregelung den Vorgaben der OECD-MA und des OECD-MK, so sollte dies, trotz tatsächlichen Fehlens eines einschlägigen

EuGH geforderte Vermeidung der internationalen Doppelbesteuerung durch die Anwendung des § 21 ErbStG als nicht gewährleistet ansieht.

361 Vgl. BMF-Schreiben v. 22.01.2014, Stand der Doppelbesteuerungsabkommen und anderer Abkommen im Steuerbereich sowie der Abkommensverhandlungen am 1. Januar 2014, IV B 2-S 1301/07/10017-05, BStBl. I 2013, 162.

362 Vgl. Schlussanträge Generalanwalt *Léger* v. 30.06.2005 – C-513/03, *van Hilten-van der Heijden*, Rz. 78 f.

363 Schlussanträge Generalanwalt *Léger* v. 30.06.2005 – C-513/03, *van Hilten-van der Heijden*, Rz. 80.

364 Vgl. *Jülicher*, in: *Troll u.a.*, Erbschaftsteuer- und Schenkungsteuergesetz, § 2, Rz. 21.

365 Vgl. *EuGH*, 11.03.2004 – C-9/02, *de Lasteyrie du Saillant*, Slg. 2004, I-02409, Rz. 50 f. Siehe hierzu auch die Ausführungen unten D.II.2.

366 Vgl. *EuGH*, 07.09.2006 – C-470/04, *N.*, Slg. 2006, I-07409, Rz. 45 ff.

mitgliedstaatlichen DBA, für eine wirksame Rechtfertigung entsprechender Steuervorschriften ausreichen.

(2) Einkommensteuer

Im Bereich des Ertragsteuerrechts besteht ein relativ dichtes Netz von DBA zwischen den EU-Mitgliedstaaten. Das OECD-MA enthält jedoch keine dem Art. 9A/B Abs. 4 OECD-MA (E) entsprechende Musterklausel in Bezug auf eine steuerliche Anknüpfung an die Staatsangehörigkeit. Die Unionsrechtskonformität *von ertragsteuerlichen Vorschriften* der Mitgliedstaaten, welche steuerliche Ungleichbehandlungen von Steuerpflichtigen unter Verweis auf die Staatsangehörigkeit vorsehen, ist somit fraglich.

Als Beispiel für eine solche mitgliedstaatliche Steuerregelung wäre die Vorschrift des § 2 AStG zur sog. „erweiterten beschränkten Steuerpflicht" zu nennen. § 2 Abs. 1 AStG sieht für natürliche Personen deutscher Staatsangehörigkeit („Deutsche") mit „wesentlichen wirtschaftlichen Interessen in Inland" nach Wohnsitzverlegung ins „niedrigbesteuerte" Ausland innerhalb von zehn Jahren nach Ende der unbeschränkten Steuerpflicht dann eine erweiterte beschränkte Einkommensteuerpflicht für inländische Einkünfte vor, wenn vor dem Wegzug mindestens fünf Jahre eine unbeschränkte Steuerpflicht in Deutschland bestand. Die Regelung erweitert somit die steuerliche Bemessungsgrundlage für die Gruppe von beschränkt Steuerpflichtigen mit deutscher Staatsangehörigkeit, welche nach dem Wegzug ihren Wohnsitz in einem ausländischen Staat mit „niedrigerer Besteuerung"[367] innehaben.

Die Frage der Unionsrechtskonformität des § 2 AStG wurde in der Vergangenheit in der Literatur immer wieder diskutiert.[368] Das FG München hat in seinem Urteil vom 21.11.2011 indessen eine Vereinbarkeit der erweiterten beschränkten Steuerpflicht des § 2 AStG mit den unionsrechtlichen Grundfreiheiten festgestellt.[369] Das diesbezüglich beim BFH anhängige Revisionsverfahren (Az. I R 4/12) hat der BFH mittlerweile mit Urteil vom 26.06.2013 durchentschieden.[370] Da es sich bei diesem Urteil im Wesentlichen um die Klärung einer verfahrensrechtlichen Streitfrage handelte, musste der BFH zu der Frage einer möglichen Unionsrechtswidrigkeit der erweiterten beschränkten Steuerpflicht nach den Vorschriften des deutschen AStG

367 Gem. § 2 Abs. 2 AStG ist das Merkmal einer „niedrigen Besteuerung" zum einen dann erfüllt, wenn die ausländische Einkommensteuer bei einem zu versteuernden Einkommen von 77.000 € um mehr als 1/3 niedriger ist als die deutsche Einkommensteuer, bezogen auf den Grundtarif bei einer unbeschränkt steuerpflichtigen Person (§ 2 Abs. 2 Nr. 1 AStG). Zum anderen liegt eine „niedrige Besteuerung" auch vor, wenn einem Steuerpflichtigen im Ausland eine sog. „Vorzugsbesteuerung" eingeräumt wird (§ 2 Abs. 2 Nr. 2 AStG).

368 Siehe z.B. *Wassermeyer*, IStR 2001, 113 ff.; *Dautzenberg*, IStR 1997, 39 ff.; *Kußmaul/Cloß*, StuB 2010, 264 ff.; *Vogel/Cortez*, RIW 2011, 523 ff.

369 *FG München*, 21.11.2011 – 8 K 628/08, DStRE 2013, 169.

370 *BFH*, 26.06.2013 – I R 4/12, BFH/NV 2013, 1925.

keine Stellung nehmen. Die Frage der Vereinbarkeit von § 2 AStG mit Unionsrecht ist somit noch nicht höchstrichterlich geklärt.

Eine mögliche Unionsrechtswidrigkeit von § 2 AStG könnte zum einen darin begründet liegen, dass dieser eine Beschränkung der Grundfreiheiten (bspw. der Niederlassungsfreiheit gem. Art. 49 AEUV, der Arbeitnehmerfreizügigkeit gem. Art. 45 AEUV oder der allgemeinen Freizügigkeit gem. Art. 21 AEUV) dahingehend darstellt, dass er deutsche Steuerpflichtige von einer Wohnsitzverlegung in das Ausland abhält.[371] Zum anderen wäre zu prüfen, ob die steuerliche Ungleichbehandlung von deutschen Steuerpflichtigen aufgrund der Anknüpfung an die Staatsangehörigkeit gegenüber ausländischen Staatsangehörigen eine grundfreiheitlich verbotene Diskriminierung darstellt.[372] Das FG München vergleicht in seinem Urteil vom 21.11.2011 zur Feststellung einer Beschränkung der Grundfreiheiten in Anlehnung an die Vergleichspaarbildung des EuGH im Urteil *van Hilten-van der Heijden*[373] zunächst die steuerliche Situation des wegziehenden Steuerpflichtigen mit der eines weiterhin in Deutschland wohnhaften Steuerpflichtigen. Wie das FG München hierbei zutreffend feststellt, würde sich durch den Wegzug die steuerliche Situation eines Steuerpflichtigen sogar verbessern, da er nach Aufgabe des inländischen Wohnsitzes nur noch der (erweiterten) beschränkten Steuerpflicht mit seinen inländischen Einkünften und nicht mehr der unbeschränkten Steuerpflicht mit seinem Welteinkommen unterliegt.[374] Somit entfalte die erweiterte beschränkte Steuerpflicht nach § 2 AStG keine beschränkende Wirkung im Hinblick auf den Wegzug eines Steuerpflichtigen in das EU-Ausland.[375]

Das FG München lehnt darüber hinaus auch eine diskriminierende Wirkung von § 2 AStG durch Anknüpfung an die Staatsangehörigkeit unter Verweis auf die EuGH-Entscheidung *van Hilten-van der Heijden* ab.[376] Der EuGH hätte in diesem Urteil die Staatsangehörigkeit mangels Vorliegen entsprechender unionsrechtlicher Harmonisierungsmaßnahmen als zulässiges „Differenzierungskriterium" im Hinblick auf eine steuerliche Ungleichbehandlung von Gebietsansässigen mit der

---

371 Vgl. *Elicker*, in: *Blümich*, EStG/KStG/GewStG/AStG, § 2 AStG, Rz. 5; *Kraft*, in: *Kraft*, Außensteuergesetz, § 2, Rz. 20; *Baßler*, in: *Flick u.a.*, Kommentar zum Außensteuerrecht, § 2, Rz. 21. Eine Anwendbarkeit der Kapitalverkehrsfreiheit (Art. 63 AEUV) sollte für den Fall des § 2 AStG zu verneinen sein, da die Regelung weder Staatsangehörige davon abhält, in anderen Mitgliedstaaten Investitionen zu tätigen noch Investitionen aus anderen Mitgliedstaaten steuerlich benachteiligt, vgl. *FG München*, 21.11.2011 – 8 K 628/08, DStRE 2013, 169, 171 f. unter Verweis auf *EuGH*, 23.02.2006 – C-513/03, *van Hilten-van der Heijden*, Slg. 2006, I-01957, Rz. 46.

372 So differenzierend *Baßler*, in: *Flick u.a.*, Kommentar zum Außensteuerrecht, § 2, Rz. 23; *Elicker*, in: *Blümich*, EStG/KStG/GewStG/AStG, § 2 AStG, Rz. 7.

373 *EuGH*, 23.02.2006 – C-513/03, *van Hilten-van der Heijden*, Slg. 2006, I-01957.

374 *FG München*, 21.11.2011 – 8 K 628/08, DStRE 2013, 169, 172.

375 Ebenda. Gl.A. insoweit *Baßler*, in: *Flick u.a.*, Kommentar zum Außensteuerrecht, § 2, Rz. 22.

376 *FG München*, 21.11.2011 – 8 K 628/08, DStRE 2013, 169, 171.

Staatsangehörigkeit des betreffenden Mitgliedstaates und Gebietsansässigen mit der Staatsangehörigkeit eines anderen Mitgliedstaates anerkannt.[377]

Der EuGH hatte im besagten Urteil *van Hilten-van der Heijden* jedoch auch festgelegt, dass nur dann eine diskriminierungsfreie steuerliche Ungleichbehandlung aufgrund der Anknüpfung an die Staatsangehörigkeit besteht, wenn diese zum „Zwecke der Aufteilung der Steuerhoheit" zwischen den Mitgliedstaaten vorgenommen wurde.[378] Soweit sich die Mitgliedstaaten bei der Ausgestaltung ihres nationalen Steuerrechts an den Vorgaben der OECD-MA orientieren, liegen nach Auffassung des EuGH keine „sachfremden" Aufteilungskriterien und somit kein Verstoß gegen die Grundfreiheiten vor.[379] Während im Fall *van Hilten-van der Heijden* die streitige niederländische Erbschaftsteuerregelung durch einen entsprechenden Passus des OECD-MA (E) sozusagen völkerrechtlich „legitimiert" wurde, fehlen mit Blick auf die erweiterte beschränkte Steuerpflicht i.S.v. § 2 AStG entsprechende Vorgaben des OECD-MA bzw. der dazugehörigen OECD-Musterkommentierung. Lediglich in Einzelfällen finden sich in deutschen DBA mit anderen Mitgliedstaaten Bezugnahmen auf den Regelungsgehalt und die Anwendung von § 2 AStG im Rahmen von vereinbarten Sonderregelungen, den sog. „Öffnungsklauseln" (siehe z.B. Ziff. 17 des Protokolls des deutsch-italienischen DBA[380]).[381] M.E. erscheint es vor diesem Hintergrund, entgegen der Auffassung des FG München, durchaus fraglich, ob die Grundsätze des EuGH aus seiner Entscheidung *van Hilten-van der Heijden* ohne Weiteres auf Fälle der erweiterten beschränkten Steuerpflicht nach § 2 AStG übertragbar sind und somit die Grundfreiheitskonformität von § 2 AStG, wie vom FG München angenommen, „zweifelsfrei"[382] festgestellt werden kann.[383]

---

377 Ebenda.

378 Vgl. *EuGH*, 23.02.2006 – C-513/03, *van Hilten-van der Heijden*, Slg. 2006, I-01957, Rz. 47 sowie die Ausführungen oben B.III.1.a)(1).

379 Vgl. *EuGH*, 23.02.2006 – C-513/03, *van Hilten-van der Heijden*, Slg. 2006, I-01957, Rz. 48.

380 Vgl. Ziff. 17 des Protokolls zum Abkommen der Bundesrepublik Deutschland und der Italienischen Republik zur Vermeidung der Doppelbesteuerung auf dem Gebiet von Einkommen und vom Vermögen und zur Verhinderung der Steuerverkürzung v. 18.10.1989, BGBl. II 1990, S. 742.

381 *Elicker*, in: *Blümich*, EStG/KStG/GewStG/AStG, § 2 AStG, Rz. 10; *Weggenmann/Kaiser*, in: *Haase*, Außensteuergesetz, Doppelbesteuerungsabkommen, AStG, § 2, Rz. 25 ff.

382 *FG München*, 21.11.2011 – 8 K 628/08, DStRE 2013, 169, 173. Das FG München sah insoweit auch von einer entsprechenden Vorlage an den EuGH gem. Art. 267 AEUV ab, da es eine Entscheidung des EuGH über die aufgeworfene Frage eines etwaigen EU-Grundfreiheitenverstoßes durch § 2 AStG „nicht für erforderlich" hielt.

383 Ähnlich zweifelnd *Weggenmann/Kaiser*, in: *Haase*, Außensteuergesetz/Doppelbesteuerungsabkommen, AStG, § 2, Rz. 42 sowie *Hahn*, jurisPR-SteuerR 22/2012, Anm. 3. Eine Übertragbarkeit und damit eine Unionsrechtskonformität von § 2 AStG eindeutig bejahend jedoch *Baßler*, in: *Flick u.a.*, Kommentar zum Außensteuerrecht, § 2, Rz. 23.

Um § 2 AStG auf ein unionsrechtlich festeres „Fundament“ im Sinne einer tatsächlichen „Aufteilungsnorm“ zu stellen, sollte dessen Anwendbarkeit deshalb zumindest in den deutschen DBA ausdrücklich vereinbart werden. Die vom BMF im Jahr 2013 veröffentlichte „Verhandlungsgrundlage für Doppelbesteuerungsabkommen im Bereich der Steuern vom Einkommen und Vermögen“[384] enthält zwar in ihrem Art. 28 einen ausdrücklichen Verweis auf die Anwendbarkeit des deutschen AStG, jedoch begrenzt auf dessen „Vierten, Fünften und Siebten Teil“ (vgl. Art. 28 Abs. 1 Nr. 2). Diese Regelung könnte zum Einbezug der erweiterten unbeschränkten Steuerpflicht nach § 2 AStG somit relativ einfach um den Zusatz des „Zweiten Teils“ ergänzt werden.

b) Doppelbesteuerungsabkommen

Die OECD-MA verweisen nur in wenigen Artikeln auf das Merkmal der Staatsangehörigkeit als Kriterium für die Aufteilung von Steuerbefugnissen zwischen den Vertragsstaaten. Im OECD-MA finden sich Verweise auf die Staatsangehörigkeit in den Art. 4 Abs. 2 („Ansässige Person“), Art. 19 Abs. 1 und Abs. 2 („Öffentlicher Dienst“) sowie Art. 24 Abs. 1 („Gleichbehandlung“). Das OECD-MA (E) enthält weitgehend korrespondierende Regelungen in den Art. 4 Abs. 2 („Steuerlicher Wohnsitz“) und Art. 10 Abs. 1 („Gleichbehandlung“).

(1) Art. 4 OECD-MA/Art. 4 OECD-MA (E)

Art. 4 Abs. 2 OECD-MA sowie Art. 4 Abs. 2 OECD-MA (E) enthalten Regelungen für die Lösung von Konfliktfällen, in welchen eine Person gem. Art. 4 Abs. 1 OECD-MA bzw. Art. 4 Abs. 1 OECD-MA (E) in *beiden* Vertragsstaaten ansässig ist.[385] Die Bestimmung des „Ansässigkeitsstaates“ bzw. „Wohnsitzstaates“ im abkommensrechtlichen Sinne wird in diesen Fällen anhand weiterer Merkmale entschieden, welche den Beziehungen des Steuerpflichtigen zu einem der beiden Staaten den Vorrang geben.[386] Art. 4 Abs. 2 Buchst. c) OECD-MA sowie die gleichlautende Regelung des Art. 4 Abs. 2 Buchst. c) OECD-MA (E) sehen die Staats-angehörigkeit einer Person als entscheidendes Merkmal für die Bestimmung des abkommensrechtlichen „Ansässigkeitsstaates“ eines Steuerpflichtigen dann vor, wenn dieser weder anhand des Bestehens einer ständigen Wohnstätte noch anhand der Feststellung des Mittelpunkts der Lebensinteressen oder des gewöhnlichen Aufenthaltes des Steuerpflichtigen bestimmt werden kann. Das Merkmal der Staatsangehörigkeit ist in diesem Zusammenhang somit nicht primäres Aufteilungskriterium für die Besteuerungsbefugnisse zwischen den Vertragsstaaten, sondern wirkt regelungstechnisch

384 Siehe BMF-Schreiben v. 17.04.2013, IV B 2 – S. 1301/10/10022-32, DOK 2012/0214500, IStR-Beihefter 2013, 46.

385 Vgl. Tz. 9 und Tz. 10 OECD-MK zu Art. 4 OECD-MA sowie Tz. 17 OECD-MK zu Art. 4 OECD-MA (E).

386 Ebenda.

lediglich als „Hilfskriterium“ zur Bestimmung des „Ansässigkeitsstaates“ bei der Anwendung der Abkommensbestimmungen eines mitgliedstaatlichen DBA.[387] Aus diesem Grund sind die abkommensrechtlichen Regelungen des Art. 4 Abs. 2 OECD-MA sowie des Art. 4 Abs. 2 OECD-MA (E) zur Bestimmung der Ansässigkeit eines Steuerpflichtigen trotz Anknüpfung an die Staatsangehörigkeit als unionsrechtlich unbedenklich einzustufen.[388]

(2) Art. 19 OECD-MA

Neben der Anknüpfung an die Staatsangehörigkeit zur Bestimmung der Ansässigkeit einer steuerpflichtigen Person für die Anwendung eines DBA findet sich das Merkmal der „Staatsangehörigkeit“ als tatsächliches „Aufteilungskriterium“ in Art. 19 OECD-MA in Bezug auf die Besteuerungsbefugnisse der Vertragsstaaten bei Gehältern, Löhnen und ähnlichen Vergütungen sowie Ruhegehältern, welche für im öffentlichen Dienst geleistete Arbeit gezahlt werden. Art. 19 Abs. 1 Buchst. a) OECD-MA sowie Art. 19 Abs. 2 Buchst. a) OECD-MA normieren dabei den Grundsatz, dass diese Einkünfte der ausschließlichen Besteuerung in dem Vertragsstaat unterliegen, in dem sich die auszahlende Kasse befindet (sog. *Kassenstaatsprinzip*).[389] Ausnahmen von diesem Grundsatz sehen Art. 19 Abs. 1 Buchst. b) OECD-MA sowie Art. 19 Abs. 2 Buchst. b) OECD-MA für die Fälle vor, in welchen der Zahlungsempfänger in dem anderen Vertragsstaat ansässig und dort tätig ist sowie zusätzlich die Staatsangehörigkeit dieses Staates besitzt. Liegen diese Voraussetzungen vor, steht das Besteuerungsrecht für die bezogenen Einkünfte ausschließlich („nur“) dem Ansässigkeitsstaat des Zahlungsempfängers zu. Die Staatsangehörigkeit kann im Rahmen von Art. 19 OECD-MA somit im jeweiligen Einzelfall das zentrale Aufteilungskriterium für die Zuweisung der ausschließlichen Besteuerungsbefugnis für die dort genannten Einkünfte zwischen den Vertragsstaaten darstellen.

Ob die Anknüpfung an die Staatsangehörigkeit durch Art. 19 OECD-MA eine unionsrechtlich verbotene Diskriminierung der Grundfreiheiten darstellt, hatte der EuGH bereits im Jahr 1998 in der Rechtssache *Gilly*[390] zu entscheiden. In dem französischen Vorlageverfahren ging es um die Regelung des Art. 14 Abs. 1 des deutsch-französischen DBA zur Besteuerung von Gehältern und Ruhegehältern des öffentlichen Sektors, welche im Wesentlichen der Verteilungsnorm des Art. 19 Abs. 1 OECD-MA entsprach.[391] Art. 14 Abs. 1 S. 1 des deutsch-französischen DBA sah dabei grundsätzlich die Anwendung des *Kassenstaatsprinzips* vor, während

387 *Pohl*, in: *Schönfeld/Ditz*, Doppelbesteuerungsabkommen, Art. 4 DBA, Rz. 18.
388 So auch *Reimer*, in: *Lang/Schuch/Staringer*, Die Ansässigkeit im Recht der Doppelbesteuerungsabkommen, S. 27; *Pohl*, in: *Schönfeld/Ditz*, Doppelbesteuerungsabkommen, Art. 4 DBA, Rz. 18.
389 Siehe hierzu *Waldhoff*, in: *Vogel/Lehner*, DBA, Art. 19, Rz. 2 ff.; *Jochum/Lampert*, in: *Schönfeld/Ditz*, Doppelbesteuerungsabkommen, Art. 19 DBA, Rz. 1.
390 *EuGH*, 12.05.1998 – C-336/96, *Gilly*, Slg. 1998, I-2793.
391 Vgl. *EuGH*, 12.05.1998 – C-336/96, *Gilly*, Slg. 1998, I-2793, Rz. 6, 32.

Art. 14 Abs. 1 S. 2 des deutsch-französischen DBA eine Ausnahme von diesem Grundsatz dann vorsah, wenn der Steuerpflichtige die Staatsangehörigkeit des anderen Vertragsstaates besitzt, ohne zugleich Staatsangehöriger des Kassenstaates zu sein.[392] Die Klägerin, Frau *Gilly*, war in Frankreich ansässig, übte eine Tätigkeit als Lehrerin an einer öffentlichen Schule in Deutschland aus und besaß sowohl die deutsche als auch die französische Staatsangehörigkeit. Da aufgrund ihrer doppelten Staatsangehörigkeit die Anwendbarkeit der Ausnahmeregelung des Art. 14 Abs. 1 S. 2 des deutsch-französischen DBA ausgeschlossen war, machte Frau *Gilly* einen Verstoß der DBA-Regelungen gegen die Arbeitnehmerfreizügigkeit (Art. 48 EWGV; jetzt Art. 45 AEUV) aufgrund des Abstellens auf die Staatsangehörigkeit als Aufteilungskriterium für die Besteuerungsbefugnis der Mitgliedstaaten für die gezahlten Gehälter geltend.[393]

In seinem Urteil entschied der EuGH, dass die Regelung des deutsch-französischen DBA trotz Anknüpfung an das Kriterium der Staatsangehörigkeit *keine* Verletzung der unionsrechtlich garantierten Arbeitnehmerfreizügigkeit von Frau *Gilly* darstellt: „Auch wenn das Kriterium der Staatsangehörigkeit in Artikel 14 Absatz 1 Satz 2 als solches im Zusammenhang mit der Aufteilung der Steuerhoheit aufgeführt wird, können derartige Unterscheidungen nicht so gewertet werden, als begründeten sie eine durch Artikel 48 des Vertrages verbotene unterschiedliche Behandlung. Sie ergeben sich nämlich, in Ermangelung gemeinschaftsrechtlicher Vereinheitlichungs- oder Harmonisierungsmaßnahmen insbesondere nach Artikel 220 zweiter Gedankenstrich des Vertrages, aus der Befugnis der Vertragsparteien, die Kriterien für die Aufteilung ihrer Steuerhoheit untereinander festzulegen, um Doppelbesteuerungen zu beseitigen".[394] Für die Mitgliedstaaten sei es ferner „nicht abwegig, sich für die Zwecke der Aufteilung der Steuerhoheit an der völkerrechtlichen Praxis und dem von der OECD erarbeiteten Musterabkommen zu orientieren".[395] Der EuGH verweist hierbei ausdrücklich darauf, dass der streitige Art. 14 Abs. 1 des deutsch-französischen DBA auf der Grundlage des Art. 19 Abs. 1 OECD-MA fußt, welcher insoweit sowohl das *Kassenprinzip* als international anerkanntes Aufteilungsprinzip für Einkünfte aus öffentlichen Kassen wie auch Ausnahmen von diesem Prinzip durch Anknüpfung an die Staatsangehörigkeit der Steuerpflichtigen vorsieht.[396] In der Konsequenz stellt somit die Anknüpfung des Art. 19 OECD-MA an das Merkmal der Staatsangehörigkeit zur Aufteilung von Besteuerungsbefugnissen zwischen den Mitgliedstaaten *keinen Verstoß* gegen das Diskriminierungsverbot der Grundfreiheiten dar.[397]

---

392 Vgl. *EuGH*, 12.05.1998 – C-336/96, *Gilly*, Slg. 1998, I-2793, Rz. 27.
393 Vgl. *EuGH*, 12.05.1998 – C-336/96, *Gilly*, Slg. 1998, I-2793, Rz. 11 f.
394 *EuGH*, 12.05.1998 – C-336/96, *Gilly*, Slg. 1998, I-2793, Rz. 30.
395 *EuGH*, 12.05.1998 – C-336/96, *Gilly*, Slg. 1998, I-2793, Rz. 31.
396 *EuGH*, 12.05.1998 – C-336/96, *Gilly*, Slg. 1998, I-2793, Rz. 32.
397 So auch die Auffassung der *Europäischen Kommission* v. 09.06.2005, Doppelbesteuerung und Europäisches Gemeinschaftsrecht, Anhang A: Die Artikel des OECD-Musterabkommens aus Gemeinschaftsperspektive, TAXUD E1/FR DOC (05) 2306/A,

(3) Art. 24 OECD-MA/Art. 10 OECD-MA (E)

Art. 24 Abs. 1 OECD-MA bzw. Art. 10 Abs. 1 OECD-MA (E) normieren ein abkommensrechtliches „Diskriminierungsverbot" von Steuerpflichtigen eines Vertragsstaates im jeweils anderen Vertragsstaat aus Gründen der Staatsangehörigkeit.[398] Staatsangehörige eines Vertragsstaates dürfen im anderen Vertragsstaat bei Vorliegen „gleicher Verhältnisse" (d.h. insbesondere bei dortiger Ansässigkeit) steuerlich nicht ungünstiger behandelt werden als die Staatsangehörigen des anderen Staates.[399] In diesem Sinne stellen Art. 24 Abs. 1 OECD-MA bzw. Art. 10 Abs. 1 OECD-MA (E) keine abkommensrechtlichen „Verteilungsnormen" dar, welche die Aufteilung von Besteuerungsbefugnissen zwischen den Vertragsstaaten für bestimmte Einkünfte oder Vermögen regeln.[400] Die abkommensrechtlichen Diskriminierungsverbote haben vielmehr die Funktion, eine völkerrechtlich fundierte diskriminierungsfreie *Ausübung* der durch das Abkommen aufgeteilten Besteuerungsbefugnisse durch die Vertragsstaaten nach ihrem innerstaatlichen Recht sicherzustellen.[401] So dürfen fremde Staatsange-hörige nicht einer „anderen oder belastenderen" Besteuerung durch einen Vertragsstaat unterworfen werden, welche sich bspw. in Unterschieden bei der Bestimmung der steuerlichen Bemessungsgrundlage, des Steuersatzes oder der Art der Steuerfestsetzung widerspiegelt.[402]

Die abkommensrechtlichen Diskriminierungsverbote stehen grundsätzlich neben den *unionsrechtlichen* Diskriminierungsverboten der Europäischen Verträge, wobei der allgemeine Anwendungsvorrang des Unionsrechts zu beachten ist.[403] Ein Unterschied besteht jedoch in ihrem Anwendungsbereich: Während die *unionsrechtlich* verankerten Diskriminierungs-verbote der Grundfreiheiten auch das Verbot sog. „verdeckter" Diskriminierungen, etwa durch Anknüpfung an die Ansässigkeit eines Steuerpflichtigen in einem anderen Mitgliedstaat, umfasst,[404] betreffen Art. 24 Abs. 1

S. 12; gl. A. *Jochum/Lampert*, in: *Schönfeld/Ditz*, Doppelbesteuerungsabkommen, Art. 19 DBA, Rz. 17; *Waldhoff*, in: *Vogel/Lehner*, DBA, Art. 19, Rz. 9. A.A. *Petritz/Schuch*, in: *Gassner*, Die Verteilung der Besteuerungsrechte zwischen Ansässigkeits- und Quellenstaat im Recht der Doppelbesteuerungsabkommen, S. 146 f.

398 Tz. 3 OECD-MK zu Art. 10 OECD-MA (E) sowie Tz. 1 OECD-MK zu Art. 24 OECD-MA.

399 Ebenda.

400 *Bruns*, in; *Schönfeld/Ditz*, Doppelbesteuerungsabkommen, Art. 24 DBA, Rz. 1.

401 Vgl. *Rust*, in: *Vogel/Lehner*, DBA, Art. 24, Rz. 8 ff.; *Wassermeyer/Schwenke*, in: *Wassermeyer*, Doppelbesteuerung, OECD-MA, Art. 24 OECD-MA, Rz. 1.

402 Vgl. Tz. 10 OECD-MK zu Art. 24 OECD-MA sowie Tz. 4 OECD-MK zu Art. 10 OECD-MA (E).

403 *Wassermeyer/Schwenke*, in: *Wassermeyer*, Doppelbesteuerung, OECD-MA, Art. 24 OECD-MA, Rz. 13a; *Bruns*, in: *Schönfeld/Ditz*, Doppelbesteuerungsabkommen, Art. 24 DBA, Rz. 34.

404 Vgl. *Europäische Kommission* v. 09.06.2005, Doppelbesteuerung und Europäisches Gemeinschaftsrecht, Anhang A: Die Artikel des OECD-Musterabkommens aus Gemeinschaftsperspektive, TAXUD E1/FR DOC (05) 2306/A, S. 15.

OECD-MA bzw. die weitgehend inhaltsgleiche Norm des Art. 10 Abs. 1 OECD-MA (E) ausschließlich Diskriminierungen, welche auf der *Staatsangehörigkeit* eines Steuerpflichtigen beruhen.[405] Ob das Abkommensrecht im Wege einer „unionsrechtskonformen Auslegung“ auch „verdecktes Diskriminierungen“ umfasst, ist bis dato nicht eindeutig geklärt.[406] Die OECD-MK schließt zumindest für Art. 10 OECD-MA (E) eine solche Wirkung ausdrücklich aus.[407] Mit Blick auf Art. 24 Abs. 1 OECD-MA stellt die OECD-MK klar, dass sich nur dann zwei steuerpflichtige Personen unterschiedlicher Staatsangehörigkeit in „gleichen Verhältnissen“ befinden, wenn diese in demselben Vertragstaat *ansässig* sind.[408] Eine unionsrechtskonforme Auslegung der abkommensrechtlichen Diskriminierungsverbote müsste insoweit also das notwendige Tatbestandsmerkmal der „gleichen Verhältnisse“ nicht anhand der *Ansässigkeit* von zwei Steuerpflichtigen in einem Vertragsstaat definieren, sondern anhand eines anderen „Kriteriums“.[409]

M.E. wären zur diesbezüglichen Feststellung, ob sich zwei Steuerpflichtige unterschiedlicher Staatsangehörigkeit in „gleichen Verhältnissen“ befinden, die Kriterien des EuGH-Urteils *Schumacker*[410] heranzuziehen. Demnach würden die abkommensrechtlichen Diskriminierungsverbote auch in Fällen greifen, in welchen nichtansässige Staatsangehörige des Vertragsstaates A gegenüber ansässigen eigenen Staatsangehörigen des Vertragsstaates B steuerlich benachteiligt werden, soweit sich die Staatsangehörigen des Staates A „in einer vergleichbaren Lage“ wie die ansässigen Staatsangehörigen des Staates B befinden. Der EuGH hatte im Urteil *Schumacker* dann eine „vergleichbare Lage“ von gebietsfremden und gebietsansässigen Steuerpflichtigen angenommen, wenn erstere den Hauptteil ihres steuerpflichtigen Einkommens im Quellenstaat der Einkünfte generieren. Liegt also eine solche „*Schumacker*“-Konstellation vor, so müssten m.E. die abkommensrechtlichen Diskriminierungsverbote im Wege einer unionsrechtskonformen Auslegung auch Diskriminierungen von fremden Staatsangehörigen durch einen Vertragstaat ohne dortige Ansässigkeit untersagen.

405 Vgl. Tz. 3 OECD-MK zu Art. 10 OECD-MA (E); Tz. 4 des OECD-MK zu Art. 24 OECD-MA sowie die Ausführungen bei *Rust*, in: *Vogel/Lehner*, DBA, Art. 24, Rz. 5; *Bruns*, in: *Schönfeld/Ditz*, Doppelbesteuerungsabkommen, Art. 24 DBA, Rz. 60; *Schaumburg*, Internationales Steuerrecht, Rz. 4.51.

406 Siehe statt vieler *Bruns*, in: *Schönfeld/Ditz*, Doppelbesteuerungsabkommen, Art. 24 DBA, Rz. 35 m.w.N. zum Stand der Rechtsprechung und Literatur sowie *Jülicher*, in: *Wassermeyer*, Doppelbesteuerung, ErbSt-MA, Art. 10 ErbSt-MA, Rz. 7.

407 Siehe Tz. 5 OECD-MK zu Art. 10 OECD-MA (E).

408 Vgl. Tz. 4 OECD-MK zu Art. 24 OECD-MA.

409 So auch *Rust*, in: *Vogel/Lehner*, DBA, Art. 24, Rz. 62.

410 Siehe zu *EuGH*, 12.02.1995 – C-279/9, *Schumacker*, Slg. 1995, I-00225 oben B.II.2.b).

2. Anerkennung des Territorialitätsprinzips durch das Unionsrecht

a) *Diskriminierungsprüfung*

Der EuGH hat sich zur Bedeutung des steuerlichen *Territorialitätsprinzips*[411] im Unionsrecht grundlegend in seinem Urteil zur Rechtssache *Futura und Singer*[412] aus dem Jahr 1997 geäußert. Dem Urteil lag der folgende Sachverhalt zugrunde: Die *Futura SA*, eine in Frankreich ansässige Kapitalgesellschaft, betrieb eine Zweigniederlassung/Betriebstätte in Luxemburg (die *Singer*) und war mit dieser dort beschränkt körperschaftsteuerpflichtig. Die in Luxemburg zu versteuernden Betriebstätteneinkünfte wurden dabei durch eine Aufteilung der Gesamteinkünfte des französischen Stammhauses auf die luxemburgische Betriebstätte ermittelt. In den Jahren 1981 bis 1985 entfielen durch diese Aufteilung erhebliche Verluste auf die *Singer*. Im Streitjahr 1986 wurde der *Singer* ein Gewinn zugewiesen, welchen die *Futura SA* mit den bisher erklärten Verlusten verrechnen wollte. Das luxemburgische Steuerrecht sah für nicht gebietsansässige Steuerpflichtige unter Bezugnahme auf das steuerliche *Territorialitätsprinzip* nur eine Verrechnungsmöglichkeit für solche Verluste vor, die „mit inländischen Einkünften in wirtschaftlichem Zusammenhang stehen".[413] Da die *Singer* keine eigene Buchführung vorweisen konnte, sondern die Verluste der *Singer* durch Aufteilung der Gesamtverluste des französischen Stammhauses ermittelt hatte, lehnte die luxemburgische Steuerverwaltung eine Verlustverrechnung ab. Für in Luxemburg ansässige Körperschaften, welche insoweit nach dem *Welteinkommensprinzip* besteuert wurden, sah das luxemburgische Steuerrecht hingegen eine grundsätzlich unbeschränkte Verrechenbarkeit von Betriebstättenverlusten vor.[414] Im Grunde hatte der EuGH in *Futura und Singer* also zu beurteilen, ob Luxemburg durch die unterschiedliche steuerliche Behandlung gebietsansässiger und gebietsfremder Kapitalgesellschaften aufgrund der Anwendung des *Territorialitätsprinzips* gegen Unionsrecht (in diesem Fall gegen die Niederlassungsfreiheit nach Art. 52 EWGV, jetzt Art. 49 AEUV) verstoßen hatte.

In seinem Urteil entschied der EuGH schon im Rahmen der Diskriminierungsprüfung, dass die streitige luxemburgische Steuerregelung, „die dem steuerlichen Territorialitätsprinzip entspricht, weder eine offene, noch eine verdeckte Diskriminierung [enthält], wie sie der EG-Vertrag verbietet".[415] Mit dieser Rechtsprechung hat der EuGH den Grundsatz des *Territorialitätsprinzips* für die Anwendung des Unionsrechts im Bereich der direkten Steuern ausdrücklich anerkannt.[416]

---

411 Siehe oben C.I.3.

412 *EuGH*, 15.05.1997 – C-250/95, *Futura und Singer*, Slg. 1997, I-02471.

413 *EuGH*, 15.05.1997 – C-250/95, *Futura und Singer*, Slg. 1997, I-02471, Rz. 9.

414 *EuGH*, 15.05.1997 – C-250/95, *Futura und Singer*, Slg. 1997, I-02471, Rz. 6.

415 *EuGH*, 15.05.1997 – C-250/95, *Futura und Singer*, Slg. 1997, I-02471, Rz. 20–22.

416 Siehe *EuGH*, 13.12.2005 – C-446/03, *Marks & Spencer*, Slg. 2005, I-10866, Rz. 39 sowie *EuGH*, 15.02.2007 – C-345/04, *Centro Equestre*, Slg. 2007, I-01425, Rz. 22.

Hätte der EuGH im Fall *Futura und Singer* eine unionsrechtliche Diskriminierungswirkung der luxemburgischen körperschaftsteuerlichen Verlustvortragsregelungen angenommen, so wäre Luxemburg in der Konsequenz unionsrechtlich dazu gezwungen gewesen, ausländische Verluste eines gebietsfremden Steuerpflichtigen, und damit ausländische Einkünfte ohne einen „genuine link“ zum luxemburgischen Staatsgebiet, zu berücksichtigen.[417] Der EuGH hätte mit einer solchen Rechtsprechung die allgemein anerkannten Kriterien des Völkerrechts für die Aufteilung der Besteuerungsbefugnisse zwischen den Staaten außer Kraft gesetzt. Dass ein solches Ergebnis nicht der Intention des Unionsrechts entsprechen kann, hat der Generalanwalt *Maduro* in seinen Schlussanträgen zur Rechtssache *Marks & Spencer* mit Blick auf die Bedeutung des *Territorialitätsprinzips* in der Rechtsprechung des EuGH nochmals betont: „Es ist weder die Absicht noch die Aufgabe des Gemeinschaftsrechts, die jeder Steuerhoheit innewohnenden Grenzen in Frage zu stellen oder die Ordnung der Verteilung der steuerlichen Zuständigkeiten zwischen den Mitgliedstaaten zu stören. Es sei daran erinnert, dass der Gerichtshof in Ermangelung einer Harmonisierung auf Gemeinschaftsebene nicht dafür zuständig ist, in die *Gestaltung* der Steuersysteme der Mitgliedstaaten einzugreifen“.[418]

Der EuGH sieht die Funktion des steuerlichen *Territorialitätsprinzips* in seiner Rechtsprechung vielmehr darin, „bei der Anwendung des Gemeinschaftsrechts sicherzustellen, dass die Grenzen der Zuständigkeit der Mitgliedstaaten berücksichtigt werden“.[419] Diese „Grenze der Zuständigkeit“ der Mitgliedstaaten wird dabei durch das völkerrechtliche Erfordernis eines „genuine link“ zum Staatsgebiet bei der Ausübung ihrer Steuerhoheiten festgelegt. Der „genuine link“ sorgt zum einen dafür, dass Mitgliedstaaten ihre Steuerhoheit nicht auf Tatbestände ohne Bezug zum Staatsgebiet ausdehnen können. Zum anderen können Mitgliedstaaten aber auch nicht unionsrechtlich gezwungen werden, ausländische Tatbestände ohne hinreichende Anknüpfung zum Staatsgebiet steuerlich zu berücksichtigen. Damit wirkt das *Territorialitätsprinzip* auch als Begrenzung der Anwendbarkeit der Grundfreiheiten im Bereich der direkten Steuern der Mitgliedstaaten: Eine unionsrechtlich gebotene Gleichbehandlung von gebietsansässigen und gebietsfremden Steuerpflichtigen kann nur soweit gehen, wie diese nicht gegen die allgemeinen völkerrechtlichen Grundsätze der Mitgliedstaaten zur Aufteilung ihrer Steuerhoheiten verstößt.

Eine (bedeutende) Einschränkung erfährt die Geltung des *Territorialitätsprinzips* im Rahmen der Anwendung der Grundfreiheiten des AEUV durch den EuGH jedoch bei Vorliegen einer „*Schumacker*-Situation“,[420] d.h. soweit gebietsfremde Steuerpflichtige

---

417 Vgl. Schlussanträge Generalanwalt *Maduro* v. 31.05.2006, Rs. C-347/04, *Rewe Zentralfinanz*, Rz. 49. Zustimmend auch *Schnitger*, Die Grenzen der Einwirkung der Grundfreiheiten des EG-Vertrages auf das Ertragsteuerrecht, S. 361.

418 Schlussanträge Generalanwalt *Maduro* v. 07.04.2005, Rs. C-446/03, *Marks & Spencer*, Rz. 60.

419 So z.B. *EuGH*, 29.03.2007 – C-347/04, *Rewe Zentralfinanz*, Slg. 2007, I-02647, Rz. 69; *EuGH*, 15.10.2009 – C-35/08, *Busley und Cibrian*, Slg. 2009, I-09807, Rz. 30.

420 Siehe zu *EuGH*, 12.02.1995 – C-279/9, *Schumacker*, Slg. 1995, I-00225 oben B.II.2.b).

ihre steuerpflichtigen Einkünfte nahezu ausschließlich im Quellenstaat der Einkünfte beziehen. In seinem Urteil in der Rechtssache *Renneberg*[421] hatte der EuGH bei Bestehen einer solchen Sachverhaltskonstellation eine unionsrechtliche Verpflichtung des Quellenstaates der Einkünfte angenommen, bei beschränkt Steuerpflichtigen auch Verluste aus in deren Ansässigkeitsstaat belegenen Immobilien, und damit Verluste ohne einen „hinreichenden Bezug" zum Quellenstaat, steuerlich zu berücksichtigen.[422]

b) Rechtfertigungsprüfung

Das *Territorialitätsprinzip* wurde zwar in einigen Verfahren vor dem EuGH als mögliche *Rechtfertigung* für eine beschränkende oder diskriminierende nationale Steuervorschrift der Mitgliedstaaten vorgebracht; soweit ersichtlich hat der EuGH jedoch bis dato diesen Rechtfertigungsgrund in keinem seiner Urteile zu den direkten Steuern als einschlägig anerkannt. In dem finnischen Vorabentscheidungsverfahren in der Rechtssache *Manninen*[423] machten die beteiligten Mitgliedstaaten unter Verweis auf die Entscheidung des EuGH in *Futura und Singer*[424] geltend, dass die streitige finnische Steuerregelung, welche eine Anrechnung ausländischer Körperschaftsteuer auf Dividendeneinkünfte einer in Finnland ansässigen, unbeschränkt steuerpflichtigen Person versagte, „im Einklang mit dem Grundsatz der Territorialität stehe und daher nicht gegen die Vertragsbestimmungen über den freien Kapitalverkehr verstoße".[425] Der EuGH sah die finnischen Vorschriften, unter Verweis auf die diesbezüglichen Ausführungen der Generalanwältin *Kokott*[426], jedoch eindeutig „*nicht* als Ausprägung des Territorialitätsprinzips" an.[427] Die Generalanwältin *Kokott* hatte sich in ihren Schlussanträgen zur Rechtssache *Manninen* erneut mit der Bedeutung des *Territorialitätsprinzips* in der Rechtsprechung des EuGH auseinandergesetzt und festgestellt, dass „dieser Grundsatz [besagt], dass bei der Besteuerung von Gebietsfremden nur die Einnahmen und Ausgaben zu berücksichtigen sind, die in dem Staat der Besteuerung angefallen sind, während bei Steuerinländern die weltweiten Einnahmen und Ausgaben in die Bemessungsgrundlage einbezogen werden".[428] Da die vorliegende Rechtssache aber gerade die Besteuerung eines *unbeschränkt* Steuerpflichtigen mit ausländischen Dividendeneinkünften in Finnland betraf, konnte

421 *EuGH*, 16.10.2008 – C-527/06, *Renneberg*, Slg. 2008, I-07735.

422 Siehe zu *EuGH*, 16.10.2008 – C-527/06, *Renneberg*, Slg. 2008, I-07735 sowie zur Kritik an dieser Rechtsprechung ausführlich unten D.I.1.c)(3).

423 *EuGH*, 07.09.2004 – C-319/02, *Manninen*, Slg. 2004, I-07477.

424 *EuGH*, 15.05.1997 – C-250/95, *Futura und Singer*, Slg. 1997, I-02471.

425 *EuGH*, 07.09.2004 – C-319/02, *Manninen*, Slg. 2004, I-07477, Rz. 31.

426 Schlussanträge Generalanwältin *Kokott* v. 18.03.2004, Rs. C-319/02, *Manninen*.

427 *EuGH*, 07.09.2004 – C-319/02, *Manninen*, Slg. 2004, I-07477, Rz. 38 [Hervorh. d. Verf.].

428 Schlussanträge Generalanwältin *Kokott* v. 18.03.2004, Rs. C-319/02, *Manninen*, Rz. 42.

die Versagung der Anrechnung der im Ausland gezahlten Körperschaftsteuer somit nicht mit dem *Territorialitätsgrundsatz* gerechtfertigt werden.[429]

Eine ähnliche Argumentation vertrat der EuGH in seinem Urteil *Busley und Cibrian*[430] zu der Frage, ob die Nichtberücksichtigung ausländischer Immobilienverluste bei unbeschränkt Steuerpflichtigen in ihrem Ansässigkeitsstaat gegen Unionsrecht verstößt. Der EuGH lehnte hier ebenfalls das *Territorialitätsprinzip* als Rechtfertigungsgrund ab: „Nach diesem Prinzip, das die Funktion hat, bei der Anwendung des Gemeinschaftsrechts sicherzustellen, dass die Grenzen der Zuständigkeiten der Mitgliedstaaten für die Besteuerung berücksichtigt werden, ist es dem in einem Mitgliedstaat unbeschränkt Steuerpflichtigen jedoch nicht verwehrt, negative Einkünfte aus einer in einem anderen Mitgliedstaat belegenen Immobilie geltend zu machen".[431]

Im Urteil *Marks & Spencer*[432] machte die Regierung des Vereinigten Königreichs zur Rechtfertigung der streitigen britischen Abzugsbeschränkungen im Hinblick auf die Berücksichtigung von Verlusten ausländischer Tochtergesellschaften bei ihren ansässigen Konzernmuttergesellschaften ebenfalls das *Territorialitätsprinzip* geltend. Die Anwendung dieses Prinzips führe dazu, dass dem Vereinigten Königreich die Steuerhoheit für die Gewinne der ausländischen Tochtergesellschaften fehle und es somit konsequenterweise auch nicht zur Übernahme von Verlusten der Tochtergesellschaften verpflichtet werden könne.[433] Der EuGH machte in seinem Urteil zunächst deutlich, dass es zwar durchaus mit dem *Territorialitätsprinzip* im Einklang stehen würde, „wenn der Mitgliedstaat des Sitzes der Muttergesellschaft die gebietsansässigen Gesellschaften für ihren weltweit erwirtschafteten Gewinn und die gebietsfremden Gesellschaften ausschließlich für den Gewinn aus ihrer inländischen Tätigkeit besteuert".[434] Jedoch rechtfertige allein der Umstand, „dass dieser Mitgliedstaat den Gewinn gebietsfremder Tochtergesellschaften einer in seinem Gebiet ansässigen Muttergesellschaft nicht besteuert, [...] noch keine Beschränkung des Konzernabzugs auf Verluste der gebietsansässigen Tochtergesellschaften".[435]

Eine ähnliche Begründung zur Ablehnung des *Territorialitätsprinzips* als Rechtfertigungsgrund lieferte der EuGH in seinem Urteil zur Rechtssache *Rewe Zentralfinanz*[436]. In diesem Fall stand die Weigerung des Ansässigkeitsstaates einer Muttergesellschaft zur steuerlichen Anerkennung einer Teilwertabschreibung auf ihre ausländische Tochtergesellschaftsbeteiligung auf dem unionsrechtlichen Prüfstand. Mit Blick auf das *Territorialitätsprinzip* als vorgebrachten Rechtfertigungsgrund urteilte der EuGH: „Dieses Prinzip allein rechtfertigt indessen nicht, dass der

---

429 Ebenda.
430 *EuGH*, 15.10.2009 – C-35/08, *Busley und Cibrian*, Slg. 2009, I-09807.
431 *EuGH*, 15.10.2009 – C-35/08, *Busley und Cibrian*, Slg. 2009, I-09807, Rz. 30.
432 *EuGH*, 13.12.2005 – C-446/03, *Marks & Spencer*, Slg. 2005, I-10866.
433 *EuGH*, 13.12.2005 – C-446/03, *Marks & Spencer*, Slg. 2005, I-10866, Rz. 36.
434 *EuGH*, 13.12.2005 – C-446/03, *Marks & Spencer*, Slg. 2005, I-10866, Rz. 39.
435 *EuGH*, 13.12.2005 – C-446/03, *Marks & Spencer*, Slg. 2005, I-10866, Rz. 40.
436 *EuGH*, 29.03.2007 – C-347/04, *Rewe Zentralfinanz*, Slg. 2007, I-02647.

Niederlassungsstaat der Muttergesellschaft einen Vorteil verweigern kann, weil er den Gewinn ihrer gebietsfremden Tochtergesellschaften nicht besteuert".[437]

Der Unterschied zwischen der Anwendung des *Territorialitätsprinzips* durch den EuGH in der Rechtssache *Futura und Singer* und den vorgehend aufgeführten Urteilen besteht darin, dass es im Urteil *Futura und Singer* um das *beschränkte* Besteuerungsrecht des Quellenstaates bei gebietsfremden Steuerpflichtigen ging, während die Urteile *Manninen, Busley und Cibrian, Marks & Spencer* und *Rewe Zentralfinanz* Vorlagefragen zur *unbeschränkten* Steuerpflicht ansässiger Steuerpflichtiger betrafen. Nach Auffassung des EuGH soll das *Territorialitätsprinzip* für die Einhaltung der „Grenzen" der Besteuerungshoheit der Mitgliedstaaten bei der Anwendung des Unionsrechts sorgen.[438] In Fällen der unbeschränkten Steuerpflicht kann sich der *Ansässigkeitsstaat* eines Steuerpflichtigen nach Auffassung des EuGH jedoch nicht auf das *Territorialitätsprinzip* als einschlägigen Rechtfertigungsgrund berufen, da durch Anwendung des „Welteinkommensprinzips" diesem Mitgliedstaat grundsätzlich keine „Grenzen" zur Ausübung seiner Steuerhoheit gesetzt sind. Dasselbe gilt für Mitgliedstaaten, welche (freiwillig) auf die Ausübung der ihnen zustehenden (unbeschränkten) Besteuerungsbefugnisse verzichten, etwa durch den Abschluss entsprechender völkerrechtlicher Abkommen oder durch Beachtung des *Trennungsprinzips*[439] bei der Besteuerung von Körperschaften.[440] Dagegen ist das Besteuerungsrecht des *Quellenstaates* bei gebietsfremden Steuerpflichtigen im Rahmen der beschränkten Steuerpflicht auf die Einkünfte beschränkt, welche im Hoheitsgebiet dieses Mitgliedstaates erzielt werden. In diesem Fall legt die unionsrechtliche Anerkennung des *Territorialitätsprinzips* durch den EuGH die Grenzen des Einflusses des Unionsrechts auf die Besteuerungshoheit des Quellenstaates fest: Zum einen kann der Quellenstaat unionsrechtlich nicht gezwungen werden, ausländische Einkünfte eines gebietsfremden Steuerpflichtigen ohne Anknüpfung zum Staatsgebiet zu berücksichtigen;[441] zum anderen kann die Anwendung des Unionsrechts nicht

437 *EuGH*, 29.03.2007 – C-347/04, *Rewe Zentralfinanz*, Slg. 2007, I-02647, Rz. 69.

438 Siehe oben C.III.2.a).

439 Das körperschaftsteuerliche *Trennungsprinzip* besagt, dass sich Körperschaft und Anteilseigner für steuerliche Zwecke grundsätzlich wie fremde Dritte gegenüberstehen und eigene Steuersubjekte bilden, vgl. *Hey*, in: *Tipke/Lang*, Steuerrecht, § 11, Rz. 1. Die Gewinne der Körperschaft werden zunächst in deren Sitzstaat mit Körperschaftsteuer besteuert und unterliegen erst bei Ausschüttung an die Anteilseigner in deren Ansässigkeitsstaat der Einkommensteuer.

440 Ähnliche Schlussfolgerungen ziehen *Schnitger*, Die Grenzen der Einwirkung der Grundfreiheiten des EG-Vertrages auf das Ertragsteuerrecht, S. 358 und *Keuthen*, Die Vermeidung der juristischen Doppelbesteuerung im EG-Binnenmarkt, S. 138. In diesen Fällen kommt nach der Rechtsprechung des EuGH jedoch ggf. eine Rechtfertigung beschränkender Steuervorschriften unter dem Gesichtspunkt der „Wahrung der Aufteilung der Besteuerungsbefugnisse zwischen den Mitgliedstaaten" in Betracht (siehe hierzu unten D.).

441 *EuGH*, 15.05.1997 – C-250/95, *Futura und Singer*, Slg. 1997, I-02471, Rz. 22.

so weit gehen, dass ein Mitgliedstaat auf sein Besteuerungsrecht für in seinem Hoheitsgebiet ausgeübte wirtschaftliche Tätigkeiten verzichten müsste.[442] Konkrete Auswirkungen kann das steuerliche *Territorialitätsprinzip* in der Rechtsprechung des EuGH somit ausschließlich mit Blick auf die Beachtung der „Grenzen" der Steuerhoheit des *Quellenstaates* im Rahmen der Diskriminierungsprüfung entfalten.[443]

3. Abkommensberechtigung für Betriebstätten und Personengesellschaften?

Wie oben ausgeführt,[444] umfasst der Anwendungsbereich der OECD-MA zur Vermeidung von internationaler Doppelbesteuerung grundsätzlich *keine* Abkommensberechtigung von Zweigniederlassungen bzw. Betriebstätten von Unternehmen in anderen Mitgliedstaaten. Darüber hinaus ist die Anwendung eines mitgliedstaatlichen DBA auf Grundlage der OECD-MA bei grenzüberschreitenden Sachverhalten unter Beteiligung von Personengesellschaften in den Fällen ausgeschlossen, in welchen das nationale Steuerrecht eines Vertragsstaates die Personengesellschaft für ertragsteuerliche Zwecke als „transparent" ansieht.[445] Personengesellschaften und Betriebstätten wird in diesen Fällen die Inanspruchnahme von Abkommensvorteilen verwehrt, sodass diese Formen wirtschaftlicher Betätigung in einem Mitgliedstaat u.U. einer ungünstigeren steuerlichen Behandlung als andere Rechtsformen ausgesetzt sein können.

Fraglich ist, ob eine solche abkommensrechtliche Ungleichbehandlung von Betriebstätten bzw. Personengesellschaften einen Verstoß gegen die unionsrechtlichen Diskriminierungsverbote der Grundfreiheiten (Art. 63 AEUV und/oder Art. 49 AEUV) darstellt. Zwar hat der EuGH in seiner Rechtsprechung zur Anwendung der Grundfreiheiten im Bereich der direkten Steuern entschieden, dass das Entstehen steuerlicher Nachteile aufgrund von internationaler *juristischer* Doppelbesteuerung durch parallelen Steuerzugriff mehrerer Mitgliedstaaten grundsätzlich nicht gegen Unionsrecht verstößt.[446] Dies gilt jedoch nur, soweit die diesbezügliche Ausübung ihrer Besteuerungsrechte durch die Mitgliedstaaten *nicht diskriminierend* ist.[447]

---

442 Vgl. EuGH, 12.12.2006 – C-374/04, *Test Claimants in Class IV of the ACT Group Litigation*, Slg. 2006, I-11673, Rz. 59.

443 Ähnlich *Marres*, Intertax 2011, 112 f.

444 Siehe oben C.II.2.

445 Vgl. *Lehner*, in: *Vogel/Lehner*, DBA, Art. 4, Rz. 73.

446 Siehe oben B.II.2.c)(1).

447 So deutlich *EuGH*, 16.07.2009 – C-128/08, *Damseaux*, Slg. 2009, I-06823, Rz. 27: „Zum anderen hat der Gerichtshof bereits entschieden, dass die Nachteile, die sich aus der parallelen Ausübung der Besteuerungsbefugnisse der verschiedenen Mitgliedstaaten ergeben können, keine nach dem EG-Vertrag verbotenen Beschränkungen darstellen, *sofern eine solche Ausübung nicht diskriminierend ist*" [Hervorh. d. Verf.].

Da Personengesellschaften bzw. Betriebstätten im *Erbschaft- und Schenkungsteuerrecht* der Mitgliedstaaten kaum eine Bedeutung zukommt,[448] sollen sich die folgenden Ausführungen auf die Untersuchung einer möglichen Unionsrechtswidrigkeit der Versagung von Abkommensvorteilen für diese Rechtsformen in *ertragsteuerlicher* Hinsicht beschränken.

a) Betriebstätten

(1) Abkommensberechtigung im Betriebstättenstaat

Der EuGH hat sich mit der Frage einer möglichen unionsrechtlichen Abkommensberechtigung von Betriebstätten gebietsfremder Unternehmen in seinem Urteil zur Rechtssache *Saint-Gobain*[449] befasst. In diesem Fall ging es um die (beschränkte) Besteuerung von Dividendeneinkünften aus Kapitalgesellschaften in Drittstaaten (USA und Schweiz), welche eine französische Gesellschaft (die *Saint-Gobain SA*) über ihre in Deutschland belegene Betriebstätte erzielte. Die deutschen Finanzbehörden versagten der deutschen Betriebstätte mangels Abkommensberechtigung die Anwendung des sog. „internationalen Schachtelprivilegs“[450] im Hinblick auf eine mögliche abkommensrechtliche Steuerfreistellung der empfangenen Dividenden.[451] Das zugrunde liegende DBA sah diese Abkommensvergünstigung in Anlehnung an die Vorgaben des OECD-MA ausschließlich für in Deutschland ansässige „Personen“ bzw. „Gesellschaften“ im Sinne des Abkommens vor. Die *Saint-Gobain SA* machte aufgrund dieser abkommensrechtlichen Ungleichbehandlung von deutschen Betriebstätten

---

448 Vgl. *Hannes*, in: *Wassermeyer u.a.*, Personengesellschaften im internationalen Steuerrecht, S. 1084. Schenkungen oder Erwerbe durch Personengesellschaften kommen in der Praxis so gut wie gar nicht vor bzw. werden diese für steuerliche Zwecke oftmals als Ausschüttungen, Entnahmen oder Einlagen qualifiziert, welche im Regelfall nicht der Schenkungsteuerpflicht unterliegen, vgl. *Jülicher*, in: *Wassermeyer*, Doppelbesteuerung, ErbSt-MA, Art 4 ErbSt-MA, Rz. 9.

449 *EuGH*, 21.09.1999 – C-307/97, *Saint-Gobain*, Slg. 1999, I-6181. Grundlegende Aussagen zur Anwendung des unionsrechtlichen Diskriminierungsverbots bezüglich der steuerlichen Ungleichbehandlung von Betriebstätten ausländischer Unternehmen im Vergleich zu inländischen Unternehmen finden sich insoweit auch im EuGH-Urteil zur Rechtssache *Avoir fiscal*, vgl. *EuGH*, 28.01.1968 – C-270/83, *Avoir fiscal*, Slg. 1986, I-273; siehe hierzu *Kofler*, Doppelbesteuerungsabkommen und Europäisches Gemeinschaftsrecht, S. 451 ff.

450 Vgl. hierzu *Vogel*, in: *Vogel/Lehner*, DBA, Art. 23, Rz. 87; *Schaumburg*, Internationales Steuerrecht, Rz. 16.545. Die Anwendung des „Schachtelprivilegs“ sieht bei Ausschüttungen zwischen Kapitalgesellschaften bei Vorliegen einer bestimmten unmittelbaren Beteiligungshöhe und ggf. der Erfüllung weiterer Voraussetzungen die Steuerfreistellung der Dividenden bei der empfangenden Muttergesellschaft vor, siehe *Schönfeld/Häck*, in: *Schönfeld/Ditz*, Doppelbesteuerungsabkommen, Art. 23 DBA, Rz. 67.

451 *EuGH*, 21.09.1999 – C-307/97, *Saint-Gobain*, Slg. 1999, I-6181, Rz. 16.

gegenüber deutschen Tochterkapitalgesellschaften einen Verstoß gegen die Niederlassungsfreiheit (jetzt Art. 49 ff. AEUV) geltend.[452]

Der EuGH gab in seinem Urteil der *Saint-Gobain SA* Recht und stellte fest, dass die Versagung von Abkommensvorteilen für eine in Deutschland gelegene Betriebstätte einer Kapitalgesellschaft mit Sitz in einem anderen Mitgliedstaat eine nicht zu rechtfertigende Verletzung der Niederlassungsfreiheit darstellt.[453] Die deutschen Finanzbehörden sind nach Auffassung des EuGH insoweit verpflichtet, die Anwendung steuerlicher Abkommensvorteile auch auf Betriebstätten ausländischer Gesellschaften zu erstrecken: „In dem vorliegenden Fall eines Doppelbesteuerungsabkommens zwischen einem Mitgliedstaat und einem Drittland verpflichtet der Grundsatz der Inländerbehandlung den an diesem Abkommen beteiligten Mitgliedstaat, die in diesem Abkommen vorgesehenen Vorteile den Betriebstätten ausländischer Gesellschaften unter den gleichen Voraussetzungen wie den inländischen Gesellschaften zu gewähren".[454] Der EuGH wies dabei insbesondere das Argument der beigetretenen schwedischen Regierung zurück, dass „die Doppelbesteuerungsabkommen auf dem Grundsatz der Gegenseitigkeit beruhten und das ihnen innewohnende Gleichgewicht verlorenginge, wenn ihre Bestimmungen auch auf Gesellschaften angewandt würden, die in Mitgliedstaaten ansässig seien, die nicht an diesen Abkommen beteiligt seien".[455] Nach Auffassung des EuGH wären das „Gleichgewicht und die Gegenseitigkeit" der deutschen DBA durch die Ausdehnung des persönlichen Anwendungsbereichs auf Betriebstätten gebietsfremder Gesellschaften nicht beeinträchtigt, „da eine solche Ausdehnung in keiner Weise die Rechte der an den Abkommen beteiligten Drittstaaten beeinträchtigt und ihnen keine neuen Verpflichtungen auferlegt".[456]

Ob aus dieser Rechtsprechung des EuGH darüber hinaus auch eine allgemeine unionsrechtliche Verpflichtung des Betriebstättenstaates resultiert, Betriebstätten als generell abkommensberechtigte Personen i.S.v. Art. 4 Abs. 1 i.V.m. Art. 3 Abs. 1 OECD-MA anzuerkennen, ist in der Literatur umstritten.[457] Die Europäische

---

452 *EuGH*, 21.09.1999 – C-307/97, *Saint-Gobain*, Slg. 1999, I-6181, Rz. 23.
453 *EuGH*, 21.09.1999 – C-307/97, *Saint-Gobain*, Slg. 1999, I-6181, Rz. 63.
454 *EuGH*, 21.09.1999 – C-307/97, *Saint-Gobain*, Slg. 1999, I-6181, Rz. 58.
455 *EuGH*, 21.09.1999 – C-307/97, *Saint-Gobain*, Slg. 1999, I-6181, Rz. 55 ff.
456 *EuGH*, 21.09.1999 – C-307/97, *Saint-Gobain*, Slg. 1999, I-6181, Rz. 59.
457 Eine solche Abkommensberechtigung als „ansässige Person" auf Basis der EuGH-Rechtsprechung annehmend *Weerth*, IStR 2001, 628, 628; *Eilers/Schmidt*, DStR 1999, 1997, 1997; *Aarnio*, EC Tax Review 2006, 18, 22; *Kostense*, EC Tax Review 2000, 220, 221 f.; *Schuch*, SWI 1999, 451, 455. Dagegen lehnen *Lehner*, in: *Vogel/Lehner*, DBA, Art. 4, Rz. 75; *Kofler*, Doppelbesteuerungsabkommen und Europäisches Gemeinschaftsrecht, S. 464; *Cordewener*, Europäische Grundfreiheiten und nationales Steuerrecht, S. 689 sowie *O'Shea*, EC Tax Review 2008, 259, 266 und *Weggemann*, IStR 2003, 677, 678 f. eine Abkommensberechtigung der Betriebstätte mit dem Argument ab, der EuGH verpflichte den Betriebstättenstaat nur zu einer steuerlichen Gleichbehandlung nach dessen *nationalem Recht*.

Kommission hat in ihrem Bericht aus dem Jahr 2005 zur Untersuchung der „Artikel des OECD-Musterabkommens aus Gemeinschaftsperspektive" die EuGH-Rechtsprechung in der Rechtssache *Saint-Gobain* wohl aber im Sinne einer entsprechenden Abkommensberechtigung für EU-Betriebstätten als „in einen Vertragsstaat ansässige Person" gem. Art. 4 Abs. 1 OECD-MA interpretiert: „Angesichts der Tatsache, dass eine in einem Mitgliedstaat A gelegene Betriebstätte eines Unternehmens mit Sitz in einem Mitgliedstaat B nicht ungünstiger besteuert werden darf als ein Unternehmen des Mitgliedstaats A und dass Auslandseinkünfte aus Gegenständen oder Rechten, die effektiv der Geschäftstätigkeit der Betriebstätte zuzuordnen sind, generell im Betriebstättenstaat steuerbar sind und dass überdies der Anwendungsbereich der Mutter-Tochter-Richtlinie auf Betriebstätten ausgeweitet wurde, *könnte der Ausdruck ‚in einem Vertragsstaat ansässige Person' auch Betriebstätten umfassen, bei denen der Ort der tatsächlichen Geschäftsleitung innerhalb der Europäischen Union liegt*".[458] Nimmt man eine entsprechende „unionsrechtskonforme" Auslegung des Art. 4 Abs. 1 OECD-MA im Hinblick auf die Abkommensberechtigung einer EU-Betriebstätte an, so müsste in der Konsequenz der Betriebstättenstaat als abkommensrechtlicher „Ansässigkeitsstaat" der Betriebstätte in den Fällen auf sein Besteuerungsrecht für die Betriebstätteneinkünfte verzichten, in welchen die Verteilungsnorm eines mitgliedstaatlichen DBA dem „Quellenstaat" der Einkünfte ein ausschließliches Besteuerungsrecht einräumt oder aber der Betriebstättenstaat als „Ansässigkeitsstaat" die Einkünfte aufgrund der Vereinbarung der Freistellungsmethode als Vermeidungsnorm gem. Art. 23A OECD-MA von einer Besteuerung ausnehmen muss. Bei Vereinbarung der Anrechnungsmethode in einem mitgliedstaatlichen DBA müsste der Betriebstättenstaat bei der Besteuerung der Betriebstätteneinkünfte die entsprechende Anrechnung von im Quellenstaat auf diese Betriebstätteneinkünfte gezahlten Steuern vorsehen.

In der Literatur wird eine unionsrechtlich gebotene Abkommensberechtigung von EU-Betriebstätten aufgrund der *Saint-Gobain*-Entscheidung des EuGH hauptsächlich mit dem Argument abgelehnt, dass eine Gewährung der in diesem Urteil geforderten abkommensrechtlichen Vorteile für die Betriebstätten auch im Rahmen des nationalen Steuerrechts eines Mitgliedstaates erfolgen könne.[459] Der EuGH hatte im Urteil *Saint-Gobain* hinsichtlich der Anwendung des internationalen Schachtelprivilegs jedoch nicht eine Ungleichbehandlung von Steuerausländern und Steuerinländern anhand des Merkmals ihrer Ansässigkeit kritisiert, sondern ausdrücklich einen Verstoß der DBA-Bestimmungen gegen die freie Wahl der Rechtsform für die Ausübung einer Tätigkeit in einem anderen Mitgliedstaat gem. Art. 52 Abs. 1 S. 2

458 *Europäische Kommission* v. 09.06.2005, Doppelbesteuerung und Europäisches Gemeinschaftsrecht, Anhang A: Die Artikel des OECD-Musterabkommens aus Gemeinschaftsperspektive, TAXUD E1/FR DOC (05) 2306/A, S. 5 [Hervorh. d. Verf.]. *Kofler*, Doppelbesteuerungsabkommen und Europäisches Gemeinschaftsrecht, S. 464 Fn. 115 interpretiert die diesbezüglichen Ausführungen der Kommisison jedoch genau in die umgekehrte Richtung.

459 Vgl. nur *Lehner*, in: *Vogel/Lehner*, DBA, Art. 4, Rz. 75.

EWGV (jetzt Art. 49 Abs. 1 S. 2 AEUV) geltend gemacht.[460] Im deutschen Steuerrecht gewinnt dieser Gesichtspunkt mit der Neuregelung des § 8b Abs. 4 KStG im Jahr 2013 möglicherweise wieder an Bedeutung. Gem. § 8b Abs. 1 i.V.m. Abs. 3 KStG sind Dividendeneinkünfte von in Deutschland unbeschränkt steuerpflichtigen Kapitalgesellschaften bzw. beschränkt steuerpflichtigen Kapitalgesellschaften, welche die Beteiligung an der ausschüttenden Kapitalgesellschaft im Rahmen einer deutschen Betriebstätte halten, effektiv zu 95 % von der deutschen Körperschaftsteuer befreit. Nach § 8b Abs. 4 KStG n.F. entfällt die Steuerfreistellung von nach dem 28.02.2013 empfangenen Dividendeneinkünften, wenn die Kapitalbeteiligung an der ausschüttenden Gesellschaft weniger als 10 % des Grund- oder Stammkapitals beträgt. Während in Deutschland ansässige Empfängerkapitalgesellschaften bei ausländischen Dividendeneinkünften grundsätzlich weiterhin die Abkommensvorteile von deutschen DBA zur Vermeidung einer internationalen Doppelbesteuerung der Dividenden in Anspruch nehmen könnten, wäre die Anwendung der DBA für gebietsfremde, beschränkt steuerpflichtige Kapitalgesellschaften, mangels Abkommensberechtigung der Betriebstätte, wiederum ausgeschlossen. M.E. kann in diesen Fällen die zwingende Anwendung der Grundsätze der EuGH-Rechtsprechung im Fall *Saint-Gobain* nur dazu führen, dass die Bundesrepublik Deutschland zu einer entsprechenden Anwendung der deutschen DBA durch Berücksichtigung der deutschen Betriebstätte eines gebietsfremden Unternehmens als „abkommensberechtigte Person" gezwungen wäre.

Um das Entstehen einer solchen „unionsrechtlichen" Abkommensberechtigung der Betriebstätte in internationalen „Dreieckssachverhalten"[461] unter Beteiligung von Betriebstätten zu vermeiden, bliebe den Mitgliedstaaten die Möglichkeit, die Gewährung der entsprechenden Abkommensvorteile durch eine vertragliche Ergänzung des abkommensrechtlichen „Betriebstättendiskriminierungsverbots" auf der Basis von Art. 24 Abs. 3 OECD-MA zu vereinbaren.[462] Die OECD schlägt in Ziff. 70 ff. des OECD-MK zu Art. 24 OECD-MA zur Vermeidung einer internationalen Doppelbesteuerung in Situationen, in welchen „eine in einem Vertragsstaat gelegene Betriebstätte eines im anderen Vertragsstaat ansässigen Unternehmens Dividenden oder Zinsen aus einem dritten Staat [bezieht]", vor, dass das Abkommen zwischen dem Betriebstättenstaat und dem Ansässigkeitsstaat des Unternehmens in dem Sinne ergänzt wird, dass „der Betriebstättenstaat die Steuer des Quellenstaates der Einkünfte

460 *EuGH*, 21.09.1999 – C-307/97, *Saint-Gobain*, Slg. 1999, I-6181, Rz. 42.

461 Als „Dreieckssachverhalte" werden im Steuerrecht grenzüberschreitende Sachverhaltskonstellationen mit der Berührung von mindestens drei Steuerhoheiten bezeichnet, siehe *Schnitger/Rometzki*, in: *Wassermeyer u.a.*, Personengesellschaften im internationalen Steuerrecht, S. 744. In Betriebstättensituationen sind solche Fälle durch das Auseinanderfallen von Ansässigkeits-, Betriebstätten- und Quellenstaat gekennzeichnet, vgl. *Kofler*, Doppelbesteuerungsabkommen und Europäisches Gemeinschaftsrecht, S. 465.

462 Vgl. *Bruns*, in: *Schönfeld/Ditz*, Doppelbesteuerungsabkommen, Art. 24 DBA, Rz. 110.

bis zu dem Betrag an[rechnet], den im Betriebstättenstaat ansässige Unternehmen nach dem Abkommen zwischen dem dritten Staat und dem Wohnsitzstaat anrechnen können".[463] Mit einer solchen Ergänzung würden die Vorgaben des EuGH-Urteils *Saint-Gobain* zur unionsrechtlichen Gleichbehandlung der Betriebstätte auf abkommensrechtlichem Wege umgesetzt, ohne dass daraus eine vollumfängliche Abkommensberechtigung der Betriebstätte resultieren würde. M.E. müsste vor diesem Hintergrund auch Art. 23 Abs. 3 der vom BMF veröffentlichten „Verhandlungsgrundlage für Doppelbesteuerungsabkommen im Bereich der Steuern vom Einkommen und Vermögen"[464], welcher insoweit Art. 24 Abs. 3 OECD-MA entspricht, geändert werden, um eine zukünftige unionsrechtskonforme Anwendung von deutschen DBA in dieser Hinsicht sicherzustellen. Mit Blick auf bereits bestehende DBA könnte auch eine entsprechende Anwendung des „Betriebstättendiskriminierungsverbots" gem. Art. 24 Abs. 3 OECD-MA im Wege einer „unionsrechtskonformen Auslegung" der jeweiligen DBA-Regelungen der Mitgliedstaaten geboten sein.[465]

Wie *Kofler* zutreffend erläutert, führt die Rechtsprechung des EuGH zu der Frage der Abkommensberechtigung von Betriebstätten in internationalen „Dreieckssachverhalten" im Ergebnis dazu, dass die diesbezüglichen „Empfehlungen" des OECD-MK über den Weg des Unionsrechts zu „Verpflichtungen" für die Mitgliedstaaten werden, diese bei Abschluss und Anwendung ihrer bilateralen DBA zu beachten.[466]

(2) Abkommensberechtigung im Quellenstaat der Einkünfte

Derzeit noch vollständig ungeklärt im Zusammenhang mit internationalen „Dreieckssachverhalten" ist die Frage, ob eine unionsrechtliche Verpflichtung des Betriebstättenstaates zur abkommensrechtlichen Anerkennung einer dort belegenen Betriebstätte als „ansässige Person" auch auf eine entsprechende Anerkennungsverpflichtung des ausländischen *Quellenstaates* der Einkünfte durchschlägt. Der EuGH musste zu diesem Punkt im Urteil *Saint-Gobain* keine Stellung nehmen, da es sich bei den dortigen *Quellenstaaten* um Drittstaaten (USA und Schweiz) handelte, welche bereits aus diesem Grund nicht unter den Anwendungsbereich von Art. 49 AEUV fielen.[467] Diese Besonderheit hob auch der Generalanwalt *Mischo* in seinen Schlussanträgen zur Rechtssache *Saint-Gobain* hervor: „Im vorliegenden Fall, in dem es um Abkommen geht, die ein Mitgliedstaat mit Drittländern geschlossen hat, ist, wie die Klägerin und die Kommission zu Recht hervorheben, entscheidend, dass sich kein Problem einer Kollision zwischen den Verpflichtungen, die das Gemeinschaftsrecht der Bundesrepublik Deutschland auferlegt, und denen stellt, die sich für die

463 Ziff. 70 OECD-MK zu Art. 24 OECD-MA.

464 Siehe BMF-Schreiben v. 17.04.2013, IV B 2 – S. 1301/10/10022-32, DOK 2012/0214500, IStR-Beihefter 2013, 46.

465 Vgl. *Rust*, in: *Vogel/Lehner*, DBA, Art. 24, Rz. 121.

466 *Kofler*, Doppelbesteuerungsabkommen und Europäisches Gemeinschaftsrecht, S. 468 f.; gl. A. *Kostense*, EC Tax Review 2000, 220, 223.

467 Vgl. *Kostense*, EC Tax Review 2000, 220, 222.

Bundesrepublik aus ihren Verpflichtungen gegenüber verschiedenen Drittstaaten ergeben, mit denen sie Doppelbesteuerungsabkommen geschlossen hat".[468]

Damit stellt sich die Frage, wie der Fall *Saint-Gobain* unionsrechtlich zu lösen gewesen wäre, wenn es sich bei den Dividendeneinkünften der deutschen Betriebstätte nicht um Dividenden aus Drittstaaten, sondern aus EU-Mitgliedstaaten gehandelt hätte. Die Antwort hängt davon ab, ob man dem Diskriminierungsverbot des Art. 49 AEUV in internationalen „Dreieckssachverhalten" eine „Drittwirkung" auf den *Quellenstaat* der Einkünfte zugesteht oder nicht. Ob die Niederlassungsfreiheit im Bereich der direkten Steuern eine solche „Drittwirkung" auch auf andere Mitgliedstaaten entfaltet, wird in der Literatur uneinheitlich beantwortet.[469] Einige Autoren wollen eine korrespondierende Verpflichtung des *Quellenstaates* aus der Entscheidung des EuGH zum Verfahren *Open Skies*[470] ableiten, welches jedoch nicht das direkte Steuerrecht, sondern das Luftverkehrsrecht der Mitgliedstaaten betraf.[471] In diesem Verfahren ging es um völkerrechtliche Abkommen, die das Vereinigte Königreich mit Drittstaaten abgeschlossen hatte, welche jedoch insoweit negative Auswirkungen auf Niederlassungen von Staatsangehörigen aus anderen Mitgliedstaaten im Vereinigten Königreich entfalteten. Der EuGH sah in diesem Fall einen Verstoß des Vereinigten Königreichs gegen die Niederlassungsfreiheit durch Unterzeichnung und Anwendung solcher Abkommen als gegeben an.[472] Dieses Ergebnis ist im Urteil *Open Skies* m.E. durchaus gerechtfertigt, da Art. 49 Abs. 1 S. 1 AEUV ausdrücklich von einem unionsrechtlichen Verbot der Beschränkung von Niederlassungen von „Staatsangehörigen *eines* Mitgliedstaats im Hoheitsgebiet *eines anderen* Mitgliedstaats [Hervorh. d. Verf.]" spricht. Damit ist der Anwendungsbereich von Art. 49 Abs. 1 AEUV aber auf *zwei* Mitgliedstaaten beschränkt und entfällt für steuerliche „Dreieckssachverhalte", sodass eine „Drittwirkung" von Art. 49 AEUV im *Quellenstaat* der Einkünfte in diesen Fällen m.E. abzulehnen sein dürfte.[473]

---

468 Schlussanträge Generalanwalt *Mischo* v. 02.03.1999, Rs. C-307/97, *Saint-Gobain*, Rz. 81.

469 Für eine entsprechende „Drittwirkung" z.B. *Dourado*, EC Tax Review 2002, 147, 148 f.; *Lüdicke*, in: *Gocke/Wassermeyer*, Körperschaftsteuer, Internationales Steuerrecht, Doppelbesteuerung, S. 282 m.w.N. Dagegen z.B. *Kostense*, EC Tax Review 2000, 220, 222; *Weggemann*, IStR 2003, 677, 678 f.; *Prokisch*, in: *Vogel/Lehner*, DBA, Art. 1, Rz. 12; *Kofler*, Doppelbesteuerungsabkommen und Europäisches Gemeinschaftsrecht, S. 477.

470 *EuGH*, 05.11.2002 – C-466/98, *Open Skies*, Slg. 2002, I-9427.

471 Siehe die Nachweise bei *Schnitger/Rometzki*, in *Wassermeyer u.a.*, Personengesellschaften im internationalen Steuerrecht, Rz. 17.51, Fn. 5.

472 *EuGH*, 05.11.2002 – C-466/98, *Open Skies*, Slg. 2002, I-9427, Rz. 61.

473 Ähnlich auch *Kostense*, EC Tax Review 2000, 220, 222; *Weggemann*, IStR 2003, 677 f. A.A. im Sinne einer Anwendbarkeit der Niederlassungsfreiheit in „Dreieckssachverahlten" *Schnitger/Rometzki*, in: *Wassermeyer u.a.*, Personengesellschaften im internationalen Steuerrecht, Rz. 17.51; *Kemmeren*, EC Tax Review 2012, 157, 171.

Darüber hinaus käme eine Verpflichtung des *Quellenstaates* zur Anerkennung einer Betriebstätte als „abkommensberechtigte Person" auf der Grundlage von Art. 63 AEUV in Betracht.[474] In seiner Rechtsprechung zu den direkten Steuern hat der EuGH dann eine Beschränkung der Kapitalverkehrsfreiheit festgestellt, wenn eine mitgliedstaatliche Steuerregelung bewirkt, dass Staatsangehörige eines Mitgliedstaates abgeschreckt werden, ihr Kapital in Gesellschaften mit Sitz in anderen Mitgliedstaaten zu investieren.[475] Wenn der *Quellenstaat* der dividendenausschüttenden Kapitalgesellschaft in EU-Dreieckssachverhalten die Abkommensberechtigung der dividendenempfangenden Betriebstätte nicht anerkennt, sollte dies allerdings nicht zur Folge haben, dass in einem anderen Mitgliedstaat ansässige juristische oder natürliche Personen von einer Investition in den Quellenstaat abgeschreckt werden. Potenzielle Investoren sollten in diesem Fall wohl nur auf die „Zwischenschaltung" einer Betriebstätte in einem anderen Mitgliedstaat verzichten und vermutlich eher den Weg der Direkt-investition wählen. Art. 63 AEUV enthält im Gegensatz zu Art. 49 AEUV aber kein Gebot der „Rechtsformneutralität"[476] einer Investitionsentscheidung eines EU-Staatsangehörigen in einem anderen Mitgliedstaat (Art. 49 Abs. 1 S. 2 AEUV).

Im Ergebnis sollte eine mögliche Weigerung des *Quellenstaates*, ausländische Betriebstätten als abkommensrechtlich ansässige Personen anzuerkennen und die Regelungen eines DBA zwischen dem Quellenstaat und dem Betriebstättenstaat anzuwenden, ebenfalls keinen Verstoß gegen die Kapitalverkehrsfreiheit (Art. 63 AEUV) darstellen.[477]

b) Personengesellschaften

(1) Abkommensberechtigung im Sitzstaat der Personengesellschaft

Personengesellschaften werden nach dem OECD-MA grundsätzlich als abkommensrechtliche „Person" i.S.v. „anderen Personenvereinigungen" gem. Art. 3 Abs. 1 Buchst. a) OECD-MA angesehen, soweit sie nicht unter die Definition der „Gesellschaft" nach Art. 3 Abs. 1 Buchst. b) OECD-MA fallen.[478] Wird eine Personengesellschaft nach dem

474 *Kostense*, EC Tax Review 2000, 220, 222.

475 Siehe *EuGH*, 06.06.2000 – C-35/98, *Verkooijen*, Slg. 2000, I-04071, Rz. 34 f. sowie oben B.II.2.b).

476 Art. 49 Abs. 1 S. 2 AEUV enthält nach Auffassung des EuGH ein unionsrechtliches Verbot von diskriminierenden Vorschriften der Mitgliedstaaten, welche die freie Wahl ihrer Staatsangehörigen hinsichtlich der Rechtsform für die Ausübung ihrer Tätigkeiten in einem anderen Mitgliedstaat einschränken, vgl. *EuGH*, 28.01.1968 – C-270/83, *Avoir fiscal*, Slg. 1986, I-273, Rz. 22; *EuGH*, 21.09.1999 – C-307/97, *Saint-Gobain*, Slg. 1999, I-6181, Rz. 42; *Forsthoff*, in: *Grabitz/Hilf/Nettesheim*, Das Recht der Europäischen Union, AEUV, Art. 49, Rz. 61; *Müller-Graf*, in: *Streinz*, EUV/AEUV, Art. 49 AEUV, Rz. 23.

477 Im Ergebnis ebenso *Kostense*, EC Tax Review 2000, 220, 222.

478 Vgl. Ziff. 2 OECD-MK zu Art. 3 OECD-MA.

nationalen Steuerrecht eines Vertragsstaates für steuerliche Zwecke als Steuersubjekt negiert und lediglich die Gesellschafter der Personengesellschaft mit ihrem Anteil am Einkommen der Personengesellschaft besteuert (sog. „Transparenzprinzip"),[479] ist die Personengesellschaft zwar „Person" im Sinne des Abkommens, jedoch mangels inländischer Steuerpflicht keine „ansässige" Person gem. Art. 4 Abs. 1 OECD-MA und somit nicht berechtigt, die Abkommensvorteile eines DBA zu nutzen.[480] Als ansässige und damit abkommensberechtigte Personen sind in diesen Fällen regelmäßig die Gesellschafter einer solchen „transparent" besteuerten Personengesellschaft anzusehen.[481]

Mit Blick auf die unionsrechtliche Beurteilung der Versagung von Abkommensvorteilen für Personengesellschaften stellt sich insoweit die gleiche Frage wie im oben erörterten EuGH-Urteil *Saint-Gobain*[482]: Ist der Sitzstaat einer Personengesellschaft, wenn er diese für Besteuerungszwecke als „transparent" betrachtet, durch Unionsrecht verpflichtet, dieser Personengesellschaft trotz mangelnder Abkommensberechtigung die Vorteile eines mit einem dritten Mitgliedstaat abgeschlossenen DBA zu gewähren?

Die Anwendung des Unionsrechts hängt in diesen Fällen zunächst davon ab, ob die Personengesellschaft in ihrem Sitzstaat eine Betriebstätte unterhält. Besteht keine Betriebstätte einer deutschen Personengesellschaft in der Bundesrepublik Deutschland bzw. ist die Personengesellschaft dort lediglich vermögensverwaltend tätig,[483] sieht das deutsche Steuerrecht *keine* beschränkte Steuerpflicht der gebietsfremden (natürlichen oder juristischen) Gesellschafter der Personengesellschaft im Inland vor (§ 1 Abs. 4 EStG, § 2 Nr. 1 KStG, § 49 Abs. 1 Nr. 2 Buchst. a) EStG), sodass sich in diesen Fällen die Frage einer möglichen Abkommensberechtigung grundsätzlich nicht stellt. Besteht dagegen eine Betriebstätte einer Personengesellschaft, so wäre als erstes zu prüfen, ob eine mögliche internationale Doppelbesteuerung von Einkünften aus Dividenden, Zinsen und Lizenzgebühren nicht bereits durch die Anwendbarkeit der *Mutter-Tochter-Richtlinie*[484] bzw. der *Zins-und-Lizenzgebühren-*

---

479 Vgl. Ziff. 3 OECD-MK zu Art. 1 OECD-MA.

480 Vgl. Ziff. 8.4 OECD-MK zu Art. 4 OECD-MA.

481 Vgl. Ziff. 6.5 OECD-MK zu Art. 1 OECD-MA und Ziff. 8.4 OECD-MK zu Art. 4 OECD-MA.

482 *EuGH*, 21.09.1999 – C-307/97, *Saint-Gobain*, Slg. 1999, I-6181.

483 Bei vermögensverwaltender Tätigkeit fehlt es indessen am Merkmal der „Unternehmenseigenschaft" der Personengesellschaft als Voraussetzung für das Vorliegen einer Betriebstätte, vgl. *Wassermeyer*, in: *Wassermeyer*, Doppelbesteuerung, OECD-MA, Art. 5 MA, Rz. 34; *Vogel*, in: *Vogel/Lehner*, DBA, Art. 3, Rz. 41a i.V.m. *Görl*, in: *Vogel/Lehner*, DBA, Art. 5, Rz. 1; siehe auch BMF-Schreiben v. 16.04.2010 zur Anwendung der Doppelbesteuerungsabkommen (DBA) auf Personengesellschaften – IV B 5 – S. 1300/07/10087 – (2009/0286671), BStBl. I 2010, S. 354, Tz. 2.3; kritisch *Haase*, Vermögensverwaltende Personengesellschaften, S. 294 ff.

484 Richtlinie 2011/96/EU des Rates v. 30.11.2011 über das gemeinsame Steuersystem der Mutter- und Tochtergesellschaften verschiedener Mitgliedstaaten, ABl. EU Nr. L 345 v. 29.12.2011, S. 8.

Richtlinie[485] vermieden werden kann. Beide Richtlinien sehen eine unionsrechtlich verpflichtende Steuerfreistellung des Betriebstättenstaates für Gewinnausschüttungen bzw. Zinsen oder Lizenzgebühren vor, welche die Betriebstätte aus ihr zurechenbaren qualifizierten Beteiligungen an Unternehmen in anderen Mitgliedstaaten erhält.[486] Liegen die Voraussetzungen der Mutter-Tochter-Richtlinie bzw. der Zins-und-Lizenzgebühren-Richtlinie nicht vor, so ist zwar nicht die „transparente" Personengesellschaft selbst abkommensberechtigt, jedoch die hinter dieser stehenden Gesellschafter, soweit diese in ihrem Ansässigkeitsstaat der unbeschränkten Steuerpflicht unterliegen und somit als „ansässige Personen" im Sinne des Art. 4 Abs. 1 OECD-MA gelten. Abkommensrechtlich wird in solchen „Dreiecksfällen" mit „zwischengeschalteter" Personengesellschaft davon ausgegangen, dass zumindest das zwischen dem Ansässigkeitsstaat der Gesellschafter und dem Quellenstaat der Einkünfte der Personengesellschaft vereinbarte DBA zur Anwendung kommt.[487] Die Anwendung des DBA zwischen dem Sitzstaat der Personengesellschaft und dem Quellenstaat der Einkünfte bleibt ausgeschlossen, da die Personengesellschaft mangels Steuerpflicht keine Abkommensberechtigung besitzt.[488] Gleichermaßen stellt sich trotzdem die Frage, ob sich der Gesellschafter einer Personengesellschaft nicht doch auf einen diesbezüglichen Verstoß der DBA-Bestimmungen gegen die Grundfreiheiten des AEUV berufen kann, etwa wenn das DBA zwischen dem Sitzstaat der Personengesellschaft und dem Quellenstaat der Einkünfte ggf. eine vorteilhaftere Regelung zur Vermeidung einer internationalen Doppelbesteuerung der Einkünfte vorsieht.

Bei der Anwendung der Grundfreiheiten in Fällen mit Personengesellschaftsbeteiligungen stellt sich zunächst die Frage, ob die Niederlassungsfreiheit (Art. 49 ff. AEUV) oder die Kapitalverkehrsfreiheit (Art. 63 ff. AEUV) einschlägig ist.[489] Zur Bestimmung der anwendbaren Grundfreiheit hat sich der EuGH jüngst in seinem

---

485 Richtlinie 2003/49/EG v. 03.06.2003 über Zinsen und Lizenzgebühren zwischen verbundenen Unternehmen, ABl. EG Nr. L 157 v. 26.06.2003, S. 49, zuletzt geändert durch Art. 1 ÄndRL 2006/98/EG v. 20.11.2006, ABl. EG Nr. L 363 v. 20.12.2006, S. 129.

486 Vgl. Art. 1 Abs. 1 der Mutter-Tochter-Richtlinie, a.a.O. sowie Art. 1 Abs. 1 der Zins-und-Lizenzgebühren-Richtlinie, a.a.O. Die „Betriebstätte" kann dabei auch die Rechtsform einer Personengesellschaft haben, die mit der EU-Muttergesellschaft verbunden ist, vgl. *Gersch*, in: *Kirchhof/Söhn/Mellinghoff*, EStG, § 43b EStG, Rz. D.4.

487 Vgl. *Schmitger/Rometzki*, in: *Wassermeyer u.a.*, Personengesellschaften im internationalen Steuerrecht, Rz. 17.24; *Toifl*, Personengesellschaften im Recht der Doppelbesteuerungsabkommen, S. 83; BMF-Schreiben v. 16.04.2010 zur Anwendung der Doppelbesteuerungsabkommen (DBA) auf Personengesellschaften – IV B 5 – S. 1300/07/10087 – (2009/0286671), BStBl. I 2010, S. 354, Tz. 2.1.2.

488 Vgl. *Schmitger/Rometzki*, in: *Wassermeyer u.a.*, Personengesellschaften im internationalen Steuerrecht, Rz. 17.24.

489 Zur Anwendbarkeit der Grundfreiheiten bei Personengesellschaften siehe *Rehm*, in: *Wassermeyer u.a.*, Personengesellschaften im internationalen Steuerrecht, Rz. 1.59.

Urteil zur Rechtssache *Test Claimants in the FII Group Litigation*[490] sehr instruktiv geäußert.[491] Der EuGH stellt dabei in einem ersten Schritt auf den „Gegenstand der betreffenden Regelung“ ab.[492] Ist die streitige mitgliedstaatliche Regelung ausschließlich auf sog. „Kontrollbeteiligungen“[493] anwendbar, also auf Gesellschaftsbeteiligungen, „die es ermöglichen, einen sicheren Einfluss auf die Entscheidungen einer Gesellschaft auszuüben und deren Tätigkeiten zu bestimmen“, so fällt die Regelung unter die Niederlassungsfreiheit nach den Art. 49 ff. AEUV.[494] Zielt die streitige Norm dagegen auf „Portfolioinvestitionen“ ab, also Beteiligungen, „die in der alleinigen Absicht der Geldanlage erfolgen, ohne dass auf die Verwaltung und Kontrolle des Unternehmens Einfluss genommen werden soll“, ist die Kapitalverkehrsfreiheit nach den Art. 63 ff. AEUV die einschlägig anzuwendende Grundfreiheit.[495] Ist die mitgliedstaatliche Vorschrift unterschiedslos auf Kontroll- und Portfoliobeteiligungen anwendbar, so kommt es nach Ansicht des EuGH auf die „tatsächlichen Gegebenheiten des konkreten Falles“ an.[496] Liegt in dem zugrunde liegenden Sachverhalt „tatsächlich“ eine Kontrollbeteiligung vor, so soll, zumindest in reinen EU-Fällen, die Niederlassungsfreiheit die maßgebliche Grundfreiheit sein.[497] Im Umkehrschluss sollten dagegen beim „tatsächlichen“ Vorliegen einer

---

490 *EuGH*, 13.11.2012 – C-35/11, *Test Claimants in the FII Group Litigation*, IStR 2012, 924 m. Anm. *Linn*.

491 In der steuerlichen Literatur war bisher jahrelang umstritten, inwieweit ein Exklusivitäts- oder ein Parallelitätsverhältnis zwischen der Niederlassungsfreiheit und der Kapitalverkehrsfreiheit besteht und ob die Abgrenzung anhand des Regelungsgehalts der in Frage stehenden Rechtsvorschrift („Theorie der Maßgeblichkeit der konkreten Norm“) oder anhand der tatsächlichen Beteiligungssituation („Theorie der Maßgeblichkeit der konkreten Beteiligungshöhe“) vorzunehmen ist, vgl. nur *Sedlaczek/Züger*, in: *Streinz*, EUV/AEUV, Art. 63 AEUV, Rz. 31 ff.

492 *EuGH*, 13.11.2012 – C-35/11, *Test Claimants in the FII Group Litigation*, IStR 2012, 924 m. Anm. *Linn.*, Rz. 90.

493 Vgl. *Sedlaczek/Züger*, in: *Streinz*, EUV/AEUV, Art. 63 AEUV, Rz. 845. Ein „sicherer Einfluss“ wird dabei vom EuGH zumindest ab einer Kapitalbeteiligungshöhe von 25 % ohne Zweifel angenommen, vgl. *EuGH*, 19.07.2012 – C-31/11, *Scheunemann*, DStR 2012, 1508, Rz. 24 ff.

494 *EuGH*, 13.11.2012 – C-35/11, *Test Claimants in the FII Group Litigation*, IStR 2012, 924 m. Anm. *Linn.*, Rz. 91.

495 *EuGH*, 13.11.2012 – C-35/11, *Test Claimants in the FII Group Litigation*, IStR 2012, 924 m. Anm. *Linn.*, Rz. 92. Der EuGH hat das Vorliegen einer „Portfolioinvestition“ eines Steuerpflichtigen, welche insoweit keinen sicheren Einfluss auf die Entscheidungen einer Gesellschaft vermittelt, insbesondere bei einer Kapitalbeteiligung von weniger als 10 % angenommen, vgl. *EuGH*, 10.02.2011 – verb. Rs. C-436/08/C-437/08, *Haribo/Österreichische Salinen*, Slg. 2011, I-00305, Rz. 36.

496 *EuGH*, 13.11.2012 – C-35/11, *Test Claimants in the FII Group Litigation*, IStR 2012, 924 m. Anm. *Linn.*, Rz. 94.

497 *EuGH*, 13.11.2012 – C-35/11, *Test Claimants in the FII Group Litigation*, IStR 2012, 924 m. Anm. *Linn.*, Rz. 95.

Portfoliobeteiligung die streitigen Steuervorschriften eines Mitgliedstaates anhand der Kapitalverkehrsfreiheit zu prüfen sein.

Mit Blick auf die zu betrachtende Regelung des Art. 4 Abs. 1 OECD-MA ist deren Regelungsgehalt zunächst unabhängig vom Vorliegen einer „Kontrollbeteiligung" anwendbar, sodass es im Ergebnis für die Frage, an welcher Grundfreiheit diese Regelung bei EU-Sachverhalten zu prüfen ist, wohl auf die tatsächliche Beteiligungssituation im jeweiligen Fall ankommen sollte.

Liegt eine „Kontrollbeteiligung" an einer gebietsfremden Personengesellschaft vor, so wäre die Niederlassungsfreiheit die einschlägige Grundfreiheit zur Überprüfung von Art. 4 Abs. 1 OECD-MA im Hinblick auf die Versagung von Abkommensvorteilen für Personengesellschaften. Der EuGH hat die Art. 49 ff. AEUV bzw. deren Vorgängervorschriften bisher uneingeschränkt sowohl auf Kapital- wie auch Personengesellschaften angewandt.[498] Das in der Niederlassungsfreiheit verankerte Gebot der „Inländergleichbehandlung" (Art. 49 Abs. 2 AEUV)[499] sowie das Gebot der „Rechtsformneutralität" (Art. 49 Abs. 1 S. 2 AEUV)[500] zwingt m.E. in diesen Fällen zur Anwendung der Urteilsgrundsätze der EuGH-Entscheidung *Saint-Gobain*: Der Personengesellschaft müssen die gleichen Abkommensvorteile eingeräumt werden, wie sie einer vergleichbaren inländischen Tochterkapitalgesellschaft aus der Anwendung von DBA mit dem Quellenstaat gewährt werden.

Besteht dagegen eine „Portfolioinvestition" eines Steuerpflichtigen in einer ausländischen Personengesellschaft, so ist die Kapitalverkehrsfreiheit nach Art. 63 AEUV die anwendbare Grundfreiheit. M.E. sollten auch in diesem Fall die Grundsätze des EuGH-Urteils *Saint-Gobain* anzuwenden sein, da der EuGH die Verpflichtung des Betriebstättenstaates, Vorteile aus Abkommen mit anderen Mitgliedstaaten auch der dort belegenen Betriebstätte eines Steuerausländers zu gewähren, ausdrücklich auf das Gebot der „Inländergleichbehandlung" gestützt hat: „In dem vorliegenden Fall eines Doppelbesteuerungsabkommens zwischen einem Mitgliedstaat und einem Drittland verpflichtet der *Grundsatz der Inländerbehandlung* den an diesem Abkommen beteiligten Mitgliedstaat, die in diesem Abkommen vorgesehenen Vorteile den Betriebstätten ausländischer Gesellschaften unter den gleichen Voraussetzungen wie den inländischen Gesellschaften zu gewähren".[501] Die sog. „Steuerklausel" des

498 Vgl. z.B. *EuGH*, 16.12.2008 – C-210/06, *Cartesio*, Slg. 2008, I-09641; *EuGH*, 06.12.2007 – C-298/05, *Columbus Container*, Slg. 2007, I-10451; allgemein zur EuGH-Rechtsprechung zu Personengesellschaften *Rehm*, in: *Wassermeyer u.a.*, Personengesellschaften im internationalen Steuerrecht, Rz. 1.58.

499 Siehe hierzu *Kotzur*, in: *Geiger*, EUV/AEUV, Art. 49 AEUV, Rz. 8; *Müller-Graff*, in: *Streinz*, EUV/AEUV, Art. 49 AEUV, Rz. 41; *Bröhmer*, in: *Calliess/Ruffert*, EUV/AEUV, Art. 49 AEUV, Rz. 19, 22.

500 Siehe hierzu *Forsthoff*, in: *Grabitz/Hilf/Nettesheim*, Das Recht der Europäischen Union, Art. 49 AEUV, Rz. 61.

501 *EuGH*, 21.09.1999 – C-307/97, *Saint-Gobain*, Slg. 1999, I-6181, Rz. 53 [Hervorh. d. Verf.].

Art. 65 Abs. 1 Buchst. a) AEUV[502] sollte für den Fall der Anwendung der Kapitalverkehrsfreiheit bei Dreieckssachverhalten unter Beteiligung von Personengesellschaften nicht zu einem anderen Ergebnis führen. Der EuGH hat zur Awendung der „Steuerklausel" festgestellt, dass nur dann Ungleichbehandlungen von gebietsfremden und gebietsansässigen Steuerpflichtigen unionsrechtlich erlaubt sind, wenn sich diese Steuerpflichtigen *nicht in einer vergleichbaren Situation* befinden.[503] Im Urteil *Saint-Gobain* hat der EuGH insoweit entschieden, dass sich ausländische Gesellschaften mit einer inländischen Betriebstätte gegenüber inländischen Gesellschaften durchaus in einer vergleichbaren Lage befinden. Dies beruhe zum einen darauf, dass „der Bezug von Dividenden in Deutschland steuerbar [ist], unabhängig davon, ob es sich um eine inländische oder um eine ausländische Gesellschaft handelt, wenn letztere die Dividenden über eine in Deutschland gelegene Betriebsstätte bezieht".[504] Zum anderen sind auch die „Anteile, die in Deutschland an ausländischen Tochter- und Enkelgesellschaften gehalten werden, dort steuerbar, unabhängig davon, ob es sich um eine inländische oder um eine ausländische Gesellschaft handelt, wenn letztere solche Anteile über eine inländische Betriebsstätte hält."[505] Für den Fall einer „zwischengeschalteten Personengesellschaft" mit inländischer Betriebstätte gilt insoweit die gleiche steuerliche Behandlung der laufenden Einkünfte sowie der Veräußerungsgewinne, sodass die notwendige *Vergleichbarkeit* von Inlands- und Auslandssachverhalt hinsichtlich der Anwendbarkeit der Regelungen eines DBA bei „transparenten" Personengesellschaften im Rahmen des Unionsrechts gegeben ist.

(2) Abkommensberechtigung im Quellenstaat der Einkünfte

Hinsichtlich einer möglichen unionsrechtlichen Verpflichtung des Quellenstaates der Einkünfte in internationalen „Dreieckssachverhalten" mit zwischengeschalteter Personengesellschaft, diese Personengesellschaft als „ansässige Person" i.S.v. Art. 4 Abs. 1 OECD-MA anzuerkennen, ist auf obige Ausführungen zur Abkommensberechtigung einer zwischengeschalteten Betriebstätte im Quellenstaat zu verweisen.[506] Nach der hier vertretenen Auffassung sollte der Quellenstaat der Einkünfte in diesen Fällen weder auf der Grundlage von Art. 49 AEUV noch aufgrund von Art. 63 AEUV unionsrechtlich verpflichtet sein, eine ausländische Personengesellschaft als „ansässige Person" i.S.v. Art. 4 Abs. 1 OECD-MA anzu-sehen, wenn der Quellenstaat diese nach seinem nationalen Steuerrecht als „transparent" für Besteuerungszwecke qualifiziert.

---

502 Siehe hierzu oben B.II.2.b).
503 Vgl. nur *EuGH*, 08.11.2007 – C-379/05, *Amurta*, Slg. 2007, I-09569, Rz. 32 m.w.N.
504 *EuGH*, 21.09.1999 – C-307/97, *Saint-Gobain*, Slg. 1999, I-6181, Rz. 47.
505 Ebenda.
506 Siehe oben C.III.3.a)(2).

4. Kein DBA-Meistbegünstigungsgebot aufgrund Unionsrecht

Das Prinzip der „Meistbegünstigung" oder engl. auch „most-favoured-nation treatment" genannt, stellt eines der ältesten Strukturprinzipien des internationalen Wirtschaftsverkehrs dar.[507] Darunter wird im Allgemeinen verstanden, dass ein Staat einem anderen Staat oder Personen oder Sachen, die in einer Beziehung zu dem anderen Staat stehen, die gleiche Behandlung hinsichtlich seiner Rechts- und Verwaltungsvorschriften zuteilwerden lässt, die er einem dritten Staat oder dritten Personen oder Sachen unter den gleichen Bedingungen gewährt.[508] Das Prinzip der Meistbegünstigung ist jedoch weder Völkergewohnheitsrecht noch stellt es einen allgemeinen Rechtsgrundsatz des Völkerrechts dar.[509] Aus der Sicht des Völkerrechts legt das Prinzip der Meistbegünstigung lediglich „Standards" für die Staaten hinsichtlich einer zu gewährenden Gleichbehandlung fest; ein unmittelbarer Anspruch eines Staates im Sinne eines Einforderns von zwischen anderen Staaten zugestandenen Vorteilen besteht dabei nicht.[510] Eine völkerrechtliche „Pflicht" für Staaten zur Meistbegünstigung kann sich nur aus dem Abschluss entsprechender *zwischenstaatlicher Vereinbarungen* ergeben (sog. „most-favoured-nation clauses").[511]

Die OECD hat in ihren Musterabkommen auf die Verwendung von Meistbegünstigungsklauseln ausdrücklich verzichtet.[512] Staatsangehörige von Staaten, die nicht Vertragspartei eines DBA sind, oder in diesen Staaten ansässige Personen sollen grundsätzlich keinen „Zugang" zu den Steuervorteilen dieses Abkommens erhalten. Die OECD begründet diese Ansicht damit, dass die OECD-MA auf dem „Grundsatz der Gegenseitigkeit" beruhen, welcher eine Meistbegünstigungswirkung dieser Abkommen auf dritte Staaten ausschließt.[513]

Mit Blick auf das Unionsrecht wurde lange Zeit in der steuerlichen Literatur diskutiert, ob sich das Prinzip einer steuerlichen Meistbegünstigung von EU-Staatsangehörigen innerhalb der unionsrechtlichen Grundfreiheiten niederschlägt.[514] Dabei wurde zwischen zwei denkbaren Wirkungen eines „unionsrechtlichen Meistbegünstigungsgrundsatzes" im Hinblick auf die zwischen den Mitgliedstaaten abgeschlossenen

---

507 *Herrmann*, in: *Cordewener*, Meistbegünstigung im Steuerrecht der EU-Staaten, S. 29 f.

508 *Herrmann*, in: *Cordewener*, Meistbegünstigung im Steuerrecht der EU-Staaten, S. 30; *Dolzer*, in: *Vitzthum*, Völkerrecht, S. 506.

509 *Herrmann*, in: *Cordewener*, Meistbegünstigung im Steuerrecht der EU-Staaten, S. 32.

510 *Dolzer*, in: *Vitzthum*, Völkerrecht, S. 506.

511 *Herrmann*, in: *Cordewener*, Meistbegünstigung im Steuerrecht der EU-Staaten, S. 32.

512 Vgl. Ziff. 2 OECD-MK zu Art. 24 OECD-MA.

513 Ebenda.

514 Siehe hierzu die umfassenden Literaturnachweise bei *Kofler*, Doppelbesteuerungsabkommen und Europäisches Gemeinschaftsrecht, S. 765 f.; *Englisch*, in: *Cordewener*, Meistbegünstigung im Steuerrecht der EU-Staaten, S. 163, Fn. 4 und *Lehner*, in: *Vogel/Lehner*, DBA, Einl., Rz. 268.

DBA unterschieden. Neben einer möglichen unionsrechtlichen Verpflichtung eines Mitgliedstaates zur sog. steuerlichen „Inbound-Meistbegünstigung" von in verschiedenen anderen Mitgliedstaaten ansässigen, gebietsfremden Steuerpflichtigen wurde auch die sog. „Outbound-Meistbegünstigung" von ansässigen Steuerpflichtigen eines Mitgliedstaates bei deren Investitionen in anderen Mitgliedstaaten diskutiert.[515]

a) „Inbound-Meistbegünstigung"

Der Grundgedanke eines möglichen unionsrechtlichen „Inbound-Meistbegünstigungsgebots" beruht darauf, dass die Mitgliedstaaten der EU mangels Harmonisierungsmaßnahmen des Unionsrechts ihre DBA mit anderen Mitgliedstaaten autonom abschließen können und diese Abkommen in der Praxis somit häufig unterschiedlich ausgestaltet sind. Vor diesem Hintergrund wurde in der Literatur die Frage diskutiert, ob die Grundfreiheiten insoweit auch ein Verbot einer „horizontalen Diskriminierung" verschiedener gebietsfremder Steuerpflichtiger durch einen Mitgliedstaat enthalten, wenn dieser Mitgliedstaat unterschiedliche Abkommen zur Vermeidung von internationaler Doppelbesteuerung mit anderen EU-Mitgliedstaaten abgeschlossen hat und ob daraus ggf. ein Anspruch eines gebietsfremden Steuerpflichtigen auf steuerliche „Meistbegünstigung", im Sinne der Anwendung der jeweils günstigsten mitgliedstaatlichen Abkommensregelung, erwachsen könnte.[516]

Mit dem niederländischen Vorabentscheidungsverfahren in der Rechtssache *D.* lag dem EuGH schließlich ein entsprechendes Verfahren zu der Frage eines möglichen unionsrechtlichen „Inbound-Meistbegünstigungsgrundsatzes" vor.[517] *D.* hatte als natürliche Person seinen Wohnsitz in Deutschland und besaß neben Vermögen in Deutschland (welches ungefähr 90 % seines Gesamtvermögens ausmachte) auch Immobilienvermögen in den Niederlanden, wo er mit diesem Vermögen der niederländischen Vermögensteuer unterlag. Die niederländischen Finanzbehörden versagten die Anwendung eines Freibetrags bei der Festsetzung der niederländischen Vermögensteuer, da insoweit nur ein Teil des Vermögens des *D.* in den Niederlanden besteuert wurde.[518] Wäre *D.* in Belgien wohnhaft gewesen, hätte er den vermögensteuerlichen Freibetrag aufgrund der Bestimmungen des belgisch-niederländischen DBA erhalten.[519] Das deutsch-niederländische DBA enthielt jedoch keine entsprechende Regelung zur Anwendung eines Freibetrags bei der Vermögensteuer. *D.* sah in dieser steuerlichen Benachteiligung von gebietsfremden Steuerpflichtigen

515 Siehe zur Unterscheidung *Schönfeld*, in: *Wassermeyer*, Doppelbesteuerung, OECD-MA, Vor. Art. 1 MA, Rz. 127 f. sowie *Schönfeld/Häck*, in: *Schönfeld/Ditz*, Doppelbesteuerungsabkommen, Systematik DBA, Rz. 125 f.

516 *Englisch*, in: *Cordewener*, Meistbegünstigung im Steuerrecht der EU-Staaten, S. 164; *Kofler*, Doppelbesteuerungsabkommen und Europäisches Gemeinschaftsrecht, S. 765.

517 *EuGH*, 05.07.2005 – C-376/03, *D.*, Slg. 2005, I-05821.

518 *EuGH*, 05.07.2005 – C-376/03, *D.*, Slg. 2005, I-05821, Rz. 16.

519 *EuGH*, 05.07.2005 – C-376/03, *D.*, Slg. 2005, I-05821, Rz. 10 ff.

in den Niederlanden aufgrund der unterschiedlichen Abkommensregelungen in den niederländischen DBA einen Verstoß gegen die Kapitalverkehrsfreiheit nach Art. 56, 58 EGV (jetzt Art. 63, 65 AEUV).[520]

In seinem Urteil lehnte der EuGH den begehrten „Meistbegünstigungsanspruch" des *D.* jedoch ab. Er begründete dies damit, dass die Situation des *D.* nicht mit der Situation eines anderen gebietsfremden Steuerpflichtigen vergleichbar wäre, welcher aufgrund eines bestehenden DBA eines Mitgliedstaates mit einem anderen Mitgliedstaat eine steuerliche begünstigte Behandlung genießt.[521] Dies folge aus dem „Wesen bilateraler Abkommen zur Vermeidung der Doppelbesteuerung", welche insoweit auf „Gegenseitigkeit" beruhen und grundsätzlich nur Auswirkungen auf Personen entfalten, die in einem der beiden vertragschließenden Mitgliedstaaten ansässig sind.[522] Der EuGH grenzte den vorliegenden Sachverhalt auch deutlich zu seinem Urteil in der Rechtssache *Saint-Gobain*[523] ab: Hier befand sich nach Auffassung des EuGH das gebietsfremde Unternehmen durch *das Unterhalten einer Betriebstätte* in einem anderen Mitgliedstaat in einer vergleichbaren Situation zu einem inländischen Unternehmen, sodass Vergünstigungen aus einem bilateralen Abkommen insoweit auch dem nicht direkt an diesem Abkommen beteiligten Unternehmen gewährt werden mussten.[524]

Der EuGH bestätigte seine ablehnende Haltung hinsichtlich einer unionsrechtlichen „Inbound-Meistbegünstigung" von gebietsfremden Steuerpflichtigen kurz darauf in seinem Urteil in der Rechtssache *Test Claimants in Class IV of the ACT Group Litigation*[525]. In dem britischen Vorlageverfahren ging es um abkommensrechtliche Regelungen zur Vermeidung einer internationalen Doppelbesteuerung von Dividenden, welche das Vereinigte Königreich in mehreren DBA mit anderen EU-Mitgliedstaaten vereinbart hatte. Einige dieser Abkommen sahen bei Dividendenausschüttungen von britischen Kapitalgesellschaften an ausländische Anteilseigner eine Steuergutschrift in Höhe der im Vereinigten Königreich auf diese Dividenden einbehaltenen Steuer vor, während andere Abkommen keine Regelung

520 *EuGH*, 05.07.2005 – C-376/03, *D.*, Slg. 2005, I-05821, Rz. 47.
521 *EuGH*, 05.07.2005 – C-376/03, *D.*, Slg. 2005, I-05821, Rz. 61.
522 Ebenda.
523 *EuGH*, 21.09.1999 – C-307/97, *Saint-Gobain*, Slg. 1999, I-6181.
524 *EuGH*, 05.07.2005 – C-376/03, *D.*, Slg. 2005, I-05821, Rz. 55–57.
525 *EuGH*, 12.12.2006 – C-374/04, *Test Claimants in Class IV of the ACT Group Litigation*, Slg. 2006, I-11673. Im Jahr 2004 lag dem EuGH zwar ein weiterer Fall zur Frage einer Meistbegünstigungspflicht der Niederlande aufgrund unterschiedlicher Regelungen in mit anderen Mitgliedstaaten abgeschlossenen Doppelbesteuerungsabkommen vor, siehe den Vorlagebeschluss des Gerichtshofs Herzogenbusch vom 8. Januar 2004 in dem Rechtsstreit *E. Bujura* gegen *Inspecteur van de Belastingdienst Limburg/ Kantoor Buitenland, Heerlen*, Rs. C-8/04, ABl. EG, Nr. C 59 v. 06.03.2004, S. 17. Die Rechtssache *Bujara* wurde jedoch mit Beschluss des EuGH vom 15.12.2005 aus dem Register gestrichen, siehe ABl. EG, Nr. C 60 v. 11.03.2006, S. 32.

einer Steuergutschrift enthielten.[526] Der EuGH verneinte jedoch auch in diesem Fall unter Hinweis auf sein Urteil *D.* eine diskriminierende Wirkung der unterschiedlichen DBA mangels einer Vergleichbarkeit der in den verschiedenen Mitgliedstaaten ansässigen Empfänger der Dividenden: „Demgemäß befindet sich eine Gesellschaft, die in einem Mitgliedstaat ansässig ist, der mit dem Vereinigten Königreich ein Doppelbesteuerungsabkommen geschlossen hat, das keine Steuergutschrift vorsieht, hinsichtlich der Besteuerung von Dividenden, die von einer im Vereinigten Königreich ansässigen Gesellschaft ausgeschüttet worden sind, nicht in der gleichen Situation wie eine Gesellschaft, die in einem Mitgliedstaat ansässig ist, der ein Doppelbesteuerungsabkommen geschlossen hat, das eine Steuergutschrift vorsieht".[527]

Die zum Teil recht harsche Kritik in der Literatur[528] verwundert insoweit, als der EuGH mit der Ablehnung eines unionsrechtlichen „Inbound-Meistbegünstigungsgebots" lediglich klargestellt hat, dass die Grundfreiheiten des AEUV als unionsrechtliche „Diskriminierungsverbote" im Sinne einer gebotenen „Inländergleichbehandlung" von EU-Ausländern in einem Mitgliedstaat wirken, ohne gleichzeitig auch eine weitergehende „Ausländergleichbehandlung" vorzusehen.[529] Der EuGH hatte in seiner Rechtsprechung zu den direkten Steuern die steuerliche Behandlung eines gebietsfremden Steuerpflichtigen durch einen Mitgliedstaat immer im Vergleich zu der steuerlichen Behandlung eines entsprechenden gebietsansässigen Steuerpflichtigen durch denselben Mitgliedstaat geprüft.[530] Zudem respektiert der EuGH mit dieser restriktiven Haltung auch den Charakter eines DBA zwischen zwei Mitgliedstaaten als bilateraler und auf zwischenstaatlicher Gegenseitigkeit ausgelegter Vertrag.[531] Ein unionsrechtlich begründetes „DBA-Meistbegünstigungsgebot" würde das „Gesamtsystem" der von den EU-Mitgliedstaaten abgeschlossenen DBA gefährden, da es den Steuerpflichtigen der Mitgliedstaaten in der Konsequenz eine freie Wahlmöglichkeit der anzuwendenden Abkommensvorschriften, *unabhängig*

---

526 *EuGH*, 12.12.2006 – C-374/04, *Test Claimants in Class IV of the ACT Group Litigation*, Slg. 2006, I-11673, Rz. 75.

527 *EuGH*, 12.12.2006 – C-374/04, *Test Claimants in Class IV of the ACT Group Litigation*, Slg. 2006, I-11673, Rz. 91.

528 Siehe hierzu die Nachweise bei *Mayer-Theobald*, Non-garden most favoured negotiating, S. 100.

529 Vgl. *Schönfeld/Häck*, in: *Schönfeld/Ditz*, Doppelbesteuerungsabkommen, Systematik DBA, Rz. 125; *Lehner*, in: *Vogel/Lehner*, DBA, Einl., Rz. 168. A.A. noch *Küper*, Doppelbesteuerung und europarechtliche Meistbegünstigung bei Erbschaften und Schenkungen, S. 165 ff.

530 Nach der Auffassung von *Schaumburg* bewirkt diese Rechtsprechung des EuGH jedoch eine „Konservierung" der unterschiedlichen Behandlung von Steuerausländern in einem Mitgliedstaat und führt somit zu Wettbewerbsverzerrungen, die mit dem Binnenmarktkonzept des AEUV nicht vereinbar sind, siehe *Schaumburg*, Internationales Steuerrecht, Rz. 16.45.

531 *Kemmeren*, EC Tax Review 2012, 157, 172; kritisch *Englisch*, in: *Cordewener*, Meistbegünstigung im Steuerrecht der EU-Staaten, S. 171 f.

von einer entsprechenden *Abkommensberechtigung*, ermöglichen würde.[532] Im Ergebnis hätte der EuGH damit das von den Mitgliedstaaten gewählte Kriterium der *Ansässigkeit* eines Steuerpflichtigen als notwendige Voraussetzung zur Anwendung eines DBA in einem grenzüberschreitenden Sachverhalt sozusagen „außer Kraft" gesetzt.

b) „Outbound-Meistbegünstigung"

Bei der Frage, ob das Unionsrecht eine sog. „Outbound-Meistbegünstigung" von gebietsansässigen Steuerpflichtigen eines Mitgliedstaates fordert, bestand eine Diskussion in der Literatur dahingehend, ob die Vereinbarung von unterschiedlichen Regelungen in den DBA eines Mitgliedstaates dort ansässige Steuerpflichtige davon abhalten könnte, bspw. in den Mitgliedstaat A zu investieren, wenn das DBA mit dem Mitgliedstaat A nicht die gleichen abkommensrechtlichen Vergünstigungen wie das DBA mit dem Mitgliedstaat B enthält.[533] Der Fokus der Diskussion lag vor allem auf der Frage, ob sich ein Steuerpflichtiger gegenüber seinem Ansässigkeitsstaat bei einer Investition in den Mitgliedstaat A auf eine in seinem Fall günstigere Methode zur Vermeidung von internationaler Doppelbesteuerung berufen kann, welche in einem DBA mit dem Mitgliedstaat B vereinbart wurde.[534]

Das Thema einer unionsrechtlichen „Outbound-Meistbegünstigung" von ansässigen Steuerpflichtigen wird mittlerweile durch die Entscheidung des EuGH in der Rechtssache *Columbus Container*[535] als geklärt angesehen.[536] In dem zugrunde liegenden deutschen Vorabentscheidungsverfahren ging es um die unionsrechtliche Überprüfung der sog. „switch-over"-Klausel des § 20 Abs 2 AStG[537], welche bei Vorliegen einer Personengesellschaftsbetriebstätte eines deutschen Steuerpflichtigen in einem anderen Staat dann die Anrechnungsmethode anstatt einer abkommensrechtlich vereinbarten Freistellungsmethode für die Besteuerung der Betriebstätteneinkünfte vorsieht, wenn die Betriebstätte in dem anderen Staat einer „niedrigen Besteuerung" unterliegt. Die belgische Kommanditgesellschaft „Columbus Container Services

532 *Lehner*, in: *Vogel/Lehner*, DBA, Einl., Rz. 268; *Kemmeren*, EC Tax Review 2012, 157, 172 spricht hier deutlich von einem durch das Unionsrecht zu vermeidenden „cherry picking"-Verhalten der Steuerpflichtigen.

533 Siehe hierzu *Schönfeld*, in: *Wassermeyer*, Doppelbesteuerung, OECD-MA, Vor Art. 1 MA, Rz. 128; *Lang*, IStR 2005, 289, 295.

534 *Kofler*, Doppelbesteuerungsabkommen und Europäisches Gemeinschaftsrecht, S. 809.

535 *EuGH*, 06.12.2007 – C-298/05, *Columbus Container*, Slg 2007, I-10451.

536 So *Schönfeld*, in: *Wassermeyer*, Doppelbesteuerung, OECD-MA, Vor Art. 1 MA, Rz. 128; *Schaumburg*, Internationales Steuerrecht, Rz. 16.46. Der BFH hatte schon vor dem EuGH-Urteil *Columbus Container* ein unionsrechtliches Gebot einer „Outbound-Meistbegünstigung" im Rahmen von mitgliedstaatlichen DBA verneint, vgl. *BFH*, 09.11.2005 – I R 27/03, BStBl. II 2005, 564.

537 Siehe zum Begriff *Rupp*, in: *Haase*, Außensteuergesetz/Doppelbesteuerungsabkommen, § 20 AStG, Rz. 3.

BVBA & Co.", wie auch der Generalanwalt *Mengozzi*,[538] sahen in der Vorschrift des § 20 Abs. 2 AStG eine Verletzung der Niederlassungsfreiheit nach Art. 43 EGV (jetzt Art. 49 AEUV), da sie die „betreffenden grenzüberschreitenden Niederlassungen weniger attraktiv [mache]".[539]

Der EuGH erteilte der diesbezüglichen Auffassung der Klägerin und des Generalanwalts in seinem Urteil zur Rechtssache *Columbus Container* eine Absage. Dabei führte er konsequenterweise die Prüfung einer unionsrechtlichen Diskriminierungswirkung der „switch-over"-Klausel des § 20 Abs. 2 AStG durch den Vergleich der steuerlichen Belastung der ansässigen Anteilseigner einer Personengesellschaft mit Sitz im Inland und den ansässigen Anteilseignern einer Personengesellschaft mit Sitz in einem „niedrigbesteuerten" ausländischen Staat durch.[540] Nach Auffassung des EuGH führe die Anwendung der Anrechnungsmethode in diesem Fall aber zu keiner steuerlichen Diskriminierung der Anteilseigner, da die Anrechnungsmethode „die Gewinne solcher Gesellschaften in Deutschland lediglich demselben Steuersatz wie die Gewinne von in Deutschland ansässigen Personengesellschaften [unterwirft]".[541] Die Ursache einer möglichen steuerlichen Benachteiligung der ansässigen Gesellschafter einer ausländischen, „niedrigbesteuerten" Personengesellschaft liegt nach Ansicht des EuGH somit in der *internationalen Doppelbesteuerung* der Einkünfte dieser Personengesellschaft aufgrund der parallelen Ausübung der Besteuerungsbefugnisse von zwei Mitgliedstaaten.[542] Die Beseitigung einer solchen internationalen (juristischen) Doppelbesteuerung von Einkünften fällt jedoch nicht in den Aufgabenbereich des Unionsrechts.[543]

Die Entscheidung des EuGH in der Rechtssache *Columbus Container* betraf zwar nicht ausdrücklich eine mitgliedstaatliche Vorlagefrage zu einer möglichen „Outbound-Meistbegünstigungswirkung" der Grundfreiheiten, jedoch gibt dieses Urteil die entscheidenden Hinweise zur unionsrechtlichen Lösung dieser Frage: Vereinbart ein Mitgliedstaat aufgrund seiner weiterhin bestehenden Autonomie im Bereich der direkten Steuern in einem DBA mit dem Mitgliedstaat A die Freistellungsmethode für bestimmte Einkünfte, in einem anderen DBA mit dem Mitgliedstaat B jedoch die Anrechnungsmethode für dieselben Einkünfte, besteht insoweit *keine* diskriminierende Wirkung der Abkommensbestimmungen und somit kein Anspruch der in diesem Staat ansässigen Steuerpflichtigen auf eine unionsrechtliche „Meistbegünstigungsbehandlung", soweit die Anwendung der beiden Methoden zu

538 Schlussanträge des Generalanwalts *Mengozzi* v. 29.03.2007, Rs. C-298/05, *Columbus Container*, Rz. 201.
539 *EuGH*, 06.12.2007 – C-298/05, *Columbus Container*, Slg. 2007, I-10451, Rz. 22.
540 *EuGH*, 06.12.2007 – C-298/05, *Columbus Container*, Slg. 2007, I-10451, Rz. 39.
541 *EuGH*, 06.12.2007 – C-298/05, *Columbus Container*, Slg. 2007, I-10451, Rz. 40.
542 *EuGH*, 06.12.2007 – C-298/05, *Columbus Container*, Slg. 2007, I-10451, Rz. 43.
543 *EuGH*, 06.12.2007 – C-298/05, *Columbus Container*, Slg. 2007, I-10451, Rz. 45 ff. unter Verweis auf *EuGH*, 14.11.2006 – C-513/04, *Kerckhaert und Morres*, Slg. 2006, I-10967, siehe hierzu oben B.II.2.c)(1).

einer gleichen steuerlichen Belastung von in- und ausländischen Einkünften der Steuerpflichtigen führt.

5. Grundfreiheitliche „Immunität" der Verteilungsnormen eines DBA?

a) Verteilungsnorm als Allokationsnorm von Besteuerungsbefugnissen

Der EuGH hat hinsichtlich der Bedeutung der Regelungen eines DBA bei der Anwendung des Unionsrechts in mittlerweile ständiger Rechtsprechung entschieden, „dass es für die Mitgliedstaaten nicht sachfremd ist, sich zum Zwecke der Aufteilung der Steuerhoheit an der internationalen Praxis und den von der Organisation für wirtschaftliche Zusammenarbeit und Entwicklung (OECD) erarbeiteten Musterabkommen zu orientieren".[544] Diese Rechtsprechung des EuGH geht zurück auf sein Urteil in der Rechtssache *Gilly*[545], wo der EuGH die Regelungen des zugrunde liegenden deutsch-französischen DBA im Hinblick auf die Festlegung von Aufteilungskriterien für die Besteuerung von Gehältern und Ruhegehältern im öffentlichen Dienst (welche insoweit Art. 19 Abs. 1 des OECD-MA entsprachen) ausdrücklich anerkannte.[546] Der EuGH begründet dies damit, dass „sich die Vorteilhaftigkeit oder Nachteiligkeit der steuerlichen Behandlung der betroffenen Steuerpflichtigen nicht so sehr aus der Wahl des Anknüpfungsfaktors, sondern aus dem Niveau der Besteuerung in dem angesichts der mangelnden gemeinschaftsrechtlichen Harmonisierung der Steuersätze für die direkten Steuern zuständigen Staat [ergibt]".[547] Etwas anderes gilt nach Auffassung des EuGH jedoch dann, wenn die Regelungen eines DBA über eine entsprechende Allokationswirkung von Besteuerungsbefugnissen hinausgehen. Im schwedischen Verfahren *Bouanich*[548] sahen die Erläuterungen der Vertragsstaaten zu dem in diesem Fall zugrunde liegenden französisch-schwedischen DBA z.B. zudem eine Festlegung des Steuersatzes sowie Regelungen zur Ermittlung der Steuerbemessungsgrundlage für bestimmte Einkünfte vor.[549] Der EuGH stellte hierzu unter Verweis auf seine bisherige Rechtsprechung fest, „dass die Mitgliedstaaten im Rahmen bilateraler Abkommen die Anknüpfungspunkte für die Aufteilung der Steuerhoheit festlegen können",[550] gleichzeitig erlaube es „diese Aufteilung der Steuerhoheit [...] den Mitgliedstaaten jedoch nicht, eine gegen die Gemeinschaftsvorschriften verstoßende Diskriminierung einzuführen".[551] In diesen

---

544 Vgl. nur *EuGH*, 23.02.2006 – C-513/03, *van Hilten-van der Heijden*, Slg. 2006, I-01957, Rz. 48.
545 *EuGH*, 12.05.1998 – C-336/96, *Gilly*, Slg. 1998, I-2793.
546 *EuGH*, 12.05.1998 – C-336/96, *Gilly*, Slg. 1998, I-2793, Rz. 30 ff.
547 *EuGH*, 12.05.1998 – C-336/96, *Gilly*, Slg. 1998, I-2793, Rz. 34.
548 *EuGH*, 10.01.2006 – C-265/04, *Bouanich*, Slg. 2006, I-923.
549 Vgl. *EuGH*, 10.01.2006 – C-265/04, *Bouanich*, Slg. 2006, I-923, Rz. 15 f.
550 *EuGH*, 10.01.2006 – C-265/04, *Bouanich*, Slg. 2006, I-923, Rz. 49.
551 *EuGH*, 10.01.2006 – C-265/04, *Bouanich*, Slg. 2006, I-923, Rz. 50.

Fällen können also ggf. auch die Normen eines mitgliedstaatlichen DBA gegen die Grundfreiheiten verstoßen.[552]

Aufgrund dieser Rechtsprechung des EuGH wurde in der steuerlichen Literatur insoweit eine grundfreiheitliche „Immunität" der DBA zwischen den Mitgliedstaaten angenommen, als diese eine rein allokative Wirkung im Hinblick auf die Aufteilung von Besteuerungsbefugnissen zwischen den Mitgliedstaaten entfalten und mögliche steuerliche Nachteile für die Steuerpflichtigen letztlich erst durch die nicht unionsrechtlich koordinierte *Ausübung* der aufgeteilten Besteuerungsbefugnisse durch die Mitgliedstaaten entstehen.[553]

b) Verteilungsnormen eines DBA bei der Diskriminierungsprüfung

Die unionsrechtliche „Immunität" der Verteilungsnormen eines DBA als „Allokationsnorm" von Besteuerungsbefugnissen wurde von den Mitgliedstaaten in späteren Verfahren vor dem EuGH mitunter als entsprechende Legitimation einer unterschiedlichen steuerlichen Behandlung von gebietsfremden und gebietsansässigen Steuerpflichtigen verstanden, soweit nur die Vorschriften eines DBA einem Mitgliedstaat das Besteuerungsrecht für die Einkünfte eines gebietsfremden Steuerpflichtigen zusprachen. So legte der französische *Conseil d'État* dem EuGH im Verfahren *Denkavit Internationaal und Denkavit France*[554] hinsichtlich der Zulässigkeit einer Quellenbesteuerung von Dividendenausschüttungen französischer Kapitalgesellschaften an ihre gebietsfremden Anteilseignergesellschaften u.a. die Frage vor, ob „eine derartige Quellensteuerregelung bereits als solche im Hinblick auf den Grundsatz der Niederlassungsfreiheit zu beanstanden, oder bei der Prüfung der Vereinbarkeit dieser Regelung mit dem Grundsatz der Niederlassungsfreiheit ein Doppelbesteuerungsabkommen zwischen Frankreich und einem anderen Mitgliedstaat zu berücksichtigen [ist], das diese Quellensteuer zulässt und die Möglichkeit vorsieht, dass die aufgrund der streitigen Regelung gezahlten Steuern auf den in diesem anderen Staat zu entrichtenden Steuerbetrag angerechnet werden können".[555]

Der zuständige Generalanwalt *Geelhoed* lehnte in diesem Verfahren das Vorbringen Frankreichs, es liege insoweit schon keine Verletzung der Grundfreiheiten vor, da Frankreich als abkommensrechtlicher „Quellenstaat" nach dem DBA berechtigt

---

552 Vgl. *EuGH*, 10.01.2006 – C-265/04, *Bouanich*, Slg. 2006, I-923, Rz. 56. Im Fall *Bouanich* hat der EuGH die endgültige Klärung der Frage, ob die Regelungen des zugrunde liegenden französisch-schwedischen DBA zu einer ungünstigeren steuerlichen Behandlung von gebietsfremden Aktionären wie Frau *Bouanich* führen, an das vorlegende schwedische Gericht zurückverwiesen.

553 Vgl. *Kofler*, Doppelbesteuerungsabkommen und Europäisches Gemeinschaftsrecht, S. 543 mit weiteren umfassenden Nachweisen in Fn. 489.

554 *EuGH*, 14.12.2006 – C-170/05, *Denkavit Internationaal und Denkavit France*, Slg. 2006, I-11949.

555 *EuGH*, 14.12.2006 – C-170/05, *Denkavit Internationaal und Denkavit France*, Slg. 2006, I-11949, Rz. 16.

sei, an gebietsfremde Muttergesellschaften abfließende Dividenden einer französischen Tochtergesellschaft zu besteuern, klar ab.[556] Zwar läge nach dem derzeitigen Stand des Unionsrechts „die Befugnis zur Verteilung der Besteuerungskompetenz allein bei den Mitgliedstaaten", jedoch müssten „die Mitgliedstaaten bei der Ausübung dieser Zuständigkeit das Diskriminierungsverbot der Artikel 43 EG und 56 EG beachten".[557] Der EuGH schloss sich der Auffassung des Generalanwalts in seinem Urteil an, indem er feststellte, dass die französische Regierung insoweit „keine Einwände aus dem französisch-niederländischen Abkommen herleiten [kann], um ihren Verpflichtungen aus dem Vertrag zu entgehen".[558] Mit anderen Worten: Allein die Zuweisung der Besteuerungsbefugnis an einen Mitgliedstaaten im Rahmen eines bilateralen DBA impliziert nicht die Befugnis dieses Staates zur Besteuerung der zugewiesenen Einkünfte, wenn die *Ausübung der Besteuerungsbefugnis* insoweit diskriminierend oder beschränkend wäre. Da im Fall *Denkavit Internationaal und Denkavit France* Frankreich auf die Besteuerung der Dividenden bei gebietsansässigen Anteilseignerkapitalgesellschaften verzichtet hatte, verstieß die Erhebung einer Quellensteuer bei ausländischen Anteilseignern gegen die Grundfreiheiten des EG-Vertrages.[559]

Zusammenfassend besteht eine grundfreiheitliche „Immunität" der Verteilungsnormen eines mitgliedstaatlichen DBA somit nur hinsichtlich ihrer Bedeutung als „Aufteilungsgrundlage" für die Besteuerungsbefugnisse zwischen den Mitgliedstaaten zur Vermeidung einer internationalen Doppelbesteuerung von Einkünften oder Vermögen, da die Mitgliedstaaten mangels unionsrechtlicher Harmonisierungsmaßnahmen weiterhin befugt sind, die Kriterien für eine solche Aufteilung autonom festzulegen. Darüber hinaus entfalten die Verteilungsnormen eines DBA jedoch keine allgemeine „Legitimationswirkung" bei diskriminierenden oder beschränkenden Steuervorschriften der Mitgliedstaaten.[560]

---

556 Schlussanträge Generalanwalt *Geelhoed* v. 27.04.2006, C-170/05, *Denkavit Internationaal,* Rz. 25.

557 Schlussanträge Generalanwalt *Geelhoed* v. 27.04.2006, C-170/05, *Denkavit Internationaal,* Rz. 26.

558 *EuGH,* 14.12.2006 – C-170/05, *Denkavit Internationaal und Denkavit France,* Slg. 2006, I-11949, Rz. 53.

559 *EuGH,* 14.12.2006 – C-170/05, *Denkavit Internationaal und Denkavit France,* Slg. 2006, I-11949, Rz. 41.

560 Siehe zu einer möglichen „Neutralisierungswirkung" von mitgliedstaatlichen DBA unten E.

6. Anrechnungs- oder Freistellungsmethode zur Vermeidung internationaler Doppelbesteuerung?

a) Internationale wirtschaftliche Doppelbesteuerung

Wie oben dargestellt,[561] ist ein Mitgliedstaat dann unionsrechtlich verpflichtet, *internationale wirtschaftliche Doppelbesteuerung* in grenzüberschreitenden Situationen zu vermeiden, wenn er im vergleichbaren Inlandsfall Maßnahmen zur Vermeidung oder Beseitigung von wirtschaftlicher Doppelbesteuerung vorsieht. Die internationale *wirtschaftliche* Doppelbesteuerung wird i.d.R. nicht im Rahmen von zwischenstaatlichen DBA beseitigt; diese betreffen hauptsächlich die Vermeidung von internationaler *juristischer* Doppelbesteuerung.[562] Die Mitgliedstaaten regeln die Beseitigung *internationaler wirtschaftlicher Doppelbesteuerung* grundsätzlich (unilateral) in ihren nationalen Rechtsordnungen, wobei diese hierfür nicht selten andere Vermeidungsmaßnahmen vorsehen als für vergleichbare nationale Sachverhalte.

Ob die Verwendung unterschiedlicher Methoden zur Vermeidung von wirtschaftlicher Doppelbesteuerung gegen Unionsrecht verstößt, hatte der EuGH in der Rechtssache *Test Claimants in the FII Group Litigation*[563] im Jahr 2006 zu entscheiden. In diesem Fall standen die britischen Steuerregelungen zur Vermeidung wirtschaftlicher Doppelbesteuerung bei Dividendenausschüttungen zwischen Kapitalgesellschaften auf dem Prüfstand. Das britische Steuerrecht sah zur Vermeidung einer wirtschaftlichen Doppelbesteuerung bei Dividendeneinkünften vor, dass Dividendenzahlungen gebietsansässiger Gesellschaften an gebietsansässige Empfängergesellschaften von einer Besteuerung mit Körperschaftsteuer befreit wurden („Befreiungsmethode"), während bei Dividendenzahlungen gebietsfremder EU-Gesellschaften an britische Empfängergesellschaften lediglich die Möglichkeit einer Anrechnung von im Ausland auf diese Einkünfte gezahlten Steuern auf die zu entrichtende britische Körperschaftsteuer vorgesehen war („Anrechnungsmethode").[564]

Der EuGH stellte in seinem Urteil zunächst fest, dass es „Sache jedes Mitgliedstaats ist, unter Beachtung des Gemeinschaftsrechts sein System der Besteuerung von Gewinnausschüttungen zu errichten und insbesondere die anwendbare Besteuerungsgrundlage und den anwendbaren Steuersatz zu bestimmen".[565] Das Unionsrecht verbiete grundsätzlich nicht eine unterschiedliche steuerliche Behandlung von Dividenden im Hinblick auf die Anwendung verschiedener Mechanismen (Befreiungsmethode oder Anrechnungsmethode) zur Vermeidung einer wirtschaftlichen

561 Siehe oben B.II.2.c)(2).
562 Vgl. ausdrücklich Ziff. 1 OECD-MK zu Art. 23 OECD-MA.
563 EuGH, 12.12.2006 – C-446/04, *Test Claimants in the FII Group Litigation*, Slg. 2006, I-11753.
564 *EuGH*, 12.12.2006 – C-446/04, *Test Claimants in the FII Group Litigation*, Slg. 2006, I-11753, Rz. 3, 33.
565 *EuGH*, 12.12.2006 – C-446/04, *Test Claimants in the FII Group Litigation*, Slg. 2006, I-11753, Rz. 47.

Doppelbesteuerung bei Dividendenausschüttungen.[566] Darüber hinaus stellte der EuGH klar, dass das Unionsrecht den Ansässigkeitsstaat der dividendenempfangenden Kapitalgesellschaften nicht zur Anwendung der Freistellungsmethode verpflichten kann, wenn dieser dadurch auf sein Recht zur Besteuerung der ausländischen Dividendeneinkünfte verzichten müsste.[567]

Ungeachtet dessen ist ein Mitgliedstaat aufgrund der unionsrechtlichen Grundfreiheiten verpflichtet, bei der Vermeidung einer wirtschaftlichen Doppelbesteuerung Dividenden aus ausländischen Quellen steuerlich nicht ungünstiger zu behandeln als Dividenden aus inländischen Quellen.[568] Wenn ein Mitgliedstaat zur Vermeidung der wirtschaftlichen Doppelbesteuerung von Dividenden im Inlandsfall die Freistellungsmethode anwendet, bei ausländischen Dividenden jedoch die Anrechnungsmethode, so ist diese unterschiedliche Methodenwahl nach Auffassung des EuGH nur dann unionsrechtskonform, „sofern der Steuersatz für Dividenden aus ausländischen Quellen nicht höher ist als derjenige für Dividenden aus inländischen Quellen und die Steuergutschrift zumindest genauso hoch ist wie der im Mitgliedstaat der ausschüttenden Gesellschaft gezahlte Betrag, bis zur Höhe der im Mitgliedstaat der Empfängergesellschaft festgesetzten Steuer“.[569] Unterschiedliche Mechanismen der Mitgliedstaaten zur Vermeidung einer wirtschaftlichen Doppelbesteuerung im Inlands- und Auslandsfall sind damit nur dann mit den Grundfreiheiten des AEUV vereinbar, wenn diese eine wirtschaftlich „gleichwertige Behandlung“ des ausländischen Sachverhaltes durch den anwendenden Mitgliedstaat sicherstellen.[570]

---

566 *EuGH*, 12.12.2006 – C-446/04, *Test Claimants in the FII Group Litigation*, Slg. 2006, I-11753, Rz. 48.

567 So deutlich auch *EuGH*, 13.11.2012 – C-35/11, *Test Claimants in the FII Group Litigation*, IStR 2012, 924 m. Anm. *Linn*, zur klarstellenden Anwendung des Urteils *EuGH*, 12.12.2006 – C-446/04, *Test Claimants in the FII Group Litigation*, Slg. 2006, I-11753, in Rz. 40: „Eine Verpflichtung des Mitgliedstaats, in dem die Dividenden empfangende Gesellschaft ansässig ist, Dividenden aus ausländischen Quellen von der Körperschaftsteuer zu befreien, würde die Befugnis des betreffenden Mitgliedstaats beeinträchtigen, unter Wahrung des Diskriminierungsverbots diese ausgeschütteten Gewinne dem in seinem eigenen Recht vorgesehenen Steuersatz zu unterwerfen“.

568 *EuGH*, 12.12.2006 – C-446/04, *Test Claimants in the FII Group Litigation*, Slg. 2006, I-11753, Rz. 46 unter Verweis auf *EuGH*, 15.07.2004 – C-315/02, *Lenz*, Slg. 2004, I-07063, Rz. 20–49 und *EuGH*, 07.09.2004 – C-319/02, *Manninen*, Slg. 2004, I-07477, Rz. 20–55.

569 *EuGH*, 12.12.2006 – C-446/04, *Test Claimants in the FII Group Litigation*, Slg. 2006, I-11753, Rz. 57. Bestätigt durch *EuGH*, 10.02.2011 – verb. Rs. C-436/08/C-437/08, *Haribo/Österreichische Salinen*, Slg. 2011; I-00305, Rz. 86 sowie *EuGH*, 13.11.2012 – C-35/11, *Test Claimants in the FII Group Litigation*, IStR 2012, 924 m. Anm. *Linn*, Rz. 39 m.w.N.

570 *EuGH*, 12.12.2006 – C-446/04, *Test Claimants in the FII Group Litigation*, Slg. 2006, I-11753, Rz. 72. Bestätigt durch *EuGH*, 10.02.2011 – verb. Rs. C-436/08/C-437/08, *Haribo/*

Eine solche unionsrechtlich geforderte „gleichwertige Behandlung“ sollte zumindest in den Fällen gegeben sein, in welchen die gezahlte Quellensteuer niedriger ist als die Steuer, die im Ansässigkeitsstaat eines Steuerpflichtigen auf die jeweiligen ausländischen Einkünfte entfällt. In diesem Fall hätte der Steuerpflichtige nämlich nur den Steuerbetrag zu zahlen, der geschuldet wäre, wie wenn er nur in seinem Ansässigkeitsstaat besteuert würde, d.h. als stammte sein Gesamteinkommen nur aus diesem Staat.[571] Dasselbe gilt, wenn der Ansässigkeitsstaat eines Steuerpflichtigen die uneingeschränkte Anrechnung der ausländischen Quellensteuer zulässt, zumindest solange, wie die Steuer im Ansässigkeitsstaat gleich hoch ist bzw. die Quellensteuer übersteigt.[572] Unionsrechtliche Probleme können aber in den Fällen auftreten, in welchen bei Anwendung der Anrechnungsmethode die Anrechnung der ausländischen Quellensteuern durch das nationale Steuerrecht des Ansässigkeitsstaates begrenzt wird, bspw. durch sog. „Per-Country-Limitations“[573], und somit die Quellensteuer nicht in voller Höhe angerechnet werden kann,[574] mithin sog. „Anrechnungsüberhänge“ entstehen (siehe hierzu ausführlich **Gliederungspunkt E.I.1**).[575]

b) *Internationale juristische Doppelbesteuerung*

Mit Blick auf die Vermeidung internationaler *juristischer* Doppelbesteuerung in der EU liegt der Sachverhalt aus unionsrechtlicher Sicht anders. Zwar sehen die Musterabkommen der OECD für diese Fälle eine Lösung der Mitgliedstaaten im Abkommenswege entweder durch Anwendung der Freistellungsmethode (Art. 23A OECD-MA bzw. Art. 9A OECD-MA (E)) oder der Anrechnungsmethode (Art. 23B OECD-MA bzw. Art. 9B OECD-MA (E)) vor.[576] Gleichzeitig hat der EuGH aber bereits entschieden, dass nach dem derzeitigen Stand des Unionsrechts mangels Bestehen allgemeiner (unionsrechtlicher) Kriterien für die Besteuerungszuständigkeitsverteilung zwischen den Mitgliedstaaten die Mitgliedstaaten nicht verpflichtet sind, die Nachteile, die sich aus der parallelen Ausübung der Steuerhoheiten von mehreren Mitgliedstaaten ergeben, zu vermeiden.[577]

Österreichische Salinen, Slg. 2011, I-00305, Rz. 156 sowie *EuGH*, 13.11.2012 – C-35/11, *Test Claimants in the FII Group Litigation*, IStR 2012, 924 m. Anm. *Linn*, Rz. 38.

571 Vgl. zum Unterschied der Anwendung der Anrechnungsmethode im Gegensatz zur Freistellungsmethode instruktiv Tz. 25 ff. OECD-MK zu Art. 23 OECD-MA.

572 Vgl. Tz. 26 OECD-MK zu Art. 23 OECD-MA.

573 Siehe hierzu *Kofler*, Doppelbesteuerungsabkommen und Europäisches Gemeinschaftsrecht, S. 683 ff. sowie ausführlich unten E.I.1.

574 Vgl. Tz. 27 OECD-MK zu Art. 23 OECD-MA.

575 *Schönfeld/Häck*, in: *Schönfeld/Ditz*, Doppelbesteuerungsabkommen, Systematik DBA, Rz. 122.

576 Siehe oben C.II.5.

577 Zuletzt *EuGH*, 10.02.2011 – verb. Rs. C-436/08/C-437/08, *Haribo/Österreichische Salinen*, Slg. 2011, I-00305, Rz. 170 f.

Soweit aber das Unionsrecht derzeit keine Verpflichtung der Mitgliedstaaten vorsieht, internationale *juristische* Doppelbesteuerung in der EU zu vermeiden, so kann auch die Frage der Methodenwahl nicht anhand der Grundfreiheiten zu beurteilen sein.[578] Eine unionsrechtliche „Gleichwertigkeitsprüfung" der Freistellungs- gegenüber der Anrechnungsmethode, wie sie der EuGH in Fällen der internationalen *wirtschaftlichen* Doppelbesteuerung vorsieht,[579] kann somit für die Vermeidung der internationalen *juristischen* Doppelbesteuerung durch die Mitgliedstaaten in ihren abgeschlossenen DBA nicht gefordert werden.

7. Sog. „treaty override" verstößt nicht gegen Unionsrecht

Ein sog. „treaty override" bezeichnet Normen des innerstaatlichen Rechts der Staaten, welche abkommensrechtliche Vergünstigungen eines Steuerpflichtigen aus einem bestehenden DBA entweder einschränken oder vollkommen außer Kraft setzen.[580] Kurz gesagt handelt es sich hierbei um Normen des innerstaatlichen Rechts eines Staates, welche im Widerspruch zu den Regelungen eines DBA stehen.[581] Während ein mitgliedstaatliches „treaty override" unzweifelhaft eine Verletzung von Völkerrecht darstellt,[582] wurde in der Literatur, neben der weitergehenden verfassungsrechtlichen Problematik,[583] auch ein möglicher Verstoß von „treaty override" der Mitgliedstaaten gegen Unionsrecht, insbesondere gegen (den mittlerweile ersatzlos gestrichenen) Art. 293 2. Spiegelstrich EGV,[584] gegen das Gebot der loyalen

578 So auch *Schönfeld*, in: *Wassermeyer*, Doppelbesteuerung, OECD-MA, Vor. Art. 1 OECD-MA, Rz. 119 f.; *Schönfeld/Häck*, in: *Schönfeld/Ditz*, Doppelbesteuerungsabkommen, Systematik DBA, Rz. 121. A.A. aber wohl *FG Köln*, 06.09.2011 – 13 K 170/06, DStRE 2012, 1126 (rkr.).

579 Siehe oben C.III.5.a).

580 Vgl. zum Begriff z.B. *Vogel*, in: *Vogel/Lehner*, DBA, Einl., Rz. 194; *Schönfeld/Häck*, in: *Schönfeld/Ditz*, Doppelbesteuerungsabkommen, Systematik DBA, Rz. 147; *Kluge*, Das internationale Steuerrecht, S. 648.

581 *Schönfeld/Häck*, in: *Schönfeld/Ditz*, Doppelbesteuerungsabkommen, Systematik DBA, Rz. 147. Im deutschen Steuerrecht finden sich mögliche „treaty override"-Vorschriften bspw. in § 20 Abs. 2 AStG, § 50d Abs. 3 EStG sowie § 50d Abs. 8, Abs. 9 und Abs. 10 EStG, vgl. *Pohl*, ISR 2014, 158 f.; *Lehner*, IStR 2012, 389 ff.

582 Vgl. *BFH*, 10.01.2012 – I R 66/09, DB 2012, 1078; *Vogel*, in: *Vogel/Lehner*, DBA, Einl., Rz. 194; *Pohl*, ISR 2014, 158, 164; *Musil*, IStR 2014, 192 f.

583 Siehe die Vorlagebeschlüsse des deutschen BFH an das BVerfG zum „treaty override" des § 50d Abs. 8 EStG *BFH*, 10.01.2012 – I R 66/09, DB 2012, 1078 sowie zu § 50d Abs. 10 EStG *BFH*, 11.12.2013 – I R 4/13, BFHE 244, 1.

584 Siehe hierzu oben B.II. In der Literatur wird im Zusammenhang mit Art. 293 2. Spiegelstrich EGV zutreffend darauf hingewiesen, dass, selbst wenn man einen Verstoß eines „treaty override" gegen diese Vorschrift annehmen würde, dies aufgrund der fehlenden unmittelbaren Wirkung von Art. 293 EGV (vgl. *EuGH*, 12.05.1998 – C-336/96, *Gilly*, Slg. 1998, I-2793, Rz. 17) keine weiteren Auswirkungen entfaltet hätte, vgl. *Lang*, in: *Lehner*, Reden zum Andenken an Klaus Vogel,

Zusammenarbeit nach Art. 10 EGV (jetzt Art. 4 Abs. 3 EUV) sowie gegen die Grundfreiheiten (jetzt Art. 28 ff. AEUV), diskutiert.[585]

a) Verstoß gegen die Grundfreiheiten (Art. 28 ff. AEUV)

Die Frage, ob ein innerstaatliches „treaty override" eines Mitgliedstaates gegen die Grundfreiheiten der Europäischen Verträge verstößt, wird im Allgemeinen mit der Entscheidung des EuGH in der Rechtssache *Columbus Container*[586] zur „switch-over"-Klausel des § 20 Abs. 2 AStG als geklärt angesehen.[587] Der EuGH sah in der streitigen „switch-over"-Klausel, welche zur Vermeidung von Steuerumgehungen in bestimmten Fällen die Anwendung der Anrechnungsmethode statt der abkommensrechtlich vereinbarten Freistellungsmethode für Einkünfte einer ausländischen Betriebstätte vorsah, weder einen Verstoß gegen die Niederlassungsfreiheit (Art. 43 EGV, jetzt Art. 49 AEUV) noch gegen die Kapitalverkehrsfreiheit (Art. 56 EGV, jetzt Art. 63 AEUV).[588] Der EuGH begründete dieses Ergebnis im Einklang mit den Schlussanträgen des Generalanwalts *Mengozzi*[589] u.a. damit, dass, „auch wenn die Mitgliedstaaten [...] zahlreiche bilaterale Abkommen zur Beseitigung oder Abmilderung der erwähnten negativen Wirkungen geschlossen haben, der Gerichtshof im Rahmen von Art. 234 EGV [jetzt Art. 267 AEUV, Anm. d. Verf.] nicht dafür zuständig [ist], festzustellen, ob ein vertragschließender Mitgliedstaat ein solches Abkommen verletzt hat".[590] Der EuGH ist dabei der Auffassung, dass „der Gerichtshof das Verhältnis zwischen einer nationalen Maßnahme wie der im Ausgangsverfahren streitigen und einem Doppelbesteuerungsabkommen wie dem DBA nicht prüfen [darf], da diese Frage nicht zur Auslegung des Gemeinschaftsrechts gehört".[591]

Im Ergebnis ist nach der Rechtsprechung des EuGH zwar die Funktion eines mitgliedstaatlichen „treaty override" im Hinblick auf die hierdurch hervorgerufene einseitige *Änderung der Aufteilungskriterien eines DBA* durch diesen Mitgliedstaat einer unionsrechtlichen Überprüfung anhand der Grundfreiheiten entzogen. Die *steuerlichen Auswirkungen* eines „treaty override" sollten jedoch weiterhin an den

---

S. 72 ff.; *Schönfeld/Häck*, in: *Schönfeld/Ditz*, Doppelbesteuerungsabkommen, Systematik DBA, Rz. 134.

585 Siehe hierzu ausführlich *Kofler*, Doppelbesteuerungsabkommen und Europäisches Gemeinschaftsrecht, S. 604 ff. m.w.N.

586 *EuGH*, 06.12.2007 – C-298/05, *Columbus Container*, Slg. 2007, I-10451.

587 *Musil*, IStR 2014, 192, 195; *Pohl*, ISR 2014, 158, 162; *Schönfeld/Häck*, in: *Schönfeld/Ditz*, Doppelbesteuerungsabkommen, Systematik DBA, Rz. 157; so auch die Auffassung des *BFH*, 10.01.2012 – I R 66/09, DB 2012, 1078.

588 *EuGH*, 06.12.2007 – C-298/05, *Columbus Container*, Slg. 2007, I-10451, Rz. 57.

589 Schlussanträge Generalanwalt *Mengozzi*, 20.03.2007 – C-298/05, *Columbus Container*, Rz. 46.

590 *EuGH*, 06.12.2007 – C-298/05, *Columbus Container*, Slg. 2007, I-10451, Rz. 46. Bestätigt durch *EuGH*, 16.07.2009 – C-128/08, *Damseaux*, Slg. 2009, I-06823, Rz. 22.

591 *EuGH*, 06.12.2007 – C-298/05, *Columbus Container*, Slg. 2007, I-10451, Rz. 47. Bestätigt durch *EuGH*, 16.07.2009 – C-128/08, *Damseaux*, Slg. 2009, I-06823, Rz. 22.

Diskriminierungs- bzw. Beschränkungsverboten der Grundfreiheiten des AEUV zu messen sein.[592] Führt die Anwendung eines „treaty override" aber lediglich zu einer internationalen *juristischen* Doppelbesteuerung von Einkünften oder Vermögen eines Steuerpflichtigen, so wäre wohl auch unter diesem Gesichtspunkt eine Unionsrechtswidrigkeit der jeweiligen mitgliedstaatlichen Steuervorschriften zu verneinen.[593]

b) Verstoß gegen das Gebot der loyalen Zusammenarbeit (Art. 4 Abs. 3 EUV)

Neben einer Verletzung der Grundfreiheiten wurde in der Literatur teilweise auch ein Verstoß eines mitgliedstaatlichen „treaty override" gegen das „Gebot der loyalen Zusammenarbeit" der Mitgliedstaaten nach Art. 10 EGV (jetzt Art. 4 Abs. 3 EUV) angenommen.[594] Mit dieser Frage hatte sich der EuGH schließlich explizit in seinem Urteil zur Rechtssache *Levy und Sebbag*[595] auseinanderzusetzen. In dem zugrunde liegenden belgischen Vorabentscheidungsverfahren ging es um die Anwendung der Regelungen des französisch-belgischen DBA, welches zur Vermeidung einer internationalen (juristischen) Doppelbesteuerung von Dividendenzahlungen an in Belgien ansässige Anteilseigner grundsätzlich eine Anrechnung von in Frankreich auf diese Dividenden erhobenen Quellensteuern vorsah.[596] Nach Abschluss des Abkommens führte eine Gesetzesänderung im belgischen nationalen Steuerrecht jedoch zu einer Aufhebung der durch das DBA vereinbarten Vermeidung der Doppelbesteuerung,[597] sodass die in Belgien ansässigen Kläger mit ihren französischen Dividendeneinkünften einer internationalen juristischen Doppelbesteuerung in Belgien und Frankreich unterlagen. Das vorlegende belgische Gericht bezog in seine Vorlagefrage neben einer möglichen Verletzung der Kapitalverkehrsfreiheit nach Art. 56 EGV auch ausdrücklich einen potenziellen Verstoß der nach Abschluss des Abkommens eingetretenen Gesetzesänderung gegen Art. 10 EGV ein.[598]

Der EuGH verneinte im Urteil *Levy und Sebbag* einen Vertoß des belgischen „treaty override" gegen den unionsrechtlichen „Grundsatz der loyalen Zusammenarbeit"

---

592 *Gosch*, IStR 2008, 413, 420; *Musil*, IStR 2014, 192, 195.

593 Gl. A. *Schönfeld/Häck*, in: *Schönfeld/Ditz*, Doppelbesteuerungsabkommen, Systematik DBA, Rz. 134; *Lang*, in: *Lehner*, Reden zum Andenken an Klaus Vogel, S. 74 ff.; *Riedl*, Die internationale Doppelbesteuerung im EU-Binnenmarkt, S. 209. Zur Frage der Unionsrechtswidrigkeit der internationalen juristischen Doppelbesteuerung siehe oben B.II.2.c)(1).

594 Vgl. statt vieler *Gosch*, IStR 2008, 413, 419 m.w.N.

595 *EuGH*, 19.09.2012 – C-540/11, *Levy und Sebbag*, IStR 2013, 307 m. Anm. *Tippelhofer*.

596 Vgl. *EuGH*, 19.09.2012 – C-540/11, *Levy und Sebbag*, IStR 2013, 307 m. Anm. *Tippelhofer*, Rz. 4.

597 Vgl. *EuGH*, 19.09.2012 – C-540/11, *Levy und Sebbag*, IStR 2013, 307 m. Anm. *Tippelhofer*, Rz. 5, 10.

598 *EuGH*, 19.09.2012 – C-540/11, *Levy und Sebbag*, IStR 2013, 307 m. Anm. *Tippelhofer*, Rz. 10 f.

zwischen den Mitgliedstaaten. Art. 10 EGV (jetzt Art. 4 Abs. 3 EUV) entfalte in diesem Zusammenhang keine über die Grundfreiheiten bzw. Art. 293 EGV hinausgehende Wirkung für die Mitgliedstaaten.[599] Da der EuGH bereits im Urteil *Columbus Container*[600] bei der unionsrechtlichen Überprüfung eines mitgliedstaatlichen „treaty override" eine Anwendbarkeit der Grundfreiheiten verneint hatte und Art. 293 EGV nach Auffassung des EuGH darüber hinaus keine unmittelbare Wirkung im Sinne eines rechtswirksamen Anspruchs eines Steuerpflichtigen zur Vermeidung von internationaler Doppelbesteuerung begründet, kann im Ergebnis auch Art. 4 Abs. 3 EUV nicht zu einer Verpflichtung eines Mitgliedstaates führen, „treaty override" nach seinem nationalen Steuerrecht zu verhindern oder zu unterbinden.[601]

IV. Sekundäres Unionsrecht

Aufgrund des allgemeinen Anwendungsvorrangs des Unionsrechts gehen auch die auf der Grundlage der Europäischen Verträge erlassenen Rechtsakte der Union als „sekundäres Unionsrecht" den Regelungen der Mitgliedstaaten in ihren vereinbarten DBA vor.[602] Die in diesen Abkommen vereinbarten Kriterien für die Aufteilung von Besteuerungsbefugnissen zwischen den Mitgliedstaaten treten hinter die zwingend anzuwendenden Regelungen der sekundären Unionsrechtsakte, d.h. insbesondere hinter die im Bereich der direkten Steuern bislang erlassenen *Richtlinien*, zurück.[603]

1. Mutter-Tochter-Richtlinie

Die *Mutter-Tochter-Richtlinie*[604] enthält zur Vermeidung von internationaler Doppelbe-steuerung bei grenzüberschreitenden Gewinnausschüttungen zwischen EU-Tochtergesell-schaften und ihren EU-Muttergesellschaften verschiedene Maßnahmen für den Mitgliedstaat der Tochtergesellschaft und den Mitgliedstaat der Muttergesellschaft. Während Art. 5 der Mutter-Tochter-Richtlinie ein allgemeines

599 Vgl. *EuGH*, 19.09.2012 – C-540/11, *Levy und Sebbag*, IStR 2013, 307 m. Anm. *Tippelhofer*, Rz. 28.

600 *EuGH*, 06.12.2007 – C-298/05, *Columbus Container*, Slg. 2007, I-10451.

601 Zustimmend *Musil*, IStR 2014, 192, 195. A.A. aber *Offermanns*, European Taxation 2013, 430, 434.

602 *Birk*, in: *Tipke*, Festschrift für Joachim Lang zum 70. Geburtstag: Gestaltung der Steuerrechtsordnung, S. 1143 f.; *Schaumburg*, Internationales Steuerrecht, Rz. 16.41; *Petritz/Schuch*, in: *Gassner*, Die Verteilung der Besteuerungsrechte zwischen Ansässigkeits- und Quellenstaat im Recht der Doppelbesteuerungsabkommen, S. 125.

603 *EuGH*, 12.02.2009 – C-138/07, *Colberfret*, Slg. 2009, I-00731, Rz. 65; *Schaumburg*, Internationales Steuerrecht, Rz. 16.48.

604 Richtlinie 2011/96/EU des Rates v. 30.11.2011 über das gemeinsame Steuersystem der Mutter- und Tochtergesellschaften verschiedener Mitgliedstaaten, ABl. EU Nr. L 345 v. 29.12.2011, S. 8.

Quellensteuerabzugsverbot für den *Quellenstaat der Dividenden* (d.h. den Ansässigkeitsstaat der Tochtergesellschaft) zur Vermeidung einer internationalen *juristischen* Doppelbesteuerung enthält, hat der *Ansässigkeitsstaat der Muttergesellschaft* nach Art. 4 der Mutter-Tocher-Richtlinie ein grundsätzliches Wahlrecht, ob er eine internationale *wirtschaftliche* Doppelbesteuerung der Dividenden durch Steuerfreistellung (Art. 4 Abs. 1 Buchst. a) der Mutter-Tochter-Richtlinie) oder durch Steueranrechnung (Art. 4 Abs. 1 Buchst. b) der Mutter-Tochter-Richtlinie) vermeidet. Durch die Richtlinie 2011/96/EU des Rates vom 08.07.2014[605] wurde Art. 4 Abs. 1 Buchst. a) der Mutter-Tochter-Richtlinie indessen dahingehend geändert, dass eine gewählte Steuerfreistellung für Dividenden im Ansässigkeitsstaat der Muttergesellschaft dann nicht gelten soll, wenn die ausgeschütteten Gewinne von der Tochtergesellschaft steuerlich „abgezogen" werden können. Damit soll eine „doppelte Begünstigung" der Unternehmensgruppe (Steuerfreistellung der Dividenden bei der Muttergesellschaft und gleichzeitig steuerwirksamer Aufwand bei der Tochtergesellschaft) verhindert werden.[606]

Im OECD-MA finden sich die Regelungen zur Vermeidung einer internationalen *juristischen* Doppelbesteuerung von Dividenden und ähnlichen Einkünften in Art. 10 OECD-MA i.V.m. Art. 23A Abs. 2/23B Abs. 1 OECD-MA. Art. 10 Abs. 1 und Abs. 2 OECD-MA sehen dabei sowohl eine Besteuerungsbefugnis des Quellenstaates wie auch des Ansässigkeitsstaates der Dividendenempfänger für die ausgeschütteten Dividenden vor, wobei Art. 10 Abs. 2 OECD-MA das Besteuerungsrecht des Quellenstaates auf einen Höchstsatz von 15 % begrenzt.[607] Für den Ansässigkeitsstaat sieht das OECD-MA eine grundsätzliche Verpflichtung zur Anrechnung der im Quellenstaat gezahlten Steuern auf die dort anfallende Steuer vor (vgl. Art. 23A Abs. 2 OECD-MA bzw. Art. 23B Abs. 1 OECD-MA). Die Anwendbarkeit der Mutter-Tochter-Richtlinie bei einer grenzüberschreitenden Dividendenausschüttung in der EU führt aufgrund des zwingenden Quellensteuerverbots somit dazu, dass der Quellenstaat durch den Anwendungsvorrang des sekundären Unionsrechts im Ergebnis komplett auf sein abkommensrechtlich zugewiesenes (in der Höhe beschränktes) Quellenbesteuerungsrecht für die Dividendenausschüttungen verzichten muss.[608]

Die Vermeidung einer internationalen *wirtschaftlichen* Doppelbesteuerung von Dividenden ist dagegen durch das OECD-MA nicht geregelt.[609] Die Mutter-Tochter-Richtlinie gewährt dem Ansässigkeitsstaat der dividendenempfangenden

---

605 Richtlinie 2014/86/EU des Rates v. 08.07.2014 zur Änderung der Richtlinie 2011/96/EU über das gemeinsame Steuersystem der Mutter- und Tochtergesellschaften verschiedener Mitgliedstaaten, ABl. EU Nr. L 219 v. 25.07.2014, S. 40.

606 *Haase*, IStR 2014, 650, 650.

607 Für sog. „Schachteldividenden" sieht Art. 10 Abs. 2 Buchst. a) OECD-MA einen niedrigeren Steuersatz i.H.v. 5 % vor, vgl. Tz. 10 OECD-MK zu Art. 10 OECD-MA.

608 Vgl. *Schönfeld/Häck*, in: *Schönfeld/Ditz*, Doppelbesteuerungsabkommen, Systematik DBA, Rz. 136.

609 Vgl. *Kaeser/Wassermeyer*, in: *Wassermeyer*, Doppelbesteuerung, OECD-MA, Art. 10 MA, Rz. 12; *Schaumburg*, Internationales Steuerrecht, Rz. 16.325.

Muttergesellschaft in dieser Hinsicht ein Wahlrecht zur Anwendung der *Anrechnungsmethode* oder der *Freistellungsmethode*. Aufgrund dieses ausdrücklich eingeräumten Methodenwahlrechts müssen bei Anwendbarkeit der Mutter-Tochter-Richtlinie beide Methoden *nicht* zu einem „gleichwertigen" steuerlichen Ergebnis führen um im Einklang mit Unionsrecht zu stehen.[610] Das *FG Köln* hat in diesem Sinne entschieden, dass sich Steuerpflichtige nicht auf Unionsrecht berufen können, wenn ein Mitgliedstaat in seinem nationalen Recht die Freistellungsmethode für die Vermeidung einer internationalen Doppelbesteuerung von Dividendeneinkünften dort ansässiger Muttergesellschaften vorsieht, im jeweiligen Einzelfall aber die Anrechnungsmethode zu einer günstigeren steuerlichen Belastung geführt hätte.[611]

Mit Blick auf die Neuregelung von Art. 4 Abs. 1 Buchst. a) der Mutter-Tochter-Richtlinie könnten sich Probleme bei der Anwendung von mitgliedstaatlichen DBA in den Fällen ergeben, in welchen diese DBA sog. „Schachtelprivilegien"[612] enthalten, also Dividendeneinkünfte eines Anteilseigners ab einer bestimmten Kapitalbeteiligungsquote in dessen Ansässigkeitsstaat von einer dortigen Besteuerung abkommensrechtlich freigestellt werden. Die mitgliedstaatlichen DBA enthalten nämlich i.d.R. kein entsprechendes „Korrespondenzprinzip", welches die Steuerfreistellung der Dividendeneinkünfte von einer Nichtabziehbarkeit der Ausschüttung im Quellenstaat abhängig macht. Wie *Haase* zutreffend zu bedenken gibt, würde die nationale Umsetzung des geänderten Art. 4 Abs. 1 Buchst. a) der Mutter-Tochter-Richtlinie in der Konsequenz zu einem völkerrechtswidrigen „treaty override" der Mitgliedstaaten in Bezug auf ihre dementsprechend abgeschlossenen DBA führen.[613]

Zu prüfen ist, ob sich dieser Konflikt ggf. auf der Grundlage von Art. 7 Abs. 2 der Mutter-Tochter-Richtlinie lösen lässt. Art. 7 Abs. 2 der Mutter-Tochter-Richtlinie sieht vor, dass „diese Richtlinie nicht die Anwendung einzelstaatlicher oder vertraglicher Bestimmungen [berührt], die die Beseitigung oder Minderung der Doppelbesteuerung der Dividenden bezwecken". Die Literatur interpretiert diese Regelung im Sinne eines „Günstigerprinzips": Das Richtlinienrecht und das Abkommensrecht bleiben grundsätzlich nebeneinander und kumulativ anwendbar; für den Steuerpflichtigen gilt insoweit die „günstigere" Lösung.[614] Ob sich diese Auffassung mit der Rechtsprechung des EuGH zu Art. 7 Abs. 2 der Mutter-Tochter-Richtlinie

610 *EuGH*, 12.02.2009 – C-138/07, *Colberfret*, Slg. 2009, I-00731, Rz. 31; *EuGH*, 12.12.2006 – C-446/04, *Test Claimants in the FII Group Litigation*, Slg. 2006, I-11753, Rz. 43 f.

611 So *FG Köln*, 06.09.2011 – 13 K 170/06, DStRE 2012, 1126, 1128 f. (rkr.).

612 Siehe z.B. *Schaumburg*, Internationales Steuerrecht, Rz. 16.545; *Tischbirek*, in Vogel/Lehner, DBA, Art. 10, Rz. 11.

613 *Haase*, IStR 2014, 650, 651.

614 *Lehner*, in: *Vogel/Lehner*, DBA, Einl., Rz. 270a; *Tischbirek*, in: *Vogel/Lehner*, DBA, Art. 10, Rz. 176; grundlegend *Kofler*, Doppelbesteuerungsabkommen und Europäisches Gemeinschaftsrecht, S. 828 f.

deckt, ist m.E. fraglich. In der Rechtssache *Athinaïki Zythopoiia*[615] hat der EuGH festgestellt, dass eine Regelung in einem mitgliedstaatlichen DBA zur Aufteilung der Besteuerungsbefugnisse für Dividendeneinkünfte, welche auf der Grundlage von Art. 10 OECD-MA getroffen wurde, „die Doppelbesteuerung von Dividenden keineswegs beseitigt oder mindert, sondern vielmehr eine *solche Doppelbesteuerung regelt*".[616] Art. 10 Abs. 1 OECD-MA ermächtige ausdrücklich den Ansässigkeitsstaat des Anteilseigners, die ausgeschütteten Dividenden zu besteuern, während Art. 10 Abs. 2 OECD-MA gleichzeitig die Besteuerungsbefugnis des Sitzstaates der ausschüttenden Gesellschaft für die Dividenden aufrechterhält.[617] Darüber hinaus hat der EuGH zur Auslegung von Art. 7 Abs. 2 der Mutter-Tochter-Richtlinie in seinem Urteil *Banque Fédérative du Crédit Mutuel*[618] geurteilt, dass „die Richtlinie *nur* die Anwendung derjenigen einzelstaatlichen oder vertraglichen Bestimmungen nicht berührt, die die Beseitigung oder Minderung der *wirtschaftlichen* Doppelbesteuerung der Dividenden bezwecken".[619] Da die OECD-Musterabkommen grundsätzlich die Vermeidung einer internationalen *juristischen* Doppelbesteuerung betreffen, scheint die Anwendung der Vorbehaltsnorm insoweit zumindest für DBA Regelungen auf der Basis von Art. 10 Abs. 1 und Abs. 2 OECD-MA „ins Leere zu laufen". In diesen Fällen greift somit auch kein „Günstigerprinzip", sondern der unbedingte Anwendungsvorrang des „sekundären Unionsrechts" gegenüber dem Abkommensrecht.

Haben Mitgliedstaaten dagegen ein internationales „Schachtelprivileg" für Dividendeneinkünfte in einem DBA vereinbart, so stellt sich die abkommensrechtliche Situation anders dar. Durch die Vereinbarung der vollständigen Steuerfreistellung der Dividenden im Ansässigkeitsstaat wird insoweit keine Doppelbesteuerung „geregelt", sondern bereits auf Ebende der Verteilungsnorm eines DBA abschließend vermieden. Darüber hinaus umfasst das „Schachtelprivileg" sowohl die Vermeidung einer internationalen *juristischen* wie auch einer internationalen *wirtschaftlichen* Doppelbesteuerung der Dividenden. M.E. sollte deshalb das neue „Korrespondenzprinzip" des Art. 4 Abs. 1 Buchst. a) der Mutter-Tochter-Richtlinie in Fällen, in welchen die Mitgliedstaaten besondere „Schachtelprivilegien" bei der Besteuerung von Dividenden in ihren DBA vereinbart haben, aufgrund des Vorbehalts von Art. 7 Abs. 2 der Mutter-Tochter-Richtlinie nicht greifen, um ein „treaty override" der Mitgliedstaaten durch die Anwendung von Unionsrecht zu vermeiden.

---

615 *EuGH*, 04.10.2001 – C-294/99, *Athinaïki Zythopoiia*, Slg. 2001, I-06797.

616 *EuGH*, 04.10.2001 – C-294/99, *Athinaïki Zythopoiia*, Slg. 2001, I-06797, Rz. 31 [Hervorh. d. Verf.].

617 *EuGH*, 04.10.2001 – C-294/99, *Athinaïki Zythopoiia*, Slg. 2001, I-06797, Rz. 31.

618 *EuGH*, 03.04.2008 – C-27/07, *Banque Fédérative du Crédit Mutuel*, Slg. 2008, I-02067.

619 *EuGH*, 03.04.2008 – C-27/07, *Banque Fédérative du Crédit Mutuel*, Slg. 2008, I-02067, Rz. 49 [Hervorh. d. Verf.].

2. Zins-und-Lizenzgebühren-Richtlinie

Die *Zins-und-Lizenzgebühren-Richtlinie*[620] vermeidet die internationale *juristische* Doppelbesteuerung von grenzüberschreitenden Zins- und Lizenzgebührenzahlungen zwischen verbundenen EU-Unternehmen ebenfalls durch ein zwingendes Quellensteuerabzugsverbot des Quellenstaates der Zahlungen.[621]

Mit Blick auf die Zuweisung der Besteuerungsbefugnis für grenzüberschreitende *Lizenzgebühren* stehen die Regelungen der Zins-und-Lizenzgebühren-Richtlinie im Einklang mit der Aufteilungsregelung des Art. 12 OECD-MA. Art. 12 Abs. 1 OECD-MA sieht dabei ein ausschließliches Besteuerungsrecht des *Ansässigkeitsstaates* vor: „Lizenzgebühren, die aus einem Vertragsstaat stammen und deren Nutzungsberechtigter eine im anderen Vertragsstaat ansässige Person ist, können *nur im anderen Staat* besteuert werden".[622]

Bei *Zinszahlungen* zwischen verbundenen Unternehmen enthält die einschlägige Verteilungsnorm des Art. 11 OECD-MA dagegen sowohl eine Besteuerungsbefugnis des Quellenstaates wie auch des Ansässigkeitsstaates des Empfängers der Zinserträge. Die Erhebung einer Quellensteuer wird nach Art. 11 Abs. 2 OECD-MA auf 10 % des Bruttobetrags der Zinsen beschränkt. Gem. Art. 23A Abs. 2 oder 23B Abs. 1 OECD-MA ist der Ansässigkeitsstaat des Zinsempfängers zur Vermeidung einer internationalen Doppelbesteuerung verpflichtet, die im Quellenstaat der Zinsen erhobene Quellensteuer bei der Besteuerung der Zinseinkünfte anzurechnen. Greift bei Zinszahlungen zwischen verbundenen Unternehmen in der EU die Zins-und-Lizenzgebühren-Richtlinie ein, verdrängt diese aufgrund des unionsrechtlichen Anwendungsvorrangs die abkommensrechtliche Aufteilung der Besteuerungsbefugnisse zwischen den Vertragsstaaten. Der Quellenstaat ist unionsrechtlich verpflichtet, auf sein abkommensrechtliches Besteuerungsrecht zugunsten einer ausschließlichen Besteuerung der Zinsen im Ansässigkeitsstaat des Empfängers zu verzichten.

Art. 9 der Zins-und-Lizenzgebühren-Richtlinie enthält eine dem Art. 7 Abs. 2 der Mutter-Tochter-Richtlinie ähnliche „Abgrenzungsbestimmung" zwischen sekundärem Unionsrecht und Abkommensrecht: „Diese Richtlinie berührt nicht die Anwendung einzelstaatlicher oder bilateraler Bestimmungen, die über die Bestimmungen dieser Richtlinie hinausgehen und die Beseitigung oder Abschwächung der Doppelbesteuerung von Zinsen und Lizenzgebühren bezwecken". In der Literatur wird auch Art. 9 der Zins-und-Lizenzgebühren-Richtlinie als Richtlinienvorbehalt zugunsten einer „günstigeren" Abkommensanwendung für den Steuerpflichtigen

620 Richtlinie 2003/49/EG v. 03.06.2003 über Zinsen und Lizenzgebühren zwischen verbundenen Unternehmen, ABl. EG Nr. L 157 v. 26.06.2003, S. 49, zuletzt geändert durch Art. 1 ÄndRL 2006/98/EG v. 20.11.2006, ABl. EG Nr. L 363 v. 20.12.2006, S. 129.

621 Vgl. Art. 1 der Zins-und-Lizenzgebühren-Richtlinie, a.a.O.

622 Art. 12 Abs. 1 OECD-MA [Hervorh. d. Verf.].

interpretiert („Günstigkeitsprinzip").[623] Der EuGH hat bislang zur Auslegung von Art. 9 der Zins-und-Lizenzgebühren-Richtlinie nicht Stellung genommen.[624] Da der Wortlaut beider Richtlinienbestimmungen jedoch nahezu identisch ist, sollte die zu Art. 7 Abs. 2 der Mutter-Tochter-Richtlinie ergangene Rechtsprechung des EuGH[625] heranzuziehen sein, welche Art. 9 der Zins-und-Lizenzgebühren-Richtlinie somit zumindest hinsichtlich mitgliedstaatlicher DBA, welche auf dem Muster des OECD-MA beruhen und die Vermeidung internationaler *juristischer* Doppelbesteuerung betreffen, im Ergebnis ebenfalls „leerlaufen" lässt.

3. EU-Zinsrichtlinie

Die *EU-Zinsrichtlinie*[626] hat grundsätzlich keinen Einfluss auf die Verteilung von Besteuerungsbefugnissen zwischen Mitgliedstaaten, da diese hauptsächlich Regelungen zum auto-matischen Informationsaustausch über gezahlte Zinserträge in der EU enthält. Die EU-Zinsrichtlinie entfaltet lediglich in Bezug auf DBA der Mitgliedstaaten mit Belgien, Österreich und Luxemburg hinsichtlich der *Höhe einer einzubehaltenden Quellensteuer* auf Zinserträge aus diesen Staaten Wirkung. Werden Zinszahlungen aus Belgien, Österreich oder Luxemburg an eine in einem anderen Mitgliedstaat ansässige Privatperson als Empfänger geleistet, so greift in diesen Fällen nicht die Beschränkung des abkommensrechtlichen Quellensteuersatzes i.H.v. 10 % des Bruttobetrags der Zinsen gem. Art. 10 Abs. 2 OECD-MA ein; Belgien, Österreich und Luxemburg sind vielmehr unionsrechtlich verpflichtet, auf diese Zahlungen einen Quellensteuersatz i.H.v. 35 % nach den Vorgaben der EU-Zinsrichtlinie zu erheben.[627] Zur Vermeidung einer internationalen juristischen Doppelbesteuerung der Zinsen sieht die EU-Zinsrichtlinie im Einklang mit Art. 23A Abs. 2 bzw. Art. 23B Abs. 1 OECD-MA die Anwendung der Anrechnungsmethode im Ansässigkeitsstaat des Zinsempfängers vor (vgl. Art. 14 EU-Zinsrichtlinie).

---

623 Vgl. *Kofler*, Doppelbesteuerungsabkommen und Europäisches Gemeinschaftsrecht, S. 829.

624 Der EuGH hat sich mit der Zins-und-Lizenzgebühren-Richtlinie, soweit ersichtlich, bislang nur in seinem Urteil zur Rechtssache *Scheuten Solar* beschäftigt, vgl. *EuGH*, 21.07.2011 – C-397/09, *Scheuten Solar*, Slg. 2011, I-06455. In diesem Fall ging es um die Frage, ob der Anwendungsbereich der Richtlinie bei Bestimmungen des nationalen Steuerrechts eines Mitgliedstaates eröffnet ist, wonach Darlehenszinsen, die ein Unternehmen mit Sitz in einem Mitgliedstaat an ein in einem anderen Mitgliedstaat belegenes verbundenes Unternehmen zahlt, der Bemessungsgrundlage für die Gewerbesteuer hinzugerechnet werden. Das Verfahren hatte somit keinen Bezug zum Abkommensrecht.

625 Siehe hierzu oben C.IV.1.

626 Richtlinie 2003/48/EG des Rates vom 03.06.2003 im Bereich der Besteuerung von Zinserträgen, ABl. EG Nr. L 157 v. 26.06.2003, S. 38.

627 Vgl. Art. 10 Abs. 1 und Art. 11 Abs. 1 EU-Zinsrichtlinie, a.a.O.

4. Fusions-Richtlinie

Wie oben dargestellt,[628] befasst sich die *Fusions-Richtlinie*[629] hauptsächlich mit der Sicherstellung einer „Steuerneutralität" von grenzüberschreitenden Umwandlungsvorgängen und Sitzverlegungen in der EU und hat insoweit keinen unmittelbaren oder mittelbaren Einfluss auf die Regelungen der DBA der Mitgliedstaaten.[630]

628 Siehe oben B.III.4.

629 Richtlinie 90/434/EWG des Rates vom 23.07.1990 über das gemeinsame Steuersystem für Fusionen, Spaltungen, die Einbringung von Unternehmensteilen und den Austausch von Anteilen, die Gesellschaften verschiedener Mitgliedstaaten betreffen, ABl. EG Nr. L 225 v. 20.08.1990, S. 1, zuletzt geändert durch Richtlinie 2005/19/EG des Rates v. 17.02.2005, ABl. EG Nr. L 58 v. 04.03.2005, S. 19.

630 Vgl. *Schönfeld/Häck*, in: *Schönfeld/Ditz*, Doppelbesteuerungsabkommen, Systematik DBA, Rz. 138; *Kofler*, Doppelbesteuerungsabkommen und Europäisches Gemeinschaftsrecht, S. 825.

D. Der Rechtfertigungsgrund der „Wahrung der Aufteilung der Besteuerungsbefugnis zwischen den Mitgliedstaaten“ in der Rechtsprechung des EuGH

Der Rechtfertigungsgrund der „Wahrung der Aufteilung der Besteuerungsbefugnis zwischen den Mitgliedstaaten“ wurde vom EuGH zum ersten Mal ausdrücklich in seinem Urteil zur Rechtssache *Marks & Spencer*[631] im Jahr 2005 anerkannt. Der EuGH war zu diesem Zeitpunkt einer wachsenden Kritik in Bezug auf seine Entscheidungen im Bereich der direkten Steuern ausgesetzt.[632] Die Mitgliedstaaten sahen in der zunehmenden Bedeutung der Rechtsprechung des EuGH eine drohende Gefahr für die autonome Ausübung ihrer Steuersouveränität und vermissten zudem eine Berücksichtigung ihrer fiskalischen Interessen bei der Anwendung des Unionsrechts.[633] Dabei wurde insbesondere auch die sehr restriktive Anwendung der bisher bestehenden ungeschriebenen Rechtfertigungsgründe durch den EuGH bei seiner Rechtsprechung zu den direkten Steuern der Mitgliedstaaten kritisiert.[634]

Nach seinem Urteil *Marks & Spencer* hat der EuGH den Rechtfertigungsgrund der „Wahrung der Aufteilung der Besteuerungsbefugnis zwischen den Mitgliedstaaten“ in zahlreichen weiteren Urteilen zum direkten Steuerrecht der EU-Mitgliedstaaten anerkannt.[635] Dabei hat der EuGH im Laufe der Zeit die Bedeutung dieses Rechtfertigungsgrundes in seiner Rechtsprechung schrittweise erhöht: Während der EuGH in *Marks & Spencer* noch eine kumulative Prüfung dieses Rechtfertigungsgrundes zusammen mit zwei weiteren Rechtfertigungsgründen („Vermeidung einer doppelten Verlustberücksichtigung“ sowie „Verhinderung von Steuerflucht“) vornahm, reduzierte der EuGH seine Rechtfertigungsprüfung in den Urteilen *Oy AA* und *Lidl Belgium* auf zwei Rechtfertigungsgründe, bis er schließlich in den Entscheidungen *X Holding* und *National Grid Indus* die streitigen beschränkenden Steuervorschriften der Mitgliedstaaten allein aufgrund der Notwendigkeit, die „Aufteilung der Besteuerungsbefugnis zwischen den Mitgliedstaaten zu wahren“, als gerechtfertigt ansah.

Trotz der enormen Bedeutung, den dieser Rechtfertigungsgrund im Laufe der Zeit in der Rechtsprechung des EuGH erlangte,[636] blieben sein tatsächlicher Wesensgehalt

---

631 *EuGH*, 13.12.2005 – C-446/03, *Marks & Spencer*, Slg. 2005, I-10866.

632 Zur allgemeinen Kritik siehe z.B. *Hey*, StuW 2004, 193 ff.; *Ahmann*, DStZ 2005, 75 ff.; *Seiler*, StuW 2005, 25 ff.; *Fischer*, FR 2005, 457 ff.; *Birk*, FR 2005, 121 ff.; *Drüen/Kahler*, StuW 2005, 171 ff.

633 Vgl. *Weber-Grellet*, DStR 2009, 1229; *Englisch*, Aufteilung der Besteuerungsbefugnisse, S. 7.

634 Vgl. *Musil/Fähling*, DStR 2010, 1501 f.

635 Siehe hierzu *Lang*, in: *Mellinghoff*, Steuerrecht im Rechtsstaat, S. 317 ff.

636 Zur Kritik vgl. *Schnitger*, IStR 2012, 624 f.

und seine genauen Konturen sowie auch die eindeutige Abgrenzung zu anderen ungeschriebenen Rechtfertigungsgründen weiterhin unscharf.[637]

Die folgenden Ausführungen sollen dazu dienen, anhand einer Kategorisierung der einschlägigen Urteile des EuGH mögliche dogmatische Grundlinien dieses Rechtfertigungsgrundes herauszuarbeiten und dabei insbesondere auch eine Abgrenzung zu anderen Rechtfertigungsgründen in der Rechtsprechung des EuGH vorzunehmen.

I. Beschränkende Steuervorschriften der Mitgliedstaaten

1. Verlustabzugsbeschränkungen

Viele mitgliedstaatliche Steuerordnungen sehen steuerliche Abzugsbeschränkungen für ausländische Verluste von dort ansässigen Steuerpflichtigen dann vor, wenn das Besteuerungsrecht eines Mitgliedstaates für die entsprechenden ausländischen Gewinne, etwa aufgrund der Regelungen eines bilateralen DBA, ausgeschlossen ist.[638] Im deutschen Steuerrecht begründet der BFH in seiner ständigen Rechtsprechung eine Nichtabziehbarkeit von ausländischen Verlusten in diesen Fällen mit der sog. „Symmetriethese": Soweit Einkünfte eines Steuerpflichtigen aufgrund von DBA-Regelungen von der Bemessungsgrundlage der Steuer des Wohnsitzstaates ausgenommen werden, sei „letztlich zweifelsfrei", dass darin nicht nur positive, sondern auch negative Einkünfte einbezogen sind.[639]

Der EuGH musste sich in seiner Rechtsprechung zu den direkten Steuern in mehreren Verfahren mit der Frage einer möglichen Unionsrechtswidrigkeit von mitgliedstaatlichen Verlustabzugsbeschränkungen bei ausländischen Verlusten von dort ansässigen Steuerpflichtigen befassen, wenn im vergleichbaren Inlandsfall ein entsprechender Verlustabzug ohne Einschränkung möglich war. Die mitgliedstaatlichen Vorlageverfahren betrafen dabei insbesondere die Berücksichtigung von Verlusten ansässiger Steuerpflichtiger aus ausländischen *Tochtergesellschaften*

637 So kritisch schon *Englisch*, Aufteilung der Besteuerungsbefugnisse, S. 10 f. Die Generalanwältin *Kokott* monierte in ihren Schlussanträgen v. 13.03.2014 zur Rechtssache *Nordea Bank* (Rs. C-48/13) ebenfalls die weiterhin bestehenden Unklarheiten bei der Anwendung dieses Rechtfertigungsgrundes: „Und wieder einmal wird sich der Gerichtshof mit dem Rechtfertigungsgrund der ‚Wahrung der Aufteilung der Besteuerungsbefugnis zwischen den Mitgliedstaaten' beschäftigen müssen, den er im Urteil Marks & Spencer erstmalig ausdrücklich anerkannt hat und dessen Reichweite immer noch nicht ausreichend geklärt scheint" (Rz. 1).

638 Siehe *Kofler*, Doppelbesteuerungsabkommen und Europäisches Gemeinschaftsrecht, S. 636; *Englisch*, Aufteilung der Besteuerungsbefugnisse, S. 34.

639 Vgl. *BFH*, 28.06.2006 – I R 84/04, BStBl. II 2006, 861 sowie zuletzt *BFH*, 05.02.2014 – I R 48/11, BFHE 244, 371. Siehe hierzu *Kahlenberg*, European Taxation 2014, 414 ff.; *Müller*, ISR 2014, 204 ff.

oder ausländischen *Betriebstätten* sowie Verluste aus in anderen Mitgliedstaaten belegenen *Immobilien*.

a) Verluste aus ausländischen Tochtergesellschaften

(1) Marks & Spencer (2005)

Die grundlegenden Weichen zur unionsrechtlichen Beurteilung von steuerlichen Verlustabzugsbeschränkungen der Mitgliedstaaten stellte der EuGH im Jahr 2005 in seiner Entscheidung im Fall *Marks & Spencer*[640]. In dem britischen Vorabentscheidungsverfahren hatte der *High Court of Justice (England & Wales)* den EuGH um die Überprüfung der britischen Steuervorschriften zur Verrechnung von Verlusten bei Konzerngesellschaften (sog. „Konzernabzug") gebeten.[641] Die britischen Konzernabzugsregelungen sahen einen steuerlichen Ausgleich von Verlusten aus Tochterkapitalgesellschaften bei einer im Vereinigten Königreich ansässigen Muttergesellschaft auf Antrag dieser nur dann vor, wenn die Tochtergesellschaft ebenfalls im Vereinigten Königreich ansässig war. Die im Vereinigten Königreich ansässige *Marks & Spencer plc* machte im Rahmen des Konzernabzugs auch Verluste aus in anderen Mitgliedstaaten ansässigen Tochtergesellschaften unter Verweis auf ihre unionsrechtlich verankerte Niederlassungsfreiheit gem. Art. 43 i.V.m. Art. 48 EGV (jetzt Art. 49 i.V.m. Art. 54 AEUV) geltend.[642]

Der EuGH stellte in seinem Urteil zur Rechtssache *Marks & Spencer* zunächst fest, dass das steuerliche Abzugsverbot für Verluste aus ausländischen Tochtergesellschaften im Rahmen des britischen „Konzernabzugs" eine Beschränkung der Niederlassungsfreiheit für Gesellschaften mit Sitz im Vereinigten Königreich darstellt, da es diese davon abhält, Tochtergesellschaften in anderen Mitgliedstaaten zu gründen.[643] Zwar stehe die Regelung des „Konzernabzugs" mit dem unionsrechtlich anerkannten *Territorialitätsprinzip* im Einklang, wonach „der Mitgliedstaat des Sitzes der Muttergesellschaft die gebietsansässigen Gesellschaften für ihren weltweit erwirtschafteten Gewinn und die gebietsfremden Gesellschaften ausschließlich für den Gewinn aus ihrer inländischen Tätigkeit besteuert".[644] Allein der Verweis auf eine fehlende Besteuerungsbefugnis des Vereinigten Königreichs für die Gewinne der ausländischen Tochtergesellschaften sei jedoch nicht ausreichend, um die beschränkende Wirkung der Konzernabzugsregelungen zu rechtfertigen.[645] Damit schloss sich der EuGH den diesbezüglichen Schlussanträgen des Generalanwalts *Maduro* an: „Daher kann das Vereinigte Königreich nicht die Ansicht vertreten,

640 *EuGH*, 13.12.2005 – C-446/03, *Marks & Spencer*, Slg. 2005, I-10866.
641 *EuGH*, 13.12.2005 – C-446/03, *Marks & Spencer*, Slg. 2005, I-10866, Rz. 12 ff.
642 *EuGH*, 13.12.2005 – C-446/03, *Marks & Spencer*, Slg. 2005, I-10866, Rz. 22–26.
643 *EuGH*, 13.12.2005 – C-446/03, *Marks & Spencer*, Slg. 2005, I-10866, Rz. 33 f.
644 *EuGH*, 13.12.2005 – C-446/03, *Marks & Spencer*, Slg. 2005, I-10866, Rz. 39. Siehe zur Anwendung des *Territorialitätsprinzips* durch den EuGH oben C.III.2.
645 *EuGH*, 13.12.2005 – C-446/03, *Marks & Spencer*, Slg. 2005, I-10866, Rz. 40.

dass die Gewährung einer steuerlichen Vergünstigung vom Vorliegen einer entsprechenden Besteuerungsbefugnis und der Möglichkeit, daraus einen Vorteil zu ziehen, abhänge. Eine solche Auslegung verstößt gegen das fundamentale Prinzip der Niederlassungsfreiheit".[646]

Der EuGH erkannte die britischen Konzernabzugsregelungen aber aufgrund des von der britischen Regierung vorgebrachten Arguments, die Verlustabzugsbeschränkungen bei ausländischen Tochtergesellschaften seien notwendig, um eine „ausgewogene Aufteilung der Besteuerungsbefugnis zwischen den Mitgliedstaaten zu wahren"[647], als gerechtfertigt an: „Es kann jedoch, wie das Vereinigte Königreich zu Recht ausführt, zur *Wahrung der Aufteilung der Besteuerungsbefugnis zwischen den Mitgliedstaaten* erforderlich sein, auf die wirtschaftliche Tätigkeit der in einem dieser Staaten niedergelassenen Gesellschaften sowohl in Bezug auf Gewinne als auch auf Verluste nur dessen Steuerrecht anzuwenden".[648] Der EuGH vertrat dabei die Auffassung, dass wenn den beteiligten Gesellschaften durch die Inanspruchnahme eines „Konzernabzugs" die Möglichkeit eingeräumt würde, „für die Berücksichtigung ihrer Verluste im Mitgliedstaat ihrer Niederlassung oder aber in einem anderen Mitgliedstaat zu *optieren*, [...] dadurch die *Ausgewogenheit der Aufteilung der Besteuerungsbefugnis zwischen den Mitgliedstaaten* erheblich beeinträchtigt [würde], da die Besteuerungsgrundlage im ersten Staat um die übertragenen Verluste erweitert und im zweiten Staat entsprechend verringert würde".[649] In seinem Urteil sah der EuGH die britischen Konzernabzugsregelungen deshalb im Wege einer *Gesamtschau* dieses Rechtfertigungsgrundes zusammen mit den Rechtfertigungsgründen der „Vermeidung einer doppelten Verlustberücksichtigung" sowie der „Verhinderung von Steuerflucht" als gerechtfertigt an.[650] Die Kombination dieser drei Rechtfertigungsgründe im Urteil *Marks & Spencer* wird auch als sog. „Rechtfertigungstrias" des EuGH bezeichnet.[651]

Marks & Spencer war das erste Urteil des EuGH zu den direkten Steuern, in welchem dieser die „Wahrung der ausgewogenen Aufteilung der Besteuerungsbefugnis zwischen den Mitgliedstaaten" als möglichen Rechtfertigungsgrund explizit geprüft hat.[652] Die Anwendung dieses Rechtfertigungstopos setzt dabei denklogisch

---

646 Schlussanträge des Generalanwalts *Maduro* v. 07.04.2005, Rs. C-446/03, *Marks & Spencer*, Rz. 63.

647 *EuGH*, 13.12.2005 – C-446/03, *Marks & Spencer*, Slg. 2005, I-10866, Rz. 43.

648 *EuGH*, 13.12.2005 – C-446/03, *Marks & Spencer*, Slg. 2005, I-10866, Rz. 45 [Hervorh. d. Verf.].

649 *EuGH*, 13.12.2005 – C-446/03, *Marks & Spencer*, Slg. 2005, I-10866, Rz. 46 [Hervorh. d. Verf.].

650 *EuGH*, 13.12.2005 – C-446/03, *Marks & Spencer*, Slg. 2005, I-10866, Rz. 42–51.

651 Vgl. nur *Balmes/Brück/Ribbrock*, BB 2006, 186, 186, *Graw*, DB 2010, 2469, 2469.

652 Der EuGH entwickelte diesen Rechtfertigungsgrund dabei unabhängig von den Schlussanträgen des zuständigen Generalanwaltes *Maduro*. Dieser hatte eine Rechtfertigung der britischen Steuervorschriften insoweit lediglich anhand eines „erweiterten Kohärenzarguments" in Betracht gezogen, siehe Schlussanträge des

voraus, dass der EuGH insoweit von einer bereits zwischen den Mitgliedstaaten vorgenommenen „Aufteilung der Besteuerungsbefugnis" für bestimmte Einkünfte bzw. Vermögen ausging, die es bei der Anwendung des Unionsrechts zu „wahren" gilt. Hinsichtlich der Aufteilung der Besteuerungsbefugnis für die Einkünfte der ausländischen Tochtergesellschaften scheint sich der EuGH in seinem Urteil *Marks & Spencer* an dem im Völkerrecht wie auch Unionsrecht anerkannten *Territorialitätsprinzip* orientiert zu haben.[653] Nach diesem völkerrechtlichen Prinzip hat ein Staat nur dann steuerlichen Zugriff auf ausländische Steuersachverhalte, wenn ein sog. „genuine link" oder „hinreichender Bezug" zum Staatsgebiet besteht.[654] In der Rechtssache *Marks & Spencer* findet sich dieser Aufteilungsgrundsatz insoweit in den DBA zwischen dem Vereinigten Königreich und den Ansässigkeitsstaaten der Tochtergesellschaften wieder. Diese sahen vor, dass „die ausländischen Tochtergesellschaften von gebietsansässigen Gesellschaften als gebietsfremde Gesellschaften der britischen Körperschaftsteuer mit ihrer gewerblichen Tätigkeit nur [unterliegen], soweit diese im Vereinigten Königreich durch eine Betriebsstätte im Sinne dieser Abkommen ausgeübt wird".[655] Die DBA geben damit Art. 7 Abs. 1 S. 1 OECD-MA wieder, welcher den im internationalen Steuerrecht der Staaten allgemein anerkannten Grundsatz niederlegt, dass ein Unternehmen eines Vertragstaates im anderen Vertragstaat nicht besteuert werden darf, es sei denn, dass es im anderen Vertragstaat eine Tätigkeit durch eine dort belegene Betriebstätte ausführt.[656] Da die ausländischen Tochtergesellschaften keine Betriebstätten im Vereinigten Königreich unterhielten, konnte die Gewinne der Tochtergesellschaften nicht besteuert werden. Die international anerkannte Anwendung des *Territorialitätsprinzips* führt in der Besteuerungspraxis der Staaten damit dazu, dass die Gewinne eines Unternehmens grundsätzlich allein in dessen *Ansässigkeitsstaat* besteuert werden.[657]

Wie der EuGH in *Marks & Spencer* feststellte, reicht der alleinige Verweis eines Mitgliedstaates auf eine völkerrechtskonforme „Nicht-Besteuerung" der Gewinne der ausländischen Tochtergesellschaften anhand des *Territorialitätsprinzips* aber nicht aus, um eine spiegelbildliche „Nicht-Berücksichtigung" der Verluste der

---

Generalanwalts Maduro v. 07.04.2005, Rs. C-446/03, *Marks & Spencer*, Rz. 71 ff. Hierzu nehmen ausführlich *Cordewener/Dörr*, Common Market Law Review 2006, 855, 865 ff. Stellung.

653 Gl. A. *Herzig/Wagner*, DStR 2006, 1, 7; *Englisch*, IStR 2006, 22, 22; *Englisch*, Aufteilung der Besteuerungsbefugnisse, S. 36 f.; *Kußmaul/Tcherveniachki*, StuB 2006, 189, 189f.; *Scheunemann*, Intertax 2006, 54, 55; *Thömmes*, IWB 2005, 1188 f.; *Thömmes*, EWS 2006, Heft 1, Die erste Seite; *Kokott/Henze*, BB 2007, 913, 914, *Eicker/Röhrbein*, Stbg 2006, 116, 118 sowie wohl auch *Hey*, GmbHR 2006, 113, 114 f. A.A. *Wernsman/Nippert*, FR 2006, 153, 156 sowie *Schnitger*, Die Grenzen der Einwirkung der Grundfreiheiten des EG-Vertrages auf das Ertragsteuerrecht, S. 374 f.

654 Siehe oben C.I.3.

655 *EuGH*, 13.12.2005 – C-446/03, *Marks & Spencer*, Slg. 2005, I-10866, Rz. 6.

656 Vgl. Tz. 3 OECD-MK zu Art. 7 OECD-MA.

657 Vgl. *Hemmelrath*, in: *Vogel/Lehner*, DBA, Art. 7, Rz. 16.

Tochtergesellschaften zu rechtfertigen.[658] Es müssen zur wirksamen Rechtfertigung entsprechender Verlustabzugsbeschränkungen vielmehr besondere *Verhaltensweisen* der Steuerpflichtigen hinzutreten, welche eine in dieser Weise zwischen den Mitgliedstaaten getroffene „ausgewogene" Aufteilung der Besteuerungsbefugnis gefährden könnten.[659]

Im Urteil *Marks & Spencer* sah der EuGH für den Fall einer hypothetischen Zulässigkeit des „Konzernabzugs" auf der Grundlage von Unionsrecht eine solche Gefahr gegeben, da die beteiligten Gesellschaften insoweit eine freie „Wahlmöglichkeit" hätten (d.h. „optieren" könnten[660]), welches Steuerrecht auf die bei der Tochtergesellschaft angefallenen Verluste anwendbar wäre. Die „Ausgewogenheit der Aufteilung der Besteuerungsbefugnis zwischen den Mitgliedstaaten" wäre nach Auffassung des EuGH bei einer festgestellten Unvereinbarkeit der britischen Verlustabzugsbeschränkungen mit Unionsrecht deshalb erheblich beeinträchtigt gewesen, da in diesem Fall „die Besteuerungsgrundlage im ersten Staat um die übertragenen Verluste erweitert und im zweiten Staat entsprechend verringert würde".[661] Der EuGH ging im Urteil *Marks & Spencer* damit scheinbar davon aus, dass mit einer möglichen grenzüberschreitenden Berücksichtigung der ausländischen Verluste bei der britischen Muttergesellschaft gleichzeitig eine spiegelbildliche „Erweiterung" der steuerlichen Bemessungsgrundlage der Tochtergesellschaft in Höhe der verrechneten Verluste einhergeht. Es ist jedoch m.E. höchst fraglich, ob die Möglichkeit eines grenzüberschreitenden Konzernabzugs die Besteuerungsbefugnis des *Ansässigkeitsstaates der Tochtergesellschaft* für deren Verluste überhaupt berührt hätte. Für die Ermittlung der körperschaftsteuerlichen Bemessungsgrund-lage der Tochtergesellschaft ist nämlich weiterhin *ausschließlich* das Steuerrecht ihres Ansässigkeitsstaates anwendbar, welches mangels Harmonisierung und Koordination der Steuersysteme in der EU keine Rücksicht auf etwaige grenzüberschreitende Verlustverrechnungen nach dem Recht eines anderen Mitgliedstaates nehmen muss (und dies i.d.R. auch nicht tut). Könnte eine britische Muttergesellschaft einen Antrag auf Konzernabzug der Verluste ihrer ausländischen EU-Tochtergesellschaften stellen, so könnte sie zwar diese Verluste bei der Ermittlung ihrer körperschaftsteuerlichen Bemessungsgrundlage abziehen; dies würde jedoch nicht gleichzeitig bedeuten, dass die steuerliche Bemessungsgrundlage der ausländischen Tochtergesellschaft für deren Körperschaftsteuer in ihrem Sitzstaat um die übertragenen Verluste korrespondierend „erhöht" wird und die Tochtergesellschaft auf die weitere Nutzung der Verluste in ihrem Ansässigkeitsstaat automatisch verzichten muss. Ob und wie die Verluste der Tochtergesellschaft weiterhin genutzt werden können, entscheidet der Mitgliedstaat ihrer Ansässigkeit nämlich weiterhin autonom.

---

658 Vgl. *EuGH*, 13.12.2005 – C-446/03, *Marks & Spencer*, Slg. 2005, I-10866, Rz. 39 f.
659 So auch *Baßler*, Steuerliche Gewinnabgrenzung im Europäischen Binnenmarkt, S. 170, 176.
660 *EuGH*, 13.12.2005 – C-446/03, *Marks & Spencer*, Slg. 2005, I-10866, Rz. 46.
661 *EuGH*, 13.12.2005 – C-446/03, *Marks & Spencer*, Slg. 2005, I-10866, Rz. 46.

Auf Ebene der „Verhältnismäßigkeitsprüfung" erfuhr die Anwendung des Rechtfertigungsgrundes der „Wahrung der Aufteilung der Besteuerungsbefugnis zwischen den Mitgliedstaaten" im Fall *Marks & Spencer* schließlich aber eine deutliche Einschränkung durch den EuGH. Dieser stellte fest, dass die Versagung eines Konzernabzugs für Verluste ausländischer Tochtergesellschaften dann unverhältnismäßig sei, wenn die Tochtergesellschaft in ihrem Sitzstaat „alle Möglichkeiten zur Berücksichtigung von Verlusten ausgeschöpft hat", also insbesondere keine Verlustvortrags- oder Verlustrücktragsmöglichkeiten, auch nicht bei Übertragung der Tochtergesellschaft auf Dritte, in diesem Staat mehr bestehen.[662] Der EuGH möchte mit dieser Einschränkung des Rechtfertigungsgrundes sicherstellen, dass die Verluste der Tochtergesellschaft zumindest *einmal* in einem Mitgliedstaat steuerlich berücksichtigt werden (sog. Grundsatz der „Einmalerfassung"[663]).[664] Die Anwendung dieses Grundsatzes stellt sicher, dass es zunächst in der Verantwortung des Ansässigkeitsstaates der ausländischen Tochtergesellschaft liegt, bei dieser entstandene Verluste steuerlich zu berücksichtigen, während ein Verlustabzug im Ansässigkeitsstaat der Muttergesellschaft nur dann zu erfolgen hat, wenn diese Verluste im Ausland überhaupt nicht mehr genutzt werden können.[665] In Literatur und Rechtsprechung hat sich für diese Art ausländischer Verluste daraufhin der Begriff der sog. „finalen Verluste" eingebürgert.[666]

(2) Rewe Zentralfinanz (2007)

Zwei Jahre später hatte der EuGH im Verfahren *Rewe Zentralfinanz*[667] erneut die Gelegenheit, sich mit der Berücksichtigung von Verlusten ausländischer Tochtergesellschaften bei deren Muttergesellschaften zu befassen. In dem zugrunde liegenden deutschen Vorabentscheidungsverfahren stand jedoch nicht die direkte Übertragungsmöglichkeit von Verlusten einer gebietsfremden Tochtergesellschaft auf ihre gebietsansässige Muttergesellschaft zur Debatte, sondern die Frage, ob die defizitäre Situation der Tochtergesellschaft im Rahmen einer Teilwertabschreibung der Tochtergesellschaftsbeteiligung bei der Muttergesellschaft berücksichtigt werden kann. Das deutsche Steuerrecht sah zu diesem Zeitpunkt Beschränkungen hinsichtlich der steuerlichen Abzugsfähigkeit von Teilwertabschreibungen auf ausländische Tochtergesellschaftsbeteiligungen vor (§ 2a EStG a F.), während Abschreibungen im Zusammenhang mit inländischen Beteiligungen grundsätzlich uneingeschränkt

---

662 *EuGH*, 13.12.2005 – C-446/03, *Marks & Spencer*, Slg. 2005, I-10866, Rz. 55.
663 Siehe hierzu ausführlich *Riedl*, Die internationale Doppelbesteuerung im EU-Binnenmarkt, S. 159 ff.
664 Vgl. *Balmes/Brück/Ribbrock*, BB 2006, 186, 188; *Hagemann/Kahlenberg*, StuB 2013, 327, 329; *Cordewener/Dörr*, Common Market Law Review 2006, 855, 879.
665 *Cordewener/Dörr*, Common Market Law Review 2006, 855, 879
666 Vgl. nur *Musil*, DB 2011, 2451, 2451 ff. m.w.N.
667 *EuGH*, 29.03.2007 – C-347/04, *Rewe Zentralfinanz*, Slg. 2007, I-02647.

möglich waren.[668] Die in Deutschland ansässige *Rewe Zentralfinanz eG* sah in dieser unterschiedlichen steuerlichen Behandlung von in- und ausländischen Tochtergesellschaftsbeteiligungen einen Verstoß der deutschen Steuervorschriften gegen Unionsrecht.[669]

Der EuGH stellte in seinem Urteil zur Rechtssache *Rewe Zentralfinanz* zunächst fest, dass die unterschiedliche steuerliche Anerkennung von Teilwertabschreibungen je nach Ansässigkeit der Tochtergesellschaften eine Beschränkung der unionsrechtlichen Niederlassungsfreiheit (jetzt Art. 49 AEUV) darstellt.[670] Zur Rechtfertigung dieser Beschränkung berief sich die Bundesrepublik Deutschland daraufhin u.a. auf den Rechtfertigungsgrund der „Wahrung der ausgewogenen Aufteilung der Besteuerungsbefugnis" unter Hinweis auf das EuGH-Urteil *Marks & Spencer*.[671]

Im Gegensatz zu seinem Urteil in der Rechtssache *Marks & Spencer* erteilte der EuGH dem Vorbringen der deutschen Regierung aber eine Absage und nutzte gleichzeitig die Gelegenheit, den Recht-fertigungsgrund der „Wahrung der Aufteilung der Besteuerungsbefugnis zwischen den Mitgliedstaaten" etwas zu präzisieren. Dabei trat der EuGH zunächst der Vorstellung der deutschen Regierung entgegen, der Rechtfertigungsgrund der „Wahrung der Aufteilung der Besteuerungsbefugnis zwischen den Mitgliedstaaten" sei im Sinne einer „Symmetriethese" zu verstehen.[672] Die deutsche Regierung hatte in dieser Hinsicht argumentiert, dass „Gewinne und Verluste im Steuerrecht die zwei Seiten derselben Medaille seien" und somit die deutschen Steuerbehörden nicht verpflichtet wären, Verluste ausländischer Tochtergesellschaften zu berücksichtigen, wenn sie insoweit nicht berechtigt seien, gleichzeitig auch die Gewinne dieser Tochtergesellschaft zu besteuern.[673] Allein schon eine solche internationale „Aufteilung der Besteuerungsbefugnis" wäre ausreichend, die „Steuerhoheit der Mitgliedstaaten und die Regeln des internationalen Steuerrechts zu wahren".[674]

Der Generalanwalt *Maduro* war in seinen Schlussanträgen zur Rechtssache *Rewe Zentralfinanz* einer solchen Interpretation des Rechtfertigungsgrundes durch die deutsche Regierung mit dem Einwand entgegengetreten, dass „eine solche Auslegung einem Mitgliedstaat [erlaubt], einem Unternehmen systematisch die Gewährung eines Steuervorteils mit der Begründung zu verweigern, dass dieses eine grenzüberschreitende wirtschaftliche Tätigkeit entfaltet habe, die nicht geeignet sei,

---

668 *EuGH*, 29.03.2007 – C-347/04, *Rewe Zentralfinanz*, Slg. 2007, I-02647, Rz. 9 ff.

669 *EuGH*, 29.03.2007 – C-347/04, *Rewe Zentralfinanz*, Slg. 2007, I-02647, Rz. 17.

670 *EuGH*, 29.03.2007 – C-347/04, *Rewe Zentralfinanz*, Slg. 2007, I-02647, Rz. 31.

671 *EuGH*, 29.03.2007 – C-347/04, *Rewe Zentralfinanz*, Slg. 2007, I-02647, Rz. 39.

672 Siehe hierzu *EuGH*, 29.03.2007 – C-347/04, *Rewe Zentralfinanz*, Slg. 2007, I-02647, Rz. 39 sowie die Schlussanträge des Generalanwalts *Maduro* v. 31.05.2006, Rs. C-347/04, *Rewe Zentralfinanz*, Rz. 26. Zustimmend *Thömmes*, IWB 2006, 251, 252.

673 Schlussanträge des Generalanwalts *Maduro* v. 31.05.2006, Rs. C-347/04, *Rewe Zentralfinanz*, Rz. 26.

674 Ebenda.

dem Mitgliedstaat Steuereinnahmen zu verschaffen".[675] Der EuGH schloss sich dieser Argumentation des Generalanwalts letztlich vollumfänglich in seinem Urteil an: „Als solches kann also ein auf die Ausgewogenheit der Aufteilung der Besteuerungsbefugnis zwischen den Mitgliedstaaten gestütztes Argument nicht rechtfertigen, dass ein Mitgliedstaat einer gebietsansässigen Muttergesellschaft systematisch einen Steuervorteil mit der Begründung verweigert, dass diese eine grenzüberschreitende wirtschaftliche Tätigkeit entfaltet habe, die dem Mitgliedstaat nicht unmittelbar Steuereinnahmen verschaffen könne".[676] Eine die ausgewogene Aufteilung der Besteuerungsbefugnis zwischen den Mitgliedstaaten bedrohende steuerliche „Wahlmöglichkeit" für Gesellschaften kann nach Auffassung des EuGH nicht schon darin gesehen werden, dass sich diese u.U. dafür entschieden haben, wirtschaftliche Tätigkeiten in einem anderen Mitgliedstaat auszuüben, in welchem die Bundesrepublik Deutschland keine Steuerhoheit hat.[677]

Die unterschiedliche Anwendung des Rechtfertigungsgrundes der „Wahrung der Aufteilung der Besteuerungsbefugnis zwischen den Mitgliedstaaten" in den Urteilen *Rewe Zentralfinanz* und *Marks & Spencer* könnte darauf zurückzuführen sein, dass es im Fall *Marks & Spencer* um die steuerliche Berücksichtigung der originären Verluste der ausländischen *Tochtergesellschaften* bei der britischen Muttergesellschaft ging, während das Verfahren *Rewe Zentralfinanz* den Abzug originärer Verluste der deutschen *Muttergesellschaft* aufgrund der Möglichkeit einer Teilwertabschreibung auf ihre Beteiligung an der ausländischen Tochtergesellschaft betraf.[678] Selbst bei einer hypothetischen steuerlichen Abzugsfähigkeit der Teilwertabschreibung wären im Fall *Rewe Zentralfinanz* die daraus entstehenden Verluste der Muttergesellschaft weiterhin nur dem Steuerrecht der Bundesrepublik Deutschland unterworfen gewesen, sodass hier keine „Wahlmöglichkeit" der Gesellschaften bestand, in welchem Mitgliedstaat die Verluste steuerlich berücksichtigt werden können.

(3) Oy AA (2007)

In der Rechtssache *Oy AA*[679] standen die finnischen Regelungen zur Konzernbesteuerung auf dem Prüfstand des Unionsrechts. Nach finnischem Steuerrecht konnten Gewinne und Verluste innerhalb eines Konzerns grundsätzlich mittels Zahlung eines sog. „Konzernbeitrags" zwischen den Konzerngesellschaften ausgeglichen werden.[680] Die von einer finnischen Konzerngesellschaft gezahlten „Konzernbeiträge" wurden jedoch nur dann bei dieser als steuerlich abzugsfähige Betriebsausgaben berücksichtigt, wenn die Konzernbeiträge an eine ebenfalls in Finnland ansässige

675 Schlussanträge des Generalanwalts *Maduro* v. 31.05.2006, Rs. C-347/04, *Rewe Zentralfinanz*, Rz. 27.
676 *EuGH*, 29.03.2007 – C-347/04, *Rewe Zentralfinanz*, Slg. 2007, I-02647, Rz. 43.
677 Ebenda.
678 Auf diesen Unterschied weisen auch *Balmes/Ribbrock*, BB 2007, 926, 927 hin.
679 *EuGH*, 18.07.2007 – C-231/05, *Oy AA*, Slg. 2007, I-06373.
680 *EuGH*, 18.07.2007 – C-231/05, *Oy AA*, Slg. 2007, I-06373, Rz. 6 ff.

Konzerngesellschaft gezahlt wurden. Die von der finnischen *Oy AA* an ihre im Vereinigten Königreich ansässige Muttergesellschaft *AA Ltd.* gezahlten Konzernbeiträge wurden somit durch die finnischen Steuerbehörden steuerlich nicht als abzugsfähig anerkannt, woraufhin die *Oy AA* eine Verletzung der finnischen Steuervorschriften gegen Unionsrecht geltend machte.[681]

Nach Auffassung des EuGH stellte die Beschränkung der steuerlichen Abzugsfähigkeit von grenzüberschreitend gezahlten „Konzernbeiträgen" bei finnischen Konzengesellschaften einen Verstoß gegen die Niederlassungsfreiheit (Art. 43 EGV, jetzt Art. 49 AEUV) dar.[682] Als mögliche Rechtfertigungsgründe führten die beteiligten mitgliedstaatlichen Regierungen die „Wahrung der ausgewogenen Aufteilung der Besteuerungsbefugnis" sowie die „Gefahr einer doppelten Verlustberücksichtigung" und die „Verhinderung von Steuerflucht" an.[683]

Im Gegensatz zu *Marks & Spencer*[684] ging es im Urteil *Oy AA* nicht um die Besteuerungsbefugnis des Ansässigkeitsstaates der Muttergesellschaft für ausländische Verluste, sondern um die Besteuerungsbefugnis des *Ansässigkeitsstaates der Tochtergesellschaft* für die in seinem Hoheitsgebiet erwirtschafteten Gewinne (d.h. der Ansässigkeitsstaat der Tochtergesellschaft war in diesem Fall auch *Quellenstaat* der Einkünfte). Auf der Grundlage des *Territorialitätsprinzips* lag die Besteuerungsbefugnis für die Gewinne der Tochtergesellschaft im Fall der *Oy AA* ausschließlich bei deren Ansässigkeitsstaat (d.h. Finnland),[685] sodass diese getroffene „Aufteilung der Besteuerungsbefugnis" dann gefährdet gewesen wäre, wenn Finnland aufgrund der Anwendung des Unionsrechts auf die Ausübung seiner Besteuerungsbefugnis für diese Gewinne hätte verzichten müssen.

Wie der EuGH zutreffenderweise ausführte, hätte die hypothetische Zulässigkeit eines grenzüberschreitenden „Konzernbeitrags" im Fall *Oy AA* zur Folge, dass Finnland die von den dort ansässigen Tochtergesellschaften gezahlten Konzernbeiträge als steuerliche abzugsfähige Betriebsausgaben behandeln müsste, welche insoweit die körperschaftsteuerliche Bemessungsgrundlage der Tochtergesellschaften mindern würden.[686] Gleichzeitg wären die von der Muttergesellschaft erhaltenen „Konzernbeiträge" steuerpflichtige Einnahmen und würden zu einer Erhöhung ihrer Bemessungsgrundlage in ihrem Ansässigkeitsstaat führen. Im Ergebnis müsste Finnland somit auf die Besteuerung der Gewinne der Tochtergesellchaft, ggf. zugunsten des Ansässigkeitsstaates der Muttergesellschaft, verzichten.[687] Der EuGH stellte klar, dass eine Rechtfertigung der finnischen Abzugsbeschränkungen aber nicht schon allein darauf gestützt werden kann, dass Finnland die Einnahmen einer Muttergesellschaft,

681 *EuGH,* 18.07.2007 – C-231/05, *Oy AA*, Slg. 2007, I-06373, Rz. 14 f.
682 *EuGH,* 18.07.2007 – C-231/05, *Oy AA*, Slg. 2007, I-06373, Rz. 39.
683 *EuGH,* 18.07.2007 – C-231/05, *Oy AA*, Slg. 2007, I-06373, Rz. 46.
684 *EuGH,* 13.12.2005 – C-446/03, *Marks & Spencer*, Slg. 2005, I-10866.
685 Vgl. Schlussanträge der Generalanwältin *Kokott* v. 12.09.2006, Rs. C-231/05, *Oy AA*, Rz. 50 f.
686 *EuGH,* 18.07.2007 – C-231/05, *Oy AA*, Slg. 2007, I-06373, Rz. 56.
687 Ebenda.

die ihren Sitz in einem anderen Mitgliedstaat hat, nicht besteuern kann.[688] Der Rechtfertigungsgrund der „Wahrung der Aufteilung der Besteuerungsbefugnis" sei nur dann anzuerkennen, „wenn mit der betreffenden Regelung Verhaltensweisen verhindert werden sollen, die geeignet sind, das Recht eines Mitgliedstaats auf Ausübung seiner Besteuerungszuständigkeit für die in seinem Hoheitsgebiet durchgeführten Tätigkeiten zu gefährden".[689]

Bei einer steuerlichen Abzugsfähigkeit des „Konzernbeitrags" könnten internationale Unternehmensgruppen in der Tat nach Belieben den Mitgliedstaat frei *wählen*, in welchem die Gewinne einer in einem Mitgliedstaat ansässigen Gesellschaft aus ihren dort ausgeführten Tätigkeiten besteuert werden, sodass die finnischen Steuervorschriften zur „Wahrung der Aufteilung der Besteuerungsbefugnis zwischen den Mitgliedstaaten" gerechtfertigt waren.[690] Daneben birgt eine entsprechende „Wahlmöglichkeit" der Gesellschaften auch die Gefahr, dass durch „rein künstliche Gestaltungen" Gewinne innerhalb einer Unternehmensgruppe auf Gesellschaften übertragen werden, welche in den Mitgliedstaaten ansässig sind, die die niedrigsten Steuersätze anwenden oder diese Einkünfte überhaupt nicht besteuern.[691] Aus diesem Grund sah der EuGH die finnischen Steuervorschriften ebenfalls unter dem Gesichtspunkt der „Verhinderung einer Steuerumgehung" als gerechtfertigt an.[692]

Die weitreichende Konsequenz eines grenzüberschreitenden „Konzernbeitrags", welcher letztlich die Besteuerung von Unternehmensgewinnen *vollständig zur Disposition* von internationalen Unternehmensgruppen stellen würde, schlug sich auch in der Verhältnismäßigkeitsprüfung des EuGH nieder.[693] Im Gegensatz zu seiner Entscheidung in der Rechtssache *Marks & Spencer* sah der EuGH im Urteil *Oy AA* keine Ausnahmeregelungen hinsichtlich der Zulässigkeit eines „Konzernbeitrags" unter bestimmten Voraussetzungen vor und erkannte somit die finnische Konzernbeitragsregelung insgesamt als verhältnismäßig an. Der EuGH begründete dies damit, dass selbst wenn die Abzugsfähigkeit eines „Konzernbeitrags" bei der finnischen Tochtergesellschaft an bestimmte Bedingungen hinsichtlich der steuerlichen Behandlung der empfangenen Konzernbeiträge im Mitgliedstaat der Muttergesellschaft verknüpft wäre, dennoch „die Wahl des Mitgliedstaats der Besteuerung letzten Endes Sache der Unternehmensgruppe wäre, der damit in dieser Hinsicht ein weiter Handlungsspielraum zur Verfügung stünde".[694] Damit wandte der EuGH im Urteil *Oy AA* deutlich restriktivere Kriterien bei der Anwendung des Rechtfertigungsgrundes der „Wahrung der Aufteilung der Besteuerungsbefugnis zwischen den Mitgliedstaaten" als in seiner Entscheidung zur Rechtssache *Marks & Spencer*

---

688 Vgl. *EuGH*, 18.07.2007 – C-231/05, *Oy AA*, Slg. 2007, I-06373, Rz. 53.
689 Vgl. *EuGH*, 18.07.2007 – C-231/05, *Oy AA*, Slg. 2007, I-06373, Rz. 54.
690 *EuGH*, 18.07.2007 – C-231/05, *Oy AA*, Slg. 2007, I-06373, Rz. 56.
691 *EuGH*, 18.07.2007 – C-231/05, *Oy AA*, Slg. 2007, I-06373, Rz. 58.
692 *EuGH*, 18.07.2007 – C-231/05, *Oy AA*, Slg. 2007, I-06373, Rz. 59 f.
693 *EuGH*, 18.07.2007 – C-231/05, *Oy AA*, Slg. 2007, I-06373, Rz. 61 ff.
694 *EuGH*, 18.07.2007 – C-231/05, *Oy AA*, Slg. 2007, I-06373, Rz. 65.

an.[695] Diese differenzierende Rechtsprechung des EuGH liegt in den unterschiedlichen steuerlichen Ausgangspositionen der Urteile begründet: Während *Oy AA* die Übertragung von *Gewinnen* in andere Mitgliedstaaten betraf („Gewinnexport"), ging es in *Marks & Spencer* um die steuerliche Berücksichtigung von *Verlusten* aus anderen Mitgliedstaaten („Verlustimport").[696] Können *Verluste* im Ansässigkeitsstaat der Tochtergesellschaft „endgültig" nicht mehr genutzt werden, so besteht auch keine „Wahlfreiheit" für die Gesellschaften, in welchem Mitgliedstaat sie diese Verluste steuerlich berücksichtigen möchten, sodass in diesen Fällen die Versagung des Verlustabzugs insoweit „unverhältnismäßig" wäre. Mit Blick auf die Besteuerung von *Gewinnen* sind jedoch keine entsprechenden Ausnahmesituationen denkbar, welche eine Einschränkung der Besteuerungsbefugnis des Ansässigkeitsstaates der Tochtergesellschaft aus Verhältnismäßigkeitsgründen bedingen würden.

Im Ergebnis wahrt der EuGH mit seiner Rechtsprechung im Urteil *Oy AA* das vorrangige Besteuerungsrecht des *Quellenstaates* für die in seinem Hoheitsgebiet erzielten Einkünfte und stellt damit die am *Territorialitätsprinzip* orientierte Aufteilung der Besteuerungsbefugnis der Mitgliedstaaten in Bezug auf die Gewinne der dort ansässigen Tochtergesellschaft sicher.[697]

(4) Papillon (2008)

Die Rechtssache *Papillon*[698] betraf die unionsrechtliche Überprüfung der französischen Gruppenbesteuerungsregelungen zur sog. „steuerlichen Integration" („intégration fiscale").[699] In der Sache begehrte die in Frankreich ansässige Gesellschaft *Société Papillon* die Verrechnung ihres Gewinns mit den Verlusten aus *Enkelgesellschaften*, welche ebenfalls ihren Sitz in Frankreich hatten.[700] Die französischen Behörden lehnten eine „steuerliche Integration" der Enkelgesellschaften jedoch ab, da diese über eine Tochtergesellschaft der *Société Papillon* mit Sitz in den Niederlanden gehalten wurden.[701]

Der Rechtfertigungsgrund der „Wahrung der Aufteilung der Besteuerungsbefugnis" wurde in der Rechtssache *Papillon* von den beteiligten Regierungen geltend gemacht,[702] nachdem der EuGH einen Verstoß der einschränkenden französischen Regelungen zur „steuerlichen Integration" gegen die Niederlassungsfreiheit (jetzt

---

695 Gl. A. *Rainer*, IStR 2007, 635, 635; *Pache/Englert*, IStR 2007, 844, 846.

696 Vgl. *Rainer*, IStR 2007, 635 f.; *Haslehner*, BIT 2010, 33, 35; *Kußmaul/Niehren*, IStR 2008, 81, 86; *Pache/Englert*, IStR 2007, 844, 846. Kritik an einer solchen Unterscheidung durch den EuGH übt vor allem *Wagner*, IStR 2007, 650, 652 f.

697 Vgl. *Thömmes*, IWB 2007, 889, 891 f.

698 *EuGH*, 27.11.2008 – C-418/07, *Papillon*, Slg. 2008, I-08947.

699 *EuGH*, 27.11.2008 – C-418/07, *Papillon*, Slg. 2008, I-08947, Rz. 2.

700 *EuGH*, 27.11.2008 – C-418/07, *Papillon*, Slg. 2008, I-08947, Rz. 7.

701 *EuGH*, 27.11.2008 – C-418/07, *Papillon*, Slg. 2008, I-08947, Rz. 8.

702 *EuGH*, 27.11.2008 – C-418/07, *Papillon*, Slg. 2008, I-08947, Rz. 34 f.

Art. 49 AEUV) festgestellt hatte.[703] Der EuGH ließ diesen Rechtfertigungseinwand richtigerweise aber schon aus dem Grund scheitern, dass der vorliegende Fall, im Gegensatz zu den Urteilen *Marks & Spencer*[704] bzw. *Oy AA*[705], die Verrechnung von Gewinnen und Verlusten von Konzerngesellschaften betraf, die alle in *demselben Mitgliedstaat* ansässig waren.[706] Da die im Verfahren *Papillon* zugrunde liegende Sachverhaltskonstellation somit nicht die (konkurrierenden) Steuerhoheiten mindestens zweier Mitgliedstaaten berührte, konnte auch keine entsprechende „Aufteilung der Besteuerungsbefugnis *zwischen* den Mitgliedstaaten" als Rechtfertigungsgrund herangezogen werden.[707]

(5) X Holding (2010)

Mit der Rechtssache *X Holding*[708] war einige Jahre später wieder ein Verfahren beim EuGH anhängig, welches die klassische „*Marks & Spencer*"-Konstellation hinsichtlich der Frage der Übertragung von originären Verlusten aus EU-Tochtergesellschaften auf ihre in anderen Mitgliedstaaten ansässigen Muttergesellschaften betraf. Nach den streitigen Vorschriften des niederländischen Steuerrechts konnten Mutter- und Tochtergesellschaften mit Sitz in den Niederlanden unter bestimmten Voraussetzungen die Bildung einer „steuerlichen Einheit" beantragen, sodass die Verluste der niederländischen Tochtergesellschaft für steuerliche Zwecke mit den Gewinnen der niederländischen Muttergesellschaft verrechnet werden konnten.[709] Den Antrag der in den Niederlanden ansässigen *X Holding*, mit ihrer *belgischen* Tochtergesellschaft eine „steuerliche Einheit" für niederländische Steuerzwecke zu begründen, lehnten die niederländischen Finanzbehörden dagegen ab.[710]

Der EuGH stellte in seinem Urteil zur Rechtssache *X Holding* zunächst fest, dass die Ablehnung der Bildung einer „steuerlichen Einheit" zwischen niederländischen Muttergesellschaften und ihren ausländischen Tochtergesellschaften durch die niederländischen Finanzbehörden eine Beschränkung der Niederlassungsfreiheit gem. Art. 43 EGV und Art. 48 EGV (jetzt Art. 49 AEUV und 54 AEUV) darstellt, da es für in den Niederlanden ansässige Muttergesellschaften weniger attraktiv ist, Tochtergesellschaften in anderen Mitgliedstaaten zu errichten.[711] Die anschließende Rechtfertigungsprüfung enthielt jedoch eine überraschende Abkehr des EuGH von seiner bisherigen Rechtsprechungspraxis. Anstatt, wie von der Generalanwältin *Kokott*

703 *EuGH*, 27.11.2008 – C-418/07, *Papillon*, Slg. 2008, I-08947, Rz. 32.
704 *EuGH*, 13.12.2005 – C-446/03, *Marks & Spencer*, Slg. 2005, I-10866.
705 *EuGH*, 18.07.2007 – C-231/05, *Oy AA*, Slg. 2007, I-06373.
706 Vgl. *EuGH*, 27.11.2008 – C-418/07, *Papillon*, Slg. 2008, I-08947, Rz. 37–39.
707 Gl. A. *Hahn*, IStR 2009, 198, 200.
708 *EuGH*, 25.02.2010 – C-337/08, *X Holding*, Slg. 2010, I-01215.
709 *EuGH*, 25.02.2010 – C-337/08, *X Holding*, Slg. 2010, I-01215, Rz. 5.
710 *EuGH*, 25.02.2010 – C-337/08, *X Holding*, Slg. 2010, I-01215, Rz. 7.
711 *EuGH*, 25.02.2010 – C-337/08, *X Holding*, Slg. 2010, I-01215, Rz. 19.

in ihren Schlussanträgen vorgeschlagen,[712] die niederländischen Verlustabzugsbeschränkungen anhand der in *Marks & Spencer* entwickelten „Rechtfertigungstrias" (Wahrung der Aufteilung der Besteuerungsbefugnis, Vermeidung einer doppelten Verlustberücksichtigung und Verhinderung der Steuerflucht) zu prüfen, wandte der EuGH ausschließlich den Rechtfertigungsgrund der „Wahrung der ausgewogenen Aufteilung der Besteuerungsbefugnis" an und festigte damit die Bedeutung dieses Rechtfertigungsgrundes in seiner Entscheidungspraxis als eigenständigen Rechtfertigungstopos.[713]

Bei seiner Rechtfertigungsprüfung wiederholte der EuGH seine Grundsätze aus dem *Marks & Spencer*-Urteil[714] und stellte fest, dass „es zur Wahrung der Aufteilung der Besteuerungsbefugnis zwischen den Mitgliedstaaten erforderlich sein kann, auf die wirtschaftliche Tätigkeit der in einem dieser Staaten niedergelassenen Gesellschaften sowohl in Bezug auf Gewinne als auch auf Verluste nur dessen Steuerrecht anzuwenden".[715] Der EuGH sah in der Tatsache, dass eine niederländische Muttergesellschaft nach Belieben entscheiden konnte, mit einer ihrer Tochtergesellschaften eine „steuerliche Einheit" zu bilden und diese auch jederzeit wieder aufzulösen, eine Gefahr für die „Aufteilung der Besteuerungsbefugnis zwischen den Mitgliedstaaten", da die Muttergesellschaft insoweit die „freie Wahl" hätte, „welches Steuersystem auf die Verluste ihrer Tochtergesellschaft anwendbar ist und wo die Verluste berücksichtigt werden".[716]

Damit bemühte der EuGH in seinem Urteil zur Rechtssache *X Holding* ebenfalls das „Wahlfreiheits"-Argument bei der Prüfung des Rechtfertigungsgrundes der „Wahrung der Aufteilung der Besteuerungsbefugnis zwischen den Mitgliedstaaten". Doch auch in diesem Urteil ging der EuGH bei der Anwendung dieses Rechtfertigungsgrundes von einem falschen Verständnis der Auswirkungen einer hypothetischen grenzüberschreitenden „steuerlichen Einheit" nach niederländischem Steuerrecht aus. Selbst bei Bestehen einer „steuerlichen Einheit" könnte die antragstellende niederländische Muttergesellschaft das Steuersystem, welches auf die Verluste der Tochtergesellschaft anwendbar ist, nämlich nicht frei „wählen". Wie bereits zum EuGH-Urteil *Marks & Spencer* ausgeführt,[717] unterliegen die Verluste der Tochtergesellschaft weiterhin der Steuerhoheit ihres Ansässigkeitsstaates, da diesen grundsätzlich die Wirkungen einer in einem anderen Mitgliedstaat gebildeten

---

712 Schlussanträge Generalanwältin *Kokott* v. 19.11.2009, Rs. C-337/08, *X Holding*, Rz. 35–72.

713 *EuGH*, 25.02.2010 – C-337/08, *X Holding*, Slg. 2010, I-01215, Rz. 25 ff.

714 *EuGH*, 13.12.2005 – C-446/03, *Marks & Spencer*, Slg. 2005, I-10866, Rz. 45.

715 *EuGH*, 25.02.2010 – C-337/08, *X Holding*, Slg. 2010, I-01215, Rz. 28. Vgl. *EuGH*, 13.12.2005 – C-446/03, *Marks & Spencer*, Slg. 2005, I-10866, Rz. 45.

716 *EuGH*, 25.02.2010 – C-337/08, *X Holding*, Slg. 2010, I-01215, Rz. 31. So auch die Generalanwältin *Kokott* in ihren Schlussanträgen v. 19.11.2009, Rs. C-337/08, *X Holding*, Rz. 45. Vgl. *EuGH*, 13.12.2005 – C-446/03, *Marks & Spencer*, Slg. 2005, I-10866, Rz. 46.

717 Siehe oben D.I.1.a)(1).

steuerlichen Einheit bei der Anwendung seines eigenen Steuerrechts nicht tangieren (müssen). Darüber hinaus sieht auch das Unionsrecht keinen „Anpassungszwang" der Steuervorschriften der EU-Mitgliedstaaten vor. Der EuGH hatte in verschiedenen Entscheidungen im Bereich der direkten Steuern darauf hingewiesen, dass die Grundfreiheiten der Europäischen Verträge nicht dahingehend zu verstehen sind, dass sie Mitgliedstaaten verpflichten, ihre Steuervorschriften an die eines anderen Mitgliedstaates anzupassen.[718] Durch die Möglichkeit der Bildung einer grenzüberschreitenden „steuerlichen Einheit" könnte lediglich eine *zusätzliche* steuerliche Berücksichtigung der Verluste der ausländischen Tochtergesellschaft in einem anderen Mitgliedstaat, nämlich im Sitzstaat der Muttergesellschaft, entstehen.[719] Diese Gefahr berührt jedoch nicht die „Aufteilung der Besteuerungsbefugnis zwischen den Mitgliedstaaten", sondern die „Vermeidung einer doppelten Verlustberücksichtigung".[720]

Bei der Verhältnismäßigkeitsprüfung brachten die *X Holding* und die *Europäische Kommission* das Argument vor, die niederländischen Steuervorschriften seien hinsichtlich der Verlustabzugsbeschränkungen bei ausländischen *Tochtergesellschaften* nicht verhältnismäßig ausgestaltet, da diese z.B. für Verluste einer ausländischen *Betriebstätte* eine vorläufige Verlustübertragung auf das Stammhaus verbunden mit einer Nachversteuerung vorsehen würden.[721] Der EuGH wies diese Argumentation jedoch zurück: „Betriebstätten in einem anderen Mitgliedstaat und gebietsfremde Tochtergesellschaften befinden sich nämlich im Hinblick auf die Aufteilung der Besteuerungsbefugnis, wie sie sich aus einer Übereinkunft wie dem Doppelbesteuerungsabkommen und insbesondere dessen Art. 7 Abs. 1 und 23 Abs. 2 ergibt, *nicht in einer vergleichbaren Situation*. Denn während die Tochtergesellschaft als selbständige juristische Person in dem Vertragsstaat eines solchen Doppelbesteuerungsabkommens, in dem sie ihren Sitz hat, unbeschränkt steuerpflichtig ist, gilt dies nicht für die Betriebstätte in einem anderen Mitgliedstaat, die prinzipiell und in beschränktem Umfang weiterhin der Steuerhoheit des Herkunftsstaats unterliegt".[722]

Der EuGH nimmt hinsichtlich der „Aufteilungsgrundlage" bei der Anwendung des Rechtfertigungsgrundes der „Wahrung der Aufteilung der Besteuerungsbefugnis" somit eine Unterscheidung von Sachverhaltskonstellationen mit Tochtergesellschaften gegenüber Betriebstätten vor. Während er eine „Aufteilung der Besteuerungsbefugnis zwischen den Mitgliedstaaten" mit Blick auf die Gewinne ausländischer Tochtergesellschaften schon bei deren Gründung und der damit verbundenen steuerlichen „Abschirmwirkung" als selbstständige juristische Person anzunehmen scheint, sieht er bei der Begründung einer ausländischen Betriebstätte eine steuerliche „Aufteilung" der Betriebstättengewinne zwischen den beteiligten

718 Vgl. nur *EuGH*, 28.02.2008 – C-293/06, *Deutsche Shell*, Slg. 2008, I-01129, Rz. 43.

719 So auch die Schlussfolgerungen der Generalanwältin *Kokott* in ihren Schlussanträgen v. 19.11.2009, Rs. C-337/08, *X Holding*, Rz. 67.

720 Ähnlich die Auffassung von *Englisch*, IStR 2010, 215, 216.

721 *EuGH*, 25.02.2010 – C-337/08, *X Holding*, Slg. 2010, I-01215, Rz. 35 f.

722 *EuGH*, 25.02.2010 – C-337/08, *X Holding*, Slg. 2010, I-01215, Rz. 38 [Hervorh. d. Verf.].

Staaten erst mit Abschluss eines bilateralen DBA als gegeben. Da die „Aufteilung der Besteuerungsbefugnis" zwischen zwei Mitgliedstaaten je nach Rechtsform unterschiedlich ausgestaltet ist, ist nach Auffassung des EuGH ein Mitgliedstaat auch nicht verpflichtet, die gebietsfremden Tochtergesellschaften den ausländischen Betriebstätten steuerlich gleichzustellen.[723]

Im Gegensatz zu seinem Urteil *Marks & Spencer* beschäftigte sich der EuGH in *X Holding* bei der Verhältnismäßigkeitsprüfung nicht weiter mit der Problematik der Berücksichtigung von eventuellen „finalen Verlusten" der belgischen Tochtergesellschaft. In der steuerlichen Literatur wurde daraufhin diskutiert, ob das EuGH-Urteil *X Holding* ggf. als Abkehr des EuGH von den Grundsätzen seiner Rechtsprechung in *Marks & Spencer* anzusehen sei.[724] Das ein Jahr später nachfolgende Urteil des EuGH im Verfahren *A Oy*[725] sollte jedoch zeigen, dass der EuGH auch weiterhin an der Rechtsfigur der „finalen" Verluste in seiner Rechtsprechung zu den direkten Steuern der Mitgliedstaaten festhalten will.

(6) A Oy (2013)

Die nächste Entscheidung des EuGH zum Thema Verlustabzugsbeschränkungen im Zusammenhang mit Beteiligungen an ausländischen EU-Tochtergesellschaften betraf die Rechtssache *A Oy*[726]. In dem finnischen Vorabentscheidungsverfahren ging es aber nicht erneut um die unionsrechtliche Überprüfung eines mitgliedstaatlichen „Gruppenbesteuerungssystems". Der EuGH musste sich im Fall *A Oy* vielmehr zum ersten Mal mit beschränkenden Vorschriften eines Mitgliedstaates hinsichtlich der Berücksichtigung von Verlusten bei der *Fusion* einer in einem Mitgliedstaat (in diesem Fall Schweden) ansässigen Tochtergesellschaft mit ihrer in einem anderen Mitgliedstaat (in diesem Fall Finnland) ansässigen Muttergesellschaft befassen. Die streitgegenständlichen Regelungen des finnischen Steuerrechts sahen bei Fusionen von gebietsansässigen Muttergesellschaften mit ebenfalls in Finnland ansässigen Tochtergesellschaften generell eine Abzugsmöglichkeit für die bestehenden Verluste dieser Tochtergesellschaften vor, während bei Fusionen mit ausländischen Tochtergesellschaften dieser Steuervorteil generell versagt wurde.[727] Die finnische *A Oy* machte aufgrund der Weigerung der finnischen Steuerbehörden, die Verluste ihrer schwedischen Tochtergesellschaft im Rahmen der Fusion der beiden Gesellschaften zum Abzug zu bringen, einen Verstoß der finnischen Steuervorschriften gegen die Niederlassungsfreiheit (Art. 49 AEUV i.V.m. Art. 54 AEUV) geltend.[728]

Der EuGH entschied in seinem Urteil zur Rechtssache *A Oy*, dass auch in Fällen der grenzüberschreitenden Fusion von Konzerngesellschaften nationale

---

723 *EuGH*, 25.02.2010 – C-337/08, *X Holding*, Slg. 2010, I-01215, Rz. 40.
724 Vgl. nur *Musil*, DB 2011, 2451, 2454 und *Graw*, DB 2010, 2469 f., jeweils m.w.N.
725 *EuGH*, 21.02.2013 – C-123/11, *A Oy*, BB 2013, 867 m. Anm. *Böing*.
726 *EuGH*, 21.02.2013 – C-123/11, *A Oy*, BB 2013, 867 m. Anm. *Böing*.
727 *EuGH*, 21.02.2013 – C-123/11, *A Oy*, BB 2013, 867 m. Anm. *Böing*, Rz. 17 f.
728 *EuGH*, 21.02.2013 – C-123/11, *A Oy*, BB 2013, 867 m. Anm. *Böing*, Rz. 16.

Verlustabzugsbeschränkungen eine Beschränkung der Niederlassungsfreiheit darstellen, da die Versagung eines solchen „steuerlichen Vorteils" Niederlassungen von gebietsansässigen Gesellschaften in anderen Mitgliedstaaten weniger attraktiv macht.[729] Gleichzeitig sei diese Beschränkung aber durch die Notwendigkeit gerechtfertigt, die „Aufteilung der Besteuerungsbefugnis zwischen den Mitgliedstaaten" zu wahren, der „Gefahr einer doppelten Verlustberücksichtigung" zu begegnen und „Steuerflucht" zu vermeiden.[730] Damit kehrte der EuGH im Urteil *A Oy* wieder zu der aus *Marks & Spencer* bekannten „Rechtfertigungstrias" zurück. Ob darin eine allgemeine „Kurskorrektur" des EuGH in seiner Rechtfertigungsprüfung gesehen werden kann, wird in der Literatur unterschiedlich beurteilt.[731] M.E. lässt sich dem Urteil *A Oy* keine solche weitgehende Schlussfolgerung entnehmen. Die Prüfung aller drei Rechtfertigungsgründe mag vielmehr dem ausführlichen Vorbringen der beteiligten Mitgliedstaaten vor dem Hintergrund der bisher noch nicht entschiedenen „Fusions"-Sachverhaltskonstellation im Fall *A Oy* geschuldet sein.[732]

Bei der Prüfung des Rechtfertigungsgrundes der „Wahrung der Aufteilung der Besteuerungsbefugnis zwischen den Mitgliedstaaten" wiederholte der EuGH seine Grundsätze aus den Urteilen *Oy AA*[733] sowie *Marks & Spencer*[734] und sah im Ergebnis die finnischen Verlustabzugsbeschränkungen zur Verhinderung einer „Optionsmöglichkeit" der Gesellschaften, die Verluste der Tochtergesellschaft entweder in ihrem Ansässigkeitsstaat (Schweden) oder aber im Ansässigkeitsstaat der Muttergesellschaft (Finnland) geltend zu machen, als gerechtfertigt an.[735] Der EuGH vertrat die Auffassung, dass sich im Fall einer hypothetischen Zulässigkeit des Verlustabzugs „die Bemessungsgrundlagen in diesen *beiden* Staaten in Höhe der übertragenen Verluste ändern würden" und dadurch die „Ausgewogenheit der Aufteilung der Besteuerungsbefugnis zwischen den Mitgliedstaaten" erheblich beeinträchtigt wäre.[736]

729 *EuGH*, 21.02.2013 – C-123/11, *A Oy*, BB 2013, 867 m. Anm. *Böing*, Rz. 32.
730 *EuGH*, 21.02.2013 – C-123/11, *A Oy*, BB 2013, 867 m. Anm. *Böing*, Rz. 40–46.
731 Für eine solche Annahme wohl *Mitschke*, IStR 2013, 209, 210; dagegen nimmt die h.M. keine Rückkehr des EuGH zu einer kumulativen Prüfung von drei Rechtfertigungsgründen an, vgl. *Musil*, FR 2013, 374, f.; *Heurung/Engel/Bresgen*, GmbHR 2013, 638, 643; *Ditz/Quilitzsch*, IStR 2013, 242, 242.
732 Vgl. *EuGH*, 21.02.2013 – C-123/11, *A Oy*, BB 2013, 867 m. Anm. *Böing*, Rz. 40. Ebenso vertreten auch *Musil*, FR 2013, 374 f.; *Brocke*, IWB 2013, 189, 191 und *Heurung/Engel/Bresgen*, GmbHR 2013, 638, 643, die Auffassung, dass der Prüfung der „Rechtfertigungstrias" in der Rechtssache *A Oy* keine besondere Bedeutung beizumessen ist.
733 *EuGH*, 18.07.2007 – C-231/05, *Oy AA*, Slg. 2007, I-06373. Siehe hierzu oben D.I.1.a)(3).
734 *EuGH*, 13.12.2005 – C-446/03, *Marks & Spencer*, Slg. 2005, I-10866. Siehe hierzu oben D.I.1.a)(1).
735 *EuGH*, 21.02.2013 – C-123/11, *A Oy*, BB 2013, 867 m. Anm. *Böing*, Rz. 43.
736 Ebenda [Hervorh. d. Verf.].

Wie schon in seinen Urteilen zu den „Gruppenbesteuerungssystemen" greift die diesbezügliche Argumentation des EuGH im Fall *A Oy* m.E. ebenfalls zu kurz. Die Möglichkeit einer Gesellschaft, die Verluste ihrer defizitären ausländischen Tochtergesellschaft bei einer Fusion abzuziehen, hat keinen Einfluss darauf, wie das Steuerrecht des Ansässigkeitsstaates der Tochtergesellschaft diese Verluste bei oder nach der Fusion behandelt. Soweit nach der Fusion weiterhin Tätigkeiten in diesem Mitgliedstaat, bspw. im Rahmen einer dort weiter bestehenden Betriebstätte, durchgeführt werden, behält dieser Mitgliedstaat aufgrund dieses territorialen Anknüpfungspunkts gem. Art. 7 Abs. 1 OECD-MA die Besteuerungsbefugnis für die Einkünfte der Betriebstätte. Nur in dem Fall, in welchem die Fusion zu einer vollständigen Aufgabe der Tätigkeiten der Tochtergesellschaft in ihrem Ansässigkeitsstaat führt, hätte die Muttergesellschaft auch eine echte „Wahlmöglichkeit", die Verluste der Tochtergesellschaft in einem anderen Mitgliedstaat zu nutzen.

Im Fall der *A Oy* befand sich der EuGH insoweit in einer Zwickmühle. Die schwedische Tochtergesellschaft hatte in ihrem Ansässigkeitsstaat schon vor der Fusion jegliche Geschäftstätigkeiten eingestellt und wäre nach der Fusion vollständig abgewickelt worden, sodass auch keine Betriebstätte der finnischen Muttergesellschaft in Schweden zurückgeblieben wäre. Insoweit wären bei einer Fusion der beiden Gesellschaften „finale" Verluste der Tochtergesellschaft nach den Grundsätzen der „*Marks & Spencer*"-Entscheidung des EuGH entstanden.[737] Die finnische Muttergesellschaft hatte es somit in der Hand, durch eine Fusion mit ihrer schwedischen Tochtergesellschaft, diese „finalen" Verluste im Ansässigkeitsstaat der Tochtergesellschaft letztlich selbst zu generieren.[738] Die Generalanwältin *Kokott* lehnte aus diesem Grund eine Anwendung der „*Marks & Spencer*"-Ausnahme bei ihrer Verhältnismäßigkeitsprüfung der finnischen Verlustabzugsbeschränkungen ab.[739] Sie ging in ihren Schlussanträgen zur Rechtssache *A Oy* sogar noch einen Schritt weiter und plädierte für eine allgemeine Aufgabe der Rechtsfigur der „finalen" Verluste in der Rechtsprechung des EuGH.[740]

Bei seiner Verhältnismäßigkeitsprüfung hielt der EuGH jedoch ausdrücklich an der „*Marks & Spencer*"-Ausnahme bei Vorliegen „finaler Verluste" fest: „Aus der Rechtsprechung des Gerichtshofs ergibt sich [...], dass eine beschränkende Maßnahme wie die im Ausgangsverfahren fragliche über das hinausgeht, was erforderlich ist, um die verfolgten Ziele im Wesentlichen zu erreichen, *wenn die gebietsfremde Tochtergesellschaft die im Staat ihres Sitzes vorgesehenen Möglichkeiten der Berücksichtigung von*

737 *EuGH*, 21.02.2013 – C-123/11, *A Oy*, BB 2013, 867 m. Anm. *Böing*, Rz. 12 f. und Rz. 51.

738 So auch die Generalanwältin *Kokott* in ihren Schlussanträgen v. 19.07.2012, Rs. C-123/11, *A Oy*, Rz. 58.

739 Ebenda.

740 Schlussanträge Generalanwältin *Kokott* v. 19.07.2012, Rs. C-123/11, *A Oy*, Rz. 50 ff. Zustimmung fanden die Schlussanträge vor allem bei den Vertretern der Finanzverwaltung, siehe z.B. *Mitschke*, IStR 2012, 626, 628. Kritisch jedoch insoweit *Schnitger*, IStR 2012, 624 ff.

Verlusten ausgeschöpft hat (vgl. in diesem Sinne Urteil Marks & Spencer, Randnr. 55)".[741] Gleichzeitig schränkte der EuGH die Anwendung der *„Marks & Spencer"*-Ausnahme im Urteil *A Oy* jedoch dahingehend wieder ein, „dass der Umstand, dass der Muttergesellschaft die Möglichkeit eingeräumt wird, die Verluste ihrer gebietsfremden Tochtergesellschaft im Rahmen einer grenzüberschreitenden Fusion zu berücksichtigen, *der Muttergesellschaft nicht von vornherein erlauben kann, von einem Jahr zum anderen frei zu wählen, welches Steuersystem auf die Verluste ihrer Tochtergesellschaften anwendbar ist*".[742] Im Ergebnis verlagert der EuGH mit dieser Rechtsprechung sein bisher nur im Rahmen der *Rechtfertigungsprüfung* angewandtes „Wahlfreiheits"-Argument in die *Verhältnismäßigkeitsprüfung* als weitere Hürde bei der Anwendung der *„Marks & Spencer"*-Ausnahme in Fällen von finalen Verlusten bei ausländischen Tochtergesellschaften.

In der Literatur wird diese Einschränkung der Verhältnismäßigkeitsprüfung bei Vorliegen „finaler Verluste" auch als sog. „Beliebigkeitsgrenze" des EuGH bezeichnet.[743] Wie diese „Beliebigkeitsgrenze" zu den in *Marks & Spencer* aufgestellten Grundsätzen der „Finalität" von ausländischen Verlusten im Verhältnis steht, ist noch nicht abschließend geklärt.[744] Wie *Bennecke/Staats* zutreffend anmerken, kann man die „Beliebigkeitsgrenze" dabei entweder als echte „Grenze" bei der Verhältnismäßigkeitsprüfung im Sinne einer Ausschlusswirkung der Anwendung der Finalitätskriterien aus *Marks & Spencer* ansehen oder lediglich als einschränkendes Kriterium bei der Prüfung des Vorliegens einer „Finalität" von ausländischen Verlusten.[745]

M.E. erscheint eine Interpretation der „Beliebigkeitsgrenze" im Sinne eines Ausschlusskriteriums bei der Anwendung der *„Marks & Spencer"*-Ausnahme vorzugswürdiger.[746] Dies lässt sich dadurch begründen, dass nach bisheriger Rechtsprechung des EuGH für die Beurteilung der „Finalität" von ausländischen Verlusten ausschließlich das Recht des *Quellenstaates* der Verluste herangezogen wurde (d.h. wurden nach dem Recht des Quellenstaates alle Verlustberücksichtigungsmöglichkeiten in diesem Staat ausgeschöpft?), während für die Frage der „Beliebigkeitsgrenze" die Auswirkungen einer Verlustabzugsmöglichkeit nach dem Recht des *Ansässigkeitsstaates der Muttergesellschaft* betrachtet werden müssen (d.h. kann

741 *EuGH*, 21.02.2013 – C-123/11, *A Oy*, BB 2013, 867 m. Anm. *Böing*, Rz. 49 [Hervorh. d. Verf.].

742 *EuGH*, 21.02.2013 – C-123/11, *A Oy*, BB 2013, 867 m. Anm. *Böing*, Rz. 48 [Hervorh. d. Verf.].

743 Vgl. u.a. *Mitschke*, FR 2011, 45, 45; *Bennecke/Staats*, IStR 2010, 668, 668; *Schwenke*, IStR 2011, 368, 372.

744 Vgl. *Schwenke*, in: *Rödder/Günkel/Niemann*, Steuerberater-Jahrbuch 2011/2012, S. 359, welcher im Ergebnis keine Neuausrichtung der *„Marks & Spencer"*-Ausnahme durch die Einführung einer „Beliebigkeitsgrenze" bei der Verhältnismäßigkeitsprüfung annimmt.

745 *Bennecke/Staats*, IStR 2010, 668, 668; *Schiefer/Quinten*, IStR 2013, 261, 263.

746 A.A. wohl *Heurung/Engel/Bresgen*, GmbHR 2013, 638, 642, welche die *„Marks & Spencer"*-Ausnahme als Konkretisierung der Beliebigkeitsgrenze ansehen.

die Muttergesellschaft nach dem Recht ihres Ansässigkeitsstaates „von einem Jahr zum anderen frei wählen", ob sie die Verluste ihrer Tochtergesellschaften steuerlich berücksichtigen möchte?). Beide Kriterien des EuGH sind somit getrennt zu betrachten, wobei die *„Marks & Spencer"*-Ausnahme bei Vorliegen finaler Verluste dann nicht mehr eingreifen sollte, wenn die „Beliebigkeitsgrenze" überschritten ist.

Im Urteil *A Oy* stellte der EuGH keine Überschreitung der „Beliebigkeitsgrenze" fest, da die hypothetische Zulässigkeit eines Verlustabzugs bei der Muttergesellschaft aufgrund einer *Fusion* mit ihrer Tochtergesellschaft dieser nicht „von vornherein" erlaubte, „von einem Jahr zum anderen" den Mitgliedstaat der steuerlichen Berücksichtigung der Verluste der Tochtergesellschaft frei zu wählen.[747] Im Urteil *X Holding* sah der EuGH dagegen durch die jederzeit bestehende Möglichkeit der niederländischen Muttergesellschaft, eine „steuerliche Einheit" mit ihrer belgischen Tochtergesellschaft zu bilden, welche auch jederzeit wieder durch die Muttergesellschaft aufgelöst werden konnte, die „Beliebigkeitsgrenze" als überschritten an.[748] Das eventuelle Vorliegen von „finalen Verlusten" bei der belgischen Tochtergesellschaft der *X Holding* musste der EuGH in diesem Urteil somit konsequenterweise überhaupt nicht mehr thematisieren.[749]

(7) Felixstowe (2014)

Im Jahr 2014 hatte der EuGH im Verfahren *Felixstowe*[750] erneut über ein britisches Vorabentscheidungsverfahren zu Verlustabzugsbeschränkungen im Rahmen der britischen Konzernabzugsregelungen zu entscheiden. Dabei ging es um Vorschriften des britischen Konzernsteuerrechts, wonach gebietsansässige Konzerngesellschaften die Möglichkeit hatten, Verluste einer anderen, zu einem „Konsortium" gehörenden gebietsansässigen Gesellschaft auf sich zu übertragen, wenn eine sog „Bindegliedgesellschaft", die sowohl dem Konzern wie auch dem „Konsortium" angehört, ebenfalls in diesem Mitgliedstaat ansässig war.[751] Eine Verlustübertragungsmöglichkeit entfiel jedoch vollständig, wenn die „Bindegliedgesellschaft" ihren Sitz in einem anderen Mitgliedstaat innehatte.[752] Im Verfahren *Felixstowe* versagten die

---

747 *EuGH*, 21.02.2013 – C-123/11, *A Oy*, BB 2013, 867 m. Anm. *Böing*, Rz. 48.

748 *EuGH*, 25.02.2010 – C-337/08, *X Holding*, Slg. 2010, I-01215, Rz. 30–32.

749 Das EuGH-Urteil *X Holding* sollte damit die „Untergrenze" der Anwendung der „Beliebigkeitsgrenze" in der derzeitigen Rechtsprechung des EuGH markieren. Inwieweit die „Beliebigkeitsgrenze" bspw. im Fall der deutschen Regelungen zur Bildung von körperschaftsteuerlichen Organschaften (§ 14 ff. KStG), welche insoweit eine (im Rahmen eines Gewinn- und Verlustabführungsvertrages gem. § 291 AktG zu vereinbarende) „Mindestdauer" der Organschaft von fünf Jahren vorsehen (§ 14 Abs. 1 Nr. 3 KStG) und diese somit nicht „von einem Jahr auf das andere" durch den Organträger gelöst werden kann, überschritten wird, ist bisher noch nicht geklärt.

750 *EuGH*, 01.04.2014 – C-80/12, *Felixstowe*, EuZW 2014, 427 m. Anm. *Musil*.

751 *EuGH*, 01.04.2014 – C-80/12, *Felixstowe*, EuZW 2014, 427 m. Anm. *Musil*, Rz. 16.

752 Ebenda.

britischen Steuerbehörden die Verlustübertragung zwischen verschiedenen im Vereinigten Königreich ansässigen Konzerngesellschaften, da die „Bindegliedgesellschaft“ in diesem Fall in Luxemburg ansässig war.[753]

Der EuGH sah im Verfahren *Felixstowe* ebenfalls einen Verstoß der britischen Regelungen zum Konzernabzug gegen die Niederlassungsfreiheit der Art. 49 AEUV und Art. 54 AEUV als gegeben an.[754] Die britische Regierung hatte insoweit keine Rechtfertigungsgründe vorgebracht,[755] trotzdem ging der EuGH in seiner Urteilsbegründung kurz auf den Rechtfertigungsgrund der „Wahrung der Aufteilung der Besteuerungsbefugnis zwischen den Mitgliedstaaten“ ein.[756] Der EuGH stellte dabei zunächst fest, dass die „Aufteilung der Besteuerungsbefugnis zwischen den Mitgliedstaaten“ ein vom Gerichtshof als legitim anerkanntes Ziel der Mitgliedstaaten darstellt, welches die „*Symmetrie* zwischen dem Recht zur Besteuerung der Gewinne und der Möglichkeit, Verluste in Abzug zu bringen“, wahrt.[757] In dem vorliegenden Fall sei dieser Rechtfertigungsgrund jedoch nicht einschlägig, da „in einer Situation wie der des Ausgangsverfahrens die Besteuerungsbefugnis des Aufnahmemitgliedstaats, in dessen Hoheitsgebiet die für die Verluste der Konsortialgesellschaft ursächliche wirtschaftliche Tätigkeit ausgeübt wird, durch die Möglichkeit, auf eine gebietsansässige Gesellschaft im Wege eines Abzugs Verluste einer anderen Gesellschaft zu übertragen, in keiner Weise berührt wird, wenn die andere Gesellschaft ihren steuerlichen Sitz ebenfalls in diesem Mitgliedstaat hat“.[758] Mit anderen Worten: Da sowohl die verlustübertragende wie auch die verlustübernehmende Konzerngesellschaft im Vereinigten Königreich ansässig waren, war die Aufteilung der Besteuerungsbefugnis *zwischen den Mitgliedstaaten* im vorliegenden Fall nicht gefährdet.[759]

Der EuGH liegt mit seinem Urteil *Felixstowe* damit auf einer Linie mit seinen bisherigen, zu ähnlichen Sachverhaltskonstellationen ergangenen Urteilen *Papillon*[760] sowie *Philips Electronics*[761]. Dabei scheint der EuGH durch die ausdrückliche Erwähnung der „Symmetriethese“ als „Ziel“ des Rechtfertigungsgrundes der „Wahrung der Aufteilung der Besteuerungsbefugnis zwischen den Mitgliedstaaten“ seine bisherige Ablehnung gegen ein solches Verständnis des Rechtfertigungsgrundes im Zusammenhang mit Verlusten aus ausländischen Tochtergesellschaften (siehe

753 *EuGH,* 01.04.2014 – C-80/12, *Felixstowe,* EuZW 2014, 427 m. Anm. *Musil,* Rz. 6 ff.

754 *EuGH,* 01.04.2014 – C-80/12, *Felixstowe,* EuZW 2014, 427 m. Anm. *Musil,* Rz. 36.

755 *EuGH,* 01.04.2014 – C-80/12, *Felixstowe,* EuZW 2014, 427 m. Anm. *Musil,* Rz. 27.

756 *EuGH,* 01.04.2014 – C-80/12, *Felixstowe,* EuZW 2014, 427 m. Anm. *Musil,* Rz. 29.

757 *EuGH,* 01.04.2014 – C-80/12, *Felixstowe,* EuZW 2014, 427 m. Anm. *Musil,* Rz. 30 [Hervorh. d. Verf.].

758 *EuGH,* 01.04.2014 – C-80/12, *Felixstowe,* EuZW 2014, 427 m. Anm. *Musil,* Rz. 30.

759 *Musil,* EuZW 2014, 430, 431.

760 *EuGH,* 27.11.2008 – C-418/07, *Papillon,* Slg. 2008, I-08947.

761 *EuGH,* 06.09.2012 – C-18/11, *Philips Electronics,* RIW 2012, 884. Siehe hierzu unten D.I.1.b)(4).

noch das EuGH-Urteil in der Rechtssache *Rewe Zentralfinanz*[762]) endgültig aufgeben zu wollen.

(8) SCA Group Holding u.a. (2014)

Das Verfahren *SCA Group Holding u.a.*[763] betraf die verbundenen Rechtssachen C-39/13, C-40/13 und C-41/13 zur unionsrechtlichen Überprüfung von verschiedenen Aspekten des niederländischen Konzernsteuerrechts. In den Rechtssachen C-39/13 und C-41/13 ging es um die Frage, ob die niederländischen Regelungen zur Bildung einer sog. „steuerlichen Einheit" von gebietsansässigen Muttergesellschaften mit gebietsansässigen *Enkelgesellschaften* gegen die Niederlassungsfreiheit verstoßen (Art. 49 AEUV und Art. 54 AEUV), da diese nur möglich war, wenn die jeweiligen Enkelgesellschaften ebenfalls von einer gebietsansässigen Gesellschaft gehalten wurden oder es sich bei dieser „Zwischengesellschaft" um eine gebietsfremde Gesellschaft mit Betriebstätte in den Niederlanden handelte.[764] Die Rechtssache C-40/13 betraf eine mögliche Verletzung der Niederlassungsfreiheit durch die niederländischen Steuervorschriften zur Bildung einer „steuerlichen Einheit" zwischen niederländischen *Schwestergesellschaften.* Eine „steuerliche Einheit" zwischen Schwestergesellschaften war nach niederländischem Steuerrecht nur möglich, wenn es sich bei der gemeinsamen Muttergesellschaft um eine ebenfalls gebietsansässige Gesellschaft handelte bzw. eine gebietsfremde Muttergesellschaft eine Betriebstätte in den Niederlanden besaß.[765]

Der EuGH stellte in beiden Vorlagefragen einen nicht zu rechtfertigenden Verstoß der niederländischen Steuervorschriften gegen Unionsrecht fest. In der ersten Vorlagefrage zu den Rechtssachen C-39/13 und C-41/13 berief sich der EuGH in seiner Urteilsbegründung weitgehend auf seine Ausführungen im Urteil *Papillon*[766], welches eine ähnliche steuerliche Sachverhaltskonstellation unter Einbezug von gebietsansässigen Enkelgesellschaften betraf.[767] Der Rechtfertigungsgrund der „Wahrung der Aufteilung der Besteuerungsbefugnis" wurde dabei vom EuGH in den Rechtssachen C-39/13 und C-41/13 nicht angesprochen. Wie die Generalanwältin *Kokott* in ihren Schlussanträgen zutreffenderweise feststellte, konnte dieser Rechtfertigungsgrund in dem vorliegenden Fall offensichtlich nicht eingreifen, da

---

762 *EuGH*, 29.03.2007 – C-347/04, *Rewe Zentralfinanz*, Slg. 2007, I-02647, Rz. 39. Siehe hierzu auch oben D.I.1.a)(2).

763 *EuGH*, 12.06.2014 – verb. Rs. C-39/13, C-40/13 und C-41/13, *SCA Group Holding u.a.*, DStR 2014, 1333.

764 *EuGH*, 12.06.2014 – verb. Rs. C-39/13, C-40/13 und C-41/13, *SCA Group Holding u.a.*, DStR 2014, 1333, Rz. 19.

765 Ebenda.

766 *EuGH*, 27.11.2008 – C-418/07, *Papillon*, Slg. 2008, I-08947. Siehe hierzu oben D.I.1.a)(4).

767 *EuGH*, 12.06.2014 – verb. Rs. C-39/13, C-40/13 und C-41/13, *SCA Group Holding u.a.*, DStR 2014, 1333, Rz. 24–43.

die begehrte „steuerliche Einheit“ zwischen zwei in den Niederlanden ansässigen Gesellschaften gebildet werden sollte und somit *ausschließlich die Steuerhoheit der Niederlande* betraf.[768]

Bei der zweiten Vorlagefrage in der Rechtssache C-40/13 wurde der Rechtfertigungsgrund der „Wahrung der Aufteilung der Besteuerungsbefugnis“ ebenfalls nicht durch den EuGH geprüft. Die Generalanwältin *Kokott* hatte „die Wahrung der Aufteilung der Besteuerungsbefugnisse zwischen den Mitgliedstaaten“ auch in diesem Fall zutreffenderweise nicht durch die niederländischen Vorschriften als betroffen angesehen, da allein die Konsolidierung *niederländischer Schwestergesellschaften* in Frage stand.[769]

(9) Zwischenfazit

Bei der Anwendung des Rechtfertigungsgrundes der „Wahrung der Aufteilung der Besteuerungsbefugnis zwischen den Mitgliedstaaten“ hinsichtlich der Frage einer unionsrechtlich gebotenen Berücksichtigung von Verlusten ausländischer Tochtergesellschaften geht der EuGH davon aus, dass die Mitgliedstaaten eine Aufteilung der Besteuerungsbefugnis für die Verluste, wie auch für die Gewinne dieser Tochtergesellschaften anhand des in der internationalen Staatenpraxis anerkannten *Territorialitätsprinzips* vorgenommen haben. Dies bedeutet, dass auf die (thesaurierten) Gewinne, wie auch auf die Verluste der Tochtergesellschaften grundsätzlich ausschließlich das Steuerrecht ihres Ansässigkeitsstaates anwendbar ist.

Allein der Verweis eines Mitgliedstaates auf eine „Nicht-Besteuerung“ der Gewinne der ausländischen Tochtergesellschaften anhand der Vorgaben des *Territorialitätsprinzips* reicht nach Ansicht des EuGH aber nicht aus, um entsprechende Verlustabzugsbeschränkungen der Mitgliedstaaten zu rechtfertigen (siehe EuGH-Urteil *Marks & Spencer*). Im Rahmen der Anwendung des Rechtfertigungsgrundes der „Wahrung der Aufteilung der Besteuerungsbefugnis“ übernimmt das *Territorialitätsprinzip* lediglich die Aufgabe, als völkerrechtliche Aufteilungsgrundlage für die Besteuerungsbefugnisse der Staaten zu fungieren. Beschränkende Steuervorschriften der Mitgliedstaaten können nur dann als zur „Wahrung der Aufteilung der Besteuerungsbefugnis“ gerechtfertigt angesehen werden, wenn die streitige Steuerregelung darauf abstellt, bestimmte *Verhaltensweisen* von Gesellschaften zu unterbinden, durch die diese Gesellschaften ansonsten eine freie „Wahlmöglichkeit“ erhalten würden, in welchen Mitgliedstaaten die Verluste der Tochtergesellschaft steuerlich zu berücksichtigen wären („Wahlfreiheits“-Argument des EuGH).

---

768 Schlussanträge der Generalanwältin *Kokott* v. 27.02.2014, verb. Rs. C-39/13, C-40/13 und C-41/13, *SCA Group Holding u.a.*, Rz. 44 f. A.A. *Rehfeld*, IWB 2014, 619, 622, welche sich für eine Anwendung des Rechtfertigungsgrundes gemäß den Vorgaben des EuGH in seiner Entscheidung *X Holding* ausspricht.

769 Schlussanträge der Generalanwältin *Kokott* v. 27.02.2014, verb. Rs. C-39/13, C-40/13 und C-41/13, *SCA Group Holding u.a.*, Rz. 82.

Aus Sicht des *Ansässigkeitsstaates der Muttergesellschaft* bedeutet dies, dass dieser Mitgliedstaat eine antragsgemäße steuerliche Verrechnung von Verlusten ausländischer Tochtergesellschaften dann ablehnen kann, wenn diese Verluste ausschließlich dem Steuerrecht des Staates der Tochtergesellschaft unterliegen (siehe EuGH-Urteile *Marks & Spencer* und *X Holding*). Nach Auffassung des EuGH wird damit die Wahrung der „Symmetrie" zwischen dem Recht des Ansässigkeitsstaates der Muttergesellschaften zur Besteuerung der Gewinne der Tochtergesellschaft und der Möglichkeit, Verluste in Abzug zu bringen, gewahrt. Eine Ausnahme soll aber in den Fällen greifen, in welchen die Verluste im Ansässigkeitsstaat der Tochtergesellschaft „endgültig" nicht mehr genutzt werden können (d.h. sog. „finale Verluste" vorliegen). Da in diesen Fällen keine „Wahlmöglichkeiten" der Gesellschaften mehr bestehen, in welchen Mitgliedstaaten sie die Verluste geltend machen können, sind steuerliche Verlustabzugsbeschränkungen insoweit als „unverhältnismäßig" anzusehen (sog. „*Marks & Spencer*"-Ausnahme).

In seiner jüngeren Rechtsprechung (siehe EuGH-Urteil *A Oy*) hat der EuGH die Anwendung der „*Marks & Spencer*"-Ausnahme bei Vorliegen „finaler Verluste" dahingehend wieder eingeschränkt, dass diese nur eingreifen kann, wenn nicht die sog. „Beliebigkeitsgrenze" überschritten ist, d.h. die Muttergesellschaft nach dem Recht ihres Ansässigkeitsstaates jederzeit in der Lage ist, durch entsprechende Gestaltungen einen grenzüberschreitenden Verlusttransfer selbstständig auszulösen und auch wieder zu beenden.

Aus dem Blickwinkel des *Ansässigkeitsstaats der Tochtergesellschaft* bewirkt das Eingreifen des Rechtfertigungsgrundes, dass die Besteuerungszuständigkeit des Quellenstaates für die in seinem Hoheitsgebeit erwirtschafteten Gewinne gewahrt bleibt (siehe EuGH-Urteil *Oy AA*). Mitgliedstaaten dürfen durch steuerliche Abzugsbeschränkungen verhindern, dass ihnen ihre Besteuerungsbefugnis für die Einkünfte der dort ansässigen Tochtergesellschaften entzogen wird, indem diese durch Gestaltungen von internationalen Unternehmensgruppen in andere Mitgliedstaaten verschoben werden.

Der Rechtfertigungsgrund der „Wahrung der Aufteilung der Besteuerungsbefugnis zwischen den Mitgliedstaaten" ist bei Verlustabzugsbeschränkungen im Zusammenhang mit ausländischen Tochtergesellschaften jedoch dann nicht anwendbar, wenn die beteiligten Gesellschaften in *derselben Steuerjurisdiktion* ansässig sind (siehe EuGH-Urteile *Papillon*, *Felixstowe* und *SCA Group Holding u.a.*), bzw. die streitigen Verluste von vornherein lediglich im Steuerrecht *eines Mitgliedstaates* berücksichtigt werden können (siehe EuGH-Urteil *Rewe Zentralfinanz*).

b) *Verluste aus ausländischen Betriebstätten*

(1) *Deutsche Shell (2008)*

Die Rechtssache *Deutsche Shell*[770] war das erste Vorabentscheidungsverfahren, in welchem sich der EuGH mit der Frage der Berücksichtigung von Verlusten eines Unternehmens im Zusammenhang mit einer in einem anderen Mitgliedstaat belegenen *Betriebstätte* befassen musste. Dabei ging es nicht um die Übertragung „originärer" Verluste der Betriebstätte aus Tätigkeiten in diesem Mitgliedstaat, sondern um die Berücksichtigung von Verlusten im Zusammenhang mit der Rückführung des sog. „Dotationskapitals"[771] der Betriebstätte zum Stammhaus. Die in Deutschland ansässige Klägerin, die *Deutsche Shell*, machte bei der Rückführung des Dotationskapitals aus ihrer italienischen Betriebstätte einen Währungsverlust im Rahmen ihrer Körperschaftsteuerfestsetzung geltend.[772] Die deutschen Steuerbehörden weigerten sich jedoch, diesen Währungsverlust bei der Ermittlung des körperschaftsteuerlichen Einkommens der *Deutsche Shell* zu berücksichtigen.[773] Die *Deutsche Shell* sah darin eine Verletzung von Unionsrecht.[774]

Der EuGH stellte in seinem Urteil zur Rechtssache *Deutsche Shell* zunächst fest, dass die Weigerung der deutschen Finanzbehörden, die Währungsverluste zu berücksichtigen, einen Verstoß gegen die Niederlassungsfreiheit (jetzt Art. 49 ff. AEUV) darstellt.[775] Die deutsche Regierung machte daraufhin geltend, dass die Verweigerung eines entsprechenden Verlustabzugs aufgrund der „Aufteilung der Steuerhoheit zwischen den beiden betroffenen Mitgliedstaaten" gerechtfertigt sei.[776] Diese „Aufteilung der Steuerhoheiten" ergäbe sich aus dem zwischen Deutschland und Italien abgeschlossenen DBA, welches eine steuerliche Freistellung der Einkünfte einer italienischen Betriebstätte in der Bundesrepublik Deutschland vorsehe; im Umkehrschluss müsse auch eine Berücksichtigung von Verlusten, welche im Zusammenhang mit der italienischen Betriebstätte stehen, ausgeschlossen sein.[777]

Der EuGH wies den vorgebrachten Rechtfertigungsgrund im Fall *Deutsche Shell* jedoch zurück. Bei seiner Urteilsbegründung stützte er sich auf die besonderen Umstände des Vorlageverfahrens, wonach eben nicht die Berücksichtigung der Verluste der Betriebstätte beim Stammhaus Streitgegenstand war, sondern die Abzugsfähigkeit von *Währungsverlusten*, welche naturgemäß nur bei dem im anderen

---

770 *EuGH*, 28.02.2008 – C-293/06, *Deutsche Shell*, Slg. 2008, I-01129.

771 Als „Dotationskapital" der Betriebstätte wird der Anteil am Eigenkapital des Gesamtunternehmens bezeichnet, welcher der Betriebstätte zuzuordnen ist (sog. „Eigenkapital der Betriebstätte"), siehe *Ditz*, in: *Schönfeld/Ditz*, Doppelbesteuerungsabkommen, Art. 7 (2008) DBA, Rz. 135.

772 *EuGH*, 28.02.2008 – C-293/06, *Deutsche Shell*, Slg 2008, I-01129, Rz. 16.

773 *EuGH*, 28.02.2008 – C-293/06, *Deutsche Shell*, Slg 2008, I-01129, Rz. 17.

774 *EuGH*, 28.02.2008 – C-293/06, *Deutsche Shell*, Slg 2008, I-01129, Rz. 21.

775 *EuGH*, 28.02.2008 – C-293/06, *Deutsche Shell*, Slg. 2008, I-01129, Rz. 31 f.

776 *EuGH*, 28.02.2008 – C-293/06, *Deutsche Shell*, Slg. 2008, I-01129, Rz. 33.

777 *EuGH*, 28.02.2008 – C-293/06, *Deutsche Shell*, Slg. 2008, I-01129, Rz. 35.

Mitgliedstaat ansässigen Stammhaus, jedoch nicht im Betriebstättenstaat selbst entstehen konnten.[778] Der EuGH sah in den streitigen *Währungsverlusten* „einen besonderen im Geschäftsgang aufgetretenen Umstand [...], den *nur* die deutschen Steuerbehörden berücksichtigen können".[779] Nach Auffassung des EuGH betraf die Frage der Verlustberücksichtigung im Verfahren *Deutsche Shell* somit nur *eine* Steuerjurisdiktion (namentlich Deutschland), sodass in diesem Fall der Rechtfertigungsgrund der „Wahrung der Aufteilung der Besteuerungsbefugnis *zwischen* den Mitgliedstaaten" auch nicht eingreifen konnte.[780]

Zur Bedeutung des zugrunde liegenden deutsch-italienischen DBA wiederholte der EuGH, dass die Mitgliedstaaten mangels unionsrechtlicher Harmonisierungsmaßnahmen im Bereich der direkten Steuern auch weiterhin befugt sind, die Kriterien für die Besteuerung von Einkünften und Vermögen im Wege völkerrechtlicher Vereinbarungen zur Vermeidung von internationaler Doppelbesteuerung fest zulegen.[781] Gleichzeitig stellte der EuGH jedoch auch klar, dass die Bestimmungen eines mitgliedstaatlichen DBA dann gegen Unionsrecht verstoßen können, wenn dieses DBA eine Zuordnung von negativen Einkünften genau zu dem Vertragsstaat vorsieht, welcher diese naturgemäß überhaupt nicht berücksichtigen kann.[782]

(2) Lidl Belgium (2008)

Die über die Entscheidung des EuGH in *Deutsche Shell* hinausgehende Frage, ob die Niederlassungsfreiheit auch die Verpflichtung eines Mitgliedstaates zur Berücksichtigung „originärer" ausländischer Betriebstättenverluste umfasst, hatte der EuGH kurze Zeit später im deutschen Vorabentscheidungsverfahren *Lidl Belgium*[783] zu entscheiden. In diesem Fall sah die in Deutschland ansässige *Lidl Belgium KG* in der Weigerung der deutschen Finanzbehörden, Verluste aus ihrer in Luxemburg belegenen Betriebstätte bei der Ermittlung ihrer steuerlichen Bemessungsgrundlage abzuziehen, eine Beschränkung ihrer unionsrechtlichen Niederlassungsfreiheit.[784] Die deutschen Finanzbehörden begründeten die Nichtabzugsfähigkeit der luxemburgischen Betriebstättenverluste mit den Regelungen des einschlägigen deutsch-luxemburgischen DBA, welches für Betriebstättengewinne aus Luxemburg insoweit eine Freistellung für deutsche Besteuerungszwecke vorsah.[785]

---

778 *EuGH*, 28.02.2008 – C-293/06, *Deutsche Shell*, Slg. 2008, I-01129, Rz. 44. Dieser Argumentation zustimmend *Schönfeld/Ditz*, DB 2008, 1458 f.; *Weerth*, IStR 2008, 226, 226.

779 *EuGH*, 28.02.2008 – C-293/06, *Deutsche Shell*, Slg. 2008, I-01129, Rz. 44 [Hervorh. d. Verf.].

780 *Schönfeld/Ditz*, DB 2008, 1458 f.

781 *EuGH*, 28.02.2008 – C-293/06, *Deutsche Shell*, Slg. 2008, I-01129, Rz. 41.

782 *Schönfeld/Ditz*, DB 2008, 1458 f.

783 *EuGH*, 15.05.2008 – C-414/06, *Lidl Belgium*, Slg. 2008, I-03601. Zur Vorlageentscheidung des BFH siehe *BFH*, 28.06.2006 – I R 84/04, BStBl. II 2006, 861.

784 *EuGH*, 15.05.2008 – C-414/06, *Lidl Belgium*, Slg. 2008, I-03601, Rz. 11–13.

785 Ebenda.

Nach Auffassung des EuGH stellt die Versagung des Abzugs der ausländischen Betriebstättenverluste beim deutschen Stammhaus die diskriminierende Nichtgewährung eines steuerlichen Vorteils für die *Lidl Belgium* dar.[786] Die fehlende Möglichkeit zum Verlustabzug wirke sich darin aus, dass die Begründung einer ausländischen Betriebstätte im Vergleich zu einer inländischen steuerlich ungünstiger behandelt wird und deutsche Unternehmen dadurch davon abgehalten werden können, ihre Tätigkeiten durch Betriebstätten in anderen Mitgliedstaaten auszuüben.[787]

Bei der Rechtfertigungs- bzw. Verhältnismäßigkeitsprüfung der Verlustabzugsbeschränkung wandte der EuGH seine zu ausländischen Tochtergesellschaften ergangene Rechtsprechung in den Rechtssachen *Marks & Spencer*[788] sowie *Oy AA*[789] uneingeschränkt auf den in *Lidl Belgium* zugrunde liegenden Betriebstättenfall an und sah im Ergebnis das deutsche Verlustabzugsverbot als zur „Wahrung der Aufteilung der Besteuerungsbefugnis zwischen den Mitgliedstaaten" (zusammen mit der „Gefahr einer doppelten Berücksichtigung der Verluste") gerechtfertigt an.[790] Die zugrunde liegende „Aufteilung der Besteuerungsbefugnis" für die Betriebstätteneinkünfte ergab sich nach Auffassung des EuGH aus den Regelungen des deutsch-luxemburgischen DBA.[791] Dieses sah in Anlehnung an Art. 7 Abs. 1 i.V.m. Art. 23A Abs. 1 OECD-MA eine ausschließliche Besteuerungsbefugnis Luxemburgs als Quellenstaat unter Steuerfreistellung der Betriebstätteneinkünfte in Deutschland vor.[792] Der EuGH bemühte im Einklang mit den Ausführungen der Generalanwältin *Sharpston*[793] bei seiner Prüfung des Rechtfertigungsgrundes der „Wahrung der Aufteilung der Besteuerungsbefugnis" das bereits in seiner Rechtsprechung zu den Tochtergesellschaften angeführte „Wahlfreiheits"-Argument: „Würde es unter Umständen wie denen des Ausgangsverfahrens zugelassen, dass die Verluste einer nicht gebietsansässigen Betriebstätte von den Einkünften des Stammhauses abgezogen werden können, hätte dies zur Folge, dass dieser Gesellschaft erlaubt würde, den Mitgliedstaat, in dem sie solche Verluste geltend macht, *frei zu wählen*".[794] Darüber hinaus erkannte der EuGH die deutschen Verlustabzugsbeschränkungen bei ausländischen Betriebstätten auch aufgrund des „Symmetrie"-Arguments als gerechtfertigt an: „Folglich ist das Ziel, die Aufteilung der Besteuerungsbefugnis zwischen den betroffenen Mitgliedstaaten zu wahren, das sich in den Bestimmungen des Abkommens widerspiegelt, geeignet, die im Ausgangsverfahren fragliche Steuerregelung

---

786 *EuGH*, 15.05.2008 – C-414/06, *Lidl Belgium*, Slg. 2008, I-03601, Rz. 23 f.
787 *EuGH*, 15.05.2008 – C-414/06, *Lidl Belgium*, Slg. 2008, I-03601, Rz. 24.
788 *EuGH*, 13.12.2005 – C-446/03, *Marks & Spencer*, Slg. 2005, I-10866.
789 *EuGH*, 18.07.2007 – C-231/05, *Oy AA*, Slg. 2007, I-06373.
790 *EuGH*, 15.05.2008 – C-414/06, *Lidl Belgium*, Slg. 2008, I-03601, Rz. 37.
791 *EuGH*, 15.05.2008 – C-414/06, *Lidl Belgium*, Slg. 2008, I-03601, Rz. 33.
792 *EuGH*, 15.05.2008 – C-414/06, *Lidl Belgium*, Slg. 2008, I-03601, Rz. 5–7.
793 Schlussanträge Generalanwältin *Sharpston* v. 14.02.2008, Rs. C-414/06, *Lidl Belgium*, Rz. 12.
794 *EuGH*, 15.05.2008 – C-414/06, *Lidl Belgium*, Slg. 2008, I-03601, Rz. 34 [Hervorh. d. Verf.].

zu rechtfertigen, da sie die *Symmetrie zwischen dem Recht zur Besteuerung der Gewinne und der Möglichkeit, Verluste in Abzug zu bringen*, wahrt".[795]

Die uneingeschränkte Anwendung der *Marks & Spencer* Grundsätze in der Rechtssache *Lidl Belgium* ist m.E. durchaus kritisch zu sehen.[796] Wie schon bei den EuGH-Urteilen zu den Verlusten aus ausländischen Tochtergesellschaften hat der EuGH die steuerlichen Rechtsfolgen eines grenzüberschreitenden Verlustabzugs im Fall *Lidl Belgium* nicht richtig erfasst. Der EuGH ging davon aus, dass eine theoretische Zulässigkeit des Verlustabzugs Steuerfolgen hinsichtlich der Veränderung der steuerlichen Bemessungsgrundlage *in beiden* beteiligten Mitgliedstaaten auslösen würde.[797] Zwar hätte eine hypothetische unionsrechtliche Verpflichtung der Bundesrepublik Deutschland, einen Abzug der Verluste der luxemburgischen Betriebstätte zuzulassen, zur Folge, dass die steuerliche Bemessungsgrundlage des Stammhauses in Deutschland verringert würde; gleichzeitig wäre Luxemburg als Betriebstättenstaat jedoch nicht verpflichtet gewesen, eine korrespondierende „Erweiterung" der steuerlichen Bemessungsgrundlage der Betriebstätte in Höhe der übertragenen Verluste vorzunehmen. Darüber hinaus ist nicht ganz klar, welche „Wahlmöglichkeiten" Gesellschaften zur Berücksichtigung von ausländischen Betriebstättenverlusten in verschiedenen Mitgliedstaaten haben sollen, da die Betriebstättenverluste grundsätzlich nur im Ansässigkeitsstaat des Stammhauses berücksichtigt und nicht wie in den oben erörterten „Tochtergesellschafts"-Fällen *auf Antrag* der Gesellschaften zwischen verschiedenen Mitgliedstaaten verschoben werden könnten.[798] Im Ergebnis hat das Stammhaus im Betriebstättenfall *keinen Einfluss* darauf, in welchem Mitgliedstaat die Verluste der Betriebstätte berücksichtigt werden können.

Mit der Anwendung des „Symmetrie"-Arguments bei der Prüfung des Rechtfertigungsgrundes der „Wahrung der Aufteilung der Besteuerungsbefugnis" folgte

---

795 *EuGH*, 15.05.2008 – C-414/06, *Lidl Belgium*, Slg. 2008, I-03601, Rz. 33 [Hervorh. d. Verf.].

796 A.A. insoweit der BFH in seinem Folgeurteil zur EuGH-Entscheidung *Lidl Belgium*, welcher sich der Rechtsprechung des EuGH vollumfänglich angeschlossen hat, siehe *BFH*, 17.07.2008 – I R 84/04, BStBl. II 2009, 630.

797 *EuGH*, 15.05.2008 – C-414/06, *Lidl Belgium*, Slg. 2008, I-03601, Rz. 32: „Würde nämlich den Gesellschaften die Möglichkeit eingeräumt, für die Berücksichtigung ihrer Verluste im Mitgliedstaat ihrer Niederlassung oder für deren Berücksichtigung in einem anderen Mitgliedstaat zu optieren, so würde dadurch die Ausgewogenheit der Aufteilung der Besteuerungsbefugnis zwischen den Mitgliedstaaten erheblich beeinträchtigt, da die Steuerbemessungsgrundlage *im ersten Staat um die übertragenen Verluste erweitert* und *im zweiten Staat entsprechend verringert* würde (vgl. Urteile Marks & Spencer, Randnr. 46, und Oy AA, Randnr. 55)" [Hervorh. d. Verf.].

798 Siehe zu ähnlichen Überlegungen bereits *Kofler*, Doppelbesteuerungsabkommen und Europäisches Gemeinschaftsrecht, S. 647. Kritisch zur Gleichbehandlung von Betriebstätten und Tochtergesellschaften im EuGH-Urteil *Lidl Belgium* auch *Kessler/Eicke*, IStR 2008, 581, 584; *Mayr*, BB 2008, 1312, 1314.

der EuGH der sog. „Symmetriethese" des (vorlegenden) BFH[799], wonach die Anwendung der Freistellungsmethode in DBA grundsätzlich sowohl negative wie positive Einkünfte eines Steuerpflichtigen umfasst.[800] Ob der einschlägige Art. 23A Abs. 1 OECD-MA tatsächlich im Sinne einer solchen „Symmetriethese" verstanden werden kann, also die Anwendung der Freistellungsmethode in einem DBA grundsätzlich eine symmetrische Behandlung von Gewinnen und Verlusten durch die Vertragsstaaten bedingt, ist jedoch zu bezweifeln. Zu Recht wird in der Literatur darauf hingewiesen, dass bereits der Wortlaut dieses Artikels eine solche Interpretation grundsätzlich nicht hergibt.[801] Auch der OECD-MK zu Art. 23 OECD-MA weist zum abkommensrechtlichen Problem der „Behandlung von Verlusten"[802] lediglich darauf hin, dass „die Lösung in erster Linie vom innerstaatlichen Recht der Vertragsstaaten abhängt, und da die Rechtsvorschriften der Mitgliedstaaten der OECD voneinander wesentlich abweichen, *für den Artikel selbst keine Lösung vorgeschlagen werden [kann]*".[803] Es bleibt somit den beteiligten Vertragsstaaten überlassen, die Behandlung von Verlusten im Rahmen der Freistellungsmethode entweder in Art. 23A OECD-MA selbst oder aber durch ein abkommensrechtliches Verständigungsverfahren i.S.v. Art. 25 OECD-MA zu klären.[804]

Im Ergebnis lässt sich somit weder Art. 7 Abs. 1 i.V.m. Art. 23A OECD-MA selbst noch den Erläuterungen des OECD-MK eine zwingende „Symmetrie" zur abkommensrechtlichen Behandlung von Betriebstättengewinnen und -verlusten durch die Vertragsstaaten entnehmen.[805] Tatsächlich finden sich in den Gerichtsentscheidungen anderer EU-Mitgliedstaaten, wie z.B. des österreichischen *Verwaltungsgerichtshof*[806] sowie des luxemburgischen *Tribunal administratif*[807] und des luxemburgischen *Cour*

799 Vgl. nur *BFH*, 17.07.2008 – I R 84/04, BStBl. II 2009, 630; *BFH*, 11.03.2008 – I R 116/04, BFH/NV 2008, 1161; *BFH*, 28.06.2006 – I R 84/04, BStBl. II 2006, 861 jeweils m.w.N.

800 Diese „Symmetriethese" hatte auch die Generalanwältin *Sharpston* in ihren Schlussanträgen v. 14.02.2008 zum Verfahren *Lidl Belgium* (Rs. C-414/06) übernommen: „Ebenso würde auch im vorliegenden Fall die zwischen Deutschland und Luxemburg vereinbarte und im DBA kodifizierte Symmetrie zwischen Besteuerung und Vergünstigung gestört, wenn Deutschland für die Verluste der luxemburgischen Betriebstätte einer deutschen Gesellschaft eine Steuervergünstigung gewähren würde, obwohl es auf das Recht zur Besteuerung der Gewinne einer solchen Betriebstätte verzichtet hat" (Rz. 12).

801 Vgl. *Vogel*, in: *Vogel/Lehner*, DBA, Art. 23, Rz. 49 m.w.N.

802 Tz. 44 OECD-MK zu Art. 23 OECD-MA.

803 Ebenda [Hervorh. d. Verf.].

804 Ebenda.

805 Gl. A. *Kofler*, Doppelbesteuerungsabkommen und Europäisches Gemeinschaftsrecht, S. 637 f.

806 *VwGH*, Erkenntnis v. 25.09.2001, 99/14/0217-9, IStR 2001, 754 m. Anm. *FW*. Siehe hierzu *Lang*, Einführung in das Recht der Doppelbesteuerungsabkommen, S. 31 ff.

807 *Tribunal administratif*, Urteil v. 19.01.2005, No. 17.820, siehe *Winandy*, IStR 2005, 594 ff.

administrative[808], auch der Auffassung des BFH entgegengesetzte Urteile, welche den Abzug ausländischer Betriebstättenverluste bei ansässigen Unternehmen trotz Vereinbarung der Freistellungsmethode in einem DBA ausdrücklich zulassen. Indem der EuGH in seinem Urteil *Lidl Belgium* die entsprechenden Bestimmungen des zugrunde liegenden DBA jedoch ausdrücklich im Sinne der „Symmetriethese" des BFH hinsichtlich der steuerlichen Gleichbehandlung von Gewinnen und Verlusten einer ausländischen Freistellungsbetriebstätte ausgelegt hat, hat er diese sozusagen unionsrechtlich für die Anwendung aller mitgliedstaatlichen DBA „zementiert".

Zum Schluss stellte der EuGH bei seiner Verhältnismäßigkeitsprüfung im Urteil *Lidl Belgium* klar, dass die „*Marks & Spencer*"-Ausnahme hinsichtlich der Berücksichtigung von „finalen Verlusten" auch für Betriebstättenfälle gilt.[809] Im Fall *Lidl Belgium* konnten die Verluste der Betriebstätte nach luxemburgischen Recht vorgetragen und somit dort in späteren Veranlagungszeiträumen genutzt werden, sodass hier die Ausnahme nicht eingriff.[810] Ob darüber hinaus auch die sog. „Beliebigkeitsgrenze" des EuGH aus seiner Rechtsprechung im Urteil *A Oy*[811] auf Betriebstättenfälle übertragbar ist, ist noch nicht geklärt. Zumindest der BFH scheint in seinem jüngsten Urteil vom 02.05.2014 zum Abzug „finaler" ausländischer Betriebstättenverluste von einer grundsätzlichen Anwendbarkeit der „Beliebigkeitsgrenze" in Betriebstättenfällen auszugehen, wobei der BFH das Vorliegen eines schädlichen „Beliebigkeitsfaktors" bei „finalen" ausländischen Verlusten einer Betriebstätte anscheinend nur dann annehmen will, wenn es sich dabei um „missbräuchliche" Gestaltungen eines Steuerpflichtigen i.S.v. § 42 AO handelt.[812]

---

808 *Cour administrative*, Urteil v. 10.08.2005, siehe *Hahn*, IStR, 157 ff.

809 *EuGH*, 15.05.2008 – C-414/06, *Lidl Belgium*, Slg. 2008, I-03601, Rz. 46 ff. Kritisch hierzu *Englisch*, IStR 2008, 404, 404; *Seiler/Axer*, IStR 2008, 838, 841 f. Im deutschen Steuerrecht hat der BFH die Anwendung der „*Marks & Spencer*"-Ausnahme hinsichtlich der Berücksichtigung von „finalen" Betriebstättenverlusten beim Stammhaus trotz Bestehen eines DBA mit Freistellungsmethode ebenfalls anerkannt, vgl. *BFH*, 09.06.2010 – I R 100/09, IStR 2010, 670 m. Anm. *Mitschke* sowie *BFH*, 09.06.2010 – I R 107/09, DStR 2010, 1611. In der Literatur wurden diese beiden Entscheidungen mit Blick auf die Umsetzung der Vorgaben des EuGH-Urteils *Lidl Belgium* durchaus kritisch beurteilt, vgl. nur *Lenz/Ribbrock*, DB 2010, 1963, 1965 ff.; *Heinsen*, BB 2010, 2549 f.; *Richter*, BB 2010, 2734 ff. Das FG Köln hat jüngst die Anwendung der „*Marks & Spencer*"-Ausnahme auch bei sog. „vergeblichen Aufwendungen" eines Steuerpflichtigen zur Begründung einer Betriebstätte in einem DBA-Freistellungsmitgliedstaat angenommen, *FG Köln*, 13.03.2013 – 10 K 2067/12, DStRE 2014, 547 (rkr.).

810 *EuGH*, 15.05.2008 – C-414/06, *Lidl Belgium*, Slg. 2008, I-03601, Rz. 49 ff.

811 *EuGH*, 21.02.2013 – C-123/11, *A Oy*, BB 2013, 867 m. Anm. *Böing*. Siehe oben D.I.1.a)(6).

812 Vgl. *BFH*, 05.02.2014 – I R 48/11, BFHE 244, 371; für eine Anwendbarkeit der „Beliebigkeitsgrenze" in Betriebstättenfällen auch schon *Bennecke/Staats*, IStR 2010, 668, 668 f.

(3) Krankenheim Ruhesitz am Wannsee (2008)

Das Verfahren *Krankenheim Ruhesitz am Wannsee*[813] betraf nicht die „klassische" Abzugsbeschränkung von ausländischen Betriebstättenverlusten beim inländischen Stammhaus eines Steuerpflichtigen aufgrund der Anwendung der Freistellungsmethode in einem DBA, sondern die unionsrechtliche Überprüfung einer sog. „Nachversteuerungsregelung", welche das damals geltende deutsche Steuerrecht vorsah (§ 2a Abs. 3 EStG a.F.). Danach konnten Verluste aus einer ausländischen Freistellungsbetriebstätte zunächst unter bestimmten Voraussetzungen von den Gewinnen des inländischen Stammhauses bei der Ermittlung der steuerlichen Bemessungsgrundlage abgezogen werden; erwirtschaftete die Betriebstätte in späteren Wirtschaftsjahren aber Gewinne, wurde dieser Steuervorteil durch Hinzurechnung der vorher abgezogenen Verluste zur Bemessungsgrundlage wieder rückgängig gemacht. Im Ergebnis wurde so eine „Nachversteuerung" der Beträge erzielt, welche zuvor als ausländische Betriebstättenverluste abgezogen worden waren.[814]

Der EuGH sah in der Rückgängigmachung des Steuervorteils durch diese „Nachversteuerungsregelung" eine Beschränkung der Niederlassungsfreiheit, da hierdurch deutsche Gesellschaften mit Betriebstätten im Ausland steuerlich ungünstiger behandelt wurden als deutsche Gesellschaften mit Betriebstätten in Deutschland.[815] Gleichzeitig sei § 2a Abs. 3 EStG a.F. jedoch durch das Erfordernis gerechtfertigt, die „Kohärenz des deutschen Steuersystems zu gewährleisten", da insoweit ein „direkter, persönlicher und sachlicher Zusammenhang" zwischen der Hinzurechnung und dem vorherigen Abzug der Verluste bestand.[816] Dabei stufte der EuGH die deutsche Nachversteuerungsregelung auch als „verhältnismäßig" zur Erreichung dieses Zwecks ein. Da das österreichische Steuerrecht grundsätzlich die Möglichkeit eines Verlustvortrages vorsah, konnte sich die Klägerin nicht auf das Vorliegen von „finalen Verlusten" der österreichischen Betriebstätte berufen, auch wenn sie die Betriebstättenverluste aufgrund von Problemen mit den österreichischen Finanzbehörden in Österreich tatsächlich nicht nutzen konnte.[817] Hierbei bezog sich der EuGH insbesondere auf sein Urteil *Deutsche Shell* und wiederholte, dass ein Mitgliedstaat nicht unionsrechtlich dazu verpflichtet werden kann, eventuell ungünstige Steuervorschriften eines anderen Mitgliedstaates bei der Anwendung seiner eigenen Steuerordnung zu berücksichtigen, „um in allen Situationen eine Besteuerung zu gewährleisten, die jede Ungleichheit, die sich aus den nationalen

---

813 *EuGH*, 23.10.2008 – C-157/07, *Krankenheim Ruhesitz am Wannsee*, Slg. 2008, I-08061.

814 Siehe hierzu die Ausführungen des *EuGH*, 23.10.2008 – C-157/07, *Krankenheim Ruhesitz am Wannsee*, Slg. 2008, I-08061, Rz. 9.

815 *EuGH*, 23.10.2008 – C-157/07, *Krankenheim Ruhesitz am Wannsee*, Slg. 2008, I-08061, Rz. 37 f.

816 *EuGH*, 23.10.2008 – C-157/07, *Krankenheim Ruhesitz am Wannsee*, Slg. 2008, I-08061, Rz. 42 f. Siehe zur Anwendung des steuerlichen „Kohärenzarguments" in der Rechtsprechung des EuGH ausführlich unten D.II.1.

817 *EuGH*, 23.10.2008 – C-157/07, *Krankenheim Ruhesitz am Wannsee*, Slg. 2008, I-08061, Rz. 47 ff.

Steuerregelungen ergibt, beseitigt, da die Entscheidungen, die eine Gesellschaft in Bezug auf die Festlegung von Unternehmensstrukturen im Ausland trifft, je nach Fall Vor- oder Nachteile für sie haben können".[818] Eine eventuelle Beschränkung der Niederlassungsfreiheit wäre in diesem Fall ausschließlich dem *Betriebstättenstaat* zuzurechnen.[819]

Der EuGH hat den Rechtfertigungsgrund der „Wahrung der Aufteilung der Besteuerungsbefugnisse zwischen den Mitgliedstaaten" in seinem Urteil *Krankenheim Ruhesitz am Wannsee* weder erwähnt noch geprüft. Da das Urteil ohne vorhergehende Schlussanträge eines Generalanwalts erlassen wurde, bleiben die Gründe des EuGH hierfür unklar. Der entscheidende Unterschied zum Urteil des EuGH in der Rechtssache *Lidl Belgium* könnte darin liegen, dass der streitige § 2a Abs. 3 EStG a.F. im Verfahren *Krankenheim Ruhesitz am Wannsee* zunächst eine Berücksichtigung der ausländischen Betriebstättenverluste trotz grundsätzlicher Freistellung der Gewinne nach den Regelungen des deutsch-österreichischen DBA vorsah.[820] In diesem Fall könnte man m.E. zutreffend argumentieren, dass sich Deutschland nicht auf die „Wahrung der Aufteilung der Besteuerungsbefugnis zwischen den Mitgliedstaaten" als Rechtfertigungsgrund hätte zurückziehen können, wenn es sich durch die Gewährung eines solchen Steuervorteils bereits über die durch das DBA vorgenommene Aufteilungsregelung zur Besteuerung österreichischer Betriebstätteneinkünfte freiwillig und einseitig hinweggesetzt hat.[821]

Mit Blick auf die Verhältnismäßigkeitsprüfung wurde das EuGH-Urteil zur Rechtssache *Krankenheim Ruhesitz am Wannsee* in der Literatur zum Teil als Einschränkung der in *Marks & Spencer* und *Lidl Belgium* angewandten Grundsätze zur Berücksichtigung „finaler" Auslandsverluste dahingehend interpretiert, dass der Ansässigkeitsstaat eines Steuerpflichtigen auch bei Vorliegen „endgültiger Verluste" im Quellenstaat dann nicht zum Verlustabzug verpflichtet sein soll, wenn die „Finalität" dieser Verluste allein in der Verantwortung des *Quellenstaates* liegt.[822] Die Gegenauffassung verneint einen Einfluss dieses Urteils auf die Frage der Abzugsfähigkeit von „finalen" Verlusten unter Verweis auf die Besonderheiten des zugrunde liegenden Sachverhaltes sowie der streitigen Rechtsvorschriften (d.h. der „Nachversteuerungsregelung" des § 2a Abs. 3 EStG a.F.).[823] Der BFH hat in seinem Urteil

---

818 *EuGH*, 23.10.2008 – C-157/07, *Krankenheim Ruhesitz am Wannsee*, Slg. 2008, I-08061, Rz. 49 f.

819 Vgl. *EuGH*, 23.10.2008 – C-157/07, *Krankenheim Ruhesitz am Wannsee*, Slg. 2008, I-08061, Rz. 50.

820 Vgl. *EuGH*, 23.10.2008 – C-157/07, *Krankenheim Ruhesitz am Wannsee*, Slg. 2008, I-08061, Rz. 33.

821 Ähnlich *Lamprecht*, IStR 2008, 766, 768; *Jezzi*, Tax Notes International 2009, 763, 768, Fn. 59.

822 So etwa *AA*, IStR 2008, 772 f.; *Lamprecht*, IStR 2008, 766, 768; *Cordewener*, IWB 2009, 441, 448; *Lühn*, BB 2009, 90, 92.

823 So *Breuninger/Ernst*, DStR 2009, 1981, 184 ff.; *Knipping*, IStR 2009, 275, 276 f.; *Ditz/Plansky*, DB 2009, 1669, 1672; *Schön*, in: *Arbeitsgemeinschaft der Fachanwälte für*

vom 09.06.2010 schließlich die Grundsätze des EuGH aus dem Urteil *Krankenheim Ruhesitz am Wannsee* auf die „klassische" Situation des Vorliegens einer steuerlichen Verlustabzugsbeschränkung aufgrund der Vereinbarung einer abkommensrechtlichen Freistellung von Betriebstätteneinkünften in einem mitgliedstaatlichen DBA angewandt.[824] In dem zugrunde liegenden Sachverhalt sah das französische Steuerrecht für die Verluste einer in Frankreich belegenen Betriebstätte eines deutschen Unternehmens einen auf *fünf Jahre beschränkten Verlustvortrag* vor. Die Geschäftstätigkeit der französischen Betriebstätte wurde nach Ablauf der Fünfjahresfrist komplett eingestellt. Der BFH verneinte in diesem Fall eine Abzugsfähigkeit dieser „finalen" Betriebstättenverluste, da die „Endgültigkeit" dieser Verluste nicht aufgrund der Einstellung der Betriebstättentätigkeit in Frankreich eingetreten sei, sondern auf den einschränkenden Regelungen des französischen Steuerrechts im Hinblick auf einen zeitlich begrenzten Verlustvortrag beruhe.[825]

Der EuGH hat indessen die unionsrechtliche Anwendung einer eingeschränkten „Verhältnismäßigkeitsprüfung" von mitgliedstaatlichen Verlustabzugsbeschränkungen bei gleichzeitigem Bestehen von *Verlustabzugsbeschränkungen im Quellenstaat* in seinem Urteil *K.*[826] aus dem Jahr 2013 auch bei Vorliegen einer „klassischen" abkommensrechtlichen Freistellungssituation von ausländischen Immobilieneinkünften bestätigt.[827]

(4) Philips Electronics (2012)

Mit der Rechtssache *Philips Electronics*[828] lag dem EuGH erneut ein britisches Vorabentscheidungsverfahren zum „Konzernabzug" von Verlusten zwischen Konzernunternehmen vor, wobei diesmal die Übertragungsmöglichkeit von *Betriebstättenverlusten* auf andere Konzernunternehmen im Blickpunkt stand. In diesem Fall verlangte die im Vereinigten Königreich ansässige Gesellschaft *Philips Electronics UK* die steuerliche Verrechnung von Verlusten aus einer ebenfalls im Vereinigten Königreich belegenen Betriebstätte, welche jedoch von der in den Niederlanden ansässigen Konzerngesellschaft *LG Philips Displays Netherlands BV* gehalten wurde.[829] Beide Gesellschaften gehörten dem *Philips*-Konzern an, dessen Muttergesellschaft ihren Sitz ebenfalls in den Niederlanden hatte. Die britischen Steuerbehörden lehnten den Antrag auf Verlustverrechnung der *Philips Electronics UK* mit der Begründung ab, die Verluste der britischen Betriebstätte würden bereits

---

Steuerrecht, Jahrbuch der Fachanwälte für Steuerrecht 2009/2010, S. 56, 61. Zur allgemeinen Kritik an diesem Urteil im Hinblick auf die Verwirklichung des EU-Binnenmarktes vgl. *Thömmes*, IWB 2008, 1113, 1115 f.

824 *BFH*, 09.06.2010 – I R 100/09, IStR 2010, 670 m. Anm. *Mitschke*.

825 Ebenda.

826 *EuGH*, 07.11.2013 – C-322/11, *K.*, DStR 2013, 2441.

827 Siehe hierzu unten D.I.1.c)(5).

828 *EuGH*, 06.09.2012 – C-18/11, *Philips Electronics*, RIW 2012, 884.

829 *EuGH*, 06.09.2012 – C-18/11, *Philips Electronics*, RIW 2012, 884, Rz. 6 f.

bei deren niederländischem Stammhaus, der *LG Philips Displays Netherlands BV*, mit Gewinnen in den Niederlanden verrechnet.[830]

In seinem Urteil stellte der EuGH auch in diesem Fall einen Verstoß der britischen Regelungen zum „Konzernabzug“ gegen Art. 43 EGV (jetzt Art. 49 AEUV) durch die Versagung der Abzugsfähigkeit der Betriebstättenverluste bei der *Philips Electronics UK* fest.[831] Damit stand erneut die Frage im Raum, ob die britischen Verlustbeschränkungsregelungen zur „Wahrung der Aufteilung der Besteuerungsbefugnis zwischen den Mitgliedstaaten“ notwendig und somit gerechtfertigt sind.[832] Im Einklang mit den Schlussanträgen der Generalanwältin *Kokott*[833] lehnte der EuGH im Verfahren *Philips Electronics* die Einschlägigkeit dieses Rechtfertigungsgrundes jedoch ab. Der EuGH begründete dies damit, dass es in diesem Fall eben nicht um die Berücksichtigung von Betriebstättenverlusten einer in einem *anderen Mitgliedstaat* belegenen Betriebstätte ging, sondern um die Übertragung von Verlusten einer britischen Betriebstätte auf eine ebenfalls im Vereinigten Königreich ansässige Gesellschaft.[834] Die Besteuerungsbefugnis des Vereinigten Königreichs wäre durch eine Übertragung der Betriebstättenverluste im Wege des Konzernabzugs somit in keiner Weise beeinträchtigt.[835] Wie die Generalanwältin *Kokott* weiter zutreffend festgestellt hat, ist die Frage, ob darüber hinaus die Betriebstättenverluste ggf. auch in den Niederlanden berücksichtigt werden könnten, in diesem Zusammenhang unerheblich, da selbst eine dortige Berücksichtigung *keinen Einfluss* auf die *Besteuerungsbefugnis des Vereinigten Königreichs* hätte.[836]

Das EuGH-Urteil *Philips Electronics* stellt eine 1:1-Übertragung der Grundsätze des EuGH aus seinem Urteil *Papillon*[837], welches eine ähnliche Verlustübertragungskonstellation innerhalb eines Kapitalgesellschaftskonzerns betraf, auf Betriebstättenfälle dar. Gleichzeitig ist im Urteil *Philips Electronics* m.E. aber auch eine gewisse Abstandnahme des EuGH von seiner bisher gebrauchten „Formel“ bei der Prüfung des Rechtfertigungsgrundes der „Wahrung der Aufteilung der Besteuerungsbefugnis“ zu beobachten. Der EuGH hatte bislang immer dann beschränkende mitgliedstaatliche Verlustabzugsregelungen aus diesem Grund als gerechtfertigt angesehen, wenn die Mitgliedstaaten bei einer hypothetischen Zulässigkeit des Verlustabzugs

---

830 *EuGH*, 06.09.2012 – C-18/11, *Philips Electronics*, RIW 2012, 884, Rz. 8.

831 *EuGH*, 06.09.2012 – C-18/11, *Philips Electronics*, RIW 2012, 884, Rz. 20.

832 *EuGH*, 06.09.2012 – C-18/11, *Philips Electronics*, RIW 2012, 884, Rz. 21.

833 Schlussanträge der Generalanwältin *Kokott* v. 06.09.2012, Rs. C-18/11, *Philips Electronics*.

834 *EuGH*, 06.09.2012 – C-18/11, *Philips Electronics*, RIW 2012, 884, Rz. 26; Schlussanträge der Generalanwältin *Kokott* v. 06.09.2012, Rs. C-18/11, *Philips Electronics*, Rz. 49. Insoweit zustimmend *Schiefer*, IStR 2012, 849 f.

835 *EuGH*, 06.09.2012 – C-18/11, *Philips Electronics*, RIW 2012, 884, Rz. 25.

836 Schlussanträge der Generalanwältin *Kokott* v. 06.09.2012, Rs. C-18/11, *Philips Electronics*, Rz. 50.

837 *EuGH*, 27.11.2008 – C-418/07, *Papillon*, Slg. 2008, I-08947. Siehe hierzu oben D.I.1.a)(4).

ein „Wahlrecht" erlangen würden, in welchem Mitgliedstaat sie ihre Verluste geltend machen können.[838] In *Philips Electronics* ging der EuGH auf dieses „Wahlfreiheits"-Argument gar nicht mehr ein, sondern bezog sich stattdessen ausschließlich auf das „Symmetrie"-Argument als „Ziel" dieses Rechtfertigungsgrundes: „Inhalt dieses Ziels ist es, wie der Gerichtshof festgestellt hat, die Symmetrie zwischen dem Recht zur Besteuerung der Gewinne und der Möglichkeit, Verluste in Abzug zu bringen, zu wahren".[839]

(5) Nordea Bank (2014)

Das jüngste Urteil des EuGH zur Frage der unionsrechtlichen Berücksichtigung von Verlusten aus ausländischen Betriebstätten betraf die dänische Rechtssache *Nordea Bank*[840]. Die *Nordea Bank Danmark A/S* war eine in Dänemark ansässige Gesellschaft mit Betriebstätten in Finnland, Schweden und Norwegen. Zur Vermeidung einer internationalen Doppelbesteuerung der Betriebstättengewinne sah das sog. „Nordische Abkommen"[841] als multiaterales DBA zwischen Dänemark, Norwegen, Schweden, Finnland und Island grundsätzlich die *Anrechnungsmethode* vor; zudem konnten nach dänischem Steuerrecht die laufenden Verluste der Betriebstätten bei der Ermittlung der steuerlichen Bemessungsgrundlage der *Nordea Bank* abgezogen werden.[842] Im Jahr 2000 wurden die defizitären Betriebstätten der *Nordea Bank* geschlossen und in diesem Zusammenhang ein Teil des Betriebstättengeschäfts auf verbundene Tochtergesellschaften, welche in dem gleichen Staat wie die Betriebstätten ansässig waren, übertragen.[843] Die dänischen Steuervorschriften sahen für diesen Fall eine Nachversteuerung der zuvor abgezogenen Betriebstättenverluste bei der *Nordea Bank* vor.[844] Diese war jedoch der Ansicht, dass die vorgenommene Nachversteuerung der Betriebstättenverluste einen Verstoß gegen Unionsrecht, insbesondere gegen die Niederlassungsfreiheit (Art. 49 AEUV i.V.m. Art. 54 AEUV), darstellt.[845]

Die zuständige Generalanwältin *Kokott* hatte ihre Schlussanträge zur Rechtssache *Nordea Bank* am 13.03.2014 übermittelt.[846] Dabei schien die Generalanwältin sowohl auf Ebene der Diskriminierungsprüfung wie auch auf Ebene der Rechtfertigungsprüfung eine „Revolution" der bisherigen Rechtsprechung des EuGH durchsetzen zu wollen. Zum einen lehnte sie die bisher vom EuGH durchgeführte

---

838 Vgl. nur *EuGH*, 15.05.2008 – C-414/06, *Lidl Belgium*, Slg. 2008, I-03601, Rz. 34.
839 *EuGH*, 06.09.2012 – C-18/11, *Philips Electronics*, RIW 2012, 884, Rz. 24.
840 *EuGH*, 10.07.2014 – C-48/13, *Nordea Bank*, IStR 2014, 563 m. Anm. *Mitschke*.
841 Abkommen der nordischen Länder zur Vermeidung der Doppelbesteuerung auf dem Gebiet der Steuern vom Einkommen und vom Vermögen v. 23.09.1996, SopS 26/1997, siehe hierzu *Vogel*, in: *Vogel/Lehner*, DBA, Einl., Rz. 39.
842 *EuGH*, 10.07.2014 – C-48/13, *Nordea Bank*, IStR 2014, 563 m. Anm. *Mitschke*, Rz. 3 ff.
843 *EuGH*, 10.07.2014 – C-48/13, *Nordea Bank*, IStR 2014, 563 m. Anm. *Mitschke*, Rz. 11 f.
844 *EuGH*, 10.07.2014 – C-48/13, *Nordea Bank*, IStR 2014, 563 m. Anm. *Mitschke*, Rz. 13.
845 *EuGH*, 10.07.2014 – C-48/13, *Nordea Bank*, IStR 2014, 563 m. Anm. *Mitschke*, Rz. 14.
846 Schlussanträge Generalanwältin *Kokott* v. 13.03.2014, Rs. C-48/13, *Nordea Bank*.

„Vergleichbarkeitsprüfung" zweier Sachverhalte zur Feststellung einer unionsrechtlichen Diskriminierung oder Beschränkung als „dogmatisches Überbleibsel" der früheren EuGH-Rechtsprechung ab;[847] diese Prüfung wäre aufgrund der immer extensiveren Anwendung von ungeschriebenen Rechtfertigungsgründen durch den EuGH nun vielmehr auf die „Rechtfertigungsebene" verschoben worden, sodass der EuGH in Zukunft darauf verzichten könne.[848] Zum anderen schien die Generalanwältin *Kokott* mit der Rechtssache *Nordea Bank* auch das Ende des Rechtfertigungsgrundes der „Wahrung der Aufteilung der Besteuerungsbefugnis zwischen den Mitgliedstaaten" in der Rechtsprechung des EuGH einleiten zu wollen. Nach Auffassung der Generalanwältin stelle der Rechtfertigungsgrund der „Wahrung der Aufteilung der Besteuerungsbefugnis" nämlich nur „eine Ausprägung anderer anerkannter Rechtfertigungsgründe", namentlich der „der Wahrung der Kohärenz einer Steuerregelung" sowie „der Verhinderung von Steuerumgehungen", dar.[849] Zur „Klarheit der Rechtsprechung" schlug die Generalanwältin vor, beschränkende Steuervorschriften nicht mehr anhand der „Wahrung der Aufteilung der Besteuerungsbefugnis zwischen den Mitgliedstaaten" zu prüfen, sondern nur noch anhand des jeweiligen „speziellen" Rechtfertigungsgrundes.[850] Im Fall der *Nordea Bank* wären die streitigen dänischen Nachversteuerungsvorschriften für Betriebstättenverluste somit ausschließlich anhand des Kohärenzarguments sowie der Notwendigkeit zur Verhinderung von Steuerumgehungen zu prüfen.[851]

In seinem Urteil zur Rechtssache *Nordea Bank* nahm der EuGH schließlich aber *keine* der vorgeschlagenen „Neuerungen" auf.[852] Bei der Diskriminierungsprüfung führte der EuGH wie gehabt eine „Vergleichbarkeitsprüfung" durch, wobei er zunächst feststellte, dass „in Bezug auf Maßnahmen eines Mitgliedstaats, die der Vermeidung oder Abschwächung der Doppelbesteuerung der Gewinne einer gebietsansässigen Gesellschaft dienen, sich Betriebsstätten, die in einem anderen Mitgliedstaat oder in einem anderen Staat des EWR-Abkommens belegen sind, grundsätzlich nicht in einer Situation befinden, die mit der Situation gebietsansässiger Betriebsstätten vergleichbar wäre".[853] Indem aber Dänemark die *Gewinne*

847 Schlussanträge Generalanwältin *Kokott* v. 13.03.2014, Rs. C-48/13, *Nordea Bank.*, Rz. 23.

848 Schlussanträge Generalanwältin *Kokott* v. 13.03.2014, Rs. C-48/13, *Nordea Bank*, Rz. 24 ff. Zustimmend *Schulz-Trieglaff*, IStR 2014, 394, 397; *Schiefer*, IStR 2014, 262, 262.

849 Schlussanträge Generalanwältin *Kokott* v. 13.03.2014, Rs. C-48/13, *Nordea Bank*, Rz. 42–44.

850 Schlussanträge Generalanwältin *Kokott* v. 13.03.2014, Rs. C-48/13, *Nordea Bank*, Rz. 46.

851 Schlussanträge Generalanwältin *Kokott* v. 13.03.2014, Rs. C-48/13, *Nordea Bank*, Rz. 46. Zustimmend *Henze*, ISR 2014, 139, 141; ablehnend *Mitschke*, IStR 2014, 263, 263.

852 Kritisch hierzu *Englisch*, IStR 2014, 561 ff.

853 *EuGH*, 10.07.2014 – C-48/13, *Nordea Bank*, IStR 2014, 563 m. Anm. *Mitschke*, Rz. 24.

der ausländischen Betriebstätten einer Besteuerung unterwirft, muss es auch im Hinblick auf den *Verlustabzug* die ausländischen Betriebstätten den gebietsansässigen Betriebstätten gleichstellen.[854] *Mitschke* interpretiert diese Aussagen des EuGH indes dahingehend, dass in *DBA-Freistellungsfällen,* in welchen die Gewinne einer ausländischen Betriebstätte von einer Besteuerung im Ansässigkeitsstaat des Stammhauses ausgenommen sind, eine unionsrechtliche Vergleichbarkeit des In- und Auslandsfalles bei Betriebstättenverlusten künftig ausgeschlossen sein soll.[855] Eine solche Wertung des *Nordea Bank*-Urteils stünde jedoch im deutlichen Widerspruch zur bisherigen EuGH-Rechtsprechung zur Anwendung der Grundfreiheiten bei Betriebstättenfällen mit Anwendung der abkommensrechtlichen Freistellungsmethode (siehe EuGH-Urteil *Lidl Belgium*[856]). Dem EuGH in seinem Urteil *Nordea Bank* insoweit eine „stillschweigende Rechtsprechungsänderung“ zu unterstellen, erscheint m.E. zu weitgehend.[857]

Bei der Rechtfertigungsprüfung führte die dänische Regierung an, die beschränkenden dänischen Nachversteuerungsvorschriften seien mit der Notwendigkeit gerechtfertigt, „eine ausgewogene Aufteilung der Besteuerungsbefugnisse zwischen den Mitgliedstaaten im Zusammenhang mit der Verhinderung der Steuerumgehung sicherzustellen“.[858] Der EuGH stellte zu diesem Vorbingen fest, dass es „Ziel“ der dänischen Nachversteuerungsregelung sei, „die Gefahr von Steuerumgehungen zu verhindern“.[859] Internationale Konzerne könnten ansonsten zielgerichtet zunächst die Verluste aus ausländischen defizitären Betriebstätten beim dänischen Stammhaus abziehen, während bei einer späteren Rentabilität der Betriebstätten diese auf ausländische Tochtergesellschaften überführt werden, um eine Besteuerung der Gewinne in Dänemark zu vermeiden.[860] Würde man Dänemark eine Nachversteuerung der abgezogenen Betriebstättenverluste in diesen Fällen verwehren, so könnten Steuerpflichtige nach Auffassung des EuGH „durch eine solche Gestaltung seine Besteuerungsgrundlage künstlich untergraben und damit die sich aus dem Nordischen Abkommen ergebende Aufteilung der Besteuerungsbefugnisse beeinträchtigen“.[861] Nach der Ansicht von *Henze* folgt der EuGH mit dieser Argumentation dem Vorschlag der Generalanwältin *Kokott,* die „Wahrung der Aufteilung der Besteuerungsbefugnis“ nicht mehr als eigenständigen Rechtfertigungsgrund, sondern nur noch als „Ausprägung“ des Rechtfertigungsgrundes der „Verhinderung der Steuerumgehung“

854 Ebenda.

855 Vgl. *Mitschke,* IStR 2014, 565, 565 f.

856 *EuGH,* 15.05.2008 – C-414/06, *Lidl Belgium,* Slg. 2008, I-03601. Siehe hierzu oben D.I.1.b)(2).

857 Gl. A. *Henze,* ISR 2014, 311, 313 f.

858 *EuGH,* 10.07.2014 – C-48/13, *Nordea Bank,* IStR 2014, 563 m. Anm. *Mitschke,* Rz. 26.

859 *EuGH,* 10.07.2014 – C-48/13, *Nordea Bank,* IStR 2014, 563 m. Anm. *Mitschke,* Rz. 29.

860 Ebenda. Ähnlich auch die Generalanwältin *Kokott* in ihren Schlussanträgen v. 13.03.2014, Rs. C-48/13, *Nordea Bank,* Rz. 59.

861 *EuGH,* 10.07.2014 – C-48/13, *Nordea Bank,* IStR 2014, 563 m. Anm. *Mitschke,* Rz. 30.

wahrzunehmen.[862] M.E. sind die diesbezüglichen Ausführungen des EuGH jedoch genau in die gegenteilige Richtung zu verstehen. Der EuGH macht deutlich, dass die Beeinträchtigung der Aufteilung der Besteuerungsbefugnis zwischen den Mitgliedstaaten das Resultat der Vornahme einer künstlichen Gestaltung durch Steuerpflichtige darstellt, sodass die dänischen Nachversteuerungsvorschriften, indem sie auf die Verhinderung solcher Gestaltungen abzielten, geeignet waren, die getroffene Aufteilung der Besteuerungsbefugnis für die Betriebstätteneinkünfte zu wahren. Insoweit geht also der Rechtfertigungsgrund der „Verhinderung von Steuerumgehung" in dem umfassenderen Rechtfertigungsgrund der „Wahrung der Aufteilung der Besteuerungsbefugnis" auf und nicht etwa umgekehrt.[863]

Letztlich ließ der EuGH die dänische Nachversteuerungsregelung aber bei der „Verhältnismäßigkeitsprüfung" scheitern.[864] Der EuGH wiederholte dabei zunächst, dass „das Ziel der ausgewogenen Aufteilung der Besteuerungsbefugnisse die Wahrung der Symmetrie zwischen dem Recht zur Besteuerung der Gewinne und der Möglichkeit bezweckt, Verluste in Abzug zu bringen".[865] Da im Fall *Nordea Bank*, anders als in den bisherigen Urteilen des EuGH zu Betriebstättenfällen, das zugrunde liegende multilaterale Abkommen nicht die Freistellungs-methode sondern die *Anrechnungsmethode* zur Vermeidung einer internationalen Doppelbesteuerung vorsah, bestand die Symmetrie in der Besteuerung der Betriebstätteneinkünfte darin, dass Dänemark sowohl die Verluste wie auch die Gewinne der Betriebstätte steuerlich berücksichtigte. Nach Ansicht des EuGH wäre diese „Symmetrie" dann aufgehoben, wenn Dänemark während des gesamten Zeitraums des Bestehens der Betriebstätte sowie bei deren Auflösung zur Besteuerung der daraus resultierenden Gewinne berechtigt ist, aber durch die streitige Nachversteuerung die in demselben Zeitraum tatsächlich angefallenen Verluste nicht zum steuerlichen Abzug zulässt. Der EuGH führte hierzu aus: „Das Erfordernis der Wahrung dieser Symmetrie verlangt, dass die für eine Betriebstätte abgezogenen *Verluste* durch die Besteuerung ihrer *Gewinne* ausgeglichen werden können, die unter der Steuerhoheit des betreffenden Mitgliedstaats erwirtschaftet wurden, und zwar sowohl der in dem gesamten Zeitraum, in dem die Betriebstätte zu der gebietsansässigen Gesellschaft gehörte, erwirtschafteten Gewinne als auch der zum Zeitpunkt der Veräußerung dieser Betriebstätte erwirtschafteten Gewinne".[866]

Im Fall der *Nordea Bank* sah insoweit Art. 25 des „Nordischen Abkommens" die Besteuerung von *laufenden Betriebstättengewinnen* in Dänemark durch Anwendung der *Anrechnungsmethode* vor,[867] während die Besteuerung der stillen Reserven bei der *Veräußerung von Betriebstättenktiva* durch Vorschriften des nationalen dänischen

862 Siehe *Henze*, ISR 2014, 311, 312.
863 Gl. A. *Mitschke*, IStR 2014, 565, 566.
864 *EuGH*, 10.07.2014 – C-48/13, *Nordea Bank*, IStR 2014, 563 m. Anm. *Mitschke*, Rz. 31 ff.
865 *EuGH*, 10.07.2014 – C-48/13, *Nordea Bank*, IStR 2014, 563 m. Anm. *Mitschke*, Rz. 32.
866 *EuGH*, 10.07.2014 – C-48/13, *Nordea Bank* IStR 2014, 563 m. Anm. *Mitschke*, Rz. 33.
867 *EuGH*, 10.07.2014 – C-48/13, *Nordea Bank* IStR 2014, 563 m. Anm. *Mitschke*, Rz. 34.

Steuerrechts geregelt wurde[868]. Unter diesen Umständen wäre eine zusätzliche „Nachversteuerung" der bereits abgezogenen Verluste unverhältnismäßig, da hierdurch die zwischen den Mitgliedstaaten vorgenommene symmetrische Aufteilung der Besteuerungsbefugnis für die Gewinne und Verluste der Betriebstätte aufgehoben wäre.[869]

Das EuGH-Urteil *Nordea Bank* zeigt, dass sich die Grundsätze des EuGH aus seiner Rechtsprechung zur Berücksichtigung von Verlusten aus Freistellungsbetriebstätten nicht unbedingt auf Betriebstättenfälle, in welchen die Mitgliedstaaten die Anrechnungsmethode in ihren DBA gewählt haben, übertragen lassen. Während der EuGH bei der Anwendung des Rechtfertigungsgrundes der „Wahrung der Aufteilung der Besteuerungsbefugnis" in Freistellungsbetriebstättenfällen das „Symmetrie-Argument" zur symmetrischen Behandlung von Gewinnen und Verlusten auf der Rechtfertigungsebene anwendet,[870] stellt der EuGH in Anrechnungsfällen auf dieses Argument erst bei der *Verhältnismäßigkeitsprüfung* ab und wendet dies anstelle der bisher in diesem Zusammenhang einschlägigen „*Marks & Spencer*"-Ausnahme bei Vorliegen von „finalen" Verlusten im Betriebstättenstaat an.[871]

(6) Zwischenfazit

Bei mitgliedstaatlichen Verlustabzugsbeschränkungen im Zusammenhang mit Verlusten aus ausländischen Betriebstätten wendet der EuGH seine zu den Tochtergesellschaften ergangene Rechtsprechung entsprechend an. Demnach kann der Rechtfertigungsgrund der „Wahrung der Aufteilung der Besteuerungsbefugnis zwischen den Mitgliedstaaten" dann nicht greifen, wenn die streitige Verlustabzugsregelung lediglich das Steuerrecht *eines* Mitgliedstaates berührt (siehe EuGH-Urteil *Deutsche Shell*) oder sich Stammhaus und Betriebstätte jeweils *im gleichen Mitgliedstaat* befinden (siehe EuGH-Urteil *Philips Electronics*).

Soweit der Rechtfertigungsgrund grundsätzlich einschlägig ist, unterscheidet der EuGH zwischen Verlustabzugsbeschränkungen der Mitgliedstaaten im Zusammenhang mit ausländischen Betriebstätten, auf welche die *Freistellungsmethode* nach einem mitgliedstaatlichen DBA Anwendung findet und Betriebstätten, welche unter die abkommensrechtliche *Anrechnungsmethode* fallen. Im Fall von abkommensrechtlichen *Freistellungsbetriebstätten* sieht der EuGH mitgliedstaatliche Verlustabzugsbeschränkungen grundsätzlich als zur Wahrung der „Symmetrie" zwischen der Nichtabzugsfähigkeit der Verluste und der Nichtbesteuerung von Betriebstättengewinnen, welche sich in den Regelungen der Art. 7 Abs. 1 OECD-MA i.V.m. Art. 23A Abs. 1 OECD-MA widerspiegelt, als gerechtfertigt an (siehe EuGH-Urteil *Lidl Belgium*). Das Unionsrecht sieht aber Ausnahmen von diesem Grundsatz bei Vorliegen von „finalen" Betriebstättenverlusten vor, wobei der EuGH im Urteil *Krankenheim*

868 *EuGH*, 10.07.2014 – C-48/13, *Nordea Bank* IStR 2014 563 m. Anm. *Mitschke*, Rz. 35.
869 Kritisch zu dieser Argumentation des EuGH *Mitschke*, IStR 2014, 565, 567.
870 Vgl. *EuGH*, 15.05.2008 – C-414/06, *Lidl Belgium*, Slg. 2008, I-03601, Rz. 33.
871 Für eine Anwendung der „*Marks & Spencer*"-Ausnahme im Verfahren *Nordea Bank* noch *Schiefer*, ISR 2013, 220, 224.

Ruhesitz am Wannsee Einschränkungen bei der Anwendung der „*Marks & Spencer*"-Ausnahme dahingehend vorgenommen hat, dass diese in Betriebstättenfällen dann nicht greifen soll, wenn die „Endgültigkeit" der Verluste in der Verantwortung des Betriebstättenstaates als *Quellenstaat* liegt.

Vereinbaren Mitgliedstaaten abkommensrechtlich die *Anrechnungsmethode* zur Vermeidung einer internationalen Doppelbesteuerung bei Betriebstätteneinkünften (Art. 7 Abs. 1 OECD-MA i.V.m. Art. 23B Abs. 1 OECD-MA), so treffen sie eine abkommensrechtliche „Aufteilung" der Besteuerungsbefugnis für diese Einkünfte dahingehend, dass neben dem Quellenstaat auch der Ansässigkeitsstaat sein Besteuerungsrecht für die Betriebstätteneinkünfte ausüben darf. Nach Auffassung des EuGH können mitgliedstaatliche Verlustabzugsbeschränkungen in diesen Fällen dann zur „Wahrung der Aufteilung der Besteuerungsbefugnis" gerechtfertigt sein, wenn diese Beschränkungen zum Ziel haben, das Besteuerungsrecht des *Ansässigkeitsstaates des Stammhauses* für die ausländischen *Betriebstättengewinne* zu sichern (siehe EuGH-Urteil *Nordea Bank*). Verlustabzugsbeschränkungen gehen jedoch über das Ziel der „Wahrung der Aufteilung der Besteuerungsbefugnis" hinaus, wenn diese zu einer zusätzlichen steuerlichen Erfassung von Gewinnen führen, obwohl die Besteuerungsbefugnis des Ansässigkeitsstaates eines Steuerpflichtigen für dessen ausländische Betriebstättengewinne bereits durch Abkommensrecht oder nationale Steuervorschriften dieses Mitgliedstaates gewahrt wurde. In diesen Fällen wäre nämlich die „Symmetrie" zwischen der Besteuerung der Betriebstättengewinne und der Möglichkeit, Verluste der Betriebstätte in Abzug zu bringen, durchbrochen.

c) Verluste aus ausländischen Immobilien

(1) Ritter-Coulais (2006)

Die deutsche Rechtssache *Ritter-Coulais*[872] war das erste Verfahren, in welchem sich der EuGH mit der Frage der Berücksichtigung von Verlusten aus ausländischen Immobilien bei der Besteuerung von unbeschränkt Steuerpflichtigen eines Mitgliedstaates auseinandersetzen musste. Der streitige Sachverhalt betraf dabei die Berücksichtigung von Verlusten aus einer Immobilie in Frankreich bei den in Frankreich wohnhaften Eheleuten *Ritter-Coulais*, welche als Lehrer an einer Schule in Deutschland angestellt waren und nach deutschem Steuerrecht dort als unbeschränkt Steuerpflichtige besteuert wurden.[873] Die deutschen Finanzbehörden versagten den Abzug der ausländischen Immobilienverluste im Rahmen eines „negativen Progressionsvorbehaltes" für die Festsetzung des Steuersatzes nach deutschem Steuerrecht.[874] Hätten die Eheleute *Ritter-Coulais* positive Einkünfte aus der französischen Immobilie erzielt, wären diese im Rahmen des Progressionsvorbehaltes bei

872 *EuGH*, 21.02.2006 – C-152/03, *Ritter-Coulais*, Slg. 2006, I-01711.
873 *EuGH*, 21.02.2006 – C-152/03, *Ritter-Coulais*, Slg. 2006, I-01711, Rz. 3.
874 *EuGH*, 21.02.2006 – C-152/03, *Ritter-Coulais*, Slg. 2006, I-01711, Rz. 8.

der Festsetzung der deutschen Steuer berücksichtigt worden.[875] Für gebietsansässige Steuerpflichtige mit Einkünften aus deutschen Immobilien sah das deutsche Steuerrecht indessen keine Abzugsbeschränkungen vor.

Der EuGH erkannte in dieser Ungleichbehandlung gebietsfremder Steuerpflichtiger gegenüber vergleichbaren gebietsansässigen Steuerpflichtigen einen Verstoß gegen die Arbeitnehmerfreizügigkeit (jetzt Art. 45 AEUV).[876] Zur Rechtfertigung berief sich die deutsche Regierung auf die „Kohärenz des deutschen Steuersystems".[877] Die deutsche Regierung machte geltend, die „Kohärenz" der streitigen Steuerregelungen bestünde darin, dass die Bundesrepublik Deutschland nach den Regelungen des deutsch-französischen DBA nicht befugt sei, Gewinne aus in Frankreich belegenem unbeweglichem Vermögen zu besteuern, sodass es gerechtfertigt sei, dass sie auch Verluste aus solchem unbeweglichem Vermögen nicht steuerlich berücksichtige.[878] Der EuGH lehnte diesen vorgebrachten Rechtfertigungsgrund jedoch kurzerhand ab, da die Bundesrepublik Deutschland insoweit *positive Einkünfte* aus in anderen Mitgliedstaaten belegenen Immobilien im Rahmen des Progressionsvorbehaltes bei der Festsetzung der deutschen Steuer berücksichtigen würde.[879]

Der Rechtfertigungsgrund der „Wahrung der Aufteilung der Besteuerungsbefugnis" wurde im EuGH-Urteil *Ritter-Coulais* insoweit nicht angesprochen. Der zuständige Generalanwalt *Léger* vertrat in seinen Schlussanträgen in dieser Hinsicht die Auffassung, dass es in der Rechtssache *Ritter-Coulais* „nicht direkt um den Grundsatz der Aufteilung der Steuerbefugnisse gehe".[880] Er begründete dies damit, dass sich die Weigerung Deutschlands, die ausländischen Verluste im Rahmen des Progressionsvorbehaltes zu berücksichtigen, nicht aus den Bestimmungen des deutsch-französischen Abkommens ergeben würde, sondern „allein aus dem nationalen Recht".[881]

Den Ausführungen des Generalanwalts ist insoweit zuzustimmen.[882] Die Rechtssache *Ritter-Coulais* betraf, im Gegensatz zu den oben aufgeführten Verfahren[883], nicht die Berücksichtigung von ausländischen Verlusten für die Berechnung der *steuerlichen Bemessungsgrundlage* eines Steuerpflichtigen, sondern lediglich für die Bestimmung des anwendbaren *Steuersatzes*, welcher sich allein nach den Vorschriften des nationalen Rechts eines Mitgliedstaates richtet. Eine Berücksichtigung der

---

875 *EuGH*, 21.02.2006 – C-152/03, *Ritter-Coulais*, Slg. 2006, I-01711, Rz. 7.
876 *EuGH*, 21.02.2006 – C-152/03, *Ritter-Coulais*, Slg. 2006, I-01711, Rz. 37 f.
877 *EuGH*, 21.02.2006 – C-152/03, *Ritter-Coulais*, Slg. 2006, I-01711, Rz. 30.
878 Vgl. Schlussanträge des Generalanwalts *Léger* v. 01.03.2005, Rs. C-152/03, *Ritter-Coulais*, Rz. 103 f.
879 *EuGH*, 21.02.2006 – C-152/03, *Ritter-Coulais*, Slg. 2006, I-01711, Rz. 40.
880 Schlussanträge des Generalanwalts *Léger* v. 01.03.2005, Rs. C-152/03, *Ritter-Coulais*, Rz. 110.
881 Schlussanträge des Generalanwalts *Léger* v. 01.03.2005, Rs. C-152/03, *Ritter-Coulais*, Rz. 111.
882 So auch *Englisch*, Aufteilung der Besteuerungsbefugnisse, S. 41.
883 Siehe oben D.I.1.a) und b).

ausländischen Immobilienverluste im Rahmen eines (negativen) Progressionsvorbehaltes nimmt insoweit *keinen Einfluss* auf die Aufteilung der Besteuerungsbefugnis zwischen der Bundesrepublik Deutschland und Frankreich für die zugrunde liegenden Immobilieneinkünfte anhand der Regelungen des deutsch-französischen DBA.

(2) Lakebrink (2007)

Ein Jahr später hatte der EuGH im Verfahren *Lakebrink*[884] erneut über die Frage der Berücksichtigung von ausländischen Immobilienverlusten bei der Festlegung des Steuersatzes im Rahmen des Progressionsvorbehaltes zu entscheiden. Im Gegensatz zum Verfahren *Ritter-Coulais* ging es diesmal um die steuerliche Berücksichtigung der Verluste im Rahmen der *beschränkten Steuerpflicht*. Die Kläger, die Eheleute *Lakebrink*, hatten ihren Wohnsitz in der Bundesrepublik Deutschland, wo sich auch die verlustbringende Immobilie befand. Ihre steuerpflichtigen Einkünfte erzielten die Eheleute *Lakebrink* ausschließlich in ihrem Tätigkeitsstaat (in diesem Fall Luxemburg).[885] Die luxemburgischen Steuerbehörden weigerten sich, die Verluste der Eheleute *Lakebrink* aus ihren deutschen Immobilien bei der Festsetzung des Steuersatzes im Rahmen ihrer beschränkten Steuerpflicht in Luxemburg zu berücksichtigen.[886]

Der EuGH führte in seinem Urteil zur Rechtssache *Lakebrink* zunächst seine ständige Rechtsprechung im Bereich der direkten Steuern an, wonach sich gebietsansässige und gebietsfremde Steuerpflichtige hinsichtlich der Anwendung der Grundfreiheiten i.d.R. nicht in einer gleichen Situation befinden.[887] Etwas anderes gelte nach der sog. „*Schumacker*-Doktrin"[888] jedoch für den Fall, in dem der gebietsfremde (beschränkt) Steuerpflichtige in seinem Ansässigkeitsstaat keine nennenswerten Einkünfte erzielt, sondern sein zu versteuerndes Einkommen hauptsächlich in seinem Beschäftigungsstaat generiert.[889] Im Fall *Lakebrink* lag eine solche „*Schumacker*-Konstellation" vor, sodass der EuGH den Tätigkeitsstaat der Eheleute *Lakebrink* (d.h. Luxemburg) unionsrechtlich in der Pflicht sah, diesen die steuerlichen Vergünstigungen zu gewähren, welche sie in ihrem Wohnsitzstaat mangels Vorliegen von Einkünften nicht geltend machen konnten.[890] Die Weigerung Luxemburgs, die Verluste der Eheleute *Lakebrink* aus der Vermietung von deutschen Immobilien bei der Bestimmung des anwendbaren Steuersatzes zu berücksichtigen,

884 *EuGH*, 18.07.2007 – C-182/06, *Lakebrink*, Slg. 2007, I-06705.
885 *EuGH*, 18.07.2007 – C-182/06, *Lakebrink*, Slg. 2007, I-06705, Rz. 3–5.
886 *EuGH*, 18.07.2007 – C-182/06, *Lakebrink*, Slg. 2007, I-06705, Rz. 6 f.
887 *EuGH*, 18.07.2007 – C-182/06, *Lakebrink*, Slg. 2007, I-06705, Rz. 28 m.w.N.
888 Siehe zu *EuGH*, 12.02.1995 – C-279/9, *Schumacker*, Slg. 1995, I-00225 die Ausführungen oben B.II.2.b).
889 *EuGH*, 18.07.2007 – C-182/06, *Lakebrink*, Slg. 2007, I-06705, Rz. 30.
890 *EuGH*, 18.07.2007 – C-182/06, *Lakebrink*, Slg. 2007, I-06705, Rz. 33 f.

stellte nach Auffassung des EuGH deshalb eine Verletzung von Art. 39 EGV (jetzt Art. 45 AEUV) dar.[891]

Im Ergebnis bestätigt der EuGH in seinem Urteil *Lakebrink* die konsequente Anwendung der Grundsätze aus seinen Urteilen *Ritter-Coulais* und *Schumacker* für den Fall der Berücksichtigung von ausländischen Verlusten bei beschränkt Steuerpflichtigen im Rahmen des Progressionsvorbehaltes.[892] Die luxemburgische Regierung hatte im Verfahren *Lakebrink* keine Rechtfertigungsgründe geltend gemacht,[893] sodass der EuGH keine Rechtfertigungsprüfung vornahm. Da es im Fall *Lakebrink* jedoch nur um die Berücksichtigung ausländischer Immobilienverluste bei der Festsetzung *des Steuersatzes* nach nationalem luxemburgischem Steuerrecht ging, wäre eine mögliche Rechtfertigung der beschränkenden luxemburgischen Steuervorschriften zur „Wahrung der Aufteilung der Besteuerungsbefugnis zwischen den Mitgliedstaaten" analog zum Fall *Ritter-Coulais* wohl durch den EuGH abgelehnt worden.

(3) Renneberg (2008)

Das Verfahren *Renneberg*[894] betraf eine dem Verfahren *Lakebrink* ähnliche „Schumacker-Situation" mit dem Unterschied, dass der in Belgien ansässige und in den Niederlanden mit dem Hauptteil seiner Einkünfte beschränkt steuerpflichtige Herr *Renneberg* Verluste im Zusammenhang mit einer belgischen Immobilie bei der Ermittlung seiner *steuerlichen Bemessungsgrundlage*, insoweit also einen „originären" Verlustabzug, in den Niederlanden geltend machen wollte. Da sich die niederländischen Steuerbehörden weigerten, einen solchen Verlustabzug im Fall von beschränkt Steuerpflichtigen vorzunehmen, machte Herr *Renneberg* einen Verstoß gegen Art. 39 EGV (jetzt Art. 45 AEUV) unter Verweis auf die *Schumacker*-Rechtsprechung des EuGH geltend.[895]

Hinsichtlich des Vorwurfs einer diskriminierenden Ungleichbehandlung von gebietsansässigen und gebietsfremden Steuerpflichtigen bei der Berücksichtigung ausländischer Immobilienverluste führte die niederländische Regierung aus, dass diese Ungleichbehandlung „ausschließlich auf der im Steuerabkommen vorgesehenen Aufteilung der Steuerhoheit beruhe".[896] Das niederländisch-belgische DBA weise in seinem Art. 6 Abs. 1 das Besteuerungsrecht für die positiven und negativen Einkünfte aus belgischen Immobilien ausschließlich Belgien zu, während das Besteuerungsrecht

---

891 *EuGH*, 18.07.2007 – C-182/06, *Lakebrink*, Slg. 2007, I-06705, Rz. 35.

892 So auch *Weerth*, DStR 2007, 1341, 1341. Kritisch zur Anwendung der „*Schumacker*-Doktrin" in diesen Fällen *Englisch*, Aufteilung der Besteuerungsbefugnisse, S. 43 f.

893 Vgl. Schlussanträge des Generalanwalts *Mengozzi* v. 29.03.2007, Rs. C-182/06, *Lakebrink*, Rz. 44.

894 *EuGH*, 16.10.2008 – C-527/06, *Renneberg*, Slg. 2008, I-07735.

895 *EuGH*, 16.10.2008 – C-527/06, *Renneberg*, Slg. 2008, I-07735, Rz. 28. Siehe zu *EuGH*, 12.02.1995 – C-279/9, *Schumacker*, Slg. 1995, I-00225 die Ausführungen oben B.II.2.b).

896 *EuGH*, 16.10.2008 – C-527/06, *Renneberg*, Slg. 2008, I-07735, Rz. 39.

der Niederlande gem. Art. 19 Abs. 1 des Abkommens auf die Besteuerung der Arbeitseinkünfte von Herrn *Renneberg* beschränkt sei.[897] Die Anwendung des Abkommens führe somit zu einer Nichtvergleichbarkeit der Situation von beschränkt und unbeschränkt Steuerpflichtigen in den Niederlanden, sodass in einer steuerlichen Ungleichbehandlung der beiden Gruppen in den Niederlanden kein Verstoß gegen die Arbeitnehmerfreizügigkeit vorläge.[898]

Der EuGH ließ, im Einklang mit dem Generalanwalt *Mengozzi*,[899] dieses Vorbringen der niederländischen Regierung nicht gelten. In seiner Urteilsbegründung bezog sich der EuGH insbesondere auf die im niederländisch-belgischen DBA vereinbarte Anrechnungsmethode zur Vermeidung von internationaler Doppelbesteuerung bei Immobilieneinkünften. Der EuGH folgerte aus der Anwendung der Anrechnungsmethode, dass selbst bei in den Niederlanden gebietsansässigen, *unbeschränkt Steuerpflichtigen* mit Immobilieneinkünften aus Belgien das Besteuerungsrecht der Niederlande für (positive wie negative) Einkünfte nicht gänzlich ausgeschlossen sei.[900] Die niederländische Regierung könne sich somit auch bei *beschränkt Steuerpflichtigen* wie Herrn *Renneberg* nicht darauf berufen, dass die Ablehnung des Verlustabzugs bei negativen Immobilieneinkünften auf der Zuweisung der Besteuerungsbefugnis zum Belegenheitsstaat der Immobilien (d.h. Belgien) durch ein bestehendes DBA beruhe.[901] Im Ergebnis unterscheide die streitige Verlustabzugsregelung nicht anhand der Aufteilung der Besteuerungsbefugnis durch ein völkerrechtliches Abkommen, sondern stelle „in Wirklichkeit" auf die Ansässigkeit eines Steuerpflichtigen in den Niederlanden ab.[902]

Da weder das vorlegende Gericht noch die beteiligten Regierungen mögliche Rechtfertigungsgründe geltend gemacht hatten, stellte der EuGH schließlich einen Verstoß der niederländischen Steuerregelungen gegen die Arbeitnehmerfreizügigkeit nach Art. 39 EGV (jetzt Art. 45 AEUV) fest, da die Niederlande ausländische Immobilienverluste eines beschränkt Steuerpflichtigen bei Vorliegen einer „*Schumacker*-Situation" nicht als steuerlich abzugsfähig berücksichtigt hatte.[903]

Die Rechtsprechung des EuGH im Urteil *Renneberg* ist m.E. als höchst problematisch einzustufen, da der EuGH die Niederlande in diesem Fall zwingt, ausländische Verluste eines gebietsfremden Steuerpflichtigen bei der Ermittlung seiner

897 *EuGH*, 16.10.2008 – C-527/06, *Renneberg*, Slg. 2008, I-07735, Rz. 40; Schlussanträge des Generalanwalts *Mengozzi* v. 25.06.2008, Rs. C-527/06, *Renneberg*, Rz. 75.

898 *EuGH*, 16.10.2008 – C-527/06, *Renneberg*, Slg. 2008, I-07735, Rz. 41.

899 Schlussanträge des Generalanwalts *Mengozzi* v. 25.06.2008, Rs. C-527/06, *Renneberg*.

900 *EuGH*, 16.10.2008 – C-527/06, *Renneberg*, Slg. 2008, I-07735, Rz. 51–56.

901 *EuGH*, 16.10.2008 – C-527/06, *Renneberg*, Slg. 2008, I-07735, Rz. 57. So auch der Generalanwalt *Mengozzi* in seinen Schlussanträgen v. 25.06.2008, Rs. C-527/06, *Renneberg*, Rz. 82.

902 *EuGH*, 16.10.2008 – C-527/06, *Renneberg*, Slg. 2008, I-07735, Rz. 58. Ähnlich auch die Ausführungen des Generalanwalts *Mengozzi* in seinen Schlussanträgen v. 25.06.2008, Rs. C-527/06, *Renneberg*, Rz. 46.

903 *EuGH*, 16.10.2008 – C-527/06, *Renneberg*, Slg. 2008, I-07735, Rz. 84.

steuerlichen Bemessungsgrundlage zu berücksichtigen, welche überhaupt keinen „genuine link" zum Staatsgebiet der Niederlande aufweisen. Im Ergebnis setzt der EuGH mit dieser Rechtsprechung das im Steuerrecht der Mitgliedstaaten anerkannte *Territorialitätsprinzip* außer Kraft.[904] Das Urteil *Renneberg* steht damit insbesondere im Gegensatz zur EuGH-Rechtsprechung im Urteil *Futura und Singer*[905], in welchem der EuGH das *Territorialitätsprinzip* auch für die Anwendung des Unionsrechts im Bereich der direkten Steuern der Mitgliedstaaten anerkannt hat.[906] Zwar weist der EuGH unter Verweis auf die diesbezüglichen Ausführungen des Generalanwalts *Mengozzi* in seiner weiteren Urteilsbegründung zutreffend darauf hin, dass eine steuerliche Gleichbehandlung von Herrn *Renneberg* in den Niederlanden hinsichtlich der Berücksichtigung der Verluste aus den belgischen Immobilien „die Rechte, die dem Königreich Belgien nach dem Steuerabkommen zustehen, nicht in Frage stellen und für diesen Mitgliedstaat keine neuen Verpflichtungen begründen".[907] Diese Feststellung gilt jedoch nur für die Besteuerungsbefugnisse *Belgiens* als *Quellenstaat* der Immobilieneinkünfte. Wie der Generalanwalt *Mengozzi* weiter feststellt, ergibt sich für die *Niederlande* aus der Anwendung des Unionsrechts sehr wohl eine „Ergebnispflicht"[908] im Hinblick auf die Berücksichtigung von ausländischen Verlusten bei beschränkt Steuerpflichtigen, für die die Niederlande nach völkerrechtlichen Grundsätzen mangels eines „genuine link" nicht einmal ein Besteuerungsrecht hatten.

Nach der Auffassung von *Kemmeren* begründet sich diese unionsrechtliche Verpflichtung der Niederlande zur Ausweitung ihrer Besteuerungsbefugnis, über die völkerrechtlichen Grenzen hinaus, auf einer „Fehlinterpretation" des EuGH im Hinblick auf die Vermeidungsnorm des niederländisch-belgischen DBA.[909] Der EuGH hätte hier fälschlicherweise angenommen, dass grundsätzlich auch nicht gebietsansässige Steuerpflichtige unter die Anwendung der Anrechnungsmethode des Doppelbesteuerungsabkommens fallen würden.[910] M.E. lassen sich aus der Urteilsbegründung des EuGH im Verfahren *Renneberg* keine solchen Schlussfolgerungen ziehen.[911] Der EuGH hatte lediglich festgestellt, dass nach niederländischem Steuerrecht Verluste aus belgischen Immobilien bei gebietsansässigen Steuerpflichtigen berücksichtigt werden können, da das Abkommen durch Anwendung der Anrechnungsmethode keinen Ausschluss des Besteuerungsrechts der Niederlande

---

904 Ähnlich kritisch *Kemmeren*, EC Tax Review 2009, 4 10 f.; *Marres*, Intertax 2011, 112, 123; *Lavrelashvili/Müller*, EWS 2009, 164, 168.

905 *EuGH*, 15.05.1997 – C-250/95, *Futura und Singer*, Slg. 1997, I-02471.

906 *Kemmeren*, EC Tax Review 2009, 4, 10.

907 *EuGH*, 16.10.2008 – C-527/06, *Renneberg*, Slg. 2008, I-07735, Rz. 69; Schlussanträge des Generalanwalts *Mengozzi* v. 25.06.2008, Rs. C-527/06, *Renneberg*, Rz. 84.

908 Schlussanträge des Generalanwalts *Mengozzi* v. 25.06.2008, Rs. C-527/06, *Renneberg*, Rz. 94 f.

909 *Kemmeren*, EC Tax Review 2009, 4, 12.

910 Ebenda.

911 Gl. A. *Marres*, Intertax 2011, 112, 122.

vorsieht.[912] In „*Schumacker*-Situationen" müsse das Gleiche für gebietsfremde (beschränkt) Steuerpflichtige in den Niederlanden gelten, sodass beschränkt Steuerpflichtige in der Konsequenz für die Anwendung der Regelungen des Abkommens wie „gebietsansässige" Steuerpflichtige in den Niederlanden zu behandeln sind, obwohl sie nicht die Kriterien des Art. 1 i.V.m. Art. 4 Abs. 1 OECD-MA erfüllen.[913] Mit dieser abweichenden unionsrechtlichen Festlegung des abkommensrechtlichen „Ansässigkeitsstaates" bei „*Schumacker*-Situationen" hebelt der EuGH aber einfach die Kriterien des OECD-MA zur Aufteilung der Besteuerungsbefugnisse zwischen den Vertragsstaaten eines mitgliedstaatlichen DBA aus.[914]

(4) Busley und Cibrian (2009)

In dem deutschen Vorabentscheidungsverfahren *Busley und Cibrian*[915] ging es u.a. um die Verlustabzugsbeschränkungsregelung des § 2a EStG a.F., wonach bestimmte Kategorien negativer Einkünfte eines unbeschränkt Steuerpflichtigen mit Auslandsbezug nur mit positiven Einkünften der jeweils selben Art und aus demselben Staat ausgeglichen werden durften.[916] War bspw. ein Ausgleich von ausländischen Immobilienverlusten in demselben steuerlichen Veranlagungszeitraum nicht möglich, musste zwingend ein Vortrag der Verluste in nachfolgende Veranlagungszeiträume vorgenommen werden. Im Gegensatz dazu konnten vergleichbare Verluste aus inländischen Immobilien grundsätzlich im Jahr der Entstehung des Verlusts in vollem Umfang bei der Einkommensteuerveranlagung eines in der Bundesrepublik Deutschland ansässigen Steuerpflichtigen berücksichtigt werden.

Die in der Bundesrepublik Deutschland wohnhaften Kläger, Frau *Busley* und Herr *Cibrian Fernandez*, machten als Grundstücksgemeinschaft Verluste aus der Vermietung einer spanischen Immobilie bei ihrer Einkommensteuerveranlagung in Deutschland geltend.[917] Die deutschen Finanzbehörden lehnten die Berücksichtigung der spanischen Immobilienverluste in ihrem Entstehungsjahr auf der Grundlage von § 2a Abs. 1 S. 1 Nr. 6 Buchst. a) EStG a.F. ab. Die Kläger erhoben gegen den ablehnenden Bescheid erst Einspruch, dann Klage mit der Begründung, dass die deutsche Regelung des § 2a EStG a.F. aufgrund des eingeschränkten Verlustabzugs gegen die Grundfreiheiten des EG-Vertrages verstoßen würde.[918]

Der EuGH sah in der Versagung des Verlustabzugs eine Beschränkung der Kapitalverkehrsfreiheit der Kläger i.S.v. Art. 56 EGV (jetzt Art. 63 AEUV).[919] Zur

---

912 Vgl. *EuGH*, 16.10.2008 – C-527/06, *Renneberg*, Slg. 2008, I-07735, Rz. 53 ff.
913 Vgl. die ähnlichen Schlussfolgerungen von *Lavrelashvili/Müller*, EWS 2009, 164, 169.
914 Ebenda.
915 *EuGH*, 15.10.2009 – C-35/08, *Busley und Cibrian*, Slg. 2009, I-09807.
916 *EuGH*, 15.10.2009 – C-35/08, *Busley und Cibrian*, Slg. 2009, I-09807, Rz. 5.
917 *EuGH*, 15.10.2009 – C-35/08, *Busley und Cibrian*, Slg. 2009, I-09807, Rz. 8–10.
918 *EuGH*, 15.10.2009 – C-35/08, *Busley und Cibrian*, Slg. 2009, I-09807, Rz. 11.
919 *EuGH*, 15.10.2009 – C-35/08, *Busley und Cibrian*, Slg. 2009, I-09807, Rz. 27.

Rechtfertigung dieser Beschränkung machte die deutsche Regierung lediglich geltend, die Regelung des § 2a Abs. 1 S. 1 Nr. 6 Buchst. a) EStG a.F. entspreche dem steuerlichen *Territorialitätsprinzip*.[920] Der EuGH wandte hiergegen ein, dass die Anwendung des *Territorialitätsprinzips* durch einen Mitgliedstaat „es dem in einem Mitgliedstaat unbeschränkt Steuerpflichtigen jedoch nicht verwehrt, negative Einkünfte aus einer in einem anderen Mitgliedstaat belegenen Immobilie geltend zu machen".[921] Im Ergebnis waren die deutschen Verlustabzugsbeschränkungen für ausländische Immobilien nach § 2a EStG a.F. somit nicht zu rechtfertigen.

Das *Territorialitätsprinzip* war als wirksamer Rechtfertigungsgrund im Verfahren *Busley und Cibrian* richtigerweise abzulehnen, da es in diesem Fall nicht um die Wahrung der „Grenzen" der Mitgliedstaaten bei der Ausübung ihrer Steuerhoheiten ging, sondern um die ungleiche steuerliche Behandlung von unbeschränkt steuerpflichtigen, gebietsansässigen Personen im Hinblick auf ihre Einkünfte aus einem anderen Mitgliedstaat.[922] In diesen Fällen hat der EuGH in ständiger Rechtsprechung eine Einschlägigkeit des *Territorialitätsprinzips* zur Rechtfertigung beschränkender Steuervorschriften der Mitgliedstaaten verneint.[923]

(5) K. (2013)

Der Fall *K.*[924] betraf Verlustabzugsbeschränkungen des finnischen Steuerrechts bei Verlusten aus ausländischen Immobilien. Nach den streitigen Vorschriften konnte der Verlust eines in Finnland ansässigen Steuerpflichtigen aus der Veräußerung von unbeweglichem Vermögen, das in einem anderen Mitgliedstaat belegen war, nicht mit Gewinnen aus der Veräußerung von beweglichem Vermögen in Finnland abgezogen werden.[925] Verluste aus Immobilien in Finnland konnten dagegen unter bestimmten Voraussetzungen mit Veräußerungsgewinnen aus beweglichem Vermögen in Finnland verrechnet werden.[926] Der in Finnland ansässige *K.* sah in der entsprechenden Weigerung der finnischen Finanzbehörden, seine Verluste aus dem Verkauf einer in Frankreich belegenen Immobilie mit seinen Gewinnen aus der Veräußerung von Wertpapieren in Finnland zum Abzug zu bringen, einen Verstoß gegen Unionsrecht.[927]

In seinem Urteil zur Rechtssache *K.* stellte der EuGH zunächst eine Beschränkung der Kapitalverkehrsfreiheit nach Art. 63 AEUV durch die finnischen Verlustabzugsbeschränkungsregelungen fest.[928] Die finnische und die dem Verfahren

920 *EuGH*, 15.10.2009 – C-35/08, *Busley und Cibrian*, Slg. 2009, I-09807, Rz. 29.
921 *EuGH*, 15.10.2009 – C-35/08, *Busley und Cibrian*, Slg. 2009, I-09807, Rz. 30.
922 Vgl. *Schwenke*, IStR 2009, 843, 844 f. A.A. *Thömmes*, IWB 2009, 1113, 1115.
923 Siehe oben C.III.2.b).
924 *EuGH*, 07.11.2013 – C-322/11, *K.*, DStR 2013, 2441.
925 *EuGH*, 07.11.2013 – C-322/11, *K.*, DStR 2013, 2441, Rz. 19.
926 Ebenda.
927 *EuGH*, 07.11.2013 – C-322/11, *K.*, DStR 2013, 2441, Rz. 12 f.
928 *EuGH*, 07.11.2013 – C-322/11, *K.*, DStR 2013, 2441, Rz. 31.

beigetretene deutsche Regierung machten daraufhin geltend, dass aufgrund der Regelungen des französisch-finnischen DBA gebietsansässige Steuerpflichtige, die Immobilieninvestitionen in Frankreich getätigt haben, nicht mit gebietsansässigen Steuerpflichtigen mit Investitionen in Finnland *vergleichbar wären* und somit eine unterschiedliche steuerliche Behandlung der Steuerpflichtigen gem. der „Steuerklausel" des Art. 65 Abs. 1 Buchst. a) AEUV zulässig wäre.[929] Das zugrunde liegende französisch-finnische DBA sah dabei zur Aufteilung der Besteuerungsbefugnis für in Frankreich belegene Immobilien sowohl für Vermietungseinkünfte (Art. 6 Abs. 1) sowie auch für Veräußerungsgewinne (Art. 13 Abs. 1) die Anwendung der Freistellungsmethode unter Progressionsvorbehalt vor (Art. 23 Nr. 2).[930] Da das Besteuerungsrecht für die streitigen Immobiliengewinne nach Abkommensrecht in Frankreich liege, sei Finnland nach Auffassung der beteiligten Regierungen nicht verpflichtet, Verluste aus Immobilienverkäufen in Frankreich zu berücksichtigen.[931] Der EuGH stellte für die Frage der Vergleichbarkeit der Steuersachverhalte in seiner Diskriminierungsprüfung jedoch maßgeblich auf den abkommensrechtlich vereinbarten *Progressionsvorbehalt* für ausländische Immobilieneinkünfte ab: „Da das französisch-finnische Abkommen, nach dessen Wortlaut es Sache des Mitgliedstaats der Belegenheit von unbeweglichem Vermögen ist, die damit erzielten Einkünfte zu besteuern, der Berücksichtigung von Einkünften aus in Frankreich belegenem Vermögen bei der Berechnung der Steuer eines in Finnland ansässigen Steuerpflichtigen nicht entgegensteht, folgt aus der genannten Möglichkeit gleichwohl, dass dies auch für die Berücksichtigung eines Verlusts des Steuerpflichtigen im Rahmen der Veräußerung dieses Vermögens gelten muss".[932] Somit stehe das französisch-finnische DBA einer steuerlichen Berücksichtigung der ausländischen Immobilienverluste in Finnland nicht entgegen und die Situation eines finnischen Steuerpflichtigen mit französischen Immobilieneinkünften unterscheide sich im Ergebnis nicht von der eines finnischen Steuerpflichtigen mit finnischen Immobilieneinkünften.[933]

Nach Auffassung des EuGH nehmen die Regelungen eines mitgliedstaatlichen DBA somit dann keinen Einfluss auf die Vergleichbarkeit von gebietsansässigen Steuerpflichtigen hinsichtlich ihrer Investitionen im In- oder Ausland, wenn dieses Abkommen bei Anwendung der Freistellungsmethode die betreffenden ausländischen Einkünfte zumindest im Rahmen eines vereinbarten Progressionsvorbehaltes[934] bei der Besteuerung der Steuerpflichtigen berücksichtigt. Offen bleibt damit die Frage, ob etwa die abkommensrechtliche Vereinbarung der Freistellungsmethode

---

929 *EuGH*, 07.11.2013 – C-322/11, *K.*, DStR 2013, 2441, Rz. 38 f. Siehe zur „Steuerklausel" des Art. 65 Abs. 1 Buchst. a) AEUV oben B.II.2.b).

930 *EuGH*, 07.11.2013 – C-322/11, *K.*, DStR 2013, 2441, Rz. 7 ff.

931 *EuGH*, 07.11.2013 – C-322/11, *K.*, DStR 2013, 2441, Rz. 38 f.

932 *EuGH*, 07.11.2013 – C-322/11, *K.*, DStR 2013, 2441, Rz. 45 [Hervorh. d. Verf.].

933 *EuGH*, 07.11.2013 – C-322/11, *K.*, DStR 2013, 2441, Rz. 46 f.

934 Die Vereinbarung eines „Progressionsvorbehaltes" sichert das Recht des Ansässigkeitsstaates auch bei Vereinbarung der Freistellungsmethode für bestimmte Einkünfte in einem Doppelbesteuerungsabkommen, diese Einkünfte bei der Festlegung des

ohne Progressionsvorbehalt eine Vergleichbarkeit des in- und ausländischen Steuersachverhaltes bei der Anwendung von Unionsrecht sozusagen „aufheben" könnte.[935] Die Abkommenspraxis der Mitgliedstaaten zeigt jedoch, dass die Anwendung der Freistellungsmethode *mit* Progressionsvorbehalt nicht den Sonderfall, sondern die Regel darstellen sollte.[936] Sowohl Art. 23A Abs. 3 OECD-MA wie z.B. auch die darauf basierende deutsche „Verhandlungsgrundlage für Doppelbesteuerungsabkommen im Bereich der Steuern vom Einkommen und Vermögen"[937] sehen insoweit eine „standardmäßige" Vereinbarung eines Progressionsvorbehaltes im Rahmen der Anwendung der Freistellungsmethode als Vermeidungsnorm eines DBA vor.

Nach der „Vergleichbarkeitsprüfung" ging der EuGH im Urteil *K.* dazu über, die finnischen Verlustabzugsbeschränkungen anhand des Rechtfertigungsgrundes der „Wahrung der ausgewogenen Aufteilung der Besteuerungsbefugnis der Mitgliedstaaten" zu prüfen. Der EuGH wiederholt hier zunächst, dass es sich dabei um ein „vom Gerichtshof anerkanntes legitimes Ziel handelt", aufgrund dessen „es erforderlich sein kann, auf die wirtschaftlichen Tätigkeiten der in einem dieser Mitgliedstaaten ansässigen Steuerpflichtigen, sowohl was Gewinne als auch was Verluste betrifft, nur dessen Steuerrecht anzuwenden".[938] Zweck dieses Ziels sei es, die „Symmetrie zwischen dem Recht zur Besteuerung der Gewinne und der Möglichkeit, Verluste in Abzug zu bringen", zu wahren, „um insbesondere zu verhindern, dass der Steuerpflichtige den Mitgliedstaat, in dem er solche Gewinne oder Verluste geltend macht, frei wählt".[939] Im Fall *K.* übte Finnland aufgrund der Regelungen des französisch-finnischen DBA sein Besteuerungsrecht über die Immobilieneinkünfte aus Frankreich nicht aus.[940] Der EuGH folgerte aus dieser Ausgangsposition unter Bezugnahme auf seine Ausführungen im Urteil *Lidl Belgium*[941], dass, wenn Finnland die ausländischen Immobilienverluste des *K.* berücksichtigen müsste, „dieser Steuerpflichtige den Mitgliedstaat, in dem die Berücksichtigung solcher Verluste in steuerlicher Hinsicht am günstigsten ist, frei wählen [könnte]".[942] Mit der Anwendung des „Wahlfreiheits"- und des „Symmetrie"-Arguments im Urteil *K.* übertrug der EuGH insoweit die Grundsätze aus seiner Rechtsprechung zu Verlusten aus ausländischen Tochtergesellschaften und Betriebstätten auch auf ausländische Immobilienverluste. Gleichzeitig stellt sich jedoch auch hier die Frage, inwieweit durch

---

Steuersatzes nach nationalem Recht zu berücksichtigen, vgl. *Vogel*, in: *Vogel/Lehner*, DBA, Art. 23, Rz. 208.

935 Eine solche Konsequenz bejahend z.B. *Müller*, ISR 2013, 425, 426 f.

936 Siehe hierzu die Abkommensübersichten zu Art. 23A Abs. 3 OECD-MA bei *Vogel*, in: *Vogel/Lehner*, DBA, Art. 23, Rz. 227.

937 Siehe BMF-Schreiben v. 17.04.2013, IV B 2 – S. 1301/10/10022-32, DOK 2012/0214500, IStR-Beihefter 2013, 46.

938 *EuGH*, 07.11.2013 – C-322/11, *K.*, DStR 2013, 2441, Rz. 50.

939 *EuGH*, 07.11.2013 – C-322/11, *K.*, DStR 2013, 2441, Rz. 51.

940 *EuGH*, 07.11.2013 – C-322/11, *K.*, DStR 2013, 2441, Rz. 52–53.

941 *EuGH*, 15.05.2008 – C-414/06, *Lidl Belgium*, Slg. 2008, I-03601.

942 *EuGH*, 07.11.2013 – C-322/11, *K.*, DStR 2013, 2441, Rz. 54.

das Halten einer Immobilie in einem anderen Mitgliedstaat eine „Wahlfreiheit" für einen Steuerpflichtigen besteht, in welchem er die Verluste aus dieser Immobilie geltend machen möchte.[943]

Da der EuGH die Einschlägigkeit des Rechtfertigungsgrundes der „Wahrung der Aufteilung der Besteuerungsbefugnis" in seinem Urteil *K.* bejaht hatte, stellte sich bei der „Verhältnismäßigkeitsprüfung" die Frage der Anwendbarkeit der *„Marks & Spencer"*-Ausnahme in diesem Fall. Der zuständige Generalanwalt *Mengozzi* hatte in seinen Schlussanträgen zu diesem Punkt allgemein moniert, dass die Fälle, in welchen der EuGH die *„Marks & Spencer"*-Ausnahme anwenden würde, bis heute unklar wären[944], und er forderte den EuGH ausdrücklich auf, „die Anwendung einer solchen Ausnahme zu klären und ihren Sinn und Zweck darzulegen"[945]. Dieser Aufforderung ist der EuGH im Urteil *K.* nur zum Teil nachgekommen.[946] Zwar hat er durch die Anwendung der *„Marks & Spencer"*-Ausnahme klargestellt, dass er an seiner Rechtsprechung zu den „finalen Verlusten" auch im Hinblick auf Verluste aus ausländischen Immobilien festhalten möchte.[947] Gleichzeitig verneinte er im Urteil *K.* jedoch eine Einschlägigkeit der *„Marks & Spencer"*-Ausnahme aufgrund der Besonderheiten des nationalen Steuerrechts des Belegenheitsstaates der Immobilie (in diesem Fall Frankreich).[948] Das französische Steuerrecht sah für Verluste aus dem Verkauf von dort belegenen Immobilien nämlich grundsätzlich keine steuerliche Abzugsfähigkeit vor.[949] Mangels einer „rechtlichen" Möglichkeit zum Verlustabzug in Frankreich könne *K.* somit auch nicht alle „Möglichkeiten der Verlustberücksichtigung im Belegenheitsstaat der Immobilie gem. den Vorgaben der *„Marks & Spencer"*-Rechtsprechung des EuGH[950] ausschöpfen.[951]

Zur Begründung der Verhältnismäßigkeit der finnischen Verlustabzugsbeschränkungen bezog sich der EuGH insbesondere auf seine Grundsätze aus den Urteilen *Deutsche Shell*[952] und *Krankenheim Ruhesitz am Wannsee*[953]: Das Unionsrecht sehe insoweit keine Verpflichtung eines Mitgliedstaates vor, bei der Anwendung seiner eigenen Steuervorschriften den möglicherweise nachteiligen Folgen der Besonderheiten einer Regelung eines anderen Mitgliedstaates Rechnung zu

943 Vgl. zur Kritik an der „Wahlfreiheits"-Argumentation des EuGH in Betriebstättenfällen oben D.I.1.b)(2).
944 Schlussanträge Generalanwalt *Mengozzi* v. 21.03.2013, Rs. C-322/11, *K.*, Rz. 87.
945 Schlussanträge Generalanwalt *Mengozzi* v. 21.03.2013, Rs. C-322/11, *K.*, Rz. 88.
946 Vgl. *Bennecke/Staats*, IStR 2013, 919, 919.
947 Ebenda.
948 *EuGH*, 07.11.2013 – C-322/11, *K.*, DStR 2013, 2441, Rz. 77.
949 Vgl. *EuGH*, 07.11.2013 – C-322/11, *K.*, DStR 2013, 2441, Rz. 40; Schlussanträge des Generalanwalts *Mengozzi* v. 21.03.2013, Rs. C-322/11, *K.*, Rz. 32.
950 Vgl. *EuGH*, 13.12.2005 – C-446/03, *Marks & Spencer*, Slg. 2005, I-10866, Rz. 55. Siehe hierzu oben D.I.1.a)(1).
951 *EuGH*, 07.11.2013 – C-322/11, *K.*, DStR 2013, 2441, Rz. 76 f.
952 *EuGH*, 28.02.2008 – C-293/06, *Deutsche Shell*, Slg. 2008, I-01129.
953 *EuGH*, 23.10.2008 – C-157/07, *Krankenheim Ruhesitz am Wannsee*, Slg. 2008, I-08061.

tragen.[954] Dies bedeute auch, dass die Mitgliedstaaten nicht verpflichtet sind, ihre Steuervorschriften an die eines anderen Mitgliedstaates anzupassen, „um in allen Situationen eine Besteuerung zu gewährleisten, die jede Ungleichheit, die sich aus den nationalen Steuerregelungen ergibt, beseitigt, da die Entscheidungen, die ein Steuerpflichtiger in Bezug auf eine Investition im Ausland trifft, je nach Fall mehr oder weniger vorteilhaft oder nachteilig für ihn sein können".[955] Mit anderen Worten: Soweit der Quellenstaat oder Belegenheitsstaat nach seinem nationalen Recht keine Berücksichtigung von Verlusten aus dort belegenen Immobilien vorsieht (was im Steuerrecht der EU-Mitgliedstaaten wohl eher die Ausnahme als die Regel darstellen dürfte), kann die „*Marks & Spencer*"-Ausnahme bei der Anwendung des Rechtfertigungsgrundes der „Wahrung der Aufteilung der Besteuerungsbefugnis" nicht eingreifen und in diesem Sinne gerechtfertigte Verlustabzugsbeschränkungen des Ansässigkeitsstaates sind im Ergebnis als unionsrechtlich „verhältnismäßig" zu qualifizieren.[956]

Der EuGH bestätigt mit dieser Rechtsprechung sein Urteil aus dem Jahr 2008 im Betriebstättenfall *Krankenheim Ruhesitz am Wannsee*[957], wonach Verlustabzugsbeschränkungen im Ansässigkeitsstaat eines Steuerpflichtigen dann nicht als „unverhältnismäßig" im Sinne der EuGH-Rechtsprechung zur „Einmalerfassung" angesehen werden können, wenn die ausländischen Verluste in ihrem Quellenstaat aufgrund von *Verlustabzugsbeschränkungen des Quellenstaates* nicht berücksichtigt werden können.[958]

(6) Zwischenfazit

Mit Blick auf die Anwendung des Rechtfertigungsgrundes der „Wahrung der Aufteilung der Besteuerungsbefugnis" bei Verlusten aus ausländischen Immobilien hatte der EuGH zwei Fragestellungen zu klären. Zum einen musste der EuGH entscheiden, ob die Ausnahme von ausländischen Verlusten bei der Berechnung des anwendbaren Steuersatzes auf die Einkünfte eines Steuerpflichtigen im Rahmen eines (negativen) Progressionsvorbehaltes nach dem nationalen Steuerrecht eines Mitgliedstaates gegen Unionsrecht verstößt. Zum anderen standen auch Verlustabzugsbeschränkungen der Mitgliedstaaten aufgrund der Anwendung der abkommensrechtlichen

---

954 *EuGH*, 07.11.2013 – C-322/11, *K.*, DStR 2013, 2441, Rz. 79. Vgl. auch *EuGH*, 28.02.2008 – C-293/06, *Deutsche Shell*, Slg. 2008, I-01129, Rz. 42 sowie *EuGH*, 23.10.2008 – C-157/07, *Krankenheim Ruhesitz am Wannsee*, Slg. 2008, I-08061, Rz. 49.

955 *EuGH*, 07.11.2013 – C-322/11, *K.*, DStR 2013, 2441, Rz. 80. Vgl. auch *EuGH*, 28.02.2008 – C-293/06, *Deutsche Shell*, Slg. 2008, I-01129, Rz. 43 sowie *EuGH*, 23.10.2008 – C-157/07, *Krankenheim Ruhesitz am Wannsee*, Slg. 2008, I-08061, Rz. 50.

956 Vgl. *Lachmayer*, ÖStZ 2013, 565, 567; *Thömmes*, IWB 2013, 821, 824. Kritisch *Bennecke/Staats*, IStR 2013, 919 f.; *Müller*, ISR 2013, 425, 427 f.; *Mitschke*, IStR 2014, 37, 42.

957 *EuGH*, 23.10.2008 – C-157/07, *Krankenheim Ruhesitz am Wannsee*, Slg. 2008, I-08061.

958 *EuGH*, 23.10.2008 – C-157/07, *Krankenheim Ruhesitz am Wannsee*, Slg. 2008, I-08061, Rz. 50 f. Siehe hierzu oben D.I.1.b)(3).

Freistellungsmethode für ausländische Immobilieneinkünfte auf dem unionsrechtlichen Prüfstand.

Zur Frage der Berücksichtigung von Verlusten im Rahmen des Progressionsvorbehaltes verneinte der EuGH zutreffenderweise eine Einschlägigkeit des Rechtfertigungsgrundes, da die Berechnung des Steuersatzes *nur das nationale Recht* eines Mitgliedstaates betrifft (siehe EuGH-Urteile *Ritter-Coulais* und *Lakebrink*). Hinsichtlich des Abzugs von originären Immobilienverlusten bei in anderen Mitgliedstaaten ansässigen Steuerpflichtigen wandte der EuGH im Urteil zur Rechtssache *K.* seine bislang zu Tochtergesellschaften und Betriebstätten ergangene Rechtsprechung vollumfänglich auch in Immobilienfällen an. Sieht ein mitgliedstaatliches DBA die Freistellungsmethode für ausländische Immobiliengewinne eines Steuerpflichtigen vor, so sind Abzugsbeschränkungen eines Mitgliedstaates im Hinblick auf ausländische Immobilienverluste dann zur „Wahrung der Aufteilung der Bestuerungsbefugnis zwischen den Mitgliedstaaten" gerechtfertigt, wenn die ausländischen Verluste nicht „final" im Sinne der „*Marks & Spencer*-Ausnahme" sind bzw. bei Vorliegen von „finalen" Verlusten diese auf dem Steuerrecht des Quellenstaates beruhen.

d) Fazit

Die Analyse der EuGH-Rechtsprechung zu Verlustabzugsbeschränkungen der Mitgliedstaaten zeigt, dass der EuGH den Rechtfertigungsgrund der „Wahrung der Aufteilung der Besteuerungsbefugnis zwischen den Mitgliedstaaten" als „legitimes Ziel" der Mitgliedstaaten ansieht, um die „Symmetrie zwischen dem Recht zur Besteuerung der Gewinne und der Möglichkeit, Verluste in Abzug zu bringen", zu wahren.[959] Damit sollen nach Auffassung des EuGH Verhaltensweisen von gebietsansässigen Steuerpflichtigen verhindert werden, welche diesen eine freie „Wahlmöglichkeit" dahingend ermöglichen würden, in welchen Staaten sie Verluste aus ausländischen Tochtergesellschaften, Betriebstätten oder Immobilien geltend machen können.

Um eine „symmetrische" steuerliche Behandlung von Gewinnen und Verlusten zu „wahren", muss in grenzüberschreitenden Steuerfällen zunächst eine Aufteilung der Besteuerungsbefugnisse für die entsprechenden Einkünfte zwischen den beteiligten Mitgliedstaaten stattgefunden haben. Im Hinblick auf mögliche „Aufteilungsgrundlagen" unterscheidet der EuGH zwischen gebietsfremden Tochtergesellschaften und ausländischen Betriebstätten bzw. Immobilien. Bei Ersteren sieht er eine Aufteilung der Besteuerungsbefugnis zwischen dem Ansässigkeitsstaat der Muttergesellschaft und dem Ansässigkeitsstaat der Tochtergesellschaft für die Gewinne der Tochtergesellschaft bereits durch die steuerliche „Abschirmwirkung" der juristischen Person auf der Grundlage des *Territorialitätsprinzips* als gegeben an, während bei Letzteren eine tatsächliche „Aufteilung" der Besteuerungsbefugnis, im Sinne der

959 Vgl. zuletzt z.B. *EuGH*, 01.04.2014 – C-80/12, *Felixstowe*, EuZW 2014, 427 m. Anm. *Musil*, Rz. 30; *EuGH*, 10.07.2014 – C-48/13, *Nordea Bank*, IStR 2014, 563 m. Anm. *Mitschke*, Rz. 32; *EuGH*, 07.11.2013 – C-322/11, *K.*, DStR 2013, 2441, Rz. 51.

Einschränkung des Besteuerungsrechts des Ansässigkeitsstaates, erst durch den Abschluss eines völkerrechtlichen DBA zwischen den Mitgliedstaaten stattfindet. Sieht das jeweilige DBA dabei in Anlehnung an Art. 7 Abs. 1 OECD-MA bzw. Art. 6 Abs. 1 OECD-MA/Art. 13 Abs. 1 OECD-MA i.V.m Art. 23A Abs. 1 OECD-MA die Zuweisung der Besteuerungsbefugnis für die „*Gewinne* eines Unternehmens" bzw. die „*Einkünfte/Gewinne* aus unbeweglichem Vermögen" an den „Betriebstättenstaat" bzw. den „Belegenheitsstaat" durch Anwendung der *Freistellungsmethode* vor, legt der EuGH diese Abkommensvorschriften im Sinne einer „Symmetriethese" dahingehend aus, dass damit auch die entsprechenden *Verluste* der gebietsfremden Betriebstätte bzw. der ausländischen Immobilie dem *Quellenstaat* zugeordnet werden. Haben die Mitgliedstaaten dagegen die *Anrechnungsmethode* gem. Art. 23B OECD-MA zur Vermeidung einer internationalen Doppelbesteuerung von ausländischen Einkünften in einem DBA gewählt, so sieht der EuGH mitgliedstaatliche Verlustabzugsbeschränkungen dann grundsätzlich zur „Wahrung der Aufteilung der Besteuerungsbefugnis" als gerechtfertigt an, wenn sie dazu dienen, das in diesem Fall weiterhin bestehende Besteuerungsrecht des *Ansässigkeitsstaates* eines Steuerpflichtigen zu sichern.

Gleichzeitig hebt der EuGH eine symmetrische abkommensrechtliche Behandlung von ausländischen Verlusten bei Vorliegen sog. „finaler Verluste" im Mitgliedstaat der ausländischen Tochtergesellschaft, Betriebstätte oder Immobilie wieder auf (sog. „*Marks & Spencer*"-Ausnahme). In diesen Fällen findet also eine unionsrechtliche Durchbrechung der getroffenen Aufteilungsentscheidungen der Mitgliedstaaten in ihren vereinbarten DBA bzw. eine Aufhebung des körperschaftsteuerlichen Trennungsprinzips durch den EuGH auf der Grundlage von Unionsrecht statt. Mit der Rechtsfigur der „finalen Verluste" hat der EuGH somit ein neues, „unionsrechtliches Aufteilungskriterium" geschaffen, welches eine Aufteilung von Besteuerungsbefugnissen im Sinne der Zuweisung des Besteuerungsrechts zwischen zwei Mitgliedstaaten anhand des Merkmals der „Finalität" von Verlusten vornimmt. Bei der Anwendung dieses „Finalitätskriteriums" sind jedoch wichtige Fragen immer noch nicht durch die EuGH-Rechtsprechung geklärt. Es besteht z.B. weiterhin Unklarheit darüber, wann ein Verlust definitiv als „endgültig" anzusehen ist,[960] nach welchem Recht ein ggf. verrechnungsfähiger Verlustbetrag zu berechnen ist (nach

960 Zur Frage, unter welchen (rechtlichen und tatsächlichen) Umständen ein ausländischer Verlust als „final" im Sinne der EuGH-Rechtsprechung anzusehen ist, sind derzeit zwei weitere Rechtssachen beim EuGH anhängig. Zum einen handelt es sich um den Vorlagebeschluss des FG Köln, 19.02.2014 – 13 K 3906/09, IStR 2014, 733 m. Anm. *Mitschke* zur Berücksichtigung von „finalen" Betriebstättenverlusten (Rs. C-388/14, *Timac Agro Deutschland*). Zum anderen verklagt die *Europäische Kommission* das Vereinigte Königreich wegen der nicht ordnungsgemäßen Umsetzung des EuGH-Urteils *Marks & Spencer* in seinen Steuervorschriften zum grenzüberschreitenden Verlustausgleich zwischen Konzernunternehmen, siehe Pressemitteilung der *Europäischen Kommission* v. 27.09.2012, IP/12/1017 (Rs. C-172/13, *Kommission/Vereinigtes Königreich*)

dem Recht des Ansässigkeitsstaates oder dem Recht des Quellenstaates) und letztlich, in welchem Veranlagungszeitraum der Verlust zu berücksichtigen ist.[961] In seiner jüngeren Rechtsprechung hat der EuGH die Anwendbarkeit der „*Marks & Spencer*- Ausnahme" zudem deutlich eingeschränkt. Bei Verlusten aus ausländischer Tochtergesellschaften sorgt die Einführung der sog. „Beliebigkeitsgrenze" dafür, dass der Ansässigkeitsstaat der Muttergesellschaft „finale Verluste" dann nicht berücksichtigen muss, wenn diese durch die Muttergesellschaft nach dem Recht ihres Ansässigkeitsstaates sozusagen selbst generiert werden können. Dasselbe gilt bei „finalen" Betriebstätten-/ Immobilienverlusten, wenn deren „Endgültigkeit" auf der Grundlage bestehender Verlustabzugsbeschränkungen des *Quellenstaates* eingetreten ist.

Zusammenfassend zeigt die bisherige EuGH-Rechtsprechung zur Anwendung der Grundfreiheiten bei Verlustabzugsbeschränkungen der Mitgliedstaaten, dass der EuGH bei der Anwendung des Rechtfertigungsgrundes der „Aufteilung der Besteuerungsbefugnis zwischen den Mitgliedstaaten" keineswegs die autonom getroffene „Aufteilung" zwischen den Mitgliedstaaten in ihren vereinbarten DBA „wahrt", sondern die dort getroffenen Aufteilungsregelungen durch eine grundsätzlich außerhalb seiner Kompetenz liegende „unionsrechtliche" Auslegung[962] von Abkommensvorschriften sowie der Einführung „neuer" Aufteilungskriterien geradezu konterkariert.

2. Nichtgewährung von Steuervorteilen

Neben der Rechtfertigung von Verlustabzugsbeschränkungen zogen die Mitgliedstaaten die Regelungen von abgeschlossenen DBA bzw. die Vorgaben des OECD-MA in Vorabentscheidungsverfahren vor dem EuGH, insbesondere auch zur Begründung der Nichtgewährung von *weiteren Steuervorteilen* für dort ansässige Steuerpflichtige heran, wenn diese mit ausländischen Einkünften der Steuerpflichtigen im Zusammenhang standen. Die streitigen Steuerregelungen der Mitgliedstaaten betrafen dabei vor allem die Nichtabzugsfähigkeit von Betriebsausgaben oder persönlichen/ familiären Freibeträgen eines Steuerpflichtigen, wenn diese im *unmittelbaren oder mittelbaren Zusammenhang* mit steuerfreien ausländischen Einkünften standen. Darüber hinaus stand auch die Gewährung *sonstiger Steuervorteile* an Steuerpflichtige, wie z.B. steuerlicher Investitionszulagen, steuerlicher Bilanzierungswahlrechte oder auch die Festlegung einer steuerlichen „Obergrenze", auf dem unionsrechtlichen Prüfstand.

---

961 Vgl. *Schön*, in: *Arbeitsgemeinschaft der Fachanwälte für Steuerrecht*, JbFStR 2013/2014, S. 80 ff.

962 Siehe hierzu *Lang*, in: *Lüdicke*, Das Steuerrecht der Unternehmen: Festschrift für Gerrit Frotscher zum 70. Geburtstag, S. 365 ff.

a) Betriebsausgabenabzug

(1) Test Claimants in the Thin Cap Group Litigation (2007)

Das Urteil des EuGH in der Rechtssache *Test Claimants in the Thin Cap Group Litigation*[963] aus dem Jahr 2007 betraf die Frage der Unionsrechtswidrigkeit der britischen Vorschriften zur sog. „Gesellschafterfremdfinanzierung"[964] (engl. „Thin Cap Rules").[965] Die streitigen britischen Steuervorschriften enthielten steuerliche Abzugsbeschränkungen für Zinsen, welche eine im Vereinigten Königreich ansässige Darlehensnehmerin (Tochtergesellschaft) an ihre in einem anderen Mitgliedstaat ansässige mittelbare oder unmittelbare Muttergesellschaft gezahlt hatte. Zinszahlungen an eine im Vereinigten Königreich ansässige Muttergesellschaft waren dagegen bei der Tochtergesellschaft unbeschränkt abzugsfähig.[966] Die meisten zwischen dem Vereinigten Königreich und anderen Mitgliedstaaten abgeschlossenen DBA sahen in Anlehnung an Art. 9 OECD-MA insoweit einen „Ausgleich" der bei der britischen Darlehensnehmerin aufgrund der Beschränkung des Zinsabzugs zu versteuernden Gewinne durch eine entsprechende Herabsetzung der erhaltenen Zinszahlungen für Steuerzwecke bei der Darlehensgeberin vor.[967]

Die britische sowie die deutsche Regierung beriefen sich vor dem EuGH auf diese Bestimmung der britischen DBA, um eine Vereinbarkeit der „Thin Cap Rules" mit den Grundfreiheiten festzustellen: Das Vereinigte Königreich übe durch Anwendung dieser Vorschriften „nur die Besteuerungsbefugnis [aus], wie sie in den vom Vereinigten Königreich geschlossenen Doppelbesteuerungsabkommen nach international anerkannten Grundsätzen aufgeteilt worden sei".[968] Die beteiligten Regierungen bezogen sich dabei insbesondere auf den Grundsatz des „Fremdvergleichs" gem. Art. 9

---

963 *EuGH*, 13.03.2007 – C-524/04, *Test Claimants in the Thin Group Litigation*, Slg. 2007, I-02107.

964 Als „Gesellschafterfremdfinanzierung" wird die finanzielle Ausstattung einer Gesellschaft durch ihre Gesellschafter mit i.d.R. befristet zur Verfügung gestelltem Kapital ohne Begründung von weiteren Mitwirkungsrechten an der Unternehmensführung bezeichnet, siehe *Eilers/Ottermann*, in: *Lüdicke/Sistermann*, Unternehmensteuerrecht, § 8, Rz. 1 f. Für die Gesellschafterfremdfinanzierung gelten i.d.R. besondere gesellschafts- und steuerrechtliche Restriktionen.

965 Der EuGH hatte sich mit der Frage der Unionsrechtswidrigkeit der *deutschen* Regelungen zur „Gesellschafterfremdfinanzierung" (§ 8a KStG a.F.) bereits in der Rs. *Lankhorst-Hohorst* befasst, vgl. EuGH, 12.12.2002 – C-324/00, *Lankhorst-Hohorst*, Slg. 2002, I-11779. Der Rechtfertigungsgrund der „Wahrung der Aufteilung der Besteuerungsbefugnis zwischen den Mitgliedstaaten" wurde in diesem Verfahren aber nicht angesprochen.

966 *EuGH*, 13.03.2007 – C-524/04, *Test Claimants in the Thin Cap Group Litigation*, Slg. 2007, I-02107, Rz. 4 f., Rz. 23.

967 *EuGH*, 13.03.2007 – C-524/04, *Test Claimants in the Thin Cap Group Litigation*, Slg. 2007, I-02107, Rz. 48.

968 *EuGH*, 13.03.2007 – C-524/04, *Test Claimants in the Thin Cap Group Litigation*, Slg. 2007, I-02107, Rz. 46.

OECD-MA, wonach im Fall der Fremdüblichkeit eines Darlehensgeschäfts zwischen verbundenen Unternehmen der Staat des Sitzes der Darlehensgeberin zur Besteuerung der erhaltenen Zinsen befugt sei, während bei nicht fremdüblichen Zinszahlungen der Staat des Sitzes der Darlehensnehmerin entsprechend befugt sei.[969]

Diesem Einwand erteilte der EuGH, in Einklang mit den Schlussanträgen des Generalanwalts *Geelhoed*,[970] eine Absage. Zwar blieben die Mitgliedstaaten in Ermangelung gemeinschaftsrechtlicher Vereinheitlichungs- oder Harmonisierungsmaßnahmen weiterhin befugt, zur Beseitigung von internationaler Doppelbesteuerung die Kriterien für die Aufteilung ihrer Besteuerungsbefugnisse vertraglich oder einseitig festzulegen und dabei auch die in der internationalen Besteuerungspraxis befolgten Verteilungskriterien der OECD-Musterabkommen heranzuziehen.[971] Mit Blick auf die britischen „Thin Cap Rules" entschied der EuGH jedoch, dass diese, auch wenn sie mit den Bestimmungen eines bilateralen DBA verknüpft waren, nicht der Vermeidung einer Doppelbesteuerung von Unternehmensgewinnen dienen würden, sondern lediglich die Vermeidung einer Unterkapitalisierung britischer Gesellschaften durch ausländische Gesellschafterfremdfinanzierungsdarlehen zum Zweck hatten.[972] Die streitigen britischen Rechtsvorschriften betrafen nach Auffassung des EuGH somit nicht die *Aufteilung von Besteuerungsbefugnissen* zwischen den Mitgliedstaaten, sondern stellten lediglich eine *einseitige* Entscheidung des Vereinigten Königreichs dar, den Betriebsausgabenabzug von an *gebietsfremde, verbundene Gesellschaften* gezahlten Zinsen zu beschränken.[973]

Dem EuGH-Urteil in der Rechtssache *Test Claimants in the Thin Cap Group Litigation* lassen sich wichtige Grundsätze mit Blick auf das Verhältnis zwischen Unionsrecht und den in der Besteuerungspraxis der Mitgliedstaaten angewandten, internationalen Besteuerungsprinzipien entnehmen. Der EuGH hat hier nochmals deutlich klargestellt, dass die Mitgliedstaaten zwar nicht durch das Unionsrecht gehindert werden, ihre Besteuerungsbefugnisse unter Beachtung international anerkannter Grundsätze, wie z.B. des „Fremdvergleichsgrundsatzes" bei Leistungen zwischen verbundenen Unternehmen gem. Art. 9 OECD-MA, auszuüben. Eine im Einklang mit diesen Grundsätzen getätigte *Ausübung* ihrer Besteuerungsbefugnisse bedeutet jedoch nicht gleichzeitig eine unionsrechtliche „Immunität" der nationalen Steuervorschriften in dem Sinne, dass diese dadurch automatisch mit den

---

969 *EuGH*, 13.03.2007 – C-524/04, *Test Claimants in the Thin Cap Group Litigation*, Slg. 2007, I-02107, Rz. 47.

970 Schlussanträge Generalanwalt *Geelhoed* v. 29.06.2006, Rs. C-524/04, *Test Claimants in the Thin Cap Group Litigation*, Rz. 50 ff.

971 *EuGH*, 13.03.2007 – C-524/04, *Test Claimants in the Thin Cap Group Litigation*, Slg. 2007, I-02107, Rz. 49.

972 *EuGH*, 13.03.2007 – C-524/04, *Test Claimants in the Thin Cap Group Litigation*, Slg. 2007, I-02107, Rz. 52.

973 *EuGH*, 13.03.2007 – C-524/04, *Test Claimants in the Thin Cap Group Litigation*, Slg. 2007, I-02107, Rz. 50.

Grundfreiheiten des AEUV im Einklang stehen.[974] Wie *Schön* zutreffend ausführt, hatte die Versagung der Abzugsfähigkeit von Fremdkapitalzinsen im Rahmen der britischen Gesellschafterfremdfinanzierungsregelungen im Wesentlichen nichts mit der territorialen oder personalen Zuordnung von Besteuerungsrechten zu tun.[975] Es ging hier vielmehr um die „Art und Weise der Ausübung der bestehenden Steuerhoheit über die inländische Tochtergesellschaft".[976] Die diesbezügliche *Ausübung* ihrer Besteuerungshoheiten durch die Mitgliedstaaten in der EU steht jedoch weiterhin unter dem Vorbehalt der Diskriminierungs- und Beschränkungsverbote des AEUV.[977]

(2) Glaxo Wellcome (2009)

In dem deutschen Vorabentscheidungsverfahren *Glaxo Wellcome*[978] hatte der EuGH über die Unionsrechtswidrigkeit der sog. „Sperrbetragsregelung" des § 50c EStG a.F. zu entscheiden. Diese Vorschrift, welche im Zusammenhang mit dem im Streitjahr 1995 in Deutschland noch anwendbaren „Anrechnungsverfahren" bei der Besteuerung von Dividendenausschüttungen von Kapitalgesellschaften an ihre Anteilseigner stand, sah vor, dass im Inland ansässige Steuerpflichtige eine ausschüttungsbedingte Teilwertabschreibung auf ihre Beteiligung an inländischen Kapitalgesellschaften steuerlich dann nicht geltend machen konnten (sog. Sperrbetrag), wenn sie diese Kapitalbeteiligung von einem Steuerausländer erworben hatten. Der Hintergrund der „Sperrbetragsregelung" des § 50c EStG a.F. bestand darin, zu verhindern, dass die fehlende Berechtigung eines Steuerausländers zur Anrechnung von Körperschaftsteuer durch die Veräußerung seiner Anteile an einen Steuerinländer umgangen wurde, welcher in den Genuss der Anrechnung kam und nach der Ausschüttung eine ausschüttungsbedingte Teilwertabschreibung auf die erworbene Kapitalbeteiligung vornahm.[979] Der vorlegende BFH hatte aufgrund der unterschiedlichen steuerlichen Behandlung ansässiger Anteilseigner von Kapitalgesellschaften, je nachdem, von wem sie die Kapitalgesellschaftsanteile erworben hatten, Zweifel an der Vereinbarkeit von § 50c EStG a.F. mit Unionsrecht.[980]

---

974 So auch der Generalanwalt *Geelhoed* in seinen Schlussanträgen v. 29.06.2006, Rs. C-524/04, *Test Claimants in the Thin Cap Group Litigation*, Rz. 55.

975 *Schön*, IStR 2009, 882, 886.

976 Ebenda.

977 So deutlich auch der Generalanwalt *Geelhoed* in seinen Schlussanträgen v. 29.06.2006, Rs. C-524/04, *Test Claimants in the Thin Cap Group Litigation*, Rz. 53: „Wenn auch in bestimmten Fällen die Anwendung der im Ausgangsverfahren fraglichen Bestimmungen nur die Durchsetzung der in den Doppelbesteuerungsabkommen festgelegten Kriterien darstellte, waren die Mitgliedstaaten bei der Ausübung der in dieser Weise aufgeteilten Steuerhoheit doch zur Einhaltung der Vorschriften des Gemeinschaftsrechts [...], insbesondere der über die Niederlassungsfreiheit, wie sie in Art. 43 EG garantiert ist, verpflichtet".

978 *EuGH*, 17.09.2009 – C-182/08, *Glaxo Wellcome*, Slg. 2009, I-08591.

979 Vgl. *Frischmuth*, StuB 2010, 743, 744.

980 *EuGH*, 17.09.2009 – C-182/08, *Glaxo Wellcome*, Slg. 2009, I-08591, Rz. 30 f.

In seinem Urteil zum Fall *Glaxo Wellcome* stellte der EuGH zunächst fest, dass die Möglichkeit der Teilwertabschreibung auf Kapitalgesellschaftsanteile einen Steuervorteil für die in Deutschland ansässigen steuerpflichtigen Anteilseigner darstellt.[981] Indem § 50c EStG a.F. diesen Steuervorteil für Anteile an inländischen Kapitalgesellschaften, welche von gebietsfremden Personen erworben wurden, ausschließt, wird der Erwerb von Kapitalgesellschaftsanteilen von ausländischen Anteilseignern weniger attraktiv, sodass diese Vorschrift eine grundsätzlich unionsrechtlich verbotene Beschränkung des freien Kapitalverkehrs darstellt.[982] Die deutsche Regierung berief sich zur Rechtfertigung der Versagung der Teilwertabschreibung darauf, dass die beschränkenden Regelungen des deutschen Steuerrechts der „Wahrung der Besteuerungszuständigkeit", im Hinblick auf im deutschen Hoheitsgebiet durchgeführte wirtschaftliche Tätigkeiten, dienen würden.[983]

Bei seiner Rechtfertigungsprüfung stellte der EuGH unter Verweis auf seine Rechtsprechung in den Urteilen *Marks & Spencer*[984] und *Rewe Zentralfinanz*[985] fest, dass es in der Tat Verhaltensweisen von Steuerpflichtigen geben kann, die das Recht der Mitgliedstaaten, ihre Besteuerungszuständigkeit auf die in ihrem Hoheitsgebiet durchgeführten Tätigkeiten auszuüben, gefährden und in der Konsequenz die Ausgewogenheit der Aufteilung der Besteuerungsbefugnis zwischen den Mitgliedstaaten beeinträchtigen können.[986] Nach Auffassung des EuGH bestand auch das Ziel des streitigen § 50c EStG a.F. in der Verhinderung solcher „Verhaltensweisen" und diese Vorschrift konnte somit durch die Notwendigkeit gerechtfertigt werden, die „Ausgewogenheit der Aufteilung der Besteuerungsbefugnis zwischen den Mitgliedstaaten" zu wahren.[987] Der EuGH begründete sein Urteil damit, dass die hypothetische Zulässigkeit einer Teilwertabschreibung auf die erworbenen Kapitalgesellschaftsanteile infolge einer Dividendenausschüttung der Kapitalgesellschaft an den Anteilseigner zum einen dazu führen würde, dass der gebietsansässige Erwerber entweder zur Anrechnung oder zur Erstattung eines Betrags in Höhe der Körperschaftsteuergutschrift für die von der Gesellschaft auf die Gewinne entrichteten Steuern berechtigt wäre und somit die Bundesrepublik Deutschland im Ergebnis auf die Besteuerung

981 *EuGH*, 17.09.2009 – C-182/08, *Glaxo Wellcome*, Slg. 2009, I-08591, Rz. 56.

982 *EuGH*, 17.09.2009 – C-182/08, *Glaxo Wellcome*, Slg. 2009, I-08591, Rz. 57–59.

983 *EuGH*, 17.09.2009 – C-182/08, *Glaxo Wellcome*, Slg. 2009, I-08591, Rz. 63, 82.

984 *EuGH*, 13.12.2005 – C-446/03, *Marks & Spencer*, Slg. 2005, I-10866.

985 *EuGH*, 29.03.2007 – C-347/04, *Rewe Zentralfinanz*, Slg. 2007, I-02647.

986 *EuGH*, 17.09.2009 – C-182/08, *Glaxo Wellcome*, Slg. 2009, I-08591, Rz. 82. Siehe auch *EuGH*, 29.03.2007 – C-347/04, *Rewe Zentralfinanz*, Slg. 2007, I-02647, Rz. 42; *EuGH*, 13.12.2005 – C-446/03, *Marks & Spencer*, Slg. 2005, I-10866, Rz. 46.

987 *EuGH*, 17.09.2009 – C-182/08, *Glaxo Wellcome*, Slg. 2009, I-08591, Rz. 88. Der EuGH hatte jedoch Zweifel hinsichtlich der Verhältnismäßigkeit der Regelungen des § 50c EStG a.F., weshalb er letztendlich die Sache zur endgültigen Klärung an den BFH als vorlegendes Gericht zurückverwiesen hat, vgl *EuGH*, 17.09.2009 – C-182/08, *Glaxo Wellcome*, Slg. 2009, I-08591, Rz. 104.

der Gewinne der Kapitalgesellschaft verzichten müsste.[988] Gleichzeitig würde sich die Möglichkeit einer Steuergutschrift für den neuen Anteilseigner aber auch im Rahmen der Vereinbarung eines erhöhten Kaufpreises für die Anteile niederschlagen, sodass der gebietsfremde Verkäufer der Anteile zumindest „mittelbar" in den Genuss dieser Steuergutschrift käme und somit deutsches Steuersubstrat in einen anderen Mitgliedstaat „verschoben" würde.[989]

Diese Argumentation des EuGH zur Anwendung des Rechtfertigungsgrundes der „Wahrung der Aufteilung der Besteuerungsbefugnis" im Urteil *Glaxo Wellcome* wurde weder im nachfolgenden Schlussurteil des BFH[990] noch in der Literatur in Frage gestellt.[991] Auf den ersten Blick scheint das Urteil lediglich die Grundsätze des EuGH-Urteils *Oy AA*[992] wiederzugeben: Ein Mitgliedstaat kann durch Unionsrecht nicht daran gehindert werden, Verhaltensweisen von Steuerpflichtigen zu unterbinden, die auf eine Verschiebung von auf seinem Hoheitsgebiet erwirtschafteten Gewinnen eines dort ansässigen Unternehmens in andere Mitgliedstaaten gerichtet sind. M.E. ist das Urteil *Glaxo Wellcome* im Hinblick auf die durchgeführte Rechtfertigungsprüfung aber durchaus zu kritisieren, da der EuGH hier verschiedene Steuerfolgen, welche auf unterschiedlichen Aufteilungsgrundlagen beruhen, vermischt. Bei einer hypothetischen Zulässigkeit der Teilwertabschreibung wäre die ausgewogene Aufteilung der Besteuerungsbefugnis für die *Gewinne der inländischen Kapitalgesellschaft* gemäß den Regelungen der deutschen DBA, welche insoweit auf Art. 7 Abs. 1 OECD-MA basierten[993], grundsätzlich nicht berührt gewesen, da die Vornahme der Teilwertabschreibung zunächst einmal keine Auswirkung im Steuerrecht des Ansässigkeitsstaates des Anteilseigners entfaltet. Dem Ansässigkeitsstaat der Kapitalgesellschaft (d.h. der Bundesrepublik Deutschland) würden dadurch lediglich Steuermindereinnahmen entstehen. Steuerliche Auswirkung würde die Teilwertabschreibung im *Ansässigkeitsstaat des Anteilseigners* lediglich dann entfalten, wenn der ausländische Anteilseigner einen entsprechend „erhöhten" *Veräußerungsgewinn* bei der Veräußerung der Gesellschaftsanteile an einen inländischen Steuerpflichtigen erzielt. Gemäß Art. 13 Abs. 5 OECD-MA steht das Besteuerungsrecht für Veräußerungsgewinne aus Anteilen ausschließlich dem Staat zu, in welchem der Veräußerer ansässig ist.[994] Bei seiner Rechtfertigungsprüfung verknüpft der EuGH m.E. in unzulässiger Weise somit die *unmittelbaren und mittelbaren Steuerfolgen* der Zulässigkeit eines Steuervorteils im Wege einer *wirtschaftlichen Gesamtbetrachtung.*[995] Indem der EuGH im Ergebnis bereits dann eine Gefahr für

988 *EuGH*, 17.09.2009 – C-182/08, *Glaxo Wellcome*, Slg. 2009, I-08591, Rz. 85.
989 *EuGH*, 17.09.2009 – C-182/08, *Glaxo Wellcome*, Slg. 2009, I-08591, Rz. 86 f.
990 *BFH*, 3.02.2010 – I R 21/06, GmbHR 2010, 714 m. Anm. *Roser.*
991 Dem EuGH zustimmend bspw. *Gosch*, BFH/PR 2009, 418, 418 f.; *Frischmuth*, StuB 2010, 743, 743 f.
992 *EuGH*, 18.07.2007 – C-231/05, *Oy AA*, Slg. 2007, I-06373.
993 Vgl. *EuGH*, 17.09.2009 – C-182/08, *Glaxo Wellcome*, Slg. 2009, I-08591, Rz. 17.
994 Vgl. Tz. 30 OECD-MK zu Art. 13 OECD-MA.
995 Vgl. *Roser*, GmbHR 2010, 720, 721.

die Ausübung seiner Besteuerungszuständigkeit durch einen Mitgliedstaats sieht, wenn dieser aufgrund der Zulässigkeit eines Steuervorteils auf Steuereinnahmen verzichten müsste, weitete er den Anwendungsbereich des Rechtfertigungsgrundes über seine Zweckbestimmung, die „Aufteilung der Besteuerungsbefugnis“ zu wahren, hinaus aus. Während steuerliche Abzugsbeschränkungen in Fällen wie *Oy AA* durchaus ihre Berechtigung darin erfahren, dass Mitgliedstaaten die willkürliche Verschiebung von auf ihrem Hoheitsgebiet generierten Einkünften eines Steuerpflichtigen in andere Mitgliedstaaten außerhalb ihrer Besteuerungszuständigkeit verhindern dürfen, hat der EuGH in ständiger Rechtsprechung die bloße Aussicht eines Staates auf die Verminderung seiner Steuereinnahmen nicht als wirksamen Rechtfertigungsgrund für beschränkende Steuervorschriften akzeptiert.[996]

(3) SIAT (2012)

Der Fall *SIAT*[997] betraf die unionsrechtliche Überprüfung von Betriebsausgabenabzugsverboten des belgischen Steuerrechts anhand der Vorgaben des freien Dienstleistungsverkehrs i.S.v. Art. 49 EGV (jetzt Art. 56 AEUV). Im zugrunde liegenden Streitfall hatte die in Belgien ansässige *Société d'investissement pour l'Agriculture Tropicale SA (SIAT)* Provisionszahlungen an einen luxemburgischen Dienstleister gezahlt. Da diese Provisionszahlungen nach luxemburgischem Recht keiner der belgischen Körperschaftsteuer entsprechenden Steuer unterworfen wurden, wurde der *SIAT* ein Betriebsausgabenabzug entsprechend den Vorschriften des belgischen Steuerrechts verwehrt. Dieses sah ein Betriebsausgabenabzugsverbot für geleistete Zahlungen belgischer Gesellschaften für in Anspruch genommene Dienstleistungen dann vor, wenn diese an einen in einem anderen Mitgliedstaat ansässigen Dienstleister gezahlt wurden, welcher nach den dort geltenden Rechtsvorschriften entweder keiner Besteuerung oder aber einem „erheblich vorteilhafteren Besteuerungssystem“ als dem belgischen Steuersystem unterlag.[998]

Der EuGH stellte in seinem Urteil zunächst fest, dass das streitige Betriebsausgabenabzugsverbot eine Beschränkung des freien Dienstleistungsverkehrs nach Art. 49 EGV (jetzt Art. 56 AEUV) darstellt.[999] Die beteiligten Regierungen machten daraufhin u.a. geltend, dass die belgischen Vorschriften aufgrund der „Erfordernis, die ausgewogene Aufteilung der Besteuerungsbefugnis zwischen den Mitgliedstaaten zu wahren“ gerechtfertigt seien.[1000] Der Zweck der belgischen Vorschriften bestehe darin, „Verhaltensweisen [zu] verhindern, die darin bestehen, die Bemessungsgrundlage gebietsansässiger Steuerpflichtiger durch die Vergütung nicht

---

996 Vgl. nur *EuGH*, 20.10.2011 – C-284/09, *Kommission/Deutschland*, Slg. 2011, I-09879, Rz. 83 sowie *EuGH*, 7.09.2004 – C-319/02, *Manninen*, Slg. 2004, I-07477, Rz. 49 m.w.N.

997 *EuGH*, 5.07.2012 – C-318/10, *SIAT*, EuZW 2012, 823.

998 Vgl. *EuGH*, 05.07.2012 – C-318/10, *SIAT*, EuZW 2012, 823, Rz. 17.

999 *EuGH*, 05.07.2012 – C-318/10, *SIAT*, EuZW 2012, 823, Rz. 29.

1000 *EuGH*, 05.07.2012 – C-318/10, *SIAT*, EuZW 2012, 823, Rz. 35.

existierender Dienstleistungen allein zu dem Zweck zu verringern, die Steuer zu umgehen, die normalerweise auf die Gewinne zu zahlen ist, die durch Tätigkeiten im Inland erzielt wurden".[1001] Der EuGH schloss sich dieser Argumentation an und stellte fest, dass es „die im Ausgangsverfahren in Rede stehende Regelung [erlaubt], die ausgewogene Aufteilung der Besteuerungsbefugnis zwischen den Mitgliedstaaten zu wahren, da sie betrügerischen Verhaltensweisen [...] entgegenwirkt und damit dem belgischen Staat ermöglicht, seine Steuerhoheit in Bezug auf die in seinem Hoheitsgebiet durchgeführten Tätigkeiten auszuüben".[1002]

Der EuGH entschied bei der Prüfung des Rechtfertigungsgrundes der „Wahrung der ausgewogenen Aufteilung der Besteuerungsbefugnis" insoweit gegen den Vorschlag des Generalanwalts *Villalón* in seinen Schlussanträgen zum Verfahren *SIAT*.[1003] Der Generalanwalt hatte mit Blick auf die streitige belgische Steuerregelung festgestellt, dass diese gerade „*keine Aufteilung der Besteuerungsbefugnis* der betreffenden Mitgliedstaaten in Bezug auf die diesen Vergütungen entsprechenden Gewinne [bewirkt]".[1004] Dies begründete er damit, dass „die genannte Bestimmung für Personen gilt und nur gelten kann, die in Belgien steuerpflichtig sind, und lediglich sicherstellen soll, dass die Steuerabzüge von ihren Einkünften gerechtfertigt sind".[1005]

Den Ausführungen des Generalanwalts ist in diesem Fall zuzustimmen und die gegenteilig ergangene Rechtsprechung des EuGH im Verfahren *SIAT* abzulehnen. Während der EuGH in seinem Urteil *Glaxo Wellcome*[1006] zumindest, wenn auch nach der hier vertretenen Auffassung nicht überzeugend, versucht hat, die Auswirkungen der Zulässigkeit eines Steuervorteils durch einen Mitgliedstaat im Rahmen einer wirtschaftlichen Betrachtung der Gesamtsteuerbelastung in *beiden* beteiligten Mitgliedstaaten zu werten, so unterbleibt im Fall *SIAT* ein Blick auf die Steuerfolgen im anderen Mitgliedstaat vollkommen. Der EuGH überdehnt mit dieser Rechtsprechung die Anwendung des Rechtfertigungsgrundes der „Wahrung der Aufteilung der Besteuerungsbefugnisse *zwischen* den Mitgliedstaaten" und reduziert gleichzeitig dessen Einschlägigkeit in Betriebsausgabenabzugsfällen darauf, ob der Ansässigkeitsstaat eines Steuerpflichtigen bei einer möglichen Zulässigkeit des Abzugs auf Steuereinnahmen verzichten muss. Wie der Generalanwalt aber richtigerweise ausgeführt hat, stehen die belgischen Vorschriften im Verfahren *SIAT*, ähnlich wie die britischen Regelungen zur Gesellschafterfremdfinanzierung

---

1001 *EuGH*, 05.07.2012 – C-318/10, *SIAT*, EuZW 2012, 823, Rz. 41.

1002 *EuGH*, 05.07.2012 – C-318/10, *SIAT*, EuZW 2012, 823, Rz. 47. Am Ende scheiterten die belgischen Beschränkungen zum Betriebsausgabenabzug im Urteil des EuGH zum Verfahren *SIAT* jedoch am Kriterium der Verhältnismäßigkeit, vgl. *EuGH*, 05.07.2012 – C-318/10, *SIAT*, EuZW 2012, 823, Rz. 57–59.

1003 Vgl. Schlussanträge des Generalanwalts *Villalón* v. 29.09.2011, Rs. C-318/10, *SIAT*.

1004 Schlussanträge des Generalanwalts *Villalón* v. 29.09.2011, Rs. C-318/10, *SIAT*, Rz. 50 [Hervorh. d. Verf.].

1005 Ebenda.

1006 *EuGH*, 17.09.2009 – C-182/08, *Glaxo Wellcome*, Slg. 2009, I-08591.

im Verfahren *Test Claimants in the Thin Cap Group Litigation*[1007], in keinem Zusammenhang mit der *Aufteilung der Besteuerungsbefugnis* für Einkünfte aus einer Dienstleistungstätigkeit zwischen Belgien und Luxemburg, sondern stellen dagegen eine *einseitige* Maßnahme Belgiens dar, um betrügerische Verhaltensweisen von ansässigen Steuerpflichtigen, die zur Minderung von belgischem Steuersubstrat führen können, zu verhindern. Das Unionsrecht verbietet den Mitgliedstaaten nicht, solche Maßnahmen, soweit sie verhältnismäßig ausgestaltet sind, zu ergreifen. M.E. dürfte der in diesem Fall einschlägige Rechtfertigungsgrund jedoch in der „Bekämpfung von Steuerumgehung, Steuerhinterziehung und Missbrauch" zu sehen sein.[1008]

(4) Argenta Spaarbank (2013)

In der Rechtssache *Argenta Spaarbank*[1009] ging es um die Versagung von steuerlichen Vorteilen für die in Belgien ansässige Gesellschaft *Argenta Spaarbank*, welche eine Betriebstätte in den Niederlanden unterhielt. Hätte die *Argenta Spaarbank* eine Niederlassung in Belgien gegründet, so hätte sie nach belgischem Steuerrecht bei der Bemessungsgrundlage für die belgische Körperschaftsteuer einen sog. „Abzug für Risikokapital", oder auch „fiktive Zinsen" genannten, bestimmten Prozentsatz des Eigenkapitals der Niederlassung, geltend machen können.[1010] Die belgischen Steuerbehörden versagten bei einer niederländischen Betriebstätte einen entsprechenden Abzug, wobei sie sich hierbei u.a. auf die Regelungen des Art. 7 Abs. 1 sowie des Art. 23 Abs. 1 des einschlägigen belgisch-niederländischen DBA beriefen, welche in Anlehnung an Art. 7 Abs. 1 i.V.m. Art. 23A Abs. 1 OECD-MA die Einkünfte der niederländischen Betriebstätte von einer Besteuerung in Belgien (unter Progressionsvorbehalt) ausnahmen.[1011] Die belgische Regierung vertrat die Auffassung, dass die Versagung des Abzugs von (fiktiven) Betriebsausgaben somit im Einklang mit der „Aufteilung der Besteuerungsbefugnis" für die entsprechenden Betriebstätteneinkünfte durch die Regelungen des belgisch-niederländischen Abkommens stehe.[1012]

Im Gegensatz zu seiner bisherigen Rechtsprechung zum Thema Betriebsausgabenabzug lehnte der EuGH in der Rechtssache *Argenta Spaarbank* den von der belgischen Regierung vorgebrachten Rechtfertigungsgrund der „ausgewogenen Aufteilung der Besteuerungsbefugnisse zwischen den Mitgliedstaaten" zur Rechtfertigung der

---

1007 *EuGH*, 13.03.2007 – C-524/04, *Test Claimants in the Thin Cap Group Litigation*, Slg. 2007, I-02107.

1008 Vgl. Schlussanträge des Generalanwalts *Villalón* v. 29.09.2011, Rs. C-318/10, *SIAT*, Rz. 54–56. Der EuGH hatte in seinem Urteil *SIAT* das streitige Betriebsausgabenabzugsverbot auch unter dem Aspekt der „Bekämpfung von Steuerhinterziehung und Steuerumgehung" als gerechtfertigt angesehen, vgl. *EuGH*, 05.07.2012 – C-318/10, *SIAT*, EuZW 2012, 823, Rz. 42.

1009 *EuGH*, 04.07.2013 – C-350/11, *Argenta Spaarbank*, EuZW 2013, 796.

1010 *EuGH*, 04.07.2013 – C-350/11, *Argenta Spaarbank*, EuZW 2013, 796, Rz. 5.

1011 *EuGH*, 04.07.2013 – C-350/11, *Argenta Spaarbank*, EuZW 2013, 796, Rz. 27 i.V.m. Rz. 10 f.

1012 *EuGH*, 04.07.2013 – C-350/11, *Argenta Spaarbank*, EuZW 2013, 796, Rz. 39 f.

festgestellten Beschränkung der Niederlassungsfreiheit (Art. 49 AEUV) durch die Versagung des „Abzugs für Risikokapital" bei ausländischen Betriebstätten[1013] überraschenderweise[1014] ab.[1015] Der EuGH betonte unter Verweis auf die Regelungen des belgisch-niederländischen DBA, dass die Vereinbarung der Freistellungsmethode für Betriebstätteneinkünfte eines Unternehmens in einem anderen Mitgliedstaat und der damit verbundene Besteuerungsverzicht eines Mitgliedstaates „nicht systematisch jede Weigerung rechtfertigen, dem [...] Stammhaus der Betriebstätte einen Vorteil zu gewähren".[1016] Der EuGH rezitierte in diesem Zusammenhang seine Urteile in den Rechtssachen *Marks & Spencer*[1017] sowie *Rewe Zentralfinanz*[1018], nach welchen „eine solche Weigerung darauf hinaus[liefe], eine unterschiedliche Behandlung allein mit der Begründung zu rechtfertigen, dass eine in einem Mitgliedstaat gelegene Gesellschaft eine grenzüberschreitende wirtschaftliche Tätigkeit entfaltet habe, die dem Mitgliedstaat keine Steuereinnahmen verschaffen könne".[1019]

Der EuGH stellte klar, dass der Rechtfertigungsgrund der „Wahrung der Aufteilung der Besteuerungsbefugnis" nur dann greifen kann, wenn „mit der betreffenden Regelung Verhaltensweisen verhindert werden sollen, die das Recht eines Mitgliedstaats auf Ausübung seiner Steuerhoheit für die in seinem Hoheitsgebiet durchgeführten Tätigkeiten gefährden können".[1020] Würde der *Argenta Spaarbank* der streitige Steuervorteil gewährt werden, so hätte dies nach Auffassung des EuGH weder eine Auswirkung auf das Recht der beiden Mitgliedstaaten, die in ihrem Staatsgebiet verwirklichten wirtschaftlichen Tätigkeiten zu besteuern noch würde eine Verlagerung von steuerpflichtigen Einnahmen eines Mitgliedstaates in den anderen Mitgliedstaat stattfinden.[1021] Im Ergebnis konnten die Beschränkungen des belgischen Steuerrechts somit *nicht* mit der Notwendigkeit gerechtfertigt werden, die ausgewogene Aufteilung der Steuerbefugnis zwischen den Mitgliedstaaten sicherzustellen.[1022]

Das Urteil *Argenta Spaarbank* zeigt dabei deutlich die unterschiedliche Anwendung des Rechtfertigungsgrundes der „Wahrung der Aufteilung der Besteuerungsbefugnis" bei Vorlagefragen im Hinblick auf Aufwendungen, welche *im Zusammenhang* mit ausländischen Einkünften stehen, und Verfahren zur Frage der

1013 *EuGH*, 04.07.2013 – C-350/11, *Argenta Spaarbank*, EuZW 2013, 796, Rz. 34.
1014 Vgl. *Broe*, EC Tax Review 2013, 210 f.
1015 *EuGH*, 04.07.2013 – C-350/11, *Argenta Spaarbank*, EuZW 2013, 796, Rz. 58.
1016 *EuGH*, 04.07.2013 – C-350/11, *Argenta Spaarbank*, EuZW 2013, 796, Rz. 51. So auch schon *EuGH*, 29.03.2007 – C-347/04, *Rewe Zentralfinanz*, Slg. 2007, I-02647, Rz. 43; *EuGH*, 18.07.2007 – C-231/05, *Oy AA*, Slg. 2007, I-06373, Rz. 53.
1017 *EuGH*, 13.12.2005 – C-446/03, *Marks & Spencer*, Slg. 2005, I-10866.
1018 *EuGH*, 29.03.2007 – C-347/04, *Rewe Zentralfinanz*, Slg. 2007, I-02647.
1019 *EuGH*, 04.07.2013 – C-350/11, *Argenta Spaarbank*, EuZW 2013, 796, Rz. 52.
1020 *EuGH*, 04.07.2013 – C-350/11, *Argenta Spaarbank*, EuZW 2013, 796, Rz. 53. Vgl. auch die Schlussanträge des Generalanwalts *Mengozzi* v. 19.09.2012, Rs. C-350/11, *Argenta Spaarbank*, Rz. 62.
1021 *EuGH*, 04.07.2013 – C-350/11, *Argenta Spaarbank*, EuZW 2013, 796, Rz. 55.
1022 *EuGH*, 04.07.2013 – C-350/11, *Argenta Spaarbank*, EuZW 2013, 796, Rz. 58.

originären grenzüberschreitenden Verlustübertragung, wie z.B. die Rechtssache *Lidl Belgium*[1023]. In seinem Urteil *Lidl Belgium* hatte der EuGH eine „symmetrische" steuerliche Behandlung der originären *Verluste* einer ausländischen Betriebstätte anhand der Regelungen des zugrunde liegenden DBA für entsprechende *Betriebstättengewinne* für gerechtfertigt erachtet. Besteht jedoch lediglich ein „Zusammenhang" von Betriebsausgaben eines Steuerpflichtigen mit abkommensrechtlich steuerfrei gestellten ausländischen Einkünften, so folgt daraus keine automatische Legitimation eines mitgliedstaatlichen Betriebsausgabenabzugsverbots. In diesen Fällen kann der Rechtfertigungsgrund der „Wahrung der Aufteilung der Besteuerungsbefugnis" nur greifen, wenn zum einen durch eine hypothetische unionsrechtliche Zulässigkeit eines Steuervorteils das Recht dieses Mitgliedstaates zur Besteuerung der in seinem Staatsgebiet durchgeführten wirtschaftlichen Tätigkeiten tatsächlich eingeschränkt wäre und zum anderen auch zusätzlich eine Verlagerung von steuerpflichtigen Einnahmen in einen anderen Mitgliedstaat stattfinden würde.[1024]

Die sehr restriktive Urteilsfindung des EuGH im Fall *Argenta Spaarbank* erweckt m.E. den Eindruck, dass der EuGH seine zwischenzeitlich etwas „aus dem Ruder" gelaufene Rechtsprechung bezüglich der Anwendung des Rechtfertigungsgrundes der „Aufteilung der Besteuerungsbefugnis zwischen den Mitgliedstaaten" bei mitgliedstaatlichen Betriebsausgabenabzugsverboten wieder etwas enger gestalten möchte. Diese Rechtsprechungsentwicklung des EuGH ist zu begrüßen,[1025] insbesondere da sie die Maßstäbe des EuGH zur Anwendung des Rechtfertigungsgrundes nach der als „misslungen" zu bezeichnenden Entscheidung in der Rechtssache *SIAT*[1026] wieder zurechtrückt. Allein die Gefahr einer Reduzierung der steuerlichen Bemessungsgrundlage eines Steuerpflichtigen durch Gewährung eines Steuervorteils, welcher im Zusammenhang mit ausländischen, abkommensrechtlich steuerfrei gestellten Einkünften steht, reicht somit nicht aus, um eine beschränkende Steuerregelung eines Mitgliedstaates zu rechtfertigen. Die „*Aufteilung* der Besteuerungsbefugnis *zwischen* den Mitgliedstaaten" setzt darüber hinaus auch immer einen Blick über die Staatsgrenze, im Sinne des Bestehens einer Gefahr der dispositiven Verlagerung von Steuersubstrat *in einen anderen Mitgliedstaat*, voraus.

b) Steuerliche Subventionen

(1) Jobra (2008)

In dem österreichischen Vorabentscheidungsverfahren *Jobra*[1027] verleaste die in Österreich ansässige Vermögensverwaltungsgesellschaft *Jobra* LKWs an eine andere in Österreich ansässige Gesellschaft, welche diese hauptsächlich in ihrer

1023 *EuGH*, 15.05.2008 – C-414/06, *Lidl Belgium*, Slg. 2008, I-03601.
1024 Vgl. *Broe*, EC Tax Review 2013, 210 f.
1025 A.A. aber im Ergebnis *Broe*, EC Tax Review 2013, 210, 212.
1026 *EuGH*, 05.07.2012 – C-318/10, *SIAT*, EuZW 2012, 823. Siehe hierzu oben D.I.2.a)(3).
1027 *EuGH*, 04.12.2008 – C-330/07, *Jobra*, Slg. 2008, I-09099.

Zweigniederlassung in Deutschland einsetzte.[1028] Zur steuerlichen Förderung der Anschaffung der LKWs durch die *Jobra* sah das österreichische Steuerrecht die grundsätzliche Möglichkeit der Gewährung einer „Investitionszuwachsprämie" vor; Voraussetzung hierfür war jedoch, dass die angeschafften Wirtschaftsgüter in einer Betriebstätte in Österreich verwendet wurden.[1029]

Der EuGH sah in der Beschränkung der Anwendung der österreichischen Regelungen zur „Investitionszuwachsprämie" auf Betriebstätten im Inland eine Beschränkung des freien Dienstleistungsverkehrs im Sinne des Art. 49 EGV (jetzt Art. 56 AEUV).[1030] Die österreichische und die deutsche Regierung trugen zur Rechtfertigung dieser festgestellten Beschränkung vor, „dass die im Ausgangsverfahren fragliche Regelung der Aufteilung der Steuerhoheit zwischen den Mitgliedstaaten entspreche".[1031] Indem die Gewährung einer Investitionszuwachsprämie voraussetze, dass die angeschafften Wirtschaftsgüter einer gebietsansässigen Betriebstätte zugeordnet seien, solle sichergestellt werden, dass eine Verbindung zwischen der Gewährung der Steuerbegünstigung und der Besteuerung der Gewinne aus der Verwendung der steuerbegünstigten Wirtschaftsgüter bestehe.[1032]

In seinem Urteil zur Rechtssache *Jobra* wies der EuGH diesen Einwand der beteiligten Regierungen zurück. Die von den Mitgliedstaaten in diesem Zusammenhang vorgebrachten EuGH-Urteile *Marks & Spencer*[1033], *Rewe Zentralfinanz*[1034], *Oy AA*[1035] sowie *Lidl Belgium*[1036] seien auf den vorliegenden Fall nicht anwendbar, da „die Mieteinkünfte aus der Überlassung der körperlichen Wirtschaftsgüter, für die *Jobra* die Investitionsprämie geltend macht, in Österreich besteuert werden können".[1037] Würde man die Regelung der „Investitionszuwachsprämie" auch auf Auslandssachverhalte ausweiten, hätte dies *keine Auswirkung auf das Besteuerungsrecht Österreichs* für Einkünfte aus *in seinem Hoheitsgebiet durchgeführten Vermietungstätigkeiten.*[1038]

Der Rechtsprechung des EuGH in der Rechtssache *Jobra* ist zuzustimmen. Zwar sind nach den Regelungen des deutsch-österreichischen DBA Erträge aus der Verwendung sowie ggf. der Veräußerung von Wirtschaftsgütern in einer deutschen Betriebstätte ausschließlich in Deutschland zu besteuern.[1039] Der EuGH sah die Gewährung

1028 Vgl. *EuGH*, 04.12.2008 – C-330/07, *Jobra*, Slg. 2008, I-09099, Rz. 5 f.
1029 Vgl. *EuGH*, 04.12.2008 – C-330/07, *Jobra*, Slg. 2008, I-09099, Rz. 3.
1030 *EuGH*, 04.12.2008 – C-330/07, *Jobra*, Slg. 2008, I-09099, Rz. 26.
1031 *EuGH*, 04.12.2008 – C-330/07, *Jobra*, Slg. 2008, I-09099, Rz. 28.
1032 Ebenda.
1033 *EuGH*, 13.12.2005 – C-446/03, *Marks & Spencer*, Slg. 2005, I-10866.
1034 *EuGH*, 29.03.2007 – C-347/04, *Rewe Zentralfinanz*, Slg. 2007, I-02647.
1035 *EuGH*, 18.07.2007 – C-231/05, *Oy AA*, Slg. 2007, I-06373.
1036 *EuGH*, 15.05.2008 – C-414/06, *Lidl Belgium*, Slg. 2008, I-03601.
1037 *EuGH*, 04.12.2008 – C-330/07, *Jobra*, Slg. 2008, I-09099, Rz. 32 f. [Hervorh. d. Verf.].
1038 *EuGH*, 04.12.2008 – C-330/07, *Jobra*, Slg. 2008, I-09099, Rz. 33.
1039 Vgl. Art. 7 Abs. 1, Art. 13 Abs. 3 i.V.m. Art. 23 Abs. 2 Buchst. a) des Abkommens zwischen der Bundesrepublik Deutschland und der Republik Österreich zur

einer „Investitionszuwachsprämie" jedoch zutreffenderweise nicht im Zusammenhang mit den (steuerfreien) Einkünften der deutschen Betriebstätte, wo die LKWs entsprechend eingesetzt wurden, sondern mit der in Österreich durchgeführten und dort besteuerten Vermietung der LKWs durch die *Jobra*.[1040] Somit konnte eine Rechtfertigung der österreichischen Regelungen zur „Investitionszuwachsprämie" auf der Grundlage der „ausgewogenen Aufteilung der Besteuerungsbefugnis zwischen den Mitgliedstaaten" in diesem Fall keinen Erfolg haben.

Damit bleibt auch nach dem EuGH-Urteil *Jobra* die unionsrechtliche Beurteilung von Steuervorschriften der Mitgliedstaaten, welche die Gewährung von Steuervergünstigungen bei der Anschaffung oder Herstellung von Wirtschaftsgütern unmittelbar mit einer Zugehörigkeit bzw. Verwendung dieser Wirtschaftsgüter *in einer inländischen Betriebstätte* des Steuerpflichtigen verknüpfen, weiterhin offen. Im deutschen Steuerrecht enthalten bspw. die Regelungen zum sog. „Investitionsabzugsbetrag" nach § 7g EStG, wie auch die Vorschriften zur Übertragung von stillen Reserven auf Reinvestitionswirtschaftsgüter gem. § 6b EStG, ähnliche Restriktionen hinsichtlich eines notwendigen „Inlandsbezugs" der jeweiligen (Re-) Investitionsgüter.

Im Hinblick auf die Frage der Vereinbarkeit von § 6b EStG mit Unionsrecht hat die Europäische Kommission im Jahr 2012 Klage beim EuGH im Rahmen eines Vertragsverletzungsverfahrens gem. Art. 258 AEUV erhoben.[1041] Die Europäische Kommission ist dabei der Auffassung, dass die Regelung des § 6b Abs. 4 Nr. 3 EStG, welche die „Übertragung" von stillen Reserven eines veräußerten Wirtschaftsgutes auf neu angeschaffte oder hergestellte Anlagegüter nur gewährt, soweit diese Wirtschaftsgüter zu einer inländischen Betriebstätte eines Steuerpflichtigen gehören, einen Verstoß gegen Art. 49 AEUV darstelle. Ähnliche Zweifel an einer Unionsrechtskonformität des „Inlandsbezugs" des § 6b Abs. 4 S. 1 Nr. 3 EStG hatte im Jahr 2011 bereits das Niedersächsische FG geäußert.[1042] Das Niedersächsische FG lehnte in seinem Urteil insbesondere auch eine Rechtfertigung dieser Vorschriften zur „Wahrung der ausgewogenen Aufteilung der Besteuerungsbefugnis zwischen den Mitgliedstaaten" ab. Zur Begründung führte das Niedersächsische FG in Anlehnung an die Rechtsprechung

---

Vermeidung der Doppelbesteuerung auf dem Gebiet der Steuern vom Einkommen und vom Vermögen v. 24.08.2000, BGBl. II. 2002, S. 734.

1040 Zustimmend *O'Shea*, Tax Notes International 2009, 391 f.; *Thömmes*, in: *Arbeitsgemeinschaft der Fachanwälte für Steuerrecht*, JbFStR 2011/2012, S. 116.

1041 Vgl. Pressemitteilung der Europäischen Kommission v. 29.09.2012, IP/12/1019. Az. des EuGH: Rs. C-591/13, *Kommission/Deutschland*, siehe ABl. EU Nr. C 24 v. 25.01.2014, S. 11.

1042 *Niedersächsisches FG*, 01.12.2011 – 6 K 435/09, BB 2012, 440. Die anhängige Revision beim BFH mit dem Az. I R 3/12 wurde mit Beschluss des *BFH*, 20.08.2012 – I R 3/12, BFH/NV 2012, 1990 mangels einer ordnungsgemäßen Revisionsbegründung gem. § 120 Abs. 3 FGO verworfen.

des BFH zur Aufgabe der sog. „Theorie der finalen Entnahme“[1043] an, dass zum einen das Besteuerungsrecht der Bundesrepublik Deutschland im Fall einer hypothetischen Zulässigkeit eines Abzugsbetrags in Höhe der stillen Reserven des veräußerten Wirtschaftsgutes bei den Anschaffungskosten eines neuen Wirtschaftsgutes in einer ausländischen Betriebstätte nicht beeinträchtigt wäre. Zum anderen würde ein Gewinn aus der Veräußerung des „neuen“ Wirtschaftsgutes im Betriebstättenstaat selbst bei einer möglichen Anwendung des § 6 EStG nicht höher ausfallen, da der Betriebstättenstaat insoweit nicht an die deutschen Steuervorschriften gebunden ist. M.E. ist insbesondere im Lichte des EuGH-Urteils *Argenta Spaarbank*[1044] den Ausführungen des Niedersächsischen FG in dieser Hinsicht zuzustimmen, sodass im Ergebnis der Inlandsbezug des § 6b Abs. 4 S. 1 Nr. 3 EStG als unionsrechtswidrig anzusehen ist.[1045] Die Gewährung eines Steuervorteils bei der Anschaffung eines neuen Wirtschaftsgutes eines Steuerpflichtigen in einer Freistellungsbetriebstätte hindert Deutschland nämlich weder daran, die stillen Reserven des zuvor in Deutschland veräußerten Wirtschaftsgutes zu besteuern noch entfaltet dieser Steuervorteil steuerliche Auswirkungen im Betriebstättenstaat im Sinne einer Verschiebung von deutschem „Steuersubstrat“ in einen anderen Mitgliedstaat.[1046]

Mit Blick auf die Unionsrechtskonformität der Regelung des § 7g EStG sind die Meinungen in Literatur und Rechtsprechung geteilt.[1047] § 7g Abs. 1 S. 2 Nr. 2 Buchst. b) EStG sieht für die Gewährung eines „Investitionsabzugsbetrags“ i.H.v. 40 % der voraussichtlichen Anschaffungs- oder Herstellungskosten eines neuen Wirtschaftsgutes ebenfalls als Voraussetzung vor, dass dieses Wirtschaftsgut in einer „inländischen Betriebstätte“ des Steuerpflichtigen genutzt wird. Mit Blick auf die Vorgängerregelung des derzeit gültigen § 7g EStG hatte der BFH die Zulässigkeit der Bildung einer sog. „Ansparabschreibung“ nach § 7g EStG a.F. auch für Wirtschaftsgüter angenommen, die für eine im Ausland belegene Betriebstätte

---

1043 *BFH*, 17.07.2008 – I R 77/06, DStR 2008, 2001. Der BFH hatte in diesem Urteil seine frühere Rechtsprechung dahingehend geändert, dass die stillen Reserven eines Wirtschaftsgutes bei Überführung in eine ausländische Betriebstätte auch dann weiterhin dem deutschen Besteuerungszugriff unterliegen, wenn die ausländischen Betriebstättengewinne durch ein DBA in der Bundesrepublik Deutschland steuerlich freigestellt werden.

1044 *EuGH*, 04.07.2013 – C-350/11, *Argenta Spaarbank*, EuZW 2013, 796.

1045 Gl. A. *FG München*, 07.07.2014, 5 K 1206/14, abrufbar unter http://www.gesetze-bayern.de (Revision eingelegt, Az. beim BFH IV R 35/14); *Kleinmanns/Gutowski*, DStRE 2012, 398 f.; *Jahndorf/Kleinmanns*, DStR 2010, 1697, 1699 f.; *Broemel/Endert*, DB 2012, 2714, 2716; *Loschelder*, in: *Schmidt*, Einkommensteuergesetz, § 6b, Rz. 6; wohl auch *Thömmes*, in: *Arbeitsgemeinschaft der Fachanwälte für Steuerrecht*, JbFStR 2012/2013, S. 44 ff.; a.A. *Mitschke*, DStR 2012, 1629, 1631 ff.

1046 Zum gleichen Ergebnis kommt *Thömmes*, in: *Arbeitsgemeinschaft der Fachanwälte für Steuerrecht*, JbFStR 2013/2014, S. 76 f.

1047 Vgl. die Nachweise zum Meinungsstand bei *Kulosa*, in: *Schmidt*, Einkommensteuergesetz, § 7g, Rz. 32.

angeschafft werden sollen.[1048] Dies lag jedoch maßgeblich darin begründet, dass der Wortlaut des § 7g EStG a.F., im Gegensatz zur derzeitigen Fassung des § 7g EStG, insoweit keinen ausdrücklichen „Inlandsbezug“ aufwies. Im Hinblick auf die Neufassung des § 7g EStG sollte m.E. ein Verstoß gegen Unionsrecht zu bejahen sein.[1049] Insbesondere sollte eine Rechtfertigung des „Inlandsbezugs“ dieser Vorschrift zur „Wahrung der Aufteilung der Besteuerungsbefugnis zwischen den Mitgliedstaaten“ nicht einschlägig sein, da zum einen die Gewährung eines „Investitionsabzugsbetrags“ bei der Gewinnermittlung des deutschen Stammhauses für Wirtschaftsgüter, die in einer ausländischen (Freistellungs-)Betriebstätte genutzt werden, keinen Einfluss auf das Recht der Bundesrepublik Deutschland zur Besteuerung der Einkünfte des Stammhauses hat. Zum anderen entfaltet der „Investitionsabzugsbetrag“ bei der Besteuerung des deutschen *Stammhauses* keinerlei Auswirkungen auf die steuerliche Behandlung der angeschafften Wirtschaftsgüter im ausländischen Betriebstättenstaat.

c) *Familiäre und persönliche Steuerabzüge*

(1) Beker und Beker (2013)

In der Rechtssache *Beker und Beker*[1050] standen die deutschen unilateralen Quellensteueranrechnungsvorschriften des § 34c EStG auf dem unionsrechtlichen Prüfstand. Die in der Bundesrepublik Deutschland ansässigen Eheleute *Beker* unterlagen als Ehegatten der deutschen unbeschränkten Einkommensteuerpflicht mit ihren Dividendeneinkünften aus ausländischen Kapitalgesellschaftsbeteiligungen.[1051] Dabei begehrten die Eheleute *Beker* die Anrechnung von ausländischen Quellensteuern, welche in verschiedenen EU-Mitgliedstaaten im Einklang mit den Regelungen der jeweiligen mitgliedstaatlichen DBA auf die ausgeschütteten Dividenden einbehalten wurden.[1052] Das deutsche Steuerrecht sieht in § 34c Abs. 1 EStG in diesem Zusammenhang eine sog. „Höchstbetragsberechnung“ zur Ermittlung der maximal anrechenbaren ausländischen Quellensteuern vor. Zur Berechnung des anrechenbaren „Quellensteuerhöchstbetrags“ wird dabei der Betrag der berechneten tariflichen Einkommensteuer mit dem Quotienten multipliziert, der sich aus den ausländischen Einkünften und dem Gesamtbetrag der Einkünfte eines Steuerpflichtigen ergibt.[1053] In dem letztgenannten Betrag werden für Zwecke der „Höchstbetragsberechnung“, im Gegensatz zur Berechnung der tariflichen Einkommensteuer, weder die Kosten der persönlichen Lebensführung noch weitere personenbezogene Umstände

---

1048 *BFH*, 10.08.2011 – I R 45/10, BStBl. II 2012, 118.
1049 Gl. A. *Gosch*, BFH/PR 2012, 39 f.; ebenso *Felten*, EStB 2012, 7, 7.
1050 *EuGH*, 28.02.2013 – C-168/11, *Beker und Beker*, DStR 2013, 518.
1051 *EuGH*, 28.02.2013 – C-168/11, *Beker und Beker*, DStR 2013, 518, Rz. 9.
1052 *EuGH*, 28.02.2013 – C-168/11, *Beker und Beker*, DStR 2013, 518, Rz. 9 f.
1053 *EuGH*, 28.02.2013 – C-168/11, *Beker und Beker*, DStR 2013, 518, Rz. 11.

berücksichtigt.[1054] Die Eheleute *Beker* sahen in diesem Umstand einen Verstoß der „Höchstbetragsberechnung“ des § 34c EStG gegen Unionsrecht.

Der EuGH stellte in seinem Urteil zur Rechtssache *Beker und Beker* schließlich die Unvereinbarkeit der Berechnungsformel des § 34c Abs. 1 EStG mit der Kapitalverkehrsfreiheit gem. Art. 63 AEUV fest. Durch die Nichtberücksichtigung der Kosten der persönlichen Lebensführung eines unbeschränkt Steuerpflichtigen führe die dort niedergelegte „Höchstbetragsberechnung“ zu einer Ungleichbehandlung von Steuerpflichtigen, die einen Teil ihrer Einkünfte im Ausland bezogen haben, gegenüber Steuerpflichtigen, die ihre gesamten Einkünfte im Inland bezogen haben.[1055]

Zur Rechtfertigung berief sich die deutsche Regierung allein auf die Notwendigkeit der „Wahrung der Aufteilung der Besteuerungsbefugnis zwischen den Mitgliedstaaten“.[1056] Das hierbei vorgebrachte Argument der deutschen Regierung lief darauf hinaus, dass bei der Ermittlung der Anrechnungsmöglichkeit von ausländischen Quellensteuern nur solche Kosten abgezogen werden sollten, die in einem „*unmittelbaren Zusammenhang* mit dem Steuersubstrat stünden, auf das ein Mitgliedstaat aufgrund der Aufteilung der Besteuerungshoheit in Doppelbesteuerungsabkommen mit anderen Mitgliedstaaten Zugriff habe“.[1057] Deutschland treffe insoweit keine „Kompensationspflicht“ von Nachteilen, die aus der Nichtberücksichtigung der persönlichen Lebensverhältnisse des Steuerpflichtigen bei der Besteuerung der ausländischen Einkünfte im Quellenstaat resultierten.[1058]

Der EuGH wies diese Argumentation der deutschen Regierung unter Verweis auf seine Rechtsprechung im Urteil *de Groot*[1059] zurück. Der EuGH hatte in diesem Verfahren zu einer der deutschen Steuerregelung des § 34c EStG ähnlichen niederländischen Quellensteueranrechnungsvorschrift entschieden, dass sich der Wohnsitzstaat eines Steuerpflichtigen nicht auf den Rechtfertigungsgrund der „Wahrung der Aufteilung der Besteuerungsbefugnis“ berufen kann, um sich der grundsätzlich ihm obliegenden Verantwortung zu entziehen, dem Steuerpflichtigen die ihm zustehenden personen- und familienbezogenen Abzüge zu gewähren.[1060] Der EuGH machte darüber hinaus deutlich, dass, selbst wenn den Eheleuten *Beker* die Berücksichtigung ihrer familiären und persönlichen Abzüge bei der Berechnung des Höchstbetrags für die Anrechnung ausländischer Quellensteuern auf ihre in Deutschland zu zahlende Einkommensteuer gewährt würde, Deutschland nicht

1054 Ebenda.
1055 *EuGH*, 28.02.2013 – C-168/11, *Beker und Beker*, DStR 2013, 518, Rz. 51–53.
1056 *EuGH*, 28.02.2013 – C-168/11, *Beker und Beker*, DStR 2013, 518, Rz. 54.
1057 *EuGH*, 28.02.2013 – C-168/11, *Beker und Beker*, DStR 2013, 518, Rz. 55 [Hervorh. d. Verf.].
1058 Ebenda.
1059 *EuGH*, 12.12.2002 – C-385/00, *de Groot*, Slg. 2002, I-11819.
1060 Ebenda.

auf die Ausübung seiner Steuerhoheit auf diese Einkünfte zugunsten eines anderen Mitgliedstaates verzichten müsste.[1061]

In seinem Anschlussurteil zum EuGH-Urteil *Beker und Beker* befand der BFH schließlich, dass der Höchstbetrag der anrechenbaren ausländischen Quellensteuern „geltungserhaltend" in der Weise zu berechnen sei, dass die tarifliche Einkommensteuer der Steuerpflichtigen mit dem Quotienten multipliziert werde, der sich aus den ausländischen Einkünften und der Summe der Einkünfte der Steuerpflichtigen ergebe, wobei vom letztgenannten Betrag alle personen- und familienbezogenen Steuerbeträge abzuziehen seien.[1062] Darüber hinaus kann jedoch weder die Höchstbetragsberechnung des § 34c EStG *per se* als europarechtswidrig angesehen werden noch zwingen die Grundfreiheiten des AEUV einen Mitgliedstaat dazu, eine Anrechnung von ausländischen Quellensteuern auf steuerpflichtige Einkünfte über die hierauf geschuldete deutsche Einkommensteuer vorzunehmen.[1063]

(2) Imfeld und Garcet (2013)

Das EuGH-Urteil *Imfeld und Garcet*[1064] betraf die belgischen Steuervorschriften hinsichtlich der Gewährung von Steuervergünstigungen bei unbeschränkt Steuerpflichtigen im Zusammenhang mit deren persönlicher und familiärer Situation. Gegenstand des Verfahrens war die Besteuerung der Einkünfte eines in Belgien ansässigen Ehepaars, wobei der Großteil der Einkünfte durch die nichtselbstständige Tätigkeit des Ehemanns in Deutschland erzielt wurde, welche nach dem einschlägigen deutsch-belgischen DBA in Belgien steuerfrei zu stellen waren.[1065] Bei diesen Einkünften wurden für die Berechnung der deutschen Einkommensteuer Steuerfreibeträge für unterhaltspflichtige Kinder berücksichtigt,[1066] während dem Ehepaar in Belgien der nach belgischem Recht vorgesehene Abzug eines „Zusatzfreibetrags für unterhaltsberechtigte Kinder" versagt wurde. Nach belgischem Steuerrecht wird dieser familienbezogene Abzugsbetrag grundsätzlich nach den höchsten steuerpflichtigen Einkünften eines Ehepartners berechnet. Im Fall *Imfeld und Garcet* waren die diesbezüglichen Einkünfte des Ehemanns aufgrund der Regelungen des deutsch-belgischen DBA in Belgien jedoch steuerbefreit.[1067] Hätten die Eheleute ihre gesamten Einkünfte in Belgien erzielt, wäre der volle „Zusatzfreibetrag für unterhaltsberechtigte Kinder" gewährt worden.[1068] Die Kläger sahen in dieser steuerlichen Ungleichbehandlung von gebietsansässigen Steuerpflichtigen mit Tätigkeiten im

---

1061 *EuGH*, 28.02.2013 – C-168/11, *Beker und Beker*, DStR 2013, 518, Rz. 58. Zustimmend ebenfalls *Ismer*, IStR 2013, 297, 299 sowie *Thömmes*, IWB 2013, 293, 294.
1062 *BFH*, 18.12.2013 – I R 71/10, BFHE 244, 331.
1063 *Pohl*, ISR 2014, 174, 174 f.
1064 *EuGH*, 12.12.2013 – C-303/12, *Imfeld und Garcet*, HFR 2014, 183.
1065 Vgl. *EuGH*, 12.12.2013 – C 303/12, *Imfeld und Garcet*, HFR 2014, 183, Rz. 31.
1066 *EuGH*, 12.12.2013 – C-303/12, *Imfeld und Garcet*, HFR 2014, 183, Rz. 47.
1067 *EuGH*, 12.12.2013 – C-303/12, *Imfeld und Garcet*, HFR 2014, 183, Rz. 48.
1068 *EuGH*, 12.12.2013 – C-303/12, *Imfeld und Garcet*, HFR 2014, 183, Rz. 50.

Ausland im Hinblick auf die Gewährung von familiären Steuervergünstigungen einen Verstoß gegen Unionsrecht.

Der EuGH gab in seinem Urteil den Klägern recht und stellte einen Verstoß der belgischen Steuervorschriften gegen die Niederlassungsfreiheit (Art. 49 AEUV) fest, da diese belgische Staatsangehörige davon abhalten könnten, von ihrer Niederlassungsfreiheit durch die Ausübung einer wirtschaftlichen Tätigkeit in einem anderen Mitgliedstaat Gebrauch zu machen.[1069] Die belgische Regierung machte daraufhin geltend, dass die Versagung der familienbezogenen Steuervergünstigungen „auf jeden Fall durch die Notwendigkeit gerechtfertigt sei, eine ausgewogene Aufteilung der Besteuerungsbefugnis zwischen den Mitgliedstaaten zu wahren".[1070]

Bei seiner Rechtfertigungsprüfung wiederholte der EuGH zunächst seine Rechtsprechung in den Urteilen *de Groot*[1071] und *Beker und Beker*[1072], wonach sich ein Wohnsitzstaat eines Steuerpflichtigen grundsätzlich nicht auf diesen Rechtfertigungsgrund berufen kann, um die Gewährung von personen- und familienbezogenen Steuervergünstigungen für dort ansässige Steuerpflichtige zu versagen.[1073] Dies gelte insbesondere auch in Fällen, in welchen ein DBA zur Vermeidung einer internationalen Doppelbesteuerung von Einkünften eine Aufteilung von Besteuerungsbefugnissen für diese Einkünfte zwischen den Vertragsstaaten vorsehe.[1074] Nur in *zwei Ausnahmefällen* könne nach Ansicht des EuGH etwas anderes gelten: Zum einen, wenn der Wohnsitzstaat „im Vertragswege von seiner Verpflichtung zur vollständigen Berücksichtigung der persönlichen und familiären Situation der Steuerpflichtigen, die in seinem Hoheitsgebiet wohnen und ihre wirtschaftliche Betätigung teilweise in einem anderen Mitgliedstaat ausüben, entbunden [wäre]" oder aber zum anderen, wenn der Wohnsitzstaat feststellen würde, „dass ein oder mehrere Beschäftigungsstaaten – auch außerhalb irgendeiner Übereinkunft – in Bezug auf die von ihnen besteuerten Einkünfte Vorteile gewähren, die mit der Berücksichtigung der persönlichen und familiären Situation derjenigen Steuerpflichtigen im Zusammenhang stehen, die nicht im Hoheitsgebiet dieser Staaten wohnen, dort aber zu versteuernde Einkünfte erzielen".[1075]

Im Fall *Imfeld und Garcet* sah der EuGH keine dieser Ausnahmeregelungen als gegeben an, sodass die Anwendung des Rechtfertigungsgrundes der „Wahrung der Aufteilung der Besteuerungsbefugnis" schließlich scheiterte. Der EuGH begründete dies damit, dass zum einen das deutsch-belgische DBA „dem Beschäftigungsmitgliedstaat keine Verpflichtung in Bezug auf die Berücksichtigung der persönlichen und familiären Situation der in einem anderen Mitgliedstaat wohnenden Steuerpflichtigen" zuweise und zum anderen die belgische Steuerregelung auch keine

---

1069 *EuGH*, 12.12.2013 – C-303/12, *Imfeld und Garcet*, HFR 2014, 183, Rz. 52.
1070 *EuGH*, 12.12.2013 – C-303/12, *Imfeld und Garcet*, HFR 2014, 183, Rz. 65.
1071 *EuGH*, 12.12.2002 – C-385/00, *de Groot*, Slg. 2002, I-11819, Rz. 99 ff.
1072 *EuGH*, 28.02.2013 – C-168/11, *Beker und Beker*, DStR 2013, 518, Rz. 56.
1073 *EuGH*, 12.12.2013 – C-303/12, *Imfeld und Garcet*, HFR 2014, 183, Rz. 69.
1074 Ebenda.
1075 *EuGH*, 12.12.2013 – C-303/12, *Imfeld und Garcet*, HFR 2014, 183, Rz. 69.

„wechselseitige Beziehung“ zwischen steuerlichen Vergünstigungen, die Gebietsansässigen in Belgien gewährt werden, und steuerlichen Vergünstigungen, die Gebietsansässige in anderen Mitgliedstaaten erhalten, herstelle.[1076] Zudem würde in dem vorliegenden Fall die Gewährung der familienbezogenen Steuervergünstigungen nicht dazu führen, dass Belgien auf sein Recht zur Ausübung seiner Steuerhoheit zugunsten eines anderen Mitgliedstaates verzichten müsste.[1077] Das von der estnischen Regierung unter Verweis auf das EuGH-Urteil *Marks & Spencer*[1078] zusätzlich vorgebrachte Argument, die Gewährung der streitigen Steuervergünstigung in Belgien würde im Ergebnis zu einer „doppelten Steuervergünstigung“ führen, da insoweit ja schon die Bundesrepublik Deutschland dem Ehepaar familienbezogene Vergünstigungen gewährt hatte,[1079] ließ der EuGH ebenfalls nicht gelten. Nach Auffassung des EuGH wäre eine solche „doppelte Vergünstigung“ nur „die Folge der *parallelen Anwendung* der deutschen und der belgischen Steuerregelung, so wie diese unter den im Abkommen von 1967 festgelegten Bedingungen zwischen diesen beiden Mitgliedstaaten vereinbart worden ist“.[1080] Mit anderen Worten: Wie schon beim Problem der *internationalen Doppelbesteuerung* von Einkünften im Binnenmarkt sieht der EuGH den Anwendungsbereich der Grundfreiheiten des AEUV bei der Gefahr der Inanspruchnahme von *doppelten Steuervergünstigungen* dann nicht als eröffnet, wenn diese lediglich das Produkt einer bisher nicht unionsrechtlich koordinierten Ausübung ihrer Steuerhoheiten durch die EU-Mitgliedstaaten darstellen.

Das EuGH-Urteil *Imfeld und Garcet* ist insoweit bemerkenswert, als der EuGH in diesem Urteil den Mitgliedstaaten zum ersten Mal einen „Lösungsvorschlag“ hinsichtlich des seit dem EuGH-Urteil *Schumacker*[1081] bestehenden Problems einer unionsrechtskonformen Berücksichtigung von familiären und personenbezogenen Steuerabzügen bei Steuerpflichtigen mit grenzüberschreitenden Einkünften an die Hand gibt. Zum einen akzeptiert der EuGH dann eine Versagung von entsprechenden Steuervergünstigungen durch den Wohnsitzstaat eines Steuerpflichtigen, wenn entsprechende Steuervorteile schon in einem anderen Mitgliedstaat berücksichtigt wurden, diese „wechselseitige Beziehung“ auch im nationalen Steuerrecht des Wohnsitzstaates niedergelegt und weiterhin gewährleistet ist, dass die gesamte persönliche und familiäre Situation der Steuerpflichtigen im Ganzen berücksichtigt wird.[1082] Wie *von Brocke/Wohlhöfler* zutreffend anmerken, lässt sich aus diesen

1076 *EuGH*, 12.12.2013 – C-303/12, *Imfeld und Garcet*, HFR 2014, 183, Rz. 73.
1077 *EuGH*, 12.12.2013 – C-303/12, *Imfeld und Garcet*, HFR 2014, 183, Rz. 76.
1078 *EuGH*, 13.12.2005 – C-446/03, *Marks & Spencer*, Slg. 2005, I-10866.
1079 Vgl. *EuGH*, 12.12.2013 – C-303/12, *Imfeld und Garcet*, HFR 2014, 183, Rz. 77.
1080 *EuGH*, 12.12.2013 – C-303/12, *Imfeld und Garcet*, HFR 2014, 183, Rz. 78 [Hervorh. d. Verf.].
1081 *EuGH*, 12.02.1995 – C-279/9, *Schumacker*, Slg. 1995, I-00225. Siehe hierzu oben B.II.2.b).
1082 Vgl. *EuGH*, 12.12.2013 – C-303/12, *Imfeld und Garcet*, HFR 2014, 183, Rz. 79.

Aussagen des EuGH jedoch kaum eine rechtlich fassbare bzw. belastbare Grenze für die Mitgliedstaaten bei der Anwendung ihres nationalen Steuerrechts ableiten.[1083]

Zum anderen sieht der EuGH für die Mitgliedstaaten auch ausdrücklich eine Lösung der familien- und personenbezogenen Abzüge im *Abkommenswege* vor.[1084] Eine abkommensrechtliche Lösung könnte nach Auffassung des EuGH darin bestehen, dass der Wohnsitzstaat von seiner Verpflichtung zur vollständigen Berücksichtigung der persönlichen und familiären Situation von dort ansässigen Steuerpflichtigen, welche ihre wirtschaftliche Betätigung teilweise im anderen Vertragsstaat ausüben, entbunden wird, wobei auch in diesem Fall sichergestellt werden muss, dass trotz Aufteilung der Zuständigkeiten für die Gewährung der Steuervergünstigungen zwischen den Vertragsstaaten im Ergebnis weiterhin die gesamte persönliche und familiäre Situation der Steuerpflichtigen berücksichtigt wird.[1085] Im Ergebnis wäre Art. 23A OECD-MA in einem mitgliedstaatlichen DBA dahingehend zu modifizieren, dass dieser neben der bisher vorgesehenen Aufteilung der Besteuerungsbefugnis für bestimmte Einkünfte durch Vereinbarung der Freistellungsmethode auch die Aufteilung von damit zusammenhängenden Freibeträgen und anderen personen- und familienbezogenen Steuervergünstigungen bei der Ermittlung des freizustellenden Betrags ausdrücklich regelt.[1086]

d) Buchwertfortführung bei grenzüberschreitenden Umwandlungen

(1) DMC Beteiligungsgesellschaft (2014)

Gegenstand der Entscheidung des EuGH im Urteil *DMC Beteiligungsgesellschaft* aus dem Jahr 2014 war die Frage, ob die deutschen Vorschriften des § 20 Abs. 3 und Abs. 4 UmwStG a.F. gegen Unionsrecht verstoßen. Im zugrunde liegenden Sachverhalt brachten zwei in Österreich ansässige Kapitalgesellschaften ihre Anteile an der *DMC Beteiligungsgesellschaft*, einer in Deutschland ansässigen Kommanditgesellschaft, im Wege der Sacheinlage in eine deutsche GmbH (*DMC GmbH*) ein und erhielten hierfür neue Anteile an der GmbH.[1087] Nach Ansicht des deutschen Finanzamts war das Besteuerungsrecht der Bundesrepublik Deutschland an den stillen Reserven des Betriebsvermögens der eingebrachten KG-Anteile bei einer späteren Veräußerung der neu erworbenen Kapitalgesellschaftsanteile aufgrund der Regelungen des deutsch-österreichischen DBA (vgl. Art. 7 Abs. 1 des deutsch-österreichischen DBA 1954, welcher insoweit Art. 13 Abs. 5 OECD-MA entsprach)

1083 *Brocke/Wohlhöfler*, ISR 2014, 101, 101 f.

1084 *EuGH*, 12.12.2013 – C-303/12, *Imfeld und Garcet*, HFR 2014, 183, Rz. 69.

1085 *EuGH*, 12.12.2013 – C-303/12, *Imfeld und Garcet*, HFR 2014, 183, Rz. 69 f.

1086 Die OECD hatte bisher in Art. 23A OECD-MA ausdrücklich auf eine abkommensrechtliche Regelung im Hinblick auf die Gewährung von Steuerabzügen, Freibeträgen und sonstigen Steuervergünstigungen zwischen den Vertragsstaaten verzichtet, vgl. Tz. 42 f. OECD-MK zu Art. 23 OECD-MA.

1087 *EuGH*, 23.01.2014 – C-164/12, *DMC Beteiligungsgesellschaft*, DStR 2014, 193, Rz. 9 ff.

ausgeschlossen.[1088] § 20 Abs. 3 und Abs. 4 UmwStG a.F. sah für diesen Fall keine Buchwertfortführung vor, sondern verlangte die zwingende Einbringung der Kommanditanteile zum Teilwert, d.h. unter Aufdeckung und Besteuerung der stillen Reserven des Betriebsvermögens.[1089]

Der EuGH erkannte in dem zwingenden Teilwertansatz und der Aufdeckung von stillen Reserven bei der Einbringung von deutschen Kommanditanteilen österreichischer Anteilseigner in eine deutsche GmbH eine Beschränkung der Kapitalverkehrsfreiheit gem. Art. 63 AEUV.[1090] Gleichzeitig sei die Vorschrift nach Auffassung des EuGH jedoch zur „Wahrung der Besteuerungsbefugnis zwischen den Mitgliedstaaten" gerechtfertigt, soweit Deutschland sein Besteuerungsrecht an den in seinem Staatsgebiet erwirtschafteten stillen Reserven bei ihrer tatsächlichen Realisierung in der Tat nicht ausüben kann.[1091] Zur Begründung der Anwendung des Rechtfertigungsgrundes der „Wahrung der Aufteilung der Besteuerungsbefugnis" in der vorliegenden Rechtssache verwies der EuGH insbesondere auf die Bestimmungen der Art. 4 Abs. 3, Art. 7 Abs. 1 und Abs. 2 des deutsch-österreichischen DBA 1954. Da die Bundesrepublik Deutschland die Gewinne aus einer künftigen Veräußerung der Anteile am Kapital der *DMC GmbH* mangels Bestehen einer Betriebstätte im deutschen Hoheitsgebiet nicht mehr besteuern könne, wahre die Aufdeckung und Besteuerung der stillen Reserven gem. § 20 Abs. 3 UmwStG a.F. somit die Steuerhoheit der Bundesrepublik Deutschland über die in ihrem Hoheitsgebiet entstandenen Einkünfte.[1092] Gleichzeitig hege der EuGH jedoch Zweifel daran, ob das Besteuerungsrecht Deutschlands bei einer tatsächlichen Realisierung der stillen Reserven des Betriebsvermögens der KG-Anteile auch „tatsächlich" ausgeschlossen sei, da das Betriebsvermögen durch die Einbringung in die *DMC GmbH* ja grundsätzlich weiterhin in Deutschland im Rahmen der Körperschaftsbesteuerung der GmbH sozusagen „steuerverhaftet" sei.[1093] Der EuGH machte in diesem Zusammenhang deutlich, dass „das Ziel der Wahrung der Aufteilung der Besteuerungsbefugnis zwischen den Mitgliedstaaten eine Regelung wie die im Ausgangsverfahren streitige insbesondere nur dann rechtfertigen [kann], wenn der Mitgliedstaat, in dessen Hoheitsgebiet die Einkünfte entstanden sind, *tatsächlich* an der Ausübung seiner Steuerhoheit über die Einkünfte gehindert ist".[1094] Der Vorlagebeschluss des

1088 *EuGH*, 23.01.2014 – C-164/12, *DMC Beteiligungsgesellschaft*, DStR 2014, 193, Rz. 15.

1089 *EuGH*, 23.01.2014 – C-164/12, *DMC Beteiligungsgesellschaft*, DStR 2014, 193, Rz. 16. Es bestand jedoch nach § 21 Abs. 2 UmwStG a.F. die Möglichkeit einer zinslosen Stundung der Steuer aufgrund der Anwendung des Teilwertansatzes sowie einer Verteilung der Steuerzahlungen auf (maximal) fünf Jahre.

1090 *EuGH*, 23.01.2014 – C-164/12, *DMC Beteiligungsgesellschaft*, DStR 2014, 193, Rz. 43.

1091 *EuGH*, 23.01.2014 – C-164/12, *DMC Beteiligungsgesellschaft*, DStR 2014, 193, Rz. 58.

1092 *EuGH*, 23.01.2014 – C-164/12, *DMC Beteiligungsgesellschaft*, DStR 2014, 193, Rz. 54.

1093 *EuGH*, 23.01.2014 – C-164/12, *DMC Beteiligungsgesellschaft*, DStR 2014, 193, Rz. 56 ff.

1094 *EuGH*, 23.01.2014 – C-164/12, *DMC Beteiligungsgesellschaft*, DStR 2014, 193, Rz. 56 [Hervorh. d. Verf.].

FG Hamburg[1095] erscheint dem EuGH in dieser Hinsicht nicht eindeutig, sodass er die Feststellung, ob Deutschland im Zeitpunkt der Realisierung der stillen Reserven des Betriebsvermögens tatsächlich an der Ausübung seiner Steuerhoheit gehindert wäre, an das nationale Gericht zurückgab.[1096]

Wie diese Rechtsfrage nach nationalem deutschem Recht zu lösen ist, ist nach derzeitigem Meinungsstand umstritten. Die h.M. scheint jedoch von einem nicht zu rechtfertigenden Verstoß der streitigen Vorschrift des § 20 Abs. 3 UmwStG a.F. gegen die Grundfreiheiten auszugehen.[1097] M.E. ist der h.M. zuzustimmen, da es dem EuGH für die Frage der weiteren „Steuerverhaftung" der stillen Reserven augenscheinlich nicht darauf ankommt, bei *welchem Steuerpflichtigen* diese später realisiert werden.[1098] Die Wertsteigerungen des Betriebsvermögens unterliegen bei einer Veräußerung der Wirtschaftsgüter in voller Höhe der deutschen Körperschaft-/Gewerbesteuer bei der *DMC GmbH*. Lediglich bei einer Veräußerung der *Kapitalbeteiligung* an der *DMC GmbH* wäre das Besteuerungsrecht Deutschlands aufgrund des bestehenden DBA ausgeschlossen; diese Tatsache hatte der EuGH für die Einschlägigkeit des Rechtfertigungsgrundes der „Wahrung der Aufteilung der Besteuerungsbefugnis" im Fall *DMC Beteiligungsgesellschaft* jedoch eindeutig nicht als ausreichend angesehen.

e) Berechnung einer steuerlichen Obergrenze für Einkünfte (sog. „bouclier fiscal")

(1) Bouanich (2014)

Das Urteil des EuGH im Verfahren *Bouanich* betraf eine spezielle Regelung des französischen Steuerrechts aus den Jahren 2005/2006, wonach die von einem französischen Steuerpflichtigen gezahlten direkten Steuern 50 % (2005) bzw. 60 % (2006) seiner Einkünfte nicht übersteigen durften.[1099] Wurde diese Obergrenze überschritten, ergab sich für den Steuerpflichtigen u.a. ein Erstattungsanspruch in Höhe des übersteigenden Betrags (sog. „bouclier fiscal").[1100] Die in Frankreich wohnhafte Frau *Bouanich* erzielte in den Streitjahren Dividendeneinkünfte aus Beteiligungen an Kapitalgesellschaften mit Sitz in Schweden. Sie begehrte, die in Schweden auf diese Einkünfte im Einklang mit den Regelungen des französisch-schwedischen DBA einbehaltene Quellensteuer für die Berechnung der steuerlichen Obergrenze ihrer

---

1095 *FG Hamburg*, 26.01.2012 – 2 K 224/10, DStR 2012, 791.

1096 *EuGH*, 23.01.2014 – C-164/12, *DMC Beteiligungsgesellschaft*, DStR 2014, 193, Rz. 57.

1097 So etwa *Gosch*, IWB 2014, 183, 186; *Linn*, IStR 2014, 136, 139; *Patzner/Nagler*, GmbHR 2014, 216, 218; *Ribbrock*, BB 2014, 484; *Thömmes*, StuB 2014, 288, 290. A.A. insbesondere die Vertreter der Finanzverwaltung mit *Mitschke*, IStR 2014, 106, 112; *Mitschke*, IStR 2014, 37, 43; *Sydow*, DB 2014, 265, 268. Offengelassen insoweit *Krämer*, GmbH-StB 2014, 67; *Isselmann*, BB 2014, 492.

1098 Gl. A. *Brünning*, EuZW 2014, 277 f.

1099 *EuGH*, 13.03.2014 – C-375/12, *Bouanich*, RIW 2014, 312, Rz. 3–4.

1100 *EuGH*, 13.03.2014 – C-375/12, *Bouanich*, RIW 2014, 312, Rz. 5.

Einkünfte in Frankreich zu berücksichtigen.[1101] Die französische Finanzverwaltung wies eine solche Berücksichtigung der ausländischen Quellensteuern beim „bouclier fiscal“ jedoch mit der Begründung zurück, dass es sich bei der schwedischen Quellensteuer nicht um *eine in Frankreich gezahlte Steuer* handele.[1102] Frau *Bouanich* sah in dieser Begründung einen Verstoß gegen ihre unionsrechtlich garantierten Grundfreiheiten.[1103]

In seinem Urteil gab der EuGH schließlich der Klägerin recht und stellte fest, dass die Weigerung der französischen Finanzbehörden, die schwedische Quellensteuer bei der Berechnung des „bouclier fiscal“ zu berücksichtigen, einen nicht zu rechtfertigenden Verstoß gegen Art. 49, Art. 63 und Art. 65 AEUV darstellt.[1104] Die französische Regierung argumentierte, dass eine Verpflichtung zur Berücksichtigung der schwedischen Quellensteuer in der Konsequenz dazu führen würde, dass bei einer um diesen Betrag erhöhten steuerlichen Erstattung an den Steuerpflichtigen Frankreich als Wohnsitzstaat auf sein nach den Regelungen des französisch-schwedischen DBA zustehendes Besteuerungsrecht für Dividendeneinkünfte verzichten müsste.[1105] Die streitigen französischen Regelungen seien somit zur „Wahrung der Aufteilung der Besteuerungsbefugnis zwischen den Mitgliedstaaten“ gerechtfertigt. Wie *Linn* zutreffend ausführt, wird die „Grenze“ eines Mitgliedstaates zur Berücksichtigung ausländischer Quellensteuern bei der Berechnung eines „bouclier fiscal“ aber bei einer möglichen *Erstattung der ausländischen Steuer* liegen, sodass in diesem Fall von einer Verletzung der „Aufteilung der Besteuerungsbefugnis zwischen den Mitgliedstaaten“ auszugehen wäre.[1106]

Der EuGH ließ dieses Vorbringen der französischen Regierung jedoch nicht gelten. Er erinnerte zunächst daran, dass die EU-Mitgliedstaaten zwar unionsrechtlich frei seien, die Aufteilung der Besteuerungsbefugnisse für Einkünfte in bilateralen Abkommen zu regeln; die dort getroffenen (Aufteilungs-)Regelungen könnten jedoch nicht grundsätzlich eine Beschränkung der Grundfreiheiten rechtfertigen.[1107] Die streitigen französischen Vorschriften zu Steuererstattungen aufgrund des „bouclier fiscal“ stellten insoweit die Gewährung eines Steuervorteils auf der Grundlage des nationalen französischen Steuerrechts dar, sodass die „Aufteilung der Besteuerungsbefugnis zwischen den Mitgliedstaaten“ überhaupt nicht berührt sei: „Eine solche die Obergrenze der Besteuerung betreffende Regelung lässt die Möglichkeit der Französischen Republik, die in ihrem Hoheitsgebiet ausgeübten Tätigkeiten zu besteuern, unberührt und beeinträchtigt auch nicht die Möglichkeit dieses Mitgliedstaats, die in einem anderen Mitgliedstaat erzielten Einkünfte zu besteuern“.[1108]

1101 *EuGH*, 13.03.2014 – C-375/12, *Bouanich*, RIW 2014, 312, Rz. 18.
1102 Ebenda.
1103 *EuGH*, 13.03.2014 – C-375/12, *Bouanich*, RIW 2014, 312, Rz. 21.
1104 *EuGH*, 13.03.2014 – C-375/12, *Bouanich*, RIW 2014, 312, Rz. 88.
1105 *EuGH*, 13.03.2014 – C-375/12, *Bouanich*, RIW 2014, 312, Rz. 78 f.
1106 *Linn*, IWB 2014, 427, 431.
1107 *EuGH*, 13.03.2014 – C-375/12, *Bouanich*, RIW 2014, 312, Rz. 83 f.
1108 *EuGH*, 13.03.2014 – C-375/12, *Bouanich*, RIW 2014, 312, Rz. 85 f.

Zusammenfassend bestätigt das EuGH-Urteil in der Rechtssache *Bouanich* die Tendenz des EuGH in seinen jüngeren Urteilen (vgl. bspw. die EuGH-Urteile *Argenta Spaarbank*[1109], *Beker und Beker*[1110] sowie *Imfeld und Garcet*[1111]), mitgliedstaatliche Beschränkungen bei der Versagung von Steuervorteilen im Zusammenhang mit ausländischen Einkünften eines Steuerpflichtigen im Ergebnis als unionsrechtswidrig zu beurteilen. Der EuGH stellt zur Anwendbarkeit des Rechtfertigungsgrundes der „Aufteilung der Besteuerungsbefugnis" in seiner jüngeren Rechtsprechung vielmehr darauf ab, ob das Besteuerungs*recht* eines Mitgliedstaates durch Verpflichtung zur Gewährung eines Steuervorteils *tatsächlich* eingeschränkt wäre. Führt die Gewährung des Steuervorteils lediglich zu Steuermindereinnahmen eines Mitgliedstaates, ohne dass sich hieraus auch entsprechende Auswirkungen in einem anderen Mitgliedstaat ergeben, sieht der EuGH diesen Rechtfertigungsgrund nicht mehr als einschlägig an.

f) Fazit

Mit Blick auf die Anwendung des Rechtfertigungsgrundes der „Wahrung der Aufteilung der Besteuerungsbefugnis" in Fällen der *Nichtabzugsfähgigkeit von Betriebsausgaben* oder der *Nichtgewährung von familiären oder persönlichen Steuerabzügen* für gebietsansässige Steuerpflichtige eines Mitgliedstaates, welche im Zusammenhang mit abkommensrechtlich steuerfrei zu stellenden Einkünften aus anderen Mitgliedstaaten stehen, hat der EuGH im Laufe seiner Rechtsprechungsentwicklung klargestellt, dass eine solche Versagung von Steuervorteilen nicht allein dadurch gerechtfertigt werden kann, dass der Ansässigkeitsstaat sein Besteuerungsrecht in dem anderen Staat nicht ausüben kann (siehe jüngst EuGH-Urteile *Argenta Spaarbank* und *Imfeld und Garcet*). Das bei den oben erörterten EuGH-Urteilen zu mitgliedstaatlichen Verlustabzugsbeschränkungen grundsätzlich einschlägige „Symmetrieprinzip" zur Anwendung des Rechtfertigungsgrundes der „Wahrung der Aufteilung der Besteuerungsbefugnis zwischen den Mitgliedstaaten" soll also in diesen Fällen gerade nicht gelten. Der Unterschied in den beiden EuGH-Rechtsprechungslinien liegt darin begründet, dass die Versagung von Steuervorteilen grundsätzlich nicht *originär* aus der zwischen den Mitgliedstaaten getroffenen „Aufteilung" von Besteuerungsbefugnissen für Gewinne und Verluste eines Steuerpflichtigen aus bestimmten Einkunftsarten resultiert (und damit auch nicht unter Berufung auf die Regelungen eines DBA gerechtfertigt werden kann), sondern allein die „Ausübung" dieser aufgeteilten Besteuerungsbefugnisse durch die Mitgliedstaaten nach ihrem nationalen Steuerrecht betrifft. Bei der „Ausübung" ihrer Besteuerungsbefugnisse sind die Mitgliedstaaten jedoch uneingeschränkt an die Beachtung von Unionsrecht gebunden. Hinsichtlich einer möglichen Unionsrechtswidrigkeit

1109 *EuGH*, 04.07.2013 – C-350/11, *Argenta Spaarbank*, EuZW 2013, 796.
1110 *EuGH*, 28.02.2013 – C-168/11, *Beker und Beker*, DStR 2013, 518.
1111 *EuGH*, 12.12.2013 – C-303/12, *Imfeld und Garcet*, HFR 2014, 183.

von mitgliedstaatlichen Steuervorschriften, welche die Gewährung von *steuerlichen Subventionen* bei der Anschaffung von Wirtschaftsgütern von der Verwendung der subventionierten Wirtschaftsgüter *im Inland* abhängig machen (z.B. §§ 6b, 7g EStG), steht eine endgültige Entscheidung des EuGH indessen noch aus.

Beschränkende nationale Steuervorschriften der Mitgliedstaaten können nach Auffassung des EuGH jedoch dann zur „Wahrung der Aufteilung der Besteuerungsbefugnis zwischen den Mitgliedstaaten" gerechtfertigt sein, wenn die hypothetische Gewährung eines Steuervorteils an einen Steuerpflichtigen zum einen das *Recht* eines Mitgliedstaates zur Besteuerung von in seinem Staatsgebiet durchgeführten Tätigkeiten *tatsächlich* einschränken (vgl. EuGH-Urteile *DMC Beteiligungsgesellschaft* und *Bouanich*) und zum anderen gleichzeitig auch eine Verlagerung von Steuersubstrat in einen *anderen Mitgliedstaat* stattfinden würde (vgl. EuGH-Urteil *Argenta Spaarbank*). Dabei muss die hypothetische Gewährung des Steuervorteils aber auch zu einer *tatsächlichen* Beschränkung der *Ausübung der Steuerhoheit* eines Mitgliedstaates führen und nicht nur lediglich eine Verminderung von Steuereinnahmen oder einen reinen wirtschaftlichen Nachteil durch „Aufrechnung" verschiedener Steuerfolgen bei unterschiedlichen Steuersubjekten darstellen.

Da die Nichtgewährung von Steuervorteilen insoweit die „Ausübung" der durch Mitgliedstaaten aufgeteilten Besteuerungsbefugnisse betrifft, nimmt die diesbezüglich ergangene EuGH-Rechtpsprechung bislang keinen direkten Einfluss auf die zugrunde liegende vertragliche „Aufteilung der Besteuerungsbefugnis" zwischen den Mitgliedstaaten. Lediglich aus dem Urteil *Irmfeld und Garcet* könnten sich für die DBA der Mitgliedstaaten Änderungen ergeben, wenn sich die Mitgliedstaaten entschließen würden, die vom EuGH in diesem Urteil vorgeschlagenen abkommensrechtlichen „Lösungsmöglichkeiten" mit Blick auf die Berücksichtigung von familien- und personenbezogenen Freibeträgen von grenzüberschreitend tätigen Steuerpflichtigen in ihre DBA zu übernehmen.

3. Wegzugsbesteuerung

In vielen Steuerordnungen der EU-Mitgliedstaaten finden sich Vorschriften, welche bei Wohnsitzverlegungen natürlicher Personen oder bei (Verwaltungs-)Sitzverlegungen von Körperschaften in einen anderen Mitgliedstaat eine Aufdeckung und Besteuerung der stillen Reserven von Wirtschaftsgütern in Privat- bzw. Betriebsvermögen vorsehen (sog. „Wegzugsbesteuerung" oder engl. „Exit Tax").[1112] Bleibt nach dem Wegzug auch keine beschränkte Steuerpflicht mehr in einem Mitgliedstaat bestehen,

---

1112 Vgl. Mitteilung der *Europäischen Kommission* an den Rat, das Europäische Parlament und den Europäischen Wirtschafts- und Sozialausschuss v. 19.12.2006, Wegzugsbesteuerung und die Notwendigkeit einer Koordinierung der Steuerpolitiken der Mitgliedstaaten, KOM(2006) 825 endg., S. 1 ff.; *Kofler*, Doppelbesteuerungsabkommen und Europäisches Gemeinschaftsrecht, S. 735. Im deutschen Steuerrecht finden sich Vorschriften zur „Wegzugsbesteuerung" bspw. in § 6 AStG (natürliche Personen) sowie in § 12 KStG (Körperschaften).

scheidet der Steuerpflichtige oder ein Wirtschaftsgut also aus der Steuerhoheit eines Staates vollständig aus, wird auch von sog. „Steuerentstrickung“ gesprochen.[1113]

Die Erhebung einer „Entstrickungssteuer“ bzw. „Wegzugssteuer“ durch den Wegzugsstaat wird systematisch auf der Grundlage des *Äquivalenzprinzips*[1114] als gerechtfertigt angesehen.[1115] Demnach steht einem Staat ein Besteuerungsanspruch für die in seinem Hoheitsgebiet entstandenen stillen Reserven von Wirtschaftsgütern zu, welche ein dort ansässiger Steuerpflichtiger unter Nutzung der Infrastruktur und der Leistungen dieses Staates bis zu seinem Wegzug aufbauen konnte.[1116] Da eine Entstrickungs- bzw. Wegzugsbesteuerung von stillen Reserven eines Steuerpflichtigen i.d.R. nur in *grenzüberschreitenden Fällen* eingreift, war es lediglich eine Frage der Zeit, bis dem EuGH mit der Rechtssache *de Lasteyrie du Saillant*[1117] das erste mitgliedstaatliche Vorabentscheidungsverfahren zur unionsrechtlichen Überprüfung der französischen Vorschriften zur Wegzugsbesteuerung bei natürlichen Personen vorlag.

a) Natürliche Personen

(1) De Lasteyrie du Saillant (2004)

Das französische Vorabentscheidungsverfahren *de Lasteyrie du Saillant*[1118] betraf die Wohnsitzverlegung des in Frankreich ansässigen Herrn *de Lasteyrie du Saillant* nach Belgien. Die streitigen französischen Steuervorschriften sahen bei Wegzug eines Steuerpflichtigen in einen anderen Mitgliedstaat eine (sofortige) Versteuerung der stillen Reserven vor, welche auf seine wesentlichen Kapitalbeteiligungen an in Frankreich ansässigen Kapitalgesellschaften entfielen.[1119] Herr *de Lasteyrie du Saillant* sah sich durch die französische „Wegzugsbesteuerung“ in seiner nach dem EG-Vertrag (jetzt AEUV) garantierten Niederlassungsfreiheit verletzt.[1120]

Zur Rechtfertigung einer möglichen beschränkenden Wirkung der französischen Steuervorschriften gaben die beigetretenen Regierungen der Mitgliedstaaten verschiedene Erklärungen gegenüber dem EuGH ab: Die französische Regierung machte insbesondere geltend, dass die Wegzugsbesteuerung dem Ziel der Verhinderung von Steuerflucht diene,[1121] während die deutsche Regierung darauf abstellte, dass den französischen Vorschriften „die Aufteilung der Besteuerungsrechte zwischen

---

1113 Vgl. *Schaumburg*, Internationales Steuerrecht, Rz 5.337; *Schnitger*, Die Entstrickung im Steuerrecht, S. 11 f. Im deutschen Steuerrecht finden sich Vorschriften zur „Steuerentstrickung“ bspw. in § 4 Abs. 1 S. 3 f. EStG.

1114 Siehe hierzu *Hey*, in: *Tipke/Lang*, Steuerrecht, § 3 Rz. 44.

1115 Vgl. *Schnitger*, Die Entstrickung im Steuerrecht, S. 21.

1116 Ebenda.

1117 *EuGH*, 11.03.2004 – C-9/02, *de Lasteyrie du Saillant*, Slg. 2004, I-02409.

1118 Ebenda.

1119 *EuGH*, 11.03.2004 – C-9/02, *de Lasteyrie du Saillant*, Slg. 2004, I-02409, Rz. 12.

1120 *EuGH*, 11.03.2004 – C-9/02, *de Lasteyrie du Saillant*, Slg. 2004, I-02409, Rz. 13 f.

1121 *EuGH*, 11.03.2004 – C-9/02, *de Lasteyrie du Saillant*, Slg. 2004, I-02409, Rz. 24.

dem ‚Wegzugsstaat' und dem ‚Zuzugsstaat' zugrunde liege".[1122] Das Recht des „Wegzugsstaates", die Wertsteigerungen bei Beteiligungen an Kapitalgesellschaften zu besteuern, ergebe sich insoweit daraus, dass diese regelmäßig durch die Geschäftstätigkeit der Gesellschaft in diesem Staat entstanden seien.[1123]

Der EuGH gab in seinem Urteil dem Kläger recht und stellte eine nicht zu rechtfertigende Beschränkung der Niederlassungsfreiheit durch die französischen Vorschriften zur „Wegzugsbesteuerung" der stillen Reserven an den Kapitalgesellschaftsbeteiligungen fest.[1124] Die fraglichen Rechtsvorschriften gingen nach Auffassung des EuGH in ihrer Ausgestaltung insbesondere darüber hinaus, was zur Erreichung des Ziels der „Vermeidung der Steuerflucht" erforderlich ist.[1125] Hinsichtlich des Arguments der deutschen Regierung erklärte der EuGH am Ende seines Urteils, unter Verweis auf die inhaltsgleichen Feststellungen des Generalanwalts *Mischo*[1126], nur kurz, „dass es in dem Rechtsstreit weder um die Aufteilung der Besteuerungsrechte zwischen den Mitgliedstaaten noch um das Recht der französischen Behörden geht, latente Wertsteigerungen zu besteuern, um auf künstliche Wohnsitzverlegungen zu reagieren, sondern um die Frage, ob die hierzu erlassenen Maßnahmen im Einklang mit der Niederlassungsfreiheit stehen".[1127] Insoweit stand also nur die Durchführung der Wegzugsbesteuerung und nicht das grundsätzliche Recht eines Mitgliedstaates, stille Reserven bei Kapitalgesellschaftsbeteiligungen eines Steuerpflichtigen zu besteuern, in Frage.[1128]

Der zuständige Generalanwalt *Mischo* grenzte den vorliegenden Fall dabei auch ausdrücklich von dem EuGH-Urteil in der Rechtssache *Gilly*[1129] ab: Im Urteil *Gilly* gehe es tatsächlich um ein *Kriterium* für die Aufteilung der Steuerhoheit, während die französische Wegzugsbesteuerung eine nationale Regelung darstelle, die sich *nicht zwangsläufig* aus der Aufteilung der Steuerhoheit zwischen Mitgliedstaaten ergebe.[1130]

Die diesbezüglichen Ausführungen des EuGH sowie des Generalanwalts *Mischo* sind dahingehend zutreffend, dass das Recht Frankreichs, die stillen Reserven von in seinem Staatsgebiet ansässigen Kapitalgesellschaften zu besteuern, grundsätzlich nicht durch den Wegzug eines Anteilseigners beeinträchtigt wird. Würde Herr *de Lasteyrie du Saillant* die Kapitalgesellschaftsbeteiligungen nach seiner Wohnsitzverlegung veräußern, so hätte Frankreich nach seinem nationalen Steuerrecht

1122 *EuGH*, 11.03.2004 – C-9/02, *de Lasteyrie du Saillant*, Slg. 2004, I-02409, Rz. 32.
1123 Ebenda.
1124 *EuGH*, 11.03.2004 – C-9/02, *de Lasteyrie du Saillant*, Slg. 2004, I-02409, Rz. 69.
1125 *EuGH*, 11.03.2004 – C-9/02, *de Lasteyrie du Saillant*, Slg. 2004, I-02409, Rz. 50–52.
1126 Vgl. Schlussanträge des Generalanwalts *Mischo* v. 13.03.2003, Rs. C-9/02, *de Lasteyrie du Saillant*, Rz. 82.
1127 *EuGH*, 11.03.2004 – C-9/02, *de Lasteyrie du Saillant*, Slg. 2004, I-02409, Rz. 68.
1128 Vgl. *Schnitger*, BB 2004, 804, 807.
1129 *EuGH*, 12.05.1998 – C-336/96, *Gilly*, Slg. 1998, I-2793.
1130 Vgl. Schlussanträge des Generalanwalts *Mischo* v. 13.03.2003, Rs. C-9/02, *de Lasteyrie du Saillant*, Rz. 83 [Hervorh. d. Verf.].

grundsätzlich weiterhin das Recht zur Besteuerung der hierbei aufgedeckten stillen Reserven im Rahmen der Ausübung seiner *beschränkten* Steuerpflicht. Da die französische Wegzugsbesteuerung somit nicht die *Aufteilung*, sondern lediglich die *Ausübung* der Besteuerungshoheit Frankreichs nach dessen inländischem Steuerrecht betraf, kam eine Rechtfertigung der streitigen Vorschriften im Ergebnis weder zur „Wahrung der Aufteilung der Besteuerungsbefugnis" noch aufgrund des steuerlichen *Territorialitätsprinzips* in Betracht.[1131] Mögliche Auswirkungen der Regelungen des im Fall *de Lasteyrie du Saillant* einschlägigen französisch-belgischen DBA wurden dagegen weder vom EuGH noch von Generalanwalt *Mischo* thematisiert.

(2) N. (2006)

Zwei Jahre nach seinem Urteil *de Lasteyrie du Saillant* sollte sich der EuGH erneut mit der Frage der Unionsrechtswidrigkeit der Wegzugsbesteuerung bei natürlichen Personen in der Rechtssache *N.*[1132] auseinandersetzen. In diesem Fall ging es um die niederländischen Vorschriften zur Wegzugsbesteuerung, welche bei der Beendigung der Steuerpflicht von gebietsansässigen Personen eine fiktive Veräußerungsgewinnbesteuerung der von diesen Personen gehaltenen „wesentlichen" Kapitalgesellschaftsbeteiligungen vorsahen.[1133] Die hierbei festgesetzte Steuer konnte zwar für die Dauer von zehn Jahren gestundet werden, jedoch nur gegen Leistung einer ausreichenden Sicherheit.[1134] Der in den Niederlanden wohnhafte Kläger *N.* wandte sich im Zuge seines Umzugs in das Vereinigte Königreich gegen die niederländische Wegzugsbesteuerung mit dem Einwand, dass diese gegen Art. 43 EGV (jetzt Art. 49 AEUV) verstoße.[1135]

Im Gegensatz zu seinem Urteil *de Lasteyrie du Saillant*[1136] erkannte der EuGH im Urteil *N.* die „Aufteilung der Besteuerungsbefugnis zwischen den Mitgliedstaaten" als grundsätzlich geeigneten Rechtfertigungsgrund mit Blick auf die vom EuGH festgestellte Beschränkung der Niederlassungsfreiheit durch die niederländischen Wegzugsbesteuerungsvorschriften an.[1137] Die unterschiedliche Handhabung des Rechtfertigungsgrundes in diesen beiden Urteilen begründete der EuGH, im Einklang mit den Schlussanträgen der Generalanwältin *Kokott*[1138], damit, dass mit den niederländischen Vorschriften zur Wegzugsbesteuerung „insbesondere eine am Territorialitätsprinzip orientierte *Aufteilung der Besteuerung des Wertzuwachses von*

1131 Vgl. *Körner*, IStR 2004, 424, 426 f.
1132 *EuGH*, 07.09.2006 – C-470/04, *N.*, Slg. 2006, I-07409.
1133 *EuGH*, 07.09.2006 – C-470/04, *N.*, Slg. 2006, I-07409, Rz. 4 f.
1134 Vgl. *EuGH*, 07.09.2006 – C-470/04, *N.*, Slg. 2006, I-07409, Rz. 13.
1135 Vgl. *EuGH*, 07.09.2006 – C-470/04, *N.*, Slg. 2006, I-07409, Rz. 16.
1136 *EuGH*, 11.03.2004 – C-9/02, *de Lasteyrie du Saillant*, Slg. 2004, I-02409.
1137 *EuGH*, 07.09.2006 – C-470/04, *N.*, Slg. 2006, I-07409, Rz. 40–47.
1138 Schlussanträge der Generalanwältin *Kokott* v. 30.03.2006, Rs. C-470/04, *N.*, Rz. 91–101.

Gesellschaftsanteilen zwischen den Mitgliedstaaten sichergestellt werden solle".[1139] Zudem sollte mit den Regelungen zur Wegzugsbesteuerung auch eine internationale Doppelbesteuerung vermieden werden.[1140] Die streitigen französischen Vorschriften im Verfahren *de Lasteyrie du Saillant* hätten dagegen allein auf die Verhinderung von Steuerflucht abgestellt.[1141] Der EuGH sah den Anwendungsbereich des Rechtfertigungsgrundes im Fall *N.* also aufgrund einer unterschiedlichen „Zielbestimmung" der niederländischen Steuervorschriften als eröffnet an.

Bei seiner Rechtfertigungsprüfung wiederholte der EuGH dann seine Grundsätze aus den Entscheidungen *Gilly*[1142] und *van Hilten-van der Heijden*[1143], wonach es für die Mitgliedstaaten im Hinblick auf die Kriterien zur Aufteilung ihrer Steuerhoheit „nicht sachfremd [ist], sich an der internationalen Praxis und den von der Organisation für wirtschaftliche Zusammenarbeit und Entwicklung (OECD) erarbeiteten Musterabkommen zu orientieren".[1144] In diesem Sinne weise Art. 13 Abs. 5 OECD-MA für die Gewinne aus der Veräußerung von bestimmten Vermögensgegenständen, wie z.B. auch Kapitalgesellschaftsbeteiligungen, das ausschließliche Besteuerungsrecht dem Staat zu, in dem der Veräußerer ansässig ist.[1145] Der dieser völkerrechtlichen Aufteilungsregelung innewohnende „Grundsatz der steuerlichen Territorialität", verbunden mit einem „zeitlichen Element", nämlich der Ansässigkeit eines Steuerpflichtigen im Inland während der Entstehung des steuerpflichtigen Gewinns, spiegle sich insoweit in den niederländischen Wegzugsbesteuerungsvorschriften wider und rechtfertige somit grundsätzlich die Besteuerung des in den Niederlanden angefallenen Wertzuwachses bei Kapitalgesellschaftsbeteiligungen im Fall eines Wegzugs eines Steuerpflichtigen unter Beendigung seiner Ansässigkeit in den Niederlanden.[1146] Im Vergleich zu den oben genannten EuGH-Urteilen zur Verlustberücksichtigung[1147] bestand der Unterschied in der Anwendung des Rechtfertigungsgrundes der „Wahrung der Aufteilung der Besteuerungsbefugnis" im Urteil *N.* darin, dass der EuGH bei der „Aufteilungsgrundlage" eine *zeitliche*

1139 *EuGH*, 07.09.2006 – C-470/04, *N.*, Slg. 2006, I-07409, Rz. 41. So ähnlich auch die Schlussanträge der Generalanwältin *Kokott* v. 30.03.2006, Rs. C-470/04, *N.*, Rz. 101.

1140 *EuGH*, 07.09.2006 – C-470/04, *N.*, Slg. 2006, I-07409, Rz. 41.

1141 Schlussanträge der Generalanwältin *Kokott* v. 30.03.2006, Rs. C-470/04, *N.*, Rz. 100.

1142 *EuGH*, 12.05.1998 – C-336/96, *Gilly*, Slg. 1998, I-2793.

1143 *EuGH*, 23.02.2006 – C-513/03, *van Hilten-van der Heijden*, Slg. 2006, I-01957.

1144 *EuGH*, 07.09.2006 – C-470/04, *N.*, Slg. 2006, I-07409, Rz. 45. Vgl. *EuGH*, 12.05.1998 – C-336/96, *Gilly*, Slg. 1998, I-2793, Rz. 31; *EuGH*, 23.02.2006 – C-513/03, *van Hilten-van der Heijden*, Slg. 2006, I-01957, Rz. 48.

1145 *EuGH*, 07.09.2006 – C-470/04, *N.*, Slg. 2006, I-07409, Rz. 46. Das im Verfahren *N.* zugrunde liegende niederländisch-britische DBA gab diese Regelung insoweit in seinem Art. 13 Abs. 4 wieder, siehe die Schlussanträge der Generalanwältin *Kokott* v. 30.03.2006, Rs. C-470/04, *N.*, Rz. 94.

1146 *EuGH*, 07.09.2006 – C-470/04, *N.*, Slg. 2006, I-07409, Rz. 46. Vgl. auch die Schlussanträge der Generalanwältin *Kokott* v. 30.03.2006, Rs. C-470/04, *N.*, Rz. 97.

1147 Siehe oben D.I.1.

Komponente berücksichtigte: Bis zum Wegzug des Anteilseigners stand die Steuer auf Wertzuwächse seiner Kapitalbeteiligungen den Niederlanden zu, während nach dem Wegzug entstehende Wertsteigerungen der Besteuerung im Zuzugsstaat unterlagen.[1148] In letzter Konsequenz scheiterte eine wirksame Rechtfertigung der niederländischen Wegzugsbesteuerungsvorschriften jedoch daran, dass diese eine Stundung der Steuerschuld bis zur tatsächlichen Realisation der stillen Reserven von der Leistung von Sicherheiten des Steuerpflichtigen abhängig machten und Wertminderungen nach der Verlegung des Wohnsitzes nicht vollständig berücksichtigt wurden.[1149] Der EuGH erachtete die niederländischen Vorschriften aus diesen Gründen nicht als verhältnismäßig.[1150]

Die Anwendung des Rechtfertigungsgrundes der „Wahrung der Aufteilung der Besteuerungsbefugnis“ im Urteil *N.* basiert maßgeblich auf der Auffassung des EuGH, dass die niederländischen Wegzugsbesteuerungsvorschriften insoweit die zwischen den Mitgliedstaaten vereinbarte „Aufteilung“ der Besteuerungsbefugnis für die stillen Reserven von Wirtschaftsgütern anhand des Kriteriums der „Ansässigkeit“ eines Steuerpflichtigen auf der Grundlage von Art. 13 Abs. 5 OECD-MA widerspiegeln. Dabei ist zunächst fraglich, ob Art. 13 Abs. 5 OECD-MA überhaupt eine solche „Aufteilung“ der Besteuerung von *nicht realisierten stillen Reserven* zwischen zwei Staaten im Fall eines Wegzugs eines Steuerpflichtigen entnommen werden kann.[1151] Nach dem Wortlaut der Abkommensbestimmung sieht diese nämlich lediglich eine Aufteilung der Besteuerungsbefugnis für „Gewinne aus der *Veräußerung*“ bestimmter Wirtschaftsgüter zur Vermeidung einer internationalen Doppelbesteuerung zwischen den Vertragsstaaten eines DBA durch Zuweisung des ausschließlichen Besteuerungsrechts an den Ansässigkeitsstaat des Veräußerers vor. Der Begriff der „Veräußerung“ wird im Rahmen des Art. 13 OECD-MA weit verstanden und soll im Grundsatz alle Vorgänge erfassen, die nach innerstaatlichem Recht der Mitgliedstaaten eine steuerpflichtige Aufdeckung der stillen Reserven zur Folge haben.[1152] Nach Auffassung der OECD fallen somit auch die Besteuerung von „Aufwertung und Wertzuwachs von Betriebsvermögensgegenständen“ durch die Vertragsstaaten grundsätzlich unter Art. 13 OECD-MA.[1153]

1148 *Kokott/Henze*, BB 2007, 914, 914.

1149 *EuGH*, 07.09.2006 – C-470/04, *N.*, Slg. 2006, I-07409, Rz. 55.

1150 *EuGH*, 23.02.2006 – C-513/03, *van Hilten-van der Heijden*, Slg. 2006, I-01957, Rz. 51.

1151 Dieselben Bedenken äußern *Zuijdendorp*, EC Tax Review 2007, 5, 11; *Albin Tiiu/Man*, Intertax 2011, 613. Für eine solche Auslegung des Art. 13 Abs. 5 OECD-MA aber wohl *Englisch*, Aufteilung der Besteuerungsbefugnisse, S. 65.

1152 Vgl. *Lieber*, in: *Schönfeld/Ditz*, Doppelbesteuerungsabkommen, Art. 13 DBA, Rz. 17, 38.

1153 Tz. 9 OECD-MK zu Art. 13 OECD-MA: „Werden Aufwertung und Wertzuwachs von Betriebsvermögensgegenständen besteuert, so sollen in der Regel dieselben Grundsätze gelten wie bei der Veräußerung solcher Vermögenswerte. Es erschien nicht notwendig, diese Fälle im vorliegenden Artikel besonders zu erwähnen und zu regeln“.

Für den vorliegenden Fall der niederländischen Wegzugsbesteuerung schien sich der EuGH, wie bspw. schon in den Entscheidungen *Gilly*[1154] oder *Bouanich*[1155], bei der Begründung seines Urteils voll auf die Ausführungen des OECD-MK verlassen zu wollen und hat somit die Aufteilungsregelung des Art. 13 Abs. 5 OECD-MA auch auf die in Frage stehenden *nicht realisierten stillen Reserven* der Kapitalgesellschaftsbeteiligungen des *N.* entsprechend angewandt.[1156] Gleichzeitig geht der EuGH aber noch weiter und interpretiert Art. 13 Abs. 5 OECD-MA im Sinne eines „zeitlichen Aufteilungsmaßstabs", welcher die nicht realisierten stillen Reserven bis zum Wegzug eines Steuerpflichtigen der Steuerhoheit des „alten" Ansässigkeitsstaates und danach der Steuerhoheit des „neuen" Ansässigkeitsstaates des Steuerpflichtigen zuordnet. Der EuGH verkennt hierbei, dass er damit den Zweck der Norm, eine *Vermeidung von internationaler Doppelbesteuerung* zu bewirken, konterkariert bzw. im Gegenteil eine mögliche internationale Doppelbesteuerung der stillen Reserven geradezu auf ein „unionsrechtliches Fundament" stellt. Die durch den EuGH vorgenommene „zeitliche Aufteilung" der Besteuerungsbefugnis für die stillen Reserven einer Kapitalgesellschaftsbeteiligung zwischen zwei Mitgliedstaaten führt nämlich zum einen zu einer Besteuerung dieser stillen Reserven im „alten" Ansässigkeitsstaat im Zeitpunkt des Wegzugs sowie zu einer zusätzlichen Besteuerung derselben stillen Reserven im „neuen" Ansässigkeitsstaat bei der späteren, tatsächlichen Veräußerung der Kapitalgesellschaftsbeteiligung. Eine internationale Doppelbesteuerung der stillen Reserven wäre in diesem Fall nur dann ausgeschlossen, wenn der Zuzugsstaat einen sog. „Step-up"[1157] der wegziehenden Vermögensgegenstände, d.h. eine Buchwertaufstockung auf den Verkehrswert im Zuzugszeitpunkt, vornehmen würde.[1158] Da souveräne Staaten weder unionsrechtlich noch völkerrechtlich verpflichtet sind, ihre Steuerordnungen aufeinander abzustimmen, hängt die Gewährung eines solchen „Step-up" allein vom Steuerrecht des Zuzugsstaates ab, soweit keine Regelung in einem DBA getroffen wurde. Das OECD-MA enthält keine Musterklausel zur Vereinbarung einer Buchwertaufstockung in Fällen der Wegzugsbesteuerung, sodass sich derzeit lediglich in begrenzten Einzelfällen in den jeweiligen DBA der Mitgliedstaaten entsprechende „Step-up-Klauseln" finden.[1159]

Auch die weitere Annahme des EuGH, dass die niederländische Wegzugsbesteuerung der nicht realisierten stillen Reserven einer Aufteilung der Besteuerungsbefugnisse

1154 Vgl. *EuGH*, 12.05.1998 – C-336/96, *Gilly*, Slg. 1998, I-2793, Rz. 31.

1155 Vgl. *EuGH*, 10.01.2006 – C-265/04, *Bouanich*, Slg. 2006, I-923, Rz. 51.

1156 Vgl. *Kort*, Intertax 2007, 713, 715. Siehe zum starken Einfluss des OECD-MA und des OECD-MK in der Rechtsprechung des EuGH ausführlich *Kemmeren*, EC Tax Review 2012, 157, 169 m.w.N.

1157 Siehe zum Begriff *Lieber*, in: *Schönfeld/Ditz*, Doppelbesteuerungsabkommen, Art. 13 DBA, Rz. 19.

1158 Darauf weist zu Recht *Kofler*, Doppelbesteuerungsabkommen und Europäisches Gemeinschaftsrecht, S. 746 hin.

1159 So enthalten einige deutsche DBA entsprechende Klauseln zur Wegzugsbesteuerung, vgl. *Reimer*, in: *Vogel/Lehner*, DBA, Art. 13, Rz. 304.

zwischen den Mitgliedstaaten nach dem steuerlichen *Territorialitätsprinzip* entspricht, ist m.E. kritisch zu sehen.[1160] Nach dem Wegzug des *N.* hätten die Niederlande weiterhin ein (beschränktes) Besteuerungsrecht hinsichtlich der stillen Reserven an den niederländischen Kapitalgesellschaftsbeteiligungen aufgrund deren weiterbestehender territorialer Verknüpfung zum niederländischen Staatsgebiet[1161]. Auf dieses Besteuerungsrecht hatten die Niederland mit dem Abschluss des niederländisch-britischen DBA[1162] insoweit aber freiwillig verzichtet. Eine Berufung auf das steuerliche *Territorialitätsprinzip* sollte m.E. deshalb nur in den Fällen zur Rechtfertigung einer Wegzugsbesteuerung herangezogen werden können, in welchen ein Mitgliedstaat aufgrund des vollständigen Wegfalls des „genuine link" zum Staatsgebiet auf sein Besteuerungsrecht für in diesem Staat entstandene stille Reserven verzichten müsste.

(3) Kommission/Spanien (2012)

In der Rechtssache *Kommission/Spanien*[1163] aus dem Jahr 2012 ging es um eine Vertragsverletzungsklage (Art. 258 AEUV) der Europäischen Kommission gegen Spanien wegen Regelungen des spanischen Steuerrechts, welche für natürliche Personen, die ihren Wohnsitz ins Ausland verlegten, die sofortige Festsetzung und Einziehung ihrer geschuldeten Einkommensteuer vorsahen. Die Kommission vertrat die Auffassung, dass diese Regelungen die wegziehenden Steuerpflichtigen finanziell benachteiligten, da für diese die Einkommensteuer bereits im Wegzugszeitpunkt eingezogen wurde, während die Steuerpflichtigen, die ihren Wohnsitz weiterhin in Spanien behielten, ihre Einkommensteuer erst zu einem späteren Zeitpunkt entrichten mussten.[1164] Im Gegensatz zu den oben genannten Urteilen *de Lasteyrie du Saillant*[1165] und *N.*[1166] betrafen die streitigen Rechtsvorschriften in dem vorliegenden Fall *nicht* die Besteuerung von nicht realisierten Wertzuwächsen („stillen Reserven"), sondern die *Sofortbesteuerung* von bereits erzielten Einkünften natürlicher Personen bei Wegzug ins Ausland.

Bei seiner Diskriminierungsprüfung sah der EuGH in der unterschiedlichen rechtlichen Ausgangssituation keinen Grund für eine abweichende unionsrechtliche

---

1160 Dem EuGH insoweit zustimmend aber z.B. *Mayr*, RdW 2006, 732 f.

1161 Laut Urteilssachverhaltsdarstellung handelte es sich hierbei um drei Gesellschaften mit beschränkter Haftung niederländischen Rechts (sog. „besloten vennootschappen"), deren tatsächliche Geschäftsführung sich auf Curaçao (Niederländische Antillen) befand. Da die Niederländischen Antillen zum Staatsgebiet des Königreichs der Niederlande zählen, wäre somit ein hinreichender „genuine link" der Kapitalgesellschaftsbeteiligungen zum niederländischen Staatsgebiet auch nach dem Wegzug des *N.* noch gegeben.

1162 Siehe zum niederländisch-britischen DBA die Schlussanträge der Generalanwältin *Kokott* v. 30.03.2006, Rs. C-470/04, *N.*, Rz. 94 f.

1163 *EuGH*, 12.07.2012 – C-269/09, *Kommission/Spanien*, HFR 2012, 1025.

1164 *EuGH*, 12.07.2012 – C-269/09, *Kommission/Spanien*, HFR 2012, 1025, Rz. 11.

1165 *EuGH*, 11.03.2004 – C-9/02, *de Lasteyrie du Saillant*, Slg. 2004, I-02409.

1166 *EuGH*, 07.09.2006 – C-470/04, *N.*, Slg. 2006, I-07409

Beurteilung der spanischen Wegzugsbesteuerungsregelungen. Zwar beträfen die streitigen spanischen Vorschriften nur die *sofortige* Einziehung der Steuer für bereits realisierte Einkünfte, sodass der Steuerpflichtige bei der Verlegung seines Wohnsitzes nicht zusätzlich besteuert würde.[1167] Dennoch stelle die Besteuerung im Wegzugszeitpunkt für diesen Steuerpflichtigen einen deutlichen Liquiditätsnachteil im Vergleich zu einem weiterhin gebietsansässigen Steuerpflichtigen dar, sodass die spanischen Steuervorschriften zumindest abschreckend auf einen Wegzug ins Ausland wirken und damit geeignet sind, die Ausübung der in den Art. 18 EG (jetzt Art. 21 AEUV), Art. 39 EGV (jetzt Art. 45 AEUV) und Art. 43 EGV (jetzt Art. 49 AEUV) gewährleisteten Grundfreiheiten der Steuerpflichtigen zu beschränken.[1168]

Bei der Rechtfertigungsprüfung lehnte der EuGH den vorgebrachten Rechtfertigungsgrund der „Wahrung der Aufteilung der Besteuerungsbefugnis zwischen den Mitgliedstaaten“ jedoch ab. Der EuGH hob hervor, dass in dem vorliegenden Fall Spanien bei Wohnsitzverlegung eines Steuerpflichtigen in einen anderen Mitgliedstaat „nicht die Befugnis zur Ausübung seiner Steuerhoheit in Bezug auf in seinem Hoheitsgebiet bereits durchgeführte Tätigkeiten [verliert] und damit nicht auf sein Recht zur Festsetzung des entsprechenden Steuerbetrags verzichten [muss]“.[1169] Die vor der Wohnsitzverlegung erzielten Einkünfte unterlägen weiterhin der Steuerhoheit des Herkunftsmitgliedstaates (d.h. Spanien), während die Besteuerung der nach der Verlegung des Wohnsitzes des Steuerpflichtigen erzielten Einkünfte grundsätzlich ausschließlich im Aufnahmemitgliedstaat erfolge.[1170] Mangels konkurrierender Steueransprüche stellten die streitigen spanischen Vorschriften nach Auffassung des EuGH weder auf das Problem einer internationalen Doppelbesteuerung noch einer „doppelten Nicht-besteuerung“ von Einkünften in zwei Staaten ab, sodass die sofortige Einziehung der Steuer nicht als Maßnahme mit dem Ziel der „Aufteilung der Besteuerungsbefugnis“ betrachtet werden konnte.[1171]

Die durch den EuGH vorgenommene Abgrenzung dieses Urteils von den vorhergehenden Urteilen hinsichtlich der Einschlägigkeit des Rechtfertigungsgrundes der „Wahrung der Aufteilung der Besteuerungsbefugnis zwischen den Mitgliedstaaten“ ist richtig. Das Vertragsverletzungsverfahren *Kommission/Spanien* berührte mit der Streitfrage, ob die sofortige Einziehung der Steuer auf *bereits erzielte Einkünfte* eines Steuerpflichtigen bei Wegzug ins EU-Ausland erlaubt ist, nicht die Problematik einer eventuellen internationalen Doppelbesteuerung dieser Einkünfte in zwei Mitgliedstaaten, sodass die streitige spanische „Wegzugsbesteuerung“ nicht als Steuerregelung zur „Aufteilung der Besteuerungsbefugnis“ für diese Einkünfte zwischen zwei Mitgliedstaaten anzusehen war.

1167 *EuGH*, 12.07.2012 – C-269/09, *Kommission/Spanien*, HFR 2012, 1025, Rz. 58.
1168 *EuGH*, 12.07.2012 – C-269/09, *Kommission/Spanien*, HFR 2012, 1025, Rz. 59 f.
1169 *EuGH*, 12.07.2012 – C-269/09, *Kommission/Spanien*, HFR 2012, 1025, Rz. 79.
1170 *EuGH*, 12.07.2012 – C-269/09, *Kommission/Spanien*, HFR 2012, 1025, Rz. 80 f.
1171 *EuGH*, 12.07.2012 – C-269/09, *Kommission/Spanien*, HFR 2012, 1025, Rz. 81.

b) Gesellschaften

(1) National Grid Indus (2011)

Der Ausgangssachverhalt des EuGH-Urteils *National Grid Indus*[1172] betraf die tatsächliche Verwaltungssitzverlegung der *National Grid Indus BV*, einer nach niederländischem Recht gegründeten Gesellschaft mit beschränkter Haftung, aus den Niederlanden in das Vereinigte Königreich. Obwohl die *National Grid Indus BV* aufgrund ihres verbleibenden statutarischen Sitzes weiterhin der Körperschaftsteuer in den Niederlanden unterlag, schränkten die Vorschriften des bestehenden niederländisch-britischen DBA das Besteuerungsrecht der Niederlande dahingehend ein, dass die Befugnis zur Besteuerung des Unternehmensgewinns und der Vermögenserträge nach der Sitzverlegung ausschließlich dem Vereinigten Königreich zustand, soweit in den Niederlanden keine Betriebstätte zurückblieb.[1173] In diesem Fall sah das nationale Steuerrecht der Niederlande die Erhebung einer „Wegzugssteuer" auf die noch nicht realisierten Wertzuwächse im Betriebsvermögen der wegziehenden Gesellschaft vor. Die *National Grid Indus BV* wurde somit bei ihrem Wegzug in Höhe eines noch nicht realisierten Kursgewinns aus einer Fremdwährungsforderung der niederländischen Wegzugsbesteuerung unterworfen.[1174]

Bei der Prüfung, ob die niederländische Wegzugsbesteuerung bei Körperschaften eine unionsrechtlich verbotene Beschränkung darstellt, verwies der EuGH auf seine Rechtsprechung zur Wegzugsbesteuerung bei natürlichen Personen in den Verfahren *de Lasteyrie du Saillant*[1175] und *N.*[1176] und stellte auf dieser Grundlage einen Verstoß der niederländischen Steuervorschriften gegen Art. 49 AEUV fest.[1177] Als möglichen Rechtfertigungsgrund hatte das vorlegende niederländische Gericht einzig die „Wahrung der ausgewogenen Aufteilung der Besteuerungsbefugnis zwischen den Mitgliedstaaten" vorgebracht.[1178]

Bei der Prüfung dieses Rechtfertigungsgrundes verwies der EuGH zunächst auf seine Rechtsprechung im Urteil *N.*, wonach „ein Mitgliedstaat nach dem Grundsatz der steuerlichen Territorialität, verbunden mit einem zeitlichen Element, nämlich der Steueransässigkeit des Steuerpflichtigen im Inland während der Entstehung der nicht realisierten Wertzuwächse, das Recht hat, diese Wertzuwächse zum Zeitpunkt des Wegzugs des Steuerpflichtigen zu besteuern".[1179] Die Vornahme einer „Wegzugsbesteuerung" der stillen Reserven eines Steuerpflichtigen kann nach Ansicht des EuGH zur „Wahrung der Aufteilung der Besteuerungsbefugnis zwischen den Mitgliedstaaten"

1172 *EuGH*, 29.11.2011 – C-371/10, *National Grid Indus*, Slg. 2011, I-12273.
1173 *EuGH*, 29.11.2011 – C-371/10, *National Grid Indus*, Slg. 2011, I-12273, Rz. 13.
1174 *EuGH*, 29.11.2011 – C-371/10, *National Grid Indus*, Slg. 2011, I-12273, Rz. 14.
1175 *EuGH*, 11.03.2004 – C-9/02, *de Lasteyrie du Saillant*, Slg. 2004, I-02409.
1176 *EuGH*, 07.09.2006 – C-470/04, *N.*, Slg. 2006, I-07409.
1177 *EuGH*, 29.11.2011 – C-371/10, *National Grid Indus*, Slg. 2011, I-12273, Rz. 37–41.
1178 *EuGH*, 29.11.2011 – C-371/10, *National Grid Indus*, Slg. 2011, I-12273, Rz. 34.
1179 *EuGH*, 29.11.2011 – C-371/10, *National Grid Indus*, Slg. 2011, I-12273, Rz. 46; vgl. *EuGH*, 07.09.2006 – C-470/04, *N.*, Slg. 2006, I-07409, Rz. 46.

gerechtfertigt sein, um „Situationen [zu] verhindern, die das Recht des Herkunftsmitgliedstaats auf Ausübung seiner Steuerhoheit für die in seinem Hoheitsgebiet durchgeführten Tätigkeiten gefährden können".[1180] Als abkommensrechtliche „Aufteilungsgrundlage" im Hinblick auf die Besteuerung der stillen Reserven des Betriebsvermögens der wegziehenden *National Grid Indus* zog der EuGH die Vorschriften des zugrunde liegenden niederländisch-britischen DBA heran.[1181] Nach dessen Art. 7 Abs. 1 i.V.m. Art. 13 Abs. 4 (welche insoweit Art. 7 Abs. 1 i.V.m. Art. 13 Abs. 5 OECD-MA entsprachen) stand die Besteuerungsbefugnis an den stillen Reserven der Vermögensgegenstände der *National Grid Indus* bis zur Verwaltungssitzverlegung den Niederlanden und nach der Verwaltungssitzverlegung ausschließlich dem Vereinigten Königreich als „neuem" abkommensrechtlichen Ansässigkeitsstaat der Gesellschaft zu. Der EuGH schloss daraus, dass die niederländische Wegzugsbesteuerung somit das Recht der Niederlande wahre, die bisher nicht realisierten Wertzuwächse bei der *National Grid Indus*, welche unter ihrer territorialen Steuerhoheit erzielt worden waren, einer dortigen Besteuerung zu unterwerfen.[1182]

Indem die niederländischen Steuervorschriften aber die *sofortige* Einziehung der Steuer zum Wegzugszeitpunkt vorsahen, gingen sie letztendlich über das hinaus, was zur Erreichung ihres Ziels, die Aufteilung der Besteuerungsbefugnisse zwischen den Mitgliedstaaten zu wahren, notwendig war.[1183] Der EuGH vertrat dabei die Auffassung, dass in bestimmten Fällen, insbesondere wenn die umziehende Gesellschaft nur wenige Vermögensgegenstände besitzt, eine Aufschiebung der Steuereinziehung bzw. eine Stundung der Steuer bis zur endgültigen Realisierung der stillen Reserven, verbunden mit einer entsprechenden Erfassung und Nachverfolgung der Vermögensgegenstände bei der Gesellschaft nach Wegzug, eine die Niederlassungsfreiheit weniger beeinträchtigende Maßnahme darstellen würde.[1184] Dabei biete insbesondere die sog. *EU-Beitreibungsrichtlinie*[1185] den Steuerverwaltungen der Mitgliedstaaten hinreichende Möglichkeiten, die Beitreibung der festgesetzten Steuerforderung eines Mitgliedstaates bei späterer Realisation im Hoheitsgebiet eines anderen Mitgliedstaates sowie die hierzu notwendigen Informationen sicherzustellen.[1186]

Die Entscheidung des EuGH im Verfahren *National Grid Indus* stellte eine weitgehende Übertragung der Grundsätze des EuGH aus seinem Urteil *N.* zur unionsrechtlichen Beurteilung der Zulässigkeit einer „Wegzugsbesteuerung" bei natürlichen Personen auf den Wegzug einer Gesellschaft in das EU-Ausland dar. Insoweit kann

---

1180 Ebenda.
1181 *EuGH*, 29.11.2011 – C-371/10, *National Grid Indus*, Slg. 2011, I-12273, Rz. 47.
1182 *EuGH*, 29.11.2011 – C-371/10, *National Grid Indus*, Slg. 2011, I-12273, Rz. 48.
1183 *EuGH*, 29.11.2011 – C-371/10, *National Grid Indus*, Slg. 2011, I-12273, Rz. 85.
1184 *EuGH*, 29.11.2011 – C-371/10, *National Grid Indus*, Slg. 2011, I-12273, Rz. 73.
1185 Richtlinie 2010/24/EU des Rates vom 16.03.2010 über die Amtshilfe bei der Beitreibung von Forderungen in Bezug auf bestimmte Steuern, Abgaben und sonstige Maßnahmen, ABl. EU Nr. L 84 v. 31.03.2010, S. 1.
1186 *EuGH*, 29.11.2011 – C-371/10, *National Grid Indus*, Slg. 2011, I-12273, Rz. 78.

zur ausführlichen Kritik an dieser Entscheidung auf die obigen Ausführungen zum Urteil *N.* verwiesen werden.[1187] Ein Unterschied zwischen den beiden Urteilen ergibt sich im Hinblick auf die steuerliche Behandlung von Wertminderungen bei Vermögensgegenständen *nach* dem Wegzug.[1188] Hatte der EuGH im Urteil *N.* die Berücksichtigung von Wertminderungen, die möglicherweise nach der Verlegung des Wohnsitzes des betroffenen Steuerpflichtigen eintreten, grundsätzlich dem Herkunftsmitgliedstaat des Steuerpflichtigen übertragen (soweit diese nicht bereits im Aufnahmemitgliedstaat berücksichtigt worden sind),[1189] so stellte der EuGH in *National Grid Indus* klar, dass „wegen der Symmetrie zwischen dem Recht zur Besteuerung der Gewinne und der Möglichkeit, Verluste in Abzug zu bringen," der Aufnahmemitgliedstaat die Wertminderungen von Vermögensgegenständen zu berücksichtigen habe, die seit dem Zeitpunkt des Wegzugs aufgetreten seien.[1190] In diesem Zusammenhang findet insoweit also eine aktive „Aufteilung der Besteuerungsbefugnisse" durch den EuGH statt.[1191]

Offenbleibt nach dem Urteil *National Grid Indus* letztlich weiterhin die Frage, ob der Aufnahmemitgliedstaat unionsrechtlich verpflichtet werden kann, einen „Step-up" bei den übergehenden Vermögensgegenständen im Sinne einer Buchwertaufstockung in Höhe der aufgedeckten und besteuerten stillen Reserven durchzuführen.[1192] Dabei ist zu beachten, dass einige DBA der Mitgliedstaaten bereits „Step-up-Klauseln" enthalten[1193] bzw. im nationalen Recht einen „Step-up" bei Zuzug eines Steuerpflichtigen bzw. bei der sog. „Steuerverstrickung" von Wirtschaftsgütern vorsehen (im deutschen Steuerrecht so z.B. § 17 Abs. 2 S. 3 EStG, § 4 Abs. 1 S. 8 HS 2 EStG i.V.m. § 6 Abs. 1 Nr. 5a EStG).

(2) Diego della Valle (2012)

Im luxemburgischen Fall *Diego della Valle*[1194] ging es um die vermögensteuerlichen Folgen der Sitzverlegung einer nach luxemburgischem Recht gegründeten Gesellschaft von Luxemburg nach Italien. Ausgangspunkt waren die Bestimmungen

---

1187 Siehe oben D.I.3.a)(2).

1188 *Dobratz*, ISR 2014, 198, 201.

1189 *EuGH*, 07.09.2006 – C-470/04, *N.*, Slg. 2006, I-07409, Rz. 54.

1190 *EuGH*, 29.11.2011 – C-371/10, *National Grid Indus*, Slg. 2011, I-12273, Rz. 58.

1191 *Dobratz*, ISR 2014, 198, 201.

1192 Vgl. zur Diskussion einer möglichen unionsrechtlichen Verpflichtung des Zuzugsstaates *Kofler*, Doppelbesteuerungsabkommen und Europäisches Gemeinschaftsrecht, S. 747 f. *Dobratz*, ISR 2014, 198, 201; *Kok*, EC Tax Review 2012, 200, 206.

1193 Vgl. zu den deutschen DBA z.B. *Reimer*, in: *Vogel/Lehner*, DBA, Art. 13, Rz. 317. Insoweit sieht auch die vom deutschen BMF veröffentlichte „Verhandlungsgrundlage für Doppelbesteuerungsabkommen im Bereich der Steuern vom Einkommen und Vermögen" in ihrem Art. 13 Abs. 6 eine „Wegzugsbesteuerungsklausel" inklusive „Step-up-Klausel" im Zuzugsstaat vor, siehe BMF-Schreiben v. 17.04.2013, IV B 2 - S. 1301/10/10022-32, DOK 2012/0214500, IStR-Beihefter 2013, 46.

1194 *EuGH*, 06.09.2012 – C-380/11, *Diego della Valle*, EuZW 2013, 191.

des luxemburgischen Vermögensteuergesetzes, welches bestimmten luxemburgischen Gesellschaftsformen die Möglichkeit einer Vermögensteuerermäßigung einräumte.[1195] Verlegte eine luxemburgische Gesellschaft ihren Sitz innerhalb eines Fünfjahreszeitraums ins Ausland und unterlag damit nicht mehr der luxemburgischen Vermögensteuer, sahen die luxemburgischen Steuervorschriften jedoch einen rückwirkenden Wegfall der gewährten Vermögensteuerbefreiung vor. Die *DI. VI. Finanziaria di Diego della Valle & C. SapA* sah in der Entziehung dieses Vermögensvorteils aufgrund ihrer Sitzverlegung nach Italien einen Verstoß gegen Unionsrecht.

Der EuGH erkannte zunächst in der vermögensteuerlichen Benachteiligung von Gesellschaften luxemburgischen Rechts, die ihren Sitz in einen anderen Mitgliedstaat verlegen, eine nach Art. 49 AEUV grundsätzlich verbotene Beschränkung der Niederlassungsfreiheit.[1196] Die luxemburgische Regierung berief sich in dieser Hinsicht darauf, dass der Widerruf der Vermögensteuerbefreiung nach der Sitzverlegung der Gesellschaft durch das Ziel gerechtfertigt sei, „eine ausgewogene Aufteilung der Besteuerungsbefugnis zwischen den Mitgliedstaaten nach dem Territorialitätsprinzip sicherzustellen".[1197] Der EuGH lehnte diesen vorgebrachten Rechtfertigungsgrund jedoch kurzerhand ab: „Insoweit genügt es, mit der Europäischen Kommission darauf hinzuweisen, dass der Widerruf der einer Gesellschaft gewährten Vermögensteuerermäßigung und die Forderung nach sofortiger Zahlung zum Zeitpunkt der Verlegung des Sitzes dieser Gesellschaft in einen anderen Mitgliedstaat als das Großherzogtum Luxemburg weder die Besteuerungsbefugnis des letztgenannten Mitgliedstaats noch die Ausgewogenheit der Aufteilung der Besteuerungsbefugnis zwischen den betroffenen Mitgliedstaaten gewährleisten".[1198]

Der Rechtsprechung des EuGH ist im Fall *Diego della Valle* zuzustimmen. Ähnlich wie im Urteil *de Lasteyrie du Saillant*[1199] knüpfte die streitige luxemburgische Steuerregelung für den Widerruf von Steuervergünstigungen bei der Vermögensteuer *allein an den Wegzug* einer luxemburgischen Gesellschaft in das Ausland an, ohne dabei eine Auswirkung auf die Aufteilung oder die Ausübung der jeweiligen Besteuerungsbefugnisse der beiden beteiligten Mitgliedstaaten im Hinblick auf die wegziehende Gesellschaft zu entfalten.

(3) Kommission/Portugal (2012)

In seinem Urteil zum Vertragsverletzungsverfahren *Kommission/Portugal*[1200] aus dem Jahr 2012 nahm der EuGH zu einer möglichen Unionsrechtswidrigkeit der portugiesischen Wegzugsbesteuerung Stellung. Die streitigen portugiesischen Vorschriften zur Besteuerung des Wegzugs von Gesellschaften aus Portugal sahen dabei einige

---

1195 *EuGH*, 06.09.2012 – C-380/11, *Diego della Valle*, EuZW 2013, 191, Rz. 5 ff.
1196 *EuGH*, 06.09.2012 – C-380/11, *Diego della Valle*, EuZW 2013, 191, Rz. 40.
1197 *EuGH*, 06.09.2012 – C-380/11, *Diego della Valle*, EuZW 2013, 191, Rz. 42.
1198 *EuGH*, 06.09.2012 – C-380/11, *Diego della Valle*, EuZW 2013, 191, Rz. 45.
1199 *EuGH*, 11.03.2004 – C-9/02, *de Lasteyrie du Saillant*, Slg. 2004, I-02409.
1200 *EuGH*, 06.09.2012 – C-38/10, *Kommission/Portugal*, EWS 2012, 445.

Abweichungen zu den bisher durch den EuGH entschiedenen mitgliedstaatlichen Wegzugsbesteuerungsregimen vor. Zum einen griff die portugiesische Wegzugsbesteuerung der bisher nicht realisierten Wertzuwächse der Vermögensgegenstände einer portugiesischen Gesellschaft erst dann ein, wenn diese ihren satzungsmäßigen Sitz *und* ihre tatsächliche Leitung in einen anderen Mitgliedstaat verlegt.[1201] Zum anderen sahen die portugiesischen Vorschriften eine „Wegzugsbesteuerung" auch für den Fall vor, dass Vermögenswerte einer im portugiesischen Hoheitsgebiet bestehenden *festen Niederlassung einer nichtansässigen Gesellschaft*, teilweise oder vollständig, in einen anderen Mitgliedstaat überführt werden oder aber die Tätigkeit dieser Niederlassung in Portugal komplett eingestellt wird.[1202] Darüber hinaus wurden neben der wegziehenden Gesellschaft auch deren *Anteilseigner* im Hinblick auf die stillen Reserven ihrer Kapitalbeteiligung an der Gesellschaft einer sofortigen Besteuerung unterworfen. Die Europäische Kommission sah in der gesamten Ausgestaltung der portugiesischen Wegzugsbesteuerung einen Verstoß gegen die Niederlassungsfreiheit nach Art. 43 EGV (jetzt Art 49 AEUV).[1203]

Bezüglich der *Besteuerung der Anteilseigner* einer portugiesischen Gesellschaft bei Wegzug dieser Gesellschaft in einen anderen Mitgliedstaat hat der EuGH die Klage der Kommission als nicht zulässig erklärt, da die Kommission nicht hinreichend genau dargelegt hat, inwiefern die sofortige Besteuerung der Anteilseigner aufgrund der Sitzverlegung der Gesellschaft ein Hindernis für die Niederlassungsfreiheit der *betreffenden portugiesischen Gesellschaften* darstellt.[1204] Mit Blick auf die Besteuerung der stillen Reserven von Vermögensgegenständen einer Gesellschaft bei Verlegung ihres Sitzes wie auch ihrer Geschäftsführung in einen anderen Mitgliedstaat stellte der EuGH unter Anwendung seiner Grundsätze aus dem Urteil *National Grid Indus*[1205] eine Beschränkung der Niederlassungsfreiheit nach Art. 49 AEUV insoweit fest, als die portugiesischen Steuervorschriften die *sofortige* Einziehung der Steuer bei Wegzug der Gesellschaft fordern.[1206] Dasselbe gelte auch für die Vorschriften der portugiesischen Wegzugsbesteuerung, welche eine sofortige Besteuerung der stillen Reserven von Vermögenswerten einer festen Niederlassung einer ausländischen Gesellschaft in Portugal bei der Überführung in das EU-Ausland vorsähen.[1207] Keine Beschränkung der Niederlassungsfreiheit hat der EuGH jedoch in der Besteuerung der stillen Reserven in den Vermögenswerten einer Niederlassung einer ausländischen Gesellschaft als Folge der Einstellung ihrer Geschäftstätigkeiten auf portugiesischem Hoheitsgebiet gesehen und die Klage der Europäischen Kommission in diesem Punkt zurückgewiesen.[1208] In diesem Fall bestünde insoweit keine steuerliche

1201 *EuGH*, 06.09.2012 – C-38/10, *Kommission/Portugal*, EWS 2012, 445, Rz. 2 f.
1202 Ebenda.
1203 *EuGH*, 06.09.2012 – C-38/10, *Kommission/Portugal*, EWS 2012, 445, Rz. 7 ff.
1204 *EuGH*, 06.09.2012 – C-38/10, *Kommission/Portugal*, EWS 2012, 445, Rz. 19.
1205 *EuGH*, 29.11.2011 – C-371/10, *National Grid Indus*, Slg. 2011, I-12273.
1206 *EuGH*, 06.09.2012 – C-38/10, *Kommission/Portugal*, EWS 2012, 445, Rz. 31.
1207 *EuGH*, 06.09.2012 – C-38/10, *Kommission/Portugal*, EWS 2012, 445, Rz. 34.
1208 *EuGH*, 06.09.2012 – C-38/10, *Kommission/Portugal*, EWS 2012, 445, Rz. 30.

Ungleichbehandlung zwischen Auslands- und Inlandsfall, da nach portugiesischem Steuerrecht auch bei Einstellung der Tätigkeiten einer inländischen Betriebstätte eines portugiesischen Unternehmens eine Besteuerung der stillen Reserven der inländischen Betriebstätte stattfand.[1209]

Bei seiner Rechtfertigungs- bzw. Verhältnismäßigkeitsprüfung bemühte der EuGH nicht nochmals eine eigenständige Begutachtung der portugiesischen Steuervorschriften, sondern verwies einfach auf seine Feststellungen im Urteil *National Grid Indus.*[1210] Dabei ist jedoch m.E. fraglich, ob der EuGH es sich bei seiner Rechtfertigungsprüfung durch diese bloße Urteilsverweisung nicht etwas zu einfach gemacht hat. Die beschränkenden portugiesischen Wegzugsbesteuerungsvorschriften hinsichtlich der Sitzverlegung einer Gesellschaft sowie der Übertragung von Vermögensgegenständen aus einer portugiesischen Betriebstätte einer ausländischen Gesellschaft in das EU-Ausland greifen nämlich nur dann ein, wenn der „genuine link" zum portugiesischen Hoheitsgebiet vollständig verloren geht, sodass in diesen Fällen mangels Gefahr einer internationalen Doppelbesteuerung und der damit verbundenen Notwendigkeit einer (bilateralen) „Aufteilung" von Besteuerungsbefugnissen die portugiesischen Steuerregelungen auch nicht als zur „Wahrung der Aufteilung der Besteuerungsbefugnisse zwischen den Mitgliedstaaten" gerechtfertigt angesehen werden können. M.E. wäre in diesem Fall lediglich eine Rechtfertigung der portugiesischen Wegzugsbesteuerungsvorschriften aufgrund des steuerlichen *Territorialitätsprinzips* möglich. Wie der EuGH in seinem Urteil *Rewe Zentralfinanz*[1211] feststellte, „hat dieses Prinzip die Funktion, bei der Anwendung des Gemeinschaftsrechts sicherzustellen, dass die Grenzen der Zuständigkeiten der Mitgliedstaaten für die Besteuerung berücksichtigt werden".[1212] Die Wahrung der steuerlichen „Grenzen" eines Mitgliedstaates schließt aber auch das Recht dieses Staates mit ein, alle auf seinem Hoheitsgebiet erwirtschafteten stillen Reserven eines Wirtschaftsgutes bei dessen „Steuerentstrickung"[1213] durch vollständigen Wegfall eines „genuine link" zum Staatsgebiet zu besteuern. Bei einer Rechtfertigung von beschränkenden Steuervorschriften eines Mitgliedstaates aufgrund des *Territorialitätsprinzips* sollte im Gegensatz zur bisherigen EuGH-Rechtsprechung zur Anwendung des Rechtfertigungsgrundes der „Wahrung der Aufteilung der Besteuerungsbefugnis" auch eine *sofortige* Besteuerung der stillen Reserven verhältnismäßig sein, da das steuerentstrickte Wirtschaftsgut bzw. die Gesellschaft nach dem „Wegzug" überhaupt nicht mehr der portugiesischen Steuerhoheit unterliegt.

1209 *EuGH*, 06.09.2012 – C-38/10, *Kommission/Portugal*, EWS 2012, 445, Rz. 30. A.A. war zu diesem Punkt der Generalanwalt *Mengozzi* in seinen Schlussanträgen v. 28.06.2012, Rs. C-38/10, *Kommission/Portugal*, Rz. 90–105.

1210 *EuGH*, 06.09.2012 – C-38/10, *Kommission/Portugal*, EWS 2012, 445, Rz. 31.

1211 *EuGH*, 29.03.2007 – C-347/04, *Rewe Zentralfinanz*, Slg. 2007, I-02647.

1212 *EuGH*, 29.03.2007 – C-347/04, *Rewe Zentralfinanz*, Slg. 2007, I-02647, Rz. 69.

1213 *Schnitger*, Die Entstrickung im Steuerrecht, S. 11 f.

(4) Kommission/Spanien (2013)

Im Jahr 2013 setzte sich der EuGH schließlich im Vertragsverletzungsverfahren *Kommission/ Spanien*[1214] auch mit den Regelungen des spanischen Steuerrechts zur Besteuerung von Sitzverlegungen von Körperschaften in das EU-Ausland auseinander. Die streitigen spanischen Wegzugsbesteuerungsvorschriften sahen in diesem Fall dann eine Besteuerung der nicht realisierten stillen Reserven des Betriebsvermögens einer in Spanien ansässigen Gesellschaft vor, wenn diese ihren Sitz in einen anderen Mitgliedstaat verlegt, ihre Aktiva in das EU-Ausland verlagert oder eine in Spanien belegene Betriebstätte einer ausländischen Gesellschaft ihre dortigen Tätigkeiten einstellt.[1215] Da diese Vorgänge keine steuerliche Wirkung entfalten, wenn sie innerhalb des spanischen Hoheitsgebietes stattfinden, stellten die spanischen Vorschriften nach Ansicht der Europäischen Kommission einen Verstoß gegen die Niederlassungsfreiheit dar, da sie für die wegziehenden Gesellschaften im Ergebnis einen Liquiditätsnachteil bedeuteten.[1216]

Der EuGH entschied in seinem Urteil zum einen, dass die Besteuerung nicht realisierter Wertzuwächse der Aktiva einer Betriebstätte einer ausländischen Gesellschaft, die ihre Tätigkeiten in Spanien einstelle, *keine* Beschränkung der Niederlassungsfreiheit nach Art. 49 AEUV darstelle.[1217] Diese Besteuerung sei nämlich nicht die Folge der Verlegung des Sitzes oder der Verlagerung der Aktiva einer im spanischen Hoheitsgebiet ansässigen Gesellschaft in einen anderen Mitgliedstaat, sondern folge lediglich aus der Einstellung ihrer Tätigkeiten. Dies sei ein rein *innerstaatlicher* Sachverhalt und somit nicht geeignet, unter die Niederlassungsfreiheit des AEUV zu fallen.[1218] Nach der EuGH-Entscheidung im Verfahren *Kommission/Portugal*[1219] und dem vorliegenden Urteil *Kommission/Spanien* dürfte somit unionsrechtlich eindeutig geklärt sein, dass die (sofortige) Besteuerung von stillen Reserven einer Betriebstätte einer ausländischen Gesellschaft *bei Aufgabe der Tätigkeit* dieser Betriebstätte in jedem Fall durch den Betriebstättenstaat erlaubt ist. Findet bei Auflösung der Betriebstätte hingegen *keine* Besteuerung der stillen Reserven statt, so sollte auch in diesen Fällen die anschließende Überführung von Wirtschaftsgütern der aufgelösten Betriebstätte in das ausländische Stammhaus von der Niederlassungsfreiheit erfasst sein, sodass eine spätestens dadurch ausgelöste Entstrickungsbesteuerung nach den

---

1214 *EuGH*, 25.04.2013 – C-64/11, *Kommission/Spanien*, Slg. noch nicht veröffentlicht. Das Urteil des EuGH in dieser Rechtssache liegt ausschließlich in den Sprachen Französisch und Spanisch vor. Deutschsprachige Zusammenfassungen des Urteils finden sich indes z.B. bei *Müller*, ISR 2013, 225 ff. und *Wilke*, PISTB 2013, 178 ff.

1215 Vgl. Pressemitteilung Nr. 53/13 des EuGH v. 25.04.2013 zu *EuGH*, 25.04.2013 – C-64/11, *Kommission/Spanien*, Slg. noch nicht veröffentlicht, abrufbar unter http://curia.europa.eu/jcms/upload/docs/application/pdf/2013-04/cp130053de.pdf.

1216 Ebenda.

1217 Ebenda.

1218 Insoweit zustimmend *Wilke*, PISTB 2014, 178, 178.

1219 *EuGH*, 06.09.2012 – C-38/10, *Kommission/Portugal*, EWS 2012, 445.

Grundsätzen der EuGH-Rechtsprechung (d.h. grundsätzlich unter Gewährung eines Steueraufschubs) durchgeführt werden muss.[1220]

Hinsichtlich der sofortigen Besteuerung nicht realisierter Wertzuwächse im Fall der Verlegung des Sitzes oder der Verlagerung der Aktiva einer in Spanien niedergelassenen Gesellschaft in einen anderen Mitgliedstaat nahm der EuGH in Anlehnung an seine bisherige Rechtsprechung dagegen eine Beschränkung der Niederlassungsfreiheit durch die spanischen Wegzugsbesteuerungsvorschriften an.[1221] Interessant ist an dieser Urteilsfindung, dass der EuGH zur Rechtfertigungsprüfung dieser Beschränkung ausführt, „dass mit den spanischen Rechtsvorschriften das rechtmäßige Ziel der *Wahrung der Steuerhoheit Spaniens* erreicht werden soll".[1222] Eine Besteuerung der stillen Reserven sei deshalb grundsätzlich zu dem Zeitpunkt gerechtfertigt, zu dem die Besteuerungsbefugnis von Spanien gegenüber der betroffenen Gesellschaft endet (im vorliegenden Fall also zum Zeitpunkt der Sitzverlegung oder der Verlagerung der Aktiva einer Gesellschaft in einen anderen Mitgliedstaat). Eine sofortige Einziehung der Steuer sei jedoch aufgrund der zwischen den Mitgliedstaaten mittlerweile bestehenden Unterstützungsmaßnahmen bei der *Beitreibung der Steuern* unverhältnismäßig, da insoweit mildere Maßnahmen möglich seien, wie z.B. die Zahlung der Steuerschuld erst nach dem Transfer im tatsächlichen Realisationszeitpunkt der stillen Reserven zu verlangen.[1223]

Zusammenfassend bestätigt und ergänzt das EuGH-Urteil *Kommission/Spanien* zur spanischen Wegzugsbesteuerung bei Körperschaften die bisher ergangene Rechtsprechung des EuGH in diesem Bereich.[1224] Gleichzeitig könnte dieses Urteil aber auch eine Entwicklung des Rechtfertigungsgrundes der „Wahrung der Aufteilung der Besteuerungsbefugnis *zwischen* den Mitgliedstaaten" hin zur „Wahrung der Besteuerungsbefugnis *eines* Mitgliedstaates" (in diesem Fall Spaniens als Ansässigkeitsstaat der Gesellschaft im Zeitpunkt des Wegzugs) bedeuten, wobei dies m.E. bedeuten würde, den Rechtfertigungsgrund der „Wahrung der Aufteilung der Besteuerungsbefugnis zwischen den Mitgliedstaaten" durch das steuerliche *Territorialitätsprinzip* zu ersetzen. Leider ist das EuGH-Urteil in dem vorliegenden Vertragsverletzungsverfahren der Europäischen Kommission gegen Spanien nur in den Sprachen Französisch und Spanisch erschienen,[1225] sodass eine genauere

---

1220 *Müller*, ISR 2013, 225 f.

1221 Vgl. Pressemitteilung Nr. 53/13 des EuGH v. 25.04.2013 zu *EuGH*, 25.04.2013 – C-64/11, *Kommission/Spanien*, Slg. noch nicht veröffentlicht, abrufbar unter http://curia.europa.eu/jcms/upload/docs/application/pdf/2013-04/cp130053de.pdf.

1222 Ebenda [Hervorh. d. Verf.].

1223 Ebenda. Der EuGH scheint dabei auf die sog. *Beitreibungsrichtlinie* abzustellen, vgl. Richtlinie 2010/24/EU des Rates vom 16.03.2010 über die Amtshilfe bei der Beitreibung von Forderungen in Bezug auf bestimmte Steuern, Abgaben und sonstige Maßnahmen, ABl. EU Nr. L 84 v. 31.03.2010, S. 1.

1224 Vgl. *Mitschke*, IStR 2013, 393, 393; *Müller*, ISR 2014, 225 f.

1225 Vgl. *EuGH*, 25.04.2013 – C-64/11, *Kommission/Spanien*, Slg. noch nicht veröffentlicht, abrufbar auf der Homepage des EuGH unter http://curia.europa.eu.

Analyse des Wortlauts der Urteilsbegründung des EuGH (derzeit) nicht möglich ist. Insoweit wäre hier die weitere Rechtsprechungsentwicklung des EuGH abzuwarten.

c) Überführung von Wirtschaftsgütern in ausländische Betriebstätten

(1) Kommission/Dänemark (2013)

Das Vertragsverletzungsverfahren *Kommission/Dänemark*[1226] betraf die dänischen „Wegzugsbesteuerungsvorschriften" für dort ansässige Gesellschaften, die ihre Aktiva auf eine Betriebstätte in einen anderen Mitgliedstaat übertragen. Nach dänischem Steuerrecht ist die Übertragung der Aktiva eines dänischen Unternehmens zur Verwendung in einer Betriebstätte im Ausland als Veräußerung zu betrachten und entsprechend zu besteuern, während die Übertragung von Aktiva auf eine dänische Betriebstätte keine Besteuerung auslöst.[1227] Die Kommission sah in dieser steuerlichen Ungleichbehandlung einen Verstoß gegen Art. 49 AEUV.[1228] Anders als in den vorangegangenen Verfahren zur „Wegzugsbesteuerung" lag der unionsrechtliche Fokus somit nicht auf der Besteuerung des Wegzugs einer natürlichen oder juristischen Person in einen anderen Mitgliedstaat, sondern auf der steuerlichen Erfassung von stillen Reserven eines Wirtschaftsgutes aufgrund der *Überführung in eine ausländische Betriebstätte* eines ansässigen Steuerpflichtigen.[1229]

Der EuGH sah in seinem Urteil zum Verfahren *Kommission/Dänemark* die Festsetzung einer dänischen Wegzugssteuer bei der Überführung von Wirtschaftsgütern ins Ausland als zur „Wahrung der Aufteilung der Besteuerungsbefugnis" gerechtfertigt an; lediglich die sofortige Einziehung der Steuer sei unverhältnismäßig, sodass die dänischen Wegzugsbesteuerungsvorschriften in dieser Hinsicht nicht im Einklang mit Art. 49 AEUV standen.[1230] Darüber hinaus griff der EuGH zudem einen neuen Aspekt in seiner Rechtsprechung auf, und zwar die von den beteiligten Mitgliedstaaten aufgeworfene Frage der steuerlichen Behandlung von überführten Wirtschaftsgütern, welche typischerweise nicht zur Veräußerung bestimmt sind oder als abnutzbare Wirtschaftsgüter dem betrieblichen Verbrauch unterliegen, sodass die stillen Reserven dieser Wirtschaftsgüter in der Folge entweder gar nicht oder aber über die Abnutzungsdauer des Wirtschaftsgutes realisiert werden.[1231] Der

---

1226 *EuGH*, 18.07.2013 – C-261/11, *Kommission/Dänemark*, Slg. noch nicht veröffentlicht, abrufbar in den Sprachen Französisch und Dänisch unter http://curia.europa.eu. Zusammenfassungen des EuGH-Urteils *Kommission/Dänemark* finden sich bspw. bei *Müller*, ISR 2013, 311 ff.; *Sydow*, IStR 2013, 663 ff. und *Tell*, European Taxation 2014, 47 ff.

1227 Siehe die Klage der *Europäischen Kommission* v. 26.05.2011, Rs. C-261/11, *Kommission/Dänemark*, ABl. EU Nr. C 238 v. 13.08.2011, S. 5.

1228 Ebenda.

1229 Vgl. *Sydow*, IStR 2013, 663, 663; *Müller*, ISR 2013, 311, 311.

1230 Vgl. hierzu die Ausführungen von *Sydow*, IStR 2013, 663, 664; *Tell*, European Taxation 2014, 47, 47.

1231 Vgl. *Sydow*, IStR 2013, 663, 664; *Müller*, ISR 2013, 311, 311.

EuGH stellte in diesem Zusammenhang zunächst klar, dass die Grundsätze aus seinem Urteil *National Grid Indus*[1232] auch für die Überführung solcher Wirtschaftsgüter in andere Mitgliedstaaten gelten würden.[1233] Aufgrund der Festsetzung der Steuer im Wegzugszeitpunkt würde ein Mitgliedstaat, so die Auffassung des EuGH, auch bei nicht erfolgter Veräußerung des Wirtschaftsgutes sein ihm zustehendes Besteuerungsrecht für die stillen Reserven nicht verlieren.[1234] Die Mitgliedstaaten könnten jedoch in diesen Fällen eine Besteuerung an einen „anderen Umstand" anknüpfen, anstatt auf die tatsächliche Veräußerung der übergehenden Wirtschaftsgüter oder eine andere Realisierung der stillen Reserven abzustellen, soweit dieser „andere Umstand" weniger einschneidend im Hinblick auf die Niederlassungsfreiheit ist, als die sofortige Besteuerung im Zeitpunkt der Übertragung.[1235] Nähere Hinweise, welche Kriterien zur Bestimmung dieses abweichenden Besteuerungszeitpunkts heranzuziehen sein könnten, enthält das EuGH-Urteil jedoch nicht.[1236]

Die Zurückhaltung des EuGH in dieser Hinsicht erscheint m.E. durchaus berechtigt, da eine solche Vorgabe von Kriterien hinsichtlich des Realisationszeitpunkts bzw. eines entsprechenden Substituttatbestandes zur Erhebung einer „Wegzugssteuer" den EuGH noch stärker in die Rolle eines europäischen „Steuergesetzgebers"[1237] gebracht hätte, welcher durch die Festlegung von Besteuerungskriterien auch unmittelbaren Einfluss auf die Aufteilung der Besteuerungsbefugnisse zwischen den Mitgliedstaaten im Bereich der direkten Steuern nimmt. Insoweit bleibt die Bestimmung von unionsrechtskonformen steuerlichen „Entstrickungskriterien" weiterhin der Zuständigkeit der Mitgliedstaaten überlassen, wobei endgültige Klarheit über die Zulässigkeit der gewählten Kriterien wohl nur durch weitere Vorlagen der mitgliedstaatlichen Gerichte an den EuGH erlangt werden kann.[1238]

Mit Blick auf das deutsche Steuerrecht vertritt z.B. *Sydow* die Auffassung, dass als unionsrechtskonformes „Realisationskriterium" der Ansatz des „Fremdvergleichs" bei der Überführung von Wirtschaftsgütern zwischen einem inländischen Unternehmen und seiner ausländischen Betriebstätte nach den Vorgaben des sog.

1232 *EuGH*, 29.11.2011 – C-371/10, *National Grid Indus*, Slg. 2011, I-12273. Siehe hierzu oben D.I.3.b)(1).

1233 Ebenda.

1234 Vgl. *Müller*, ISR 2013, 311, 312; *Sydow*, IStR 2013, 663, 665; *Tell*, European Taxation 2014, 47, 47 f.

1235 Ebenda.

1236 Vgl. *Müller*, ISR 2013, 311, 313.

1237 Siehe bereits die kritischen Ausführungen von *Wieland*, in: *Kruthoffer-Röwekamp*, Die Rechtsprechung des EuGH in ihrer Bedeutung für das nationale und internationale Recht der direkten Steuern, S. 157 ff.; *Elwes*, Intertax 2013, 15, 19.

1238 Vgl. *Müller*, ISR 2013, 311, 313.

„Authorized OECD Approach" (kurz: AOA)[1239] verstanden werden könnte.[1240] Aus der Anwendung des Fremdvergleichsgrundsatzes ergebe sich, so *Sydow*, eine Aufdeckung der stillen Reserven im Zeitpunkt der Zuordnung eines Wirtschaftsgutes zu einer ausländischen Betriebstätte eines ansässigen Unternehmens, die abkommensrechtlich wie eine Veräußerung zu behandeln sei und somit zu einer (sofortigen) Besteuerung der stillen Reserven führe.[1241] M.E. erscheint die Heranziehung des abkommensrechtlichen AOA in diesem Kontext fraglich. Bei der Anwendung von DBA ist zu beachten, dass diese grundsätzlich keine neuen Steuertatbestände begründen, sondern lediglich bereits bestehende Steueransprüche der Staaten zur Vermeidung einer internationalen Doppelbesteuerung zwischen den abschließenden Vertragsstaaten aufteilen.[1242] Zudem geht die OECD-Musterkommentierung zu Art. 7 Abs. 2 OECD-MA 2010 gerade *nicht* von einer Realisierung der stillen Reserven eines Wirtschaftsgutes im Jahr der Übertragung auf eine ausländische Betriebstätte aus.[1243] Ausnahmen können sich nach OECD-Auffassung nur dann ergeben, wenn das *nationale Recht* der Staaten einen Realisationszeitpunkt der stillen Reserven im Zeitpunkt der Überführung bei Verlassen der Steuerhoheit eines Staates vorsieht[1244] (wie im deutschen Steuerrecht z.B. § 4 Abs. 1 S. 3 und S. 4 EStG). Aus diesem Grund sollte der im Abkommenswege vereinbarte AOA nicht als (unionsrechtskonforme) Grundlage für eine Entstrickungsbesteuerung bei der Überführung von Wirtschaftsgütern ins Ausland herangezogen werden können.[1245]

Andere Mitgliedstaaten, wie bspw. Dänemark, scheinen das EuGH-Urteil in der Rechtssache *Kommission/Deutschland* mit Blick auf die Anwendung eines „anderen Besteuerungsumstands" bei der Entstrickungsbesteuerung *nicht* dahingehend zu interpretieren, dass ein „neuer" Besteuerungstatbestand geschaffen werden soll.[1246] Die dänische Regierung plant als Reaktion auf das EuGH-Urteil *Kommission/Dänemark* bislang lediglich die Steuereinziehung nicht mehr bis zur tatsächlichen Realisation der stillen Reserven eines übergehenden Wirtschaftsgutes zu stunden, sondern stattdessen den Stundungszeitraum der festgestellten Steuern bei Überführung ins Ausland auf sieben Jahre zu beschränken, in welchen zudem jährliche Teilzahlungen

1239 Der „Authorized OECD Approach" (AOA) ist seit dem Jahr 2010 als grundsätzlich anwendbare Betriebstättengewinnaufteilungsmethode der OECD in Art. 7 Abs. 2 OECD-MA verankert. Siehe zur Anwendung des „AOA" z.B. *Ditz*, ISR 2012, 48 ff.

1240 *Sydow*, IStR 2013, 663, 665 f.

1241 Ebenda.

1242 Vgl. nur *Haase*, Internationales und Europäisches Steuerrecht, S. 247; *Seer*, in: *Tipke/Lang*, Steuerrecht, § 1, Rz. 92.

1243 Vgl. Tz. 21 OECD-MK zu Art. 7 OECD-MA.

1244 Ebenda.

1245 Gl. A. *Schnitger*, Die Entstrickung im Steuerrecht, S. 55; *Ditz*, in: *Schönfeld/Ditz*, DB 2008, 1458, Art. 7 (2010) DBA, Rz. 7.

1246 Vgl. *Tell*, European Taxation 2014, 47, 50.

der Wegzugssteuer geleistet werden sollen.[1247] Mit einer solchen Regelung würde die Besteuerung der stillen Reserven nicht mehr mit der „tatsächliche Realisation" des Wirtschaftsgutes verknüpft werden, sondern eine vorgelagerte Besteuerung nach Ablauf eines bestimmten Zeitraums, sozusagen als „fiktive Realisation", stattfinden.

(2) Anhängiges Verfahren: Verder LabTec (2014)

Aufgrund des Beschlusses des FG Düsseldorf vom 05.12.2013 liegt dem EuGH mit dem anhängigen Verfahren *Verder LabTec*[1248] nun schließlich die Frage vor, ob die deutschen Entstrickungsbesteuerungsvorschriften des § 4 Abs. 1 S. 3 und S. 4 EStG bei der Überführung von Wirtschaftsgütern eines Steuerpflichtigen in eine ausländische Betriebstätte gegen die Niederlassungsfreiheit des AEUV verstoßen.[1249] Die Europarechtskonformität dieser Regelungen war in der Literatur seit jeher stark umstritten, wobei die h.M. wohl von einem Verstoß der Entstrickungsregelungen gegen Unionsrecht ausgeht.[1250] Das vorlegende FG Düsseldorf ist indessen der Auffassung, dass § 4 Abs. 1 S. 3 und S. 4 EStG zwar grundsätzlich einen Verstoß gegen die Niederlassungsfreiheit des Art. 49 AEUV darstellen würden, die Realisierung der stillen Reserven jedoch zur „angemessenen Aufteilung der Besteuerungsbefugnis" gerechtfertigt sei: „Nach dem Grundsatz der steuerlichen Territorialität hat die Bundesrepublik Deutschland das Recht, den Wertzuwachs zu besteuern, der sich in der Zeit bis zur Überführung der Wirtschaftsgüter in eine ausländische Betriebstätte gebildet hat".[1251]

Das FG Düsseldorf liegt mit dieser Auffassung grundsätzlich auf einer Linie mit der bisherigen Rechtsprechung des EuGH zu „Wegzugsbesteuerungsfällen". Gleichzeitig muss m.E. in diesem Zusammenhang aber auch das kürzlich ergangene EuGH-Urteil in der Rechtssache *DMC Beteiligungsgesellschaft*[1252] beachtet werden. In diesem Urteil hatte der EuGH eine deutliche Einschränkung der Anwendung des Rechtfertigungsgrundes der „Wahrung der Aufteilung der Besteuerungsbefugnis" dahingehend vorgenommen, dass sich ein Mitgliedstaat nur auf diese Rechtfertigung berufen kann,

---

1247 Siehe hierzu die Ausführungen von *Tell*, European Taxation 2014, 47, 53. Eine ähnliche Regelung schlägt insoweit auch *Henze*, ISR 2013, 381, 385 für die deutschen Entstrickungsregelungen vor.

1248 Rs. C-657/13, *Verder LabTec*, vgl. ABl. EU Nr. C 71 v. 08.03.2014, S. 8.

1249 Vgl. *FG Düsseldorf*, 05.12.2013, 8 K 3664/11 F, EFG 2014, 119.

1250 Vgl. statt vieler *Ditz*, in: *Schönfeld/Ditz*, Doppelbesteuerungsabkommen, Art. 7 (2008) DBA, Rz. 31 sowie *Musil*, FR 2011, 545, 548 mit weiteren Literaturnachweisen zum Streitstand.

1251 *FG Düsseldorf* v. 05.12.2013, 8 K 3664/11 F, EFG 2014, 119. Das FG Düsseldorf verneint jedoch in letzter Konsequenz eine Verhältnismäßigkeit der Entstrickungsbesteuerungsregelungen im Hinblick auf den eintretenden Liquiditätsnachteil, soweit die Steuer (wenn auch gestreckt auf fünf Jahre gem. § 4g EStG) vor tatsächlicher Aufdeckung der stillen Reserven erhoben wird.

1252 *EuGH*, 23.01.2014 – C-164/12, *DMC Beteiligungsgesellschaft*, DStR 2014, 193. Siehe hierzu oben D.I.2.d)(1).

wenn er „tatsächlich" sein Besteuerungsrecht für die in seinem Hoheitsgebiet gebildeten stillen Reserven aufgrund einer Transaktion eines Steuerpflichtigen verliert.[1253] Bei der Überführung von Wirtschaftsgütern in eine ausländische (Freistellungs-) Betriebstätte verliert die Bundesrepublik Deutschland ihr Besteuerungsrecht an den stillen Reserven der übergehenden Wirtschaftsgüter gem. Art. 7 Abs. 1 i.V.m. Art. 23A Abs. 1 OECD-MA jedoch nur für den Fall, dass diese Wirtschaftsgüter der Betriebstätte auch „tatsächlich zugerechnet" werden können.[1254] Der OECD-MK stellt zu Art. 7 Abs. 1 OECD-MA klar, dass dieser nicht als „Grundsatz einer allgemeinen Anziehungskraft der Betriebstätte" verstanden werden solle, demzufolge alle Wirtschaftsgüter bzw. daraus erzielte Einkünfte aus dem Betriebstättenstaat automatisch der dortigen Betriebstätte zuzuordnen seien.[1255] Allein der Hinweis auf die Überführung eines Wirtschaftsgutes in eine ausländische Freistellungsbetriebstätte sollte deshalb nach den Grundsätzen des EuGH-Urteils *DMC Beteiligungsgesellschaft* nicht als Rechtfertigungsgrund für eine Beschränkung der Grundfreiheiten ausreichen, solange nicht die Bundesrepublik Deutschland auch „tatsächlich" ihr Besteuerungsrecht, aufgrund der „tatsächlichen" Zurechnung des Wirtschaftsgutes zur ausländischen Betriebstätte, verliert.[1256]

Dem Vorlagebeschluss des FG Düsseldorf vom 05.12.2013 fehlen Ausführungen zur tatsächlichen Zuordnung der Wirtschaftsgüter zur ausländischen Betriebstätte aber völlig. In dem zugrunde liegenden Sachverhalt hatte sich die deutsche Finanzverwaltung zur Anwendung der „Entstrickungsbesteuerung" allein auf Tz. 2.6.1 der Grundsätze der Verwaltung für die Prüfung der Aufteilung der Einkünfte bei

---

1253 *EuGH*, 23.01.2014 – C-164/12, *DMC Beteiligungsgesellschaft*, DStR 2014, 193, Rz. 56.

1254 Dies ergibt sich aus Art. 7 Abs. 1 S. 2 OECD-MA, vgl. *Schaumburg*, Internationales Steuerrecht, Rz. 16.264.

1255 Vgl. Ziff. 10 OECD-MK zu Art. 7 OECD-MA (2008) sowie die inhaltsgleiche Ziff. 12 OECD-MK zu Art. 7 OECD-MA (2010). Der BFH übernahm die OECD-Ansicht hinsichtlich des fehlenden „Attraktionsprinzips" bei ausländischen Betriebstätten insoweit in seinem Urteil zur Aufgabe der Theorie der sog. „finalen Entnahme", vgl. *BFH*, 17.07.2008 – I R 77/06, DStR 2008, 2001: „Anders als bei den von Art. 13 Abs. 5 des Musterabkommens zur Vermeidung der Doppelbesteuerung auf dem Gebiet der Steuern vom Einkommen und vom Vermögen der Organisation für wirtschaftliche Zusammenarbeit und Entwicklung (OECD-MustAbk) erfassten Veräußerungsgewinnen, die ausschließlich in dem Vertragsstaat besteuert werden, in dem der Veräußerer – nach seinem Wegzug – ansässig ist, geht der inländische Besteuerungszugriff auf Gewinne aus der Veräußerung beweglichen Vermögens, das Betriebsvermögen einer Betriebstätte ist, die ein Unternehmen eines Vertragsstaats im anderen Vertragsstaat hat (Art. 13 Abs. 2 OECD-MustAbk), bei Vereinbarung der Freistellungsmethode (Art. 23A OECD-MustAbk) nur in jenem Umfang verloren, in dem das Vermögen der Betriebstätte auch tatsächlich zuzuordnen ist und in dem die realisierten Gewinne durch jene Betriebstätte erwirtschaftet wurden".

1256 Ähnlicher Auffassung *Gosch*, IWB 2012, 779, 784 f.

Betriebstätten international tätiger Unternehmen gestützt,[1257] welche bei Verbringung von Wirtschaftsgütern in eine ausländische Freistellungsbetriebstätte eine insoweit „unbedingte" Entstrickungsbesteuerung unter Aufdeckung der stillen Reserven anordnet: „Bei der Überführung von Wirtschaftsgütern des inländischen Stammhauses in dessen ausländische Betriebstätte erfolgt die Aufdeckung von stillen Reserven grundsätzlich mit dem Fremdvergleichspreis im Zeitpunkt der Überführung". Es erscheint deshalb sehr wahrscheinlich, dass der EuGH in seinem Urteil zum anhängigen Verfahren *Verder LabTec* in Anlehnung an seine Rechtsprechung im Urteil *DMC Beteiligungsgesellschaft* eine Rechtfertigung der deutschen Entstrickungsregelungen zur „Wahrung der Aufteilung der Besteuerungsbefugnis" nur unter der Voraussetzung anerkennt, dass Deutschland in diesem Fall auch „tatsächlich" sein Besteuerungsrecht verloren hat, d.h. die überführten Wirtschaftsgüter auch „tatsächlich" der ausländischen Betriebstätte zuzuordnen sind. Diese (Tatsachen-)Frage wird deshalb m.E. wohl auch in diesem Fall durch Zurückverweisung an das vorlegende Gericht, mithin durch das FG Düsseldorf, endgültig zu klären sein.

d) Fazit

Die unterschiedliche Ausgestaltung ihrer „Wegzugsbesteuerungs"- oder „Entstrickungsbesteuerungsvorschriften" durch die Mitgliedstaaten spiegelt sich in einer sehr differenzierten Rechtsprechung des EuGH bei Anwendung des Rechtfertigungsgrundes der „Wahrung der Aufteilung der Besteuerungsbefugnis" in diesem Bereich wider.

Dabei hat der EuGH eine allgemeine Anwendbarkeit der Grundfreiheiten des AEUV für die Fälle abgelehnt, in welchen Mitgliedstaaten die *Aufgabe einer auf ihrem Staatsgebiet belegenen Betriebstätte eines gebietsfremden Steuerpflichtigen* einer „Wegzugsbesteuerung" unterziehen (vgl. EuGH-Urteile *Kommission/Portugal* und *Kommission/Spanien* (2013)). Nach Auffassung des EuGH stellt die Einstellung einer Betriebstätte eines Steuerpflichtigen einen rein innerstaatlichen Sachverhalt dar, welcher insoweit nicht unter das Unionsrecht fällt. In allen anderen Fällen prüft der EuGH zunächst, ob die streitigen mitgliedstaatlichen Besteuerungsvorschriften lediglich an den „Wegzug" eines Steuerpflichtigen in einen anderen Mitgliedstaat anknüpfen (etwa um Steuerflucht in niedrigbesteuerte Staaten zu vermeiden) oder aber tatsächlich den Zweck haben, die abkommensrechtlich getroffene Aufteilung der Besteuerungsbefugnis der beteiligten Mitgliedstaaten für die stillen Reserven des wegziehenden Steuerpfichtigen sicherzustellen. Nur im zweiten Fall ist der Anwendungsbereich des Rechtfertigungsgrundes der „Wahrung der Aufteilung der Besteuerungsbefugnis" überhaupt eröffnet (vgl. EuGH-Urteile *de Lasteyrie du*

1257 BMF-Schreiben v. 24.12.1999 betr. Grundsätze der Verwaltung für die Prüfung der Aufteilung der Einkünfte bei Betriebstätten international tätiger Unternehmen (Betriebstätten-Verwaltungsgrundsätze), IV B 4 – S. 1300 –111/99, BStBl. I 1999, S. 1076.

Saillant und *Diego della Valle*). Darüber hinaus hat der EuGH eine Einschlägigkeit des Rechtfertigungsgrundes in den Fällen verneint, in welchen die streitige „Wegzugsbesteuerung“ eines Steuerpflichtigen in der *vorzeitigen* Festsetzung und Einziehung seiner Steuer auf bereits realisierte Einkünfte im Zeitpunkt des Wegzugs bestand (vgl. EuGH-Urteil *Kommission/Spanien* (2012)).

Der EuGH hat die Besteuerung der stillen Reserven eines ansässigen Steuerpflichtigen (natürliche Person oder Gesellschaft), entweder bei dessen eigenen Wegzug in einen anderen Mitgliedstaat oder bei Verbringung von Wirtschaftsgütern dieses Steuerpflichtigen in einen andern Mitgliedstaat, grundsätzlich dann als zur „Wahrung der Aufteilung der Besteuerungsbefugnis zwischen den Mitgliedstaaten“ als gerechtfertigt angesehen, wenn das jeweilige mitgliedstaatliche DBA die Besteuerungsbefugnis für die späteren Gewinne aus der Veräußerung der umziehenden Wirtschaftsgüter dem anderen Mitgliedstaat zugesteht (vgl. EuGH-Urteile *N.*, *National Grid Indus* und *Kommission/Dänemark*). Der EuGH begründet die Einschlägigkeit dieses Rechtfertigungsgrundes damit, dass durch die Zulässigkeit einer Wegzugs- bzw. Entstrickungsbesteuerung sichergestellt werden soll, dass der Ansässigkeitsstaat eines Steuerpflichtigen die in seinem Hoheitsgebiet bis zum Wegzug bzw. bis zur Überführung erwirtschafteten stillen Reserven auch besteuern kann.

Als abkommensrechtliche „Aufteilungsgrundlage“ für die diesbezügliche Besteuerungsbefugnis der beim Wegzug beteiligten Mitgliedstaaten zieht der EuGH sowohl bei der Wohnsitzverlagerung von natürlichen Personen, wie auch der Sitzverlegung von Gesellschaften, die Regelung des Art. 13 Abs. 5 OECD-MA heran. Indem der EuGH Art. 13 Abs. 5 OECD-MA, über den Wortlaut der Vorschrift hinaus, auch auf die Besteuerung von *nicht realisierten stillen Reserven* der übergehenden Wirtschaftsgüter anwendet und zugleich eine neue „Aufteilung“ der Besteuerungsbefugnisse zwischen den Vertragsstaaten anhand einer „zeitlichen Komponente“ im Hinblick auf die Ansässigkeit eines Steuerpflichtigen in den Vertragsstaaten vornimmt, inkorporiert er sozusagen eine neue „Verteilungsnorm“ für die Mitgliedstaaten der EU und hebelt damit im Ergebnis die Souveränität der Mitgliedstaaten zur bilateralen Verteilung der Besteuerungsbefugnis in diesen Fällen aus.[1258]

Bei der Überführung von Wirtschaftsgütern eines Steuerpflichtigen in eine Betriebstätte in einem anderen Mitgliedstaat erfolgt die abkommensrechtliche Aufteilung der Besteuerungsbefugnisse zwischen den Mitgliedstaaten grundsätzlich anhand des *Betriebstättenprinzips* gem. Art. 7 Abs. 1 und Abs. 2 i.V.m. Art. 23A OECD-MA. Hierbei wird i.d.R. das Besteuerungsrecht für die Betriebstätteneinkünfte durch Vereinbarung der Freistellungsmethode ausschließlich dem Betriebstättenstaat als Quellenstaat der Einkünfte zugeteilt. Sieht das nationale Recht der

1258 Zu einer ähnlichen Schlussfolgerung kommt *Dobratz*, ISR 2014, 198, 201, welcher dem EuGH insoweit die Schaffung eines autonomen „EU-Doppelbesteuerungsrechts“ vorwirft. Siehe hierzu auch die diesbezüglich berechtigte Kritik von *Wassermeyer*, IStR 2012, 277, 281 im Zusammenhang mit *EuGH*, 29.11.2011 – C-371/10, *National Grid Indus*, Slg. 2011, I-12273.

Mitgliedstaaten in diesen Fällen eine „Entstrickungsbesteuerung" mit Blick auf die übergehenden Wirtschaftsgüter vor, hat der EuGH seine Rechtsprechung zu den „Wegzugsfällen" entsprechend angewandt und ein grundsätzliches Besteuerungsrecht des Stammhausstaates für die übertragenden Wirtschaftsgüter im Zeitpunkt der Übertragung aus Gründen der „Wahrung der Aufteilung der Besteuerungsbefugnis zwischen den Mitgliedstaaten" bejaht, wobei der EuGH auch in diesen Fällen eine sofortige Steuereinziehung als unionsrechtlich „unverhältnismäßig" angesehen hat.

Bei der Frage der Unionsrechtskonformität mitgliedstaatlicher „Entstrickungsbesteuerungsvorschriften" bleiben derzeit insbesondere noch zwei Fragen offen: Zum einen, inwieweit Mitgliedstaaten auch „andere Realisationskriterien" im Hinblick auf die (sofortige) Besteuerung von bestimmten Wirtschaftsgütern bei ihrer Übertragung ins Ausland festlegen können, und zum anderen, inwieweit das Unionsrecht auch eine „tatsächliche Zurechnung" von Wirtschaftsgütern zu einer ausländischen Betriebstätte verlangt. Zur letzten Frage sollte insbesondere das Urteil des EuGH im derzeit anhängigen Verfahren *Verder LabTec* zu den deutschen Entstrickungsvorschriften weitere Hinweise liefern.

Auch noch nicht eindeutig unionsrechtlich geklärt ist m.E. die Besteuerung des Wegzugs von Steuerpflichtigen bzw. die Überführung von Wirtschaftsgütern in das EU-Ausland, wenn nach dem Wegzug kein „genuine link" der übergehenden Wirtschaftsgüter zum Staatsgebiet des Wegzugsstaates mehr besteht. Der EuGH hat in seiner bisherigen Rechtsprechung diese Fälle ebenfalls unter Anwendung des Rechtfertigungsgrundes der „Wahrung der Aufteilung der Besteuerungsbefugnis zwischen den Mitgliedstaaten" gelöst. M.E. wäre in diesen Fällen das steuerliche *Territorialitätsprinzip* der „richtige" Rechtfertigungsgrund, woraus sich u.U. auch Auswirkungen auf die Verhältnismäßigkeitsprüfung des EuGH bei beschränkenden Steuervorschriften der Mitgliedstaaten ergeben könnten.

4. Verrechnungspreiskorrekturen

Als steuerliche „Verrechnungspreise" bezeichnet man im Allgemeinen die zwischen verbundenen Unternehmen eines Konzerns vereinbarten Entgelte für konzerninterne Liefer- und Leistungsbeziehungen.[1259] Bei multinationalen Konzernen besteht aufgrund der bislang nicht harmonisierten Steuersysteme der EU-Mitgliedstaaten die Gefahr, dass die Vereinbarung von konzerninternen Verrechnungspreisen von diesen Unternehmen zu Gewinnverlagerungszwecken, insbesondere in niedrigbesteuerte Mitgliedstaaten, genutzt wird.[1260]

Aus diesem Grund enthalten viele Steuerordnungen der Mitgliedstaaten in ihrem nationalen Recht entsprechende „Korrekturvorschriften" für Verrechnungspreise,

1259 Vgl. *Frotscher*, Internationales Steuerrecht, S. 249; *Jacobs*, Internationale Unternehmensbesteuerung, S. 551.

1260 *Frotscher*, Internationales Steuerrecht, S. 247.

wenn der zwischen zwei verbundenen Unternehmen vereinbarte Preis nicht dem sog. „Fremdvergleichspreis"[1261] entspricht.[1262] Da solche Verrechnungspreiskorrekturvorschriften der Mitgliedstaaten i.d.R. ausschließlich auf *grenzüberschreitende* Transaktionen zwischen verbundenen Unternehmen abstellen, stellt sich die Frage einer diskriminierenden Wirkung dieser Vorschriften im Lichte der unionsrechtlichen Grundfreiheiten.[1263] Nachdem sich der EuGH in den Jahren 2002 und 2007 in den Urteilen *Lankhorst-Hohorst*[1264] und *Test Claimants in the Thin Cap Group Litigation*[1265] bereits mit mitgliedstaatlichen Gewinnkorrekturvorschriften zur sog. „Gesellschafterfremdfinanzierung" bei verbundenen Unternehmen befasst hatte,[1266] äußerte sich der EuGH im Jahr 2010 in der Rechtssache *Société de Gestion Industrielle* (kurz: *SGI*)[1267] zum ersten Mal grundlegend zu der Frage einer möglichen Unionsrechtswidrigkeit von allgemeinen Verrechnungspreiskorrekturvorschriften der Mitgliedstaaten.

a) SGI (2010)

Das Verfahren *SGI*[1268] betraf die Frage der Unionsrechtswidrigkeit der belgischen Verrechnungspreiskorrekturvorschriften. Diese sahen vor, dass zur Feststellung des steuerlichen Gewinns einer belgischen Gesellschaft diejenigen „außergewöhnlichen" oder „unentgeltlichen" Vorteile, welche diese an in anderen Mitgliedstaaten ansässige, verbundene Gesellschaften gewährt hatte, wieder hinzugerechnet wurden.[1269] Im entsprechenden Inlandsfall wäre zur Vermeidung einer *wirtschaftlichen Doppelbesteuerung*,

---

1261 Als „Fremdvergleichspreis" ist dabei der Preis zu verstehen, den voneinander unabhängige Dritte für die gleiche Leistung unter vergleichbaren Verhältnissen vereinbart hätten, vgl. nur § 1 Abs. 1 S. 1 AStG.

1262 Vgl. *Europäische Kommission*, Arbeitsdokument der Dienststellen der Kommission zur „Unternehmensbesteuerung im Binnenmarkt", COM(2001)582 endg., S. 318 f.; *Schön*, in: *Richelle/Schön/Traversa*, Allocating Taxing Powers within the European Union, S. 73. Im deutschen Steuerrecht enthält z.B. § 1 AStG eine besondere Rechtsgrundlage für die Berichtigung von Verrechnungspreisen, soweit die Einkünfte eines Steuerpflichtigen durch Geschäftsbeziehungen mit nahestehenden Personen im Ausland durch nicht fremdvergleichskonform gestaltete Bedingungen gemindert wurden. Vgl. zu § 1 AStG allgemein sowie zur Frage seiner Vereinbarkeit mit Unionsrecht *Schaumburg*, Internationales Steuerrecht, Rz. 18.104 ff.

1263 *Schön*, in: *Richelle/Schön/Traversa*, Allocating Taxing Powers within the European Union, S. 75.

1264 *EuGH*, 12.12.2002 – C-324/00, *Lankhorst-Hohorst*, Slg. 2002, I-11779.

1265 *EuGH*, 13.03.2007 – C-524/04, *Test Claimants in the Thin Cap Group Litigation*, Slg. 2007, I-02107. Siehe hierzu oben D.I.2.a)(1).

1266 Siehe zu diesen Urteilen die Zusammenfassung bei *Schön*, in: *Richelle/Schön/Traversa*, Allocating Taxing Powers within the European Union, S. 76.

1267 *EuGH*, 21.01.2010 – C-311/08, *SGI*, Slg. 2010, I-00487.

1268 Ebenda.

1269 *EuGH*, 21.01.2010 – C-311/08, *SGI*, Slg. 2010, I-00487, Rz. 3.

unter der Voraussetzung, dass der entsprechende Vorteil bei der Feststellung der steuerpflichtigen Einkünfte des verbundenen Unternehmens berücksichtigt worden war, *keine* Hinzurechnung der gewährten Vorteile vorgenommen worden. Bei der in Belgien ansässigen *SGI* fand aufgrund dieser Korrekturvorschriften eine steuerliche Hinzurechnung von fiktiven Darlehenszinsen aufgrund der Gewährung eines unverzinslichen Darlehens an eine mit ihr gesellschaftsrechtlich verbundene Gesellschaft mit Sitz in Frankreich statt.[1270] Darüber hinaus war die belgische Finanzverwaltung der Auffassung, dass die von der *SGI* gezahlten Verwaltungsratsmitgliedsvergütungen an ihre in Luxemburg ansässige Aktionärsgesellschaft als „unangemessen hoch" anzusehen seien und nahm auch in diesem Fall eine entsprechende Gewinnkorrektur vor. Die *SGI* wandte sich gegen die vorgenommenen Gewinnkorrekturen und machte diesbezüglich einen Verstoß der belgischen Verrechnungspreiskorrekturvorschriften gegen Unionsrecht geltend.

In seinem Urteil stellte der EuGH im Rahmen seiner Diskriminierungsprüfung fest, dass die unterschiedliche steuerliche Behandlung von belgischen Gesellschaften, je nachdem, ob diese Vorteile an inländische oder in anderen Mitgliedstaaten ansässige, verbundene Unternehmen gewähren, eine Beschränkung der Niederlassungsfreiheit i.S.v. Art. 43 EGV i.V.m. Art. 48 EGV (jetzt Art. 49 AEUV i.V.m. Art. 54 AEUV) darstellt.[1271] Die am Verfahren beteiligten Regierungen beriefen sich daraufhin auf eine Rechtfertigung der belgischen Verrechnungspreisvorschriften aufgrund der „Notwendigkeit, eine ausgewogene Aufteilung der Besteuerungsbefugnis zwischen den Mitgliedstaaten zu gewährleisten" sowie aufgrund der „Besorgnis der Steuerumgehung und der Bekämpfung missbräuchlicher Praktiken".[1272]

Bezüglich des Rechtfertigungsgrundes der „Wahrung der ausgewogenen Aufteilung der Besteuerungsbefugnis" griff der EuGH in seiner Rechtfertigungsprüfung auf seine bisherige Rechtsprechung[1273] zurück, wonach dieser Rechtfertigungsgrund dann anerkannt werden kann, wenn „mit der betreffenden Regelung Verhaltensweisen verhindert werden sollen, die geeignet sind, das Recht eines Mitgliedstaats auf Ausübung seiner Steuerhoheit für die in seinem Hoheitsgebiet durchgeführten Tätigkeiten zu gefährden".[1274] Das in diesem Zusammenhang bisher ausschließlich in den Verlustabzugsbeschränkungsfällen angewandte „Wahlfreiheits"-Argument[1275] modifizierte der EuGH im Fall *SGI* dahingehend, dass eine ausgewogene Aufteilung der Besteuerungsbefugnisse zwischen den Mitgliedstaaten dann erheblich beeinträchtigt wäre, wenn man Gesellschaften die Möglichkeit einräumte, „für die Berücksichtigung ihrer Verluste *oder ihrer Gewinne* im Mitgliedstaat ihrer Niederlassung oder für deren

1270 *EuGH*, 21.01.2010 – C-311/08, *SGI*, Slg. 2010, I-00487, Rz. 12–14.

1271 *EuGH*, 21.01.2010 – C-311/08, *SGI*, Slg. 2010, I-00487, Rz. 44, 55.

1272 *EuGH*, 21.01.2010 – C-311/08, *SGI*, Slg. 2010, I-00487, Rz. 57.

1273 Siehe nur *EuGH*, 18.07.2007 – C-231/05, *Oy AA*, Slg. 2007, I-06373, Rz. 56.

1274 *EuGH*, 21.01.2012 – C-311/08, *SGI*, Slg. 2010, I-00487, Rz. 60.

1275 Vgl. nur *EuGH*, 13.12.2005 – C-446/03, *Marks & Spencer*, Slg. 2005, I-10866, Rz. 46; *EuGH*, 25.02.2010 – C-337/08, *X Holding*, Slg. 2010, I-01215, Rz. 31; *EuGH*, 15.05.2008 – C-414/06, *Lidl Belgium*, Slg. 2008, I-03601, Rz. 34.

Berücksichtigung in einem anderen Mitgliedstaat zu optieren".[1276] In dem vorliegenden Fall bestünde die Gefahr, dass belgische Gesellschaften ihre Gewinne durch eine entsprechende Ausgestaltung der Vorteilsgewährung an verbundene Unternehmen in andere Mitgliedstaaten verlagern könnten. Wäre Belgien als Ansässigkeitsstaat der *SGI* unionsrechtlich verpflichtet, eine ertragsteuerliche Hinzurechnung von solchen „außergewöhnlichen" oder „unentgeltlichen" Vorteilen zu unterlassen, so würde dies letztlich bedeuten, dass Belgien auf sein Recht zur unbeschränkten Besteuerung der Einkünfte der *SGI*, ggf. zugunsten des Ansässigkeitsstaates der verbundenen Gesellschaft, die diese Vorteile empfängt, verzichten müsste.[1277] Neben der „Wahrung der ausgewogenen Aufteilung der Besteuerungsbefugnis" erkannte der EuGH auch den zweiten vorgebrachten Rechtfertigungsgrund, die „Verhinderung von Steuerumgehungen", aufgrund einer „Gesamtbetrachtung" der beiden Rechtfertigungsgründe als einschlägig an.[1278]

Bei der nachfolgenden Verhältnismäßigkeitsprüfung schränkte der EuGH seine Aussagen zur Rechtfertigung der belgischen Verrechnungspreisvorschriften aber wieder deutlich ein. Der EuGH erachtete hier unter der Prämisse, dass eine konzerninterne Transaktion nicht dem Fremdvergleich standhält („dass ein geschäftlicher Vorgang über das hinausgeht, was die betreffenden Gesellschaften unter Bedingungen des freien Wettbewerbs vereinbart hätten"),[1279] nationale Verrechnungspreiskorrekturvorschriften erst dann als verhältnismäßig, wenn diese zum einen die Möglichkeit eines „Gegenbeweises" im Sinne des Vorbringens von wirtschaftlichen Gründen für den Abschluss dieser Transaktion vorsehen[1280] und zum anderen die steuerliche Gewinnkorrektur nicht über das hinausgeht, was „fremdüblich"[1281] wäre. Während die erste Forderung des EuGH nach einer „Gegenbeweismöglichkeit" seiner bisherigen Rechtsprechung zur Verhältnismäßigkeit von mitgliedstaatlichen Vorschriften zur Vermeidung von Missbrauch und Steuerumgehung entnommen ist,[1282] scheint sich der EuGH in Bezug auf seine zweite Forderung an Art. 9 OECD-MA orientiert zu haben. Dieser sieht die Möglichkeit eines Vertragsstaates zur Berichtigung von Gewinnen eines dort ansässigen Unternehmens aufgrund von Transaktionen mit verbundenen Unternehmen ebenfalls nur nach den Grundsätzen des „Fremdvergleichs" (engl. „arms length principle") vor.[1283]

1276 *EuGH*, 21.01.2012 – C-311/08, *SGI*, Slg. 2010, I-00487, Rz. 62 [Hervorh. d. Verf.].
1277 Vgl. *EuGH*, 21.01.2012 – C-311/08, *SGI*, Slg. 2010, I-00487, Rz. 63.
1278 *EuGH*, 21.01.2012 – C-311/08, *SGI*, Slg. 2010, I-00487, Rz. 69.
1279 *EuGH*, 21.01.2012 – C-311/08, *SGI*, Slg. 2010, I-00487, Rz. 71.
1280 Ebenda.
1281 *EuGH*, 21.01.2012 – C-311/08, *SGI*, Slg. 2010, I-00487, Rz. 72.
1282 Vgl. die in *EuGH*, 21.01.2012 – C-311/08, *SGI*, Slg. 2010, I-00487, Rz. 71 zitierte Rechtsprechung sowie *EuGH*, 12.09.2006 – C-196/04, *Cadbury Schweppes*, Slg. 2006, I-07995, Rz. 65 ff.
1283 *Eigelshoven*, in: *Vogel/Lehner*, DBA, Art. 9, Rz. 3.

b) Fazit

In der Literatur wurde das Urteil des EuGH in der Rechtssache *SGI* häufig dahingehend interpretiert, dass der EuGH damit den international anerkannten „Fremdvergleichsgrundsatz“ als Ausprägung des Rechtfertigungsgrundes der „Wahrung der Aufteilung der Besteuerungsbefugnis“ unionsrechtlich anerkannt hätte.[1284] Letztlich ist aber genau das Gegenteil der Fall.[1285] Zwar hat der EuGH festgestellt, dass das Unionsrecht die Mitgliedstaaten nicht daran hindert, grenzüberschreitende Verschiebungen von Unternehmensgewinnen durch nicht fremdvergleichskonforme Liefer- und Leistungsbeziehungen zwischen verbundenen Unternehmen zu verhindern. Indem er aber darüber hinaus ausdrücklich die Möglichkeit eines „Gegenbeweises“ fordert, hebt er damit den „Fremdvergleich“ als bisher zwischen den Mitgliedstaaten angewandtes und international anerkanntes Kriterium für die mitgliedstaatliche Aufteilung der Besteuerungsbefugnisse bei Gewinnen zwischen verbundenen Unternehmen auf. Wie *Schön* zutreffend ausführt, muss eine anhand „wirtschaftlicher Gründe“ durchgeführte Transaktion zwischen verbundenen Unternehmen nämlich nicht unbedingt gleichzeitig auch dem Fremdvergleichsgrundsatz entsprechen.[1286] Kann ein Konzernunternehmen die vom EuGH genannten „Beweise für etwaige wirtschaftliche Gründe für den Abschluss eines Geschäfts“ mit einem verbundenen Unternehmen beibringen, so muss nach den Grundsätzen der Rechtssache *SGI* der Ansässigkeitsstaat dieses Unternehmens in der Konsequenz auch bei *nicht* fremdvergleichskonform durchgeführten konzerninternen Transaktionen eine Gewinnkorrektur nach nationalem Recht unterlassen. Die Aufteilung der Besteuerungsbefugnis für Gewinne aus solchen Transaktionen erfolgt damit genau entgegen der Regelung des Art. 9 OECD-MA, welcher derzeit noch eine am „Fremdvergleich“ orientierte Aufteilung der korrigierten Unternehmensgewinne zwischen den Vertragsstaaten, mit einer grundsätzlichen Berechtigung des Ansässigkeitsstaates eines Unternehmens zur Vornahme von fremdvergleichskonformen Verrechnungspreiskorrekturen (Art. 9 Abs. 1 OECD-MA), vorsieht.[1287]

1284 So z.B. *Becker/Sydow*, IStR 2010, 195, 198; *Schwaiger*, SWI 2010, 525, 531.

1285 Kritisch auch *Greinert/Thiele*, DB 2013, 2524, 2525 ff.; *Heidenbauer*, SWI 2011, 67, 72; *Thömmes*, IWB 2010, 107, 110; *Schön*, in: *Richelle/Schön/Traversa*, Allocating Taxing Powers within the European Union, S. 77 f.

1286 *Schön*, in: *Richelle/Schön/Traversa*, Allocating Taxing Powers within the European Union, S. 94 f.

1287 Vgl. Tz. 2 OECD-MK zu Art. 9 OECD-MA: „Dieser Absatz [Art. 9 Abs. 1 OECD-MA, Anm. d. Verf.] sieht vor, dass die Steuerbehörden eines Vertragsstaats zur Berechnung der Steuerschulden verbundener Unternehmen die Bücher der Unternehmen berichtigen dürfen, wenn diese wegen der besonderen Beziehungen zwischen den Unternehmen die tatsächlich in diesem Staat entstandenen steuerlichen Gewinne nicht ausweisen“.

5. Quellensteuer bei Dividenden an gebietsfremde Empfängergesellschaften

Um eine wirtschaftliche körperschaftsteuerliche Doppelbesteuerung bei Dividendenausschüttungen zwischen zwei Kapitalgesellschaften zu vermeiden, enthalten viele Steuerordnungen der EU-Mitgliedstaaten im Inlandsfall steuerliche Entlastungsmöglichkeiten für inländische Empfängergesellschaften.[1288] Im Auslandsfall werden bei Dividendenausschüttungen an ausländische Empfängergesellschaften diesen jedoch i.d.R. keine entsprechenden Entlastungsmöglichkeiten gewährt.[1289] Viele Staaten besteuern darüber hinaus die ausländische Empfängergesellschaft im Rahmen eines abgeltenden *Quellensteuerabzugs*, d.h. die ausschüttende Kapitalgesellschaft wird verpflichtet, die Körperschaftsteuer auf die ausgeschütteten Dividenden für Rechnung der ausländischen Empfängergesellschaft einzubehalten und an das Finanzamt abzuführen.[1290]

Der EuGH hatte mit Blick auf die steuerliche Ungleichbehandlung von in- und ausländischen Kapitalgesellschaften beim Empfang von Dividendenausschüttungen also zwei zu trennende Fragestellungen zu würdigen. Zum einen musste der EuGH entscheiden, ob die Vornahme eines *abgeltenden Quellensteuerabzugs* bei der Besteuerung von ausländischen Empfängergesellschaften dann gegen Unionsrecht verstößt, wenn vergleichbare inländische Empfängergesellschaften im Rahmen eines *körperschaftsteuerlichen Veranlagungsverfahrens* besteuert werden. In seinem Urteil *Truck Center*[1291] stellte der EuGH insoweit zu dieser Frage klar, dass sich in- und ausländische Empfängergesellschaften im Hinbklick auf „Steuererhebungsmodalitäten" eines Mitgliedstaates *nicht* in einer vergleichbaren Situation befinden und Mitgliedstaaten deshalb *nicht* an der Vornahme eines Quellensteuerabzugs bei Dividendenausschüttungen an gebietsfremde Kapitalgesellschaften gehindet sind, selbst wenn im Inlandsfall ein anderes Besteuerungsverfahren angewandt wird.

1288 Siehe *Englisch*, Intertax 2005, 200, 200; *Kofler*, Doppelbesteuerungsabkommen und Europäisches Gemeinschaftsrecht, S. 971. Im deutschen Körperschaftsteuerrecht bleiben z.B. Dividendenbezüge einer unbeschränkt steuerpflichtigen Körperschaft für Zwecke ihrer steuerlichen Einkommensermittlung nach § 8b Abs. 1 KStG i.V.m. § 20 Abs. 1 Nr. 1 EStG grundsätzlich außer Betracht.

1289 *Kofler*, Doppelbesteuerungsabkommen und Europäisches Gemeinschaftsrecht, S. 971; für eine Übersicht über die wichtigsten Körperschaftsteuersysteme der Staaten zur Verrmeidung einer wirtschaftlichen Doppelbesteuerung siehe *Hey*, in: *Tipke/Lang*, Steuerrecht, § 11, Rz. 6 f.

1290 Siehe zum Quellensteuerabzugsverfahren *Vogel*, in: *Vogel/Lehner*, DBA, Vor Art. 10–12, Rz. 55. Im deutschen Steuerrecht sehen die §§ 43 Abs. 1 Nr. 1, 43a Abs. 1 Nr. 1 EStG i.V.m. § 32 Abs. 1 KStG bspw. einen grundsätzlich abgeltenden Quellensteuereinbehalt im Rahmen einer „Kapitalertragsteuer" auf Dividendenausschüttungen an beschränkt steuerpflichtige Empfängerkörperschaften i.H.v. 25 % des Bruttobetrags der Dividenden vor.

1291 *EuGH*, 22.12.2008 – C-282/07, *Truck Center*, Slg. 2008, I-10767.

Zur anderen Frage, nämlich der Vergleichbarkeit von inländischen und ausländischen Kapitalgesellschaften hinsichtlich der Vermeidung einer *wirtschaftlichen Doppelbesteuerung* der empfangenen Dividenden, nahm der EuGH grundlegend im Jahr 2006 in der Rechtssache *Denkavit Internationaal und Denkavit France*[1292] Stellung. In diesem Urteil stellte der EuGH zunächst klar, dass sich ausländische und inländische Empfängergesellschaften hinsichtlich der Besteuerung von Dividendenausschüttungen grundsätzlich nicht in einer vergleichbaren Lage befänden.[1293] Indem der Sitzstaat der ausschüttenden Gesellschaft aber auch die nicht gebietsansässigen Anteilseigner einer Steuerpflicht unterwirft, nähert sich die Situation dieser Empfängergesellschaften hinsichtlich der Gefahr einer *wirtschaftlichen Doppelbesteuerung* der Dividenden dem Inlandsfall an.[1294] In einem solchen Fall sind beide Gesellschaften im Hinblick auf Maßnahmen des Mitgliedstaates der dividendenausschüttenden Gesellschaft zur Vermeidung wirtschaftlicher Doppelbesteuerung als vergleichbar anzusehen, sodass die Anwendung der Grundfreiheiten eine ungünstigere Besteuerung der ausländischen Empfängergesellschaft verbietet.[1295]

Die französische Regierung hatte im Verfahren *Denkavit Internationaal und Denkavit France*, außer dem erfolglosen Versuch, das *Territorialitätsprinzip* als Rechtfertigung für die beschränkenden Quellensteuervorschriften zu bemühen,[1296] keine weiteren Rechtfertigungsgründe geltend gemacht.[1297] In dem im Jahr 2007 nachfolgenden Urteil *Amurta*[1298] sollte der Rechtfertigungsgrund der „Wahrung der Aufteilung der Besteuerungsbefugnis" bei der Frage der Unionsrechtswidrigkeit der niederländischen Quellenbesteuerung von Dividendenausschüttungen an beschränkt steuerpflichtige Empfängergesellschaften hingegen eine Rolle spielen.

a) Amurta (2007)

Im Verfahren *Amurta*[1299] ging es um die unionsrechtliche Beurteilung des niederländischen Quellensteuereinbehaltes bei Dividendenausschüttungen an ausländische Kapitalgesellschaften. Die *Amurta SGPS* mit Sitz in Portugal erhielt von einer

1292 *EuGH*, 14.12.2006 – C-170/05, *Denkavit Internationaal und Denkavit France*, Slg. 2006, I-11949.

1293 *EuGH*, 14.12.2006 – C-170/05, *Denkavit Internationaal und Denkavit France*, Slg. 2006, I-11949, Rz. 34.

1294 *EuGH*, 14.12.2006 – C-170/05, *Denkavit Internationaal und Denkavit France*, Slg. 2006, I-11949, Rz. 35.

1295 *EuGH*, 14.12.2006 – C-170/05, *Denkavit Internationaal und Denkavit France*, Slg. 2006, I-11949, Rz. 39.

1296 Vgl. *EuGH*, 14.12.2006 – C-170/05, *Denkavit Internationaal und Denkavit France*, Slg. 2006, I-11949, Rz. 32.

1297 *EuGH*, 14.12.2006 – C-170/05, *Denkavit Internationaal und Denkavit France*, Slg. 2006, I-11949, Rz. 40.

1298 *EuGH*, 08.11.2007 – C-379/05, *Amurta*, Slg. 2007, I-09569.

1299 Ebenda.

niederländischen Kapitalgesellschaft Dividenden, welche in den Niederlanden mit einem Quellensteuersatz i.H.v. 25 % besteuert wurden. Hätte die *Amurta* ihren Sitz in den Niederlanden gehabt und wäre dort der niederländischen Körperschaftsteuer unterlegen, wären die Dividendenzahlungen nach niederländischem Steuerrecht steuerbefreit und somit keine Quellensteuer auf Dividenden einzubehalten.[1300] Die *Amurta* sah in dieser unterschiedlichen steuerlichen Behandlung von gebietsansässigen und gebietsfremden Empfängergesellschaften durch das niederländische Steuerrecht eine Beschränkung ihrer unionsrechtlich garantierten Kapitalverkehrsfreiheit nach Art. 56, 58 EGV (jetzt Art. 63, 65 AEUV).[1301]

Der EuGH schloss sich in seinem Urteil der Auffassung von *Amurta* und dem Generalanwalt *Mengozzi*[1302] an und stellte im Ergebnis fest, dass die niederländischen Steuervorschriften hinsichtlich der Quellenbesteuerung von Dividendenausschüttungen an ausländische Empfängergesellschaften einen Verstoß gegen die Kapitalverkehrsfreiheit darstellten.[1303] Die dem Verfahren beigetretene Regierung des Vereinigten Königreichs machte geltend, dass die niederländische Quellensteuer auf Dividendenausschüttungen durch die „Notwendigkeit gerechtfertigt werden könne, eine ausgewogene Aufteilung der Steuerhoheit zwischen den Mitgliedstaaten zu gewährleisten".[1304] Sie verwies in diesem Zusammenhang insbesondere auf das niederländisch-portugiesische DBA, welches in Anlehnung an Art. 10 Abs. 2 OECD-MA ein ausdrückliches (Quellen-)Besteuerungsrecht der Niederlande für Dividendenausschüttungen an in Portugal ansässige Empfänger vorsah.[1305] Die britische Regierung vertrat die Auffassung, dass, wenn die Niederlande auf die Quellenbesteuerung der Dividenden verzichten müssten, dies zur Folge hätte, „dass diese Einkünfte in diesem Mitgliedstaat [d.h. in den Niederlanden, Anm. d. Verf.] von jeder Steuer befreit wären".[1306]

Bei der Prüfung des vorgebrachten Rechtfertigungsgrundes der „Wahrung der Aufteilung der Besteuerungsbefugnis" wies der EuGH darauf hin, dass „das Königreich der Niederlande keine Einwände aus dem DBA herleiten kann, um seinen Verpflichtungen aus dem Vertrag zu entgehen".[1307] Der EuGH stellt damit klar, dass die Mitgliedstaaten zwar mangels Vorgaben des Unionsrechts die Kriterien der Musterabkommen der OECD für die Verteilung ihrer Besteuerungsbefugnisse heranziehen könnten, die Verwendung dieser Kriterien jedoch nicht automatisch zu einer Rechtfertigung von beschränkenden Vorschriften der Mitgliedstaaten führe. Die abkommensrechtliche Aufteilung der Besteuerungsbefugnisse zwischen den

---

1300 Vgl. *EuGH*, 08.11.2007 – C-379/05, *Amurta*, Slg. 2007, I-09569, Rz. 15.
1301 *EuGH*, 08.11.2007 – C-379/05, *Amurta*, Slg. 2007, I-09569, Rz. 13 f.
1302 Vgl. Schlussanträge des Generalanwalts *Mengozzi* v. 07.06.2007, Rs. C-379/05, *Amurta*.
1303 *EuGH*, 08.11.2007 – C-379/05, *Amurta*, Slg. 2007, I-09569, Rz. 28.
1304 *EuGH*, 08.11.2007 – C-379/05, *Amurta*, Slg. 2007, I-09569, Rz. 53.
1305 *EuGH*, 08.11.2007 – C-379/05, *Amurta*, Slg. 2007, I-09569, Rz. 54.
1306 Ebenda.
1307 *EuGH*, 08.11.2007 – C-379/05, *Amurta*, Slg. 2007, I-09569, Rz. 55.

Mitgliedstaaten anhand der OECD-Musterabkommen ist nach Auffassung des EuGH somit nicht als eine Art „Schablone“ für die Prüfung des Rechtfertigungsgrundes der „Wahrung der Aufteilung der Besteuerungsbefugnis zwischen den Mitgliedstaaten“ zu verstehen. Die bloße Zuweisung des Besteuerungsrechts nach einem DBA ist damit noch keine wirksame Rechtfertigung von beschränkenden Steuervorschriften.[1308] Der EuGH verwies im Urteil *Amurta* in vielmehr darauf, dass der Rechtfertigungsgrund der „Wahrung der Aufteilung der Besteuerungsbefugnis“ erst dann greifen soll, wenn ohne die streitige Regelung der betroffene Mitgliedstaat sein Recht zur Besteuerung der in seinem Hoheitsgebiet durchgeführten Tätigkeiten tatsächlich nicht mehr ausüben könnte.[1309]

Gleichzeitig schränkte der EuGH die Anwendbarkeit des Rechtfertigungsgrundes aber dahingehend ein, dass dieser dann nicht als wirksame Rechtfertigung für beschränkende Steuervorschriften eines Mitgliedstaaten gelten soll, wenn dieser Mitgliedstaat im entsprechenden Inlandsfall seine entsprechende „Besteuerungsbefugnis“ nicht ausübt: „Wenn sich allerdings ein Mitgliedstaat dafür entschieden hat, die in seinem Hoheitsgebiet ansässigen Empfängergesellschaften im Hinblick auf derartige Einkünfte nicht zu besteuern, kann er sich nicht auf die Notwendigkeit berufen, eine ausgewogene Aufteilung der Steuerhoheit zwischen den Mitgliedstaaten sicherzustellen, um die Besteuerung von in einem anderen Mitgliedstaat ansässigen Empfängergesellschaften zu rechtfertigen“.[1310] Da im Fall *Amurta* die Niederlande Dividendenausschüttungen an *inländische* Empfängergesellschaften nicht besteuerten, stellte die Erhebung einer Quellensteuer auf Dividendenausschüttungen an *ausländische* Empfängergesellschaften einen nicht zu rechtfertigenden Verstoß gegen die Kapitalverkehrsfreiheit dar.[1311]

Die unionsrechtliche Verpflichtung des Quellenstaates zur steuerlichen Gleichbehandlung von Dividendenausschüttungen an in- und ausländische Empfänger im Hinblick auf die Vermeidung einer *wirtschaftlichen* Doppelbesteuerung führt dazu, dass der Quellenstaat im Auslandsfall dann auf sein abkommensrechtlich zustehendes Besteuerungsrecht verzichten muss, wenn er bereits im entsprechenden Inlandsfall auf eine Besteuerung der Dividenden bei der Empfängergesellschaft verzichtet hat. Damit nimmt das Unionsrecht aber auch Einfluss auf die Aufteilung von Besteuerungsbefugnissen zwischen den Mitgliedstaaten im Hinblick auf die Vermeidung einer *juristischen* Doppelbesteuerung der Dividenden: In diesen Fällen wird der Quellenstaat unionsrechtlich gezwungen, auf sein ihm zustehendes Besteuerungsrecht für die Dividenden zugunsten des Ansässigkeitsstaates des Dividendenempfängers zu verzichten.

Im Urteil *Amurta* zeigte der EuGH den Mitgliedstaaten und insbesondere dem Quellenstaat der Dividendeneinkünfte aber gleichzeitig auch einen „Ausweg“ aus

---

1308 Insoweit zustimmend auch *Biebl*, SWI 2008, 29, 31 f.; *Englisch*, IStR 2007, 858 f.
1309 *EuGH*, 08.11.2007 – C-379/05, *Amurta*, Slg. 2007, I-09569, Rz. 58.
1310 *EuGH*, 08.11.2007 – C-379/05, *Amurta*, Slg. 2007, I-09569, Rz. 59.
1311 *EuGH*, 08.11.2007 – C-379/05, *Amurta*, Slg. 2007, I-09569, Rz. 61.

diesem Dilemma auf, indem er feststellte, dass „ein Mitgliedstaat die Beachtung seiner Verpflichtungen aus dem Vertrag dadurch sicherzustellen vermag, dass er mit einem anderen Mitgliedstaat ein Abkommen zur Vermeidung der Doppelbesteuerung schließt".[1312] Mit anderen Worten kann ein Mitgliedstaat für die notwendige unionsrechtliche Gleichbehandlung von Dividendeneinkünften bei ausländischen Empfängergesellschaften auch im *Abkommenswege* sorgen. Die Wirkung einer entsprechenden Abkommensregelung in einem mitgliedstaatlichen DBA sollte jedoch nicht dahingehend zu verstehen sein, dass in diesem Fall die bestehenden steuerlichen Beschränkungen des Quellenstaates doch noch als zur „Wahrung der Aufteilung der Besteuerungsbefugnis" gerechtfertigt angesehen werden,[1313] sondern die beschränkende Quellenbesteuerung insoweit lediglich abkommensrechtlich „neutralisiert"[1314] wird (siehe hierzu ausführlich **Gliederungspunkt E.** unten).[1315]

b) Kommission/Italien (2009)

Das Urteil des EuGH im Vertragsverletzungsverfahren *Kommission/Italien*[1316] betraf die italienischen Quellenbesteuerungsvorschriften für Dividenden, welche an ausländische Empfängerkapitalgesellschaften mit Sitz in der EU oder dem EWR ausgeschüttet wurden, die nicht unter den Anwendungsbereich der *Mutter-Tochter-Richtlinie* fielen. Die italienischen Steuervorschriften sahen für diese Dividendenausschüttungen einen Steuerabzug an der Quelle i.H.v. 27 % vor, wovon höchstens vier Neuntel auf Antrag erstattet werden konnten.[1317] Dividendenausschüttungen an inländische Empfängergesellschaften wurden dagegen zu 95 % von der italienischen Körperschaftsteuer befreit. Im Ergebnis unterlagen damit (unstreitig) die Dividenden, die an in anderen Mitgliedstaaten ansässige Gesellschaften ausgeschüttet wurden, einem höheren Steuersatz als die Dividenden, die an gebietsansässige Gesellschaften ausgeschüttet wurden.[1318]

1312 *EuGH*, 08.11.2007 – C-379/05, *Amurta*, Slg. 2007, I-09569, Rz. 79.

1313 So wohl die Auffassung von *Schwenke*, IStR 2008, 473, 477.

1314 Vgl. ausdrücklich *EuGH*, 08.11.2007 – C-379/05, *Amurta*, Slg. 2007, I-09569, Rz. 83.

1315 Vgl. *Lang*, IStR 2009, 539 f.

1316 *EuGH*, 19.11.2009 – C-540/07, *Kommission/Italien*, Slg. 2009, I-10983. Der EuGH hatte zudem in den Vertragsverletzungsverfahren *Kommission/Spanien* (*EuGH*, 03.07.2010 – C-487/08, *Kommission/Spanien*, Slg. 2010, I-04843) sowie *Kommission/Niederlande* (*EuGH*, 11.07.2009 – C-521/07, *Kommission/Niederlande*, Slg. 2009, I-04873) zu ähnlichen Quellensteuerregelungen in den spanischen bzw. niederländischen Steuerordnungen zu entscheiden. Da die jeweiligen Regierungen in diesen Verfahren keine zwingenden Gründe des Allgemeininteresses, mithin auch nicht die „Aufteilung der Besteuerungsbefugnis zwischen den Mitgliedstaaten", zur Rechtfertigung ihrer beschränkenden Vorschriften angeführt hatten, werden diese EuGH-Urteile hier nicht weiter vertieft.

1317 *EuGH*, 19.11.2009 – C-540/07, *Kommission/Italien*, Slg. 2009, I-10983, Rz. 32.

1318 *EuGH*, 19.11.2009 – C-540/07, *Kommission/Italien*, Slg. 2009, I-10983, Rz. 33.

Der EuGH stellte mithin auch im Verfahren *Kommission/Italien* eine nicht zu rechtfertigende Beschränkung der Kapitalverkehrsfreiheit i.S.v. Art. 56 EGV (jetzt Art. 63 AEUV) durch die unterschiedlichen italienischen Vorschriften zur Dividendenbesteuerung gebietsansässiger und gebietsfremder Empfängerkapitalgesellschaften fest.[1319] Hinsichtlich einer möglichen Rechtfertigung der italienischen Quellensteuervorschriften hatte die italienische Regierung vorgebracht, die Steuervorschriften seien zur „Wahrung einer ausgewogenen Aufteilung der Steuerhoheit" sowie zur Sicherstellung der „steuerlichen Kohärenz des Gesamtsteuersystems" notwendig.[1320] Es müsse im Inlandsfall eine „Gesamtbetrachtung" der Steuerbelastung der Dividenden mit Körperschaftsteuer auf Ebene der empfangenden Kapitalgesellschaft und mit Einkommensteuer bei Weiterausschüttung an natürliche Personen vorgenommen und mit der steuerlichen Belastung der Dividenden im Auslandsfall verglichen werden.[1321] Beziehe man die Einkommensteuerbelastung der ansässigen Gesellschafter bei der Frage der Vergleichbarkeit mit ein, so sei keine Schlechterstellung der ausländischen Kapitalgesellschaft als Dividendenempfänger gegeben, da in diesem Fall die Steuerhöhe in beiden Fällen die gleiche sei.[1322]

Der EuGH erteilte dem vorgebrachten Argument der Notwendigkeit einer steuerlichen „Gesamtbetrachtung" bei der Vergleichbarkeitsprüfung unter Einschluss der Gesellschafterebene der dividendenempfangenden Kapitalgesellschaften eine Absage. Er begründete dies damit, dass es sich bei ausländischen Kapitalgesellschaften einerseits und in Italien ansässigen natürlichen Personen andererseits um zwei verschiedene Gruppen von Dividendenempfängern handele, die nicht vergleichbar seien.[1323] Die Vergleichbarkeit der Sachverhalte musste sich also auf Betrachtung der *Steuerbelastung der in- und ausländischen Kapitalgesellschaften* als direkte Empfänger der Dividenden beziehen. Wie die Generalanwältin *Kokott* bereits zutreffend in ihren Schlussanträgen zum Verfahren *Kommission/Italien* anmerkte,[1324] betraf das von der italienischen Regierung vorgebrachte „Gesamtbetrachtungs"-Argument im Grunde weder die „steuerliche Kohärenz" noch die „Aufrechterhaltung der ausgewogenen Aufteilung der Besteuerungsbefugnis". Der EuGH lehnte in seinem Urteil somit beide vorgebrachten Rechtfertigungsgründe kurzerhand ab.[1325] Darüber hinaus konnten die italienischen Quellensteuervorschriften auch nicht mit dem Argument der „Bekämpfung von Steuerhinterziehung" gerechtfertigt werden.[1326]

1319 *EuGH*, 19.11.2009 – C-540/07, *Kommission/Italien*, Slg. 2009, I-10983, Rz. 64.
1320 Vgl. die Schlussanträge der Generalanwältin *Kokott* v. 16.07.2009, Rs. C-540/07, *Kommission/Italien*, Rz. 61.
1321 *EuGH*, 19.11.2009 – C-540/07, *Kommission/Italien*, Slg. 2009, I-10983, Rz. 42.
1322 Ebenda.
1323 *EuGH*, 19.11.2009 – C-540/07, *Kommission/Italien*, Slg. 2009, I-10983, Rz. 43.
1324 Vgl. die Schlussanträge der Generalanwältin *Kokott* v. 16.07.2009, Rs. C-540/07, *Kommission/Italien*, Rz. 63.
1325 *EuGH*, 19.11.2009 – C-540/07, *Kommission/Italien*, Slg. 2009, I-10983, Rz. 56.
1326 Vgl. *EuGH*, 19.11.2009 – C-540/07, *Kommission/Italien*, Slg. 2009, I-10983, Rz. 57–59.

c) *Aberdeen Property Fininvest (2009)*

Das EuGH-Urteil *Aberdeen Property Fininvest*[1327] aus dem Jahr 2009 betraf die Frage der Unionsrechtskonformität des finnischen Dividendenbesteuerungssystems hinsichtlich des Einbehaltes von finnischer Quellensteuer bei Dividendenausschüttungen finnischer Gesellschaften an gebietsfremde Empfängergesellschaften, welche aufgrund ihrer Rechtsform nicht der *Mutter-Tochter-Richtlinie* unterfielen. Dividendenausschüttungen an entsprechende Gesellschaften mit Sitz im Inland sahen die finnischen Regelungen nicht als steuerpflichtiges Einkommen dieser Gesellschaft an und erhoben somit auch keine Steuer auf diese Dividenden. Die finnische *Aberdeen Property Fininvest Alpha Oy* sah in der Verpflichtung, bei Dividendenausschüttungen an ihre Gesellschafterin, die *Aberdeen Property Nordic Fund I SICAV* mit Sitz in Luxemburg, finnische Quellensteuer einzubehalten, einen Verstoß gegen die Grundfreiheiten des EG-Vertrages.[1328]

Der EuGH gab der Klägerin in dieser Hinsicht recht und beurteilte die unterschiedliche steuerliche Behandlung gebietsansässiger und gebietsfremder Investmentgesellschaften im Hinblick auf empfangene Dividenden als einen Verstoß gegen Art. 43 EGV und Art. 48 EGV (jetzt Art. 49 AEUV und Art. 54 AEUV).[1329] Die finnische Regierung machte daraufhin geltend, die Erhebung von Quellensteuern auf Dividendenausschüttungen ins Ausland sei „durch die Notwendigkeit gerechtfertigt, eine ausgewogene Aufteilung der Steuerhoheit sicherzustellen, die zwischen der Republik Finnland und dem Großherzogtum Luxemburg im Steuerabkommen vereinbart worden sei, [...] wonach der Staat, in dem die Einkünfte ihren Ursprung hätten, das Recht behalte, von diesen 5 % an der Quelle einzubehalten".[1330]

Bei seiner Rechtfertigungsprüfung berief sich der EuGH zunächst auf seine Aussagen im Urteil *Amurta*[1331], wonach zum einen die Regelungen eines DBA in diesem Zusammenhang keine Relevanz entfalten könnten[1332] und zum anderen der Rechtfertigungsgrund der „Wahrung der Aufteilung der Besteuerungsbefugnis" dann keine Anwendung finde, soweit ein Mitgliedstaat auf die Ausübung seines Besteuerungsrechts für Dividendeneinkünfte im entsprechenden Inlandsfall bereits verzichtet habe.[1333]

Darüber hinaus geht der EuGH im Urteil *Aberdeen Property Fininvest* aber auch zum ersten Mal konkret auf vorgebrachte Argumente der Mitgliedstaaten ein, eine unionsrechtliche Versagung des Quellensteuerabzugs würde das Recht eines

---

1327 *EuGH*, 19.11.2009 – C-540/07, *Kommission/Italien*, Slg. 2009, I-10983.

1328 *EuGH*, 18.06.2009 – C-303/07, *Aberdeen Property Fininvest*, Slg. 2009, I-05145, Rz. 18.

1329 *EuGH*, 18.06.2009 – C-303/07, *Aberdeen Property Fininvest*, Slg. 2009, I-05145, Rz. 56.

1330 *EuGH*, 18.06.2009 – C-303/07, *Aberdeen Property Fininvest*, Slg. 2009, I-05145, Rz. 59.

1331 *EuGH*, 08.11.2007 – C-379/05, *Amurta*, Slg. 2007, I-09569. Siehe hierzu oben D.I.5.a).

1332 *EuGH*, 18.06.2009 – C-303/07, *Aberdeen Property Fininvest*, Slg. 2009, I-05145, Rz. 68 f.; *EuGH*, 08.11.2007 – C-379/05, *Amurta*, Slg. 2007, I-09569, Rz. 55.

1333 *EuGH*, 18.06.2009 – C-303/07, *Aberdeen Property Fininvest*, Slg. 2009, I-05145, Rz. 6; *EuGH*, 08.11.2007 – C-379/05, *Amurta*, Slg. 2007, I-09569, Rz. 59.

Mitgliedstaates zur Ausübung seiner Steuerhoheit auf die in seinem Hoheitsgebiet durchgeführten Tätigkeiten gefährden.[1334] Nach Auffassung des EuGH beschränkt die Quellensteuerbefreiung von Dividendenausschüttungen in das Ausland keineswegs das Besteuerungsrecht des Quellenstaates, „da diese Dividenden [bereits] *bei den ausschüttenden Gesellschaften als erzielte Gewinne* der Steuer unterworfen sind".[1335]

Der EuGH zieht mit dieser Aussage die „Trennlinie" zu seiner Rechtsprechung im Hinblick auf eine unionsrechtliche Verpflichtung des Quellenstaates zur Vermeidung einer *internationalen wirtschaftlichen Doppelbesteuerung* von grenzüberschreitenden Dividendenausschüttungen.[1336] In diesen Fällen hatte der EuGH mit Blick auf den Sitzstaat der ausschüttenden Gesellschaft (also des Quellenstaates der Einkünfte) entschieden, dass dieser nicht dazu verpflichtet werden könne, eine Doppelbesteuerung von Dividendenausschüttungen an gebietsfremde Anteilseigner zu vermeiden, da dies letztlich bedeuten würde, dass dieser Staat auf sein Besteuerungsrecht für in seinem Hoheitsgebiet ausgeübte wirtschaftliche Tätigkeiten verzichten müsste.[1337] In den Urteilen *Aberdeen Property Fininvest, Amurta* und *Kommission/Italien*[1338] ging es bei der zu beurteilenden Frage der Quellenbesteuerung von beschränkt steuerpflichtigen Empfängergesellschaften jedoch *nicht* um eine *internationale* wirtschaftliche Doppelbesteuerung der Dividenden, da lediglich die Ausgestaltung des Steuerzugriffs *eines* Mitgliedstaates, nämlich des Quellenstaates, zur unionsrechtlichen Debatte stand. Der EuGH betonte diesen Fakt ausdrücklich im Urteil *Amurta*: „Allein schon die Ausübung *seiner Steuerhoheit* durch *diesen Mitgliedstaat* birgt nämlich *unabhängig von einer Besteuerung in einem anderen Mitgliedstaat* die Gefahr einer mehrfachen Belastung oder einer wirtschaftlichen Doppelbesteuerung in sich".[1339]

Zwar unterliegen die ausgeschütteten Dividenden bei einer zusätzlichen Besteuerung im Sitzstaat des Anteilseigners ggf. auch einer *internationalen juristischen* Doppelbesteuerung; diese war jedoch zum einen nicht Thema der vorgehend erörterten EuGH-Urteile und zum anderen sieht der EuGH in dieser Form der internationalen Doppelbesteuerung grundsätzlich keinen Verstoß gegen Unionsrecht.[1340]

1334 Vgl. *EuGH*, 18.06.2009 – C-303/07, *Aberdeen Property Fininvest*, Slg. 2009, I-05145, Rz. 59; *EuGH*, 08.11.2007 – C-379/05, *Amurta*, Slg. 2007, I-09569, Rz. 54.

1335 *EuGH*, 18.06.2009 – C-303/07, *Aberdeen Property Fininvest*, Slg. 2009, I-05145, Rz. 70 [Hervorh. d. Verf.].

1336 Siehe hierzu oben B.II.2.c)(2).

1337 *EuGH*, 12.12.2006 – C-374/04, *Test Claimants in Class IV of the ACT Group Litigation*, Slg. 2006, I-11673, Rz. 9.

1338 *EuGH*, 19.11.2009 – C-540/07, *Kommission/Italien*, Slg. 2009, I-10983. Siehe hierzu oben D.I.5.b).

1339 *EuGH*, 08.11.2007 – C-379/05, *Amurta*, Slg. 2007, I-09569, Rz. 39 [Hervorh. d. Verf.]; siehe auch *EuGH*, 19.11.2009 – C-540/07, *Kommission/Italien*, Slg. 2009, I-10983, Rz. 53; *EuGH*, 03.07.2010 – C-487/08, *Kommission/Spanien*, Slg. 2010, I-04843, Rz. 52; *EuGH*, 20.10.2011 – C-284/09, *Kommission/Deutschland*, Slg. 2011, I-09879, Rz. 57.

1340 Siehe ausführlich oben B.II.2.c)(1).

d) *Kommission/Deutschland (2011)*

Ein weiteres Vertragsverletzungsverfahren zur Frage der Unionsrechtskonformität des Quellensteuereinbehaltes bei Dividendenzahlungen an beschränkt steuerpflichtige Empfängerkapitalgesellschaften war die Rechtssache *Kommission/ Deutschland*[1341]. Die Europäische Kommission sah in den deutschen Quellensteuervorschriften zur Erhebung einer abgeltenden Kapitalertragsteuer bei Dividendenausschüttungen an beschränkt steuerpflichtige Empfängerkapitalgesellschaften, welche insoweit nicht unter die *Mutter-Tochter-Richtlinie* fielen bzw. im EWR-Raum ansässig waren,[1342] einen Verstoß gegen die Kapitalverkehrsfreiheit nach Art. 56 EGV (jetzt Art. 63 AEUV) und Art. 40 des EWR-Abkommens.[1343]

Wie schon in den vorhergehenden Verfahren zum Quellensteuerabzug bei Dividendenausschüttungen ins Ausland stellte der EuGH auch in seinem Urteil zur Rechtssache *Kommission/Deutschland* zunächst eine beschränkende Wirkung der deutschen Quellenbesteuerungsvorschriften bei grenzüberschreitenden Dividenden fest.[1344] Zur Rechtfertigung dieser Beschränkung führte die deutsche Regierung an, die streitigen Regelungen seien notwendig, um eine „ausgewogene Aufteilung der Besteuerungsbefugnisse der Mitgliedstaaten in Verbindung mit dem Territorialitätsgrundsatz“ zu wahren.[1345] Nach diesen unionsrechtlich anerkannten Grundsätzen hätte jeder Mitgliedstaat das Recht, die in seinem Gebiet erwirtschafteten Gewinne zu besteuern.[1346]

Bei seiner Prüfung der vorgebrachten Argumente berief sich der EuGH zunächst auf seine Rechtsprechung in den Urteilen *Amurta*[1347] und *Aberdeen Property Fininvest*[1348], wonach sich ein Mitgliedstaat nicht auf den Rechtfertigungsgrund der „Wahrung der Aufteilung der Besteuerungsbefugnis“ berufen könne, wenn er sich dafür entschieden habe, die in seinem Hoheitsgebiet ansässigen Empfängergesellschaften im Hinblick auf derartige Einkünfte nicht zu besteuern.[1349] Dies gelte auch mit Blick auf die Besonderheit der deutschen Steuervorschriften, welche zunächst die Erhebung einer Kapitalertragsteuer auch auf inländische Dividenden vorsähen, diese jedoch durch Anrechnungsmöglichkeiten auf die Körperschaftsteuer der Empfängergesellschaft insoweit wirtschaftlich „neutralisiert“ werde.[1350] Die deutsche Regierung verwies dann auf die Rechtsprechung des EuGH in seinen Urteilen *Test*

1341 *EuGH*, 20.10.2011 – C-284/09, *Kommission/Deutschland*, Slg. 2011, I-09879.
1342 Vgl. § 32 Abs. 1 Nr. 2 KStG a.F. i.V.m. § 43b EStG.
1343 *EuGH*, 20.10.2011 – C-284/09, *Kommission/Deutschland*, Slg. 2011, I-09879, Rz. 25.
1344 *EuGH*, 20.10.2011 – C-284/09, *Kommission/Deutschland*, Slg. 2011, I-09879, Rz. 73.
1345 *EuGH*, 20.10.2011 – C-284/09, *Kommission/Deutschland*, Slg. 2011, I-09879, Rz. 75.
1346 Ebenda.
1347 *EuGH*, 08.11.2007 – C-379/05, *Amurta*, Slg. 2007, I-09569.
1348 *EuGH*, 18.06.2009 – C-303/07, *Aberdeen Property Fininvest*, Slg. 2009, I-05145.
1349 *EuGH*, 20.10.2011 – C-284/09, *Kommission/Deutschland*, Slg. 2011, I-09879, Rz. 78.
1350 *EuGH*, 20.10.2011 – C-284/09, *Kommission/Deutschland*, Slg. 2011, I-09879, Rz. 79.

Claimants in the ACT Group Litigation[1351] und *Glaxo Wellcome*[1352]. Der EuGH habe in diesen Fällen festgestellt, dass der Sitzstaat der dividendenausschüttenden Gesellschaft unionsrechtlich nicht verpflichtet werden könne, dem dividendenempfangenden gebietsfremden Anteilseigner eine Steuervergünstigung zu gewähren, da dieser sonst auf sein Besteuerungsrecht für in seinem Hoheitsgebiet ausgeübte wirtschaftliche Tätigkeiten verzichten müsste.[1353]

Die von der deutschen Regierung vorgebrachten EuGH-Urteile betrafen jedoch alle Fälle zur Vereinbarkeit einer *internationalen wirtschaftlichen* Doppelbesteuerung von Dividenden mit Unionsrecht.[1354] In dem Vertragsverletzungsverfahren der Kommission gegen die deutschen Quellenbesteuerungsvorschriften stand aber die unionsrechtliche Beurteilung einer *wirtschaftlichen* Doppelbesteuerung der Dividenden bei zwei verschiedenen Steuerpflichtigen *durch einen Mitgliedstaat* (nämlich der Bundesrepublik Deutschland) zur Diskussion. Der EuGH wiederholte deshalb seine Grundsätze aus seinem Urteil in der Rechtssache *Aberdeen Property Fininvest*[1355] und entschied, dass eine Verpflichtung der Bundesrepublik Deutschland, der beschränkt steuerpflichtigen Dividendenempfängergesellschaft dieselben Steuervergünstigungen wie inländischen Dividendenempfängergesellschaften zu gewähren, letztlich nicht bedeuten würde, dass Deutschland auf sein Besteuerungsrecht für in seinem Hoheitsgebiet ausgeübte wirtschaftliche Tätigkeiten verzichten müsse.[1356] Denn die ausgeschütteten Dividenden wären ja bereits bei den ausschüttenden Gesellschaften als von diesen erzielte Gewinne besteuert worden.[1357]

Da die im Vertragsverletzungsverfahren *Kommission/Deutschland* vorgelegte Rechtsfrage zur Quellenbesteuerung beschränkt Steuerpflichtiger bei Dividendeneinkünften nur die *Ausübung der Steuerhoheit* Deutschlands betraf, konnte der Rechtfertigungsgrund der „Aufteilung der Besteuerungsbefugnis *zwischen* den Mitgliedstaaten" richtigerweise nicht greifen. Der EuGH erkannte darüber hinaus zwar an, dass die Verpflichtung Deutschlands zur Abstandnahme vom Quellensteuerabzug zu Steuerausfällen führen würde.[1358] Die Verringerung von Steuereinnahmen kann nach ständiger Rechtsprechung des EuGH nicht als zwingender Grund des Allgemeininteresses zur Rechtfertigung von Verstößen gegen die Grundfreiheiten anerkannt werden.[1359]

1351 *EuGH*, 12.12.2006 – C-374/04, *Test Claimants in Class IV of the ACT Group Litigation*, Slg. 2006, I-11673, Rz. 59.

1352 *EuGH*, 17.09.2009 – C-182/08, *Glaxo Wellcome*, Slg. 2009, I-08591, Rz. 83.

1353 *EuGH*, 20.10.2011 – C-284/09, *Kommission/Deutschland*, Slg. 2011, I-09879, Rz. 80.

1354 Vgl. *Patzner/Nagler*, GmbHR 2011, 1190, 1194.

1355 Vgl. *EuGH*, 18.06.2009 – C-303/07, *Aberdeen Property Fininvest*, Slg. 2009, I-05145, Rz. 70.

1356 *EuGH*, 20.10.2011 – C-284/09, *Kommission/Deutschland*, Slg. 2011, I-09879, Rz. 81.

1357 Ebenda.

1358 *EuGH*, 20.10.2011 – C-284/09, *Kommission/Deutschland*, Slg. 2011, I-09879, Rz. 82.

1359 *EuGH*, 20.10.2011 – C-284/09, *Kommission/Deutschland*, Slg. 2011, I-09879, Rz. 83.

Gleichzeitig entfaltet die Feststellung des EuGH, dass der Ansässigkeitsstaat der ausschüttenden Kapitalgesellschaft zur Vermeidung einer *wirtschaftlichen Doppelbesteuerung* sein Quellenbesteuerungsrecht für Dividenden an gebietsfremde Anteilseigner nicht mehr ausüben darf, auch Auswirkungen auf die Aufteilung der Besteuerungsbefugnis zwischen diesem Staat und dem Ansässigkeitsstaat des Anteilseigners. Grenzüberschreitende Dividendenausschüttungen können auch einer *internationalen juristischen Doppelbesteuerung* unterliegen, wenn der Ansässigkeitsstaat des Empfängers sein diesbezügliches Besteuerungsrecht geltend macht. Die Regelungen des OECD-MA sehen für Dividendeneinkünfte in Art. 10 OECD-MA zunächst sowohl eine Besteuerungsbefugnis des Ansässigkeitsstaates des Empfängers (Art. 10 Abs. 1 OECD-MA) als auch ein (in der Höhe beschränktes) Quellenbesteuerungsrecht des Staates der ausschüttenden Gesellschaft vor (Art. 10 Abs. 2 OECD-MA). Zur Vermeidung einer internationalen juristischen Doppelbesteuerung der Dividenden sieht das OECD-MA in Art. 23A Abs. 2 OECD-MA grundsätzlich die Verpflichtung des Empfängerstaates zur Anrechnung der ausländischen Quellensteuer auf die in seinem Staat auf diese Dividendeneinkünfte erhobene Steuer vor. Damit liegt die Besteuerungsbefugnis weiterhin beim *Quellenstaat der Dividenden.*

Die Rechtsprechung des EuGH in den Urteilen *Amurta, Aberdeen Property Fininvest* und *Kommission/Deutschland* führt im Ergebnis zu einer den Vorgaben des OECD-MA genau entgegengesetzten Aufteilung der Besteuerungsbefugnis für Dividendeneinkünfte zwischen den beteiligten Mitgliedstaaten. Indem der EuGH in diesen Fällen eine unionsrechtliche Verpflichtung des Quellenstaates zum Verzicht auf sein Besteuerungsrecht für die ausgeschütteten Dividenden festgestellt hat, war die Befugnis zur Besteuerung der Dividendeneinkünfte ausschließlich dem *Ansässigkeitsstaat des Empfängers* überlassen worden.

Soweit Mitgliedstaaten die abkommensrechtlich vereinbarte Aufteilung ihrer Besteuerungsbefugnisse für Dividenden nach den Kriterien des OECD-MA beibehalten möchten, müssten die abgeschlossenen DBA nach Ansicht des EuGH bestimmte Kriterien erfüllen, damit der Quellenstaat der Dividenden eventuell bestehende grundfreiheitliche Beschränkungen bei der Anwendung seiner Quellensteuervorschriften im Rahmen einer völkerrechtlichen Vereinbarung „neutralisieren" könne (siehe hierzu die Ausführungen unter **Gliederungspunkt E.** unten).[1360]

1360 Der deutsche Gesetzgeber wählte zur Anpassung der streitigen deutschen Quellensteuervorschriften als Reaktion auf *EuGH*, 20.10.2011 – C-284/09, *Kommission/ Deutschland*, Slg. 2011, I-09879 jedoch einen anderen Weg und schränkte mit der Neuregelung des § 8b Abs. 4 KStG die Dividendenfreistellung nach § 8b Abs. 1 KStG für alle nach dem 28.02.2013 zufließenden sog. Streubesitzdividenden (Kapitalbeteiligung unter 10 %) ein, vgl. hierzu sowie zur Kritik an der Neuregelung des § 8b Abs. 4 KStG" *Binnewies*, in: *Streck*, Körperschaftsteuergesetz, § 8b, Rz. 92 m.w.N.

e) *Santander Asset Management (2012)*

In der Rechtssache *Santander Asset Management*[1361] ging es um die steuerliche Belastung von Dividendenausschüttungen französischer Kapitalgesellschaften an gebietsfremde Organismen für gemeinsame Anlagen in Wertpapieren (kurz: OGAW). Das französische Steuerrecht sah eine steuerliche Benachteiligung der gebietsfremden OGAW dahingehend vor, dass bei Dividendenausschüttungen eine Quellensteuer von 25 % einbehalten wurde, während Dividenden an gebietsansässige OGAW nicht besteuert wurden.[1362] Der EuGH hatte somit zu entscheiden, ob die unterschiedliche steuerliche Behandlung von dividendenempfangenden OGAW aufgrund ihrer Ansässigkeit gegen die Grundfreiheiten, mithin gegen Art. 63, 65 AEUV, verstößt.[1363]

In seinem Urteil entschied der EuGH schließlich, dass die ausschließlichen Erhebung einer französischen Quellensteuer bei Dividenden an gebietsfremde OGAW eine unionsrechtlich verbotene Beschränkung der Kapitalverkehrsfreiheit darstellt.[1364] Das von der französischen Regierung vorgebrachte Argument, die Erhebung einer Quellensteuer sei durch die „Notwendigkeit, die ausgewogene Aufteilung der Besteuerungsbefugnis zwischen den Mitgliedstaaten zu wahren", gerechtfertigt,[1365] wies der EuGH nur kurz unter Verweis auf seine gleichlautende Rechtsprechung in den Urteilen *Amurta*[1366], *Aberdeen Property Fininvest*[1367] und *Kommission/Deutschland*[1368] zurück: „Hat sich jedoch ein Mitgliedstaat dafür entschieden, die gebietsansässigen OGAW, die Dividenden inländischer Herkunft beziehen, nicht zu besteuern, kann er sich nicht auf die Notwendigkeit einer ausgewogenen Aufteilung der Steuerhoheit zwischen den Mitgliedstaaten berufen, um die Besteuerung der gebietsfremden OGAW, die derartige Einkünfte haben, zu rechtfertigen".[1369]

1361 *EuGH*, 10.05.2012 – verb. Rs. C-338/11 bis C-347/11, *Santander Asset Management*, ZIP 2012, 1955.

1362 *EuGH*, 10.05.2012 – verb. Rs. C-338/11 bis C-347/11, *Santander Asset Management*, ZIP 2012, 1955, Rz. 7.

1363 *EuGH*, 10.05.2012 – verb. Rs. C-338/11 bis C-347/11, *Santander Asset Management*, ZIP 2012, 1955, Rz. 13.

1364 *EuGH*, 10.05.2012 – verb. Rs. C-338/11 bis C-347/11, *Santander Asset Management*, ZIP 2012, 1955, Rz. 55.

1365 *EuGH*, 10.05.2012 – verb. Rs. C-338/11 bis C-347/11, *Santander Asset Management*, ZIP 2012, 1955, Rz. 46.

1366 *EuGH*, 08.11.2007 – C-379/05, *Amurta*, Slg. 2007, I-09569, Rz. 59.

1367 *EuGH*, 18.06.2009 – C-303/07, *Aberdeen Property Fininvest*, Slg. 2009, I-05145, Rz. 67.

1368 *EuGH*, 20.10.2011 – C-284/09, *Kommission/Deutschland*, Slg. 2011, I-09879, Rz. 78.

1369 *EuGH*, 10.05.2012 – verb. Rs. C-338/11 bis C-347/11, *Santander Asset Management*, ZIP 2012, 1955, Rz. 48.

f) Kommission/Belgien (2012)

In dem Vertragsverletzungsverfahren *Kommission/Belgien*[1370] standen die belgischen Vorschriften zum sog. „Mobiliensteuervorabzug“ auf dem unionsrechtlichen Prüfstand. Hierbei handelte es sich um eine Quellensteuer, welche Belgien auf Einkünfte Steuerpflichtiger aus Kapitalvermögen und beweglichen Gütern erhob. Während in Belgien ansässige Investmentgesellschaften den an der Quelle vorgenommenen „Mobiliensteuervorabzug“ auf ihre belgische Körperschaftsteuerschuld anrechnen konnten, entfaltete dieser bei gebietsfremden Investmentgesellschaften ohne feste Niederlassung im belgischen Hoheitsgebiet, ähnlich wie im Verfahren *Kommission/Deutschland*[1371], abgeltende Wirkung.[1372] Die Europäische Kommission sah in dieser unterschiedlichen steuerlichen Behandlung von gebietsfremden Investmentgesellschaften gegenüber in Belgien ansässigen Investmentgesellschaften einen Verstoß gegen die Niederlassungsfreiheit (Art. 49 AEUV), gegen die Kapitalverkehrsfreiheit (Art. 63 AEUV) sowie gegen Art. 31 und Art. 40 des EWR-Abkommens.[1373]

Der EuGH schloss sich in seinem Urteil in der Rechtssache *Kommission/Belgien* vollumfänglich der Auffassung der Kommission an.[1374] Hinsichtlich des vorgebrachten Rechtfertigungsgrundes der „Wahrung der Aufteilung der Besteuerungsbefugnis zwischen den Mitgliedstaaten“ wies der EuGH nur kurz darauf hin, dass zum einen den gebietsansässigen Investmentgesellschaften durch die Anrechnungsmöglichkeit der Quellensteuer im Gegensatz zu gebietsfremden Investmentgesellschaften eine steuerliche Neutralisierungswirkung zugutekomme,[1375] zum anderen wäre auch bei Nichtvornahme des streitigen „Mobiliensteuervorabzugs“ das Recht Belgiens zur Besteuerung von Einkünften, die durch eine in seinem Hoheitsgebiet ausgeübte wirtschaftliche Tätigkeit erzielt wurden, nicht gefährdet, da diese Einkünfte bereits bei den ausschüttenden Gesellschaften als von diesen erzielte Gewinne besteuert worden sind.[1376]

Mit seinem Urteil im Vertragsverletzungsverfahren *Kommission/Belgien* lag der EuGH somit auf einer Linie mit seiner vorhergehenden Rechtsprechung im Hinblick auf die Nichtanwendbarkeit des Rechtfertigungsgrundes der „Wahrung der Aufteilung der Besteuerungsbefugnis zwischen den Mitgliedstaaten“ in Fällen der beschränkenden Quellensteuererhebung bei Dividendenausschüttungen an ausländische Empfängerkapitalgesellschaften.

1370 *EuGH*, 25.10.2012 – C-387/11, *Kommission/Belgien*, IStR 2012, 971.
1371 *EuGH*, 20.10.2011 – C-284/09, *Kommission/Deutschland*, Slg. 2011, I-09879.
1372 *EuGH*, 25.10.2012 – C-387/11, *Kommission/Belgien*, IStR 2012, 971, Rz. 21–23.
1373 *EuGH*, 25.10.2012 – C-387/11, *Kommission/Belgien*, IStR 2012, 971, Rz. 24.
1374 *EuGH*, 25.10.2012 – C-387/11, *Kommission/Belgien*, IStR 2012, 971, Rz. 83–84.
1375 *EuGH*, 25.10.2012 – C-387/11, *Kommission/Belgien*, IStR 2012, 971, Rz. 77.
1376 *EuGH*, 25.10.2012 – C-387/11, *Kommission/Belgien*, IStR 2012, 971, Rz. 79.

g) Fazit

Der EuGH hat in seiner Rechtsprechung zur Erhebung von Quellensteuern bei Dividendenausschüttungen von gebietsansässigen Kapitalgesellschaften an in einem anderen Mitgliedstaat ansässige Empfängergesellschaften den Rechtfertigungsgrund der „Wahrung der Aufteilung der Besteuerungsbefugnis zwischen den Mitgliedstaaten" bislang in keinem seiner Urteile als einschlägig anerkannt. Dieses Ergebnis liegt zum einen darin begründet, dass der EuGH in diesen Fällen entschieden hat, dass sich ein Mitgliedstaat nicht auf eine Rechtfertigung beschränkender Steuervorschriften berufen könne, wenn er im vergleichbaren Inlandsfall sein Besteuerungsrecht für die entsprechenden Einkünfte überhaupt nicht ausübe (vgl. grundlegend EuGH-Urteil *Amurta*). Dabei macht es nach Auffassung des EuGH keinen Unterschied, ob der Mitgliedstaat im Inlandsfall die entsprechenden Dividendeneinkünfte steuerlich freistellt oder aber die Dividenden zunächst besteuert und die Besteuerungswirkung durch eine Anrechnung von erhobener Quellensteuer bei der Körperschaftsteuer der Empfängergesellschaft später wieder aufhebt (vgl. EuGH-Urteil *Kommission/Deutschland*). Ebenfalls ist eine mögliche weitere Besteuerung der Dividenden im Inlandsfall bei Ausschüttung an die Anteilseigner der empfangenden *inländischen* Kapitalgesellschaften nicht zur Feststellung einer „vergleichbaren" steuerlichen Belastung der Dividenen heranzuziehen (vgl. EuGH-Urteil *Kommission/Italien*).

Zum anderen vertritt der EuGH die Auffassung, dass, selbst wenn der Sitzstaat der ausschüttenden Gesellschaft auf sein Quellenbesteuerungsrecht für die Dividenden verzichten müsste, dies *keine Einschränkung seines Besteuerungsrechts* für in seinem Hoheitsgebiet durchgeführte wirtschaftliche Tätigkeiten darstelle, da dieser ja bereits die zugrunde liegenden Gewinne der ausschüttenden Kapitalgesellschaft einer Besteuerung mit Körperschaftsteuer unterworfen habe (vgl. grundlegende EuGH-Urteil *Aberdeen Property Fininvest*). Insoweit grenzt der EuGH die vorgehend erörterten Urteile von seiner Rechtsprechung zur Vermeidung einer *internationalen wirtschaftlichen Doppelbesteuerung* von Dividendenausschüttungen ab.[1377]

Diese restriktive Rechtsprechung des EuGH zur Erhebung von mitgliedstaatlichen Quellensteuern bei Dividendenausschüttungen an beschränkt steuerpflichtige Empfängergesellschaften führt dazu, dass der Quellenstaat der Dividenden u.U. auf sein nach Art. 10 Abs. 2 OECD-MA zustehendes Besteuerungsrecht zugunsten einer Besteuerung der Dividenden im Ansässigkeitsstaat der Empfängergesellschaft verzichten muss.[1378] Die ursprünglich zwischen den jeweiligen Vertragsstaaten eines DBA getroffene Aufteilung der Besteuerungsbefugnis für diese Dividenden, welche zumindest bei mitgliedstaatlichen DBA auf der Basis des OECD-MA grundsätzlich eine Verpflichtung des Ansässigkeitsstaates zur Vermeidung einer internationalen Doppelbesteuerung der Dividenden vorsieht (vgl. Art. 23A Abs. 2 OECD-MA), wird

1377 Siehe hierzu oben B.II.2.c)(2).

1378 So auch die Schlussfolgerung von *Hey*, in: *Spindler*, Steuerzentrierte Rechtsberatung, S. 777.

insoweit durch das Unionsrecht aufgehoben und quasi „umgedreht".[1379] Soll die bisherige Aufteilung der Besteuerungsbefugnisse der Vertragsstaaten eines DBA beibehalten werden, besteht nach Auffassung des EuGH aber grundsätzlich die Möglichkeit, einen beschränkenden Quellensteuereinbehalt des Quellenstaates durch die abkommensrechtliche Vereinbarung einer „unionsrechtskonformen Quellensteueranrechnungsklausel" in einem DBA quasi zu „neutralisieren" (siehe hierzu **Gliederungspunkt E.** unten).

6. Pauschalbesteuerung bei „intransparenten" Investmentfonds

a) van Caster und van Caster (2014)

Das EuGH-Urteil in der Rechtssache *van Caster und van Caster*[1380] aus dem Jahr 2014 betraf die deutschen Steuervorschriften des § 6 InvStG zur Anwendung einer „Pauschalbesteuerung" auf Einkünfte von in Deutschland ansässigen Steuerpflichtigen aus bestimmten, sog. „intransparenten" ausländischen Investmenfonds. Die streitigen Regelungen sahen vor, dass die Einkünfte deutscher Steuerpflichtiger aus inländischen wie ausländischen Investmentfonds dann einer „Pauschalbesteuerung" zu unterwerfen waren, wenn diese Fonds bestimmten Bekanntmachungs- und Veröffentlichungsverpflichtungen nicht nachgekommen sind. Die pauschale Besteuerung der Einkünfte aus „intransparenten" Investmentfonds gem. § 6 InvStG wirkte sich bei den betroffenen Steuerpflichtigen i.d.R. nachteilig im Vergleich zu einer regulären Besteuerung nach dem InvStG aus. Das in der Bundesrepublik Deutschland wohnhafte Ehepaar *van Caster* sah in der Anwendung der „Pauschalbesteuerung" auf ihre Einkünfte aus Anteilen an in anderen Mitgliedstaaten ansässigen „intransparenten" Investmentfonds einen Verstoß gegen die Kapitalverkehrsfreiheit.

In seinem Urteil stellte der EuGH zunächst fest, dass, auch wenn die deutschen Vorschriften des InvStG eine Pauschalbesteuerung grds. unterschiedslos bei inländischen wie auch ausländischen „intransparenten" Investementfonds vorsehen, es sich bei den betroffenen Fonds in der Regel um ausländische Fonds handelt und die streitige Regelung deshalb geeignet ist, einen deutschen Anleger davon abzuhalten, Anteile an einem ausländischen Investmentfonds zu erwerben.[1381] Eine solche Regelung stelle daher eine Beschränkung des freien Kapitalverkehrs gemäß Art. 63 AEUV dar.[1382]

Zur Rechtfertigung machte die deutsche Regierung u.a. geltend, dass „die im Ausgangsverfahren in Rede stehende Regelung [...] durch die Notwendigkeit

1379 Ähnlich *Englisch*, Intertax 2010, 197, 220.

1380 *EuGH*, 09.10.2014 – C-326/12, *van Caster und van Caster*, Slg. noch nicht veröffentlicht.

1381 *EuGH*, 09.10.2014 – C-326/12, *van Caster und van Caster*, Slg. noch nicht veröffentlicht, Rz. 37.

1382 *EuGH*, 09.10.2014 – C-326/12, *van Caster und van Caster*, Slg. noch nicht veröffentlicht, Rz. 38.

gerechtfertigt [sei], eine ausgewogene Aufteilung der Besteuerungsbefugnisse zwischen den Mitgliedstaaten zu wahren".[1383] Bei seiner Prüfung des Rechtfertigungsgrundes setzte sich der EuGH als erstes mit dem Zweck der Regelung auseinander. Die deutsche Regierung hatte diesbezüglich vorgebracht, dass die Pauschalbesteuerung nach § 6 InvStG die „steuerliche Gleichbehandlung" von Anlagen ansässiger Steuerpflichtiger in ausländischen Fonds und Anlagen in inländischen Fonds gewährleisten soll.[1384] Der EuGH schloss daraus im Einklang mit den Schlussanträgen des Generalanwaltes *Wathelet*[1385], dass „[m]it dieser nationalen Regelung *nicht* bezweckt [wird], Verhaltensweisen zu verhindern, die geeignet sind, das Recht der Bundesrepublik Deutschland zu gefährden, die in ihrem Hoheitsgebiet durchgeführten Tätigkeiten oder die in einem anderen Mitgliedstaat erzielten Einkünfte ihrer Einwohner zu besteuern".[1386] Aus diesem Grund sei der Rechtfertigungsgrund der „Wahrung der Aufteilung der Besteuerungsbefugnis" in diesem Falle nicht einschlägig.[1387]

M.E. ist dem EuGH in dieser Hinsicht zuzustimmen. Wie der Generalanwalt *Wathelet* zutreffend ausgeführt hat, hätte eine Unionsrechtswidrigkeit der „Pauschalbesteuerung" nicht zur Folge, dass die Steuerhoheit der Bundesrepublik Deutschland hinsichtlich der von ihren gebietsansässigen Steuerpflichtigen erzielten Einkünfte gefährdet wäre; diese bliebe auch in Bezug auf die Besteuerung von Einkünften aus ausländischen Fonds unangetastet.[1388] Der Schutzzweck von § 6 InvStG betraf lediglich eine beabsichtigte steuerliche „Gleichstellung" von Anlagen gebietsansässiger Steuerpflichtiger in in- und ausländischen Investmentfonds, nicht aber die „Aufteilung der Besteuerungsbefugnis zwischen den Mitgliedstaaten", sodass eine wirksame Rechtfertigung aus diesem Grund scheitern musste. Darüber hinaus lehnte der EuGH auch eine Rechfertigung von § 6 InvStG aufgrund der „Notwendigkeit die Wirksamkeit der steuerlichen Kontrolle und die wirksame Einziehung der Steuern zu gewährleisten" ab, da die Vorschrift es einem Steuerpflichtigen insoweit nicht ermöglicht, Unterlagen oder Informationen beizubringen, mit denen sich die Höhe seiner tatsächlichen Einkünfte für Steuerzwecke eindeutig nachweisen lässt.[1389]

1383 *EuGH*, 09.10.2014 – C-326/12, *van Caster und van Caster*, Slg. noch nicht veröffentlicht, Rz. 40.

1384 Vgl. Schlussanträge des Generalanwaltes *Wathelet* v. 21.11.2013, Rs. C-326/12, *van Caster und van Caster*, Rz. 52.

1385 Schlussanträge des Generalanwaltes *Wathelet* v. 21.11.2013, Rs. C-326/12, *van Caster und van Caster*, Rz. 53.

1386 *EuGH*, 09.10.2014 – C-326/12, *van Caster und van Caster*, Slg. noch nicht veröffentlicht, Rz. 43.

1387 *EuGH*, 09.10.2014 – C-326/12, *van Caster und van Caster*, Slg. noch nicht veröffentlicht, Rz. 44.

1388 Vgl. Schlussanträge des Generalanwaltes *Wathelet* v. 21.11.2013, Rs. C-326/12, *van Caster und van Caster*, Rz. 53.

1389 *EuGH*, 09.10.2014 – C-326/12, *van Caster und van Caster*, Slg. noch nicht veröffentlicht, Rz. 57.

II. Abgrenzung zu anderen Rechtfertigungsgründen

1. Kohärenz des Steuersystems

Die Notwendigkeit, die „Kohärenz des Steuersystems“ eines Mitgliedstaates zu wahren, hat der EuGH als ungeschriebenen Rechtfertigungsgrund zum ersten Mal in seinen am gleichen Tag ergangenen Urteilen in den Rechtssachen *Bachmann*[1390] und *Kommission/Belgien*[1391] aus dem Jahr 1992 anerkannt. In nachfolgenden EuGH-Urteilen zu den direkten Steuern wurde dieser Rechtfertigungsgrund von den Mitgliedstaaten zwar oft bemüht, vom EuGH aufgrund einer sehr restriktiven Anwendungsweise im Ergebnis aber durchweg abgelehnt.[1392] Es schien somit für über ein Jahrzehnt beinahe so, als hätte der EuGH diesen Rechtfertigungsgrund endgültig „aufgegeben“.[1393]

Die Renaissance des Rechtfertigungsgrundes der „Kohärenz des Steuersystems“ brachte im Jahr 2008 das EuGH-Urteil in der Rechtssache *Krankenheim Ruhesitz am Wannsee*[1394], in welchem der EuGH die infrage stehende deutsche „Nachversteuerungsregelung“ des § 2a Abs. 3 EStG a.F. für ausländische Betriebstättenverluste aufgrund der Erfordernis, „die Kohärenz des deutschen Steuersystems zu gewährleisten“, als gerechtfertigt angesehen hat. Danach hat er EuGH eine grundsätzliche Rechtfertigung beschränkender mitgliedstaatlicher Steuervorschriften aufgrund des „Kohärenz“-Arguments in den Urteilen *Papillon*[1395], *National Grid Indus*[1396] sowie *K.*[1397] anerkannt. Insbesondere in den jüngeren Urteilen ist dabei deutlich eine Tendenz in der Rechtsprechung des EuGH zu erkennen, bei der Rechtfertigungsprüfung die „Kohärenz des Steuersystems“ zusammen mit dem Rechtfertigungsgrund der „Wahrung der Aufteilung der Besteuerungsbefugnis“ in einer unionsrechtlichen „Gesamtbetrachtung“ zu untersuchen.

1390 *EuGH*, 28.01.1992 – C-204/90, *Bachmann*, Slg. 1992, I-00249.

1391 *EuGH*, 28.01.1992 – C-300/90, *Kommission/Belgien*, Slg. 1992, I-305.

1392 Vgl. z.B. *EuGH*, 18.09.2003 – C-168/01, *Bosal*, Slg. 2003, I-09409; *EuGH*, 06.06.2000 – C-35/98, *Verkooijen*, Slg. 2000, I-04071; *EuGH*, 07.09.2004 – C-319/02, *Manninen*, Slg. 2004, I-07477. Insbesondere im Vorfeld des EuGH-Urteils zur Rechtssache *Marks & Spencer* war von manchen Beobachtern durchaus eine Rechtfertigungsmöglichkeit der britischen Verlustabzugsbeschränkungen auf der Grundlage der „steuerlichen Kohärenz“ erwartet worden, vgl. *Kokott/Ost*, EuZW 2011, 496, 501.

1393 *Kokott/Ost*, EuZW 2011, 496, 501.

1394 *EuGH*, 23.10.2008 – C-157/07, *Krankenheim Ruhesitz am Wannsee*, Slg. 2008, I-08061. Siehe hierzu oben D.I.1.b)(3).

1395 *EuGH*, 27.11.2008 – C-418/07, *Papillon*, Slg. 2008, I-08947.

1396 *EuGH*, 29.11.2011 – C-371/10, *National Grid Indus*, Slg. 2011, I-12273.

1397 *EuGH*, 07.11.2013 – C-322/11, *K.*, DStR 2013, 2441.

a) Die EuGH-Urteile Bachmann (1992) und Wielockx (1995)

Der dem Urteil *Bachmann*[1398] zugrunde liegende Sachverhalt betraf die Frage der steuerlichen Abzugsfähigkeit der Kranken-, Invaliditäts- und Rentenversicherungsbeiträge Herrn *Bachmanns*, eines in Belgien wohnhaften, deutschen Staatsangehörigen, von dessen Einkünften aus nichtselbstständiger Tätigkeit in Belgien. Die belgischen Finanzbehörden versagten einen Abzug, da das belgische Steuerrecht nur die Abzugsmöglichkeit von an belgische Versicherungsträger gezahlten Beiträgen vorsah; Herr *Bachmann* hatte seine Beiträge jedoch in Deutschland an dort ansässige Versicherungsunternehmen gezahlt.[1399]

Der EuGH bejahte in seinem Urteil zunächst einen Verstoß der belgischen Vorschriften gegen die Arbeitnehmerfreizügigkeit (jetzt Art. 45 AEUV).[1400] Bei der nachfolgenden Rechtfertigungsprüfung der belgischen Regelungen anhand der „Kohärenz des Steuerrechts" stellte der EuGH fest, dass „innerhalb der belgischen Regelung ein Zusammenhang zwischen der Abzugsfähigkeit der Beiträge und der Besteuerung der von den Versicherern in Erfüllung der Versicherungsverträge [...] gezahlten Beträge besteht".[1401] Die steuerlichen „Einnahmeverluste" des belgischen Staates aufgrund der Abzugsfähigkeit der Beitragszahlungen werden nämlich durch die Besteuerung der erhaltenen Pensionen oder Kapitalabfindungen ausgeglichen.[1402] Die Kohärenz des belgischen Steuersystems setze also voraus, dass Belgien nur dann verpflichtet werden kann, den steuerlichen Abzug von in anderen Staaten gezahlten Versicherungsbeiträgen zuzulassen, wenn Belgien auch die entsprechenden Auszahlungen der Versicherungsunternehmen besteuern kann.[1403] Gerade diese Besteuerungsmöglichkeit der Rentenzahlungen in Belgien sah der EuGH aufgrund der Ansässigkeit der Versicherungsunternehmen in Deutschland als nicht gesichert an, sodass die Nichtabzugsfähigkeit der Beiträge schließlich als zur Gewährleistung der „Kohärenz" der belgischen Steuervorschriften notwendig angesehen werden musste.[1404]

Eine ähnliche Schlussfolgerung zog der EuGH aus dem am gleichen Tag entschiedenen Urteil zur Rechtssache *Kommission/Belgien*: „Die Art. 48 und 59 EWG-Vertrag stehen Rechts-vorschriften eines Mitgliedstaats entgegen, die die Abzugsfähigkeit von Beiträgen zu Kranken- und Invaliditäts- oder Alters- und Todesfallversicherungen von der Voraussetzung abhängig machen, dass diese Beiträge in diesem Staat gezahlt werden. Diese Voraussetzung kann jedoch durch die Notwendigkeit gerechtfertigt sein, die Kohärenz der anwendbaren Steuerregelung zu gewährleisten.

1398 *EuGH*, 28.01.1992 – C-204/90, *Bachmann*, Slg. 1992, I-00249.
1399 *EuGH*, 28.01.1992 – C-204/90, *Bachmann*, Slg. 1992, I-00249, Rz. 2.
1400 *EuGH*, 28.01.1992 – C-204/90, *Bachmann*, Slg. 1992, I-00249, Rz. 8 ff.
1401 *EuGH*, 28.01.1992 – C-204/90, *Bachmann*, Slg. 1992, I-00249, Rz. 21. Vgl. auch *EuGH*, 28.01.1992 – C-300/90, *Kommission/Belgien*, Slg. 1992, I-305, Rz. 14.
1402 *EuGH*, 28.01.1992 – C-204/90, *Bachmann*, Slg. 1992, I-00249, Rz. 22.
1403 *EuGH*, 28.01.1992 – C-204/90, *Bachmann*, Slg. 1992, I-00249, Rz. 23.
1404 *EuGH*, 28.01.1992 – C-204/90, *Bachmann*, Slg. 1992, I-00249, Rz. 24–28.

Diese Notwendigkeit kann z.B. dann bestehen, wenn in einem Steuersystem eines Mitgliedstaats ein wechselseitiger Zusammenhang zwischen der Abzugsfähigkeit der Beiträge und der Besteuerung der von den Versicherern in Erfüllung der Verträge zu zahlenden Beträge besteht und wenn ein solcher Ausgleich zwischen der Abzugsfähigkeit in einer Phase und der Besteuerung in einer anderen nicht mehr sichergestellt werden kann, weil die auf den steuerfreien Beiträgen beruhenden Zahlungen von einem ausländischen Versicherer im Ausland geleistet werden, wo ihre Besteuerung vom Zufall ab-hängig ist".[1405]

Der Rechtfertigungsgrund der „Kohärenz des Steuersystems" darf nach der Rechtsprechung des EuGH jedoch nicht als „nationale Aufkommenssymmetrie" im Sinne einer bloßen Saldierung eines gewährten Steuervorteils mit der nachgelagerten Besteuerung von Einkünften verstanden werden.[1406] Entscheidend für die Einschlägigkeit dieses Rechtfertigungsgrundes ist nach Auffassung des EuGH vielmehr, ob ein *zwingender unmittelbarer Zusammenhang* zwischen dem betreffenden steuerlichen Vorteil und dessen Ausgleich durch eine bestimmte steuerliche Belastung besteht.[1407] Darüber hinaus hat der EuGH den Rechtfertigungsgrund der „Kohärenz des Steuersystems" in späteren Urteilen insoweit noch weiter präzisiert, als ein solcher zwingender Zusammenhang *dieselbe Steuerart* und *denselben Steuerpflichtigen* betreffen muss.[1408]

Mit der Bedeutung von mitgliedstaatlichen DBA im Rahmen der Prüfung des Rechtfertigungsgrundes der „Kohärenz des Steuersystems" hat sich der EuGH wenig später in seinem Urteil *Wielockx*[1409] auseinandergesetzt. Streitfrage war hier die Zulässigkeit der Bildung einer steuerlich abzugsfähigen Altersrücklage eines in Belgien ansässigen Steuerpflichtigen, welcher in den Niederlanden Einkünfte aus selbstständiger (freiberuflicher) Tätigkeit erzielte. Nach dem im Streitfall anwendbaren niederländisch-belgischen DBA, welches insoweit auf dem OECD-MA basierte, konnten spätere Rentenzahlungen nach Auflösung der Altersrücklage ausschließlich im Wohnsitzstaat des Steuerpflichtigen (also Belgien) versteuert werden.[1410] Die niederländische Regierung berief sich zur Rechtfertigung der Verweigerung einer steuerlichen Abzugsfähigkeit auf das EuGH-Urteil *Bachmann* und den „Grundsatz der steuerlichen Kohärenz".[1411] Es bestünde eine Wechselbeziehung zwischen der Nichtabzugsfähigkeit der Altersrücklage und der Nichtbesteuerung daraus resultierender Rentensprüche in den Niederlanden aufgrund der Regelungen des DBA.[1412]

Im Gegensatz zum Urteil *Bachmann* erkannte der EuGH den vorgebrachten Rechtfertigungsgrund der „steuerlichen Kohärenz" im Urteil *Wielockx* nicht als einschlägig

1405 *EuGH*, 28.01.1992 – C-300/90, *Kommission/Belgien*, Slg. 1992, I-305, Leitsatz.
1406 *Weber-Grellet*, Europäisches Steuerrecht, S. 57.
1407 Vgl. *EuGH*, 07.09.2004 – C-319/02, *Manninen*, Slg. 2004, I-07477, Rz. 42.
1408 Vgl. *EuGH*, 18.09.2003 – C-168/01, *Bosal*, Slg. 2003, I-09409, Rz. 30 m.w.N.
1409 *EuGH*, 11.08.1995 – C-80/94, *Wielockx*, Slg. 1995, I-02493.
1410 *EuGH*, 11.08.1995 – C-80/94, *Wielockx*, Slg. 1995, I-02493, Rz. 8.
1411 *EuGH*, 11.08.1995 – C-80/94, *Wielockx*, Slg. 1995, I-02493, Rz. 23.
1412 Ebenda.

an. Er begründete dies damit, dass in diesem Fall die steuerliche Kohärenz nicht auf „Ebene der Einzelperson, durch eine strenge Wechselbeziehung zwischen der steuerlichen Abzugsfähigkeit der Beiträge und der Besteuerung der Renten" hergestellt werde, sondern auf eine andere Ebene, „nämlich die der Gegenseitigkeit der in den Vertragsstaaten anwendbaren Vorschriften[,] verlagert [wird]".[1413]

Der entscheidende Unterschied zwischen den Urteilen *Bachmann* und *Wielockx* bestand, wie *Vanistendael* zutreffend ausführt,[1414] darin, dass im Urteil *Bachmann* aufgrund der Ansässigkeit der rentenauszahlenden Versicherungsunternehmen in einem anderen Mitgliedstaat die nachgelagerte Besteuerung der Rentenzahlungen im Wohnsitzstaat des Steuerpflichtigen nicht sichergestellt werden konnte, während im Urteil *Wielockx* die Niederlande bei Auszahlung der Renten aufgrund der Bildung einer Altersrücklage bei einer niederländischen Versicherungseinrichtung grundsätzlich weiterhin ihr Besteuerungsrecht sicher ausüben konnten (bspw. durch Erhebung einer Quellensteuer bei gebietsfremden Steuerpflichtigen). Die Niederlande hatten sich jedoch (freiwillig) dazu entschieden, ihr diesbezügliches Besteuerungsrecht durch den Abschluss eines bilateralen DBA nicht auszuüben, sodass erst auf abkommensrechtlicher Ebene eine „steuerliche Kohärenz", d.h. ein unmittelbarer Zusammenhang der Nichtabzugsfähigkeit der Beiträge mit der nachgelagerten Nichtbesteuerung der Rentenzahlungen, erreicht wurde. Diese „Kohärenz" beruhte dabei auf der „Gegenseitigkeit" der Vereinbarungen der Vertragsstaaten in dem DBA. Demnach besteuerte Belgien zwar alle Renteneinkünfte eines dort gebietsansässigen Steuerpflichtigen, unabhängig von dem Ort der Beitragszahlung; gleichzeitig verzichtete Belgien jedoch bei gebietsfremden Steuerpflichtigen auf eine Besteuerung der Renten, auch wenn die Beiträge in Belgien als dort steuerlich abzugsfähige Zahlungen anerkannt wurden.[1415]

Nach dem EuGH-Urteil in der Rechtssache *Wielockx* konnte sich ein Mitgliedstaat somit dann *nicht* auf den Rechtfertigungsgrund der „Kohärenz des Steuersystems" bei der Versagung von Steuervorteilen berufen, wenn dieser Mitgliedstaat aufgrund der Regelungen eines bilateralen DBA freiwillig auf die Besteuerung von Einkünften verzichtet hatte und somit die „Kohärenz" einer Nichtabzugsfähigkeit von damit in unmittelbarem Zusammenhang stehenden Aufwendungen ausschließlich auf der Abkommensregelung beruhte.[1416]

1413 *EuGH,* 11.08.1995 – C-80/94, *Wielockx,* Slg. 1995, I-02493, Rz. 24

1414 *Vanistendael,* EC Tax Review 2005, 208, 212.

1415 *EuGH,* 11.08.1995 – C-80/94, *Wielockx,* Slg. 1995, I-02493, Rz. 24.

1416 Vgl. *EuGH,* 11.08.1995 – C-80/94, *Wielockx,* Slg. 1995, I-02493, Rz. 25. Siehe hierzu *Cordewener/Kofler/van Thiel,* Common Market Law Review 2009, 1951, 1971 f.; *Stahlschmidt,* FR 2006, 249, 259. Kritisch zur EuGH-Rechtsprechung *Englisch,* Aufteilung der Besteuerungsbefugnisse, S. 126 ff.

b) *EuGH-Rechtsprechung ab Marks & Spencer (2005)*

In seinem Urteil *Marks & Spencer*[1417] hat der EuGH die „Kohärenz des Steuersystems“ *nicht* als mögliche Rechtfertigung für die streitigen britischen Verlustabzugsbeschränkungen bei ausländischen Tochtergesellschaften geprüft, obwohl dieser Rechtfertigungsgrund durchaus von den am Verfahren beteiligten Mitgliedstaaten vorgebracht wurde. Die beteiligten Regierungen machten in dieser Hinsicht geltend, es sei „kohärent, den Konzernabzug nur dann zu gewähren, wenn eine Möglichkeit bestehe, die Gewinne der an diesem Abzug beteiligten Gesellschaften zu besteuern“.[1418] Die britischen Vorschriften zum „Konzernabzug“ würden insoweit einen „Zusammenhang zwischen dem der übernehmenden Gesellschaft gewährten Abzug und der Möglichkeit, die Einkünfte der übertragenden Gesellschaft zu besteuern“, herstellen.[1419] Die im Vereinigten Königreich ansässige *Marks & Spencer plc* wandte als Klägerin hingegen ein, dass es im Hinblick auf die Versagung des Konzernabzugs an dem notwendigen „unmittelbaren Zusammenhang“ fehle, da „die den Muttergesellschaften gewährte Vergünstigung und die Abgabe, die den Tochtergesellschaften auferlegt werden könne, *verschiedene Steuerpflichtige* im Rahmen *verschiedener Steuerregelungen* [beträfen]“.[1420] Der Generalanwalt *Maduro* hatte in seinen Schlussanträgen zur Frage der „Kohärenz“ überlegt, ob die bisherige Rechtsprechung des EuGH tatsächlich die „Grenze“ der Anwendbarkeit des Kohärenzarguments darstelle oder ob dieser Rechtfertigungsgrund nicht doch weiter verstanden bzw. „flexibler gestaltet“ werden müsse.[1421] Im ersteren Fall wäre das Kohärenzargument jedoch „ohne Zweifel“ zurückzuweisen.[1422]

Indem der EuGH das „Kohärenzargument“ in seinem Urteil zur Rechtssache *Marks & Spencer* nicht einmal ansatzweise diskutiert hat, ist m.E. davon auszugehen, dass eine Rechtfertigung von beschränkenden Steuervorschriften zur „Wahrung der steuerlichen Kohärenz“ weiterhin nur in den durch den EuGH festgestellten „Grenzen“ (dieselbe *Steuerart*, derselbe *Steuerpflichtige*) möglich ist.[1423] Bei der unionsrechtlichen Überprüfung von mitgliedstaatlichen Verlustübertragungsbeschränkungen bei in verschiedenen Mitgliedstaaten ansässigen Mutter- und Tochtergesellschaften, welche insoweit *zwei* unterschiedliche Steuersubjekte darstellen,

1417 *EuGH*, 13.12.2005 – C-446/03, *Marks & Spencer*, Slg. 2005, I-10866. Siehe hierzu oben D.I.1.a)(1).

1418 Schlussanträge Generalanwalt *Maduro* v. 07.04.2005, Rs. C-446/03, *Marks & Spencer*, Rz. 69.

1419 Ebenda.

1420 Schlussanträge Generalanwalt *Maduro* v. 07.04.2005, Rs. C-446/03, *Marks & Spencer*, Rz. 70 [Hervorh. d. Verf.].

1421 Schlussanträge Generalanwalt Maduro v. 07.04.2005, Rs. C-446/03, *Marks & Spencer*, Rz. 71. Zustimmend zu einem „weiten“ Verständnis des Kohärenzarguments bspw. *Vanistendael*, EC Tax Review 2005, 208, 221.

1422 Ebenda.

1423 A.A. *Isenbaert/Valjemark*, EC Tax Review 2006, 10, 13 f.

konnte der Rechtfertigungsgrund der Kohärenz deshalb, im Gegensatz zum Rechtfertigungsgrund der „Wahrung der Aufteilung der Besteuerungsbefugnis", grundsätzlich keine Anwendung finden.[1424]

Etwas aus dem Rahmen fällt in dieser Hinsicht das EuGH-Urteil zur Rechtssache *Papillon*[1425], in welchem der EuGH die „Kohärenz des Steuersystems" als grundsätzlich einschlägigen Rechtfertigungsgrund für die Versagung einer „steuerlichen Integration" zwischen gebietsansässigen Muttergesellschaften und gebietsansässigen Enkelgesellschaften ausländischer Tochtergesellschaften anerkannt hat (wobei er in letzter Konsequenz eine Rechtfertigung aufgrund mangelnder Verhältnismäßigkeit der streitigen französischen Steuervorschriften scheitern ließ). Der EuGH ging bei der Prüfung des „Kohärenz"-Arguments auf das Anwendungskriterium „derselbe Steuerpflichtige" nicht ausdrücklich ein; es ist jedoch anzunehmen, dass er in seinem Urteil das Vorliegen dieser Voraussetzung bei der Anwendung dieses Rechtfertigungsgrundes antizipierte.[1426] Entsprechende Hinweise finden sich in den Schlussanträgen der Generalanwältin *Kokott*, in welchen diese eine Anwendbarkeit des „Kohärenz"-Arguments im Sinne der bisherigen Rechtsprechung auch im Fall *Papillon* damit begründete, dass es ansonsten eine „künstliche Aufteilung wäre, die Gesellschaften eines Konzerns – die gerade anstreben, als *steuerliche Einheit* behandelt zu werden – nicht als ‚denselben' Steuerpflichtigen im Sinne dieser Rechtsprechung anzusehen".[1427]

Bei der Berücksichtigung von ausländischen Betriebstätten- oder Immobilienverlusten eines Steuerpflichtigen stellt sich die Ausgangslage zur Anwendbarkeit des Rechtfertigungsgrundes der „steuerlichen Kohärenz" etwas anders dar, da das Kriterium „derselbe Steuerpflichtige" in diesen Fällen i.d.R. von vornherein erfüllt ist. Damit kommt der Frage, ob ein *unmittelbarer Zusammenhang* zwischen dem betreffenden steuerlichen Vorteil und dem Ausgleich dieses Vorteils durch eine bestimmte steuerliche Belastung besteht, entscheidende Bedeutung zu. In seinem Urteil *Krankenheim Ruhesitz am Wannsee*[1428] hat der EuGH die streitigen deutschen Nachversteuerungsreglungen bei ausländischen Betriebstätteneinkünften durch die Erfordernis, die „Kohärenz des deutschen Steuersystems zu gewährleisten", als gerechtfertigt angesehen.[1429] Der EuGH begründete dies damit, dass eine Hinzurechnung und Nachversteuerung der Verluste einer ausländischen (Freistellungs-) Betriebstätte beim inländischen Stammhaus in einer „spiegelbildlichen Logik" zu

---

1424 So auch *Balmes/Brück/Ribbrock*, BB 2005, 966 f.; *Kußmaul/Niehren*, IStR 2008, 81, 85 (Fn. 49).

1425 *EuGH*, 27.11.2008 – C-418/07, *Papillon*, Slg. 2008, I-08947.

1426 So auch *Kokott/Ost*, EuZW 2011, 496, 502; *Cordewener/Kofler/van Thiel*, Common Market Law Review 2009, 1951, 1972 f.

1427 Schlussanträge Generalanwältin *Kokott* v. 04.09.2008, Rs. C-418/07, *Papillon*, Rz. 52 [Hervorh. d. Verf.].

1428 *EuGH*, 23.10.2008 – C-157/07, *Krankenheim Ruhesitz am Wannsee*, Slg. 2008, I-08061.

1429 *EuGH*, 23.10.2008 – C-157/07, *Krankenheim Ruhesitz am Wannsee*, Slg. 2008, I-08061, Rz. 43.

der vorausgegangenen Berücksichtigung der Verluste dieser Betriebstätte durch den Abzug beim Stammhaus stehe: „Somit bestand ein direkter, persönlicher und sachlicher Zusammenhang zwischen den beiden Komponenten der im Ausgangsverfahren streitigen Steuerregelung, da die Hinzurechnung das *logische Pendant* zum vorher gewährten Abzug darstellte".[1430]

Es stellt sich die Frage, inwieweit dieses „spiegelbildliche Logik"-Argument im Rahmen der Rechtfertigungsprüfung der „Kohärenz des Steuersystems" vom „Symmetrie"-Argument des EuGH bei der Anwendung des Rechtfertigungsgrundes der „Wahrung der Aufteilung der Besteuerungsbefugnis" abzugrenzen ist.[1431] In der Literatur wurde eine klare Abgrenzbarkeit dieser beiden Rechtfertigungsgründe zunehmend bezweifelt und eine weitgehende Austauschbarkeit[1432] bzw. eine Inklusion[1433] angenommen.[1434] Dass sich beide Rechtfertigungsgründe annähern, lässt sich insbesondere in der jüngeren Rechtsprechung des EuGH eindeutig feststellen. So hat der EuGH in seinem Urteil in der Rechtssache *National Grid Indus* aus dem Jahr 2011 eine „Deckungsgleichheit" des Rechtfertigungsgrundes der „steuerlichen Kohärenz" mit dem Rechtfertigungsgrund der „Wahrung der Aufteilung der Besteuerungsbefugnisse" festgestellt: „Wie die Generalanwältin in Nr. 99 ihrer Schlussanträge festgestellt hat, decken sich die Anliegen der steuerlichen Kohärenz und der ausgewogenen Aufteilung der Besteuerungsbefugnis".[1435] Die Generalanwältin *Kokott* führte in Rz. 99 ihrer Schlussanträge zur Rechtssache *National Grid Indus* dazu Folgendes aus: „Könnten die Niederlande die latenten Gewinne, die während der Steueransässigkeit von *National Grid Indus* in ihrem Hoheitsbereich entstanden sind, wegen des Wegzugs nicht mehr besteuern, so wäre eine kohärente Besteuerung nicht

---

1430 *EuGH*, 23.10.2008 – C-157/07, *Krankenheim Ruhesitz am Wannsee*, Slg. 2008, I-08061, Rz. 42 [Hervorh. d. Verf.]. Dieses „spiegelbildliche Logik"-Argument wurde vom EuGH in seiner Rechtfertigungsprüfung auch in den Urteilen *EuGH*, 01.12.2011 – C-250/08, *Kommission/Belgien*. 2011, I-12341, Rz. 73 und *EuGH*, 01.12.2011 – C-253/09, *Kommission/Ungarn*, Slg. I 2011, I-12391, Rz. 74 angewandt.

1431 Siehe instruktiv *EuGH*, 15.05.2008 – C-414/06, *Lidl Belgium*, Slg. 2008, I-03601, Rz. 33 [Hervorh. d. Verf.]: „Folglich ist das Ziel, die Aufteilung der Besteuerungsbefugnis zwischen den betroffenen Mitgliedstaaten zu wahren, das sich in den Bestimmungen des Abkommens widerspiegelt, geeignet, die im Ausgangsverfahren fragliche Steuerregelung zu rechtfertigen, da sie die *Symmetrie zwischen dem Recht zur Besteuerung der Gewinne und der Möglichkeit, Verluste in Abzug zu bringen*, wahrt".

1432 So *Lang*, EC Tax Review 2009, 98, 109; *Wattel*, in: *Weber*, The influence European law on direct taxation, S. 156.

1433 *Weber-Grellet*, DStR 2009, 1229, 1231 f.; *Mitschke*, IStR 2010, 95, 97; *Stewen*, EuR 2008, 445, 460 f.

1434 Eine Vergleichbarkeit der beiden Rechtfertigungsgründe jedoch ablehnend bspw. *Englisch*, Aufteilung der Besteuerungsbefugnisse, S. 122 ff.

1435 Vgl. *EuGH*, 29.11.2011 – C-371/10, *National Grid Indus*, Slg. 2011, I-12273, Rz. 80; *EuGH*, 12.07.2012 – C-269/09, *Kommission/Spanien*, HFR 2012, 1025, Rz. 86.

mehr möglich. Insoweit decken sich hier die Anliegen der steuerlichen Kohärenz und der ausgewogenen Aufteilung der Besteuerungsbefugnis".[1436]

In seinem Urteil *K.* aus dem Jahr 2013 zu den finnischen Verlustabzugsbeschränkungen bei in anderen Mitgliedstaaten belegenen Immobilien hatte der EuGH sowohl den Rechtfertigungsgrund der „Wahrung der Aufteilung der Besteuerungsbefugnis" wie auch die „Wahrung der Kohärenz der Steuerregelung" unter Verweis auf die Aufteilungsregelungen des in diesem Fall einschlägigen finnisch-französischen DBA anerkannt. Der EuGH betonte dabei, dass ohne dieses Abkommen Finnland das Recht hätte, die Gewinne eines ansässigen Steuerpflichtigen aus der Veräußerung von unbeweglichem Vermögen in Frankreich zu besteuern.[1437] Mit Anwendung der abkommensrechtlich vereinbarten Freistellungsmethode für ausländische Immobilieneinkünfte verzichte Finnland jedoch auf die Ausübung seines diesbezüglichen Besteuerungsrechts.[1438] Die Versagung einer Abzugsmöglichkeit für Verluste aus französischen Immobilien stelle somit zum einen „die *Symmetrie* zwischen dem Recht zur Besteuerung von Gewinnen und der Möglichkeit, Verluste in Abzug zu bringen", sicher[1439] und zum anderen folge die finnische Regelung damit „einer *spiegelbildlichen Logik*, indem sie vorsieht, dass ein gebietsansässiger Steuerpflichtiger, dem bei der Veräußerung einer in Frankreich belegenen Immobilie ein Verlust entsteht, diesen Verlust in Finnland nicht geltend machen kann".[1440] Während das „Symmetrie"-Argument zur Anwendbarkeit des Rechtfertigungsgrundes der „Wahrung der Aufteilung der Besteuerungsbefugnis" ausreicht, fordert der EuGH zu einer wirksamen Rechtfertigung von mitgliedstaatlichen Steuervorschriften aufgrund der „steuerlichen Kohärenz", dass die Merkmale „dieselbe Steuer" bzw. „derselbe Steuerpflichtige" erfüllt sind. Erst in diesem Fall bestehe nach Auffassung des EuGH ein *unmittelbarer Zusammenhang* zwischen der Gewährung eines Steuervorteils, d.h. der Berücksichtigung der ausländischen Verluste einerseits und der Besteuerungsmöglichkeit für die ausländischen Gewinne andererseits.[1441]

Im Ergebnis bestehen zwischen dem Rechtfertigungsgrund der „steuerlichen Kohärenz" und dem Rechtfertigungsgrund der „Wahrung der Aufteilung der Besteuerungsbefugnis" insoweit Überschneidungen, als der EuGH bei beiden Rechtfertigungsgründen ihre Grundlage in der „symmetrischen" bzw. „spiegelbildlichen" Aufteilung der Besteuerungsbefugnis zwischen den Staaten durch den Abschluss von bilateralen DBA sieht.[1442] Damit revidiert der EuGH aber auch seine Rechtsprechung im Urteil *Wielockx*[1443] aus dem Jahr 1995, in welcher er gerade *keine*

1436 Schlussanträge Generalanwältin *Kokott* v. 08.09.2011, Rs. C-371/10, *National Grid Indus*, Rz. 99.
1437 *EuGH*, 07.11.2013 – C-322/11, *K.*, DStR 2013, 2441, Rz. 52 und Rz. 67.
1438 *EuGH*, 07.11.2013 – C-322/11, *K.*, DStR 2013, 2441, Rz. 53 und Rz. 67.
1439 *EuGH*, 07.11.2013 – C-322/11, *K.*, DStR 2013, 2441, Rz. 55 [Hervorh. d. Verf.].
1440 *EuGH*, 07.11.2013 – C-322/11, *K.*, DStR 2013, 2441, Rz. 68 [Hervorh. d. Verf.].
1441 Vgl. *EuGH*, 07.11.2013 – C-322/11, *K.*, DStR 2013, 2441, Rz. 69 f.
1442 Ähnlich *Beiser*, IStR 2009, 2362, 2367; *Neyt/Peeters*, EC Tax Review 2014, 64, 73 f.
1443 *EuGH*, 11.08.1995 – C-80/94, *Wielockx*, Slg. 1995, I-02493. Siehe hierzu oben D.II.1.a).

Rechtfertigungsmöglichkeit eines Mitgliedstaates aus Gründen der „steuerlichen Kohärenz" annahm, wenn die Kohärenz einer beschränkenden Steuerregelung auf dem Besteuerungsverzicht dieses Mitgliedstaates aufgrund der Regelungen eines mitgliedstaatlichen DBA beruhte.[1444] Unterscheidungsmerkmal zwischen beiden Rechtfertigungsgründen bleibt jedoch, dass eine Rechtfertigung beschränkender Steuervorschriften aufgrund der „steuerlichen Kohärenz" weiterhin das Vorliegen der Merkmale „dieselbe Steuer" bzw. „derselbe Steuerpflichtige" voraussetzt, während diese Kriterien bei der Anwendung des Rechtfertigungsgrundes der „Wahrung der Aufteilung der Besteuerungsbefugnis" augenscheinlich keine Rolle spielen.

2. Vermeidung von Steuerumgehung bzw. Steuerflucht

Der EuGH hat die Notwendigkeit der Mitgliedstaaten, durch beschränkende Regelungen Steuerumgehungen zu verhindern und/oder Steuerflucht bzw. Steuerhinterziehung zu vermeiden, als ungeschriebenen Rechtfertigungsgrund in seiner Rechtsprechung zu den direkten Steuern anerkannt.[1445] Gleichzeitig hatte der EuGH diesen Rechtfertigungsgrund dahingehend konkretisiert, dass sich die Mitgliedstaaten nur dann erfolgreich darauf berufen können, wenn sich die streitige Maßnahme „speziell auf rein künstliche Gestaltungen bezieht, die darauf ausgerichtet sind, der Anwendung der Rechtsvorschriften des betreffenden Mitgliedstaats zu entgehen".[1446]

Im Urteil *Marks & Spencer* war die „Verhinderung von Steuerflucht" Teil der „Rechtfertigungstrias", welche der EuGH zur Rechtfertigung der streitigen britischen Verlustabzugsbeschränkungen heranzog.[1447] Der EuGH verknüpfte dabei die Rechtfertigungsgründe der „Vermeidung einer Steuerumgehung bzw. Steuerflucht" und der „Wahrung der Aufteilung der Besteuerungsbefugnis zwischen den Mitgliedstaaten" durch das „Wahlfreiheits"-Argument: Könnten Konzerngesellschaften frei wählen, in welchem Staat die Verluste einer ausländischen Tochtergesellschaft steuerlich geltend gemacht werden, so könnten diese Gesellschaften auch das mangels Harmonisierung noch bestehende Steuergefälle in der EU durch „künstliche" Verschiebungen dieser Verluste in bestimmte Mitgliedstaaten ausnutzen, um ihre dortige Steuerlast zu minimieren.[1448] Das „Wahlfreiheits"-Argument als Kernelement des Rechtfertigungsgrundes der „Wahrung der Aufteilung der Besteuerungsbefugnis" ist somit auch inhärenter Bestandteil des Rechtfertigungsgrundes der „Vermeidung

---

1444 Gl. A. *Neyt/Peeters*, EC Tax Review 2014, 64, 70.

1445 Ständige Rechtsprechung, vgl. nur *EuGH*, 29.03.2007 – C-347/04, *Rewe Zentralfinanz*, Slg. 2007, I-02647, Rz. 50 ff.; *EuGH*, 29.11.2011 – C-371/10, *National Grid Indus*, Slg. 2011, I-12273, Rz. 84.

1446 Vgl. Nur *EuGH*, 12.09.2006 – C-196/04, *Cadbury Schweppes*, Slg. 2006, I-07995, Rz. 51 m.w.N.

1447 *EuGH*, 13.12.2005 – C-446/03, *Marks & Spencer*, Slg. 2005, I-10866, Rz. 49 ff.

1448 Vgl. *EuGH*, 13.12.2005 – C-446/03, *Marks & Spencer*, Slg. 2005, I-10866, Rz. 49 f. sowie auch *EuGH*, 18.07.2007 – C-231/05, *Oy AA*, Slg. 2007, I-06373, Rz. 58 f. und 62; *EuGH*, 21.01.2010 – C-311/08, *SGI*, Slg. 2010, I-00487, Rz. 67.

der Steuerumgehung bzw. Steuerflucht". Die Generalanwältin *Kokott* hatte in ihren Schlussanträgen zur Rechts-sache *SGI* deshalb die Bekämpfung missbräuchlicher Praktiken in Form von künstlichen Konstruktionen zur Steuerumgehung auch als eine „besondere Form" bzw. einen „Unterfall" des Rechtfertigungsgrundes der „Wahrung einer ausgewogenen Aufteilung der Besteuerungsbefugnis" angesehen: „Wenn künstliche Gestaltungen gewählt werden, um Einkünfte der Besteuerung in einem Mitgliedstaat zu entziehen und sie stattdessen in einem anderen Staat der Steuer zu unterwerfen, so ist dies nichts anderes als eine Beeinträchtigung der ausgewogenen Aufteilung der Besteuerungsbefugnis".[1449] Mit anderen Worten bedingt die Feststellung einer Steuerflucht- bzw. Steuervermeidungsgefahr immer auch gleichzeitig eine Gefahr für die Aufteilung der Besteuerungsbefugnisse zwischen den Mitgliedstaaten.[1450] Der Rechtfertigungsgrund der Steuerflucht- bzw. Missbrauchsabwehr geht in diesen Fällen gewissermaßen in dem umfassenderen Rechtfertigungsgrund der Aufteilung der Besteuerungsbefugnis auf.[1451]

Eine umgekehrte Korrelation in dem Sinne, dass der Rechtfertigungsgrund der ausgewogenen Aufteilung der Besteuerungsbefugnis immer nur dann eingreift, wenn zugleich die Bedingungen für den Rechtfertigungsgrund der Bekämpfung missbräuchlicher Praktiken vorliegen, lässt sich m.E. jedoch nicht feststellen.[1452] Ausschlaggebendes Abgrenzungskriterium beider Rechtfertigungsgründe bleibt weiterhin die Frage, ob eine beschränkende Steuerregelung auf die Vermeidung rein künstlicher Gestaltung zum Zweck der Steuerumgehung abstellt. Ist dieses Kriterium nicht erfüllt, kann der Rechtfertigungsgrund der „Verhinderung von Steuerflucht bzw. Steuerumgehung" nicht greifen; beschränkende Steuervorschriften können somit nur aufgrund der „Wahrung der Aufteilung der Besteuerungsbefugnis" als gerechtfertigt angesehen werden.[1453] In der Rechtssache *K.* hatte der EuGH die dort streitigen finnischen Verlustabzugsbeschränkungsregelungen bei ausländischen Immobilien als zur „Wahrung der Aufteilung der Besteuerungsbefugnis zwischen den Mitgliedstaaten" gerechtfertigt angesehen,[1454] eine „Verhinderung der Steuerflucht" als Rechtfertigungsgrund jedoch mit der Begründung abgelehnt, dass „die Steuerregelung nicht speziell verhindern soll, dass rein künstliche Konstruktionen in den

---

1449 Schlussanträge Generalanwältin *Kokott* v. 10.09.2009, Rs. C-311/08, *SGI*, Rz. 59.

1450 Tatsächlich hat der EuGH, soweit ersichtlich, in allen Rechtssachen, in welchen er eine Rechtfertigung beschränkender/diskriminierender Steuervorschriften der Mitgliedstaaten zur Verhinderung von Steuerumgehung/Steuerflucht oder Missbrauch anerkannt hat, gleichzeitig auch eine Einschlägigkeit des Rechtfertigungsgrundes der „Wahrung der Aufteilung der Besteuerungsbefugnis" bejaht.

1451 So auch *Musil/Fähling*, DStR 2010, 1501, 1504; *Poulsen*, Intertax 2012, 201, 207; *Mitschke*, IStR 2014, 565 f.; a.A. *Schwaiger*, SWI 2010, 525, 531.

1452 So auch die Schlussfolgerungen der Generalanwältin *Kokott* in ihren Schlussanträgen v. 10.09.2009, Rs. C-311/08, *SGI*, Rz. 59, 63.

1453 Vgl. *EuGH*, 21.01.2010 – C-311/08, *SGI*, Slg. 2010, I-00487, Rz. 66.

1454 *EuGH*, 07.11.2013 – C-322/11, *K.*, DStR 2013, 2441, Rz. 55.

Genuss eines Steuervorteils kommen, sondern allgemein jede Situation betrifft, in der Verluste aus einer in einem anderen Mitgliedstaat belegenen Immobilie entstehen".[1455]

3. Gefahr der doppelten Verlustberücksichtigung

Den Rechtfertigungsgrund der Vermeidung einer „doppelten Verlustberücksichtigung" hat der EuGH in seinem Urteil *Marks & Spencer*,[1456] wie auch in den nachfolgenden Urteilen, immer in Verbindung mit dem Rechtfertigungsgrund der „Wahrung der Aufteilung der Besteuerungsbefugnis zwischen den Mitgliedstaaten" geprüft.[1457] Es stellt sich somit die Frage, wie diese Rechtfertigungsgründe voneinander abzugrenzen sind bzw. ob die Notwendigkeit der Verhinderung einer doppelten Berücksichtigung von Verlusten überhaupt einen eigenständigen Rechtfertigungsgrund in der Rechtsprechung des EuGH zu den direkten Steuern darstellt.

Die Generalanwältin *Kokott* vertrat schon in ihren Schlussanträgen in der Rechtssache *Papillon*[1458] eine Verknüpfung der beiden Rechtfertigungsgründe: „Wenn es in der Rechtsprechung des Gerichtshofs bislang um die Verhinderung einer doppelten Berücksichtigung von Verlusten ging, dann handelte es sich um die Berücksichtigung desselben Verlusts in zwei unterschiedlichen Mitgliedstaaten. Dies ist auch konsequent, steht doch der Rechtfertigungsgrund der Vermeidung von doppelten Verlustberücksichtigungen *in engem Zusammenhang* mit der Aufteilung der Besteuerungsbefugnis".[1459] Das Verfahren *Papillon* betraf jedoch lediglich die Steuerhoheit *eines* Mitgliedstaates, sodass im Ergebnis weder der Rechtfertigungsgrund der „doppelten Verlustberücksichtigung" einschlägig noch die streitigen Verlustabzugsbeschränkungen zur „Wahrung der Aufteilung der Besteuerungsbefugnis zwischen den Mitgliedstaaten" gerechtfertigt waren.[1460] Zu einer ähnlichen Schlussfolgerung kam der EuGH in der Entscheidung *Philips Electronics*[1461]. Hier urteilte der EuGH zu einem ähnlichen Ausgangsfall, dass „die Gefahr, dass die Verluste sowohl im Aufnahmemitgliedstaat, in dem sich die Betriebstätte befindet, als auch in dem Mitgliedstaat, in dem die gebietsfremde Gesellschaft ansässig ist, berücksichtigt werden,

---

1455 *EuGH*, 07.11.2013 – C-322/11, *K.*, DStR 2013, 2441, Rz. 62.

1456 *EuGH*, 13.12.2005 – C-446/03, *Marks & Spencer*, Slg. 2005, I-10866, Rz. 47 f.; siehe hierzu *Lang*, IBFD Bulletin 2006, 421, 426. Zur doppelten Verlustberücksichtigung in der EuGH-Rechtsprechung vor *Marks & Spencer* siehe *Lang*, IStR 2006, 550, 552 f.

1457 Siehe *EuGH*, 29.03.2007 – C-347/04, *Rewe Zentralfinanz*, Slg. 2007, I-02647; *EuGH*, 18.07.2007 – C-231/05, *Oy AA*, Slg. 2007, I-06373; *EuGH*, 27.11.2008 – C-418/07, *Papillon*, Slg. 2008, I-08947; *EuGH*, 21.02.2013 – C-123/11, *A Oy*, BB 2013, 867 m. Anm. *Böing*; *EuGH*, 28.02.2008 – C-293/06, *Deutsche Shell*, Slg. 2008, I-01129; *EuGH*, 15.05.2008 – C-414/06, *Lidl Belgium*, Slg. 2008, I-03601; *EuGH*, 06.09.2012 – C-18/11, *Philips Electronics*, RIW 2012, 884; *EuGH*, 07.11.2013 – C-322/11, *K.*, DStR 2013, 2441.

1458 *EuGH*, 27.11.2008 – C-418/07, *Papillon*, Slg. 2008, I-08947.

1459 Schlussanträge Generalanwältin *Kokott* v. 04.09.2008, Rs. C-418/07, *Papillon*, Rz. 46 [Hervorh. d. Verf.].

1460 Siehe oben D.I.1.a)(4).

1461 *EuGH*, 06.09.2012 – C-18/11, *Philips Electronics*, RIW 2012, 884.

keinen Einfluss auf die Besteuerungsbefugnis des Mitgliedstaats [hat], in dem sich die Betriebstätte befindet. [...] Daher kann unter Umständen wie den im Ausgangsverfahren in Rede stehenden das Ziel, die Gefahr einer doppelten Berücksichtigung zu vermeiden, für sich genommen den Mitgliedstaat, in dem sich die Betriebstätte befindet, nicht berechtigen, die Berücksichtigung von Verlusten mit der Begründung auszuschließen, dass sie darüber hinaus in dem Mitgliedstaat verwendet werden könnten, in dem die gebietsfremde Gesellschaft ihren Sitz hat".[1462] Soweit der Rechtfertigungsgrund der „Wahrung der Aufteilung der Besteuerungsbefugnis zwischen den Mitgliedstaaten" also gerade wegen der Berührung nur *einer* Steuerhoheit eines Mitgliedstaates nicht eingreifen kann, ist nach Auffassung des EuGH auch keine Rechtfertigung beschränkender Steuervorschriften aufgrund der Gefahr einer „doppelten Verlustberücksichtigung" möglich.

Die Anwendbarkeit des Rechtfertigungsgrundes der „Wahrung der Aufteilung der Besteuerungsbefugnis" ist somit entscheidende Voraussetzung für eine weitere Prüfung des Rechtfertigungsgrundes der „doppelten Verlustberücksichtigung".[1463] Eine selbstständige Geltendmachung dieses Rechtfertigungsgrundes sollte, auch wenn sich der EuGH diesbezüglich offensichtlich noch nicht eindeutig positionieren möchte,[1464] nach derzeitigem Rechtsprechungsstand nicht vorgesehen sein.[1465]

Ist eine mitgliedstaatliche Verlustabzugsbeschränkungsvorschrift zur „Wahrung der Aufteilung der Besteuerungsbefugnis zwischen den Mitgliedstaaten" notwendig und somit gerechtfertigt, so stellt sich weiter die Frage, ob daraus *gleichzeitig* auch eine Rechtfertigung dieser Vorschrift aufgrund der „Gefahr einer doppelten Verlustberücksichtigung" resultiert. In dieser Hinsicht scheint der EuGH tatsächlich eine Differenzierung zwischen den Rechtfertigungsgründen mit Blick auf die *zeitliche* Nutzbarkeit von Verlusten vorzunehmen. Im Urteil *Lidl Belgium*[1466] hat der EuGH bspw. die Gefahr einer doppelten Berücksichtigung der ausländischen Betriebstättenverluste als Rechtfertigung anerkannt, da es „nämlich nicht auszuschließen [ist], dass eine Gesellschaft im Mitgliedstaat ihres Sitzes die Verluste einer ihr gehörenden Betriebstätte, die in einem anderen Mitgliedstaat belegen ist, geltend macht und dass trotz dieser Zurechnung dieselben Verluste *zu einem späteren Zeitpunkt* in dem Mitgliedstaat, in dem die Betriebstätte belegen ist, dann berücksichtigt werden, wenn diese einen Gewinn erwirtschaftet, und der Mitgliedstaat des Sitzes des Stammhauses

---

1462 *EuGH*, 06.09.2012 – C-18/11, *Philips Electronics*, RIW 2012, 884, Rz. 30.

1463 Vgl. Schlussanträge Generalanwältin *Kokott* v. 19.04.2014, Rs. C-18/11, *Philips Electronics*, Rz. 42.

1464 Vgl. *EuGH*, 06.09.2012 – C-18/11, *Philips Electronics*, RIW 2012, 884, Rz. 28: „Was zweitens das Ziel der Verhinderung einer doppelten Berücksichtigung der Verluste betrifft, ist festzustellen, dass, *selbst wenn ein solcher Grund selbständig geltend gemacht werden könnte*, er jedenfalls nicht in einem Fall wie dem des Ausgangsverfahrens zur Rechtfertigung der nationalen Rechtsvorschriften des Aufnahmemitgliedstaats geltend gemacht werden kann" [Hervorh. d. Verf.].

1465 So auch *Schiefer*, IStR 2012, 849 f.

1466 *EuGH*, 15.05.2008 – C-414/06, *Lidl Belgium*, Slg. 2008, I-03601.

dadurch an der Besteuerung dieses Gewinns gehindert wird".[1467] Dagegen sah der EuGH in seinem Urteil *K.* trotz Einschlägigkeit des Rechtfertigungsgrundes der „Wahrung der Aufteilung der Besteuerungsbefugnis zwischen den Mitgliedstaaten" *keine* Gefahr einer doppelten Berücksichtigung von Veräußerungsverlusten aus ausländischen Immobilien gegeben: „Wie der Generalanwalt in Nr. 32 seiner Schlussanträge ausführt, können in Frankreich erlittene Verluste aus der Veräußerung einer in diesem Mitgliedstaat belegenen Immobilie nämlich weder von den Gesamteinkünften noch vom Gewinn aus der Veräußerung eines anderen Vermögensgegenstands in Abzug gebracht werden".[1468] Der Generalanwalt *Mengozzi* führt dabei in der vom EuGH zitierten Rz. 32 seiner Schlussanträge zum Verfahren *K.* Folgendes aus: „Da *K.* bei der Veräußerung seiner in Frankreich belegenen Immobilie eine Wertminderung oder einen Verlust erlitten hat und der Verlust in diesem Mitgliedstaat *endgültig* zu sein scheint – sei es aufgrund der vom vorlegenden Gericht dargelegten Umstände, sei es generell, weil, wie die Kommission ausgeführt hat, in Frankreich erlittene Verluste aus der Veräußerung einer in diesem Mitgliedstaat belegenen Immobilie weder von den Gesamteinkünften noch vom Gewinn aus der Veräußerung einer anderen Immobilie in Abzug gebracht werden können –, begehrt *K.* im Ausgangsverfahren von den finnischen Behörden den Abzug eines solchen Verlusts von dem in Finnland erzielten Gewinn aus der Veräußerung von Wertpapieren".[1469] Mit anderen Worten scheidet der Rechtfertigungsgrund der *„doppelten* Verlustberücksichtigung" dann aus, wenn die streitigen Verluste in einem der beiden Mitgliedstaaten entweder tatsächlich oder auch rechtlich nicht genutzt werden können.

Hinsichtlich der Einschlägigkeit des Rechtfertigungsgrundes der „Vermeidung einer doppelten Verlustberücksichtigung" kommt es nach dem derzeitigen Stand der EuGH-Rechtsprechung somit entscheidend darauf an, ob die streitigen Verluste in *nachfolgenden* Wirtschaftsjahren, also durch Verlustvortrag, noch berücksichtigt werden können oder aber diese Verluste in ihrem Entstehungsstaat *endgültig* nicht mehr nutzbar sind. Nur im ersteren Fall besteht nach Auffassung des EuGH die tatsächliche Gefahr einer „doppelten Berücksichtigung" dieser Verluste in zwei Mitgliedstaaten und damit ein wirksamer ungeschriebener Rechtfertigungsgrund. Sind die streitigen Verluste in ihrem Quellenstaat als *endgültig* zu qualifizieren, kommt nach Rechtsprechung des EuGH nur noch eine mögliche Rechtfertigung von steuerlichen Verlustabzugsbeschränkungen eines Mitgliedstaates zur „Wahrung der Aufteilung der Besteuerungsbefugnis zwischen den Mitgliedstaaten" in Betracht.

1467 *EuGH*, 15.05.2008 – C-414/06, *Lidl Belgium*, Slg. 2008, I-03601, Rz. 36.
1468 *EuGH*, 07.11.2013 – C-322/11, *K.*, DStR 2013, 2441, Rz. 57 f.
1469 Schlussanträge Generalanwalt *Mengozzi* v. 21.03.2013, Rs. C-322/11, *K.*, Rz. 32 [Hervorh. d. Verf.].

E. Neutralisierungswirkung von Doppelbesteuerungsabkommen

Der EuGH hat den zwischen den Mitgliedstaaten der EU abgeschlossenen DBA in seiner Rechtsprechung zu den direkten Steuern eine zwiespältige Rolle eingeräumt. Zwar hat er in ständiger Rechtsprechung festgestellt, dass ein Mitgliedstaat aus solchen bilateralen Abkommen keine Einwände herleiten könne, um seinen Verpflichtungen aus den Europäischen Verträgen zu entgehen.[1470] Daneben hat der EuGH jedoch auch entschieden, dass das Unionsrecht nicht die Möglichkeit ausschließe, „dass ein Mitgliedstaat die Beachtung seiner Verpflichtungen aus dem Vertrag dadurch sicherzustellen [vermöge], dass er mit einem anderen Mitgliedstaat ein Abkommen zur Vermeidung der Doppelbesteuerung [schließe]“.[1471] Mit anderen Worten können Mitgliedstaaten die Regelungen eines bilateralen DBA auch dazu nutzen, bestehende Verstöße ihrer Steuernormen gegen die Grundfreiheiten des AEUV zu „neutralisieren“.[1472]

Bis dato hat sich der EuGH in zwei Fallkategorien mit einer möglichen „Neutralisierungswirkung“ von DBA-Bestimmungen auseinandergesetzt: Zum einen bei beschränkenden „Quellensteuervorschriften“ der Mitgliedstaaten bei grenzüberschreitenden Dividendenausschüttungen und zum anderen bei mitgliedstaatlichen Regelungen zur sog. „Gesellschafterfremdfinanzierung“.

I. Quellenbesteuerung von Dividenden

Der EuGH hat in seiner Rechtsprechung zu Quellenbesteuerung von Dividenden entschieden, dass Dividendenausschüttungen an gebietsfremde (beschränkt) Steuerpflichtige durch den Quellenstaat steuerlich nicht höher belastet werden dürfen als entsprechende Ausschüttungen an gebietsansässige (unbeschränkt steuerpflichtige) Anteilseigner.[1473] Siehe das nationale Steuerrecht eines Mitgliedstaates eine höhere Quellenbesteuerung der gebietsfremden Anteilseigner vor, so ist zu prüfen, ob ggf. auf der Grundlage der Regelungen eines mitgliedstaatlichen DBA eine „Neutralisierung“ dieser Steuerbelastung erfolgt, so dass der Verstoß gegen Unionsrecht insoweit aufgehoben wird.

1470 Vgl. nur *EuGH*, 14.12.2006 – C-170/05, *Denkavit Internationaal und Denkavit France*, Slg. 2006, I-11949, Rz. 53; *EuGH*, 08.11.2007 – C-379/05, *Amurta*, Slg. 2007, I-09569, Rz. 55.

1471 Vgl. nur *EuGH*, 08.11.2007 – C-379/05, *Amurta*, Slg. 2007, I-09569, Rz. 79; *EuGH*, 19.11.2009 – C-540/07, *Kommission/Italien*, Slg. 2009, I-10983, Rz. 36; *EuGH*, 12.07.2012 – C-384/11, *Tate & Lyle Investment Ltd.*, IStR 2012, 809, Rz. 36.

1472 Vgl. *Patzner/Nagler*, IStR 2012, 790 f.

1473 Siehe oben D.I.5.

Das OECD-MA sieht zur Vermeidung einer internationalen (juristischen) Doppelbesteuerung von grenzüberschreitenden Dividendenausschüttungen an gebietsfremde Anteilseigner grundsätzlich eine Anrechnungspflicht des Ansässigkeitsstaates des Dividendenempfängers hinsichtlich der im Ansässigkeitsstaat der ausschüttenden Gesellschaft gezahlten Quellensteuer vor (vgl. Art. 10 Abs. 1 und Abs. 2 OECD-MA i.V.m. Art. 23A Abs. 2 OECD-MA). Viele Mitgliedstaaten haben in ihren DBA mit anderen Mitgliedstaaten diese Regelung übernommen oder ähnliche Vereinbarungen abgeschlossen.[1474] Fraglich ist nun, ob das Vorliegen eines entsprechenden DBA den Voraussetzungen des EuGH für eine „Neutralisierungswirkung" entspricht.

Nach der Rechtsprechung des EuGH ist eine Abkommensregelung zwischen Mitgliedstaaten nur dann geeignet, eine unionsrechtlich verbotene Beschränkung oder Diskriminierung zu „neutralisieren", wenn „es die Anwendung des Abkommens zur Vermeidung der Doppelbesteuerung erlaubt, die Wirkungen der sich aus dem nationalen Recht ergebenden unterschiedlichen Behandlung auszugleichen".[1475] Der EuGH hat dazu festgestellt, dass eine solche „Neutralisierungswirkung" eines DBA unter zwei Voraussetzungen vorliegt: Zum einen muss das DBA eine „unbedingte und vollständige Anrechnung" der Quellensteuer beim Dividendenempfänger vorsehen;[1476] zum anderen muss der Ansässigkeitsstaat des Dividendenempfängers die Dividenden dort einer „hinreichenden Besteuerung" unterwerfen, sodass eine vollständige Anrechnung der einbehaltenen Quellensteuer möglich ist und eine ggf. weiterhin höhere steuerliche Belastung der Dividendeneinkünfte nicht dem Ansässigkeitsstaat der ausschüttenden Gesellschaft, sondern letztlich dem Ansässigkeitsstaat des Anteilseigners zuzurechnen ist.[1477]

1. Abkommensrechtliche Anrechnung der Quellensteuer

Dass der EuGH für eine mögliche „Neutralisierung" von beschränkenden Quellenbesteuerungsvorschriften ausschließlich auf eine Anrechnungsmöglichkeit der Quellensteuer *im Abkommenswege* abstellt, trägt dem Gedanken Rechnung, dass

---

1474 Siehe zu den jeweiligen Regelungen der deutschen DBA z.B. *Vogel*, in: *Vogel/Lehner*, DBA, Art. 23, Rz. 16.

1475 *EuGH*, 19.11.2009 – C-540/07, *Kommission/Italien*, Slg. 2009, I-10983, Rz. 37. Siehe auch *EuGH*, 12.07.2012 – C-384/11, *Tate & Lyle Investment Ltd.*, IStR 2012, 809, Rz. 37; *EuGH*, 03.07.2010 – C-487/08, *Kommission/Spanien*, Slg. 2010, I-04843, Rz. 59.

1476 *EuGH*, 19.11.2009 – C-540/07, *Kommission/Italien*, Slg. 2009, I-10983, Rz. 37; *EuGH*, 03.07.2010 – C-487/08, *Kommission/Spanien*, Slg. 2010, I-04843, Rz. 60; *EuGH*, 20.10.2011 – C-284/09, *Kommission/Deutschland*, Slg. 2011, I-09879, Rz. 67.

1477 *EuGH*, 20.10.2011 – C-284/09, *Kommission/Deutschland*, Slg. 2011, I-09879, Rz. 67; *EuGH*, 19.11.2009 – C-540/07, *Kommission/Italien*, Slg. 2009, I-10983, Rz. 37; *EuGH*, 03.07.2010 – C-487/08, *Kommission/Spanien*, Slg. 2010, I-04843, Rz. 60; *EuGH*, 12.07.2012 – C-384/11, *Tate & Lyle Investment Ltd.*, IStR 2012, 809, Rz. 44. Vgl. auch *Patzner/Nagler*, IStR 2012, 790, 792.

diese Anrechnung durch Bemühungen des benachteiligenden *Quellenstaates* durchgeführt werden sollte und sich nicht nur als „zufälliges Produkt" unilateraler Maßnahmen des anderen Mitgliedstaates darstellt.[1478] Dabei ist es nicht notwendig, dass die abkommensrechtliche Vereinbarung einer Anrechnungsmöglichkeit die *gesamte* gezahlte Quellensteuer einbeziehen muss. Der EuGH hatte in diesem Zusammenhang entschieden, dass eine abkommensrechtliche Anrechnungsmöglichkeit zur „Neutralisierung" einer beschränkenden Quellenbesteuerung von Dividenden nur in dem Umfang vorgesehen sein muss, „in dem aufgrund des nationalen Rechts [des Quellenstaates, Anm. d. Verf.] eine unterschiedliche Behandlung besteht".[1479] Erfolgt bspw. wie im deutschen Steuerrecht aufgrund der Anwendung des § 8b Abs. 5 KStG lediglich eine effektiv zu 95 % steuerbefreite Dividendenausschüttung an inländische Empfängerkapitalgesell-schaften, so müssen bei einer angenommenen zulässigen Quellenbesteuerung dieser Dividenden mit einem Steuersatz von 15 % gem. Art. 10 Abs. 2 Buchst. b) OECD-MA auch nur 14,25 % der Quellensteuer angerechnet werden, um eine unionsrechtliche „Neutralisierungswirkung" zu erreichen.[1480]

Haben sich zwei Mitgliedstaaten auf die Anrechnungsmethode zur Vermeidung einer Doppelbesteuerung von Dividenden auf der Grundlage des OECD-MA geeinigt, sehen Art. 23A Abs. 2 S. 2 OECD-MA[1481] bzw. Art. 23B Abs. 1 S. 2 OECD-MA[1482] eine generelle Beschränkung des Anrechnungsbetrags auf den Teil der Steuer des Ansässigkeitsstaates des Dividendenempfängers vor, welcher auf die aus dem Quellenstaat bezogenen Einkünfte entfällt. Die Vereinbarung eines solchen abkommensrechtlichen „Anrechnungshöchstbetrags"[1483] scheint nach der Entscheidung des EuGH im Vertragsverletzungsverfahren *Kommission/Spanien*[1484] grundsätzlich mit Unionsrecht im Einklang zu stehen.[1485] In dem zugrunde liegenden Fall hatte Spanien in seinen mit anderen Mitgliedstaaten abgeschlossenen DBA die Anwendung der Anrechnungsmethode bei Dividendeneinkünften unter Berücksichtigung des „Anrechnungshöchstbetrags" nach dem Vorbild des OECD-MA zur Vermeidung einer internationalen Doppelbesteuerung vorgesehen.[1486] Nach Auffassung des EuGH

1478 *EuGH*, 03.07.2010 – C-487/08, *Kommission/Spanien* Slg. 2010, I-04843, 792.

1479 *EuGH*, 19.11.2009 – C-540/07, *Kommission/Italien*, Slg. 2009, I-10983, Rz. 37.

1480 Vgl. *Patzner/Nagler*, IStR 2012, 790 f.

1481 Art. 23A Abs. 2 S. 2 OECD-MA: „Der anzurechnende Betrag darf jedoch den Teil der vor der Anrechnung ermittelten Steuer nicht übersteigen, der auf die aus dem anderen Staat bezogenen Einkünfte entfällt".

1482 Art. 23B Abs. 2 S. 2 OECD-MA: „Der anzurechnende Betrag darf jedoch in beiden Fällen den Teil der vor der Anrechnung ermittelten Steuer von Einkommen oder vom Vermögen nicht übersteigen, der auf die Einkünfte, die im anderen Staat besteuert werden können, oder auf das Vermögen, das dort besteuert werden kann, entfällt".

1483 Siehe Ziff. 62 OECD-MK zu Art. 23 OECD-MA.

1484 *EuGH*, 03.07.2010 – C-487/08, *Kommission/Spanien*, Slg. 2010, I-04843.

1485 So auch *Kofler*, IStR 2011, 668, 671.

1486 *EuGH*, 03.07.2010 – C-487/08, *Kommission/Spanien*, Slg. 2010, I-04843, Rz. 61.

hatte die Vereinbarung eines solchen „Anrechnungshöchstbetrags" bei der Quellensteueranrechnung, im Gegensatz zu einer sog. „uneingeschränkten Anrechnung"[1487], keinen Einfluss auf die Beurteilung einer möglichen „Neutralisierungswirkung" der abgeschlossenen DBA.[1488]

Hinsichtlich der „Berechnungsmethode" zur Bestimmung des „Anrechnungshöchstbetrags" enthält das OECD-MA keine weiteren Vorgaben. Die Vertragsstaaten eines DBA können demnach frei wählen, den „Anrechnungshöchstbetrag" im Sinne des Art. 23A Abs. 2 S. 2 OECD-MA bzw. Art. 23B Abs. 1 S. 2 OECD-MA entweder durch Aufteilung der auf das Gesamteinkommen entfallenden Gesamtsteuer nach dem Verhältnis der Einkünfte, für die die Anrechnung gewährt wird, zum Gesamteinkommen zu berechnen oder aber den für das Gesamteinkommen geltenden Steuersatz auf die Einkünfte, für die die Anrechnung zu gewähren ist, anzuwenden.[1489] Die Bundesrepublik Deutschland hat sich für die Berechnung des Anrechnungshöchstbetrags in DBA-Fällen insoweit für die erste Alternative in ihrem nationalen Steuerrecht entschieden (vgl. § 34c Abs. 1 i.V.m. Abs. 6 S. 2 EStG). Gem. § 68a EStDV ist bei der Berechnung des Anrechnungshöchstbetrags die sog. „Per-Country-Limitation"[1490] zu beachten: Stammen die zu versteuernden ausländischen Einkünfte aus mehreren Staaten, so sind die Anrechnungshöchstbeträge der ausländischen Quellensteuern für jeden einzelnen Staat gesondert zu berechnen. Im Schrifttum wird eine mögliche Unvereinbarkeit der „Per-Country-Limitation" mit Unionsrecht unterschiedlich diskutiert. Zum Teil wird ein Verstoß gegen die Kapitalverkehrsfreiheit (jetzt Art. 63 AEUV) bejaht, da diese Begrenzung Kapitalanleger von Auslandsinvestitionen aufgrund mangelnder Anrechenbarkeit ausländischer Quellensteuern (Entstehen von sog. „Anrechnungsüberhängen") abhalten würde.[1491] Der BFH hat in seinem Anschlussurteil zur EuGH-Entscheidung in der Rechtssache *Beker und Beker*[1492] in einem *obiter dictum* jedoch zutreffenderweise keine Verletzung der Grundfreiheiten durch die „Per-Country-Limitation" des § 34c Abs. 1 EStG i.V.m. § 68a EStDV festgestellt.[1493] Der BFH sah zwar den Schutzbereich der Kapitalverkehrsfreiheit durch die länderbezogene Höchstbetragsberechnung als eröffnet an, jedoch sei eine Beschränkung dieser Grundfreiheit durch den Rechtfertigungsgrund der „notwendigen Wahrung einer ausgewogenen Aufteilung der Besteuerungsbefugnis zwischen den Mitgliedstaaten" gerechtfertigt. M.E. sollte bei „Anrechnungsüberhängen", also in Fällen, in welchen die ausländische Quellensteuer

---

1487 Vgl. Ziff. 16 OECD-MK zu Art. 23 OECD-MA.

1488 Vgl. *EuGH*, 03.07.2010 – C-487/08, *Kommission/Spanien*, Slg. 2010, I-04843, Rz. 63.

1489 Ziff. 62 i.V.m. Ziff. 47 OECD-MK zu Art. 23 OECD-MA.

1490 Siehe hierzu *Schaumburg*, Internationales Steuerrecht, Rz. 15.114.

1491 Vgl. statt vieler *Schaumburg*, Internationales Steuerrecht, Rz. 15.115 und *Keuthen*, Die Vermeidung der juristischen Doppelbesteuerung im EG-Binnenmarkt, S. 233 f. jeweils m.w.N.

1492 *EuGH*, 28.02.2013 – C-168/11, *Beker und Beker*, DStR 2013, 518.

1493 *BFH*, 18.12.2013 – I R 71/10, BFHE 244, 331. Gl. A. schon *FG Schleswig-Holstein*, 09.03.2011 – 2-K-221/08, EFG 2011, 1528.

den Anrechnungshöchstbetrag der Steuer im Ansässigkeitsstaat des Empfängers übersteigt, ein Verstoß gegen die Kapitalverkehrsfreiheit des AEUV schon aus dem Grund ausscheiden, dass die verbleibende Doppelbesteuerung der Dividendeneinkünfte eine *internationale juristische* Doppelbesteuerung darstellt, welche als Ergebnis des Zusammenwirkens zweier nicht harmonisierter Steuersysteme in der EU grundsätzlich nicht unter den Anwendungsbereich des Unionsrechts fällt.[1494]

Auch wenn die „Per-Country-Limitation“ somit für sich gesehen nicht gegen Unionsrecht verstoßen sollte, bleibt die Frage, inwieweit die hierdurch ausgelöste Begrenzungswirkung mit Blick auf Anrechnung der ausländischen Quellensteuer der „Neutralisierungswirkung“ eines mitgliedstaatlichen DBA entgegensteht. M.E. führt die Berechnung eines länderbezogenen Höchstbetrags im Wohnsitzstaat des Dividendenempfängers dazu, dass sich der Quellenstaat nicht auf eine Neutralisierung eventueller beschränkender Steuervorschriften bei Dividendenzahlungen an gebietsfremde Anteilseigner berufen kann, da das DBA in diesem Fall nicht die unionsrechtlich gebotene *vollständige* Anrechnung der Quellensteuer vorsieht. Um eine wirksame Neutralisierungswirkung zu erreichen, wäre der Quellenstaat im Ergebnis also unionsrechtlich gezwungen, die „Methode einer uneingeschränkten Anrechnung“ in diesem DBA abkommensrechtlich zu vereinbaren.[1495] Wollen beide Vertragsstaaten eines DBA diese Methode anwenden, so genügt es laut OECD-Musterkommentar, „den zweiten Satz des Absatzes 2 [d.h. Art. 23A Abs. 2 S. 2 OECD-MA, Anm. d. Verf.] wegzulassen“.[1496]

2. Hinreichende Besteuerung im Ansässigkeitsstaat des Empfängers

Die zweite Voraussetzung für eine „Neutralisierungswirkung“ eines DBA ist, dass die Dividendeneinkünfte im Ansässigkeitsstaat des empfangenden Anteilseigners einer „hinreichenden“ Besteuerung unterliegen müssen.[1497] Ob die Besteuerung der Dividenden im Ansässigkeitsstaat des Anteilseigners als „hinreichend“ zu qualifizieren ist, ist anhand des nationalen Steuerrechts des Anteilseignerstaates zu prüfen und erfordert zum einen, dass die Dividenden *überhaupt besteuert* werden, und zum anderen, dass das *Dividendenbesteuerungsniveau* im Anteilseignerstaat zumindest dem diskriminierenden Quellensteuerniveau des Staates der ausschüttenden Gesellschaft

1494 Vgl. *EuGH*, 14.11.2006 – C-513/04, *Kerckhaert und Morres*, Slg. 2006, I-10967. Siehe hierzu ausführlich oben B.II.2.c)(1).

1495 So auch der Lösungsvorschlag der OECD bei Bestehen sog. „Anrechnungsüberhänge“ (d.h. Höchstbetrag der Anrechnung ist niedriger als tatsächlich gezahlte Quellensteuer), vgl. Ziff. 63 OECD-MK zu Art. 23 OECD-MA.

1496 Ebenda.

1497 *EuGH*, 20.10.2011 – C-284/09, *Kommission/Deutschland*, Slg. 2011, I-09879, Rz. 68; *EuGH*, 19.11.2009 – C-540/07, *Kommission/Italien*, Slg. 2009, I-10983, Rz. 38; *EuGH*, 03.07.2010 – C-487/08, *Kommission/Spanien*, Slg. 2010, I-04843, Rz. 62.

entspricht.[1498] Beträgt der Quellensteuereinbehalt für von in Deutschland ansässigen Kapitalgesellschaften an gebietsfremde Anteilseigner ausgeschüttete Dividenden bspw. 14,25 % des Bruttobetrags der Dividende, so muss der auf diese Dividendeneinkünfte im Ansässigkeitsstaat des Anteilseigners angewandte Steuersatz ebenfalls mindestens 14,25 % betragen.[1499]

In der Konsequenz hängt die Entscheidung darüber, ob sich der Quellenstaat der Dividenden auf eine „Neutralisierung" seiner beschränkenden Quellensteuervorschriften durch die Regelungen eines bilateralen DBA berufen kann, entscheidend von der nationalen Ausgestaltung der Besteuerung dieser Einkünfte durch den Ansässigkeitsstaat des Dividendenempfängers ab.[1500] Der EuGH hat in den Vertragsverletzungsverfahren *Kommission/Italien*[1501], *Kommission/Spanien*[1502] sowie *Kommission/Deutschland*[1503] eine „Neutralisierungswirkung" der jeweiligen DBA letztlich genau aus diesem Grund scheitern lassen.[1504]

In diesem Zusammenhang stellt sich die Frage, ob und inwieweit der Quellenstaat eine „Anpassung" seines Quellensteuereinbehaltes auf Dividenden vornehmen kann, um die Höhe der einzubehaltenden Quellensteuer an die Besteuerung der Dividenden im Ansässigkeitsstaat zu koppeln und dadurch eine vollständige „Neutralisation" der Quellensteuer im Sinne der EuGH-Rechtsprechung zu erreichen. Grundsätzlich bestehen für den Quellenstaat dabei zwei Möglichkeiten: Entweder wird von vornherein im jeweiligen DBA die Quellensteuer auf das Steuerniveau des Ansässigkeitsstaates gesenkt (Alternative 1) oder aber der Quellenstaat erstattet im Nachhinein dem Dividendenempfänger die Quellensteuer in Höhe des nicht neutralisierten Steuerbetrags (Alternative 2).[1505] Nach den Grundsätzen der oben aufgeführten EuGH-Rechtsprechung[1506] kann m.E. jedoch nur Alternative 1 eine wirkliche unionsrechtliche „Neutralisierungswirkung" entfalten, da nur diese den diesbezüglichen Vorgaben des EuGH entspricht, dass der Quellenstaat einen *vollständigen* Nachteilsausgleich seiner beschränkenden Steuervorschriften *durch die Regelungen eines zweiseitigen Abkommens* treffen muss.[1507] Eine nachträgliche

---

1498 Ebenda.
1499 Vgl. *Patzner/Nagler*, IStR 2012, 790, 793.
1500 *EuGH*, 20.10.2011 – C-284/09, *Kommission/Deutschland*, Slg. 2011, I-09879, Rz. 69; *EuGH*, 03.07.2010 – C-487/08, *Kommission/Spanien*, Slg. 2010, I-04843, Rz. 64.
1501 *EuGH*, 19.11.2009 – C-540/07, *Kommission/Italien*, Slg. 2009, I-10983.
1502 *EuGH*, 03.07.2010 – C-487/08, *Kommission/Spanien*, Slg. 2010, I-04843.
1503 *EuGH*, 20.10.2011 – C-284/09, *Kommission/Deutschland*, Slg. 2011, I-09879.
1504 *EuGH*, 20.10.2011 – C-284/09, *Kommission/Deutschland*, Slg. 2011, I-09879, Rz. 70; *EuGH*, 03.07.2010 – C-487/08, *Kommission/Spanien*, Slg. 2010, I-04843, Rz. 64; *EuGH*, 19.11.2009 – C-540/07, *Kommission/Italien*, Slg. 2009, I-10983, Rz. 39.
1505 Vgl. *Patzner/Nagler*, IStR 2012, 790, 793.
1506 Siehe oben E.I.1.
1507 A.A. aber *Kofler*, IStR 2011, 668, 794 ff., welcher insoweit auch auf das in Österreich seit dem Jahr 2009 anwendbare Quellensteuererstattungsverfahren bei EU-Streubesitzdividenden hinweist. Dieses Verfahren sieht auf Antrag der beschränkt

einseitige Erstattung des nicht neutralisierten Quellensteuernachteils durch den Quellenstaat kann aus diesem Grund keine Neutralisierung im Sinne der EuGH-Rechtsprechung bewirken. Eine solche Auffassung entspricht m.E. auch der bisherigen ständigen Rechtsprechung des EuGH, dass eine steuerliche Benachteiligung, die gegen eine Grundfreiheit verstößt, nicht mit dem Vorhandensein anderweitiger steuerlicher Vergünstigungen gerechtfertigt werden kann.[1508] Es darf somit keine „wirtschaftliche" Betrachtung im Sinne einer Aufrechnung von (unilateralem) Quellensteuerabzug und eventueller (unilateraler) Quellensteuererstattung durch den Quellenstaat zur Beantwortung der Frage des Vorliegens einer unionsrechtlichen „Neutralisationswirkung" eines DBA herangezogen werden.[1509] Vielmehr ist in diesem Zusammenhang zu prüfen, ob der Quellenstaat durch die Vereinbarung von (bilateralen) Abkommensregelungen zum Abzug und zur Anrechnung der einbehaltenen Quellensteuer auf Dividendenausschüttungen eine wirtschaftliche Doppelbesteuerung dieser Dividenden entsprechend dem vergleichbaren Inlandsfall vermeiden kann. Ob die Regelungen eines DBA im Einzelfall letztlich eine unionsrechtliche „Neutralisierungswirkung" entfalten können, ist dabei nach Ansicht des EuGH grundsätzlich von den nationalen Gerichten festzustellen.[1510]

II. Gesellschafterfremdfinanzierung (engl. „Thin Cap Rules")

Die einschlägige Entscheidung des EuGH zur Beurteilung einer möglichen „Neutralisierungswirkung" von DBA im Zusammenhang mit beschränkenden Steuervorschriften der Mitgliedstaaten zur sog. „Gesellschafterfremdfinanzierung" ist das Urteil in der Rechtssache *Test Claimants in the Thin Cap Group Litigation*[1511]. Die in diesem Vorabentscheidungsverfahren streitigen britischen Gesellschafterfremdfinanzierungsregelungen (engl. „Thin Cap Rules") beschränkten unter bestimmten Umständen die Abzugsfähigkeit der von britischen Tochtergesellschaften an gebietsfremde

steuerpflichtigen EU- bzw. EWR-Körperschaften die Erstattung österreichischer Dividenden-Quellensteuer vor, soweit die antragstellende Körperschaft nachweist, dass die Quellensteuer im Anteilseignerstaat weder ganz noch teilweise aufgrund eines DBA angerechnet werden kann, vgl. *Kofler*, IStR 2011, 668, 798; eingehend zum österreichischen Erstattungsverfahren auch *Fraedrich*, IStR 2012, 565, 569 f. Ob das österreichische Erstattungsverfahren den Vorgaben des EuGH entspricht, wird von Teilen der Literatur durchaus bezweifelt, siehe *Fraedrich*, IStR 2012, 565, 570.

1508 So z.B. *EuGH*, 08.11.2007 – C-379/05, *Amurta*, Slg. 2007, I-09569, Rz. 75; *EuGH*, 06.06.2000 – C-35/98, *Verkooijen*, Slg. 2000, I-04071, Rz. 61.

1509 So aber die Auffassung von *Fraedrich*, IStR 2012, 565, 570.

1510 *EuGH*, 12.07.2012 – C-384/11, *Tate & Lyle Investment Ltd.*, IStR 2012, 809, Rz. 43; *EuGH*, 08.11.2007 – C-379/05, *Amurta*, Slg. 2007, I-09569, Rz. 83.

1511 *EuGH*, 13.03.2007 – C-524/04, *Test Claimants in the Thin Cap Group Litigation*, Slg. 2007, I-02107. Siehe hierzu auch oben D.I.2.a)(1).

Gesellschaften gezahlten Darlehenszinsen. Diese Beschränkungen waren jedoch nicht auf britische Gesellschaften anwendbar, die Darlehenszinsen an eine ebenfalls im Vereinigten Königreich ansässige Gesellschaft zahlten.

Die britische Regierung bestritt nicht, dass die Nichtabzugsfähigkeit der Zinsen einen Steuernachteil darstellt, machte jedoch gleichzeitig geltend, dass die meisten zwischen dem Vereinigten Königreich und anderen Mitgliedstaaten abgeschlossenen DBA insoweit einen „Ausgleich" dieses Steuernachteils in Anlehnung an die Regelung des Art. 9 OECD-MA zum sog. „Fremdvergleichsgrundsatz" vorsehen würden: „Zur Durchführung dieses Grundsatzes führt die Regierung des Vereinigten Königreichs aus, die meisten Doppelbesteuerungsabkommen, die von diesem Mitgliedstaat geschlossen worden seien, enthielten eine Bestimmung, die es den jeweiligen zuständigen Behörden erlaube, im Wege der Anpassung einen Ausgleich vorzunehmen, indem bei jeder Erhöhung der im Staat der Darlehensnehmerin zu versteuernden Gewinne eine entsprechende Herabsetzung derjenigen Gewinne vorgenommen werde, die im Staat des Sitzes der Darlehensgeberin zu versteuern seien".[1512]

Der EuGH sprach sich in seinem Urteil dennoch gegen eine entsprechende „Neutralisierungswirkung" der britischen DBA aus.[1513] Nach Auffassung des EuGH stellten die entsprechenden DBA-Regelungen insbesondere nicht sicher, dass „jede Erhöhung der steuerpflichtigen Gewinne der Darlehensnehmerin, zu der die Umqualifizierung der an eine gebietsfremde verbundene Gesellschaft gezahlten Zinsen führt, dadurch ausgeglichen wird, dass der Letztgenannten im Staat ihrer Niederlassung ein steuerlicher Vorteil gewährt wird".[1514] Auch der Generalanwalt *Geelhoed* hatte in seinen Schlussanträgen das Argument der britischen Regierung hinsichtlich einer möglichen „Ausgleichswirkung" der britischen DBA mit der Begründung zurückgewiesen, dass ein solcher „Ausgleich" in jedem Fall von der Anerkennung der durch das Vereinigte Königreich vorgenommenen Umqualifizierung der Darlehenszinsen durch den anderen Vertragsstaat abhängen würde.[1515] Darüber hinaus stellte der Generalanwalt klar, dass sich ein Mitgliedstaat zur Rechtfertigung von beschränkenden Steuervorschriften nicht darauf berufen könne, dass ein anderer Mitgliedstaat *seinerseits* gegen seine Verpflichtungen aus einem bilateralen DBA verstoßen habe, etwa wenn dieser die von der Muttergesellschaft bezogenen Zahlungen nicht entsprechend ihrer Umqualifizierung durch das Vereinigte Königreich besteuere.[1516]

Zusammenfassend hat der EuGH im Verfahren *Test Claimants in the Thin Cap Group Litigation* eine „Neutralisierungswirkung" der auf Art. 9 OECD-MA

1512 *EuGH*, 13.03.2007 – C-524/04, *Test Claimants in the Thin Cap Group Litigation*, Slg. 2007, I-02107, Rz. 47 f.

1513 *EuGH*, 13.03.2007 – C-524/04, *Test Claimants in the Thin Cap Group Litigation*, Slg. 2007, I-02107, Rz. 55.

1514 *EuGH*, 13.03.2007 – C-524/04, *Test Claimants in the Thin Cap Group Litigation*, Slg. 2007, I-02107, Rz. 56.

1515 Siehe die Schlussanträge des Generalanwalts *Geelhoed* v. 29.06.2006, Rs. C-524/04, *Test Claimants in the Thin Cap Group Litigation*, Rz. 79.

1516 Ebenda.

basierenden britischen DBA aus dem Grund abgelehnt, dass das Vereinigte Königreich als beschränkender Staat durch eine solche abkommensrechtliche Vereinbarung nicht sicherstellen konnte, dass der steuerliche Nachteil, den die britischen Tochtergesellschaften durch Anwendung der „Thin Cap Rules" erleiden, durch einen entsprechenden steuerlichen Vorteil im Ansässigkeitsstaat der Muttergesellschaft *in jedem Fall* ausgeglichen wird. In der Tat enthält die sog. „Gegenberichtigungs"-Klausel des Art. 9 Abs. 2 OECD-MA[1517] keine *unbedingte* Verpflichtung eines Vertragsstaates, steuerliche Anpassungen auf der Grundlage von nach Art. 9 Abs. 1 OECD-MA vorgenommenen Gewinnerhöhungen im anderen Vertragsstaat durchzuführen. Ein Vertragsstaat soll gem. Art. 9 Abs. 2 OECD-MA erst dann eine „Gegenberichtigung" in seinem Staat vornehmen müssen, wenn er der Auffassung ist, dass der im anderen Vertragsstaat berichtigte Gewinnbetrag wirklich dem „fremdvergleichsüblichen" Gewinn entspreche.[1518] Die Gegenberichtigung nach Art. 9 Abs. 2 OECD-MA setzt somit eine Einigkeit der Vertragsstaaten, sowohl über den Berichtigungsgrund als auch über die Höhe der Berichtigung, voraus.[1519] Um eine solche Einigung zu erreichen, können die Vertragsstaaten nach Art. 9 Abs. 2 S. 2 OECD-MA, wenn notwendig, auch ein sog. Verständigungsverfahren nach Art. 25 OECD-MA einleiten.[1520] Dennoch lässt sich daraus kein *Einigungszwang* der Vertragsstaaten ableiten,[1521] sodass für den Fall, dass keine Einigung zwischen den Vertragsstaaten eines DBA erzielt werden kann, die aus der vorgenommenen Gewinnberichtigung eines Vertragsstaates resultierende internationale wirtschaftliche Doppelbesteuerung von Unternehmensgewinnen weiterhin bestehen bleiben würde.

Eine tatsächliche „Verpflichtung" der Mitgliedstaaten zur Vermeidung einer internationalen wirtschaftlichen Doppelbesteuerung bei Einkünftekorrekturen aufgrund von nicht fremdüblich durchgeführten Transaktionen zwischen verbundenen Unternehmen besteht insoweit nur nach den Regelungen des sog. „Schiedsübereinkommens"[1522].[1523] Der EuGH hatte seinem Urteil zur Rechtssache *Test Claimants in the Thin Cap Group Litigation* jedoch das „Schiedsübereinkommen" ebenfalls nicht als unionsrechtlich einschlägige (multilaterale) „Neutralisierungsgrundlage" für beschränkende Steuervorschriften der Mitgliedstaaten anerkannt.[1524]

1517 Vgl. *Eigelshoven*, in: *Vogel/Lehner*, DBA, Art. 9, Rz. 159.
1518 Ziff. 6 OECD-Musterkommentar zu Art. 9 OECD-MA.
1519 Vgl. *Eigelshoven*, in: *Vogel/Lehner*, DBA, Art. 9, Rz. 164.
1520 *Eigelshoven*, in: *Vogel/Lehner*, DBA, Art. 9, Rz. 165.
1521 *Eigelshoven*, in: *Vogel/Lehner*, DBA, Art. 9, Rz. 166.
1522 Übereinkommen über die Beseitigung der Doppelbesteuerung im Fall von Gewinnberichtigungen zwischen verbundenen Unternehmen (90/436/EWG), ABl. EWG Nr. L 225 v. 20.08.1990, S. 10. Siehe hierzu ausführlich oben B.IV.
1523 Vgl. *Eigelshoven*, in: *Vogel/Lehner*, DBA, Art. 9, Rz. 180.
1524 Vgl. *EuGH*, 13.03.2007 – C-524/04, *Test Claimants in the Thin Cap Group Litigation*, Slg. 2007, I-02107, Rz. 55.

F. Zusammenfassung und Ausblick

I. Zusammenfassung der Ergebnisse

Im Hinblick auf die erste in dieser Arbeit zu untersuchende Fragestellung, ob und inwieweit das Unionsrecht eine *Verpflichtung der Mitgliedstaaten* vorsieht, *internationale Doppelbesteuerung* im europäischen Binnenmarkt zu vermeiden, ergeben sich für die internationale *juristische* und die internationale *wirtschaftliche* Doppelbesteuerung unterschiedliche Ergebnisse. Eine Verpflichtung der Mitgliedstaaten zur Vermeidung von internationaler *wirtschaftlicher* Doppelbesteuerung hat der EuGH dann auf der Grundlage der Grundfreiheiten (Art. 28 ff. AEUV) als gegeben angesehen, wenn in dem jeweiligen vergleichbaren Inlandsfall bereits mitgliedstaatliche Mechanismen zur Vermeidung einer *wirtschaftlichen* Doppelbesteuerung bestehen. Im Bereich der internationalen *juristischen* Doppelbesteuerung hat der EuGH eine Anwendbarkeit der Grundfreiheiten mangels einer grundsätzlichen „Diskriminierungswirkung" dagegen verneint. Nach Auffassung des EuGH entsteht diese Form der internationalen Doppelbesteuerung nämlich gerade aus dem bislang nicht unionsrechtlich harmonisierten Zusammenwirken von autonomen Steuerhoheiten der Mitgliedstaaten im Bereich der direkten Steuern.

Der EuGH lehnt darüber hinaus auch eine mögliche Verpflichtung der Mitgliedstaaten zur Vermeidung von internationaler *juristischer* Doppelbesteuerung auf der Grundlage des „Grundsatzes der loyalen Zusammenarbeit" nach Art. 4 Abs. 3 EUV ab, da dieser nach Auffassung des EuGH keine über die Grundfreiheiten hinausgehende Verpflichtungswirkung für die Mitgliedstaaten entfalten könne. In der Konsequenz wäre die Beseitigung der internationalen *juristischen* Doppelbesteuerung in der Union nach dem Wegfall des Art. 293 2. Spiegelstrich EGV durch den Reformvertrag von Lissabon auch nicht mehr als „Ziel der Binnenmarktverwirklichung" im Rahmen der Europäischen Verträge anzusehen, sodass sich insoweit auch kein diesbezügliches Tätigwerden der Union aufgrund der sog. „Flexibilitätsklausel" des Art. 352 AEUV ergeben müsste. Lediglich im Bereich des „sekundären Unionsrechts" sehen die auf der Grundlage des Art. 115 AEUV erlassene *Mutter-Tochter-Richtlinie* sowie die *Zins-und-Lizenzgebühren-Richtlinie* zumindest für grenzüberschreitende Gewinnausschüttungen bzw. Zins- und Lizenzgebühren zwischen verbundenen Unternehmen in der EU eine Vermeidung der internationalen *juristischen* Doppelbesteuerung im Rahmen eines verbindlichen Besteuerungsverbots des Quellenstaates der Einkünfte vor.

Nach der hier vertretenen Auffassung stellt die bestehende internationale *juristische* Doppelbesteuerung in der EU aber zumindest eine „Wettbewerbsverzerrung" des Binnenmarktes dar, welche nach den Art. 116, 117 AEUV durch die Europäische Kommission in Zusammenarbeit mit den Mitgliedstaaten zu beseitigen wäre. Da jedoch weder Art. 116 AEUV noch Art. 117 AEUV den Steuerpflichtigen unmittelbare Rechte zu ihrer Durchsetzung verleihen, spielten diese Vorschriften im Hinblick auf die Vermeidung einer internationalen juristischen Doppelbesteuerung in der EU bislang keine Rolle und es sind derzeit auch keine Ansätze der Kommission in diese Richtung tätig zu werden ersichtlich.

Ob sich über die Neufassung des Art. 6 EUV durch den Reformvertrag von Lissabon eventuell auch der „Schutz des Eigentums“ nach den Grundsätzen der Europäische Grundrechte-Charta, der Europäische Menschenrechtskonvention oder den allgemeinen Verfassungsgrundsätze der Mitgliedstaaten als unionsrechtliche „Verpflichtungsgrundlage“ zur Vermeidung einer internationalen *juristischen* Doppelbesteuerung heranziehen lassen, ist noch nicht geklärt. Eine Verpflichtung der Mitgliedstaaten käme auf dieser Grundlage wohl nur dann in Betracht, wenn die internationale juristische Doppelbesteuerung „konfiskatorische“, d.h. erdrosselnde Wirkung auf einen Steuerpflichtigen entfalten würde.

Mit Blick auf den zweiten Untersuchungsgegenstand, den Einfluss des Unionsrechts auf die durch allgemeines und partikulares Völkerrecht zwischen den Mitgliedstaaten festgelegten *Kriterien zur Aufteilung ihrer Besteuerungsbefugnisse*, ließ sich bis etwa zum Jahr 2005 eine deutliche Zurückhaltung des EuGH bei der Anwendung des primären Unionsrechts feststellen. Der EuGH beanstandete eine steuerliche Ungleichbehandlung von Staatsangehörigen der Mitgliedstaaten aufgrund der Anwendung des *Nationalitätsprinzips* unionsrechtlich nicht, solange die steuerliche Anknüpfung an die Staatsangehörigkeit dem Zweck der „Aufteilung der Steuerhoheit“ zwischen den Mitgliedstaaten diente. Darüber hinaus hat der EuGH auch die Bedeutung des steuerlichen *Territorialitätsprinzips* für die Einhaltung der „Grenzen“ der steuerlichen Zuständigkeit der Mitgliedstaaten, insbesondere bei der Anwendung ihrer Vorschriften zur beschränkten Steuerpflicht, anerkannt.

Die in mitgliedstaatlichen DBA auf der Grundlage der *OECD-Musterabkommen* völkerrechtlich vereinbarten Aufteilungskriterien zur Vermeidung von internationaler (juristischer) Doppelbesteuerung sieht der EuGH grundsätzlich als unionsrechtlich unbedenklich an, solange die DBA-Regelungen nicht zu einer diskriminierenden steuerlichen Behandlung von gebietsfremden Steuerpflichtigen führen. Inwieweit die Grundfreiheiten des AEUV bei einem vertraglichen Ausschluss der Anwendung eines mitgliedstaatlichen DBA auf Betriebstätten oder Personengesellschaften eine entsprechende (unionsrechtliche) Abkommensberechtigung dieser Niederlassungsformen bedingen, ist bislang umstritten und nicht eindeutig durch die Rechtsprechung des EuGH geklärt. Grundsätzlich nicht in den Anwendungsbereich der Grundfreiheiten fällt dagegen die gewählte Methode der Vertragsstaaten eines DBA zur Vermeidung von internationaler juristischer Doppelbesteuerung (d.h. die Vereinbarung entweder der Anrechnungs- oder Freistellungsmethode nach den Vorgaben der OECD-Musterabkommen) sowie mögliche (völkerrechtliche) Verstöße der Mitgliedstaaten gegen die Regelungen eines zwischen ihnen abgeschlossenen bilateralen DBA nach nationalem Steuerrecht. Darüber hinaus stellte der EuGH klar, dass aus dem Unionsrecht ebenfalls keine „horizontale“ Diskriminierung von Steuerpflichtigen, im Sinne eines „Meistbegünstigungsanspruchs“ eines Steuerpflichtigen bei Bestehen unterschiedlich begünstigender DBA eines Mitgliedstaates mit anderen Mitgliedstaaten, abgeleitet werden könne.

Mit Ausnahme der Vorschriften der *Mutter-Tochter-Richtlinie* sowie der *Zins-und-Lizenzgebühren-Richtlinie*, welche insoweit bei ihrer Anwendbarkeit zu einer unionsrechtlichen Aufhebung der diesbezüglich niedergelegten Aufteilungskriterien für Dividenden bzw. Zins- und Lizenzgebühren in einem mitgliedstaatlichen DBA führen, nahm das Unionsrecht bis zum Jahr 2005 somit relativ wenig Einfluss auf die Aufteilung der Besteuerungsbefugnisse der Mitgliedstaaten in ihren abgeschlossenen DBA, sodass in der Literatur von einer faktischen „Immunität" von DBA-Regelungen gegen Unionsrecht gesprochen wurde.[1525]

Mit der Einführung des Rechtfertigungsgrundes der „Wahrung der Aufteilung der Besteuerungsbefugnis zwischen den Mitgliedstaaten" durch den EuGH in seinem Urteil *Marks & Spencer*[1526] im Jahr 2005 fand eine deutliche Wende in der Rechtsprechung des EuGH statt. Der EuGH reagierte mit diesem Rechtfertigungstopos offensichtlich auf die wachsende Forderung der Mitgliedstaaten, ihre nationalen Besteuerungsgrundlagen bei der Anwendung des Unionsrechts stärker zu schützen.[1527] Mit diesem Rechtfertigungsgrund erkennt der EuGH ausdrücklich das Recht der Mitgliedstaaten an, die Kriterien für die Aufteilung ihrer Besteuerungsbefugnisse im Bereich der direkten Steuern vertraglich oder einseitig autonom festzulegen. Dabei hat der EuGH ebenfalls entschieden, das es nicht „sachfremd" sei, wenn sich die Mitgliedstaaten dabei an den in der internationalen Staatenpraxis angewandten Aufteilungskriterien, wie etwa des *Territorialitätsprinzips* oder den Vorgaben der *OECD-Musterabkommen*, orientieren. Gleichzeitig kann allein der Verweis eines Mitgliestaates auf eine Besteuerung bzw. Nichtbesteuerung von Einkünften oder Vermögen anhand den Vorgaben des *Territorialitätsprinzips* oder eines DBA diesbezüglich beschränkende Steuervorschriften dieses Mitgliedstaates nicht rechtfertigen. Der Rechtfertigungsgrund der „Wahrung der Aufteilung der Besteuerungsbefugnis" greift nach Auffassung des EuGH nur dann ein, wenn mitgliedstaatliche Steuervorschriften das Ziel haben und auch geeigent sind, Verhaltens-weisen von Steuerpflichtigen zu verhindern, die die getroffenen Aufteilungsentscheidungen der Mitgliedstaaten beeinträchtigen würden. Ziel des Rechtfertigungsgrunde ist somit die Wahrung der „Symmetrie" zwischen dem Recht eines Mitgliedstaates Gewinne zu besteuern und Verluste in Abzug zu bringen. Dies bedeutet zum einen, dass Mitgliedstaaten verhindern dürfen, dass ihnen ihre Besteuerungsbefugnis für die in ihrem Hoheitsgebiet erwirtschafteten Gewinne entzogen wird, indem diese durch Gestaltungen von Steuerpflichtigen in einen anderen Mitgliedstaat verschoben werden. Zum anderen müssen die Mitgliedstaaten grundsätzlich keine ausländischen Verluste eines Steuerpflichtigen berücksichtigen, die ein anderer Mitgliedstaat besteuert.

Durch die Anwendung bzw. Nichtanwendung dieses Rechtfertigungsgrundes nimmt der EuGH durchaus auf die von den Mitgliedstaaten getroffenen

1525 Vgl. nur *Schönfeld*, in: *Wassermeyer*, Doppelbesteuerung, OECD-MA, Vor. Art. 1 OECD-MA, Rz. 87–90.

1526 *EuGH*, 13.12.2005 – C-446/03, *Marks & Spencer*, Slg. 2005, I-10866.

1527 Vgl. *Heuerung/Engel/Thiedemann*, FR 2011, 212 f.

Aufteilungsentscheidungen Einfluss. In seinen Entscheidungen zur Unionsrechtswidrigkeit des Quellensteuereinbehaltes bei Dividendenausschüttungen einer Kapitalgesellschaft an ihre ausländischen Anteilseigner hat der EuGH eine Einschlägigkeit des Rechtfertigungsgrundes verneint, da der Quellenstaat im Inlandsfall seine entsprechende Besteuerungsbefugnis für Dividendeneinkünfte der inländischen Anteilseigner nicht ausgeübt hat. Diese Rechtsprechung des EuGH führt im Ergebnis dazu, dass der Quellenstaat der Dividenden unionsrechtlich verpflichtet ist, auf sein diesbezügliches Besteuerungsrecht zugunsten des Ansässigkeitsstaates des ausländischen Dividendenempfängers zu verzichten. In diesen Fällen wird eine in Art. 10 OECD-MA i.V.m. Art. 23A Abs. 2 bzw. Art. 23B OECD-MA vorgesehene völkerrechtliche Aufteilung der Besteuerungsbefugnis für entsprechende Dividenden, welche zwischen den beteiligten Mitgliedstaaten im Rahmen eines DBA vereinbart wurde, durch Unionsrecht aufgehoben. Eine mögliche Ausnahme besteht nach Auffassung des EuGH lediglich für den Fall, dass ein mitgliedstaatliches DBA eine „unionsrechtskonforme" Ausgestaltung der Anrechnungsmethode zur Vermeidung der internationalen Doppelbesteuerung von Dividenden enthält, welche insoweit die bestehende Beschränkungswirkung der nationalen Quellensteuervorschriften „neutralisiert".

Darüber hinaus schafft der EuGH bei der Anwendung des Rechtfertigungsgrundes neue „unionsrechtliche" Aufteilungskriterien, welche aufgrund des Anwendungsvorrangs des Unionsrechts die zwischen den Mitgliedstaaten getroffenen abkommensrechtlichen Aufteilungen der Besteuerungsbefugnisse durchbrechen. Haben sich zwei Mitgliedstaaten bspw. zur Anwendung der Freistellungsmethode in Bezug auf die Besteuerung von Einkünften aus Tochtergesellschaften, Betriebstätten und Immobilien entschieden (Art. 7 Abs. 1, Art. 6 Abs. 1, Art. 13 Abs. 1 und Abs. 2 i.V.m. Art. 23A Abs. 1 OECD-MA), so führt die zwingende Anwendung der „*Marks & Spencer*"-Ausnahme bei Vorliegen von „finalen" Verluste im Quellenstaat dazu, dass in diesen Fällen die zwischen den Mitgliedstaaten getroffene Aufteilungsentscheidung für diese Einkünften durch Unionsrecht aufgehoben wird. Auch für den Bereich der mitgliedstaatlichen Verrechnungspreiskorrekturvorschriften hat der EuGH mit seiner Forderung einer „Gegenbeweismöglichkeit aufgrund von wirtschaftlichen Gründen" für eine nicht fremdvergleichskonform durchgeführte Transaktion zwischen verbundenen Konzernunternehmen quasi eine Aufhebung des „Fremdvergleichsgrundsatzes" als international anerkannten Aufteilungsmaßstab des Art. 9 OECD-MA für Gewinne zwischen verbundenen Unternehmen erreicht. Das Problem der Einführung „unionsrechtlicher" Aufteilungskriterien durch den EuGH besteht für die Mitgliedstaaten darin, dass sie der einzelfallbezogenen Rechtsprechung kaum handhabbare Vorgaben für die unionsrechtskonforme Anpassung bzw. Auslegung ihres internationalen Steuerrechts/Abkommenrechts entnehmen können. Diese bestehende Rechtsunsicherheit könnte wiederum Steuerpflichtige davon abhalten in anderen Mitgliedstaaten zu investieren und stellt im Ergebins ein weiteres steuerliches „Hindernis" hinsichtlich der Erreichung des Ziels der Binnenmarktverwirklichung in der EU dar.

Der immer stärker werdende Einfluss des Unionrechts auf die DBA der Mitgliedstaaten beruht zum einen darauf, dass der EuGH in seiner Rechtsprechung oftmals eine „Auslegung" der DBA-Bestimmungen anhand der Vorgaben der OECD-Musterkommentierung vornimmt und damit die jeweilige Auffassung der OECD auch für die Anwendung des DBA durch die abschließenden Vertragsstaaten sozusagen unionsrechtlich „zementiert". Darüber hinaus legt der EuGH die Vorgaben der OECD-Musterabkommen in seiner eigenen Weise aus. In den „Wegzugsbesteuerungsfällen" hat er die Verteilungsnorm des einschlägigen Art. 13 Abs. 5 OECD-MA z.B. über deren Wortlaut hinaus in der Hinsicht ausgelegt, dass diese auch eine „zeitliche Zuordnung" von „stillen Reserven" eines wegziehenden Wirtschaftsgutes aufgrund der Ansässigkeit eines Steuerpflichtigen enthalten würde. Daraus hat der EuGH eine Entscheidung darüber getroffen, welcher Mitgliedstaat spätere Wertentwicklungen der umziehenden Wirtschaftsgüter zu berücksichtigen hat. Im Ergebnis hat der EuGH mit dieser Rechtsprechung eine eigenständige Aufteilung der Besteuerungsbefugnis zwischen den Mitgliedstaaten für die stillen Reserven im Betriebsvermögen eines Steuerpflichtigen bei Wegzug in einen anderen Mitgliedstaat vorgenommen.

Die extensive Auslegung der Regelungen der mitgliedstaatlichen DBA durch den EuGH führt mittlerweile zu einer Konterkarierung des Rechtfertigungsgrundes der „Wahrung der Aufteilung der Besteuerungsbefugnis zwischen den Mitgliedstaaten", da der EuGH insoweit nicht mehr als gedachter „Hüter" einer bereits vorgenommenen Aufteilung von Besteuerungsbefugnissen der Mitgliedstaaten fungiert, sondern selbst eine neue Aufteilung der Besteuerungsbefugnisse vornimmt, im Ergebnis also „EU-Doppelbesteuerungsrecht"[1528] schafft.

Im Hinblick auf das Verhältnis des Rechtfertigungsgrundes der „Wahrung der Aufteilung der Besteuerungsbefugnis" zu anderen ungeschriebenen Rechtfertigungsgründen, wie etwa der „steuerlichen Kohärenz", der „Vermeidung von Steuerumgehung bzw. Steuerflucht" oder der „Gefahr einer doppelten Verlustberücksichtigung", entwickelt sich die Rechtsprechung des EuGH immer mehr in Richtung eines Spezialitätsverhältnisses. Es scheint, dass der EuGH die „Wahrung der Aufteilung der Besteuerungsbefugnis" als immanenten Bestandteil der anderen Rechtfertigungsgründe ansieht, d.h. wenn einer dieser „speziellen" Rechtfertigungsgründe eingreift ist gleichzeitig auch der Rechtfertigungsgrund der „Wahrung der Aufteilung der Besteuerungsbefugnis zwischen den Mitgliedstaaten" betroffen soweit ein vorliegender Steuersachverhalt mindestens *zwei* mitgliedstaatliche Steuerhoheiten berührt.[1529] Umgekehrt müssen bei Einschlägigkeit des Rechtfertigungsgrundes der „Wahrung der Aufteilung der Besteuerungsbefugnis" aber weitere

1528 Vgl. *Dobratz*, ISR 2014, 198, 201.

1529 In der Tat ist insoweit kein EuGH-Urteil ersichtlich, in welchem der EuGH einen „speziellen Rechfertigungsgrund" anerkannt hat, die „Wahrung der Aufteilung der Besteuerungsbefugnis" als Rechtfertigungsgrund aber abgelehnt hat. Ausnahmen bilden hier lediglich die Urteile *EuGH*, 27.11.2008 – C-418/07, *Papillon*, Slg. 2008, I-08947; *EuGH*, 06.09.2012 – C-18/11, *Philips Electronics*, RIW 2012, 884; *EuGH*, 01.04.2014 – C-80/12, *Felixstowe*, EuZW 2014, 427 m. Anm. *Musil*, und *EuGH*, 12.06.2014 – ver. Rs. C-39/13, C-40/13 und C-41/13, *SCA Group Holding u.a.*, DStR 2014, 1333, welche jedoch alle nur die Steuerhoheit *eines* Mitgliedstaates betrafen.

Voraussetzungen für die Anwendbarkeit der „speziellen" Rechtfertigungsgründe gegeben sein: Zur Wahrung der „steuerlichen Kohärenz" muss es sich um „denselben Steuerpflichtigen" und „dieselbe Steuer" handeln, zur „Vermeidung einer Steuerumgehung bzw. Steuerflucht" muss die streitige Steuerregelung auf „rein künstliche Gestaltungen" zur Vermeidung einer Steuer abstellen und die „Gefahr einer doppelten Verlust-berücksichtigung" ist nur gegeben, wenn die fraglichen Verluste auch in nachfolgenden Wirtschaftsjahren tatsächlich noch in ihrem Quellenstaat „genutzt" werden können.

II. Ausblick

Insbesondere das jüngste Urteil der Großen Kammer des EuGH im Fall *Nordea Bank*[1530] hat deutlich gezeigt, dass der EuGH trotz der Versuche der Generalanwältin *Kokott*[1531], den ungeschriebenen Rechtfertigungsgrund der „Wahrung der Aufteilung der Besteuerungsbefugnis zwischen den Mitgliedstaaten" zugunsten der Anwendung anderer Rechtfertigungsgründe, wie etwa der „steuerlichen Kohärenz" oder der „Verhinderung von Steuerumgehung bzw. Steuerflucht", abzuschaffen, an diesem Rechtfertigungstopos festhalten möchte. Der EuGH scheint diesen Rechtfertigungsgrund sogar als die „zentrale" Rechtfertigungsmöglichkeit der Mitgliedstaaten im Bereich der direkten Steuern etablieren zu wollen.[1532] Es ist davon auszugehen, dass die Bedeutung dieses Rechtfertigungsgrundes in zukünftigen Entscheidungen des EuGH zu den direkten Steuern der Mitgliedstaaten noch zunehmen wird, insbesondere da der EuGH bereits einige beschränkende Steuervorschriften allein als zur „Wahrung der Aufteilung der Besteuerungsbefugnis zwischen den Mitgliedstaaten" gerechtfertigt angesehen hat. Die Bedeutung anderer, i.S.v. „spezieller", Rechtfertigungsgründe wird dagegen zumindest auf Ebene der *Rechtfertigungsprüfung* des EuGH wohl weiter zurückgehen, wobei die Auswirkungen eines kumulierten Eingreifens mehrerer Rechtfertigungsgründe auf Ebene der *Verhältnismäßigkeitsprüfung* einer beschränkenden Steuervorschrift bisher noch unklar sind.

Das Unionsrecht wird durch die Rechtsprechung des EuGH auch in Zukunft einen großen Einfluss auf die Aufteilung der Besteuerungsbefugnisse zwischen den Mitgliedstaaten der EU im Bereich der direkten Steuern nehmen. Das Problem, dass mangels einer unionsrechtlichen Harmonisierung der direkten Steuersysteme der Mitgliedstaaten grenzüberschreitende Aktivitäten von Steuerpflichtigen in der EU weiterhin der Gefahr einer *internationalen juristischen Doppelbesteuerung* ausgesetzt sind, lässt sich durch die EuGH-Rechtsprechung nicht lösen, sondern bleibt vielmehr einer sekundärrechtlichen Initiative der Europäischen Kommission vorbehalten. Der von der Europäischen Kommission am 16.03.2011 vorgelegte Vorschlag für eine

1530 *EuGH*, 10.07.2014 – C-48/13, *Nordea Bank*, IStR 2014, 563 m. Anm. *Mitschke*. Siehe hierzu oben D.I.1.b)(5).

1531 Schlussanträge Generalanwältin *Kokott* v. 13.03.2014, Rs. C-48/13, *Nordea Bank*.

1532 Gl. A. *Mitschke*, IStR 2014, 565 f. A.A. *Henze*, ISR 2014, 311, 314.

„Richtlinie des Rates über eine Gemeinsame konsolidierte Körperschaftsteuer-Bemessungsgrundlage (GKKB)“[1533] sieht in dieser Hinsicht zumindest für bestimmte unter die Richtlinie fallende Sachverhaltskonstellationen bei der Ermittlung der Steuerbemessungsgrundlage von Unternehmen mit steuerlichem Sitz in der EU eine Vermeidung von internationalen Doppelbesteuerungssituationen vor.[1534] Ob der vorliegende GKKB-Richtlinienvorschlag in dieser Form umgesetzt wird, ist derzeit aufgrund von politischen Vorbehalten der EU-Mitgliedstaaten jedoch noch völlig unklar.[1535]

Mittlerweile scheint auch die Europäische Kommission erkannt zu haben, dass sich *internationale juristische Doppelbesteuerung* im EU-Binnenmarkt nur durch entsprechende unionsrechtliche Sekundärakte lösen lässt und hat im Rahem eines „Stakeholder Meeting – Direct Taxation“ am 12.04.2013 ein Working Paper mit verschiedenen Optionen zur Beseitigung von internationaler Doppelbesteuerung in der EU vorgestellt.[1536] Der erste Vorschlag der Europäischen Kommission sieht dabei den Erlass einer *Empfehlung* an die Mitgliedstaaten vor, ihre bestehenden DBA durch die Aufnahme einer obligatorischen „Schiedsverfahrensklausel“ i.S.v. Art. 25 Abs. 5 OECD-MA[1537] zu ergänzen, um so ein verbindliches bilaterales Verfahren zur Beseitigung von internationaler Doppelbesteuerung im Abkommenswege zu vereinbaren. Wie die Europäische Kommission selbst einräumt, enthalten bisher jedoch nur wenige mitgliedstaatliche DBA eine solche „Schiedsklausel“, sodass im Hinblick auf eine tatsächliche Wirksamkeit einer solchen Maßnahme keine validen Vorhersagen getroffen werden könnten. Da es sich bei diesem Vorschlag zudem nur um eine unverbindliche „Empfehlung“ der Kommission an die Mitgliedstaaten handelt, bleibt zudem fraglich, ob sich diese Option in der DBA-Praxis der Mitgliedstaaten überhaupt durchsetzen würde.[1538]

Die zweite Option der Kommission betrifft die Einführung einer „Schiedsverfahrensregelung“ zur Lösung von internationalen Doppelbesteuerungsfällen im EU-Binnenmarkt, wobei dies im Wege eines Richtlinienerlasses auf Basis von Art. 115 AEUV erfolgen soll. Eine solche Richtlinie könnte nach Auffassung der

---

1533 KOM(2011) 121 endg. (kurz: GKKB-Richtlinienvorschlag). Siehe hierzu auch die „Legislative Entschließung des Europäischen Parlaments vom 19. April 2012 zu dem Vorschlag für eine Richtlinie des Rates über eine Gemeinsame konsolidierte Körperschaftsteuer-Bemessungsgrundlage (GKKB)“, ABl. EU Nr. C 258E v. 07.09.2013, S. 134.

1534 Siehe hierzu ausführlich *Vogel*, in: *Weber*, CCCTB, S. 191 ff.

1535 Siehe z.B. die kritischen Ausführungen der deutschen Bundesregierung zur geplanten GKKB in BT-Drs. 17/5748 v. 05.05.2011, abrufbar unter http://dipbt.bundestag.de/dip21.web/bt.

1536 Vgl. *Lang*, SWI 2013, 206 ff.; *Lang*, IStR 2013, 365, 371. Das Working Paper „Stakeholder Meeting – Direct Taxation“ der Europäischen Kommission v. 12.04.2013 liegt der Verfasserin vor, darf jedoch nach den Vorgaben der Kommission nicht veröffentlicht werden.

1537 Siehe hierzu *Lehner*, in: *Vogel/Lehner*, DBA, Art. 25, Rz. 200 ff.

1538 Zweifelnd auch *Lang*, SWI 2013, 206, 210.

Europäischen Kommission das bisher nur für den Bereich von Verrechnungspreisen bestehende „Schiedsübereinkommen" als verbindliches multilaterales Instrument zur Vermeidung von internationaler juristischer Doppelbesteuerung in der EU ablösen. Ziel einer solchen „Schiedsverfahrensrichtlinie" wäre die Sicherstellung der Aufteilung der Besteuerungsbefugnisse der betroffenen Mitgliedstaaten anhand der jeweiligen bestehenden mitgliedstaatlichen DBA-Regelungen. Im Ergebnis würde eine solche Richtlinie den Mitgliedstaaten zwar ein erweitertes verbindliches Schiedsverfahren zur Lösung von Problemen bei der Anwendung und Auslegung von bestehenden DBA zur Vermeidung der internationalen Doppelbesteuerung an die Hand geben; für EU-Doppelbesteuerungsfälle, welche sich außerhalb des Anwendungsbereiches eines mitgliedstaatlichen DBA abspielen oder trotz der Anwendung eines DBA weiterhin auftreten, bietet diese Option aber keine zufriedenstellende Lösungsmöglichkeit.

Der nächste Vorschlag der Kommission zielt ebenfalls darauf, internationale juristische Doppelbesteuerung im Richtlinienwege auf der Grundlage von Art. 115 AEUV zu beseitigen, und zwar durch die unionsrechtliche *Verpflichtung des Ansässigkeitsstaates* eines Steuerpflichtigen zur Vornahme entsprechender Maßnahmen unter Aufrechterhaltung des Besteuerungsrechts des Quellenstaates. Eine solche „unionsrechtliche" Pflicht des Ansässigkeitsstaates zur Beseitigung von internationaler juristischer Doppelbesteuerung solle nach Auffassung der Kommission aber nur in den Doppelbesteuerungsfällen greifen, in welchen entweder kein DBA zwischen den beteiligten Mitgliedstaaten bestehe oder ein bestehendes DBA keine entsprechende Verpflichtung des Ansässigkeitsstaates enthalte. Dem Ansässigkeitsstaat stünden hierbei sowohl die Anrechnungsmethode wie auch die Freistellungsmethode, ggf. unter Anwendung des Progressionsvorbehalts und einer „switch-over"-Klausel zur Vermeidung einer „Nichtbesteuerung" von Einkünften zur Verfügung.

Im Fall eines Erlasses eines entsprechenden Richtlinienvorschlags würde das Unionsrecht tatsächlich eine Verteilung der Besteuerungsbefugnisse zwischen Mitgliedstaaten einseitig zulasten des Ansässigkeitsstaates und zugunsten des Quellenstaates vornehmen. Eine solche unionsrechtliche Verteilung der Besteuerungsbefugnisse würde zu verschiedenen Problemen führen. Zum einen weist die Europäische Kommission in ihrem Working Paper bereits darauf hin, dass aufgrund unterschiedlicher unilateraler Anrechnungsmodalitäten im nationalen Steuerrecht der Mitgliedstaaten eine internationale Doppelbesteuerung in manchen Fällen weiterhin bestehen bliebe, wenn die im Quellenstaat einbehaltene Quellensteuer im Ansässigkeitsstaat nicht vollständig angerechnet werden könnte. Zum anderen würde die einseitige Begünstigung des Quellenstaates zu einer nicht koordinierten Ausdehnung der Quellensteuertatbestände der Mitgliedstaaten führen und somit die unterschiedliche steuerliche Behandlung von gebietsfremden Steuerpflichtigen in anderen Mitgliedstaaten im Rahmen ihrer dortigen „beschränkten Steuerpflicht" geradezu verschärfen.[1539]

1539 *Lang*, SWI 2013, 206, 208.

Der weitreichendste Vorschlag der Kommission sieht schließlich den Erlass einer Richtlinie gem. Art. 115 AEUV zur Aufteilung von Besteuerungsbefugnissen zwischen dem Ansässigkeitsstaat und dem Quellenstaat auf Basis der Kriterien des OECD-MA vor, wobei abweichende Aufteilungen anhand der bisher schon bestehenden EU-Richtlinien im Bereich der direkten Steuern[1540] berücksichtigt werden sollen. Dieser Richtlinienvorschlag solle nach Auffassung der Kommission zum einen ein (beschränktes) Quellenbesteuerungsrecht des Quellenstaates für die dort generierten Einkünfte enthalten und zum anderen die Verpflichtung des Ansässigkeitsstaates zur Vermeidung einer internationalen Doppelbesteuerung, wahlweise durch Anwendung der Anrechnungs- oder Freistellungsmethode, vorsehen. Die Kommission möchte die Anwendung einer solchen Richtlinie jedoch auf grenzüberschreitende Sachverhalte beschränken, in welchen *überhaupt kein DBA* zwischen den beteiligten Mitgliedstaaten besteht, sodass der Anwendungsbereich der Richtlinie in der Praxis, aufgrund des nahezu geschlossenen DBA-Netzes zwischen den EU-Mitgliedstaaten, sehr limitiert wäre. Zudem gibt die Kommission zu bedenken, dass trotz einer solchen unionsrechtlichen Aufteilung von Besteuerungsbefugnissen zwischen den Mitgliedstaaten weiterhin Probleme bei einer unterschiedlichen Auslegung der Richtlinienbestimmungen durch die verschiedenen EU-Mitgliedstaaten bestehen könnten, welche die Vermeidung einer internationalen juristischen Doppelbesteuerung von Einkünften somit im Ergebnis erneut verhindern könnten. Schließlich wäre auch bei einer sekundärrechtlichen Lösung der ertragsteuerlichen internationalen Doppelbesteuerung die Vermeidung einer juristischen Doppelbesteuerung im Bereich des *Erbschafts-/Schenkungsteuerrechts* der Mitgliedstaaten immer noch offen.[1541]

Obwohl die letzten beiden Vorschläge der Europäischen Kommission einen deutlichen Eingriff in die Souveränität der Mitgliedstaaten bei der Aufteilung ihrer Besteuerungsbefugnisse darstellen würden, wären die einzelnen Auswirkungen aufgrund des sehr begrenzten Anwendungsbereiches der Richtlinienvorschläge wohl eher als marginal einzustufen. Die Kommission scheint derzeit (noch) darauf bedacht zu sein, möglichst wenig Einfluss auf die bestehenden Besteuerungsrechte der Mitgliedstaaten nach den Vorgaben ihrer DBA zur Vermeidung von internationaler

1540 Siehe zu diesen Richtlinien oben B.III.

1541 Die *Europäische Kommission* hatte in dieser Hinsicht in ihrer Mitteilung v. 15.12.2011 an das Europäische Parlament, den Rat und den Europäischen Wirtschafts- und Sozialausschuss zum Thema „Abbau grenzübergreifender Erbschaftsteuerhindernisse in der EU“ (KOM(2011) 864 endg.) den Mitgliedstaaten der EU lediglich eine Empfehlung zur Verbesserung ihrer nationalen Maßnahmen zur Entlastung von Doppelbesteuerung bei Erbschaften ausgesprochen, vgl. Empfehlung der *Europäischen Kommisson* vom 15.12.2011 zur Vermeidung der Doppelbesteuerung von Erbschaften (2011/856/EU), ABl. EU Nr. L 336 v. 10.12.2011, S. 81.

juristischer Doppelbesteuerung ausüben zu wollen.[1542] Angesichts der Tatsache, dass der EuGH durch seine immer extensivere Auslegung der bestehenden DBA zwischen den Mitgliedstaaten faktisch bereits „EU-Doppelbesteuerungsrecht“ schafft, bleibt letztlich aus Gründen der Rechtssicherheit für die Steuerpflichtigen der Mitgliedstaaten nur zu hoffen, dass sich die Europäische Kommission in der Zukunft eventuell doch noch zu einem „großen Wurf“ im Sinne eines Richtlinienentwurfs zur Aufteilung der Besteuerungsbefugnisse zwischen den Mitgliedstaaten, welcher insoweit die bestehenden mitgliedstaatlichen DBA durch sekundäres „Unionsrecht“ gänzlich ersetzen würde, durchringen kann.

1542 Kritisch zu den „wenig ambitionierten“ Vorschlägen der Kommission zur Vermeidung der internationalen Doppelbesteuerung in der EU *Lang*, IStR 2013, 365, 371; *Lang*, SWI 2013, 206, 212.

Literaturverzeichnis

AA, Wannsee: Verluste einer EWR-Betriebstätte einer deutschen Gesellschaft, Anmerkung zu EuGH, Urteil vom 23.10.2008, C-157/07 FA für Körperschaften III in Berlin/ Krankenheim Ruhesitz am Wannsee-Seniorenheimstatt GmbH (Vorabentscheidungsersuchen des BFH), IStR 2008, 772.

Aarnio, Katri, Treatment of permanent establishments and subsidiaries under EC law: towards a uniform concept of secondary establishment in European tax law?, EC Tax Review 2006, 18.

Ahmann, Karin-Renate, Das Ertragsteuerrecht unter dem Diktat des Europäischen Gerichtshofs? Können wir uns wehren?, DStZ 2005, 75.

Albin Tiiu/Man, Fernando de, Contradicting Views of Exit Taxation under OECD MC and TFEU: Are Exit Taxes Still Allowed in Europe?', Intertax 2011, 613.

Balmes, Frank/Brück, Michael/Ribbrock, Martin, Der EuGH-Fall Marks & Spencer: Rückschlüsse für die deutsche Organschaftsbesteuerung?, BB 2005, 966.

Balmes, Frank/Brück, Michael/Ribbrock, Martin, Das EuGH-Urteil Marks & Spencer: Grenzüberschreitende Verlustnutzung kommt voran!, BB 2006, 186.

Balmes, Frank/Ribbrock, Martin, Einschränkung des Ausgleichs von Verlusten aus Teilwertabschreibungen auf ausländische Beteiligungswerte nach § 2 a Abs. 1 und 2 EStG 1990 verstößt gegen Gemeinschaftsrecht, Anmerkung zu Urteil des EuGH in Sachen Rewe Zentralfinanz, Vorlegendes Gericht: FG Köln, Beschluss vom 15.07.2004 - 13 K 1908/00, BB 2007, 926.

Baßler, Johannes, Steuerliche Gewinnabgrenzung im Europäischen Binnenmarkt, Baden-Baden, Nomos [u.a.], 2011.

Becker, Katharina/Sydow, Sabine, Das EuGH-Urteil in der belgischen Rechtssache C-311/08 SGI und seine Implikationen für die Frage der Europarechtmäßigkeit des § 1 AStG, IStR 2010, 195.

Beiser, Reinhold, Kohärenz und Steuersymmetrie im Gemeinschaftsrecht, IStR 2009, 2362.

Bendlinger, Stefan, Die Betriebstätte im europäischen Steuerrecht, in: Lang, Michael (Hrsg.), Europäisches Steuerrecht, Festschrift für Friedrich Rödler zum 60. Geburtstag, Wien 2010, S. 83.

Bennecke, Andreas/Staats, Wendelin, Abzug „finaler" ausländischer Betriebstättenverluste bei Ermittlung des Gewinns und des Gewerbeertrages erst im Jahr der Schließung der Betriebstätte – im „Finalitätsjahr", Anmerkung zu BFH, Urteil vom 09.06.2010 - I R 107/09 (FG Hamburg 18.11.2009 6 K 147/08), IStR 2010, 668.

Bennecke, Andreas/Staats, Wendelin, Finnland muss nicht den Verlust eines Finnen aus der Veräußerung eines französischen Grundstücks als „final" tragen, Anmerkung zu EuGH, Urteil vom 07.11.2013 - C-322/11, K, Vorabentscheidungsersuchen des Korkein hallinto-oikeus, Finnland, IStR 2013, 919.

Biebl, Ernst, EuGH in der Rs. Amurta: Einschränkung der Kapitalverkehrsfreiheit durch Quellensteuer auf Outbound- Dividenden, SWI 2008, 29.

Birk, Dieter, Das sog. „Europäische" Steuerrecht, FR 2005, 121.

Birk, Dieter, Doppelbesteuerungsabkommen im Rechtssystem der Bundesrepublik Deutschland, in: Tipke, Klaus u.a. (Hrsg.), Festschrift für Joachim Lang zum 70. Geburtstag: Gestaltung der Steuerrechtsordnung, Köln 2010, S. 1131.

Blumenstein/Locher, System des Steuerrechts, 4. Aufl., Zürich 1992.

Blümich, Walter (Hrsg.), EStG, KStG, GewStG, Einkommensteuergesetz, Körperschaftsteuergesetz, Gewerbesteuergesetz: Kommentar, Ertragsteuerliche Nebengesetze, 16. Aufl., München 2001 -.

Breuninger, Gottfried/Ernst, Markus, Abschied vom Abzug endgültig gewordener ausländischer Betriebstättenverluste im Inland?, Kein „Import-Stopp" nach der EuGH-Enscheidung Wannsee, DStR 2009, 1981.

Brocke, Klaus von, Kein Finale für die finalen Verluste, Zu dem EuGH-Urteil vom 21.02.2013 - Rs. C-123/11, A Oy, IWB 2013, 189.

Brocke, Klaus von/Wohlhöfler, Andreas, EuGH-Urteil zur Berücksichtigung der persönlichen und familiären Situation, ISR 2014, 101.

Broe, Luc de, Relief of Double Taxaton of Cross-Border Dividends within the Union an the Principle of Loyal Cooperation, EC Tax Review 2012, 4.

Broe, Luc de, The ECJ's Judgment in Argenta: Narrow Interpretation of 'The Preservation of the Balanced Allocation of Taxing Richts between Member States'. A Headache for Designers of Tax Incentives in the Union, EC Tax Review 2013, 210.

Broemel, Karl/Endert, Volker, Die „inländische Betriebstätte" des § 6b EStG im Spannungsfeld des Europarechts, Zugleich Anm. zum FG Niedersachsen, Urteil vom 01.12.2011 - 6 K 435/09, DB 2012, 2714.

Brünning, Martin, Unterschiedliche Behandlung bei der Besteuerung nicht realisierter Wertzuwächse, Anmerkung zu EuGH (Erste Kammer), Urt. v. 23.01.2014 – C-164/12 (DMC Beteiligungsgesellschaft mbH/Finanzamt Hamburg-Mitte), EuZW 2014, 277.

Bühler, Ottmar, Um die Prinzipien im internationalen Steuerrecht, Archiv für schweizerisches Abgabenrecht 1960, 321.

Bühler, Ottmar, Prinzipien des Internationalen Steuerrechts IStR, ein systematischer Versuch, München 1964.

Calliess, Christian/Ruffert, Matthias (Hrsg.), EUV, EGV, 3. Aufl., München 2007.

Calliess, Christian/Ruffert, Matthias (Hrsg.), EUV, AEUV, 4. Aufl., München 2011.

Cordewener, Axel, Europäische Grundfreiheiten und nationales Steuerrecht, Köln 2002.

Cordewener, Axel, EG-rechtlicher Grundfreiheitsschutz in der Praxis – Auswirkungen auf die grenzüberschreitende Verlustberücksichtigung, IWB 2009, 441.

Cordewener, Axel/Dörr, Ingmar, Case C-446/03, Marks & Spencer plc v. David Halsey (HM Inspector of *Taxes),* Common Market Law Review 2006, 855.

Cordewener, Axel/Kofler, Georg/van Thiel, Servaas, The clash between European freedoms and national direct tax law: Public interest defences available to the Member States, Common Market Law Review 2009, 1951.

Dautzenberg, Norbert, Die erweiterte beschränkte Steuerpflicht des AStG und der EG-Vertrag, IStR 1997, 39.

Daxkobler, Katharina/Huisman, Eline, Levy & Sebbag: The ECJ Has Once Again Been Asked To Deliver Its Opinion on Juridical Double Taxation in the Internal Market, European Taxation 2013, 400.

Debatin, Helmut, Konzeptionen zur Steuerpflicht, FR 1969, 277.

Debatin, Helmut, Doppelbesteuerungsabkommen und innerstaatliches Recht, DStR 1992, 1.

Diedenhofen, Hans/Rid, Max/Christoffel, Hans Günter (Hrsg.), Bewertungsrecht, BewG, ErbStG ; Kommentar, Köln 1953 -.

Ditz, Xaver, Betriebstättengewinnabgrenzung nach dem „Authorized OECD Approach" - Eine kritische Analyse, ISR 2012, 48.

Ditz, Xaver/Plansky, Patrick, Aktuelle Entwicklungen bei der Berücksichtigung ausländischer Betriebstättenverluste, DB 2009, 1669.

Ditz, Xaver/Quilitzsch, Carsten, Geltendmachung des steuerlichen Abzugs der Verluste einer in Schweden ansässigen Tochtergesellschaft durch die in Finnland ansässige Muttergesellschaft nach der Fusion beider Gesellschaften, Anmerkung zu EuGH, Urteil vom 21.02.2013 - C-123/11, A Oy (Vorabentscheidungsersuchen vom Korkein hallinto-oikeus, Finnland), IStR 2013, 242.

Dobratz, Lars, Grundfreiheiten und „Exit"-Besteuerung, Der EuGH hat seinen Rechtsfrieden mit der „Exit"-Besteuerung der Mitgliedstaaten gemacht, ISR 2014, 198.

Dörr, Oliver/Grote, Rainer/Marauhn, Thilo (Hrsg.), EMRK, GG Konkordanzkommentar zum europäischen und deutschen Grundrechtsschutz, 2. Aufl., Tübingen 2013.

Dourado, Ana Paula, From the Saint-Gobain to the Metallgesellschaft case: scope of non-discrimination of permanent establishment in the EC-Treaty and the most-favoured nation-clause in EC Member States tax treaties, EC Tax Review 2002, 147.

Dreier, Horst (Hrsg.), Grundgesetz Kommentar, 3. Aufl., Tübingen 2013.

Drüen, Klaus-Dieter/Kahler, Björn, Die nationale Steuerhoheit im Prozess der Europäisierung, StuW 2005, 171.

Dürrschmidt, Daniel, „Europäisches Steuerrecht" nach Lissabon, NJW 2010, 2086.

Ehlers, Dirk, Europäische Grundrechte und Grundfreiheiten, 3. Aufl., Berlin 2009.

Eicker, Klaus/Röhrbein, Jens, Marks & Spencer: Die Entscheidung des EuGH und ihre Konsequenzen, Stbg 2006, 117.

Eilers, Stephan/Schmidt, Richard, Diskriminierungsverbot gegenüber ausländischen EU-Kapitalgesellschaften nach dem EuGH-Urteil Saint Gobain vom 21.09.1999, DStR 1999, 1997.

Elwes, Sylvia, The Internal Market versus the Right of Member States to Levy Direct Tax - A Clash of Fundamental Principles, Intertax 2013, 15.

Englisch, Joachim, Shareholder Relief and EC Treaty Law ± Supranational Aims and Effects?, Intertax 2005, 200.

Englisch, Joachim, Marks & Spencer: Grenzüberschreitender Verlustabzug im Mutter-Tochter-Verhältnis, Anmerkung zu EuGH, Urteil vom 13.12.2005 - C-446/03 Marks & Spencer/David Halsey (Her Majesty's Inspector of Taxes), IStR 2006, 22.

Englisch, Joachim, Meisbegünstigung im EG-Steuerrecht: Der Weg ins Chaos, in: Cordewener, Axel (Hrsg.), Meistbegünstigung im Steuerrecht der EU-Staaten, mit Diskussionsbeiträgen eines Münchener Symposions, München 2006, S. 163.

Englisch, Joachim, Quellensteuerabzug bei Dividenden, die an eine ausländische Empfängergesellschaft ausgeschüttet werden, Anmerkung zu EuGH, Urteil vom 08.11.2007 - C-379/05, Amurta SGPS/Inspecteur van de Belastingdienst/Amsterdam, IStR 2007, 858.

Englisch, Joachim, Abzugsfähigkeit von Betriebstättenverlusten aus anderem EU-Mitgliedstaat bei DBA-Freistellung, Anmerkung zu EuGH, Urteil vom 15.05.2008 - C-414/06 Lidl Belgium GmbH & Co. KG/FA Heilbronn, IStR 2008, 404.

Englisch, Joachim, Aufteilung der Besteuerungsbefugnisse, Bonn 2008.

Englisch, Joachim, Besteuerung der Gewinne bei der Muttergesellschaft unter Ausschluss gebietsfremder Tochtergesellschaften, Anmerkung zu EuGH, Urteil vom 25.02.2010 - C-337/08 X Holding BV/Staatssecretaris van Financiën (Vorabentscheidungsersuchen vom Hoge Raad der Nederlanden), IStR 2010, 215.

Englisch, Joachim, Taxation of Cross-Border Dividends and EC Fundamental Freedoms, Intertax 2010, 197.

Englisch, Joachim, Nordea Bank – ein weiterer Meilenstein der EuGH-Judikatur, IStR 2014, 561.

Europäische Kommission, Arbeitsdokument der Dienststellen der Kommission, Unternehmensbesteuerung im Binnenmarkt, SEK(2001)1681, Brüssel 23.10.2001.

Europäische Kommission, Doppelbesteuerungsabkommen und Recht der Europäischen Gemeinschaft, Anhang A, Die Artikel des OECD-Musterabkommens aus Gemeinschaftsperspektive, Experten-Workshop, Brüssel 09.06.2005.

Europäische Kommission, Mitteilugn der Kommission an den Rat, das Europäische Parlament un den Europäischen Wirtschafts- und Sozialausschuss,

Wegzugsbesteuerung und die Notwendigkeit einer Koordinierung der Steuerpolitiken der Mitgliedstaaten, Brüssel 19.12.2006.

Europäische Kommission, Mitteilung der Europäischen Kommission an das Europäische Parlament, den Rat und den Europäischen Wirtschafts- und Sozialausschuss, Doppelbesteuerung im Binnemarkt, Brüssel 11.11.2011.

Europäische Kommission, Mitteilung der Europäischen Kommission an das Europäische Parlament, den Rat und den Europäischen Wirtschafts- und Sozialausschuss Abbau grenzübergreifender Erbschaftsteuerhindernisse in der EU, Brüssel 15.12.2011.

Europäische Kommission, „Stakeholder Meeting – Direct Taxation", Working Paper, Brüssel 12.04.2013.

Everett, Mary, Der Einfluss der EuGH-Rechtsprechung auf die direkten Steuern, DStZ 2006, 357.

Felten, Christoph von, Ansparabschreibungen für WG in ausländischer Betriebstätte, EStB 2012, 7.

Fischer, Michael (Hrsg.), Haufe Erbschaft- und Schenkungsteuergesetz, 4. Aufl., Freiburg im Breisgau 2012.

Fischer, Peter, Europa macht mobil – bleibt der Verfassungsstaat auf der Strecke?, FR 2005, 457.

Flick, Hans/Wassermeyer, Franz/Baumhoff, Hubertus/Schönfeld, Jens (Hrsg.), Kommentar zum Aussensteuerrecht, Köln 1990-.

Fraedrich, Jessica, Das österreichische Erstattungsverfahren als Gestaltungsoption für die erforderliche Neuregelung der Streubesitzdividendenbesteuerung in Deutschland, IStR 2012, 565.

Frenz, Walter, Handbuch Europarecht, Bd. 1: Europäische Grundfreiheiten, 2. Aufl., Berlin [u.a.] 2012.

Frischmuth, Markus, Schlussurteil „Glaxo Wellcome": § 50c EStG a. F. verstößt beim sog. Doppelumwandlungsmodell nicht gegen Europäisches Gemeinschaftsrecht, StuB 2010, 743.

Frotscher, Gerrit, Internationales Steuerrecht, 3. Aufl., München 2009.

Geiger, Rudolf (Hrsg.), EUV, AEUV, 5. Aufl., München 2010.

Geiger, Rudolf, Grundgesetz und Völkerrecht, Mit Europarecht ; die Bezüge des Staatsrechts zum Völkerrecht und Europarecht ; ein Studienbuch, 5. Aufl., München 2010.

Gosch, Dietmar, Über das Treaty Overriding Bestandsaufnahme – Verfassungsrecht – Europarecht, IStR 2008, 413.

Gosch, Dietmar, Gemeinschaftsrechtliche Beurteilung des sog. Sperrbetrags gemäß § 50c EStG a.F., BFH/PR 2009, 418.

Gosch, Dietmar, Ansparabschreibung für Wirtschaftsgüter in ausländischer Betriebstätte, Anmerkung zu BFH, Urteil vom 10.08.2011 - I R 45/10, BFH/PR 2012, 39.

Gosch, Dietmar, Über Entstrickungen, Stand des unnötig komplexen „Entstrickungssteuerrechts" und absehbare Entwicklungen, IWB 2012, 779.

Gosch, Dietmar, Rechtmäßigkeit der Entstrickungsbesteuerung nach § 20 UmwStG 1995, EuGH, Urteil vom 23.1.2014 - Rs. C-164/12, DMC Beteiligungsgesellschaft, IWB 2014, 183.

Grabitz, Eberhard/Hilf, Meinhard (Hrsg.), Das Recht der Europäischen Union, München 1983–2009.

Grabitz, Eberhard/Hilf, Meinhard/Nettesheim, Martin (Hrsg.), Das Recht der Europäischen Union, München 2011-.

Graw, Christian, Abzug finaler Verluste ausländischer Tochtergesellschaften bei der inländischen Muttergesellschaft, - Zugleich Anmerkungen zur aktuellen Rechtsprechung des EuGH, des BFH und der FG -, DB 2010, 2469.

Greinert, Markus/Thiele, Katja, Vorliegen wirtschaftlicher Gründe als unionsrechtliche Rechtfertigung für ein Abweichen vom Fremdvergleichsgrundsatz, DB 2013, 2524.

Groeben, Hans von der u.a. (Hrsg.), Kommentar zum Vertrag über die Europäische Union und zur Gründung der Europäischen Gemeinschaft; 6. Aufl., Baden-Baden 2004.

Günkel, Manfred/Wagner, Thomas, Ertragsteuerliche Organschaft bei Wegfall des Gewinnabführungsvertrags - Überlegungen zu einer neuen Gruppenbesteuerung, Ubg 2010, 603.

Gutmann, Daniel, How to avoid Double Taxation in the European Union?, in: Richelle, Isabelle/Schön, Wolfgang/Traversa, Edoardo (Hrsg.), Allocating Taxing Powers within the European Union, Heidelberg [u.a.] 2013, S. 63.

Haase, Florian, Abkommensrechtliche Ansässigkeit - eine Standortbestimmung, Hamburg 2011.

Haase, Florian, Außensteuergesetz, Doppelbesteuerungsabkommen, 2. Aufl., Heidelberg ; München ; Landsberg [u.a.] 2012.

Haase, Florian, Vermögensverwaltende Personengesellschaften, Zivilrecht - Steuerrecht, National - International, München 2013.

Haase, Florian, Internationales und Europäisches Steuerrecht, 4. Aufl., Heidelberg ; München; Landsberg [u.a.] 2014.

Haase, Florian, Gedanken zu Art. 4 Abs. 1 lit. A) Mutter-Tochter-Richtlinie n.F., IStR 2014, 650.

Habscheid, Walther J./Rudolf, Walter, Territoriale Grenzen der staatlichen Rechtsetzung, Karslruhe 1973.

Hagemann, Tobias/Kahlenberg, Christian, Grundsatz der Einmalberücksichtigung finaler Verluste, Anmerkungen zum EuGH-Urteil vom 21.02.2013 - C-123/11 „A Oy", StuB 2013, 327.

Hahn, Hartmut, Rechtsvergleichende Anmerkungen zum Thema „Betriebstättenverluste", Zugleich eine Besprechung des Urteils der luxemburgischen Cour administrative vom 10.08.2005, IStR, 157.

Hahn, Hartmut, Remittance-Base-Prinzip in Großbritannien, jurisPR-SteuerR 22/2012, Anmerkung 3.

Hahn, Hartmut, Erbschaftsteuer und Gemeinschaftsrecht, ZErb 2006, 250.

Hahn, Hartmut, Im Westen nichts Neues: Überlegungen zur Entscheidung des EuGH in der Rechtssache Papillon, IStR 2009, 198.

Hahn, Hartmut, Deutscher und europäischer Grundrechtsschutz in grenzüberschreitenden Fällen, Verfassungs- und europarechtliche Anmerkungen zum Urteil des II. Senats des BFH vom 19.06.2013 zur Besteuerung von Auslandserbschaften, BB 2014, 23.

Haslehner, Werner, Cross-Border Loss Relief for Permanent Establishments under EC Law, BIT 2010, 33.

Heidenbauer, Sabine, Die Vermeidung der Steuerumgehung und die ausgewogene Aufteilung der Besteuerungsbefugnisse im Lichte der Rs. SGI, SWI 2011, 67.

Heinsen, Ausländische Betriebstättenverluste dürfen nur ausnahmsweise berücksichtigt werden, Anmerkung zu BFH v. 09.06.2010, I R 107/09, BB 2010, 2549.

Hensel, Albert, Steuerrecht, 2. Aufl., Berlin 1927.

Henze, Thomas, EuGH-Rechtsprechung: Aktuelle Entwicklungen zu den direkten Steuern im Jahr 2013, ISR 2013, 381.

Henze, Thomas, Veräußerung ausländischer Betriebstätten – Berücksichtigung der Betriebstättenverluste am Sitz der Gesellschaft, wenn der Sitzstaat das Besteuerungsrecht für die ausländischen Einkünfte beansprucht und die Anrechnungsmethode anwendet, ISR 2014, 139.

Herdegen, Matthias, Völkerrecht, 13. Aufl., München 2014.

Herdegen, Matthias, Europarecht, 16. Aufl., München 2014.

Herrmann, Christoph, Meistbegünstigung im Völkerrecht, in: Cordewener, Axel (Hrsg.), Meistbegünstigung im Steuerrecht der EU-Staaten, mit Diskussionsbeiträgen eines Münchener Symposions, München 2006, S. 29.

Herzig, Norbert/Wagner, Thomas, EuGH-Urteil „Marks & Spencer" - Begrenzter Zwang zur Öffnung nationaler Gruppenbesteuerungssysteme für grenzüberschreitende Sachverhalte, DStR 2006, 1.

Heuerung, Rainer/Engel, Benjamin/Thiedemann, Bastian, Ertragsteuerliche Organschaft im Lichte des Europarechts, Konsequenzen der jüngeren EuGH-Rechtsprechung, FR 2011, 212.

Heurung, Rainer/Engel, Benjamin/Bresgen, Ariane, Berücksichtigung „finaler Verluste“ aus anderen EU-/EWR-Mitgliedstaaten, – Zugleich Anmerkungen zum EuGH-Urteil vom 21.02.2013 – Rs. C-123/11 – A Oy –, GmbHR 2013, 638.

Heydt, Volker, Beseitigung von Doppelbesteuerungen auf der Grundlage allgemeiner, nicht steuerspezifischer Normen, vor allem in der Europäischen Union, in: Lang, Michael (Hrsg.), Europäisches Steuerrecht, Festschrift für Friedrich Rödler zum 60. Geburtstag, Wien 2010, S. 539.

Hey, Johanna, Das Territorialitätsprinzip als theoretische Grundlage der beschränkten Steuerpflicht, -Isolierende Betrachtungsweise und Objektsteuercharakter als konkrete Ausprägungen-, IWB 2004, 2003.

Hey, Johanna, Die beschränkte Steuepflicht im Licht von Territorialitätsprinzip, Isolationstheorie und Objektsteuercharakter, in: Gassner, Wolfgang (Hrsg.), Die beschränkte Steuerpflicht im Einkommen- und Körperschaftsteuerrecht, München 2004, S. 15.

Hey, Johanna, Perspektiven der Unternehmensbesteuerung in Europa?, StuW 2004, 193.

Hey, Johanna, Die EuGH-Entscheidung in der Rechtssache Marks & Spencer und die Zukunft der deutschen Organschaft, Haben die Mitgliedstaaten den EuGH domestiziert?, GmbH 2006, 113.

Hey, Johanna, Vorrecht des Quellenstaates und binnenmarktkonforme Besteuerung von Kapitalgesellschaften in der Europäischen Union, in: Spindler, Wolfgang (Hrsg.), Steuerzentrierte Rechtsberatung, Köln 2009, S. 767.

Hinnekens, Luc, The Uneasy Case and Fate of Article 293 Second Indent EC, Intertax 2009, 602.

Hofmann, Herwig, Double Tax Agreements: Between EU Law and Public International Law, in: Rust, Alexander (Hrsg.), Double Taxation within the European Union, Alphen aan den Rijn 2011, S. 75.

Hofstätter, Matthias, Who is Competent to Issue Measures for the Elimination of Double Taxation?, in: Lang, Michael/Schuch, Josef/Staringer, Claus (Hrsg.), Tax treaty law and EC law, Wien 2007, S. 25.

Ipsen, Knut, Völkerrecht, 5. Aufl., München 2004.

Isay, Ernst, Internationales Finanzrecht, Eine Untersuchung über die äußeren Grenzen der staatlichen Finanzgewalt, Stuttgart 1934.

Isenbaert, Mathieu/Valjemark, Caroline, M&S judgment: the ECJ caught between a rock and a hard place, EC Tax Review 2006, 10.

Ismer, Roland, Die Berücksichtigung der persönlichen Verhältnisse bei Anrechnungshöchstbetrag und Progressionsvorbehalt, IStR 2013, 297.

Isselmann, Marcel, EuGH: Zwingender Teilwertansatz bei Einbringung von KG-Anteilen ist europarechtskonform, BB 2014, 492.

Jacobs, Otto H. (Hrsg.), Internationale Unternehmensbesteuerung, Deutsche Investitionen im Ausland. Ausländische Investitionen im Inland, 7. Aufl., München 2011.

Jahndorf, Christian/Kleinmanns, Florian, Übertragung stiller Reserven ins Ausland - § 6b EStG im Lichte der Niederlassungsfreiheit, DStR 2010, 1697.

Jarass, Hans D., Charta der Grundrechte der Europäischen Union, unter Einbeziehung der vom EuGH entwickelten Grundrechte, der Grundrechtsregelungen der Verträge und der EMRK: Kommentar, 2. Aufl., München 2013.

Jarass, Hans D./Pieroth, Bodo (Hrsg.), Grundgesetz für die Bundesrepublik Deutschland, Kommentar, 13. Aufl., München 2014.

Jezzi, Philip, Is the ECJ Consistent in Its Jurisprudence? The 'Negative Income' Cases, Tax Notes International 2009, 763.

Kahlenberg, Christian, Recognition of Final Losses of Permanent Establishments, European Taxation 2014, 414.

Kemmeren, Eric, After repeal of Article 293 EC Treaty under the Lisbon Treaty: the EU objective of eliminating double taxation can be applied more widely, EC Tax Review 2008, 156.

Kemmeren, Eric, Renneberg Endangers the Double Tax Convetion System or Can a Second Round Bring Recovery?, EC Tax Review 2009.

Kemmeren, Eric, Double Tax Conventions on Income and Capital and the EU: Past, Present and Future, EC Tax Review 2012, 157.

Kessler, Wolfgang/Eicke, Rolf, Gedanken zur grenzüberschreitenden Verlustznutzung nach Lidl Belgium, IStR 2008, 581.

Keuthen, Markus, Die Vermeidung der juristischen Doppelbesteuerung im EG-Binnenmarkt, Berlin 2009.

Kirchhof, Paul/Söhn, Hartmut/Mellinghoff, Rudolf (Hrsg.), Einkommensteuergesetz, Kommentar, Köln 1986-.

Kleinmanns, Florian/Gutowski, Tobias, 6b Rücklage für Auslandsimmobilien, Anmerkung zu Niedersächsisches FG, Urteil vom 01.12.2011 - 6 K 435/09 (Rev. eingelegt BFH I R 3/12), DStRE 2012, 398.

Kluge, Volker, Das internationale Steuerrecht, Gemeinschaftsrecht, Aussensteuerrecht, Abkommensrecht, 4. Aufl., München 2000.

Knechtle, Arnold, Grundfragen des internationalen Steuerrechts, Erläutert an Beispielen des internationalen Steuerrechts der Schweiz und der Bundesrepublik Deutschland, Basel 1976.

Knipping, Jens, Zur Frage des Definitivcharakters ausländischer Betriebstättenverluste im Sinne des EuGH-Urteils in der Rechtssache Lidl Belgium bei fehlender Möglichkeit eines interperiodischen Verlustausgleichs im Betriebstättenstaat, IStR 2009, 275.

Kofler, Georg, Double Taxation and European Law: Analysis of the Jurisprudence, in: Rust, Alexander (Hrsg.), Double Taxation within the European Union, Alphen aan den Rijn 2011, S. 97.

Kofler, Georg, Seminar D: Doppelbesteuerung und EU-Recht, IStR 2011, 668.

Kofler, Georg, Doppelbesteuerungsabkommen und europäisches Gemeinschaftsrecht, Wien 2007.

Kokott, Juliane, Die Bedeutung der europarechtlichen Diskriminierungsverbote und Grundfreiheiten für das Steuerrecht der EU-Mitgliedstaaten, in: Lehner, Moris (Hrsg.), Grundfreiheiten im Steuerrecht der EU-Staaten, Mit Diskussionsbeiträgen eines Münchener Symposions, München 2000, S. 1.

Kokott, Juliane/Henze, Thomas, Ist der EuGH - noch - ein Motor für die Konvergenz der Steuersysteme?, BB 2007, 913.

Kokott, Juliane/Ost, Hartmut, Europäische Grundfreiheiten und nationales Steuerrecht, EuZW 2011, 496.

Kok, Reinout, 'Exit Taxes for Companies in the European Union after National Grid Indus, EC Tax Review 2012, 200.

Körner, Andreas, Europarecht und Wegzugsbesteuerung - das EuGH-Urteil „de Lasteyrie du Saillant", IStR 2004, 424.

Kort, W. de, The European Court of Justice on the Dutch Levy upon Emigration of a Substantial Participation Holder in a Corporation, Intertax 2007, 713.

Kostense, H.E, The Saint-Gobain case and the application of tax treaties. Evolution or revolution?, EC Tax Review 2000, 220.

Kraft, Gerhard (Hrsg.), Außensteuergesetz, München 2009.

Krämer, Joachim, Zeitliche Streckung der Sofortversteuerung kann europarechtliche Bedenken beseitigen, GmbH-StB 2014, 67.

Kühbacher, Thomas, Die Rs Damseaux: Ist juristische Doppelbesteuerung im Gemeinschaftsrecht nun endgültig erlaubt?, ÖStZ 2009, 496.

Küper, Antonia, Doppelbesteuerung und europarechtliche Meistbegünstigung bei Erbschaften und Schenkungen, Münster [u.a.] 2004.

Kußmaul, Heinz/Cloß, Christine, Wohnsitzverlagerung in das niedrig besteuernde Ausland, Der persönliche Anwendungsbereich des § 2 AStG, StuB 2010, 264.

Kußmaul, Heinz/Niehren, Christoph, Grenzüberschreitende Verlustverrechnung im Lichte der jüngeren EuGH-Rechtsprechung, IStR 2008, 81.

Kußmaul, Heinz/Tcherveniachki, Vassil, Die Rechtssache Marks & Spencer – Trendwende in der europäischen Rechtsprechung, – Anmerkungen zum EuGH-Urteil vom 13.12.2005 - Rs. C-446/03 –, StuB 2006, 189.

Lachmayer, Edeltraud, Die Rechtssache „K" - ein großer Stein im Mosaik der finalen Verluste, ÖStZ 2013 2013, 565.

Lamprecht, Phillip, Betriebstättenverluste, Verlustvortragsrecht und Aufteilung der Besteuerungsbefugnisse nach dem Urteil des EuGH in der Rs. KR Wannsee, nachfolgend S. 769, IStR 2008, 766.

Lang, Michael, Einführung in das Recht der Doppelbesteuerungsabkommen, 2. Aufl., Wien 2002.

Lang, Michael, Wohin geht das internationale Steuerrecht?, IStR 2005, 289.

Lang, Michael, Direct Taxation: Is the ECJ Heading in a New Direction?, IBFD Bulletin 2006, 421.

Lang, Michael, Doppelte Verlustberücksichtigung und Gemeinschaftsrecht – am Beispiel der Betriebstättengewinnermittlung, IStR 2006, 550.

Lang, Michael, Recent Case Law of the ECJ in Direct Taxation: Trends, Tensions and Contradictions, EC Tax Review 2009, 98.

Lang, Michael, Zum Seminar G: Verbietet das Gemeinschaftsrecht die Erhebung von Quellensteuern?, IStR 2009, 539.

Lang, Michael, Der Anwendungsvorrang der Grundfreiheiten auf dem Gebiet des Steuerrechts, in: Tipke, Klaus u.a. (Hrsg.), Festschrift für Joachim Lang zum 70. Geburtstag: Gestaltung der Steuerrechtsordnung, Köln 2010, S. 1003.

Lang, Michael, Treaty Override und Gemeinschaftsrecht, in: Lehner, Moris (Hrsg.), Reden zum Andenken an Klaus Vogel, München 2010, S. 59.

Lang, Michael, 2005 - Eine Wende in der steuerlichen Rechtsprechung des EuGH zu den Grundfreiheiten?, in: Mellinghoff, Rudolf (Hrsg.), Steuerrecht im Rechtsstaat, Festschrift für Wolfgang Spindler zum 65. Geburtstag, Köln 2011, S. 297.

Lang, Michael, Der EuGH als Interpret von Doppelbesteuerungsabkommen, in: Lüdicke, Jürgen (Hrsg.), Das Steuerrecht der Unternehmen Festschrift für Gerrit Frotscher zum 70. Geburtstag 1. Aufl., Freiburg ; München 2013, S. 356.

Lang, Michael, Die Vermeidung der Doppelbesteuerung in der EU – jüngste Initiativen der EU-Kommission, SWI 2013, 206.

Lang, Michael, Direkte Steuern und EU-Steuerpolitik – Wo bleiben die Visionen?, IStR 2013, 365.

Lavrelashvili, Nina/Müller, Fabian, Übertragung der Schumaker-Doktrin auf Auslandsverluste von Grenzgängern?! - „Renneberg", EWS 2009, 164.

Lehner, Moris, Der Einfluss des Europarechts auf die Doppelbesteuerungsabkommen, IStR 2001, 329.

Lehner, Moris, Beseitigt die neue Verfassung für Europa die Verpflichtung der Mitgliedstaaten zur Vermeidung der Doppbelbesteuerung?, IStR 2005, 397.

Lehner, Moris, Das Territorialitätsprinzip im Lichte des Europarechts, in: Gocke, Rudolf/Wassermeyer, Franz (Hrsg.), Körperschaftsteuer, Internationales Steuerrecht, Doppelbesteuerung, Festschrift für Franz Wassermeyer zum 65. Geburtstag, München 2005, S. 241.

Lehner, Moris, Treaty Override im Anwendungsbereich des § 50d EStG, IStR 2012, 389.

Lenz, Martin/Ribbrock, Martin, Die Berücksichtigung EU-ausländischer Betriebstättenverluste beim deutschen Stammhaus, - Zugleich Anm. zu den BFH-Urteilen vom 09.06.2010 - I R 100/09, DB 2010 S. 1731 und I R 107/09, DB 2010 S. 1733, DB 2010, 1963.

Linn, Alexander, Das EuGH-Urteil in der Rs. DMC und der Vorlagebeschluss des FG Düsseldorf – Ende der Diskussionen um die Wegzugssteuer?, IStR 2014, 136.

Linn, Alexander, Bouclier fiscal oder Halbteilungsgrundsatz und Unionsrecht, IWB 2014, 427.

Lüdicke, Jochen/Sistermann, Christian (Hrsg.), Unternehmensteuerrecht Gründung, Finanzierung, Umstrukturierung, Übertragung, Liquidation, München 2008.

Lüdicke, Jürgen, Probleme der Besteuerung beschränkt Steuerpflichtiger im Inland, in: Brandt, Steuerrecht im Wandel, Stand und Perspektiven der Reformdiskussion, Fünfter Deutscher Finanzgerichtstag e.V., Stuttgart ; München [u.a.] 2008, S. 75.

Lüdicke, Jürgen, Darf im internationalen Steuerrecht noch differenziert werden?, in: Gocke, Rudolf/Wassermeyer, Franz (Hrsg.), Körperschaftsteuer, Internationales Steuerrecht, Doppelbesteuerung, Festschrift für Franz Wassermeyer zum 65. Geburtstag, München 2005, S. 473.

Lühn, Tim, Berücksichtigung von Betriebstättenverlusten bei DBA-Freistellung, Anmerkung zu EuGH v. 23.10.2008, Rs. C-157/07, BB 2009, 90.

Mangoldt, Hermann von/Klein, Friedrich/Starck, Christian, Kommentar zum Grundgesetz, 6. Aufl., München 2010.

Marres, Otto, The Principle of Territoriality and Cross-Border Loss Compensation, Intertax 2011, 112.

Mayer-Theobald, Felicitas, Non-garden most favoured negotiating, sind EU-Mitgliedstaaten bei der Neuverhandlung von Doppelbesteuerungsabkommen mit Drittstaaten nach dem Unionsrecht verpflichtet, Vorteile auch für die Angehörigen aller anderen EU-Mitgliedstaaten auszuhandeln?, München 2011.

Mayr, Gunter, Das Territorialitätsprinzip im Lichte der EuGH-Rechtsprechung, RdW 2006, 732.

Mayr, Gunter, Moderne Konzernbesteuerung im Lichte der EuGH-Rechtsprechung, BB 2008, 1312.

Meincke, Jens Peter (Hrsg.), Erbschaftsteuer- und Schenkungsteuergesetz, 16. Aufl., München 2012.

Mitschke, Wolfgang, Entstrickung und Verstrickung – BFH I R 77/06 und § 4 Abs. 1 Satz 3 EStG, Kurze Erwiderung auf Körner, IStR 2009, 741 ff., IStR 2010, 95.

Mitschke, Wolfgang, Grenzüberschreitende Berücksichtigung von Betriebstättenverlusten, Anmerkung zu den BFH-Urteilen v. 09.06.2010 – I R 100/09, FR 2010, 901 und I R 107/09, FR 2010, 896., FR 2011, 45.

Mitschke, Wolfgang, A Oy: „Endgültige Verluste“ aus einer grenzüberschreitenden Fusion?, Anmerkung zu EuGH, Schlussantrag vom 19.07.2012 - C-123/11, A Oy (Vorabentscheidungsersuchen des Korkein hallinto-oikeus, Finnland), IStR 2012, 626.

Mitschke, Wolfgang, Europarechtskonformität des § 6b EStG im Lichte der Niederlassungsfreiheit, DStR 2012, 1629.

Mitschke, Wolfgang, Finale Verluste in der „Zwickmühle“ des Europäischen Steuerrechts - Zum EuGH-Urteil in der Rechtsache A Oy vom 21.02.2013, C-123/11, IStR 2013, 209.

Mitschke, Wolfgang, Sofortige Entstrickungssteuer in Spanien verstößt gegen die Niederlassungsfreiheit, Anmerkung zu EuGH, Urteil vom 25.04.2013 - C-64/11 Europäische Kommission/Königreich Spanien, dieses unterstützt von Deutschland, Finnland, Frankreich, Großbritannien, Niederlande, Portugal und Schweden, IStR 2013, 393.

Mitschke, Wolfgang, Direktes Europäisches Steuerrecht auf Schlingerkurs?, Eine Bestandsaufnahme zum Jahreswechsel 2013/2014, IStR 2014, 37.

Mitschke, Wolfgang, DMC: EuGH urteilt zu deutschen Entstrickungsregeln - DMC Beteiligungsgesellschaft mbH ./. FA Hamburg-Mitte (Vorabentscheidungsersuchen vom FG Hamburg), IStR 2014, 106.

Mitschke, Wolfgang, Grenzüberschreitende Konzernbesteuerung und ihre Vereinbarkeit mit der Niederlassungsfreiheit - Nordea Bank Danmark A/S/Skatteministeriet (Vorabentscheidungsersuchen des Østre Landsret [Dänemark]), Anmerkung zu EuGH, Schlussantrag der Generalanwältin Juliane Kokott v. 13.03.2014, Rs. C-48/13, Nordea Bank Danmark AS/Skatteministeriet (Vorabentscheidungsersuchen des Østre Landsret, Dänemark), IStR 2014, 263.

Mitschke, Wolfgang, Nordea Bank: Nachbesteuerung von Verlusten bei Umwandlung von ausländischen Betriebstätten in Tochtergesellschaften - Nordea Bank Danmark A/S, Anmerkung zu EuGH, Urt. v. 17.07.2014, C-48/13, Nordea Bank Danmark A/S ./. Skatteministeriet (Vorabentscheidungsersuchen nach Art. 267 AEUV vom Østre Landsret, Regionalgericht Ost, Dänemark), IStR 2014, 565.

Moench, Dietmar (Hrsg.), ErbStG, Kommentar zum Erbschaft- und Schenkungsteuergesetz mit Bewertungsgesetz, Freiburg i. Br 2009-.

Mössner, Jörg Manfred, Steuerrecht international tätiger Unternehmen, Handbuch der Besteuerung von Auslandsaktivitäten inländischer Unternehmen und von Inlandsaktivitäten ausländischer Unternehmen, 3. Aufl., Köln 2005.

Müller, Stefan, Berücksichtigung von Verlusten aus der Veräußerung französischer Immobilien wegen rechtlicher Finalität unionsrechtlich geboten, Anmerkung zu EuGH, Urt. v. 07.11.2013 - Rs. C.322/11 - K, ISR 2013, 425.

Müller, Stefan, EuGH-Urteil zur dänischen Entstrickungsbesteuerung, ISR 2013, 311.

Müller, Stefan, Weitere Urteile in Vertragsverletzungsverfahren gegen die Niderlande und gegen Spanien zur Entstrickungsbesteuerungs, Anmerkung zu EuGH, Urt. v. 31.01.2013 – Rs. C-301/11 – Kommission ./. Niederlande und EuGH, Urt. v. 25.04.2013 – Rs. C-64/11 – Kommission ./. Spanien, ISR 2013, 255.

Müller Stefan, Erneutes BFH-Urteil zu finalen Betriebstättenverlusten, Anmerkung zu BFH, Urt. v. 05.02.2014 – I R 48/11, ISR 2014, 204.

Musil, Andreas, Die Ergänzung des Entstrickungstatbestands durch § 4 Abs. 1 Satz 4 EStG – Herrscht nun endlich Klarheit?, FR 2011, 545.

Musil, Andreas, Was sind finale Verlust?, DB 2011, 2451.

Musil, Andreas, EuGH-Entscheidung „A Oy": Ausschluss der Verlustnutzung einer gebietsfremden Tochtergesellschaft nach Fusion auf die gebietsansässige Muttergesellschaft – Verstoß gegen die Niederlassungsfreiheit?, FR 2013, 374.

Musil, Andreas, Konzernabzug im Kontext eines Konsortiums bei Bindegliedgesellschaft in anderem Mitgliedstaat, Anmerkung zu EuGH (Große Kammer), Urt. v. 01.04.2014 – C-80/12 (Felixstowe Dock and Railway Company Ltd ua/The Commissioners for Her Majesty's Revenue & Customs), EuZW 2014, 430.

Musil, Andreas, Treaty Override als Dauerproblem des Internationalen Steuerrechts, IStR 2014, 192.

Musil, Andreas/Fähling, Lars, Neue Entwicklungen bei den europarechtlichen Rechtfertigungsgründen im Bereich des Ertragsteuerrechts, DStR 2010, 1501.

Neyt, Robert/Peeters, Steven, Balanced Allocation and Coherence: Some Thoughts in the Light of Argenta and K, EC Tax Review 2014, 64.

Offermanns, Rene, Restrictions on Treaty Override Resulting from EU Law, European Taxation 2013, 430.

Oppermann, Thomas/Classen, Claus Dieter/Nettesheim, Martin, Europarecht, Ein Studienbuch, 6. Aufl., München 2014.

O'Shea, Tom, Freedom of establishment tax jurisprudence: Avoir Fiscal re-visited, EC Tax Review 2008, 259.

O'Shea, Tom, Austrian Leasing Rules Incompatible With EC Treaty, ECJ Says, Tax Notes International 2009, 391.

Pache, Sven/Englert, Max, „Das Spiel ist aus!" – Kein positives Signal des EuGH für ein binnenmarktorientiertes Konzernbesteuerungsrecht, IStR 2007, 844.

Patzner, Andreas/Nagler, Jürgen, Besteuerung von Ausschüttungen an ausländische Körperschaften als Verstoß gegen die Niederlassungsfreiheit, – Besprechung des EuGH-Urteils vom 20.10.2011 – Rs. C-284/09 – Kommission/Deutschland –, GmbHR 2011, 1190.

Patzner, Andreas/Nagler, Jürgen, Jahressteuergesetz 2013 - Die Steuerfreiheit von Streubesitzdividenden nach dem EuGH-Urteil vom 20.10.2011, C-284/09, Kommission/Deutschland, IStR 2012, 790.

Patzner, Andreas/Nagler, Jürgen, Auslandsbeteiligung: Einbringung von Anteilen an einer Personengesellschaft in eine Kapitalgesellschaft zum Teilwert und Sofortbesteuerung nicht realisierter Wertzuwächse, Anmerkung zu EuGH v. 23.01.2014, Rs. C-164/12, GmbHR 2014, 216.

Petritz, Michael/Schuch, Josef, Die Verteilung der Besteuerungsrechte zwischen Ansässigkeits- und Quellenstaat aus dem Blickwinkel der gemeinschaftsrechtlichen Grundfreiheiten, in: Gassner, Wolfgang et al. (Hrsg.), Die Verteilung der Besteuerungsrechte zwischen Ansässigkeits- und Quellenstaat im Recht der Doppelbesteuerungsabkommen, Wien 2005, S. 123.

Pohl, Carsten, Anrechnungshöchstbetragsberechnung nach § 34c Abs. 1 Satz 2 EStG 2002 im Anschluss an das EuGH-Urteil „Beker und Beker", ISR 2014, 174.

Pohl, Carsten, Treaty Override im deutschen Steuerrecht – Bestandsaufnahme und Perspektive, ISR 2014, 158.

Poulsen, Martin, Freedom of Establishment and the Balanced Allocation of Tax Jurisdiction, Intertax 2012, 201.

Preißer, Michael (Hrsg.), Erbschaft- und Schenkungsteuer: Kompakt-Kommentar, 2. Aufl., Stuttgart 2013.

Rainer, Anno, Abzugsfähigkeit von Beträgen, die eine Gesellschaft als Konzernbeitrag gezahlt hat, nur wenn die Gesellschaft ihren Sitz im betreffenden Mitgliedstaat hat, Anmerkung zu EuGH, Urteil vom 18.07.2007 - C-231/05 Oy AA, IStR 2007, 635.

Rainer, Anno, Zulässige steuerliche Ungleichbehandlung von Muttergesellschaften und gebietsansässigen sowie gebietsfremden Tochtergesellschaften, Anmerkung zu EuGH (Zweite Kammer), Urteil vom 25.02.2010 - C-337/08 X Holding BV/ Staatssecretaris van Financiën, EuZW 2010, 515.

Rehfeld, Lars, Isolierte Gruppenbesteuerung zwischen Schwesterkapitalgesellschaften, Anmerkung zu EuGH, Urteil vom 12.06.2014 – Rs. C-39-41/13, SCA Group Holding B.V. u.a., IWB 2014, 619.

Reimer, Ekkehart, Die abkommensrechtliche Ansässigkeit aus gemeinschaftsrechtlichem Blickwinkel, in: Lang, Michael/Schuch, Josef/Staringer, Claus (Hrsg.), Die Ansässigkeit im Recht der Doppelbesteuerungsabkommen, Wien 2008, S. 15.

Remacle, Oliver/Nonnenkamp, Samantha, Economic Double Taxation as an Obstacle to Cross-Border Investments, in: Rust, Alexander (Hrsg.), Double Taxation within the European Union, Alphen aan den Rijn 2011, S. 17.

Ribbrock, Martin, EuGH: Besteuerung von nicht realisierten Wertzuwächsen - Sofortbesteuerung oder aufgeschobene Besteuerung, BB-Kommentar „Antragsgebundene zeitliche Streckung der Besteuerung genügt unionsrechtlichen Anforderungen an die Ausgestaltung eines Wahlrechts", BB 2014, 484.

Richter, Lutz, Aktuelle Entwicklungen zur Berücksichtigung finaler ausländischer Betriebstättenverluste im Ansässigkeitsstaat, BB 2010, 2734.

Riedel, Christopher, Erweiterte unbeschränkte Erbschaftsteuerpflicht grundsätzlich EU-rechtskonform, ZErb 2006, 166.

Riedl, Philipp, Die internationale Doppelbesteuerung im EU-Binnenmarkt, Frankfurt am Main [u.a.] 2012.

Ritter, Wolfgang, Steuerprobleme inländischer Muttergesellschaften mit ausländischem Beteiligungsbesitz, in: Arbeitsgemeinschaft der Fachanwälte für Steuerrecht (Hrsg.), Jahrbuch der Fachanwälte für Steuerrecht 1975/1976, Herne; Berlin 1976, S. 339.

Ritter, Wolfgang, Das Prinzip Rücksicht, BB 1984, 1109.

Roser, Frank, § 50 c EStG a.F. verstößt beim sog. Doppelumwandlungsmodell grundsätzlich nicht gegen das Gemeinschaftsrecht – Schlussurteil „Glaxo Wellcome", Anmerkung zu BFH v. 03.02.2010, I R 21/06, GmbHR 2010, 720.

Rudolf, Walter, Über territoriale Grenzen der Steuergesetze, in: Bärmann, Johannes/Lutter, Marcus/Kollhosser, Helmut u. a. (Hrsg.), Recht und Wirtschaft in Geschichte und Gegenwart, Festschrift f. Johannes Bärmann z. 70. Geburtstag, München 1975, S. 769.

Rust, Alexander, Double Taxation, in: Rust, Alexander (Hrsg.), Double Taxation within the European Union, Alphen aan den Rijn 2011, S. 1.

Schaumburg, Harald, Internationales Steuerrecht, Außensteuerrecht, Doppelbesteuerungsrecht, 3. Aufl., Köln 2011.

Scheunemann, Marc, Decision in the Marks & Spencer Case: a Step Forward, but No Victory for Cross-Border Group Taxation in Europe, Intertax 2006, 54.

Schiefer, Florian, Verrechnung von Betriebstättenverlusten mit Gewinnen einer Konzerngesellschaft im gleichen Mitgliedstaat, Anmerkung zu EuGH, Urteil vom 6.9.2012 - C-18/11, The Commissioners for Her Majesty's Revenue & Customs/ Philips Electronics UK Ltd (Vorabentscheidungsersuchen vom Upper Tribunal (Tax and Chancery Chamber), Großbritannien), IStR 2012, 849.

Schiefer, Florian, Europarechtskonformität der Nachversteuerung von zuvor bereits im Inland berücksichtigten Verlusten einer ausländischen Betriebstätte – Neuauflage der Rs. KR Wannsee?, ISR 2013, 220.

Schiefer, Florian, Grenzüberschreitende Konzernbesteuerung und ihre Vereinbarkeit mit der Niederlassungsfreiheit - Nordea Bank Danmark A/S/Skatteministeriet (Vorabentscheidungsersuchen des Østre Landsret [Dänemark]), Anmerkung zu EuGH, Schlussantrag der Generalanwältin Juliane Kokott v. 13.03.2014, Rs. C-48/13, Nordea Bank Danmark AS/Skatteministeriet (Vorabentscheidungsersuchen des Østre Landsret, Dänemark), IStR 2014, 262.

Schiefer, Florian/Quinten, Roland, Berücksichtigung „finaler Verluste" durch grenzüberschreitende Verschmelzung – Auswirkungen des Urteils in der Rs. A Oy, IStR 2013, 261.

Schmidt, Ludwig, Einkommensteuergesetz, 33. Aufl., München 2014.

Schnitger, Arne, Verstoß der Wegzugsbesteuerung (§ 6 AStG) und weiterer Entstrickungsnormen des deutschen Ertragsteuerrechts gegen die Grundfreiheiten des EG-Vertrags, Auswirkungen der Rs. Lasteyrie du Saillant auf den deutschen Rechtskreis, BB 2004, 804.

Schnitger, Arne, Die Grenzen der Einwirkung der Grundfreiheiten des EG-Vertrages auf das Ertragsteuerrecht, Düsseldorf 2006.

Schnitger, Arne, A Oy: „Endgültige Verluste" aus einer grenzüberschreitenden Fusion?, Anmerkung zu EuGH, Schlussantrag vom 19.07.2012 - C-123/11, A Oy (Vorabentscheidungsersuchen des Korkein hallinto-oikeus, Finnland), IStR 2012, 624.

Schnitger, Arne, Die Entstrickung im Steuerrecht, Berlin 2013.

Schönfeld, Jens/Ditz, Xaver, Abzug von umrechnungsbedingten Währungsverlusten, - Anm. zum EuGH-Urteil vom 28.02.2008 - Rs. C-293/06, Deutsche Shell -, DB 2008, 1458.

Schönfeld, Jens/Ditz, Xaver (Hrsg.), Doppelbesteuerungsabkommen, Köln 2013.

Schön, Wolfgang, Grenzüberschreitende Verlustverrechnung, in: Arbeitsgemeinschaft der Fachanwälte für Steuerrecht (Hrsg.), Jahrbuch der Fachanwälte für Steuerrecht 2009/2010, Herne ; Berlin 2009, S. 56.

Schön, Wolfgang, Zurück in die Zukunft? Gesellschafter-Fremdfinanzierung im Lichte der EuGH-Rechtsprechung, IStR 2009, 882.

Schön, Wolfgang, Transfer Pricing, the Arm's Length Standard and European Union Law, in: Richelle, Isabelle/Schön, Wolfgang/Traversa, Edoardo (Hrsg.), Allocating Taxing Powers within the European Union, Heidelberg [u.a.] 2013, S. 73.

Schön, Wolfgang, Grenzüberschreitende Verrechnung finaler Verluste, in: Arbeitsgemeinschaft der Fachanwälte für Steuerrecht (Hrsg.), Jahrbuch der Fachanwälte für Steuerrecht 2013/2014, Herne ; Berlin 2013, S. 28.

Schuch, Josef, Gemeinschaftsrecht verschafft beschränkt Steuerpflichtigen Abkommensberechtigung, SWI 1999, 451.

Schulze, Reiner (Hrsg.), Europarecht, Handbuch für die deutsche Rechtspraxis, 2. Aufl., Baden-Baden 2010.

Schulz-Trieglaff, Kai, Die Schlussanträge der Generalanwältin vom 27. Februar 2014 „SCA Group Holding BV" und vom 13. März 2014 „Nordea Bank Danmark A/S": Abschied von der Bildung eines objektiven Vergleichspaars?, IStR 2014, 394.

Schwaiger, Martin, EuGH stärkt Finanzverwaltungen im Kampf gegen Steuerumgehung, SWI 2010, 525.

Schwarze, Jürgen (Hrsg.), EU-Kommentar, 3. Aufl., Baden-Baden 2012.

Schwenke, Michael, Kapitalertragsteuer bei Streubesitzdividenden gemeinschaftswidrig?, IStR 2008, 473.

Schwenke, Michael, Anmerkung zum Urteil des EuGH vom 15.10.2009 in der Rechtssache Busley/Cibrian, in diesem Heft S. 857, IStR 2009, 843.

Schwenke, Michael, Kann ein Transfer ausländischer Verluste trotz „Finalität" scheitern? Folgeüberlegungen zum BFH-Urteil I R 107/09, IStR 2011, 368.

Schwenke, Michael, Finale Verluste aus AuslandsBetriebstätten und -tochtergesellschaften, in: Rödder, Thomas/Günkel, Manfred/Niemann, Ursula (Hrsg.), Steuerberater-Jahrbuch 2011/2012, Köln 2012, S. 345.

Seara, Alberto Quintas, The Protection of Taxpayers'Property Rights in Light of the Recent ECtHR Jurisprudence: Anything New on the Horizon, or Just More of the Same?, Intertax 2014, 218.

Seiler, Christian, Das Steuerrecht unter dem Einfluss der Marktfreiheiten, StuW 2005, 25.

Seiler, Christian/Axer, Georg, Die EuGH-Entscheidung im Fall „Lidl Belgium" als (Zwischen-)Schritt auf dem Weg zur Abstimmung von nationaler Steuerhoheit und europäischem Recht, IStR 2008, 838.

Spitaler, Armin, Das Doppelbesteuerungsproblem bei den direkten Steuern, 1. Aufl., Reichenberg 1936.

Stahlschmidt, Michael, Kohärenz – ein Beweis, dass der EuGH die Kompetenz in Steuersachen noch nicht gefunden hat, FR 2006, 249.

Stewen, Tobias, Der EuGH und die nationale Steuerhoheit - Spannungsverhältnis und Konfliktlösung, EuR 2008, 445.

Streck, Michael, Körperschaftsteuergesetz, mit Nebengesetzen: Kommentar, 8. Aufl., München 2014.

Streinz, Rudolf, Europarecht, 9. Aufl., Heidelberg ; München ; Landsberg [u.a.] 2012.

Streinz, Rudolf (Hrsg.), EUV/AEUV, Vertrag über die Europäische Union und über die Arbeitsweise der Europäischen Union, 2. Aufl., München 2012.

Sydow, Sabine, Das EuGH-Urteil Kommission/Dänemark, C-261/11 vom 18.07.2013 zur Exit Tax, IStR 2013, 663.

Sydow, Sabine, Neues bei der Exit-Tax: EuGH erklärt Fünftelungsregelung zur Besteuerung stiller Reserven und Bankgarantien für unionsrechtskonform, Anmerkungen zum EuGH-Urteil vom 23.01.2013 - Rs. C-164/12, DMC, DB 2014, 265.

Teichner, Karl, Internationales Steuerrecht, Stuttgart 1967.

Tell, Michael, Exit Taxation within the European Union/European Economic Area - After Commission v. Denmark (C-261/11), European Taxation 2014, 47.

Thömmes, Ottmar, Berücksichtigung von Verlusten ausländischer Tochtergesellschaften, Anmerkung zu EuGH-Urt. v. 13.12.2005 in der Rs. C-446/03, Marks & Spencer plc gegen David Halsey (Her Majesty's Inspector of Taxes), IWB 2005, 1188.

Thömmes, Ottmar, Beschränkung steuerlicher Teilwertabschreibungen auf Beteiligungen an EU-Tochtergesellschaften, IWB 2006, 521.

Thömmes, Ottmar, Sieg der Vernunft - oder Kniefall vor den Mitgliedstaaten? Das EuGH-Urteil Marks & Spencer, EWS 2006, Heft 1, Die erste Seite.

Thömmes, Ottmar, Kein Anspruch auf grenzüberschreitende Übertragung von Gewinnen innerhalb eines europäischen Konzerns, Anmerkung zu EuGH-Urteil vom 18.07.2007 in der Rs. C-231/05, Oy AA, IWB 2007, 889.

Thömmes, Ottmar, Nachversteuerung zuvor zum Abzug zugelassener Betriebstättenverluste verstößt nicht gegen die Niederlassungsfreiheit, Anmerkung zu EuGH, Urteil v. 23.10.2008 - Rs. C-157/07, Finanzamt für Körperschaften III in Berlin ./. Krankenheim Ruhesitz am Wannsee-Seniorenheimstatt GmbH, IWB 2008, 1113.

Thömmes, Ottmar, Berücksichtigung ausländischer Verluste bei DBA mit Anrechnungs-methode, Anmerkung zu EuGH, Urteil v. 15.10.2009 - Rs. C-35/08, Grundstücksgemeinschaft Busley/Cibrian, IWB 2009, 1113.

Thömmes, Ottmar, Gewinnkorrektur bei Vorteilsgewährung an verbundene Unternehmen im EU-Ausland, Kein grundsätzlicher Verstoß gegen Niederlassungsfreiheit, IWB 2010, 107.

Thömmes, Ottmar, Inlandsbezug bei Steuervergünstigungen, in: Arbeitsgemeinschaft der Fachanwälte für Steuerrecht (Hrsg.), Jahrbuch der Fachanwälte für Steuerrecht 2011/2012, Herne ; Berlin 2011, S. 91.

Thömmes, Ottmar, Übetrtragung stiller Reserven nach § 6b EStG, in: Arbeitsgemeinschaft der Fachanwälte für Steuerrecht (Hrsg.), Jahrbuch der Fachanwälte für Steuerrecht 2012/2013, Herne ; Berlin 2012, S. 41.

Thömmes, Ottmar, Übertragung stiller Reserven nach § 6b EStG auf eine Betriebstätte im EU-Ausland, in: Arbeitsgemeinschaft der Fachanwälte für Steuerrecht (Hrsg.), Jahrbuch der Fachanwälte für Steuerrecht 2013/2014, Herne ; Berlin 2013, S. 73.

Thömmes, Ottmar, Einschränkung des grenzüberschreitenden Abzugs finaler Verluste, EuGH, Urteil vom 07.11.2013 - Rs. C-322/11, K, IWB 2013, 821.

Thömmes, Ottmar, Unionsrechtswidrigkeit der Berechnung des Anrechnungshöchstbetrags nach § 34c Abs. 1 EStG, EuGH, Urteil vom 28.02.2013, Rs. C-168/11, Beker, IWB 2013, 293.

Thömmes, Ottmar, Zur Unionsrechtsverträglichkeit der Besteuerung stiller Reserven in Einbringungsfällen unter fünfjähriger Zahlungsstreckung, Anmerkungen zum EuGH-Urteil vom 23.01.2014 - C-164/12, StuB 2014, 288.

Tipke, Klaus, Die Steuerrechtsordnung, Köln 1993.

Tipke, Klaus/Lang, Joachim, Steuerrecht, 21. Aufl., Köln 2013.

Toifl, Gerald, Personengesellschaften im Recht der Doppelbesteuerungsabkommen, Wien 2003.

Troll, Max/Gebel, Dieter/Jülicher, Marc (Hrsg.), Erbschaftsteuer- und Schenkungsteuergesetz, 7. Aufl., München 1998-.

Vanistendael, Frans, Cohesion: the phoenix rises from his ashes, EC Tax Review 2005, 208.

Verdross, Alfred/Simma, Bruno, Universelles Völkerrecht, 3. Aufl., Berlin 1984.

Vitzthum, Wolfgang (Hrsg.), Völkerrecht, 5. Aufl., Berlin, New York 2010.

Vogel, Klaus, Theorie und Praxis im Internationalen Steuerrecht, DStR 1968, 427.

Vogel, Klaus, Der räumliche Anwendungsbereich der Verwaltungsrechtsnorm, Frankfurt am Main/Berlin 1965.

Vogel, Klaus (Hrsg.), Grundfragen des internationalen Steuerrechts, Köln 1985.

Vogel, Klaus, Über „Besteuerungsrechte" und über das Leistungsfähigkeitsprinzip im Internationalen Steuerrecht, in: Kirchhof, Paul/Offerhaus, Klaus/Schöberle, Horst (Hrsg.), Steuerrecht, Verfassungsrecht, Finanzpolitik, Festschrift für Franz Klein, Köln 1994, S. 361.

Vogel, Klaus, Zur Dogmatik der Verteilungsnormen in Doppelbesteuerungsabkommen, in: Lang, Michael/Jirousek, Heinz (Hrsg.), Praxis des Internationalen Steuerrechts, Festschrift für Helmut Loukota zum 65. Geburtstag, Wien 2005, S. 621.

Vogel, Klaus/Lehner, Moris, DBA, Kommentar auf der Grundlage der Musterabkommen, 5. Aufl., München 2008.

Vogel, Matthijs, Withholding Taxes and Relief for Double Taxation, in: Weber, Dennis (Hrsg.), CCCTB, Alphen aan den Rijn 2012, S. 119.

Vogel, Thorsten/Cortez, Benjamin, Das Außensteuergesetz im Konflikt mit dem Europarecht, RIW 2011, 523.

Wagner, Thomas, Finnische Gruppenbesteuerung vor dem EuGH – Das Urteil in der Rechtssache Oy AA und seine Folgen für die Organschaft, IStR 2007, 650.

Wassermeyer, Franz (Hrsg.), Doppelbesteuerung, Kommentar zu allen deutschen Doppelbesteuerungsabkommen, München 1999-.

Wassermeyer, Franz, Die beschränkte Steuerpflicht, in: Vogel, Klaus (Hrsg.), Grundfragen des internationalen Steuerrechts, Köln 1985, S. 49.

Wassermeyer, Franz, Die Fortentwicklung der Besteuerung von Auslandsbeziehungen, Anmerkungen zu den derzeitigen Überlegungen zur Reform des Außensteuerrechts, IStR 2001, 113.

Wassermeyer, Franz, Die abkommensrechtliche Aufteilung von Unternehmensgewinnen zwischen den beteiligten Vertragsstaaten, IStR 2012, 277.

Wassermeyer, Franz/Richter, Stefan/Schnittker, Helder (Hrsg.), Personengesellschaften im internationalen Steuerrecht, Köln 2010.

Wattel, Peter J., Fiscal Cohesion, Fiscal Territoriality, and Preservation of the (Balanced) Allocation of Taxing Power; What is the Difference?, in: Weber, Dennis (Hrsg.), The influence European law on direct taxation, Recent future developments, Deventer 2007, S. 139.

Wattel, Peter J., Passing the Buck Around: Who is Responsible for Double Taxation? - Comments on Profs. Kofler and Rust's Analysis, in: Rust, Alexander/International Tax Conference (Hrsg.), Double Taxation within the European Union, Alphen aan den Rijn 2011, S. 157.

Weber-Fas, Rudolf, Völkerrecht und Steuerhoheit, RIW 1979, 585.

Weber-Fas, Rudolf, Staatsverträge im internationalen Steuerrecht, Zur Rechtsnatur, Geschichte und Funktion der deutschen Doppelbesteuerungsabkommen, Tübingen 1982.

Weber-Grellet, Heinrich, Europäisches Steuerrecht, München 2005.

Weber-Grellet, Heinrich, Neu-Justierung der EuGH-Rechtsprechung, DStR 2009, 1229.

Weerth, Jan de, Das EuGH-Urteil Rs. C-307/97 „Saint Gobain", - Ein Wegweiser zu einem harmonisierten Steuerrecht in der Europäischen Union -, IStR 2001, 628.

Weerth, Jan de, Berücksichtigung von negativen Vermietungseinkünften aus anderem EU-Mitgliedstaat, Anmerkung zu EuGH, Urteil vom 18.07.2007 - C-182/06 Großherzogtum Luxemburg ./. Hans Ulrich Lakebrink, Katrin Peters-Lakebrink; Vorlage der Cour administrative (Luxemburg), DStR 2007, 1341.

Weerth, Jan de, Deutsche Shell: Monetäre Wirkungen bei der Rückführung von Dotationskapital, das ein in einem Mitgliedstaat ansässiges Unternehmen seiner in einem anderen Mitgliedstaat belegenen Betriebstätte gewährt hat, Anmerkung zu EuGH, Urteil vom 28.02.2008 - C-293/06 Deutsche Shell GmbH/FA für Großunternehmen in Hamburg (Vorabentscheidungsersuchen vom FG Hamburg), IStR 2008, 226.

Weggemann, Hans, EG-rechtliche Aspekte steuerlicher Meistbegünstigung im Abkommensrecht, IStR 2003, 677.

Wernsman, Rainer/Nippert, Allit, Gemeinschaftsrechtliche Vorgaben für die grenzüberschreitende Verlustberücksichtigung im Konzern, Zugleich zur deutschen Organschaftsbesteuerung nach dem Urteil des EuGH in der Rs. Marks & Spencer, FR 2006, 153.

Wieland, Joachim, Der EuGH als Steuergesetzgeber?, in: Kruthoffer-Röwekamp, Jutta (Hrsg.), Die Rechtsprechung des EuGH in ihrer Bedeutung für das nationale und internationale Recht der direkten Steuern, 1. Aufl., Baden-Baden 2010, S. 157.

Wilke, Kay-Michael, Aktuelles EuGH-Urteil lässt Zweifelsfragen zur aufgeschobenen Besteuerung unbeantwortet, PISTB 2013, 178.

Zuijdendorp, Bert, The N case: the European Court of Justice sheds further light on the admissibility of exit taxes but still leaves some questions unanswered, EC Tax Review 2007, 5.

Rechtsprechungsverzeichnis

Rechtsprechung des EuGH

EuGH, 15.07.1964 – 6/64, *Costa/ENEL*, Slg. 1964, 1251.

EuGH, 28.01.1968 – C-270/83, *Avoir fiscal*, Slg. 1986, I-273.

EuGH, 12.07.1973 – 2/73, *Riseria Geddo*, Slg. 1983, 865.

EuGH, 11.07.1985 – 137/84, *Mutsch*, Slg. 1985, 2681.

EuGH, 28.01.1992 – C-204/90, *Bachmann*, Slg. 1992, I-00249.

EuGH, 28.1.1992 – C-300/90, *Kommission/Belgien*, Slg. 1992, I-305.

EuGH, 12.02.1995 – C-279/9, *Schumacker*, Slg. 1995, I-00225.

EuGH, 11.08.1995 – C-80/94, *Wielockx*, Slg. 1995, I-02493.

EuGH, 30.11.1995 – C-55/94, *Gebhard*, Slg. 1995, I-4165.

EuGH, 15.05.1997 – C-250/95, *Futura und Singer*, Slg 1997, I-02471.

EuGH, 28.04.1998 – C-118/96, *Safir*, Slg. 1998, I-01897.

EuGH, 12.05.1998 – C-336/96, *Gilly*, Slg. 1998, I-2793.

EuGH, 21.09.1999 – C-307/97, *Saint Gobain*, Slg. 1999, I-6181.

EuGH, 06.06.2000 – C-35/98, *Verkooijen*, Slg. 2000, I-04071.

EuGH, 08.03.2001 – verb. Rs. C-397/98 und C-410/98, *Metallgesellschaft u.a.*, Slg. 2001, I-01727.

EuGH, 04.10.2001 – C-294/99, *Athinaïki Zythopoiia*, Slg. 2001, I-06797.

EuGH, 05.11.2002 – C-466/98, *Open Skies*, Slg. 2002, I-9427.

EuGH, 12.12.2002 – C-385/00, *de Groot*, Slg. 2002, I-11319.

EuGH, 12.12.2002 – C-324/00, *Lankhorst-Hohorst*, Slg. 2002, I-11779.

EuGH, 18.09.2003 – C-168/01, *Bosal*, Slg. 2003, I-09409

EuGH, 11.03.2004 – C-9/02, *de Lasteyrie du Saillant*, Slg. 2004, I-02409.

EuGH, 15.07.2004 – C-315/02, *Lenz*, Slg. 2004, I-07063.

EuGH, 07.09.2004 – C-319/02, *Manninen*, Slg. 2004, I-07477.

EuGH, 03.03.2005 – C-172/03, *Heiser*, Slg. 2005, I-01627

EuGH, 05.07.2005 – C-376/03, *D.*, Slg. 2005, I-05821.

EuGH, 13.12.2005 – C-446/03, *Marks & Spencer*, Slg. 2005, I-10866.

EuGH, 10.01.2006 – C-265/04, *Bouanich*, Slg. 2006, I-923.

EuGH, 21.02.2006 – C-152/03, *Ritter-Coulais*, Slg. 2006, I-01711.

EuGH, 23.02.2006 – C-513/03, *van Hilten-van der Heijden*, Slg. 2006, I-01957.

EuGH, 07.09.2006 – C-470/04, *N.*, Slg. 2006, I-07409.

EuGH, 12.09.2006 – C-196/04, *Cadbury Schweppes,* Slg. 2006, I-07995.
EuGH, 14.11.2006 – C-513/04, *Kerckhaert und Morres,* Slg. 2006, I-10967.
EuGH, 12.12.2006 – C-374/04, *Test Claimants in Class IV of the ACT Group Litigation,* Slg. 2006, I-11673.
EuGH, 12.12.2006 – C-446/04, *Test Claimants in the FII Group Litigation,* Slg. 2006, I-11753.
EuGH, 14.12.2006 – C-170/05, *Denkavit Internationaal und Denkavit France,* Slg. 2006, I-11949.
EuGH, 15.02.2007 – C-345/04, *Centro Equestre,* Slg. 2007, I-01425.
EuGH, 06.03.2007 – C-292/04, *Meilicke,* Slg. 2007, I-01835.
EuGH, 13.03.2007 – C-524/04, *Test Claimants in the Thin Group Litigation,* Slg 2007, I-02107.
EuGH, 29.03.2007 – C-347/04, *Rewe Zentralfinanz,* Slg. 2007, I-02647.
EuGH, 18.07.2007 – C-182/06, *Lakebrink,* Slg. 2007, I-06705.
EuGH, 18.07.2007 – C-231/05, *Oy AA,* Slg. 2007, I-06373.
EuGH, 06.11.2007 – C-415/06, *Stahlwerk Ergste Westig,* Slg. 2007, I-00151.
EuGH, 08.11.2007 – C-379/05, *Amurta,* Slg. 2007, I-09569.
EuGH, 06.12.2007 – C-298/05, *Columbus Container,* Slg. 2007, I-10451.
EuGH, 28.02.2008 – C-293/06, *Deutsche Shell,* Slg. 2008, I-01129.
EuGH, 03.04.2008 – C-27/07, *Banque Fédérative du Crédit Mutuel,* Slg. 2008, I-02067.
EuGH, 15.05.2008 – C-414/06, *Lidl Belgium,* Slg. 2008, I-03601.
EuGH, 16.10.2008 – C-527/06, *Renneberg,* Slg. 2008, I-07735.
EuGH, 23.10.2008 – C-157/07, *Krankenheim Ruhesitz am Wannsee,* Slg. 2008, I-08061.
EuGH, 27.11.2008 – C-418/07, *Papillon,* Slg. 2008, I-08947.
EuGH, 04.12.2008 – C-330/07, *Jobra,* Slg. 2008, I-09099.
EuGH, 16.12.2008 – C-210/06, *Cartesio,* Slg. 2008, I-09641.
EuGH, 22.12.2008 – C-282/07, *Truck Center,* Slg. 2008, I-10767.
EuGH, 12.02.2009 – C-67/08, *Block,* Slg. 2009, I-00883.
EuGH, 12.02.2009 – C-138/07, *Colberfret,* Slg. 2009, I-00731.
EuGH, 30.04.2009 – C-494/06, *P.,* Slg. 2009, I-03639.
EuGH, 18.06.2009 – C-303/07, *Aberdeen Property Fininvest,* Slg. 2009, I-05145.
EuGH, 11.07.2009 – C-521/07, *Kommission/Niederlande,* Slg. 2009, I-04873.
EuGH, 16.07.2009 – C-128/08, *Damseaux,* Slg. 2009, I-06823.
EuGH, 17.09.2009 – C-182/08, *Glaxo Wellcome,* Slg. 2009, I-08591.
EuGH, 15.10.2009 – C-35/08, *Busley und Cibrian,* Slg. 2009, I-09807.
EuGH, 19.11.2009 – C-540/07, *Kommission/Italien,* Slg. 2009, I-10983.

EuGH, 21.01.2010 – C-311/08, *SGI,* Slg. 2010, I-00487.
EuGH, 25.02.2010 – C-337/08, *X Holding,* Slg. 2010, I-01215.
EuGH, 15.04.2010 – C-96/08, *CIBA,* Slg. 2010, I-02911.
EuGH, 03.07.2010 – C-487/08, *Kommission/Spanien,* Slg. 2010, I-04843.
EuGH, 10.02.2011 – verb. Rs. C-436/08/C-437/08, *Haribo/Österreichische Salinen,* Slg. 2011, I-00305
EuGH, 21.07.2011 – C-397/09, *Scheuten Solar,* Slg. 2011, I-06455.
EuGH, 15.09.2011 – C-310/09, *Accor,* Slg. 2011, I-08115.
EuGH, 20.10.2011 – C-284/09, *Kommission/Deutschland,* Slg. 2011, I-09879.
EuGH, 29.11.2011 – C-371/10, *National Grid Indus,* Slg. 2011, I-12273.
EuGH, 01.12.2011 – C-250/08, *Kommission/Belgien,* Slg. 2011, I-12341.
EuGH, 01.12.2011 – C-253/09, *Kommission/Ungarn,* Slg. 2011, I-12391.
EuGH, 10.05.2012 – verb. Rs. C-338/11 bis C-347/11, *Santander Asset Management,* ZIP 2012, 1955.
EuGH, 05.07.2012 – C-318/10, *SIAT,* EuZW 2012, 823.
EuGH, 12.07.2012 – C-269/09, *Kommission/Spanien,* HFR 2012, 1025.
EuGH, 12.07.2012 – C-384/11, *Tate & Lyle Investment Ltd.,* IStR 2012, 809.
EuGH, 19.07.2012 – C-31/11, *Scheunemann,* DStR 2012, 1508.
EuGH, 06.09.2012 – C-380/11, *Diego della Valle,* EuZW 2013, 191.
EuGH, 06.09.2012 – C-38/10, *Kommission/Portugal,* EWS 2012, 445.
EuGH, 06.09.2012 – C-18/11, *Philips Electronics,* RIW 2012, 884.
EuGH, 19.09.2012 – C-540/11, *Levy und Sebbag,* IStR 2013, 307 m. Anm. *Tippelhofer.*
EuGH, 25.10.2012 – C-387/11, *Kommission/Belgien,* IStR 2012, 971.
EuGH, 13.11.2012 – C-35/11, *Test Claimants in the FII Group Litigation,* IStR 2012, 924 m. Anm. *Linn.*
EuGH, 21.02.2013 – C-123/11, *A Oy,* BB 2013, 867 m. Anm. *Böing.*
EuGH, 28.02.2013 – C-168/11, *Beker und Beker,* DStR 2013, 518.
EuGH, 25.04.2013 – C-64/11, *Kommission/Spanien,* Slg. noch nicht veröffentlicht.
EuGH, 04.07.2013 – C-350/11, *Argenta Spaarbank,* EuZW 2013, 796.
EuGH, 18.07.2013 – C-261/11, *Kommission/Dänemark,* Slg. noch nicht veröffentlicht.
EuGH, 07.11.2013 – C-322/11, *K.,* DStR 2013, 2441.
EuGH, 12.12.2013 – C-303/12, *Imfeld und Garcet,* HFR 2014, 183.
EuGH, 23.01.2014 – C-164/12, *DMC Beteiligungsgesellschaft,* DStR 2014, 193.
EuGH, 13.03.2014 – C-375/12, *Bouanich,* RIW 2014, 312
EuGH, 1.04.2014 – C-80/12, *Felixstowe,* EuZW 2014, 427 m. Anm. *Musil.*

EuGH, 12.06.2014 – ver. Rs. C-39/13, C-40/13 und C-41/13, *SCA Group Holding u.a.,* DStR 2014, 1333.

EuGH, 10.07.2014 – C-48/13, *Nordea Bank,* IStR 2014, 563 m. Anm. *Mitschke.*

EuGH, 09.10.2014 – C-326/12, *van Caster und van Caster,* Slg. noch nicht veröffentlicht.

Rechtsprechung des BVerfG

BVerfG, 22.06.1995 – 2 BvL 37/91, BStBl. II 1976, 662.

BVerfG, 18.01.2006 – 2 BvR 2194/99, BVErfGE 115, 97.

Rechtsprechung des BFH

BFH, 14.02.1975 – VI R 210/72, BStBl. II 1975, 497.

BFH, 09.11.2005 – I R 27/03, BStBl. II 2005, 564.

BFH, 28.06.2006 – I R 84/04, BStBl. II 2006, 861.

BFH, 11.3.2008 – I R 116/04, BFH/NV 2008, 1161.

BFH, 17.07.2008 – I R 77/06, DStR 2008, 2001.

BFH, 03.02.2010 – I R 21/06, GmbHR 2010, 714 m. Anm. *Roser.*

BFH, 09.06.2010 – I R 100/09, IStR 2010, 670 m. Anm. *Mitschke.*

BFH, 09.06.2010 – I R 107/09, DStR 2010, 1611.

BFH, 08.09.2010 – I R 6/09, BStBl. II 2013, 186.

BFH, 25.05.2011 – I R 95/10, DStR 2011, 1553.

BFH, 10.08.2011 – I R 45/10, BStBl. II 2012, 118.

BFH, 10.01.2012 – I R 66/09, DB 2012, 1078.

BFH, 20.08.2012 – I R 3/12, BFH/NV 2012, 1990.

BFH, 12.06.2013 – I R 109-111/10, I R 109/10, I R 110/10, I R 111/10, BStBl. II 2013, 1024.

BFH, 19.06.2013 – II R 10/12, BStBl. II 2013, 746.

BFH, 26.06.2013 – I R 4/12, BFH/NV 2013, 1925.

BFH, 11.12.2013 – I R 4/13, BFHE 244, 1.

BFH, 18.12.2013 – I R 71/10, BFHE 244, 331.

BFH, 05.02.2014 – I R 48/11, BFHE 244, 371.

Rechtsprechung der Finanzgerichte

FG Schleswig-Holstein, 09.03.2011 – 2-K-221/08, EFG 2011, 1528.

FG Köln, 06.09.2011 – 13 K 170/06, DStRE 2012, 1126.

FG München, 21.11.2011 – 8 K 628/08, DStRE 2013, 169.

Niedersächsisches FG, 01.12.2011 – 6 K 435/09, BB 2012, 440.
FG Hamburg, 26.01.2012 – 2 K 224/10, DStR 2012, 791.
FG Köln, 13.03.2013 – 10 K 2067/12, DStRE 2014, 547.
FG Köln, 19.02.2014 – 13 K 3906/09, IStR 2014, 733 m. Anm. *Mitschke.*
FG München, 07.07.2014, 5 K 1206/14, abrufbar unter http://www.gesetze-bayern.de

Anhang: Übersicht der EuGH-Rechtsprechung

EuGH-Urteile		Diskriminierungsprüfung		Rechtfertigungsprüfung				
Urteilsbezeichnung	Az.	Anwendbare Grundfreiheiten	Diskriminierung/ Beschränkung	Wahrung der Aufteilung der Besteuerungsbefugnis	Kohärenz des Steuersystems	Doppelte Verlustberücksichtigung	Vermeidung von Steuerflucht bzw. Steuerumgehung	Territorialitätsprinzip
Verlustabzugsbeschränkungen								
Marks & Spencer	C-446/03	Art. 43/48 EGV	ja	+	n/a	+	+	n/a
Rewe Zentralfinanz	C-347/04	Art. 43/48 EGV	ja	-	-	-	-	-
Oy AA	C-231/05	Art. 43 EGV	ja	+	n/a	-	+	n/a
Papillon	C-418/07	Art. 43 EGV	ja	-	+	-	-	n/a
X Holding	C-337/08	Art. 43/48 EGV	ja	+	n/a	n/a	n/a	n/a
A Oy	C-123/11	Art. 49 AEUV	ja	+	n/a	+	+	n/a
Felixstowe	C-80/12	Art. 49/54 AEUV	ja		n/a	n/a	-	n/a
SCA Holding Group u.a.	C-39/13	Art. 49/54 AEUV	ja	n/a	-	-	-	n/a
Deutsche Shell	C-293/06	Art. 43/48 EGV	ja	-	-	-	n/a	n/a
Lidl Belgium	C-414/06	Art. 43 EGV	ja	+	n/a	+	n/a	n/a
Krankenheim Ruhesitz am Wannsee	C-157/07	Art. 31 EWR	ja	n/a	+	n/a	n/a	n/a
Philips Electronics	C-18/11	Art. 43 EGV	ja	-	n/a	-	n/a	n/a
Nordea Bank	C-48/13	Art. 49/54 AEUV/ Art. 31 EWR	ja	+	n/a	n/a	+	n/a

EuGH-Urteile		Diskriminierungsprüfung		Rechtfertigungsprüfung				
Urteilsbezeichnung	Az.	Anwendbare Grundfreiheiten	Diskriminierung/ Beschränkung	Wahrung der Aufteilung der Besteuerungsbefugnis	Kohärenz des Steuersystems	Doppelte Verlustberücksichtigung	Vermeidung von Steuerflucht bzw. Steuerumgehung	Territorialitätsprinzip
Ritter-Coulais	C-152/03	Art. 39 EGV	ja	n/a	-	n/a	n/a	n/a
Lakebrink	C-182/06	Art. 39 EGV	ja	n/a	n/a	n/a	n/a	n/a
Renneberg	C-527/06	Art. 39 EGV	ja	n/a	n/a	n/a	n/a	n/a
Busley und Cibrian	C-35/08	Art. 56 EGV	ja	n/a	n/a	n/a	n/a	-
K.	C-322/11	Art. 63/65 AEUV	ja	+	+	-	-	n/a
Nichtgewährung von Steuervorteilen								
Test Claimants in the Thin Cap GL	C-524/04	Art. 43 EGV	ja	-	-	n/a	+	n/a
Glaxo Wellcome	C-182/08	Art. 56 EGV	ja	+	-	n/a	+	n/a
SIAT	C-318/10	Art. 49 EGV	ja	+	n/a	n/a	+	n/a
Argenta Spaarbank	C-350/11	Art. 49 AEUV	ja	-	-	n/a	n/a	n/a
Jobra	C-330/07	Art. 49 EGV	ja	-	-	n/a	-	n/a
Beker und Beker	C-168/11	Art. 63 AEUV	ja	-	n/a	n/a	n/a	n/a
Imfeld und Garcet	C-303/12	Art. 49 AEUV	ja	-	n/a	n/a	n/a	n/a
DMC Beteiligungsgesellschaft	C-164/12	Art. 63 AEUV	ja	+	n/a	n/a	n/a	n/a
Bouanich	C-375/12	Art. 49, 63/65 AEUV	ja	-	-	n/a	n/a	n/a

EuGH-Urteile		**Diskriminierungsprüfung**		**Rechtfertigungsprüfung**				
Urteilsbezeichnung	Az.	Anwendbare Grundfreiheiten	Diskriminierung/ Beschränkung	Wahrung der Aufteilung der Besteuerungsbefugnis	Kohärenz des Steuersystems	Doppelte Verlustberücksichtigung	Vermeidung von Steuerflucht bzw. Steuerumgehung	Territorialitätsprinzip
Wegzugsbesteuerung								
De Lasteyrie du Saillant	C-9/02	Art. 43 EGV	ja	-	-	n/a	-	n/a
N.	C-470/04	Art. 43 EGV	ja	+	n/a	n/a	n/a	n/a
Kommission/Spanien	C-269/09	Art. 18, 39, 43 EGV	ja	-	-	n/a	n/a	n/a
National Grid Indus	C-371/10	Art. 49 AEUV	ja	+	+	n/a	n/a	n/a
Diego della Valle	C-380/11	Art. 49 AEUV	ja	-	-	n/a	n/a	n/a
Kommission/Portugal	C-38/10	Art. 49 AEUV	ja	+	+	n/a	n/a	n/a
Kommission/Spanien	C-64/11	Art. 49 AEUV/ Art. 31 EWR	ja	+	n/a	n/a	n/a	n/a
Kommission/Dänemark	C-261/11	Art. 49 AEUV/ Art. 31 EWR	ja	+	n/a	n/a	n/a	n/a
Verrechnungspreiskorrekturen								
SGI	C-311/08	Art. 43 EGV	ja	+	n/a	n/a	+	n/a
Quellensteuer bei Dividenden								
Amurta	C-379/05	Art. 56/58 EGV	ja	-	-	n/a	n/a	n/a
Kommission/Italien	C-540/07	Art. 56 EGV	ja	-	-	n/a	-	n/a
Aberdeen Property Fininvest	C-303/07	Art. 43/48 EGV	ja	-	-	n/a	-	n/a
Kommission/Deutschland	C-284/09	Art. 56 EGV/ Art. 40 EWR	ja	-	-	n/a	n/a	n/a

EuGH-Urteile		**Diskriminierungsprüfung**		**Rechtfertigungsprüfung**				
Urteilsbezeichnung	Az.	Anwendbare Grundfreiheiten	Diskriminierung/ Beschränkung	Wahrung der Aufteilung der Besteuerungsbefugnis	Kohärenz des Steuersystems	Doppelte Verlustberücksichtigung	Vermeidung von Steuerflucht bzw. Steuerumgehung	Territorialitätsprinzip
Santander Asset Management	C-338/11	Art. 63/65 AEUV	ja	-	-	n/a	-	n/a
Kommission/Belgien	C-387/11	Art. 49, 63 AEUV/Art. 31, 40 EWR	ja	-	n/a	n/a	n/a	n/a
Pauschalbesteuerung Investmentfonds								
van Caster und van Caster	C-326/12	Art. 63 AEUV	ja	-	n/a	n/a	n/a	n/a

Legende:

"+" = Rechtfertigungsgrund einschlägig; "-" = Rechtfertigungsgrund nicht einschlägig; "n/a" = Rechtfertigungsgrund wurde vom EuGH nicht angesprochen